座 下ひとケタのもっている欲	金の羅針盤座 正義感が強く礼儀正しいタイプ 陽		金のインディアン座 好奇心旺盛で楽観的なタイプ 陽		金の鳳凰座 忍耐強い情熱家タ	
	命数	一言で表すと	命数	一言で表すと	命数	一言で表
1 陽 自我欲	1 陽 陽	ネガティブな頑張り屋	11 陽 陽	好奇心旺盛な心は中学3年生	21 陽 陽	頑固な高校1年生
2 陰	2 陽 陰	チームワークが苦手な野心家	12 陽 陰	冒険が好きな楽観主義者	22 陽 陰	単独行動好きな忍耐強い
3 陽 食欲・性欲	3 陽 陽	上品でもワガママ	13 陽 陽	一生陽気な中学生	23 陽 陽	陽気なひとり好き
4 陰	4 陽 陰	余計な一言が多い真面目な人	14 陽 陰	瞬発力だけで生きる中学生	24 陽 陰	冷静で勘のいい
5 陽 金欲・財欲	5 陽 陽	ネガティブな情報屋	15 陽 陽	情報収集が得意な中学生	25 陽 陽	ひとりの趣走る情報屋
6 陰	6 陽 陰	謙虚な優等生	16 陽 陰	誠実で陽気な中学生	26 陽 陰	我慢強い真面目な人
7 陽 権力・支配欲	7 陽 陽	おだてに弱い正義の味方	17 陽 陽	妄想好きなリーダー	27 陽 陽	猪突猛進ひとり好き
8 陰	8 陽 陰	上品で臆病な人	18 陽 陰	上品な中学生	28 陽 陰	冷静で常守る人
9 陽 創作欲	9 陽 陽	上品な変わり者	19 陽 陽	好奇心旺盛な変わり者	29 陽 陽	頑固な変わり者
0 陰	10 陽 陰	真面目な完璧主義者	20 陽 陰	理屈が好きな中学生	30 陽 陰	理屈が好きな職人

早見表

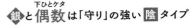

金の時計座

平等で人にやさしいタイプ 陽

命数	一言で表すと
31 陽 陽	誰にでも平等な高校1年生
32 陽 陰	刺激が好きな庶民
33 陽 陽	サービス精神豊富な明るい人
34 陽 陰	最後はなんでも勘で決めるおしゃべりな人
35 陽 陽	社交的で多趣味な人
36 陽 陰	誠実で真面目な人
37 陽 陽	面倒見がいい甘えん坊
38 陽 陰	臆病な庶民
39 陽 陽	常識にとらわれない自由人
40 陽 陰	下町の先生

金のカメレオン座

学習能力の高い現実的なタイプ 陽

命数	一言で表すと
41 陽 陽	古風な頑張り屋
42 陽 陰	要領がいい高校3年生
43 陽 陽	明るい大人
44 陽 陰	勘がいい頭脳派
45 陽 陽	真似が上手な商売人
46 陽 陰	真面目で現実的な人
47 陽 陽	正義感のあるリーダー
48 陽 陰	清潔感のある大人
49 陽 陽	屁理屈が好きな大人子ども
50 陽 陰	生まれたときから心は60歳

金のイルカ座

負けず嫌いで頑張り屋なタイプ 陽

命数	一言で表すと
51 陽 陽	頑張り屋で心は高校1年生
52 陽 陰	頑張りを見せないやんちゃな高校生
53 陽 陽	陽気な高校1年生
54 陽 陰	頭の回転が速い頑張り屋
55 陽 陽	社交性がある頑張り屋
56 陽 陰	現実的な努力家
57 陽 陽	おだてに弱い高校生
58 陽 陰	上品な情熱家
59 陽 陽	熱しやすく冷めやすい努力家
60 陽 陰	理屈が好きな高校生

ゲッターズ
飯田の

「五星三心占い」
新・決定版

ゲッターズ飯田

朝日新聞出版

みんな、自分がわからない。
自分のことは、いちばん自分がわからない

　占いの勉強をはじめて25年が経ちました。最初は遊びのつもりが、いまでは多くの人に知ってもらえるようになり、おかげさまでたくさんの人を占わせていただきました。無償で占い続けたことで、データも多く集められ、日々いい勉強になっています。

　2018年に『ゲッターズ飯田の「五星三心占い」決定版』を出版し、この占いの方法は全部出し切ったと思いましたが、相性や運気の流れまでは載せ切れなかったので、その後、『運命の人の増やし方』に詳しく書きました。『決定版』は、五星三心占いの「性格分析編」と思って読んでいただけると、楽しく読めると思います。

人 は 3 つ の 心 を も っ て い る

　僕はふだん3つの命数から占いをしています。ただ、テレビや雑誌、ウェブ等で占う場合には、時間やスペースの都合上、たくさんの要素を伝えることができず、ひとつの命数で端的に、わかりやすく伝えていることもありました。

　この本は、僕が対面鑑定で使っている「3つの命数」をはじめて明かした本です。

　今回さらに新しい要素を加えてリニューアルしましたが、大きな特徴は、「厚み」ではなく、「占い専門用語を一切入れていないこと」です。さらに複雑な計算も不要。手にした瞬間、誰でも占いができるようになっています。

　また、自分を占うだけではもったいない本でもあります。

　自分のページを読むのも楽しいですが、できるだけ、あなたの人生に関わる人を占うことをオススメします。オススメどころか、この本は「ほかの人を占うためにつくられた本」なので、自分の命数だけを読んで終わりにはしないでください。

　ひとりで生きていける人生はありません。

　どんな人でも、行きていくうえで必ず他人と関わります。

　その関係性が楽しければ幸せを感じられますが、人間関係が最悪だと、どんなに恵まれていても不満や文句が出て、苦しい状況にはまってしまいます。

相手を知り、自分を知る、ひとつの手がかりに

　相手を知る、理解することは、人生においてとても重要です。

　この本は「相手がどんな人か」を知るための、いい手がかりになるはずです。

　占いという一面から他人を知り、その人についての考えや関わり方を少し変えるために、「とことん使い倒す本」だと思ってください。

　誰とでも楽しく接することができれば、人生はより豊かになります。

　ただ、「伝える」となると、少しテクニックが必要になってきます。とくに矛盾するような星をもっているタイプである「真面目でいい加減」「ポジティブでネガティブ」「人好きの閉鎖的」など、真逆の命数をもった人の場合は、難しいかもしれません。

　そんなときは、「仕事は真面目で恋愛はいい加減」「前向きなことを言うのに、行動が慎重」「飲み会が好きなだけで、同じ人としか話さない」など、この本に載っている言葉をその人の行動に当てはめて伝えてみると、「自分のことをわかってくれる人だ！」と喜んでもらえるはずです。

　3つの命数のバランスを伝えることは難しいかもしれませんが、この本の場合、「持っている星」をはじめ、各項目をそのまま読み上げれば、多くの人に「当たっている！」と言われるようになっています。プロの占い師さんからも「これまで表現できなかったことがうまく伝えられて、自分でも意味がわかりました」と言われるほど。はじめて占いを読む人からプロの方まで使える本です。

　何よりこの本を使って、みんなで遊んでみてください。もしくは、人間関係や恋で悩む前に読んで、相手にどう合わせたらいいか、好かれるために何をするといいか、相手との距離のとり方などのヒントにするのもいいと思います。

　相手も同じ人間です。理解しようとして歩み寄る人を嫌いになることは少ないもの。どんな人とでも仲よくなれるきっかけを、この本でつかんでみてください。

　みなさんの人生に少しでもお役に立てる本になったら幸いです。

ゲッターズ飯田

CONTENTS

本書では

3つの命数

ゲッターズ飯田が
はじめて明かす！

から占えます。

たとえば、1975年4月4日生まれのゲッターズ飯田の場合。
P.17からの命数表で自分の生年月日のマスを見ると、
3つの数字が並んでいます。

ゲッターズ飯田の場合

日 \ 月		4	5
1	49.50	13.19.19	43.44
2	49.49	17.18.18	43.4
3	47.48	18.17.17	43.
4	48.47	**19.16.16**	49.49
5	46.46	20.15.16	44.50
6	46.46	15.14.13	41.4
7	43.43	15.13.14	41.48

19.16.16

第3の命数　第2の命数　第1の命数

これがあなたをかたちづくる **3つの命数** です。

誰もが**3つの命数**を
もっています。

第3の命数

第2の命数

第1の命数

三心（金・銀の羅針盤座　金・銀のインディアン座　金・銀の鳳凰座
金・銀の時計座　　金・銀のカメレオン座　金・銀のイルカ座）

三心とは？

三心が示すものは、一生変わらないあなたの「基本性格」です。五星三心占いでは、12タイプに分けられます。

第1の命数とは？

第1の命数が示すものは、「ベースとなる性質」です。一般的に「幼少期〜青年期」に出てくる要素で、長くもち続ける人もいます。

第2の命数とは？

第2の命数が示すものは、「個性」です。一般的に「青年期〜壮年期」に出てくる要素ですが、この時期は人によって異なります。

第3の命数とは？

第3の命数が示すものは、「才能」です。一般的に「壮年期〜老年期」に出てくる要素ですが、この時期は人によって異なります。

大解剖

ゲッターズ飯田の「五星三心占い」の成り立ちを図解します。「三心」と「五星」が
何を示しているのか。このページの解説を読んで、頭に入れておきましょう。

三心

P.88〜でさらに
詳しく説明します

＝
6つのキャラクター

		命数
羅針盤座	金 ＝ 生まれた西暦が **偶数** / 銀 ＝ 生まれた西暦が **奇数**	**1〜10**
時計座	金 ＝ 生まれた西暦が **偶数** / 銀 ＝ 生まれた西暦が **奇数**	**31〜40**
インディアン座	金 ＝ 生まれた西暦が **偶数** / 銀 ＝ 生まれた西暦が **奇数**	**11〜20**
カメレオン座	金 ＝ 生まれた西暦が **偶数** / 銀 ＝ 生まれた西暦が **奇数**	**41〜50**
鳳凰座	金 ＝ 生まれた西暦が **偶数** / 銀 ＝ 生まれた西暦が **奇数**	**21〜30**
イルカ座	金 ＝ 生まれた西暦が **偶数** / 銀 ＝ 生まれた西暦が **奇数**	**51〜60**

表裏の関係

裏運気になると入れ替わる関係

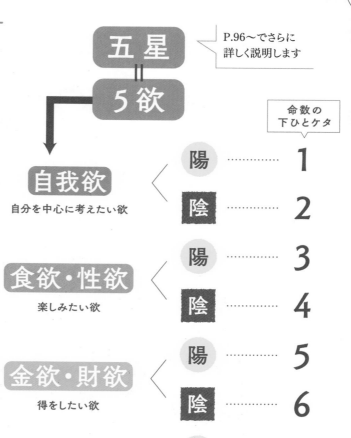

三心 と 五星 を ✕ かけ合わせている

五星 = 5欲

P.96〜でさらに詳しく説明します

命数の下ひとケタ

五星（5欲）	陰陽	命数の下ひとケタ
自我欲 自分を中心に考えたい欲	陽	1
	陰	2
食欲・性欲 楽しみたい欲	陽	3
	陰	4
金欲・財欲 得をしたい欲	陽	5
	陰	6
権力・支配欲 上に立ちたい欲	陽	7
	陰	8
創作欲 才能を発揮したい欲	陽	9
	陰	0

※ 陽 は攻めが強いタイプ。陰 は守りが強いタイプ

人は、自分のなかにいくつかの要素をもっています。

ときには、矛盾したまま抱えもっていて

相手によって違う要素を見せています。

この本では、

人の性格を形づくっている要素を

3つの命数で表現しました。

あなたは、

あの人は、

どんな要素を

もっているのでしょう。

あなたとあの人の
命 数 の 調 べ 方

五星三心占いでは、生年月日から導き出される「命数」から占います。
この数字により自分のタイプがわかります。
この本では、1つの生年月日につき、「命数」が3つ（ゾロ目の場合は2つ）あります。

1

命数表のページから【3つの命数】を調べます。

⚠ 複雑な計算はすでに終えてあり、命数表にある【命数】を、
さらに足したりかけたりする必要はありません。

3つの命数の調べ方

1 P.17からの「命数表」で自分の「生まれた年」を探す。

2 横軸で自分の「生まれた月」を探す。

3 縦軸で自分の「生まれた日」を探す。

4 ❷と❸が交差したマスにある3つの数字が、
あなたの【3つの命数】です。

1 生まれた年
2 生まれた月
3 生まれた日
4 この人の【3つの命数】は「19.16.16」です

19.16.16
第3の命数　第2の命数　第1の命数

例

1975年4月4日生まれの人の場合

❶ 1975年の命数ページを見る。
❷ 横軸で「生まれた月＝4」を見つける。
❸ 縦軸で「生まれた日＝4」を見つける。
❹ ❷と❸が交差したマスにある数字は「19.16.16」。

この人の命数は
「16」と「19」
です。

2

あなたの生まれた西暦は
偶数年ですか？

> たとえば1962、1974、1986、1998、2000…など

奇数年ですか？

> たとえば1963、1975、1987、1999、2001…など

生まれた西暦年で「金」か「銀」かに分かれます。

日＼月	1	2	3	4	11	12
1	43.47.50	17.12.17	42.49.50	13.19.19	4 .50.45	18.14.15
2	43.46.47	17.11.18	43.50.49	17.18.18	4 2.47.44	16.11.14
3	43.45.48	19.20.15	43.47.48	18.17.17	4 48.43	17.12.13
4	49.44.45	20.20.16	43.48.47	19.16.16	4 .55.52	27.29.22
5	44.43.46	15.17.13	49.45.46	20.15.16	4 .56.51	27.30.21
6	41.42.47	15.18.14	40.46.46	15.14.13	4 .53.60	23.27.30
7	41.41.48	25.25.21	41.43.43	15.13.14	5 .54.59	28.28.29
8	55.60.55	28.26.22	41.44.44	25.22.21	5 .51.57	25.25.27
9	52.59.56	26.23.29	55.51.51	28.21.22	5 .52.58	25.26.28
10	60.58.53	24.24.30	51.52.52	26.30.29	6 .59.55	29.23.25
11	54.57.54	25.21.27	60.59.59	24.29.30	5 .60.56	26.24.26
12	59.56.51	25.30.28	54.60.60	25.28.27	5 .57.53	24.21.23
13	59.55.52	27.27.25	59.57.57	25.27.28	5 8.58.54	28.22.24
14	53.54.57	26.28.26	59.58.58	27.26.25	5 .5.1	33.39.31
15	52.53.58	22.25.24	53.55.55	26.23.26	5 9.6.2	33.40.32
16	56.60.55	30.26.23	52.56.56	22.22.24	5 1.9.9	37.37.39
17	54.59.56	36.33.32	56.54.54	30.21.23	5 10.10	36.38.40
18	10.8.3	35.34.31	54.53.53	36.35.32	5 6.7.7	40.35.37
19	5.5.4	35.39.40	10.2.2	35.36.31	1 4.8.7	38.35.37
20	1.4.1	35.40.39	5.1.1	35.33.40	10.5.6	34.34.36

銀

1975

ここをチェック

偶数年生まれなら

金

奇数年生まれなら

銀

※偶数は2で割り切れる数、奇数は2で割り切れない数のことです。

ATTENTION

⚠ あなたが「金タイプ」か「銀タイプ」かは、生まれた年（西暦）が偶数か奇数かで決まります。【命数】が偶数か奇数かではありません。

3

【3つの命数】から
自分のタイプを探します

数字の下に書かれた星座が、あなたのタイプになります。
タイプは6つありますが、それぞれに「金」と「銀」がありますので、
間違えないようにしてください。

命数
1～10

偶数年生まれ＝金 の
奇数年生まれ＝銀 の
羅針盤座

命数
31～40

偶数年生まれ＝金 の
奇数年生まれ＝銀 の
時計座

命数
11～20

偶数年生まれ＝金 の
奇数年生まれ＝銀 の
インディアン座

命数
41～50

偶数年生まれ＝金 の
奇数年生まれ＝銀 の
カメレオン座

命数
21～30

偶数年生まれ＝金 の
奇数年生まれ＝銀 の
鳳凰座

命数
51～60

偶数年生まれ＝金 の
奇数年生まれ＝銀 の
イルカ座

おさらいしよう！

1975年4月4日生まれの人の場合

1. 命数表で、生まれた月と日の交わるマスにある数字 → 「19.16.16」
2. 命数表の西暦年の上にあるのは「金」or「銀」 → 「銀」
3. 上の図で命数が「19.16.16」のタイプは? → 「インディアン座」
4. あなたは【命数が19.16.16の銀のインディアン座】です。

日＼月	1	2	3	4	5	6	7	8	9	10	11	12
1	44.43.48	16.18.15	49.45.48	18.15.17	44.50.47	16.15.16	42.46.46	17.17.15	51.57.54	27.28.24	51.56.53	27.30.23
2	42.42.45	17.17.16	44.46.47	16.14.16	42.47.46	17.16.15	47.45.45	27.26.24	51.58.53	27.27.23	53.53.52	23.27.22
3	47.41.46	27.26.23	42.43.46	17.13.15	47.48.45	27.23.24	51.54.54	27.25.23	53.55.52	23.26.22	52.54.51	28.28.21
4	51.60.53	28.26.24	47.44.45	27.22.24	51.55.54	27.24.23	51.53.53	23.24.22	52.56.51	28.25.21	60.51.60	26.25.30
5	51.59.54	26.23.21	51.51.54	28.21.24	51.56.53	23.21.22	53.52.52	28.23.21	60.53.60	26.24.30	51.52.59	21.26.29
6	60.58.53	24.24.22	52.52.54	26.30.21	60.53.51	24.22.22	52.51.51	26.22.30	51.54.59	21.23.29	51.59.58	25.23.28
7	54.57.54	25.21.29	60.59.51	24.29.22	54.54.52	25.29.29	59.60.60	21.21.29	51.51.58	25.22.28	51.60.57	25.24.27
8	59.56.51	25.22.30	54.60.52	25.28.30	59.51.59	25.30.30	59.59.60	29.29.27	52.52.58	25.21.27	60.57.55	24.21.26
9	59.55.52	29.29.27	59.57.59	25.27.30	59.52.60	29.27.27	59.58.57	26.30.28	60.59.55	24.30.25	58.58.56	28.22.26
10	59.54.59	26.30.28	59.58.60	29.26.27	59.59.57	26.28.28	52.57.58	24.27.25	58.60.56	28.29.26	9.5.3	33.39.33
11	52.53.60	24.27.25	59.55.57	26.25.28	52.60.58	24.25.25	60.56.55	28.28.26	9.7.3	33.38.33	9.6.4	33.40.34
12	60.52.57	30.26.26	52.56.58	24.24.25	60.57.55	28.55.56	58.55.56	33.35.33	9.8.4	33.37.34	3.3.1	33.37.31
13	58.51.58	34.33.33	60.53.55	30.23.26	58.58.56	34.33.33	9.4.3	33.36.34	3.5.1	33.36.31	10.4.2	36.38.32
14	9.10.7	31.34.34	54.54.56	33.32.33	9.7.3	33.34.34	9.3.4	33.33.31	10.6.2	36.35.32	8.1.9	34.35.39
15	9.9.8	37.31.34	9.1.3	31.39.34	9.8.4	37.31.31	3.2.1	36.34.32	8.3.9	34.34.39	2.2.10	32.36.40
16	1.6.5	33.35.32	7.2.4	37.38.34	1.5.1	36.32.32	10.1.2	34.35.40	4.4.10	32.33.40	7.5.7	33.33.37
17	9.5.6	31.39.32	1.10.4	35.37.33	9.6.3	40.32.32	8.10.9	38.36.40	7.1.7	33.32.37	1.3.5	33.34.38
18	6.4.3	38.40.31	9.9.3	31.31.32	6.3.2	38.31.31	4.7.10	33.33.37	5.2.8	33.31.38	1.3.5	35.31.35
19	4.1.4	34.35.40	1.8.2	38.32.31	4.4.1	34.40.40	10.6.10	31.34.39	1.10.8	35.36.35	9.4.7	33.31.37
20	10.10.1	39.36.39	4.7.1	34.39.40	10.1.10	40.39.39	5.5.9	35.31.38	9.9.7	33.35.37	14.11.16	50.50.46
21	9.9.8	33.33.38	10.6.10	39.40.39	9.8.9	33.38.38	1.8.8	33.32.37	15.18.16	50.44.46	12.12.15	48.49.45
22	9.8.5	33.34.37	9.5.9	33.37.38	9.5.8	33.37.37	9.7.7	45.49.46	12.17.15	48.46.45	18.19.14	44.48.44
23	9.7.6	45.41.46	9.4.8	33.38.37	9.6.7	45.46.46	15.16.16	44.48.45	18.16.14	44.43.44	13.18.13	43.47.43
24	15.16.13	44.42.43	9.3.7	45.45.46	15.13.16	44.45.45	20.15.15	44.45.44	13.15.13	43.44.43	17.15.12	43.45.41
25	20.15.14	42.49.42	15.12.16	44.46.43	20.14.15	43.44.44	18.14.14	43.46.43	17.14.12	43.41.42	17.16.11	43.45.41
26	18.14.11	43.50.41	20.11.13	42.43.42	18.11.12	43.41.41	14.13.13	43.43.42	17.13.11	43.42.41	19.13.20	49.44.50
27	13.13.12	43.47.50	18.20.12	43.44.41	13.12.11	43.50.50	17.12.12	43.44.41	19.12.20	49.49.50	18.14.19	44.43.49
28	17.12.19	43.48.49	13.19.11	43.41.50	17.19.20	49.49.49	17.11.19	49.41.48	18.11.17	44.50.49	16.11.16	42.42.46
29	17.11.20		17.18.20	43.42.49	17.20.19	49.48.48	19.20.18	44.42.47	16.20.16	45.47.46	17.12.15	47.41.45
30	19.20.17		17.17.19	49.49.48	19.17.18	44.47.47	18.19.17	42.49.46	17.19.15	47.48.45	27.29.24	51.60.54
31	18.19.18		19.16.18		18.18.17		16.18.16	47.50.45		51.55.54		51.59.53

金 1930 昭和5年生まれ

日＼月	1	2	3	4	5	6	7	8	9	10	11	12
1	53.58.52	28.23.21	51.52.55	23.30.24	53.53.54	28.22.23	52.51.53	26.22.22	51.54.51	21.23.21	51.59.60	25.23.30
2	52.57.51	26.22.30	53.59.54	28.29.23	52.54.53	26.29.22	60.60.52	22.21.21	51.51.60	25.22.30	51.60.59	25.24.29
3	60.56.60	21.21.29	52.60.53	26.28.22	60.51.52	21.30.21	51.59.51	25.30.30	51.52.59	25.21.29	57.57.58	27.21.28
4	51.55.52	25.30.28	60.57.52	21.27.21	51.52.51	25.27.30	51.58.60	25.29.29	57.59.58	27.30.28	52.58.57	26.22.27
5	51.54.58	26.30.27	51.58.51	25.26.30	51.59.60	25.28.29	51.57.59	27.28.28	52.60.57	26.29.27	10.5.6	34.39.36
6	52.53.58	24.27.26	59.55.58	26.25.27	52.60.57	27.25.28	57.56.58	26.27.27	10.7.6	34.38.36	5.6.5	35.40.35
7	60.52.55	28.28.25	52.56.57	24.24.26	60.57.56	28.26.25	52.55.57	34.36.36	5.8.5	35.37.35	9.3.4	35.37.34
8	58.51.56	33.35.34	60.53.56	28.23.25	58.58.55	33.33.34	9.4.4	33.36.33	9.5.4	35.36.34	10.4.1	36.38.34
9	9.10.3	33.36.33	58.54.55	33.32.34	9.5.4	33.34.33	9.3.3	33.33.32	10.6.1	36.35.31	8.1.10	34.35.40
10	9.9.4	33.33.32	9.1.4	33.31.33	9.6.3	33.31.32	3.2.2	36.34.31	8.3.10	34.34.40	2.2.9	32.36.39
11	3.8.1	36.34.31	9.2.3	33.40.32	3.3.2	36.32.31	10.1.1	34.31.40	2.4.9	32.33.39	7.9.8	33.33.38
12	10.7.2	34.31.40	3.9.2	36.39.31	10.4.1	34.39.40	8.10.10	32.32.39	7.1.8	33.32.38	7.10.7	33.34.37
13	8.6.9	38.40.39	10.10.1	34.38.40	8.1.10	32.40.39	2.9.9	33.39.38	7.2.7	33.31.37	7.7.7	37.31.36
14	4.5.10	33.37.38	8.7.10	38.37.39	4.4.9	33.37.38	7.8.8	33.40.37	7.9.6	37.40.36	10.8.5	34.32.35
15	7.4.7	31.38.35	4.8.9	33.36.38	7.1.8	33.38.37	8.7.7	37.37.36	10.10.5	34.39.35	18.15.14	42.49.44
16	5.1.8	35.35.34	7.5.6	31.33.35	5.2.5	35.35.36	1.6.6	34.32.35	18.17.14	42.48.44	12.12.13	48.50.43
17	1.10.8	36.36.33	6.5.5	35.32.34	1.9.4	34.36.33	10.5.5	42.49.44	12.18.13	48.47.43	17.19.12	41.47.42
18	9.9.7	45.43.46	1.4.4	33.31.33	9.10.3	50.46.42	14.12.12	48.50.41	17.15.12	41.46.42	15.20.19	49.48.49
19	15.16.16	48.44.45	9.3.7	45.45.46	15.17.16	48.45.41	12.11.11	44.47.50	15.16.19	49.41.49	19.17.18	45.46.48
20	12.15.15	44.49.44	15.12.16	48.46.45	12.18.15	43.44.44	18.20.20	49.48.49	19.14.18	45.50.48	17.18.17	43.45.47
21	18.14.14	43.50.43	20.11.15	44.43.44	18.11.14	44.43.43	14.13.13	45.45.42	17.13.17	43.49.47	19.15.20	49.44.50
22	14.13.13	43.47.42	18.20.14	43.44.43	13.12.13	43.42.42	19.12.12	43.46.41	19.12.20	49.49.50	12.16.19	46.43.49
23	17.12.12	43.48.41	13.19.13	43.41.42	17.19.12	43.41.41	17.11.11	49.41.50	12.11.19	46.50.49	18.11.18	42.42.48
24	17.11.11	49.45.50	17.18.12	43.42.41	17.20.11	49.50.50	19.20.20	44.42.49	18.20.18	42.47.48	17.12.17	47.41.47
25	19.20.20	44.46.49	17.17.11	49.49.50	17.17.20	44.49.49	18.19.19	42.49.48	17.19.17	47.48.47	27.29.26	51.60.56
26	18.19.17	42.43.48	19.16.20	44.50.49	18.18.19	42.48.48	17.18.18	47.50.47	27.28.26	51.55.56	27.29.25	51.59.55
27	16.18.16	47.44.47	18.15.19	42.47.48	16.15.18	47.57.56	18.17.17	51.57.56	27.27.25	51.56.55	23.27.24	53.58.54
28	17.17.15	51.51.56	16.14.18	47.48.47	17.16.17	51.54.56	27.26.26	51.58.55	23.26.25	53.53.54	28.28.23	52.57.53
29	27.26.24		17.13.17	51.55.56	27.23.26	51.53.55	27.25.25	53.55.54	28.25.23	52.54.53	26.25.22	60.56.52
30	27.25.23		27.22.26	51.56.55	27.24.25	53.52.54	23.24.24	52.56.53	26.24.22	60.51.52	21.26.21	51.55.51
31	23.24.22		27.21.25		23.21.24		28.23.23	60.53.52		51.52.51		51.54.60

銀 1931 昭和6年生まれ

（下ひとケタが…　1-2 自我欲　3-4 食欲・性欲　5-6 金欲・財欲　7-8 権力・支配欲　9-0 創作欲）

金 1932 昭和7年生まれ

日\月	1	2	3	4	5	6	7	8	9	10	11	12
1	51.53.59	27.28.28	51.56.52	27.24.29	57.57.59	26.26.30	52.55.60	34.36.37	5.8.8	35.37.38	9.3.5	35.37.35
2	57.52.58	26.27.27	57.53.59	26.23.30	52.58.60	34.33.37	10.4.7	35.35.38	9.5.5	35.36.35	9.4.6	35.38.34
3	52.51.57	34.36.36	52.54.60	34.32.37	10.5.7	35.34.38	5.3.8	35.34.35	9.6.6	35.35.36	1.1.3	31.35.33
4	10.10.6	36.35.35	10.1.7	35.31.38	5.6.8	35.31.35	9.2.5	35.33.36	1.3.3	31.34.33	10.2.4	36.36.34
5	5.9.5	34.33.33	5.2.8	33.40.33	9.3.5	35.32.36	9.1.6	31.32.33	10.4.4	36.33.34	8.9.1	34.33.31
6	3.8.2	36.34.34	3.9.3	36.39.34	10.4.4	34.39.31	1.10.3	36.31.34	8.1.1	34.32.31	9.10.2	39.34.32
7	10.7.1	34.31.31	10.10.4	34.38.31	8.1.1	32.40.32	2.9.2	34.40.31	9.2.2	39.31.32	8.7.7	37.31.37
8	8.6.10	31.32.32	8.7.1	32.37.32	1.2.2	33.37.39	3.8.3	33.40.40	7.9.7	37.40.37	10.8.8	34.32.38
9	2.5.9	33.39.39	2.8.2	33.36.39	7.9.9	33.38.40	7.7.10	38.37.37	10.10.8	34.39.38	18.15.15	42.49.45
10	7.4.8	33.40.40	7.5.9	33.35.40	7.10.10	37.35.37	7.6.7	34.38.38	18.17.15	42.48.45	15.16.16	46.50.46
11	7.3.7	38.37.37	7.6.10	37.34.37	8.7.7	34.36.38	10.5.8	42.45.45	16.18.16	46.47.46	17.13.13	41.47.43
12	7.2.6	34.38.38	7.3.7	34.33.38	10.8.8	42.43.45	18.14.15	45.46.46	17.15.13	41.46.43	17.14.14	41.48.44
13	10.1.5	42.43.49	10.4.8	42.42.49	18.15.15	46.44.46	16.13.16	41.43.43	17.15.14	41.45.44	12.11.11	41.45.41
14	18.20.14	46.44.50	18.11.19	48.41.50	12.18.20	41.41.47	17.12.13	41.44.44	11.13.11	41.44.41	18.12.12	44.46.42
15	12.19.13	41.41.47	12.12.20	41.48.47	17.15.17	41.42.48	17.11.18	42.41.41	18.14.12	44.43.42	16.15.13	42.43.43
16	17.16.20	49.42.48	17.19.17	49.47.48	15.16.18	45.49.45	19.20.15	44.46.46	16.11.13	42.42.43	12.16.14	46.44.44
17	15.15.19	45.49.45	15.19.18	45.46.45	19.13.15	43.41.46	18.17.16	42.43.43	12.12.14	46.41.44	15.13.11	42.41.41
18	19.14.18	43.50.46	19.18.15	43.42.46	17.14.16	48.50.43	14.16.13	46.44.44	15.19.11	41.46.41	13.14.12	49.41.44
19	17.11.11	49.47.43	17.17.16	49.49.43	19.11.13	46.49.44	12.15.14	42.41.41	13.19.12	49.45.42	29.21.29	53.60.59
20	19.20.20	44.46.42	19.16.13	44.50.42	12.12.14	42.48.41	18.18.11	49.42.42	29.28.29	53.54.59	27.22.30	51.59.60
21	18.19.19	42.43.49	18.15.12	42.47.49	18.15.19	47.47.50	17.17.12	53.59.59	27.27.30	51.56.60	23.29.27	53.58.57
22	17.18.18	47.44.50	18.14.19	47.48.50	17.16.20	51.56.57	27.26.27	51.60.60	23.26.27	53.53.57	28.28.26	52.57.56
23	18.17.17	51.51.57	17.13.20	51.55.57	27.23.27	51.55.58	27.25.28	53.55.55	28.25.26	52.54.56	26.25.23	52.56.53
24	27.26.26	51.52.58	27.22.27	51.56.58	27.24.28	53.54.55	23.24.25	52.56.56	26.24.23	52.51.53	21.26.24	51.55.54
25	27.25.25	53.59.55	27.21.28	53.53.55	23.21.25	52.53.56	28.23.26	52.53.53	21.23.24	51.52.54	25.23.21	51.54.51
26	23.24.24	52.60.56	23.30.25	52.54.56	28.22.26	60.60.53	26.22.23	51.54.54	25.22.21	51.59.51	25.24.22	51.53.52
27	28.23.23	60.57.53	28.29.26	60.51.53	26.29.23	51.59.54	21.21.24	52.51.51	25.21.22	51.60.52	27.21.29	57.52.59
28	26.22.22	51.58.54	26.28.23	51.52.54	21.30.24	51.58.51	25.30.21	51.52.52	27.30.29	57.57.59	26.22.30	52.51.60
29	22.21.21	51.55.51	21.27.24	51.59.51	25.27.21	51.57.52	25.29.22	57.59.59	26.29.30	52.58.60	34.39.37	10.10.7
30	25.30.30		25.26.21	51.60.52	25.28.22	57.56.59	27.28.29	52.60.60	34.38.37	10.5.7	35.40.38	5.9.8
31	25.29.29		25.25.22		27.25.29		26.27.30	10.7.7		5.6.8		9.8.5

銀 1933 昭和8年生まれ

日\月	1	2	3	4	5	6	7	8	9	10	11	12
1	9.7.6	31.32.33	9.9.6	35.39.35	9.4.5	31.39.34	1.10.4	36.31.33	8.1.2	34.32.32	9.10.1	39.34.31
2	1.6.3	36.31.34	9.10.5	31.38.34	1.1.4	36.40.33	10.9.3	34.40.32	9.2.1	39.31.31	9.7.10	33.31.40
3	10.5.4	34.40.31	1.7.4	36.37.33	10.2.3	34.37.32	8.8.2	39.39.31	9.9.10	33.40.40	9.8.9	33.32.39
4	8.4.1	33.40.32	10.8.3	34.36.32	8.9.2	39.38.31	9.7.1	33.38.40	9.9.9	39.39.39	15.15.18	45.49.48
5	9.3.2	37.37.39	8.5.2	39.35.32	9.10.1	33.35.40	9.6.10	33.37.39	15.17.18	45.48.48	20.16.17	44.50.47
6	7.2.7	34.38.40	7.6.2	37.34.39	7.7.9	34.36.40	9.5.9	45.46.48	20.18.17	44.47.47	18.13.16	42.47.46
7	10.1.8	42.45.47	7.3.9	34.33.40	10.8.10	42.43.47	18.14.17	44.45.47	18.15.16	42.46.46	13.14.15	41.48.46
8	18.20.15	46.46.48	10.4.10	42.42.47	18.15.17	46.44.48	16.13.18	41.43.45	17.16.16	43.45.45	11.11.13	41.45.43
9	16.19.16	41.43.45	18.11.17	46.41.48	16.16.18	41.41.45	17.12.15	41.44.46	11.13.13	41.44.43	18.12.14	44.46.44
10	17.18.13	41.44.46	16.12.18	41.50.45	17.13.15	41.42.46	17.11.16	41.41.43	18.14.14	44.43.44	16.19.11	42.43.41
11	17.17.14	41.41.43	17.19.15	41.49.46	17.14.16	41.49.43	11.20.13	44.42.44	16.11.11	42.42.41	20.20.12	50.44.42
12	11.16.11	44.50.44	17.20.16	41.48.43	11.11.13	44.50.44	18.19.14	42.49.41	20.12.12	50.41.42	15.17.19	41.41.49
13	18.15.12	42.47.41	11.17.13	44.47.44	18.12.14	42.47.41	16.18.11	50.50.42	15.19.19	41.50.49	15.18.20	41.42.50
14	16.14.13	46.48.42	18.18.14	42.46.41	16.11.11	46.48.42	20.17.12	41.47.49	15.20.20	41.49.50	25.25.27	55.59.57
15	12.13.14	42.45.50	16.15.11	46.43.42	11.12.12	41.45.49	15.16.19	41.48.50	25.27.27	55.58.57	28.26.28	52.60.57
16	15.20.11	49.46.49	12.12.42	42.42.50	15.19.19	49.46.50	15.15.20	53.59.57	27.28.28	52.57.58	26.29.25	60.57.55
17	13.19.12	53.53.58	18.14.20	49.41.49	13.20.15	53.56.58	29.22.27	52.60.58	26.25.25	60.56.55	30.30.26	56.58.56
18	29.28.29	51.54.57	13.13.19	53.55.58	29.27.28	51.55.57	27.21.27	58.57.55	30.26.26	56.55.56	25.27.23	52.56.54
19	27.25.30	53.59.56	29.22.28	51.56.57	27.28.27	53.54.56	22.30.26	56.58.55	26.24.24	52.54.54	23.28.23	57.55.53
20	27.24.27	52.60.55	27.21.27	53.53.56	23.25.26	56.53.55	30.23.25	52.55.54	24.23.23	57.59.53	27.25.22	53.54.52
21	28.23.26	52.57.54	23.30.26	52.54.55	28.22.25	52.52.54	26.22.24	56.53.53	27.22.22	53.58.52	25.26.21	51.53.51
22	26.22.23	51.58.53	28.29.25	52.51.54	26.29.24	51.51.53	21.21.23	53.53.52	25.21.21	51.60.53	27.23.30	57.52.60
23	21.21.24	51.55.52	26.28.24	51.52.53	21.30.23	51.60.52	25.29.21	51.52.51	27.30.30	57.57.60	26.22.29	52.51.59
24	25.30.21	51.56.51	21.27.23	51.59.52	25.27.22	51.59.51	25.21.30	51.51.60	26.29.29	52.58.59	34.39.38	10.10.8
25	25.29.22	57.53.60	25.26.22	51.60.51	25.28.21	57.58.60	27.28.30	52.60.59	36.38.38	10.5.8	35.40.37	5.9.7
26	27.28.29	52.54.59	25.25.21	57.57.60	27.25.30	52.55.59	26.27.29	10.7.8	35.37.37	5.6.7	35.37.36	9.8.6
27	26.27.30	10.1.8	27.24.30	52.58.59	26.26.29	10.4.8	34.36.38	5.8.7	35.36.36	9.3.6	35.38.35	9.7.5
28	34.36.37	5.2.7	26.23.29	10.5.8	34.33.38	5.3.7	35.35.37	9.5.6	36.35.35	9.4.5	31.35.34	1.6.4
29	35.35.38		34.32.38	5.6.7	35.34.37	9.2.6	35.34.36	9.6.5	31.34.34	1.1.4	36.36.33	10.5.3
30	35.34.35		35.31.37	9.3.6	35.31.36	9.1.5	35.33.35	1.3.4	36.33.33	10.2.3	34.33.32	8.4.2
31	35.33.36		35.40.36		35.32.35		31.32.34	10.4.3		8.9.2		9.3.1

命数が… 1〜10 羅針盤座　11〜20 インディアン座　21〜30 鳳凰座　31〜40 時計座　41〜50 カメレオン座　51〜60 イルカ座

金 1934 昭和9年生まれ

日＼月	1	2	3	4	5	6	7	8	9	10	11	12
1	9.2.10	33.37.39	9.6.10	33.34.37	9.7.7	33.36.38	9.5.8	45.46.45	20.18.16	44.47.46	18.13.13	42.47.43
2	9.1.9	45.46.48	9.3.7	33.33.38	9.8.8	45.43.45	15.14.15	44.45.46	18.15.13	42.46.43	13.14.14	43.48.44
3	15.20.18	44.45.47	9.4.8	45.42.45	16.15.15	44.44.46	20.13.16	42.44.43	13.16.14	43.45.44	17.11.11	43.45.41
4	20.19.17	41.43.46	15.11.15	44.41.46	20.16.16	42.41.43	18.12.13	43.43.44	17.13.11	43.44.41	17.12.12	43.46.42
5	18.18.16	41.44.45	16.16.17	41.50.46	17.20.16	43.42.44	13.11.14	43.42.41	17.14.12	44.43.42	20.19.19	49.43.49
6	17.17.16	41.41.44	17.19.16	41.49.45	17.14.15	41.49.44	17.20.11	43.41.42	19.11.19	50.42.49	18.20.20	44.44.50
7	11.16.13	44.42.43	17.20.15	41.48.44	11.11.14	44.50.43	18.20.13	49.50.49	18.12.20	44.41.50	16.17.17	42.41.47
8	18.15.14	42.49.42	11.17.14	44.47.43	18.12.13	42.47.42	16.18.12	50.50.41	15.19.20	42.50.47	15.18.14	42.50.48
9	16.14.11	50.50.41	18.18.13	42.46.42	16.19.12	50.48.41	20.17.11	41.47.50	15.20.19	41.49.49	25.25.28	55.59.58
10	20.13.12	41.47.50	16.15.12	50.45.41	20.20.11	41.45.50	15.16.20	41.48.49	25.27.28	55.58.58	28.26.27	52.60.57
11	15.12.19	41.48.49	20.16.11	41.44.50	15.17.20	41.46.49	15.15.19	55.55.58	28.28.27	52.57.57	26.23.26	60.57.56
12	15.11.20	53.53.58	15.13.20	41.43.49	25.18.19	55.53.58	25.14.20	52.56.57	26.25.26	60.56.56	24.24.25	54.58.55
13	25.30.27	52.54.57	15.14.19	53.52.58	25.25.28	52.54.57	28.23.27	60.53.56	24.26.25	54.55.55	25.21.24	59.55.54
14	28.29.28	58.51.52	29.21.28	52.51.57	28.28.27	60.51.56	22.22.26	54.54.55	25.23.24	59.54.54	25.22.23	59.56.53
15	26.28.25	56.52.51	28.22.27	58.58.58	26.25.26	56.52.55	24.21.25	59.51.54	25.24.23	59.53.53	29.29.22	59.53.52
16	30.25.26	52.59.60	22.29.22	56.57.51	30.26.21	59.59.60	25.30.24	59.56.53	27.21.22	59.52.52	26.21.21	52.54.51
17	26.24.24	51.60.52	30.29.21	52.56.60	26.23.30	57.51.59	25.29.23	53.53.52	26.22.21	52.51.51	24.23.30	60.51.60
18	24.23.23	53.57.59	26.28.30	51.52.52	23.24.29	53.60.58	27.26.28	52.54.57	22.29.26	59.60.60	30.24.25	54.52.55
19	27.30.22	51.56.60	21.27.22	53.59.59	27.21.29	51.59.60	25.27.28	52.53.57	26.30.25	54.55.55	36.31.34	10.10.4
20	25.29.21	57.53.57	27.26.29	51.60.60	25.22.30	57.58.57	22.24.26	54.52.55	36.38.34	10.4.4	31.32.33	7.9.3
21	27.28.30	52.54.58	25.25.30	58.57.57	27.25.27	52.57.58	30.27.28	10.9.5	35.37.36	7.3.3	37.39.33	1.8.3
22	26.27.29	10.1.5	27.24.27	52.58.58	26.26.28	10.6.5	36.36.35	5.10.6	37.36.33	1.3.3	35.40.34	9.7.4
23	36.36.38	5.2.6	26.23.28	10.5.5	36.33.35	5.5.6	35.35.36	9.5.3	36.35.34	9.4.4	31.35.31	1.6.1
24	35.35.37	9.9.3	36.32.35	5.6.6	35.34.36	9.4.3	35.34.33	9.6.4	32.34.31	2.1.1	36.36.32	10.5.2
25	35.34.36	9.10.4	35.31.36	9.3.3	35.31.33	9.3.4	35.33.34	1.3.1	36.33.32	10.2.2	34.33.39	10.4.9
26	35.33.35	1.7.1	35.40.33	9.4.4	35.32.34	1.2.1	31.32.31	10.4.2	34.32.39	10.9.9	39.34.40	9.3.10
27	31.32.34	10.8.2	35.39.34	2.1.1	31.39.31	10.9.2	36.31.32	10.1.9	39.31.40	9.10.10	33.31.37	9.2.7
28	36.31.33	8.5.9	31.38.31	10.2.2	36.40.32	8.8.9	34.40.39	9.2.10	33.40.37	9.7.7	33.32.38	9.1.8
29	34.40.32		36.37.32	8.9.9	34.37.39	9.7.10	39.39.40	9.9.7	33.39.38	9.8.8	45.49.45	15.20.15
30	39.39.31		34.36.39	9.10.10	39.38.40	9.6.7	33.38.37	9.10.8	46.48.45	16.15.15	44.50.46	20.19.16
31	33.38.40		39.35.40		33.35.35		33.37.38	15.17.15		20.16.16		18.18.13

銀 1935 昭和10年生まれ

日＼月	1	2	3	4	5	6	7	8	9	10	11	12
1	13.17.14	43.42.41	18.19.17	43.49.48	13.14.18	43.49.45	17.20.15	43.41.46	19.11.13	49.42.43	18.20.14	43.44.44
2	17.16.11	43.41.42	13.20.18	43.48.45	17.11.15	43.50.46	17.19.16	49.50.43	18.12.14	44.41.44	16.17.11	42.41.41
3	17.15.12	49.50.49	17.17.15	43.47.46	17.12.16	49.47.43	19.18.13	44.49.44	16.19.11	42.50.41	17.18.12	47.42.42
4	20.14.19	44.49.50	17.18.16	49.46.43	19.19.13	44.48.44	18.17.14	42.48.41	17.20.12	47.49.42	27.25.29	51.59.59
5	18.13.20	41.47.47	19.15.13	44.45.44	18.20.14	42.45.41	16.16.11	47.47.42	27.27.29	51.58.59	27.26.30	51.60.60
6	15.12.20	41.48.48	20.16.20	41.44.47	15.17.17	47.46.42	17.15.12	51.56.59	27.28.30	51.57.60	23.23.27	53.57.57
7	15.11.19	56.55.55	15.13.17	41.43.48	15.18.18	55.53.55	27.24.29	51.55.60	23.25.27	53.56.57	28.24.28	52.58.58
8	25.30.28	52.56.56	15.14.18	55.52.55	26.25.25	52.54.56	28.23.26	60.53.53	28.26.28	52.55.58	25.21.21	59.55.51
9	28.29.27	60.53.53	25.21.25	52.51.56	28.26.26	60.51.53	26.22.23	55.54.54	25.23.21	59.54.51	25.22.22	59.56.52
10	26.28.26	53.54.54	28.22.26	60.60.53	26.23.23	54.52.54	24.21.24	59.51.51	25.24.22	59.53.52	30.29.29	59.53.59
11	24.27.25	59.51.51	26.29.23	54.59.54	23.24.24	59.59.51	25.30.21	59.52.52	29.21.29	59.52.59	26.30.30	52.54.60
12	25.26.24	59.52.52	24.30.24	59.58.51	25.21.21	59.60.52	25.29.22	60.59.59	26.22.30	52.51.60	24.27.27	60.51.57
13	25.25.23	53.57.55	25.27.21	59.57.52	25.22.22	59.57.59	29.28.29	52.60.60	24.29.27	60.60.57	27.28.28	58.52.58
14	27.24.22	52.58.56	25.21.28	53.56.55	27.21.25	52.58.60	26.27.30	60.57.57	28.30.28	58.59.58	33.35.35	9.9.5
15	26.23.21	56.55.53	27.25.25	52.55.56	26.22.26	60.55.53	24.26.27	57.58.58	33.37.35	9.8.5	33.36.36	9.10.6
16	22.30.26	54.56.54	26.26.26	56.52.53	22.29.23	54.56.54	30.25.24	9.9.1	33.38.36	9.7.6	37.39.39	1.7.9
17	30.29.25	10.3.1	22.24.23	54.51.54	30.30.24	9.3.1	33.34.31	9.10.2	37.35.39	1.6.9	36.40.40	10.8.10
18	36.38.34	5.4.2	30.23.24	10.10.1	36.37.31	7.5.2	31.31.32	1.7.9	36.36.40	10.5.10	40.37.37	6.5.7
19	35.35.36	1.1.9	36.32.31	5.6.2	35.38.32	1.4.9	37.40.39	9.8.10	40.33.37	6.10.7	37.38.38	4.5.8
20	37.34.33	9.10.8	35.31.32	1.3.9	37.35.39	9.3.10	35.39.40	6.5.7	38.33.38	4.9.8	34.35.35	10.4.5
21	35.33.34	1.7.5	35.40.37	9.4.8	35.32.38	1.2.7	31.32.37	4.6.8	34.32.35	10.8.5	39.36.36	9.3.6
22	31.32.31	10.8.6	35.39.38	1.1.5	31.39.35	10.1.6	38.31.38	10.3.5	39.31.36	9.10.6	35.33.33	1.2.3
23	36.31.32	10.7.3	31.38.35	10.2.6	36.40.36	10.10.3	34.40.33	9.2.4	35.40.33	1.7.3	33.32.32	9.1.2
24	34.40.39	9.6.4	36.37.36	10.9.3	34.37.33	9.9.4	39.39.34	9.9.1	33.39.32	9.8.2	45.49.49	15.20.19
25	39.39.40	9.3.1	34.36.33	9.10.4	39.38.34	9.8.1	33.38.31	9.10.2	45.48.49	15.15.19	44.50.50	20.19.20
26	33.38.37	9.4.2	39.35.34	9.7.1	33.35.31	9.7.2	33.37.32	15.17.19	44.47.50	20.16.20	44.47.47	18.18.17
27	33.37.38	15.11.19	33.34.31	9.8.2	33.36.32	15.16.19	45.46.49	20.18.20	44.46.47	18.13.17	43.48.48	13.17.18
28	45.46.45	20.12.20	33.33.32	15.15.19	45.43.49	20.13.20	44.45.50	18.15.17	43.45.48	13.14.18	43.45.45	17.16.15
29	44.45.46		45.42.49	20.16.20	44.44.50	18.12.17	42.44.47	13.16.18	43.44.45	17.11.15	43.46.46	17.15.16
30	42.44.43		44.41.50	18.13.17	42.41.47	13.11.18	43.43.48	17.13.15	43.43.46	17.12.16	49.43.43	19.14.13
31	43.43.44		42.50.47		43.42.48		43.42.45	17.14.16		19.19.13		18.13.14

（下ひとケタが… **1·2** 自我欲　**3·4** 食欲・性欲　**5·6** 金欲・財欲　**7·8** 権力・支配欲　**9·0** 創作欲）

命数は左から、第3命数、第2命数、第1命数となります

金 1936 昭和11年生まれ

日＼月	1	2	3	4	5	6	7	8	9	10	11	12
1	16.12.11	47.47.42	16.13.12	47.43.41	17.18.11	51.53.60	27.24.30	51.55.59	23.25.28	53.56.58	28.24.27	52.58.57
2	17.11.12	51.56.59	17.14.11	51.52.60	27.25.30	51.54.59	27.23.29	53.54.58	28.26.27	52.55.57	26.21.26	60.55.56
3	27.30.29	51.55.60	27.21.30	51.51.59	27.26.29	53.51.58	23.22.28	52.53.57	26.23.26	60.54.56	21.22.25	51.56.55
4	27.29.30	53.54.57	27.22.29	53.60.58	23.23.28	52.52.57	28.21.27	60.52.56	21.24.25	51.53.55	25.29.24	51.53.54
5	23.28.27	54.54.58	26.23.27	54.59.58	28.24.27	60.59.56	26.30.26	51.51.55	25.21.24	51.52.54	25.30.23	51.54.53
6	24.27.24	59.51.55	24.30.28	59.58.55	25.21.25	59.60.56	21.29.25	51.60.54	25.22.23	51.51.53	27.27.22	57.51.52
7	25.26.21	59.52.56	25.27.25	60.57.56	25.22.26	59.57.53	29.28.23	51.59.53	27.29.22	57.60.52	28.28.22	58.52.52
8	25.25.22	59.59.53	25.26.29	59.56.53	29.29.23	52.58.54	26.27.24	60.57.51	28.30.22	58.59.52	33.35.39	10.9.9
9	29.24.29	52.60.54	29.25.23	52.55.54	26.30.24	60.55.51	24.26.21	58.58.52	33.37.39	9.8.9	33.36.40	9.10.10
10	26.23.30	60.57.51	26.26.24	60.54.51	24.27.21	58.56.52	28.25.22	9.5.9	33.38.40	9.7.10	33.33.37	3.7.7
11	24.22.27	58.58.52	24.23.21	58.53.52	28.28.22	9.3.9	33.34.39	9.6.10	33.35.37	3.6.7	36.34.38	10.8.8
12	28.21.28	9.5.9	28.24.22	9.2.9	33.35.39	9.4.10	33.33.40	3.3.7	36.36.38	10.5.8	34.31.35	8.5.5
13	33.40.35	9.4.10	33.31.39	9.1.10	33.36.40	3.1.7	33.32.37	10.4.8	34.33.35	8.4.5	32.32.36	2.6.6
14	33.39.32	1.1.7	33.32.40	1.10.7	37.35.37	10.2.8	36.31.38	8.1.5	32.34.36	2.3.6	33.39.33	7.3.3
15	37.38.39	10.2.8	37.39.37	10.7.8	36.36.38	8.9.5	34.40.35	2.2.6	33.31.33	7.2.3	33.36.34	7.4.4
16	36.35.40	6.9.6	36.40.38	5.6.6	40.33.35	4.10.6	38.39.36	7.3.3	33.32.34	7.1.4	35.33.31	2.1.1
17	40.34.37	4.10.5	40.38.36	4.5.5	38.34.35	10.10.4	33.36.33	7.4.4	35.39.31	1.10.1	34.34.32	10.2.2
18	38.33.38	10.7.4	38.37.35	10.9.4	34.31.34	5.9.3	31.35.33	2.1.1	34.40.32	10.5.2	50.41.50	14.20.20
19	34.40.33	9.8.3	34.36.34	9.10.3	39.32.33	1.8.2	35.34.32	9.2.1	50.48.50	14.14.20	48.42.49	12.19.19
20	39.39.34	9.3.2	39.35.33	9.7.2	35.39.32	9.7.1	33.37.31	14.19.20	48.47.49	12.13.19	44.49.48	17.18.18
21	33.38.31	9.4.1	33.34.32	9.8.1	33.36.31	15.16.20	45.46.50	12.20.19	44.46.48	18.13.18	43.50.47	13.17.17
22	33.37.32	15.11.20	33.33.31	15.15.20	45.43.50	20.15.19	44.45.49	18.17.18	43.45.47	13.14.17	43.45.46	17.16.16
23	45.46.49	20.12.19	45.42.50	20.16.19	44.44.49	18.14.18	44.44.48	13.16.17	43.44.46	17.11.16	43.46.45	17.15.15
24	44.45.50	18.19.18	44.41.49	18.13.18	44.41.48	13.13.17	43.43.47	17.13.16	43.43.45	17.12.15	49.43.44	19.14.14
25	44.44.47	13.20.17	44.50.48	13.14.17	43.42.47	17.12.16	43.42.46	17.14.15	49.42.44	19.19.14	44.44.43	18.13.13
26	43.43.48	18.17.16	43.49.47	17.11.16	43.49.46	17.11.15	43.41.45	19.11.14	44.41.43	18.20.13	42.41.42	18.12.12
27	43.42.45	17.18.15	43.48.46	17.12.15	43.50.45	19.18.14	49.50.44	18.12.13	42.50.42	18.17.12	47.42.41	17.11.11
28	43.41.46	19.15.14	43.47.45	19.19.14	49.47.44	18.17.13	44.49.43	18.19.12	47.49.41	17.18.11	51.59.60	27.30.30
29	49.50.43	18.16.13	49.46.44	18.20.13	44.48.43	16.16.12	42.48.42	17.20.11	51.58.60	27.25.30	51.60.59	27.29.29
30	44.49.44		44.45.43	16.17.12	42.45.42	17.15.11	47.47.41	27.27.30	51.57.59	27.26.29	53.57.58	23.28.28
31	42.48.41		42.44.42		47.46.41		51.56.60	27.28.29		23.23.28		28.27.27

銀 1937 昭和12年生まれ

日＼月	1	2	3	4	5	6	7	8	9	10	11	12
1	25.26.26	52.51.60	28.30.23	60.58.52	26.21.22	51.60.51	21.29.21	51.60.60	25.22.29	51.51.59	27.27.28	57.51.58
2	21.25.25	51.60.54	26.27.22	51.57.51	21.22.21	51.57.60	25.28.30	51.59.59	27.29.28	57.60.58	26.28.27	52.52.57
3	25.24.24	51.59.53	21.28.21	51.56.60	25.29.30	51.58.59	25.27.29	57.58.58	26.30.27	52.59.57	34.35.36	10.9.6
4	25.23.23	60.57.52	25.25.30	51.55.59	25.30.29	57.55.58	27.26.28	52.57.57	34.37.36	10.8.6	35.36.35	5.10.5
5	27.22.22	57.58.51	26.30.23	60.54.52	27.27.28	52.56.57	26.25.27	10.6.6	35.38.35	5.7.5	35.33.34	9.7.4
6	28.21.22	9.5.10	24.23.22	58.53.51	28.28.21	9.3.10	34.34.40	6.5.5	35.35.34	9.6.4	35.34.33	9.8.3
7	33.40.39	9.6.9	28.24.21	9.2.10	33.35.40	9.4.9	33.33.39	3.2.8	35.36.33	9.5.3	31.31.32	8.5.6
8	33.39.40	3.3.8	33.31.40	9.1.9	33.36.39	3.1.8	33.32.38	10.4.7	32.34.32	2.3.5	32.32.35	2.6.5
9	33.38.37	10.4.7	33.32.39	3.10.8	33.33.38	10.2.7	36.31.37	8.1.6	32.34.35	2.3.5	32.33.34	7.3.4
10	36.37.38	8.1.6	33.39.38	10.9.7	36.34.37	8.9.6	34.40.36	2.2.5	33.31.34	7.2.4	33.40.33	7.4.3
11	34.36.35	2.2.5	36.40.37	8.8.6	34.31.36	2.10.5	32.39.35	7.9.4	33.32.33	7.1.3	37.37.32	7.1.2
12	32.35.36	7.7.4	34.37.36	2.7.5	32.32.35	7.7.4	33.38.34	7.10.3	32.33.32	10.10.2	37.38.31	10.2.1
13	34.34.33	7.8.3	33.38.35	7.6.4	33.39.34	7.8.3	33.37.33	7.7.2	34.40.31	10.9.1	42.45.50	18.19.20
14	33.33.34	1.5.10	33.35.34	7.5.3	33.32.33	1.5.2	37.36.32	10.8.1	42.47.50	18.18.20	46.46.49	16.20.19
15	35.32.31	9.6.9	33.36.33	1.2.10	35.39.32	10.6.1	34.35.31	18.15.20	46.48.49	16.17.19	41.43.48	17.17.18
16	34.39.32	14.13.18	33.33.40	9.1.9	34.40.39	14.13.18	42.44.50	12.20.19	41.45.48	17.16.18	41.50.47	17.18.17
17	50.48.50	12.14.15	33.33.39	14.20.18	50.47.48	12.15.17	48.41.47	17.17.18	41.46.47	17.15.17	45.47.46	19.15.14
18	48.47.49	18.11.14	50.42.48	12.16.15	48.48.47	18.14.16	44.50.46	15.18.15	45.43.44	19.14.16	44.48.43	17.15.13
19	43.44.48	13.20.13	48.41.45	18.13.14	43.41.44	15.13.14	49.49.45	19.15.14	44.43.44	18.19.13	48.46.41	14.14.12
20	43.43.47	17.17.12	43.50.44	13.14.13	43.46.43	19.12.12	45.42.42	17.16.13	48.42.42	14.18.12	43.45.50	12.13.19
21	43.42.46	17.18.11	43.49.43	17.11.12	43.49.42	17.11.11	43.41.41	19.13.12	46.41.49	12.17.11	42.43.48	18.12.18
22	43.41.45	19.15.20	43.48.42	17.12.11	43.50.41	19.20.20	49.50.50	12.14.19	42.50.48	18.17.18	47.44.47	17.11.17
23	49.50.44	18.16.19	43.47.41	19.19.20	49.47.50	18.19.19	44.49.49	18.18.18	47.49.47	17.18.17	51.59.56	27.30.26
24	44.49.43	18.13.18	49.46.50	18.20.19	44.48.49	18.17.18	48.48.48	17.20.17	51.58.56	27.25.26	51.60.55	27.29.25
25	42.48.42	17.14.17	44.45.49	18.17.18	42.45.48	17.17.17	48.47.47	27.27.26	51.57.55	27.26.25	53.57.54	23.28.24
26	47.47.41	27.21.26	42.44.48	17.18.17	47.46.47	27.26.26	51.56.56	27.28.25	53.56.54	23.23.24	52.58.53	28.27.23
27	51.56.60	27.22.25	47.43.47	27.25.26	51.53.56	27.23.25	51.55.55	23.25.24	52.55.54	28.24.23	52.55.52	26.26.22
28	51.55.59	23.29.24	51.52.56	27.26.25	51.54.55	23.22.24	53.54.54	28.26.23	52.54.52	26.21.22	51.56.51	21.25.21
29	53.54.58		51.51.55	23.23.24	53.51.54	28.21.23	52.53.53	26.23.22	51.53.51	21.22.21	51.53.60	25.24.30
30	52.53.57		53.60.54	28.24.23	52.52.53	26.30.22	60.52.52	21.24.21	51.52.60	25.29.30	51.54.59	25.23.29
31	60.52.56		52.59.53		60.59.52		52.51.51	25.21.30		25.30.29		27.22.28

命数が… 1～10 羅針盤座　11～20 インディアン座　21～30 鳳凰座　31～40 時計座　41～50 カメレオン座　51～60 イルカ座

日＼月	1	2	3	4	5	6	7	8	9	10	11	12
1	26.21.27	10.6.6	27.23.23	52.53.54	26.28.24	10.3.1	34.34.31	5.5.2	35.35.39	9.6.9	35.34.40	9.8.10
2	34.40.36	6.5.5	26.24.24	10.2.1	34.35.31	5.4.2	35.33.32	9.4.9	35.36.40	9.5.10	31.31.37	1.5.7
3	35.39.35	9.4.4	34.31.31	5.1.2	35.36.32	9.1.9	35.32.39	9.3.10	31.33.37	1.4.7	36.32.38	10.6.8
4	35.38.34	10.4.4	33.36.36	9.10.9	35.33.39	9.2.10	35.31.40	1.2.7	36.34.38	10.3.8	34.39.35	8.3.5
5	35.37.33	8.1.1	34.33.33	10.9.4	36.39.34	1.9.7	31.40.37	10.1.8	34.31.35	8.2.5	39.40.36	9.4.6
6	34.36.36	1.2.2	36.40.34	8.8.1	34.31.31	2.10.2	32.40.32	8.10.5	39.32.36	9.1.6	33.37.33	9.1.3
7	32.35.35	7.9.9	34.37.31	2.7.2	31.32.32	7.7.9	33.37.40	9.9.5	33.39.33	9.10.3	33.38.32	9.2.4
8	33.34.34	7.10.10	32.38.32	7.6.9	33.39.39	7.8.10	33.37.40	8.7.7	34.40.38	9.9.8	42.45.45	18.19.15
9	34.33.33	10.8.8	33.35.39	7.5.10	33.40.40	7.5.7	37.36.37	10.8.8	42.47.45	18.18.15	45.46.46	16.20.16
10	37.32.32	10.8.8	33.36.40	7.4.7	38.37.37	10.6.8	34.35.38	18.15.15	46.48.46	16.17.16	41.43.43	17.17.13
11	34.31.31	18.15.15	37.33.37	10.3.8	34.38.38	18.13.15	42.44.45	15.16.16	41.45.43	17.16.13	41.44.44	17.18.14
12	42.50.50	16.14.14	34.34.38	18.12.15	42.45.45	16.14.16	46.43.46	17.13.13	41.46.44	17.15.14	42.41.41	11.15.11
13	46.49.49	17.11.11	42.41.45	12.11.14	45.46.46	17.11.13	41.42.43	17.14.14	41.43.41	11.14.11	44.42.42	18.16.12
14	41.48.48	15.12.12	48.42.44	17.20.11	41.45.41	17.12.12	41.41.44	12.11.11	44.44.42	18.13.12	42.49.49	16.13.19
15	41.47.47	20.19.19	41.49.41	15.17.12	41.46.42	20.19.19	41.50.41	18.12.12	42.41.49	16.12.19	49.50.50	20.14.20
16	45.44.44	17.20.20	49.50.42	19.16.19	45.43.49	18.20.20	44.49.50	16.13.17	46.41.48	20.11.20	45.41.45	15.11.15
17	44.43.43	19.17.17	45.48.49	17.15.20	43.44.50	14.20.17	42.48.47	12.14.18	41.49.45	15.20.15	41.44.46	15.12.16
18	48.42.42	12.18.18	43.47.50	19.19.17	48.41.47	12.19.18	46.45.48	15.11.15	49.50.46	15.19.16	53.51.53	29.29.23
19	46.49.49	18.13.13	49.46.47	12.20.18	46.42.48	18.18.15	42.44.45	13.12.16	53.58.53	29.24.23	51.52.54	27.29.24
20	42.48.48	17.14.14	46.45.48	18.17.13	42.49.45	17.17.16	49.43.46	29.29.23	51.57.54	27.23.24	58.59.51	22.28.21
21	47.47.47	27.21.21	42.44.43	17.18.14	47.46.44	27.26.21	53.56.53	27.30.24	53.56.51	22.22.21	56.60.52	30.27.22
22	51.56.56	27.22.22	47.43.44	27.25.21	51.53.51	27.25.22	51.55.54	23.27.21	56.55.52	30.24.22	52.57.59	26.26.29
23	51.55.55	23.29.29	51.52.51	27.26.22	51.54.52	23.24.29	53.54.59	28.26.30	52.54.57	22.27.24	51.56.58	21.25.28
24	53.54.54	28.30.30	51.51.52	23.23.29	53.51.59	28.23.30	52.53.60	26.23.27	51.53.58	21.22.28	51.53.55	25.24.25
25	51.53.53	26.27.27	53.60.59	28.24.30	52.52.60	26.22.27	52.52.57	21.24.28	51.52.55	25.29.25	51.54.56	25.23.26
26	51.52.52	21.28.28	52.59.60	26.21.27	52.59.57	21.21.28	51.51.58	25.21.25	51.51.56	25.26.26	52.52.54	26.21.24
27	52.51.51	26.25.25	60.58.57	21.22.28	51.60.58	25.28.25	51.60.55	25.22.26	57.60.53	27.27.23	52.52.54	26.21.24
28	51.58.58	25.26.26	51.57.58	25.29.25	51.57.55	25.27.26	51.59.56	27.29.23	52.59.54	26.28.24	10.9.1	36.40.31
29	51.59.59		51.56.55	25.30.26	51.58.56	27.26.23	57.58.53	26.28.24	10.8.1	36.35.31	5.10.2	35.39.32
30	57.58.58		51.55.56	27.27.23	57.55.53	26.25.24	52.57.54	34.37.31	5.7.2	35.36.32	9.7.9	35.38.58
31	52.57.57		57.54.53		52.56.54		10.6.1	35.38.32		35.33.39		35.37.40

日＼月	1	2	3	4	5	6	7	8	9	10	11	12
1	31.36.37	10.1.8	35.40.39	1.8.8	31.31.38	10.10.7	36.39.37	8.10.6	39.32.35	9.1.5	33.37.34	9.1.4
2	36.35.38	8.10.5	31.37.38	10.7.7	36.32.37	8.7.6	34.38.36	9.9.5	33.39.34	9.10.4	33.38.33	9.2.3
3	34.34.35	9.9.6	36.38.37	8.6.6	34.39.36	9.8.5	39.37.35	9.8.4	33.40.33	9.9.3	45.45.42	15.19.12
4	39.33.36	9.8.3	34.35.36	9.5.5	39.40.35	9.5.4	33.36.34	9.7.3	45.47.42	15.18.12	44.46.41	20.20.11
5	33.32.33	10.8.4	39.36.35	9.4.4	33.37.34	9.6.3	33.35.33	15.16.12	44.48.41	20.17.11	42.43.50	18.17.20
6	34.31.38	18.15.11	37.33.33	10.3.4	34.37.34	18.13.11	45.44.42	20.15.11	42.45.50	18.16.20	43.43.50	13.18.19
7	42.50.45	16.16.12	33.34.34	18.12.11	42.45.41	16.14.12	44.43.41	18.14.20	43.46.49	13.15.19	43.41.48	17.15.18
8	46.49.46	17.13.19	42.41.41	16.11.12	46.46.42	17.11.19	41.42.49	17.14.20	41.43.47	17.14.18	44.42.49	18.16.18
9	41.48.43	17.14.20	46.42.42	17.20.19	41.43.49	17.12.20	41.41.50	11.11.17	44.44.48	18.13.18	42.49.45	16.13.15
10	41.47.44	11.11.17	41.49.49	17.19.20	41.44.50	11.19.17	41.50.47	18.12.18	42.41.45	16.12.15	50.50.46	20.14.16
11	41.46.41	18.12.18	41.50.50	11.18.17	41.41.47	18.20.18	41.49.48	16.19.16	50.42.46	20.11.16	45.47.43	15.11.13
12	44.45.42	16.19.15	41.47.47	18.17.18	44.42.48	16.17.15	42.48.45	20.20.16	41.49.43	15.20.13	41.48.44	15.12.14
13	42.44.49	12.18.16	44.48.48	16.16.15	42.49.45	20.18.16	50.47.46	15.17.13	41.50.44	15.19.14	55.55.51	25.29.21
14	46.43.48	15.15.13	42.45.46	16.15.13	46.42.46	15.15.13	45.44.45	15.18.14	55.57.51	25.28.21	52.56.52	28.30.22
15	41.42.45	13.16.14	45.46.46	15.14.13	41.49.43	15.16.14	41.45.44	25.25.21	52.58.52	28.27.22	60.53.59	26.24.29
16	49.49.46	29.23.22	41.43.43	13.11.14	49.50.44	29.23.21	53.54.51	28.30.22	60.55.59	26.26.29	56.60.60	30.28.30
17	53.58.53	27.24.21	49.43.43	29.30.22	53.57.52	27.25.21	52.53.52	26.27.29	56.56.60	30.25.30	59.57.57	25.25.27
18	51.57.54	23.30.22	53.52.52	27.29.21	51.58.51	22.24.30	58.60.59	30.28.30	59.53.57	25.24.27	57.58.58	23.26.28
19	53.54.51	30.30.29	52.51.51	23.23.30	53.55.60	30.23.29	56.59.60	25.25.27	57.53.57	23.29.28	51.55.56	27.24.26
20	56.53.52	26.27.28	53.60.60	30.24.29	56.56.59	26.22.28	52.58.58	23.26.27	53.52.56	27.28.26	51.56.55	27.23.25
21	52.52.57	21.28.27	52.59.59	26.21.28	52.59.58	21.21.27	51.51.57	27.23.26	51.51.55	25.24.27	57.53.54	27.22.24
22	51.51.58	25.26.26	52.58.58	21.22.27	51.60.57	25.30.26	51.60.55	25.24.25	57.59.54	27.27.24	54.54.53	30.21.23
23	51.60.55	25.25.26	51.57.57	25.29.26	51.57.56	25.29.25	57.57.53	27.29.24	52.59.53	30.28.23	10.9.2	36.40.32
24	51.59.56	27.23.24	51.56.56	25.30.26	51.58.55	27.28.24	57.58.54	26.30.23	10.8.2	36.35.32	5.10.1	35.39.31
25	57.58.53	26.24.23	51.55.55	27.27.24	57.55.54	26.27.23	52.57.53	36.37.32	5.7.1	35.36.31	9.7.10	35.38.40
26	52.57.54	34.31.32	57.54.54	26.28.23	52.56.32	36.36.32	10.6.2	35.38.39	9.6.10	35.33.40	9.8.9	35.37.39
27	10.6.1	35.32.31	52.53.53	34.35.32	10.3.2	35.33.31	5.5.1	35.35.40	9.5.9	35.34.39	1.5.8	31.36.38
28	5.5.2	35.39.40	10.2.2	35.36.31	5.4.1	35.32.40	9.4.10	35.36.39	1.4.8	31.31.38	10.6.7	36.35.37
29	9.4.9		5.1.1	35.33.40	9.1.10	35.31.39	9.3.9	31.33.38	10.3.7	36.32.37	8.3.6	34.34.36
30	9.3.10		9.10.10	35.34.39	9.2.9	31.40.38	1.2.8	36.34.37	8.2.6	34.39.36	9.4.5	39.33.35
31	1.2.7		10.9.9		1.9.8		10.1.7	34.31.36		39.40.35		33.32.34

（下ひとケタが… 1・2 自我欲　3・4 食欲・性欲　5・6 金欲・財欲　7・8 権力・支配欲　9・0 創作欲）

金 1940 昭和15年生まれ

日＼月	1	2	3	4	5	6	7	8	9	10	11	12
1	33.31.33	15.16.12	33.34.38	15.12.15	46.45.45	20.14.16	44.43.46	18.14.13	43.46.44	13.15.14	43.41.41	17.15.11
2	45.48.42	20.15.11	45.41.45	20.11.16	44.46.46	18.11.13	42.42.43	13.13.14	43.43.41	17.14.11	43.42.42	17.16.12
3	44.49.41	18.14.20	44.42.46	18.20.13	42.43.43	13.12.14	43.41.44	17.12.11	43.44.42	17.13.12	50.49.49	19.13.19
4	42.48.50	13.13.19	42.49.43	13.19.14	43.44.44	17.19.11	43.50.41	17.11.12	49.41.49	19.12.19	44.50.50	18.14.20
5	43.47.49	11.11.18	43.50.44	11.18.18	43.41.41	17.20.12	43.49.42	19.20.19	44.42.50	18.11.20	42.47.47	16.11.17
6	41.46.47	18.12.17	41.47.48	18.17.17	44.42.44	16.17.16	49.48.49	18.19.20	42.49.47	16.20.17	47.48.48	17.12.18
7	44.45.48	16.19.16	44.48.47	15.16.16	42.49.46	20.18.15	50.47.45	16.18.17	47.50.48	17.19.18	55.55.52	25.29.22
8	42.44.45	20.20.15	42.45.46	20.15.15	50.50.45	15.15.14	41.46.44	15.18.13	55.57.52	25.28.22	52.56.51	28.30.21
9	50.43.46	15.17.14	50.46.45	15.14.14	41.47.44	15.16.13	41.45.43	25.25.22	52.58.51	28.27.21	60.53.60	26.27.30
10	41.42.43	15.18.13	41.43.44	15.13.13	41.48.43	25.23.22	55.54.52	28.26.21	60.55.60	26.26.30	54.54.59	24.30.29
11	41.41.44	25.25.22	41.44.43	25.22.22	55.55.52	28.24.21	52.53.51	26.23.20	54.56.59	24.25.29	59.51.58	25.25.28
12	55.60.51	28.26.21	55.51.52	28.21.21	52.56.51	26.21.30	60.52.60	24.24.29	59.53.58	25.24.28	59.52.57	25.26.27
13	52.59.52	26.21.30	52.52.51	26.30.30	60.53.60	24.22.29	54.51.59	25.21.28	59.54.57	25.23.27	59.59.56	29.23.26
14	60.58.59	30.22.29	60.59.60	30.29.29	56.56.59	25.29.28	59.60.58	25.22.27	59.51.56	29.22.26	52.60.55	26.24.25
15	56.57.60	25.29.26	56.60.59	25.26.26	59.53.58	25.30.27	59.59.57	29.29.26	52.52.55	26.21.25	60.53.54	24.21.24
16	59.57.57	23.30.25	59.57.56	23.25.25	57.54.55	27.27.24	53.58.56	26.24.25	60.59.54	24.30.24	54.54.53	30.22.23
17	57.53.57	27.27.24	57.57.55	27.24.24	53.51.54	25.29.23	52.55.53	24.21.24	54.60.53	30.29.23	9.1.10	33.39.40
18	53.52.56	25.28.30	53.56.54	25.30.30	51.52.53	22.28.22	56.54.52	30.22.21	9.7.10	33.34.40	7.2.9	31.39.39
19	51.59.55	27.25.27	51.55.60	28.27.27	57.59.57	30.27.28	54.53.51	36.39.40	7.7.9		1.9.8	37.38.38
20	57.58.54	26.24.28	57.54.57	26.28.28	54.60.58	36.36.35	10.6.5	31.40.39	1.6.8	37.32.38	9.10.4	35.37.34
21	52.57.53	36.31.35	52.53.58	36.35.35	10.3.5	35.35.36	5.5.6	37.37.33	9.5.4	35.34.34	1.7.1	31.36.31
22	10.6.2	35.32.36	10.2.5	35.36.36	5.4.6	35.34.33	9.4.3	35.38.34	1.4.1	32.31.31	10.6.2	36.35.32
23	5.5.1	35.39.33	5.1.6	35.33.33	9.1.3	35.33.34	9.3.4	31.33.31	10.3.2	36.32.32	10.3.9	34.34.39
24	9.4.10	35.40.34	9.10.3	35.34.34	9.2.4	31.32.31	1.2.1	36.34.32	10.2.9	34.39.39	9.4.10	39.33.40
25	9.3.9	31.37.31	9.9.4	32.31.31	1.9.1	36.31.32	10.1.2	34.31.39	9.1.10	39.40.40	9.1.7	33.32.37
26	1.2.8	36.38.32	1.8.1	36.32.32	10.10.2	34.38.39	10.10.9	39.32.40	9.10.7	33.37.37	2.9.8	31.31.38
27	10.1.7	34.35.39	10.7.2	34.39.39	8.7.9	39.37.40	9.9.10	33.39.37	9.9.8	33.38.38	15.19.15	45.50.45
28	8.10.6	39.36.40	8.6.9	39.40.40	9.8.10	33.36.37	9.8.7	33.40.38	15.18.15	46.45.45	20.20.16	44.49.46
29	9.9.5	33.33.37	9.5.10	33.37.37	9.5.7	33.35.38	9.7.8	45.47.45	20.17.16	44.46.46	18.17.13	42.48.43
30	9.8.4		9.4.7	33.38.38	9.6.8	45.44.45	15.16.15	44.48.46	18.16.13	42.43.43	13.18.14	43.47.44
31	9.7.3		9.3.8		15.13.15		20.15.16	42.45.43		43.44.44		43.46.41

銀 1941 昭和16年生まれ

日＼月	1	2	3	4	5	6	7	8	9	10	11	12
1	43.45.42	19.20.19	43.47.49	17.17.20	43.42.50	19.17.17	49.48.47	18.19.18	42.49.45	16.20.15	47.48.46	17.12.16
2	49.44.49	18.19.20	43.48.50	19.16.17	49.49.47	17.18.18	44.47.48	16.18.15	47.50.46	17.19.16	51.55.53	27.29.23
3	44.43.50	16.18.17	49.45.47	18.15.18	44.50.48	16.15.15	42.46.45	17.17.16	51.57.53	27.28.23	52.56.54	27.30.24
4	42.42.47	15.18.18	49.50.50	16.14.15	42.47.45	17.16.16	47.45.46	27.26.23	51.58.54	27.27.24	53.53.51	23.27.21
5	47.41.48	26.25.25	41.47.47	15.13.18	41.43.48	27.23.23	51.54.53	27.25.24	53.55.51	23.26.21	52.54.52	28.28.22
6	55.60.52	28.26.26	41.44.48	25.22.25	55.52.55	28.24.26	51.53.54	23.24.21	52.56.52	28.25.22	60.51.59	26.25.29
7	52.59.51	26.23.23	55.56.55	28.21.26	52.56.56	26.21.23	60.52.53	28.21.22	60.53.59	26.24.29	51.52.60	25.26.30
8	60.58.60	23.24.24	52.52.56	26.30.23	60.53.53	24.22.24	54.51.54	25.21.21	59.54.52	25.23.22	59.59.60	29.23.29
9	54.57.59	25.21.21	60.59.53	24.29.24	53.54.54	25.29.21	59.60.51	25.22.22	59.51.59	29.22.29	52.60.60	26.24.30
10	59.56.58	25.22.22	54.60.54	25.28.21	59.51.51	25.30.22	59.59.52	30.29.29	52.52.60	26.21.30	60.57.57	24.21.27
11	59.55.57	30.29.29	59.57.51	25.27.22	59.52.52	29.27.29	59.58.59	26.30.30	60.59.57	24.30.27	57.58.58	28.22.28
12	57.54.56	26.21.22	59.58.52	29.26.29	60.59.59	26.28.30	52.57.60	24.27.27	58.60.58	28.29.28	9.5.5	33.39.35
13	52.53.55	24.25.29	59.55.59	26.25.22	52.60.60	24.25.27	60.56.57	27.28.28	9.7.5	33.38.35	9.6.6	33.40.36
14	60.52.54	30.26.30	52.56.52	24.24.29	60.59.59	30.26.30	58.55.58	33.35.35	9.8.6	33.37.36	4.3.3	33.37.33
15	54.51.53	36.33.37	60.53.57	30.23.30	54.60.60	33.33.37	9.4.7	33.36.36	3.5.3	33.36.33	10.4.4	36.38.36
16	9.8.10	31.34.38	54.54.60	36.40.37	9.7.7	31.34.38	9.3.8	37.37.35	10.6.6	36.35.34	8.7.3	34.35.33
17	7.7.9	37.31.35	10.2.7	31.39.38	7.8.8	37.34.35	1.10.5	36.38.36	8.3.3	34.34.33	4.8.4	38.36.34
18	1.6.8	35.32.36	7.1.8	37.33.35	1.5.5	35.33.36	9.9.6	40.35.33	3.4.4	38.33.34	7.5.1	34.34.31
19	1.3.7	31.37.39	1.10.5	35.34.36	9.6.6	31.32.33	6.8.3	38.36.34	10.2.1	33.38.31	5.6.2	31.33.32
20	1.2.1	36.38.40	9.9.6	31.31.39	1.3.3	38.31.34	4.1.4	34.33.31	5.1.2	31.37.32	1.3.9	35.32.39
21	10.1.2	34.35.37	1.8.9	36.32.40	9.10.10	34.40.37	10.10.1	39.34.32	1.10.9	35.36.39	9.4.10	33.31.40
22	10.10.9	39.36.38	10.7.10	34.39.37	10.7.7	39.39.38	9.9.8	35.31.39	9.9.10	33.38.40	15.11.17	45.50.43
23	9.9.10	33.33.35	10.6.7	39.40.38	9.8.8	33.38.35	9.8.5	33.40.36	15.18.13	45.45.47	20.20.14	44.49.44
24	9.8.7	33.34.36	9.5.8	33.37.35	9.5.5	33.37.36	9.7.6	45.47.43	20.17.14	44.46.44	18.17.11	44.48.41
25	9.7.8	45.41.43	9.4.5	33.38.36	9.6.6	45.46.43	15.16.13	44.48.44	18.16.11	44.43.41	13.18.12	43.47.42
26	15.17.18	44.42.44	9.3.6	45.45.43	15.13.13	44.45.44	20.15.14	44.45.41	13.15.12	43.44.42	17.15.19	43.46.49
27	20.15.16	43.49.41	15.12.13	44.46.44	20.14.14	42.42.41	18.14.11	43.46.42	17.14.19	43.41.49	17.16.20	43.45.50
28	18.14.13	43.50.42	20.11.14	42.43.41	18.11.11	43.41.42	13.13.12	43.43.49	17.13.20	43.42.50	19.13.17	49.44.47
29	13.13.14		18.20.11	43.44.42	13.12.12	43.50.49	17.12.19	43.44.50	19.12.17	49.49.47	18.14.18	44.43.48
30	17.12.11		13.19.12	43.41.49	17.19.19	43.50.42	17.11.20	49.41.47	18.11.18	44.50.48	16.11.15	42.42.45
31	17.11.12		17.18.19		17.20.20		19.20.17	44.42.48		42.47.45		47.41.46

命数が… **1〜10** 羅針盤座 **11〜20** インディアン座 **21〜30** 鳳凰座 **31〜40** 時計座 **41〜50** カメレオン座 **51〜60** イルカ座

金 1942　昭和17年生まれ

日＼月	1	2	3	4	5	6	7	8	9	10	11	12
1	51.60.53	27.25.24	47.44.45	27.22.24	51.55.54	27.24.23	51.53.53	23.24.22	52.56.51	28.25.21	60.51.60	26.25.30
2	51.59.54	23.24.21	51.51.54	27.21.23	51.56.53	23.21.22	53.52.52	28.23.21	60.53.60	26.24.30	51.52.59	21.26.29
3	53.58.51	28.23.22	51.52.53	23.30.22	53.53.52	28.22.21	52.51.51	26.22.30	51.54.59	21.23.29	51.59.58	25.23.28
4	52.57.52	25.21.29	53.59.52	24.29.22	52.54.51	26.29.30	59.60.60	21.21.29	51.51.58	25.22.28	55.60.57	25.24.27
5	60.56.59	25.22.30	52.60.51	25.28.29	60.51.60	21.30.29	55.30.28	25.30.28	51.52.57	25.21.27	57.57.56	27.21.26
6	59.55.52	29.29.27	59.57.59	25.27.30	59.52.60	29.27.27	51.58.58	25.29.27	57.59.56	27.28.26	52.58.55	26.22.25
7	59.54.59	26.30.28	59.58.60	29.26.27	59.57.57	26.28.28	51.57.57	27.28.26	52.60.55	26.29.25	10.5.4	34.39.34
8	52.53.60	24.27.25	59.55.57	26.25.28	52.60.58	24.25.25	60.56.55	28.28.26	9.7.3	34.38.34	9.6.4	33.40.34
9	60.52.57	28.28.26	52.56.58	24.24.25	60.57.55	28.26.26	58.55.56	33.35.33	9.8.4	33.37.34	3.3.1	33.37.31
10	58.51.58	33.35.33	60.53.55	28.23.26	58.58.56	34.33.33	9.4.3	33.36.34	3.5.1	33.36.31	10.4.2	36.38.32
11	9.10.5	33.34.34	58.54.56	33.32.33	9.5.3	33.34.34	9.3.4	33.31.30	10.6.2	36.35.32	8.1.9	34.35.39
12	9.9.6	37.31.31	9.1.3	33.31.34	9.6.4	33.31.31	3.2.1	36.34.32	8.2.9	34.34.39	2.2.10	32.36.40
13	3.8.3	36.32.32	9.2.4	37.40.31	3.3.1	36.32.32	10.1.2	34.31.35	2.4.10	32.33.40	7.9.7	33.33.37
14	10.7.6	40.39.39	1.9.1	36.39.32	10.6.2	34.39.39	8.10.9	32.32.40	7.1.7	33.32.37	7.10.8	33.34.38
15	8.6.3	38.40.31	10.10.2	40.36.39	8.3.9	38.40.40	2.9.10	33.39.37	7.2.8	33.31.38	7.7.5	37.31.35
16	4.3.4	34.37.40	6.7.9	38.35.31	4.4.10	33.37.37	7.8.7	33.34.38	1.9.5	37.40.35	10.4.6	34.32.36
17	10.2.1	39.38.39	4.7.1	34.34.40	10.1.10	31.39.39	7.7.8	35.31.35	10.10.6	34.39.36	18.11.13	42.49.43
18	5.1.2	35.35.38	10.6.10	39.40.39	5.2.9	35.38.38	1.4.5	34.32.36	14.17.13	42.48.43	12.12.14	48.50.44
19	1.8.9	33.37.37	5.9.9	35.37.38	1.9.8	33.37.37	9.3.9	50.49.46	12.17.15	48.44.43	18.19.14	44.48.44
20	9.7.10	45.41.46	1.4.8	33.38.37	9.10.7	45.46.46	14.12.16	48.50.45	18.16.14	44.42.44	15.20.13	49.47.43
21	15.16.13	44.42.45	9.3.7	45.45.46	15.13.16	44.45.45	12.15.15	44.47.44	13.15.13	49.41.43	19.17.12	45.46.42
22	20.15.14	44.49.44	15.12.16	44.46.45	20.14.15	43.44.44	18.14.14	43.48.43	19.14.12	45.41.42	17.18.11	43.45.41
23	18.14.11	43.50.43	20.11.15	44.43.44	18.11.14	44.43.43	14.13.13	43.42.42	17.13.11	43.42.41	19.13.20	49.44.50
24	13.13.12	43.47.42	18.20.14	43.44.43	13.12.13	43.42.42	17.12.12	43.44.41	19.12.20	49.49.50	18.14.19	44.43.49
25	17.12.19	43.48.49	13.19.13	43.41.42	17.19.12	43.41.41	17.11.11	49.41.50	18.11.19	44.50.49	18.11.18	42.42.48
26	17.11.20	49.45.48	17.18.12	43.42.49	17.20.11	49.50.50	19.20.20	44.42.49	18.20.18	42.47.48	17.12.17	47.41.47
27	19.20.17	44.46.47	17.17.19	49.49.48	19.17.18	44.47.47	18.19.19	42.49.49	17.19.17	47.48.47	27.29.26	51.60.55
28	18.19.18	42.43.46	19.16.18	44.50.51	18.18.17	42.46.46	17.18.18	47.50.47	27.28.26	51.55.56	27.30.25	51.59.55
29	16.18.15		18.15.17	42.47.46	16.15.16	47.45.45	17.17.15	51.57.54	27.27.23	51.56.55	23.27.22	53.58.57
30	17.17.16		16.14.16	47.48.45	17.16.15	51.54.54	27.26.24	51.58.53	23.26.22	53.53.52	28.28.21	52.57.51
31	27.26.23		17.13.15		27.23.24		27.25.23	53.55.52		52.54.51		60.56.60

銀 1943　昭和18年生まれ

日＼月	1	2	3	4	5	6	7	8	9	10	11	12
1	51.55.59	25.30.28	60.57.52	21.27.21	51.52.51	25.27.30	51.58.60	25.29.29	57.59.58	27.30.28	51.58.57	26.22.27
2	51.54.58	25.29.27	51.58.51	25.26.30	51.59.60	25.28.29	51.57.59	27.28.28	52.60.57	26.29.27	10.5.6	34.39.36
3	51.53.57	25.26.26	51.55.60	25.25.29	51.60.59	27.25.28	57.56.58	26.27.27	10.7.6	34.38.36	5.6.5	35.40.35
4	57.51.56	26.27.25	51.56.59	27.24.28	57.57.58	26.26.27	52.55.57	34.36.36	5.8.5	35.37.35	9.3.4	35.37.34
5	52.51.55	33.35.34	57.53.58	23.23.27	52.58.57	34.33.36	10.4.6	36.35.35	9.5.4	35.36.34	9.4.3	35.38.33
6	9.10.3	33.36.33	58.54.55	33.32.34	9.3.4	33.34.34	5.3.5	35.34.34	9.6.3	35.35.33	1.1.2	31.35.32
7	9.9.4	33.33.32	6.1.4	33.31.33	9.6.3	33.31.32	9.2.4	35.33.33	1.3.2	31.37.32	10.2.1	36.36.31
8	3.8.1	36.34.31	9.2.3	33.40.32	3.3.2	36.32.31	10.1.1	34.31.40	2.4.9	36.33.31	7.9.8	33.35.39
9	10.7.2	34.31.40	3.9.2	36.39.31	10.4.1	34.39.40	8.10.10	32.32.39	7.1.8	33.32.38	7.10.7	33.34.37
10	8.6.9	32.32.39	10.10.1	34.38.40	8.1.10	32.40.39	7.9.9	33.39.38	7.2.7	33.31.37	7.7.6	37.31.36
11	2.5.10	33.39.38	8.7.10	32.37.39	2.2.9	33.37.38	7.8.8	33.40.37	7.9.6	37.40.36	10.8.5	34.32.35
12	7.4.7	33.40.37	2.8.9	33.36.38	7.9.8	33.38.37	8.7.7	37.37.36	10.10.5	34.39.35	18.15.14	42.49.44
13	7.3.8	35.35.36	7.5.8	33.35.37	7.10.7	37.35.36	7.6.6	34.38.35	18.17.14	42.48.44	16.16.13	46.50.43
14	1.2.5	34.36.35	7.6.7	35.34.36	1.1.6	34.36.35	10.5.5	42.45.44	16.18.13	46.47.43	17.13.12	41.47.42
15	10.1.6	50.43.42	1.3.6	34.33.35	10.2.5	42.43.44	18.14.14	46.46.43	17.15.12	41.46.42	17.14.11	41.48.41
16	14.18.13	48.44.41	10.4.3	50.50.42	17.17.12	48.44.41	16.13.13	41.47.42	17.16.11	41.45.41	19.17.20	45.45.50
17	12.17.15	44.41.50	14.12.12	48.49.41	12.18.11	44.44.50	17.12.12	41.48.41	19.13.20	45.44.50	18.18.19	44.46.49
18	18.16.14	43.42.43	12.11.11	44.48.50	18.15.20	49.43.49	15.19.19	45.45.48	18.14.17	44.43.49	14.17.16	48.45.46
19	14.13.13	45.49.42	18.20.14	44.43.43	13.16.13	45.42.42	19.18.18	43.46.47	14.12.16	48.48.46	12.16.15	46.46.45
20	19.12.12	43.48.41	13.19.13	45.41.42	19.13.12	43.41.41	16.17.17	48.43.46	12.11.15	46.47.45	18.13.14	42.43.44
21	17.11.11	49.45.50	17.18.12	43.42.42	17.20.11	49.50.50	19.20.20	46.44.49	18.20.18	42.46.44	17.14.17	47.44.47
22	19.20.20	44.46.49	17.17.11	49.49.50	19.17.20	44.49.49	12.19.19	42.41.48	17.19.17	47.48.43	27.21.26	53.51.56
23	18.19.19	42.43.48	19.16.20	44.48.49	18.18.19	42.48.48	17.18.18	47.50.47	27.28.26	53.55.52	27.30.25	52.60.55
24	17.18.18	47.44.47	18.15.19	42.47.48	17.15.18	48.47.47	18.17.17	51.57.56	27.27.25	51.56.51	23.27.24	53.57.54
25	18.17.17	51.51.56	18.14.18	47.48.47	17.16.17	51.56.56	27.26.26	51.58.55	23.26.24	53.53.54	28.28.23	52.58.53
26	27.26.26	51.52.55	17.13.17	51.55.56	27.23.26	51.55.55	27.25.25	53.55.54	28.25.23	52.54.53	26.25.22	52.55.52
27	27.25.23	53.59.54	27.22.26	51.56.55	27.24.25	53.52.54	23.24.24	52.56.53	26.24.22	52.51.52	21.26.21	51.55.51
28	23.24.22	52.60.53	27.21.25	53.53.54	23.21.24	52.51.53	28.23.23	52.53.52	21.23.21	51.52.51	25.23.30	51.54.60
29	28.23.21		23.30.24	52.54.53	28.22.23	60.60.52	26.22.22	51.54.51	25.22.30	51.59.60	25.24.29	51.53.59
30	26.22.30		28.29.23	60.51.52	26.29.22	51.59.51	22.21.21	51.51.60	25.21.29	51.60.59	27.21.28	57.52.58
31	25.25.29		26.28.23		21.30.21		25.30.30	51.52.59		57.57.58		52.51.57

（下ひとケタが…　1・2 自我欲　3・4 食欲・性欲　5・6 金欲・財欲　7・8 権力・支配欲　9・0 創作欲）

命数は左から、第3命数、第2命数、第1命数となります

金 1944 昭和19年生まれ

日\月	1	2	3	4	5	6	7	8	9	10	11	12
1	10.10.6	36.35.35	10.1.7	35.31.38	5.6.8	35.31.35	9.2.5	35.33.36	1.3.3	31.34.33	10.2.4	36.36.34
2	5.9.5	35.34.34	5.2.8	35.38.35	9.3.5	35.32.36	9.1.6	31.32.33	10.4.4	36.33.34	8.9.1	34.33.31
3	9.8.4	35.33.33	9.9.5	35.39.36	9.4.6	31.39.33	1.10.3	36.31.34	8.1.1	34.32.31	9.10.2	39.34.32
4	9.7.3	31.32.32	9.10.6	31.38.33	1.1.3	36.40.34	10.9.4	34.40.31	9.2.2	39.31.32	9.7.9	33.31.39
5	1.6.2	31.32.32	1.7.3	32.37.32	10.2.4	34.37.31	8.8.1	39.39.32	10.9.9	33.40.39	9.8.10	33.32.40
6	2.5.9	33.39.39	2.8.2	33.36.39	7.9.9	33.38.40	9.8.10	33.38.39	9.10.10	33.39.40	15.15.17	45.49.47
7	7.4.8	33.40.40	7.5.9	33.35.40	7.10.10	37.35.37	7.6.7	34.35.38	15.17.17	45.48.47	15.16.16	46.50.46
8	7.3.7	38.37.37	7.6.10	37.34.37	8.7.7	34.36.38	10.5.8	42.45.45	16.18.16	46.47.46	17.13.13	41.47.43
9	7.2.6	34.38.38	7.3.7	34.33.38	10.8.8	42.43.45	18.14.15	45.46.46	17.15.13	41.46.43	17.14.14	41.48.44
10	10.2.5	42.45.45	10.4.8	42.42.45	18.15.15	46.44.46	16.13.16	41.43.43	17.16.14	41.45.44	12.11.11	41.45.41
11	18.19.14	45.46.46	18.11.15	46.41.46	15.16.16	41.41.43	17.12.13	41.44.44	11.13.11	41.44.41	18.12.12	44.46.42
12	16.19.13	41.43.43	16.12.16	41.50.43	17.13.13	41.42.44	17.11.14	42.41.41	18.14.12	41.43.42	16.19.19	42.43.49
13	17.18.12	41.42.48	17.19.13	41.49.48	17.14.14	41.49.41	11.20.11	44.42.42	16.11.19	42.42.49	19.20.20	50.44.50
14	17.17.11	45.49.45	17.20.18	45.48.45	19.13.15	44.50.46	18.19.12	42.49.49	20.12.20	50.41.50	15.17.17	41.41.47
15	19.16.20	44.50.46	19.17.15	44.45.46	18.14.16	42.47.43	16.18.13	49.50.50	15.19.17	41.50.47	15.14.12	41.42.42
16	18.13.17	48.47.43	18.18.16	48.44.43	14.11.13	46.48.44	12.17.14	42.41.41	15.20.12	41.49.42	29.21.29	53.59.59
17	14.15.16	46.48.44	14.16.13	46.43.44	12.12.14	42.48.41	15.14.11	41.42.42	29.27.29	53.58.59	28.22.30	52.60.60
18	12.11.15	42.45.41	12.15.14	42.47.41	18.19.11	49.47.42	13.13.12	53.59.59	28.28.30	52.53.60	22.29.27	58.58.57
19	17.18.18	47.46.42	18.14.11	47.45.42	17.19.12	53.56.59	29.22.29	51.60.60	22.26.27	58.52.57	30.30.28	56.57.58
20	18.17.17	51.51.57	17.13.12	51.55.57	29.27.29	51.55.60	27.25.30	58.57.57	30.25.28	56.51.58	26.27.25	52.56.55
21	27.26.26	51.52.58	27.22.27	51.56.58	27.24.28	53.54.55	23.24.27	56.58.58	26.27.25	52.51.55	21.28.26	51.55.56
22	27.25.25	53.59.55	27.21.28	53.53.55	23.21.25	52.53.56	28.23.28	52.55.55	21.23.26	51.52.56	25.23.21	51.54.51
23	23.24.24	51.60.56	23.28.25	52.54.56	28.22.26	52.52.53	26.22.23	51.54.54	25.22.21	51.59.51	25.24.22	51.53.52
24	28.23.23	59.57.53	28.29.26	52.51.53	26.29.23	51.51.54	21.21.24	52.51.51	25.21.22	51.60.52	27.21.29	57.52.59
25	26.22.22	51.58.54	26.28.23	51.52.54	21.30.24	51.60.51	25.30.21	51.52.52	27.30.29	57.57.59	26.22.30	52.51.60
26	22.21.21	51.55.51	21.27.24	51.59.51	25.27.21	51.59.52	25.29.22	57.59.59	26.29.30	52.58.60	36.39.37	10.10.7
27	25.30.30	51.56.52	25.26.21	51.60.52	25.28.22	57.56.59	27.28.29	52.60.60	36.38.37	10.5.7	35.40.38	5.9.8
28	25.29.29	57.53.59	25.25.22	57.57.59	27.25.29	52.55.60	26.27.30	10.7.7	35.37.38	5.6.8	36.37.35	9.8.5
29	27.28.28	52.54.60	27.24.29	52.58.60	26.26.30	10.4.7	34.36.37	5.8.8	35.36.35	9.3.5	35.38.36	9.7.6
30	26.27.27		26.23.30	10.5.7	34.33.37	5.3.8	35.35.38	9.5.5	35.35.36	9.4.6	31.35.33	1.6.3
31	34.36.36		34.32.37		35.34.38		35.34.35	9.6.6		1.1.3		10.5.4

銀 1945 昭和20年生まれ

日\月	1	2	3	4	5	6	7	8	9	10	11	12
1	8.4.1	39.39.32	10.8.3	34.36.32	8.9.2	39.38.31	9.7.1	33.38.40	9.10.9	33.39.39	15.15.18	45.49.48
2	9.3.2	33.38.39	8.5.2	39.35.31	9.10.1	33.35.40	9.6.10	33.37.39	15.17.18	45.48.48	20.16.17	44.50.47
3	9.2.9	33.37.40	9.6.1	33.34.40	9.7.10	33.36.39	9.5.9	45.46.48	20.18.17	44.47.47	18.13.16	42.47.46
4	9.1.10	42.45.47	9.3.10	33.33.39	9.8.9	45.43.48	15.14.18	44.45.47	18.15.16	42.46.46	13.14.15	43.48.45
5	15.20.17	46.46.48	10.8.10	42.42.47	15.15.18	44.44.47	20.13.17	42.44.46	13.16.15	43.45.45	17.11.14	43.45.44
6	16.19.16	41.43.45	18.11.17	46.41.48	16.16.18	41.41.48	18.12.16	43.43.45	17.13.14	43.44.44	17.12.13	43.46.43
7	17.18.13	41.44.46	16.12.18	41.50.45	17.13.15	41.42.46	17.11.16	43.42.44	17.11.13	43.43.43	11.20.12	42.43.41
8	17.17.14	41.41.43	17.19.15	41.49.46	17.14.16	41.49.43	11.20.13	44.42.44	16.11.11	49.42.42	20.20.12	50.44.42
9	11.16.11	44.42.44	17.20.16	41.48.43	11.11.13	44.50.44	18.19.14	42.49.41	20.12.12	50.41.42	15.17.19	41.41.49
10	18.15.12	42.49.41	11.17.13	44.47.44	18.12.14	42.47.41	16.18.11	50.50.42	15.19.19	41.50.49	15.18.20	41.42.50
11	16.14.19	50.50.42	18.18.14	50.46.41	16.19.11	50.48.42	20.17.12	41.47.49	15.20.20	41.49.50	25.25.27	55.59.57
12	20.13.20	41.45.49	16.15.11	50.45.42	20.20.12	41.45.49	15.16.19	41.48.50	25.27.27	55.58.57	28.26.28	52.60.58
13	15.12.17	41.46.50	20.16.12	41.44.49	15.17.19	41.46.50	15.15.20	55.57.57	27.28.28	52.57.58	26.23.25	60.57.55
14	15.11.12	53.53.57	15.13.19	41.43.50	15.20.20	53.53.57	25.24.27	52.56.58	26.25.25	60.56.55	24.24.26	54.58.56
15	29.30.29	51.54.57	11.14.20	53.60.57	29.27.27	52.54.58	28.23.28	60.53.55	24.26.26	54.55.56	25.21.23	59.55.53
16	28.27.30	58.51.56	29.21.27	51.59.57	27.28.28	58.51.55	26.22.25	56.58.56	25.23.23	59.54.53	25.28.24	59.56.54
17	22.26.27	56.52.55	27.21.27	58.58.56	22.25.26	56.53.55	30.29.26	59.55.53	25.24.24	59.53.54	27.25.21	53.53.51
18	30.25.28	52.59.54	22.30.26	56.54.55	30.26.25	52.52.54	26.28.24	57.56.54	27.21.21	53.52.51	26.26.22	51.53.51
19	26.24.25	51.58.53	30.29.25	52.51.54	26.23.24	53.60.52	27.30.22	51.54.51	25.22.22	51.57.52	22.23.30	56.52.60
20	21.21.26	51.55.52	26.28.24	51.52.53	21.24.23	51.59.51	25.29.21	51.51.51	22.30.30	56.56.60	30.24.29	54.51.59
21	25.30.21	51.56.51	21.27.23	51.59.52	25.27.22	51.59.51	25.29.21	57.51.60	30.29.29	54.55.59	36.31.38	10.10.8
22	25.29.22	57.53.60	25.26.22	51.60.51	25.28.21	57.58.60	27.28.30	54.52.59	36.38.38	10.5.8	35.32.37	5.9.7
23	22.28.29	52.54.59	25.25.21	57.57.60	27.25.30	52.57.59	26.27.29	10.7.8	35.37.37	5.7.8	35.37.36	9.8.6
24	26.27.30	10.1.8	27.24.30	52.58.59	26.26.29	10.6.8	36.36.38	5.8.7	35.36.36	9.3.6	35.38.35	9.7.5
25	36.36.37	5.2.7	26.23.29	10.5.8	36.33.38	5.5.7	35.35.37	9.5.6	36.35.35	9.4.5	31.35.34	1.6.4
26	35.35.38	9.9.6	36.32.38	5.6.7	35.34.37	9.4.6	35.34.36	9.6.5	31.34.34	1.1.4	36.36.33	10.5.3
27	35.34.35	9.10.5	35.31.37	9.3.6	35.31.36	9.1.5	35.33.35	1.3.4	36.33.33	10.2.4	34.33.32	10.4.2
28	35.33.36	1.7.4	35.40.36	9.4.5	35.32.35	1.10.4	31.32.34	10.4.3	34.32.32	10.9.2	39.34.31	9.3.1
29	31.32.33		35.39.35	1.1.4	31.39.34	10.9.3	36.31.33	8.1.2	39.31.31	9.10.1	33.31.40	9.2.10
30	36.31.34		31.38.34	10.2.3	36.40.33	8.8.2	34.40.32	9.2.1	33.40.40	9.7.10	33.32.39	9.1.9
31	34.40.31		36.37.33		34.37.32		39.39.31	9.9.10		9.8.9		15.20.18

命数が… 1〜10 羅針盤座　11〜20 インディアン座　21〜30 鳳凰座　31〜40 時計座　41〜50 カメレオン座　51〜60 イルカ座

日＼月	1	2	3	4	5	6	7	8	9	10	11	12
1	20.19.17	42.44.46	15.11.15	44.41.46	20.16.16	42.41.43	18.12.13	43.43.44	17.13.11	43.44.41	17.12.12	43.46.42
2	18.18.16	43.43.45	20.12.16	42.50.43	18.13.13	43.42.44	13.11.14	43.42.41	17.14.12	43.43.42	20.19.19	49.43.49
3	13.17.15	43.42.44	18.19.13	43.49.44	13.14.14	43.49.41	17.20.11	43.41.42	19.11.19	49.42.49	18.20.20	44.44.50
4	17.16.14	44.42.43	13.20.14	43.48.41	17.11.11	43.50.42	17.19.12	49.50.49	18.12.20	44.41.50	16.17.17	42.41.47
5	17.15.13	42.49.42	11.11.14	44.47.43	17.12.12	49.47.49	19.18.19	44.49.50	16.19.17	42.50.47	17.18.18	47.42.48
6	16.14.11	50.50.41	18.18.13	42.46.42	16.19.12	50.48.41	18.17.20	42.48.47	17.20.18	47.49.48	27.25.25	51.59.55
7	20.13.12	41.47.50	16.15.12	50.45.41	20.20.11	41.45.50	15.15.20	47.47.48	27.27.25	51.58.55	27.26.26	51.60.56
8	15.12.19	41.48.49	20.16.11	41.44.50	15.17.20	41.46.49	15.15.19	55.55.58	28.28.27	51.57.56	26.23.26	60.57.56
9	15.11.20	55.55.58	15.13.20	41.43.49	15.18.19	55.53.58	25.24.28	52.56.57	26.25.26	60.56.56	24.24.25	54.58.55
10	25.30.27	52.56.57	15.14.19	55.52.58	25.25.28	52.54.57	28.23.27	60.53.56	24.26.26	54.55.55	25.21.24	59.55.54
11	28.29.28	60.53.56	25.21.28	52.51.57	28.26.27	60.51.56	26.22.26	54.54.55	25.23.24	59.54.54	25.22.23	59.56.53
12	26.28.25	56.52.55	28.22.27	60.60.56	26.23.26	54.52.55	24.21.25	59.51.54	25.24.23	59.53.53	29.29.22	59.53.52
13	24.27.26	59.59.54	26.29.26	56.59.55	24.24.25	59.59.54	25.30.24	59.52.53	29.21.22	59.52.52	26.30.21	52.54.51
14	25.26.23	57.60.59	30.30.25	59.58.54	25.23.24	59.60.53	25.29.23	59.59.52	26.22.21	52.51.51	24.27.30	60.51.60
15	25.25.24	53.57.58	25.27.24	57.55.59	25.24.23	53.57.52	29.28.22	52.60.51	24.29.30	59.60.60	28.28.29	58.52.59
16	27.22.21	51.58.57	23.28.29	53.54.58	27.21.28	52.58.57	26.27.21	60.51.60	30.30.29	58.59.59	33.31.38	9.9.8
17	25.21.21	57.55.57	27.26.28	51.53.57	25.22.27	56.58.56	24.26.30	54.52.59	33.37.38	9.8.8	33.32.37	9.10.7
18	22.30.30	54.56.58	25.25.27	58.57.57	22.29.26	54.57.55	30.23.25	9.9.4	31.38.33	9.7.7	37.39.32	1.7.2
19	30.27.29	10.1.5	27.24.27	54.58.58	30.30.28	10.6.5	36.32.34	7.10.3	37.36.32	1.2.2	35.40.31	9.7.1
20	36.36.38	5.2.6	30.23.28	10.5.5	36.37.35	5.5.6	31.31.33	1.7.2	35.35.31	9.1.1	40.37.40	6.6.10
21	35.35.37	9.9.3	36.32.35	5.6.6	35.34.36	9.4.3	37.34.33	9.8.4	31.34.31	6.10.10	38.38.32	4.5.2
22	35.34.36	9.10.4	35.31.36	9.3.3	35.33.33	9.3.4	35.33.34	1.5.1	38.33.32	4.2.2	34.35.39	10.4.9
23	35.33.35	1.7.1	35.40.33	9.4.4	35.32.34	1.2.1	31.32.31	10.4.2	34.32.39	10.9.9	39.34.40	9.3.10
24	31.32.34	10.8.2	35.39.34	2.1.1	31.39.31	10.1.2	36.31.32	10.1.9	39.31.40	9.10.10	33.31.37	9.2.7
25	36.31.33	8.5.9	31.38.31	10.2.2	36.40.32	10.10.9	34.40.39	9.2.10	33.40.37	9.7.7	33.32.38	9.1.8
26	34.40.32	9.6.10	36.37.32	8.9.9	34.37.39	9.9.10	39.39.40	9.9.7	33.39.38	9.8.8	45.45.45	15.20.15
27	39.39.31	9.3.7	34.36.39	9.10.10	39.38.40	9.6.7	33.38.37	9.10.8	45.48.45	16.15.15	44.50.46	20.19.16
28	33.38.40	9.4.8	39.35.40	9.7.7	33.35.37	9.5.8	33.37.38	15.17.15	44.47.46	20.16.16	44.47.43	18.18.13
29	33.37.39		33.34.37	9.8.8	33.36.38	15.14.15	45.46.45	20.18.16	42.46.43	18.13.13	43.48.44	13.17.13
30	45.46.48		33.33.38	16.15.15	45.43.45	20.13.16	44.45.46	18.15.13	43.45.44	13.14.14	43.45.41	17.16.11
31	44.45.47		45.42.45		44.44.46		42.44.43	13.16.14		17.11.11		17.15.12

日＼月	1	2	3	4	5	6	7	8	9	10	11	12
1	19.14.19	44.49.50	17.18.16	49.46.43	19.19.13	44.48.44	18.17.14	42.48.41	17.20.12	47.49.42	27.25.29	51.59.59
2	18.13.20	42.48.47	19.15.13	44.45.44	18.20.14	42.45.41	16.16.11	47.47.42	27.27.29	51.58.59	27.26.30	51.60.60
3	16.12.17	47.47.48	18.16.14	44.44.41	16.17.11	47.46.42	17.15.12	51.56.59	27.28.30	51.57.60	23.23.27	53.57.57
4	17.11.18	51.56.55	16.13.11	47.43.42	17.18.12	51.53.59	27.24.29	51.55.60	23.25.27	53.56.57	28.24.28	52.58.58
5	27.30.25	52.56.56	17.14.12	51.52.59	27.25.29	51.54.60	27.23.30	53.54.57	28.26.28	52.55.58	26.21.25	60.55.55
6	28.29.27	60.53.53	25.21.25	52.51.56	28.26.26	60.51.53	23.22.27	52.53.58	26.23.25	60.54.55	21.22.26	51.56.56
7	26.28.26	53.54.54	28.22.26	60.60.53	26.23.23	54.52.54	28.21.28	60.52.55	21.24.26	51.53.56	29.29.23	51.53.53
8	24.27.25	59.51.51	26.29.23	54.59.54	23.24.24	59.59.51	25.30.21	59.52.52	29.21.29	51.52.53	26.30.30	52.54.60
9	25.26.24	59.52.52	24.30.24	59.58.51	25.21.21	59.60.52	25.29.22	60.59.59	26.22.30	52.51.60	24.27.27	60.51.57
10	25.25.23	60.59.59	25.27.21	59.57.52	25.22.22	59.57.59	29.28.29	52.60.60	24.29.27	60.60.57	27.28.28	58.52.58
11	29.24.22	52.60.60	29.25.29	52.55.60	30.29.29	52.58.60	26.27.30	60.57.57	28.30.28	58.59.58	33.35.35	9.9.5
12	26.23.21	60.57.57	29.25.29	52.55.60	26.30.30	60.55.57	24.26.27	57.58.58	33.37.35	9.8.5	33.36.36	9.10.6
13	24.22.30	54.56.54	26.26.30	60.54.57	24.27.27	58.56.58	28.25.28	9.5.5	33.38.36	9.7.6	34.33.33	3.7.3
14	30.21.29	9.3.1	24.23.23	54.53.54	30.30.24	9.3.1	33.34.35	9.6.6	33.35.33	3.6.3	36.34.34	10.8.4
15	33.40.38	7.4.2	30.24.24	9.2.1	33.37.31	9.4.2	33.33.36	4.3.3	36.36.34	10.5.4	34.31.31	8.5.1
16	31.37.33	1.1.9	33.31.31	7.9.2	31.38.32	1.1.9	37.32.39	10.8.10	34.33.37	8.4.1	37.38.38	4.6.8
17	37.36.32	9.2.10	31.31.32	1.8.9	37.35.39	9.3.10	36.31.40	8.5.7	38.34.38	4.3.8	33.35.35	7.3.5
18	35.35.31	1.9.7	37.40.39	9.7.10	35.36.40	6.2.7	40.38.37	4.6.8	33.31.35	7.2.5	31.36.36	5.4.6
19	31.32.31	4.10.8	35.39.40	1.1.7	31.33.37	4.1.8	38.37.38	10.3.5	31.31.36	5.7.6	35.33.33	1.2.3
20	38.31.32	10.5.3	31.38.37	4.2.8	38.34.38	10.10.5	34.36.35	5.4.6	35.40.33	1.6.3	33.34.34	9.1.4
21	34.40.39	9.6.4	36.37.36	10.9.3	34.37.33	9.9.4	39.39.36	1.1.3	33.39.34	9.5.4	45.41.41	15.20.11
22	39.39.40	9.3.1	34.36.33	9.10.4	39.38.34	9.8.1	35.38.33	9.2.4	45.48.41	15.15.11	48.42.42	12.19.12
23	33.38.37	9.4.2	39.35.34	9.7.1	33.35.31	9.7.2	33.37.32	15.17.14	44.47.52	12.16.12	44.47.47	18.18.17
24	33.37.38	15.11.19	33.34.31	9.8.2	33.36.32	15.16.19	45.46.49	20.18.20	44.46.47	18.13.17	43.48.44	13.17.18
25	45.46.45	20.12.20	33.33.32	15.15.19	45.43.49	20.15.20	44.45.50	18.15.17	43.45.48	13.14.18	43.45.45	17.16.15
26	44.45.46	18.19.17	45.42.49	20.16.20	44.44.50	18.14.17	44.44.47	13.16.18	43.44.45	17.11.15	43.46.46	17.15.16
27	42.44.43	13.20.18	44.41.50	18.13.17	42.41.47	13.11.18	43.43.48	17.13.15	43.43.46	17.12.16	49.43.43	19.14.13
28	43.43.44	17.17.15	42.50.47	13.14.18	43.42.48	17.20.15	43.42.45	17.14.16	49.42.43	19.19.13	43.44.44	18.13.14
29	43.42.41		43.49.48	17.11.15	43.49.45	17.19.16	43.41.46	19.11.13	44.41.44	18.20.14	42.41.41	16.12.11
30	43.41.42		43.48.45	17.12.16	43.50.46	19.18.13	49.50.43	18.12.14	42.50.41	16.17.11	47.42.42	17.11.12
31	49.50.49		43.47.46		49.47.43		44.49.44	16.19.11		17.18.12		27.30.29

（下ひとケタが… **1・2** 自我欲　**3・4** 食欲・性欲　**5・6** 金欲・財欲　**7・8** 権力・支配欲　**9・0** 創作欲）

命数は左から、第3命数、第2命数、第1命数となります

金 1948　昭和23年生まれ

日＼月	1	2	3	4	5	6	7	8	9	10	11	12
1	27.29.30	53.54.57	27.22.29	53.60.58	23.23.28	52.52.57	28.21.27	60.52.56	21.24.25	51.53.55	25.29.24	51.53.54
2	23.28.27	52.53.58	23.29.28	52.59.57	28.24.27	60.59.56	26.30.26	51.51.55	25.21.24	51.52.54	25.30.23	51.54.53
3	28.27.28	60.52.55	28.30.27	60.58.56	26.21.26	51.60.55	21.29.25	51.60.54	25.22.23	51.51.53	27.27.22	57.51.52
4	26.26.25	51.51.56	26.27.26	51.57.55	21.22.25	51.57.54	28.28.24	51.59.53	27.29.22	57.60.52	26.28.21	52.52.51
5	21.25.26	59.59.53	21.28.25	59.56.53	29.29.23	51.58.53	25.27.23	57.58.52	26.30.21	52.59.51	34.35.40	10.9.10
6	29.24.29	52.60.54	29.25.23	52.55.54	26.30.24	60.55.51	27.26.22	52.57.51	34.37.40	10.8.10	35.36.39	5.10.9
7	26.23.30	60.57.51	26.26.24	60.54.51	24.27.21	58.56.52	28.25.22	10.6.10	35.38.39	5.7.9	33.33.37	3.7.7
8	24.22.27	58.58.52	24.23.21	58.53.52	28.28.22	9.3.9	33.34.39	9.6.10	33.35.37	3.6.7	36.34.38	10.8.8
9	28.21.28	9.5.9	28.24.22	9.2.9	33.35.39	9.4.10	33.33.40	3.3.7	36.36.38	10.5.8	34.31.35	8.5.5
10	33.40.35	9.6.10	33.31.39	9.1.10	33.36.40	3.1.7	33.32.37	10.4.8	34.33.35	8.4.5	32.32.36	2.6.6
11	33.39.36	3.3.7	33.32.40	3.10.7	33.33.37	10.2.8	36.31.38	8.1.5	32.34.36	2.3.6	33.39.33	7.3.3
12	33.38.33	10.4.8	33.39.37	10.9.7	36.34.38	8.9.5	34.40.35	2.2.6	33.31.33	7.2.3	33.40.34	7.4.4
13	36.37.34	8.9.5	36.40.38	8.8.5	34.33.35	2.10.6	32.39.36	7.9.3	33.32.34	7.1.4	37.37.31	7.1.1
14	34.36.37	4.10.6	34.37.35	4.7.6	38.34.36	7.7.3	33.38.33	7.10.4	37.39.31	7.10.1	34.38.32	10.2.2
15	38.35.38	7.7.3	38.38.36	7.4.3	33.31.33	7.8.4	33.37.34	7.7.1	34.40.32	9.9.2	42.42.42	18.19.19
16	33.32.35	5.8.3	33.35.33	5.3.3	31.32.33	1.5.1	35.36.31	10.2.2	42.47.49	18.18.19	48.42.50	12.20.20
17	31.31.36	1.5.2	31.35.33	1.2.2	35.39.32	9.7.1	34.33.32	18.19.19	48.48.50	12.17.20	41.49.47	18.17.17
18	35.40.33	9.6.1	35.34.32	9.8.1	33.40.31	14.16.20	50.42.50	12.20.20	41.45.47	17.12.17	49.50.47	15.17.17
19	33.37.34	15.13.20	33.33.31	15.15.20	45.47.50	12.15.19	48.41.49	18.17.18	49.45.47	15.11.17	45.47.46	19.16.16
20	45.46.41	20.12.19	45.42.50	20.16.19	44.44.49	18.14.18	44.44.48	15.18.17	45.44.46	19.20.16	44.48.43	17.15.15
21	44.45.50	18.19.18	44.41.49	18.13.18	44.41.48	13.13.17	43.43.47	19.15.16	43.43.45	17.12.15	49.45.44	19.14.14
22	44.44.47	13.20.17	44.50.48	13.14.17	43.42.47	17.12.16	43.42.46	17.16.15	49.42.44	19.19.14	44.44.43	18.13.13
23	43.43.48	17.17.16	43.49.47	17.11.16	43.49.46	17.11.15	43.41.45	19.11.14	44.41.43	18.20.13	42.41.42	18.12.12
24	43.42.45	17.18.15	43.48.46	17.12.15	43.50.45	19.20.14	49.50.44	18.12.13	42.50.42	18.17.12	47.42.41	17.11.11
25	43.41.46	19.15.14	43.47.45	19.19.14	49.47.44	18.19.13	44.49.43	18.19.12	47.49.41	17.18.11	51.59.60	27.30.30
26	49.50.43	18.16.13	49.46.44	18.20.13	44.48.43	18.18.12	42.48.42	17.20.11	51.58.60	27.25.30	51.60.59	27.29.29
27	44.49.44	16.13.12	44.45.43	16.17.12	42.45.42	17.15.11	47.47.41	27.27.30	51.57.59	27.26.29	53.57.58	23.28.28
28	42.48.41	17.14.11	42.44.42	17.18.11	47.46.41	27.24.30	51.56.60	27.28.29	53.56.58	23.23.28	52.58.57	28.27.27
29	47.47.42	27.21.30	47.43.41	27.25.30	51.55.60	27.23.29	51.55.59	23.26.28	52.55.57	28.24.27	60.55.56	25.26.26
30	51.56.59		51.52.60	27.26.29	51.53.59	23.22.28	53.54.58	28.25.27	60.54.56	26.21.26	51.56.55	21.25.25
31	51.55.60		51.51.59		53.54.58		52.53.57	26.23.26		21.22.25		25.24.24

銀 1949　昭和24年生まれ

日＼月	1	2	3	4	5	6	7	8	9	10	11	12
1	25.23.23	57.58.52	25.25.30	51.55.59	25.30.29	57.55.58	27.26.28	52.57.57	34.37.36	10.8.6	35.36.35	5.10.5
2	27.22.22	52.52.51	25.26.29	57.54.58	27.27.28	52.56.57	26.25.27	10.6.6	35.38.35	5.7.5	35.33.34	9.7.4
3	26.21.21	10.6.10	27.23.28	52.53.57	26.21.27	10.3.6	34.34.36	6.5.5	35.35.34	9.6.4	35.34.33	9.8.3
4	34.40.40	9.6.9	26.24.27	10.2.6	34.35.36	5.4.5	35.33.35	9.4.4	35.36.33	9.5.3	31.31.32	1.5.2
5	35.39.39	3.3.8	34.31.36	9.1.9	35.36.35	9.1.4	35.32.34	9.3.3	31.33.32	1.4.2	36.32.31	10.6.1
6	33.38.37	10.4.7	33.32.39	3.10.8	33.33.38	10.2.7	35.31.33	1.2.2	36.34.31	10.3.1	34.39.40	8.3.10
7	36.37.38	8.1.6	33.39.38	10.9.7	36.34.37	8.9.6	34.40.36	10.1.1	34.31.40	8.2.10	39.40.39	7.4.3
8	34.36.35	2.2.5	36.40.37	8.8.6	34.31.36	2.10.5	32.39.35	7.9.4	33.32.33	9.1.9	37.40.32	7.1.2
9	32.35.36	7.9.4	34.37.36	2.7.5	32.32.35	7.7.4	33.38.34	7.10.3	37.39.32	7.10.2	34.38.31	10.2.1
10	33.34.33	7.10.3	32.38.35	7.6.4	33.39.34	7.8.3	33.37.33	7.7.2	34.40.31	10.9.1	42.45.50	18.19.20
11	33.33.34	7.7.2	33.35.34	7.5.3	33.40.33	7.5.2	37.36.32	10.8.1	42.47.50	18.18.20	46.46.49	16.20.19
12	37.32.31	10.6.1	33.36.33	7.4.2	37.37.32	10.6.1	34.35.31	18.15.20	46.48.49	16.17.19	41.43.48	17.17.18
13	34.31.32	18.13.20	37.33.32	10.3.1	34.38.31	18.13.20	42.44.50	16.16.19	41.45.48	17.16.18	41.44.47	17.18.17
14	42.50.49	12.14.17	34.34.31	18.12.20	42.47.50	12.14.19	46.43.49	17.13.18	41.46.47	17.15.17	41.41.46	11.15.16
15	48.49.50	18.11.16	42.42.50	12.19.17	48.48.49	17.11.18	41.42.48	17.14.17	41.43.46	11.14.16	44.42.45	18.16.15
16	41.46.47	15.12.15	48.42.47	18.18.16	41.45.46	15.12.15	41.41.47	19.15.16	44.44.45	18.13.15	42.45.44	16.13.14
17	49.45.47	19.19.12	44.50.46	15.17.15	49.46.45	19.12.14	45.48.44	18.16.15	42.41.44	16.12.14	46.46.43	12.14.11
18	45.44.46	17.20.11	49.49.45	19.11.12	45.43.44	17.11.13	43.47.43	14.13.12	46.42.41	12.11.13	41.43.50	18.12.20
19	45.43.45	19.15.20	45.48.47	17.12.11	43.44.43	11.20.20	48.46.42	12.14.11	42.50.50	15.15.20	40.44.49	13.11.19
20	49.50.44	18.16.19	43.47.41	19.19.20	49.41.50	12.19.19	46.49.49	18.11.20	50.49.50	13.15.19	53.51.58	29.30.26
21	44.49.43	18.13.18	49.46.50	18.20.19	44.48.49	17.18.18	42.48.48	17.12.17	53.58.56	29.24.28	51.52.55	27.29.25
22	42.48.42	17.14.17	44.45.49	18.17.18	42.45.48	18.17.17	47.47.47	29.29.26	51.57.55	27.26.25	53.59.54	23.28.24
23	47.47.41	27.21.26	42.44.48	17.18.17	47.46.47	27.26.26	51.56.56	27.28.25	53.56.54	23.23.24	52.58.53	28.27.23
24	51.56.60	27.22.25	47.43.47	27.25.26	51.53.56	27.25.25	51.55.55	23.25.24	52.55.53	28.24.23	52.56.52	26.26.22
25	51.55.59	23.29.24	51.52.56	27.26.25	51.54.55	23.24.24	53.54.54	28.26.23	52.54.52	26.21.22	51.56.51	21.25.21
26	53.54.58	28.30.23	51.51.55	23.23.24	53.51.54	28.21.23	52.53.53	26.23.22	51.53.51	21.22.21	51.53.60	25.24.30
27	51.53.57	26.27.22	53.60.54	28.24.23	52.52.53	26.30.22	51.52.52	21.24.21	51.52.60	25.29.30	51.54.59	25.23.29
28	60.52.56	21.28.21	52.59.53	26.21.22	60.59.52	21.29.21	52.51.51	25.21.30	51.51.59	25.30.29	57.51.58	27.22.28
29	51.51.55		60.58.52	21.22.21	51.60.51	25.28.30	51.60.60	25.22.29	57.60.58	27.27.28	52.52.57	26.21.27
30	51.60.54		51.57.51	25.29.30	51.57.60	25.27.29	51.59.59	27.29.28	52.59.57	26.28.27	10.9.6	34.40.36
31	51.59.53		51.56.60		51.58.59		57.58.58	26.30.27		34.35.36		35.39.35

命数が… **1～10** 羅針盤座　**11～20** インディアン座　**21～30** 鳳凰座　**31～40** 時計座　**41～50** カメレオン座　**51～60** イルカ座

金 1950
昭和 25 年生まれ

日\月	1	2	3	4	5	6	7	8	9	10	11	12
1	35.38.34	9.3.3	35.32.32	9.10.9	35.33.39	9.2.10	35.31.40	1.2.7	36.34.38	10.3.8	34.39.35	8.3.5
2	35.37.33	1.2.2	35.39.39	9.9.10	35.34.40	1.9.7	31.40.37	10.1.8	34.31.35	8.2.5	39.40.36	9.4.6
3	31.36.32	10.1.1	35.40.40	1.8.7	31.31.37	10.10.8	36.39.38	8.10.5	39.32.36	9.1.6	33.37.33	9.1.3
4	36.35.31	7.9.9	31.37.37	10.7.8	36.32.38	8.7.5	34.38.35	9.9.6	33.39.33	9.10.3	33.38.34	9.2.4
5	34.34.40	7.10.10	36.38.38	7.6.9	34.39.35	9.8.6	39.37.36	9.8.3	33.40.34	9.9.4	45.45.41	15.19.11
6	34.33.33	8.7.7	33.35.39	7.5.10	33.40.40	7.5.7	33.36.33	9.7.4	45.47.41	15.18.11	44.46.42	20.20.12
7	37.32.32	10.8.8	33.36.40	7.4.7	38.37.37	10.6.8	34.35.34	15.16.11	44.48.42	20.17.12	42.43.49	18.17.19
8	34.31.31	18.15.15	37.33.37	10.3.8	34.38.38	18.13.15	42.44.45	15.16.16	41.45.43	18.16.19	41.44.44	17.18.14
9	42.50.50	15.16.16	34.34.38	18.12.15	42.45.45	16.14.16	46.43.46	17.13.13	41.46.44	14.15.14	42.41.41	11.15.11
10	46.49.49	17.13.13	42.41.45	16.11.16	46.49.46	17.11.13	41.42.43	17.14.14	44.43.41	11.14.11	44.42.42	18.16.12
11	41.48.48	17.14.14	46.42.46	17.20.13	41.43.43	17.12.14	41.41.44	12.11.11	44.44.42	18.13.12	42.49.49	16.13.19
12	41.47.47	20.19.19	41.49.43	17.19.14	41.44.44	11.19.11	41.50.41	18.12.12	42.41.49	16.12.19	49.50.50	19.14.20
13	41.46.46	18.20.20	41.50.44	19.18.19	42.41.41	18.20.12	44.49.42	16.19.19	50.42.50	20.11.20	41.47.47	15.11.17
14	44.45.45	14.17.17	45.47.49	18.17.20	44.44.50	16.17.17	42.48.49	19.20.20	41.49.47	15.20.17	41.48.48	15.12.18
15	42.44.44	12.18.18	44.48.50	14.14.17	42.41.47	12.18.18	50.47.50	15.17.17	41.50.48	15.19.18	56.55.55	25.29.25
16	46.41.41	18.15.15	48.45.47	12.13.18	46.42.48	16.15.15	41.46.45	15.12.16	53.57.53	25.28.25	52.52.54	28.30.24
17	42.50.50	17.16.16	46.45.48	18.12.15	42.49.45	13.17.16	41.45.46	29.29.23	52.58.54	28.27.24	60.59.51	26.27.21
18	50.49.49	29.23.23	42.44.45	17.18.16	49.50.46	29.26.23	53.52.53	28.30.24	58.55.51	26.26.21	56.60.52	30.28.22
19	53.56.56	27.22.22	47.43.46	29.25.23	53.57.53	27.25.24	51.51.54	22.27.21	56.55.52	30.21.22	52.57.59	26.26.29
20	51.55.55	23.29.29	53.52.53	27.26.22	51.58.54	23.24.21	58.60.51	30.28.22	52.54.59	26.30.29	57.58.60	23.25.30
21	53.54.54	28.30.30	51.51.52	23.23.29	53.55.59	28.23.30	56.53.52	26.25.29	51.53.60	23.29.30	53.55.57	27.24.27
22	52.53.53	26.27.27	53.60.59	28.24.30	52.52.60	26.22.27	52.52.59	21.26.30	53.52.57	27.29.27	51.56.58	25.23.28
23	51.52.52	21.28.28	52.59.60	26.21.27	52.59.57	21.21.28	51.51.58	25.21.25	51.51.56	25.30.28	57.51.53	27.22.23
24	52.51.51	26.25.25	52.58.57	21.22.28	51.60.58	25.30.25	51.60.55	25.22.26	57.60.53	27.27.23	52.52.54	26.21.24
25	51.60.60	25.26.26	51.57.58	25.29.25	51.57.55	25.29.26	51.59.56	27.29.23	52.59.54	26.28.24	10.9.1	36.40.31
26	51.59.59	27.23.23	51.56.55	25.30.26	51.58.56	27.28.23	57.58.53	26.30.24	10.8.1	36.35.31	5.10.2	35.39.32
27	57.58.58	26.24.24	51.55.56	27.27.23	57.55.53	26.25.24	52.57.54	36.37.31	5.7.2	35.36.32	9.7.9	35.38.39
28	52.57.57	34.31.31	57.54.53	26.28.24	52.56.54	34.34.31	10.6.1	35.38.32	9.6.9	35.33.39	9.8.10	35.37.40
29	10.6.6		52.53.54	34.35.31	10.3.1	35.33.32	5.5.2	35.35.39	9.5.10	35.34.40	1.5.7	31.36.37
30	6.5.5		10.2.1	35.36.32	5.4.2	35.32.39	9.4.9	35.36.40	1.4.7	31.31.37	10.6.8	36.35.38
31	9.4.4		5.1.2		9.1.9		9.3.10	31.33.37		36.32.38		34.34.35

銀 1951
昭和 26 年生まれ

日\月	1	2	3	4	5	6	7	8	9	10	11	12
1	39.33.36	9.8.3	34.35.36	9.5.5	39.40.35	9.5.4	33.36.34	9.7.3	45.47.42	15.18.12	44.46.41	20.20.11
2	33.32.33	9.7.4	39.36.36	9.4.4	33.37.34	9.6.3	33.35.33	15.16.12	44.48.41	20.17.11	42.43.50	18.17.20
3	33.31.34	15.16.11	33.33.34	9.3.3	33.38.33	15.13.12	45.44.42	20.15.11	42.45.50	18.16.20	43.44.49	18.18.19
4	45.50.41	20.15.12	33.34.33	15.12.12	45.45.42	20.14.11	44.43.41	18.14.20	43.46.49	13.15.19	43.41.48	17.15.18
5	44.49.42	17.13.19	45.41.42	20.11.11	44.46.41	18.11.20	42.42.50	13.13.19	43.43.48	17.14.18	43.42.47	17.16.17
6	41.48.43	17.14.20	46.42.42	17.20.19	41.43.49	17.12.20	43.41.49	17.12.18	43.44.47	17.13.17	49.49.46	19.13.16
7	41.47.44	11.11.17	41.49.49	17.19.20	41.44.50	11.19.17	43.50.48	17.11.17	49.41.46	19.12.16	44.50.45	18.14.15
8	41.46.41	18.12.18	41.50.50	11.18.17	41.41.47	18.20.18	44.49.48	16.19.15	50.42.46	18.11.15	41.47.43	15.11.13
9	44.45.42	16.19.15	41.47.47	18.17.18	44.42.48	16.17.15	42.48.45	20.20.16	41.49.43	15.20.13	41.48.44	15.12.14
10	44.44.49	20.20.16	44.48.48	16.16.15	42.49.45	20.18.16	50.47.46	15.17.13	41.50.44	15.19.14	55.55.51	25.29.21
11	50.43.50	15.17.13	42.45.45	20.15.16	50.50.46	15.15.13	41.46.43	15.18.14	55.57.51	25.28.21	52.56.52	28.30.22
12	41.42.47	15.18.14	50.46.46	15.14.13	41.47.43	15.16.14	41.45.44	25.25.21	52.58.52	28.27.22	60.53.59	26.27.29
13	41.41.48	29.23.21	41.43.43	15.13.14	41.48.44	25.23.21	55.54.51	28.26.22	60.55.59	26.26.29	54.54.60	24.28.30
14	53.60.53	28.24.22	41.44.44	29.22.21	53.57.51	28.24.22	52.53.52	26.23.29	54.56.60	24.25.30	59.51.57	25.25.27
15	52.59.54	22.21.29	53.51.51	28.21.22	52.58.52	26.21.29	60.52.59	24.24.30	59.53.57	25.24.27	59.52.58	25.26.28
16	58.56.51	30.22.29	51.52.52	22.28.29	58.55.59	30.22.30	56.51.60	25.25.27	59.54.58	25.23.28	53.55.55	27.23.25
17	56.55.52	26.29.28	58.60.60	30.27.29	56.56.59	26.22.28	59.60.57	25.26.28	53.51.55	27.22.25	52.56.56	26.24.26
18	52.54.59	21.30.27	56.59.59	26.26.28	52.53.57	27.23.25	57.57.58	27.23.25	52.52.56	26.21.26	56.53.53	27.21.23
19	51.51.60	27.27.26	52.58.58	21.22.27	51.54.57	27.30.26	53.56.56	23.24.25	56.60.54	27.22.26	54.54.53	30.21.23
20	53.60.57	25.26.25	51.57.57	27.29.26	53.51.56	25.29.25	51.55.55	22.21.24	54.59.53	30.25.23	10.1.2	36.40.32
21	51.59.56	27.23.24	51.56.56	25.30.25	51.58.55	28.28.24	57.58.54	30.22.23	10.8.2	36.34.32	5.2.1	35.39.31
22	57.58.53	26.24.23	51.55.55	27.27.24	52.56.53	36.32.32	54.57.53	36.39.32	5.7.1	35.36.31	1.9.10	37.38.40
23	52.57.54	36.31.32	57.54.54	26.28.23	52.56.53	36.36.32	10.6.2	35.38.31	9.6.10	37.33.40	9.8.9	35.37.39
24	10.6.1	35.32.31	52.53.53	36.35.32	9.3.2	35.35.31	5.5.1	35.35.40	9.5.9	35.34.39	1.5.8	31.36.38
25	5.5.2	35.39.40	10.2.2	35.36.31	5.4.1	35.34.40	9.4.10	35.36.39	1.4.8	31.31.38	10.6.7	36.35.37
26	9.4.9	35.40.39	5.1.1	35.33.40	9.1.10	35.33.39	9.3.9	31.33.38	10.3.7	36.32.37	10.3.6	34.34.36
27	9.3.10	31.37.38	9.10.10	35.34.39	9.2.9	31.40.38	1.2.8	36.34.37	10.2.6	34.39.36	9.4.5	39.33.35
28	1.2.7	36.38.37	10.9.9	31.31.38	1.9.8	36.39.37	10.1.7	34.31.36	9.1.5	39.40.35	9.1.4	33.32.34
29	10.1.8		1.8.8	36.32.37	10.10.7	34.38.36	8.10.6	39.32.35	9.10.4	33.37.34	9.2.3	33.31.33
30	8.10.5		10.7.7	34.39.36	8.7.6	39.37.35	9.9.5	33.39.34	9.9.3	33.33.33	15.19.12	45.50.42
31	9.9.6		8.6.6		9.8.5		9.8.4	33.40.33		45.45.42		44.49.41

（下ひとケタが… **1·2** 自我欲　**3·4** 食欲·性欲　**5·6** 金欲·財欲　**7·8** 権力·支配欲　**9·0** 創作欲）

命数は左から、第3命数、第2命数、第1命数となります

金 1952 昭和27年生まれ

日＼月	1	2	3	4	5	6	7	8	9	10	11	12
1	42.48.50	13.13.19	42.49.43	13.19.14	43.44.44	17.19.11	43.50.41	17.11.12	49.41.49	19.12.19	44.50.50	18.14.20
2	43.47.49	17.12.18	43.50.44	17.18.11	43.41.41	17.20.12	43.49.42	19.20.19	44.42.50	18.11.20	42.47.47	16.11.17
3	43.46.48	17.11.17	43.47.41	17.17.12	43.42.42	19.17.19	49.48.49	18.19.20	42.49.47	16.20.17	47.48.48	17.12.18
4	43.45.47	19.20.16	43.48.42	19.16.19	50.49.49	18.18.20	44.47.50	16.18.17	47.50.48	17.19.18	51.55.55	27.29.25
5	49.44.46	20.20.15	49.45.49	20.15.15	50.50.45	16.15.17	42.46.47	17.17.18	51.57.55	27.28.25	51.56.56	27.30.26
6	50.43.46	15.17.14	50.46.45	15.14.14	41.47.44	15.16.13	47.45.48	27.26.25	51.58.56	27.27.26	54.53.53	23.27.23
7	41.42.43	15.18.13	41.43.44	15.13.13	41.48.43	25.23.22	55.54.52	28.26.21	53.55.53	23.26.23	54.54.59	24.28.29
8	41.41.44	25.25.22	41.44.43	25.22.22	55.55.52	28.24.21	52.53.51	26.23.30	54.56.59	24.25.29	59.51.58	25.25.28
9	55.60.51	28.26.21	55.51.52	28.21.21	52.56.51	26.21.30	60.52.60	24.24.29	59.53.58	25.24.28	59.52.57	25.26.27
10	52.59.52	26.23.30	52.56.52	26.30.30	60.53.60	24.22.29	54.51.59	25.21.28	59.54.57	25.23.27	59.59.56	29.23.26
11	60.58.59	24.24.29	60.59.60	24.29.29	54.54.59	25.29.28	59.60.58	25.22.27	59.51.56	29.22.26	52.60.55	26.24.25
12	54.57.60	25.21.28	54.60.59	25.28.28	59.51.58	25.30.27	59.59.57	29.29.26	52.52.55	26.21.25	60.57.54	24.21.24
13	59.56.57	25.30.27	59.57.58	25.27.27	59.54.57	29.27.26	59.58.56	26.30.25	60.59.54	24.30.24	58.58.53	28.22.23
14	59.55.58	27.27.26	59.58.57	27.26.26	53.51.56	26.28.25	52.57.55	24.27.24	58.60.53	28.29.23	9.5.2	33.39.32
15	53.54.55	26.28.23	53.55.56	26.23.23	52.52.53	24.25.24	60.56.54	30.22.23	9.7.2	33.38.32	9.2.1	33.40.31
16	52.51.56	22.25.22	52.56.53	21.22.22	56.59.52	30.26.21	54.55.53	33.39.32	9.8.1	33.37.31	1.9.10	37.37.40
17	56.60.54	30.26.21	56.54.52	30.21.21	54.60.51	36.36.40	9.2.10	31.40.39	1.5.10	34.36.40	10.10.7	36.38.37
18	54.59.53	36.33.35	54.53.51	36.35.35	10.7.5	31.35.39	7.1.9	37.37.38	10.6.7	36.31.37	6.7.6	40.36.36
19	10.6.2	35.34.36	10.2.5	35.36.36	5.8.6	37.34.33	1.10.8	35.38.37	6.4.6	40.40.36	4.8.5	38.35.35
20	5.5.1	35.39.33	5.1.6	35.33.33	9.1.3	35.33.34	9.3.4	31.35.31	4.3.5	38.39.35	10.5.9	34.34.39
21	9.4.10	35.40.34	9.10.3	35.34.34	9.2.4	31.32.31	1.2.1	38.36.32	10.2.9	34.39.39	9.6.10	39.33.40
22	9.3.9	31.37.31	9.9.4	32.31.31	1.9.1	36.31.32	10.1.2	34.31.39	9.1.10	39.40.40	9.1.7	33.32.37
23	1.2.8	36.38.32	1.8.1	36.32.32	10.10.2	34.40.39	10.10.9	39.32.40	9.10.7	33.37.37	9.2.8	33.31.38
24	10.1.7	34.35.39	10.7.2	34.39.39	10.7.9	39.39.40	9.9.10	33.39.37	9.9.8	33.38.38	15.19.15	45.50.45
25	10.10.6	39.36.40	10.6.9	39.40.40	9.8.10	33.38.37	9.8.7	33.40.38	15.18.15	46.45.45	19.20.16	44.49.46
26	9.9.5	33.33.37	9.5.10	33.37.37	9.5.7	33.37.38	9.7.8	45.47.45	20.17.16	44.46.46	18.17.13	44.48.43
27	9.8.4	33.34.38	9.4.7	33.38.38	9.6.8	45.44.45	15.16.15	44.48.46	18.16.13	44.43.43	13.18.14	43.47.44
28	9.7.3	45.41.45	9.3.8	46.45.45	15.13.15	44.43.46	20.15.16	42.45.43	13.15.14	43.44.44	17.15.11	43.46.41
29	15.16.12	44.42.46	15.12.15	44.46.46	20.14.16	42.42.43	18.14.13	43.46.44	17.14.11	43.41.41	17.16.12	43.45.42
30	20.15.11		20.11.16	42.43.43	18.11.13	43.41.44	13.13.14	43.43.41	17.13.12	43.42.42	19.13.19	49.44.49
31	18.14.20		18.20.13		13.12.14		17.12.11	43.44.42		50.49.49		44.43.50

銀 1953 昭和28年生まれ

日＼月	1	2	3	4	5	6	7	8	9	10	11	12
1	42.42.47	17.17.18	44.46.48	16.14.15	42.47.45	17.16.16	47.45.46	27.26.23	51.58.54	27.27.24	53.53.51	23.27.21
2	47.41.48	27.26.25	44.43.45	17.13.16	47.48.46	27.23.23	51.54.53	27.25.24	53.55.51	23.26.21	52.54.52	28.28.22
3	51.60.55	27.25.26	47.44.46	27.22.23	51.55.53	27.24.24	51.53.54	23.24.21	52.56.52	28.25.22	60.51.59	26.25.29
4	51.59.56	26.23.23	51.51.53	27.21.24	51.56.54	23.21.21	53.52.51	28.23.22	60.53.59	26.24.29	51.52.60	21.26.30
5	53.58.53	23.24.24	51.52.54	26.30.23	53.53.51	28.22.22	52.51.52	26.22.29	51.54.60	21.23.30	51.59.57	25.23.27
6	54.57.59	25.21.21	60.59.53	24.29.24	53.54.54	25.29.21	60.60.59	21.21.30	51.51.57	25.22.27	51.60.58	25.24.28
7	59.56.58	25.22.22	54.60.54	25.28.21	59.51.51	25.30.22	59.59.52	25.30.27	51.52.58	25.21.28	57.57.55	24.21.27
8	59.55.57	30.29.29	59.57.51	25.27.22	59.52.52	29.27.29	59.58.59	26.30.30	60.59.57	24.30.27	57.58.58	22.22.28
9	59.54.56	26.30.30	59.58.52	29.26.29	60.59.59	26.28.30	52.57.60	24.27.27	58.60.58	28.29.28	6.5.5	33.39.39
10	53.53.55	24.27.27	59.55.59	26.25.30	52.60.60	24.25.27	56.56.57	27.28.28	9.7.5	33.38.35	9.6.6	33.40.36
11	60.52.54	27.28.28	52.56.60	24.24.27	60.57.57	27.26.28	58.55.58	33.35.35	9.8.6	33.37.36	4.3.3	33.37.33
12	58.51.53	33.33.37	60.53.57	28.23.28	58.58.58	33.33.35	9.4.5	33.36.36	3.5.3	33.36.33	10.4.4	36.38.34
13	9.10.2	33.34.36	58.54.58	33.32.37	9.5.5	33.34.36	9.3.6	34.33.33	10.6.4	36.35.34	8.1.1	34.35.31
14	9.9.1	37.31.35	9.1.7	33.31.38	9.8.8	37.31.35	3.2.3	36.34.34	8.3.1	34.34.31	1.2.2	32.36.32
15	1.8.10	35.32.36	9.2.8	37.38.35	1.5.5	36.32.36	10.1.6	34.31.31	2.4.2	32.33.32	7.9.9	33.33.31
16	10.5.7	40.39.33	1.9.5	35.37.36	10.6.6	40.39.33	8.10.3	38.36.34	7.1.1	33.32.31	7.6.2	33.34.32
17	6.4.6	38.40.32	9.9.6	40.36.33	6.3.3	38.31.34	4.7.4	33.33.31	7.2.2	33.31.32	1.3.9	35.31.39
18	4.3.5	34.37.31	6.3.3	34.40.31	3.4.4	34.40.31	10.6.1	31.34.32	1.9.9	35.36.39	10.4.10	33.31.40
19	10.10.9	39.36.38	4.7.4	34.39.31	10.1.1	39.39.32	5.5.2	35.31.39	9.9.10	33.35.40	14.11.17	50.50.47
20	9.9.10	33.33.35	10.6.1	39.40.38	9.2.2	35.38.39	1.8.9	33.32.40	14.18.17	50.44.47	12.12.18	48.49.48
21	9.8.7	33.34.36	9.5.8	33.37.35	9.5.5	33.37.36	9.7.10	45.49.47	12.17.18	48.46.48	18.19.15	44.48.45
22	9.7.8	45.41.43	9.4.5	33.38.36	9.6.6	45.46.43	15.16.13	48.50.48	18.16.15	44.43.45	13.20.16	43.47.42
23	15.16.15	44.42.44	9.3.6	45.45.43	15.13.13	44.45.44	20.15.14	44.45.41	13.15.12	43.44.42	17.15.19	43.46.49
24	20.15.16	44.49.41	15.12.13	44.46.44	20.14.14	44.44.41	18.14.11	43.46.42	17.14.19	43.41.49	17.16.20	43.45.50
25	18.14.13	43.50.42	20.11.14	44.43.41	18.11.11	43.43.42	13.13.12	43.43.49	17.13.20	43.42.50	19.13.17	49.44.49
26	13.13.14	43.47.49	18.20.11	43.44.42	13.12.12	43.42.49	17.12.19	43.44.50	19.12.17	49.49.49	18.14.18	44.43.48
27	17.12.11	43.48.50	13.19.12	43.41.49	17.19.19	43.49.50	17.11.20	49.41.47	18.11.18	44.50.48	18.11.15	42.42.45
28	17.11.12	49.45.47	17.18.19	43.42.50	17.20.20	49.48.47	19.20.17	44.42.48	18.20.15	42.47.45	17.12.16	47.41.46
29	19.20.19		17.17.20	49.49.47	19.17.17	44.47.48	18.19.18	42.49.46	17.19.16	47.48.46	27.29.23	51.60.53
30	18.19.20		19.16.17	44.50.48	17.18.18	42.46.45	18.18.15	47.50.46	27.28.23	51.59.53	27.30.24	51.59.54
31	16.18.17		18.15.18		16.15.15		17.17.16	51.57.53		51.56.54		53.58.51

命数が… 1～10 羅針盤座　11～20 インディアン座　21～30 鳳凰座　31～40 時計座　41～50 カメレオン座　51～60 イルカ座

金 1954 昭和29年生まれ

日＼月	1	2	3	4	5	6	7	8	9	10	11	12
1	52.57.52	26.22.29	53.59.52	28.29.21	52.54.51	26.29.30	59.60.60	21.21.29	51.51.58	25.22.28	51.60.57	25.24.27
2	60.56.59	21.21.30	52.60.51	26.28.30	60.51.60	21.30.29	51.59.59	25.30.28	51.52.57	25.21.27	57.57.56	27.21.26
3	51.55.60	25.30.27	60.57.60	21.27.29	51.52.59	25.27.28	51.58.58	25.29.27	57.59.56	27.30.26	52.58.55	26.22.25
4	54.54.57	26.30.28	51.58.59	25.26.28	51.59.58	25.28.27	51.57.57	27.28.26	52.60.55	26.29.25	10.5.4	34.39.34
5	51.53.58	24.27.25	51.55.58	25.26.28	51.60.57	27.25.26	57.56.56	26.27.25	10.7.4	34.38.34	5.6.3	35.40.33
6	60.52.57	28.28.26	52.56.58	24.24.25	60.57.55	28.26.26	52.57.55	34.36.34	5.8.3	35.37.33	9.3.2	35.37.32
7	58.51.58	33.35.33	60.53.55	28.23.26	58.58.56	34.33.33	10.4.4	35.35.33	9.5.2	35.36.32	9.4.1	35.38.31
8	9.10.5	33.36.34	58.54.56	33.32.33	9.5.3	33.34.34	9.3.4	33.33.31	10.6.2	35.35.31	8.1.9	34.35.39
9	9.9.6	33.33.31	9.1.3	33.31.34	9.6.4	33.31.31	3.2.1	36.34.32	8.3.9	34.34.39	2.2.10	32.36.40
10	3.8.3	36.34.32	9.2.4	33.40.31	3.3.1	36.32.32	10.1.2	34.31.39	2.4.10	32.33.40	7.9.7	33.33.37
11	10.7.4	34.31.39	3.9.1	36.39.32	10.4.2	34.39.39	8.10.9	32.32.40	7.1.7	33.32.37	7.10.8	33.34.38
12	8.6.1	38.40.40	10.10.2	34.38.39	8.1.9	32.40.40	2.9.10	33.39.37	7.2.8	33.31.38	7.7.5	37.31.35
13	2.5.2	33.37.37	8.7.9	38.37.40	2.2.10	33.37.37	7.8.7	33.40.38	7.9.5	37.40.35	10.8.6	33.32.36
14	7.4.1	31.38.38	4.8.10	33.36.37	7.1.7	33.38.38	7.7.8	37.37.35	10.10.6	34.39.36	18.15.13	42.49.43
15	7.3.2	35.35.38	7.5.7	31.33.38	7.2.8	36.35.35	7.6.5	34.38.36	18.17.13	42.48.43	16.16.14	46.50.44
16	1.10.9	33.36.37	5.6.8	35.32.38	1.9.5	34.36.36	10.5.6	42.49.43	12.18.14	46.47.44	17.19.11	41.47.41
17	9.9.10	45.43.46	1.4.8	33.31.37	9.10.7	50.46.46	18.14.13	48.50.44	17.15.11	41.46.41	17.20.12	41.48.42
18	14.18.17	48.44.45	9.3.7	45.45.46	14.17.16	48.45.45	12.11.14	41.47.41	15.16.12	41.45.42	19.17.19	45.45.49
19	12.15.18	44.49.44	15.12.16	48.46.45	12.18.15	44.44.44	18.20.14	49.48.43	19.14.12	45.50.49	17.18.11	43.45.41
20	18.14.15	43.50.43	12.11.15	44.43.44	18.15.14	44.43.43	15.19.13	45.45.42	17.13.11	43.49.41	14.15.20	48.44.50
21	13.13.12	43.47.42	18.20.14	43.44.43	13.12.13	43.42.42	19.12.13	43.46.41	19.12.20	48.48.50	12.16.19	46.43.49
22	17.12.19	43.48.41	13.19.13	43.41.42	17.19.12	43.41.41	17.11.11	49.43.50	12.11.19	46.50.49	18.13.18	42.42.48
23	17.11.20	45.45.50	17.18.12	43.42.41	17.20.11	49.50.50	19.20.20	44.42.49	18.20.18	42.47.48	17.12.17	47.41.47
24	19.20.17	44.46.49	17.17.11	49.49.50	19.17.20	44.49.49	18.19.19	42.49.48	17.19.17	47.48.47	27.29.26	51.60.56
25	18.19.18	42.43.46	19.16.20	44.50.49	18.18.19	42.48.48	17.18.18	47.50.47	27.28.26	51.55.56	27.30.25	51.59.55
26	18.18.15	47.44.45	18.15.19	42.47.46	18.15.18	48.47.47	18.17.17	51.57.56	27.27.25	51.56.55	23.27.24	53.58.54
27	17.17.16	51.52.53	16.14.16	47.48.45	17.16.15	51.54.54	27.26.26	51.55.55	23.26.24	53.53.54	28.28.23	52.57.53
28	27.26.23	51.52.53	17.13.15	51.55.54	27.23.24	51.53.53	27.25.25	53.55.54	28.25.23	52.54.53	26.25.22	52.56.52
29	27.25.24		27.22.24	51.56.53	27.24.23	53.52.52	23.24.22	52.56.51	26.24.30	52.51.52	21.26.29	51.55.59
30	23.24.21		27.21.23	53.53.52	23.21.22	52.51.51	28.23.21	60.53.60	21.23.29	51.52.59	25.23.28	51.54.58
31	28.23.22		23.30.22		28.22.21		26.22.30	51.54.59		51.59.58		51.53.57

銀 1955 昭和30年生まれ

日＼月	1	2	3	4	5	6	7	8	9	10	11	12
1	57.52.56	26.27.25	51.56.59	27.24.28	57.57.58	26.26.27	52.55.57	34.36.36	5.8.5	35.37.35	9.3.4	35.37.34
2	52.51.55	34.36.34	57.53.58	26.23.27	52.58.57	34.33.36	10.4.6	36.35.35	9.5.4	35.36.34	9.4.3	35.38.33
3	10.10.4	35.35.33	52.54.57	34.32.36	10.5.6	35.34.35	5.3.5	35.34.34	9.6.3	35.35.33	1.1.2	31.35.32
4	5.9.3	33.33.32	10.1.6	35.31.35	5.6.5	35.31.34	9.2.4	35.33.33	1.3.2	31.34.32	10.2.1	36.36.31
5	9.8.2	36.34.31	5.2.5	33.40.32	9.3.4	35.32.33	9.1.3	31.32.32	10.4.1	36.33.31	8.9.10	34.33.40
6	10.7.2	34.31.40	3.9.2	36.39.31	10.4.1	34.39.40	1.10.2	36.31.31	8.1.10	34.32.40	9.10.9	39.34.39
7	8.6.9	32.32.39	9.10.1	34.38.40	8.1.10	32.40.39	10.9.1	34.40.40	9.2.9	39.31.39	9.7.8	33.31.38
8	2.5.10	33.39.38	8.7.10	32.37.39	2.2.9	33.37.38	7.8.8	33.40.37	7.9.6	33.40.38	10.8.5	34.32.35
9	7.4.7	33.40.37	2.8.9	33.36.38	7.9.8	33.38.37	8.7.7	37.37.36	10.10.5	34.39.36	18.15.14	42.49.44
10	7.3.8	37.37.36	7.5.8	33.35.37	7.10.7	37.35.36	7.6.6	34.38.35	18.17.14	42.48.44	16.16.13	46.50.43
11	7.2.5	34.38.35	7.6.7	37.34.36	7.7.6	34.36.35	10.5.5	42.45.44	16.18.13	46.47.43	17.13.12	41.47.42
12	10.1.6	42.43.44	7.3.6	34.33.35	10.8.5	42.43.44	18.14.14	46.46.43	17.15.12	41.46.42	17.14.11	41.48.41
13	18.20.13	48.44.43	10.4.5	42.42.44	18.15.14	46.44.43	16.13.13	41.43.42	17.16.11	41.45.41	11.11.20	41.45.50
14	12.19.14	41.41.50	18.11.14	48.41.43	12.18.13	41.41.42	17.12.12	41.44.41	11.13.20	41.44.50	18.12.19	44.46.49
15	17.18.11	49.42.49	12.12.13	41.48.50	17.15.12	41.42.41	17.11.11	41.41.50	18.14.19	44.43.49	16.19.18	42.43.48
16	15.15.12	45.49.48	17.19.20	49.47.49	16.16.19	45.49.48	19.20.20	44.46.49	16.11.18	42.42.48	12.16.17	46.44.47
17	19.14.12	43.50.41	15.19.19	45.46.48	19.13.18	43.41.47	18.19.19	42.43.48	12.12.17	46.41.47	15.13.16	41.41.46
18	17.13.11	49.47.50	19.18.18	43.42.41	17.14.17	48.50.46	14.16.16	46.44.45	15.19.14	41.50.46	13.14.13	49.42.43
19	19.20.19	44.46.49	17.17.11	49.49.50	11.20.16	46.49.49	12.15.15	42.41.44	13.13.13	49.45.43	29.21.22	53.60.52
20	12.19.20	43.43.48	19.16.20	44.50.49	12.12.19	42.48.48	18.14.14	49.42.43	29.28.22	53.54.52	27.22.21	51.59.51
21	17.18.18	47.44.47	18.15.19	42.47.48	18.15.18	48.47.47	18.17.17	53.59.56	27.27.25	51.53.51	23.29.24	53.58.54
22	18.17.17	51.51.56	18.14.18	47.48.47	17.16.17	51.56.56	29.26.26	51.60.55	23.26.24	53.53.54	30.30.23	56.57.53
23	27.26.26	51.52.55	17.13.17	51.55.56	27.23.26	51.55.55	27.25.25	55.55.54	28.25.23	56.54.53	26.25.22	52.56.52
24	27.25.25	53.59.54	27.22.26	51.56.55	27.24.25	53.54.54	23.24.24	56.55.54	26.24.22	52.51.52	21.26.21	51.55.51
25	23.24.24	52.60.53	27.21.25	53.53.54	23.21.24	52.53.53	28.23.23	52.53.52	21.23.21	51.52.51	25.23.30	51.54.60
26	28.23.21	60.57.52	23.30.24	52.54.53	28.22.23	51.52.52	26.22.22	51.54.51	25.22.30	51.59.60	25.24.29	51.53.59
27	26.22.30	51.55.60	26.28.23	60.51.52	26.29.22	51.59.51	22.21.21	51.51.60	25.21.29	51.60.59	27.21.28	52.52.58
28	21.21.29	51.55.60	26.28.22	51.52.51	21.30.21	51.58.60	25.30.30	51.52.59	27.30.28	57.57.58	26.22.27	52.51.57
29	25.30.28		21.27.21	51.59.60	25.27.30	51.57.59	25.29.29	57.59.58	26.29.27	52.58.57	34.39.36	10.10.6
30	25.29.27		25.26.30	51.60.59	25.28.29	57.56.58	27.28.28	52.60.57	34.38.36	10.5.6	35.40.35	5.9.5
31	27.28.26		25.25.29		27.25.28		26.27.27	10.7.6		5.6.5		9.8.4

（下ひとケタが… 1・2 自我欲 3・4 食欲・性欲 5・6 金欲・財欲 7・8 権力・支配欲 9・0 創作欲）

金 1956 昭和31年生まれ

日＼月	1	2	3	4	5	6	7	8	9	10	11	12
1	9.7.3	31.32.32	9.10.6	31.38.33	1.1.3	36.40.34	10.9.4	34.40.31	9.2.2	39.31.32	9.7.9	33.31.39
2	1.6.2	36.31.31	1.7.3	36.37.34	10.2.4	34.37.31	8.8.1	39.39.32	10.9.9	33.40.39	9.8.10	33.32.40
3	10.5.1	34.40.40	10.8.4	34.36.31	8.9.1	39.38.32	9.7.2	33.38.39	9.10.10	33.39.40	15.15.17	45.49.47
4	8.4.10	40.39.39	8.5.1	39.35.32	9.10.2	33.35.39	9.6.9	33.37.40	15.17.17	45.48.47	20.16.18	44.50.48
5	9.3.9	38.37.37	7.6.10	37.34.37	8.7.7	33.36.40	9.5.10	45.46.47	20.18.18	44.47.48	18.13.15	42.47.46
6	7.2.6	34.38.38	7.3.7	34.33.38	10.8.8	42.43.45	15.14.17	44.45.48	18.15.15	42.46.45	13.14.16	43.48.46
7	10.1.5	42.45.45	10.4.8	42.42.45	18.15.15	46.44.46	16.13.16	41.43.43	13.16.16	42.45.42	12.11.11	41.45.41
8	18.20.14	45.46.46	18.11.15	46.41.46	15.16.16	41.41.43	17.12.13	41.44.44	11.13.11	41.44.41	18.12.12	44.46.42
9	16.19.13	41.43.43	16.12.16	41.50.43	17.13.13	41.42.44	17.11.14	42.41.41	18.14.12	44.43.42	16.19.19	42.43.49
10	17.18.12	41.44.44	17.19.13	41.49.44	17.14.14	41.49.41	11.20.11	44.42.42	16.11.19	42.42.49	19.20.20	50.44.50
11	11.17.11	42.41.41	11.18.14	42.48.41	12.11.11	41.50.42	12.19.12	42.49.49	20.12.20	50.41.50	15.17.17	41.41.47
12	11.16.20	44.42.42	11.17.11	44.47.42	18.12.12	42.47.49	16.18.19	49.50.50	15.19.17	41.50.47	15.18.18	41.42.48
13	18.15.19	42.47.43	18.18.16	42.46.43	16.11.13	50.48.50	20.17.20	41.47.47	15.20.18	41.49.48	26.25.25	55.59.55
14	16.14.18	46.48.44	16.15.13	46.45.44	12.12.14	41.45.41	15.16.17	41.48.48	25.27.25	55.58.55	28.26.26	52.60.56
15	12.13.17	41.45.41	12.16.13	41.42.41	15.19.11	41.46.42	15.15.12	53.59.59	28.28.26	52.57.56	26.29.27	60.57.57
16	15.20.14	49.46.42	18.14.11	49.41.42	13.20.12	53.53.59	29.24.29	52.60.60	26.25.27	60.56.57	30.30.28	56.58.58
17	13.19.13	53.53.59	13.13.12	53.60.59	29.27.29	51.55.60	28.21.30	58.57.57	30.26.28	56.55.58	25.27.25	59.55.55
18	29.28.22	51.54.60	29.22.29	51.56.60	27.28.30	58.54.57	22.30.27	56.58.58	25.23.25	59.60.55	23.28.26	57.55.56
19	27.25.25	53.51.57	27.21.30	53.53.57	23.25.27	56.53.58	30.29.28	52.55.55	23.23.26	57.59.56	27.25.23	53.54.53
20	23.24.24	52.60.56	23.30.25	52.54.56	28.22.26	52.52.55	26.22.25	51.56.56	27.22.23	53.58.53	25.26.24	51.53.54
21	28.23.23	52.57.53	27.29.26	52.51.53	26.29.23	51.51.54	21.21.26	54.53.53	25.21.24	51.60.54	27.23.21	57.52.51
22	26.22.22	51.58.54	26.28.23	51.52.54	21.30.24	51.60.51	25.30.21	51.52.52	27.30.21	57.57.51	26.22.30	52.51.60
23	22.21.21	51.55.51	21.27.24	51.59.51	25.27.21	55.30.22	25.29.30	57.59.59	26.29.30	52.58.60	36.39.37	10.10.7
24	25.30.30	51.56.52	25.26.21	51.60.52	25.28.22	57.58.59	27.28.29	52.60.60	36.38.37	10.5.7	35.40.38	9.5.8
25	25.29.29	57.53.59	25.25.22	57.57.59	27.25.29	52.57.60	26.27.30	10.7.7	35.37.38	5.6.8	35.37.35	9.8.5
26	27.28.28	52.54.60	27.24.29	52.58.60	26.26.30	10.6.7	36.36.37	5.8.8	35.36.36	9.3.5	35.38.36	9.7.6
27	26.27.27	10.1.7	26.23.30	10.5.7	34.33.37	5.3.8	35.35.38	9.5.5	35.35.36	9.4.6	33.35.31	1.6.3
28	34.36.36	5.2.8	34.32.37	5.6.8	35.34.38	9.2.5	35.34.35	9.6.6	31.34.33	1.1.3	36.36.34	10.5.4
29	36.35.35	9.9.5	35.31.38	9.3.5	35.31.35	9.1.6	35.33.36	1.3.3	36.33.34	10.2.4	34.33.31	8.4.1
30	35.34.34		35.40.35	9.4.6	35.32.36	1.10.3	31.32.33	10.4.4	34.32.31	8.9.1	39.34.32	9.3.2
31	35.33.33		35.39.36		31.39.33		36.31.34	8.1.1		9.10.2		9.2.9

銀 1957 昭和32年生まれ

日＼月	1	2	3	4	5	6	7	8	9	10	11	12
1	9.1.10	45.46.47	9.3.10	33.33.39	8.8.9	45.43.48	15.14.18	44.45.47	18.15.16	42.46.46	13.14.15	43.48.45
2	15.20.17	44.45.48	9.4.9	45.42.48	15.15.18	44.44.47	20.13.17	42.44.46	13.16.15	43.45.45	17.11.14	43.45.44
3	20.19.18	42.44.45	15.11.18	44.41.47	20.16.17	42.41.46	18.12.16	43.43.45	17.13.14	43.44.44	17.12.13	43.46.43
4	18.18.15	41.44.46	20.12.17	42.50.46	18.13.16	43.42.45	13.11.15	43.42.44	17.14.13	43.43.43	19.19.12	49.43.42
5	17.17.14	41.41.43	18.19.16	41.49.46	13.14.15	43.49.44	17.20.14	43.41.43	19.11.12	49.42.42	18.20.11	44.44.41
6	11.16.11	44.42.44	17.20.16	41.48.43	11.11.13	44.50.44	17.19.13	49.50.42	18.12.11	44.41.41	16.17.20	42.41.50
7	18.15.12	42.49.41	11.17.13	44.47.44	18.12.14	42.47.43	16.18.11	44.49.41	16.19.20	42.50.50	17.18.19	41.42.50
8	16.14.19	50.50.42	18.18.14	42.46.41	16.19.11	50.48.42	20.17.12	41.47.49	15.20.20	41.49.50	25.25.27	55.59.57
9	20.13.20	41.47.49	16.15.11	50.45.42	20.20.12	41.45.49	15.16.19	41.48.50	25.27.27	55.58.57	28.26.28	52.60.58
10	15.12.17	41.48.50	18.16.12	41.44.49	15.17.19	41.46.50	15.15.20	55.55.57	27.28.28	52.57.58	26.23.25	60.57.57
11	15.11.18	55.55.57	15.13.19	41.43.50	15.18.20	55.53.57	25.24.27	52.56.58	26.25.25	60.56.55	24.24.26	54.58.56
12	25.30.25	52.54.58	15.14.20	55.52.57	25.25.27	52.54.58	28.23.28	60.53.55	24.26.26	54.55.56	25.21.23	59.55.53
13	28.29.30	60.51.55	25.21.27	52.51.58	28.26.28	60.51.55	26.22.25	54.54.56	25.23.23	59.54.53	25.22.24	59.56.54
14	26.28.27	56.52.56	28.22.28	60.60.55	26.25.25	56.52.56	24.21.26	59.51.53	25.24.24	59.53.54	29.29.21	59.53.51
15	30.25.28	12.59.54	26.29.25	56.57.56	30.26.26	59.59.53	25.30.23	59.52.54	29.21.21	59.52.51	26.30.22	52.54.52
16	26.24.25	57.60.53	30.30.26	52.56.54	25.23.23	57.60.54	25.29.24	53.53.51	26.22.22	52.51.52	24.23.29	60.51.59
17	23.23.26	53.57.52	26.28.24	57.55.53	23.24.23	53.60.52	27.26.21	52.54.52	24.29.29	60.60.59	30.24.30	54.52.60
18	27.30.23	51.58.51	23.27.23	53.59.52	27.21.22	51.59.51	25.25.21	56.51.59	29.30.30	54.55.60	33.31.37	10.10.8
19	25.29.24	51.55.60	27.30.21	51.60.51	25.22.21	57.58.60	22.24.30	54.52.59	36.38.38	10.54.57	37.37.37	7.9.7
20	27.28.29	52.54.59	25.25.21	57.57.60	27.29.30	54.57.59	30.27.29	10.9.8	31.37.37	7.3.7	37.39.36	1.8.6
21	26.27.30	10.1.8	27.24.30	52.58.59	26.26.29	10.6.8	36.36.38	5.10.7	37.36.36	1.3.6	35.40.35	9.7.5
22	36.36.37	5.2.7	26.23.29	10.5.8	36.33.38	5.5.7	35.35.37	1.7.6	36.35.35	9.4.5	31.37.34	1.6.4
23	35.35.38	9.9.6	36.32.38	5.6.7	35.34.37	9.4.6	35.34.36	9.6.5	31.34.34	1.1.4	36.36.33	10.5.3
24	35.34.35	9.10.5	35.31.37	9.3.6	35.31.36	9.3.5	35.33.35	1.3.4	36.33.33	10.2.3	34.33.32	10.4.2
25	35.33.36	1.7.4	35.40.36	9.4.5	35.32.35	1.2.4	31.32.34	10.4.3	34.32.32	10.9.2	39.34.31	9.3.1
26	31.32.33	10.8.3	35.39.35	1.1.4	31.39.34	10.1.3	36.31.33	10.1.2	39.31.31	9.10.1	33.31.40	9.2.10
27	36.31.34	8.5.2	31.38.34	10.2.3	36.40.33	8.2.3	34.40.32	9.2.1	33.40.40	9.7.10	33.32.39	9.1.9
28	34.40.31	9.6.1	36.37.33	8.9.2	34.37.32	9.7.1	39.39.31	9.9.10	33.39.39	9.8.9	45.49.48	15.20.18
29	39.39.32		34.36.32	9.10.1	39.38.31	9.6.10	33.38.40	9.10.9	45.48.48	15.15.18	44.50.47	20.19.17
30	33.38.39		39.35.31	9.7.10	33.35.40	9.5.9	33.37.39	15.17.18	44.47.47	20.16.17	42.47.46	18.18.16
31	33.37.40		33.34.40		33.36.39		45.46.48	20.18.17		18.13.16		13.17.15

命数が… **1〜10** 羅針盤座　**11〜20** インディアン座　**21〜30** 鳳凰座　**31〜40** 時計座　**41〜50** カメレオン座　**51〜60** イルカ座

日\月	1	2	3	4	5	6	7	8	9	10	11	12
1	17.16.14	43.41.43	13.20.14	43.48.41	17.11.11	43.50.42	17.19.12	49.50.49	18.12.20	44.41.50	16.17.17	42.41.47
2	17.15.13	49.50.42	17.17.11	43.47.42	17.12.12	49.47.49	19.18.19	44.49.50	16.19.17	42.50.47	17.18.18	47.42.48
3	19.14.12	44.49.41	17.18.12	49.46.49	20.19.19	44.48.50	18.17.20	42.48.47	17.20.18	47.49.48	27.25.25	51.59.55
4	18.13.11	41.47.50	19.15.19	44.45.50	18.20.20	42.45.47	16.16.17	47.47.48	27.27.25	51.58.55	27.26.26	51.60.56
5	16.12.20	41.48.49	18.16.20	41.44.50	16.17.17	47.46.48	17.15.18	51.56.55	27.28.26	51.57.56	24.23.23	53.57.53
6	15.11.20	55.55.58	15.13.20	41.43.49	15.18.19	55.53.58	27.24.25	51.55.56	23.25.23	53.56.53	28.24.24	52.58.54
7	25.30.27	52.56.57	15.14.19	55.52.58	25.25.28	52.54.57	27.23.26	53.54.53	28.26.24	52.55.54	26.21.21	59.55.54
8	28.29.28	60.53.56	25.21.28	52.51.57	28.26.27	60.51.56	26.22.26	54.54.55	25.23.24	54.54.51	25.22.23	59.56.53
9	26.28.25	54.54.55	28.22.27	60.60.56	26.23.26	54.52.55	24.21.25	59.51.54	25.24.23	59.53.53	29.29.22	59.53.52
10	24.27.26	59.51.54	26.29.26	54.59.55	24.24.25	59.59.54	25.30.24	59.52.53	29.21.22	59.52.52	26.30.21	52.54.51
11	25.26.23	59.52.53	24.30.25	59.58.54	25.21.24	59.60.53	25.29.23	59.59.52	26.22.21	52.51.51	24.27.30	60.51.60
12	25.25.24	53.57.52	25.27.24	59.57.53	25.22.23	59.57.52	29.28.22	52.60.51	24.29.30	59.60.60	28.28.29	58.52.59
13	29.24.21	52.58.51	25.28.23	53.56.52	29.29.22	52.58.51	26.27.21	60.57.60	28.30.29	58.59.59	33.35.38	9.9.8
14	26.23.22	56.55.56	27.25.22	52.55.51	26.22.21	60.55.60	24.26.30	58.58.59	33.37.38	9.8.8	33.36.37	9.10.7
15	24.22.29	54.54.55	26.26.21	56.52.56	24.29.30	54.56.59	28.25.39	9.5.8	33.38.37	9.7.7	33.33.36	1.7.6
16	30.29.30	10.3.4	22.23.26	54.51.55	30.30.25	9.3.4	33.34.38	9.10.7	37.35.36	3.6.6	36.40.35	10.8.5
17	36.38.38	5.4.6	30.23.25	10.10.4	36.37.34	7.5.3	33.33.37	1.7.6	36.36.35	10.5.5	34.37.34	6.5.10
18	31.37.37	1.1.3	36.32.34	5.6.6	31.38.33	1.4.2	37.40.32	10.8.1	40.33.40	8.4.4	38.38.39	4.5.9
19	37.34.36	9.10.4	35.31.36	1.3.3	37.35.33	9.3.4	35.39.31	6.5.10	38.33.39	4.9.9	34.35.38	10.4.8
20	35.33.35	1.7.1	37.40.33	9.4.4	35.36.34	1.2.1	40.38.40	4.6.9	34.32.38	10.8.8	31.36.37	9.3.10
21	31.32.34	10.8.2	35.39.34	2.1.1	31.39.31	10.1.2	38.31.32	10.3.9	39.31.40	5.7.7	35.33.37	1.2.7
22	36.31.33	10.5.9	31.38.31	10.2.2	36.40.32	10.10.9	34.40.39	9.4.10	35.40.37	1.7.7	33.34.38	9.1.8
23	34.40.32	9.6.10	36.37.32	10.9.9	34.37.39	9.9.10	39.39.40	9.9.7	33.39.38	9.8.8	45.49.45	15.20.15
24	39.39.31	9.3.7	34.36.39	9.10.10	39.38.40	9.8.7	33.38.37	9.10.8	45.48.45	16.15.15	44.50.46	20.19.16
25	33.38.40	9.4.8	39.35.40	9.7.7	33.35.37	9.7.8	33.37.38	15.17.15	44.47.46	20.16.16	44.47.43	18.18.13
26	33.37.39	15.11.15	33.34.37	9.8.8	33.36.38	15.16.15	45.46.45	20.18.16	44.46.43	18.13.13	43.48.44	13.17.14
27	45.46.48	20.12.16	33.33.38	16.15.15	45.43.45	20.13.16	44.45.46	18.15.13	43.45.44	13.14.14	43.45.41	17.16.11
28	44.45.47	18.19.13	45.42.45	20.16.16	44.44.46	18.12.13	44.44.43	13.16.14	43.44.41	17.11.11	43.46.42	17.15.12
29	42.44.46		44.41.46	18.13.13	42.41.43	13.11.14	43.43.44	17.13.11	43.43.42	17.12.12	19.43.49	19.14.19
30	43.43.45		42.50.43	13.14.14	43.42.44	17.20.11	43.42.41	17.14.12	49.42.49	20.19.19	44.44.50	18.13.20
31	43.42.44		43.49.44		43.49.41		43.41.42	19.11.19		18.20.20		16.12.17

日\月	1	2	3	4	5	6	7	8	9	10	11	12
1	17.11.18	51.56.55	16.13.11	47.43.42	17.18.12	51.53.59	27.24.29	51.55.60	23.25.27	53.56.57	28.24.28	52.58.58
2	27.30.25	51.55.56	17.14.12	51.52.59	27.25.29	51.54.60	27.23.30	53.54.57	28.26.28	52.55.58	26.21.25	60.55.55
3	27.29.26	53.54.53	27.21.29	51.51.60	27.26.30	53.51.57	23.22.27	52.53.58	26.23.25	60.54.55	21.22.26	51.56.56
4	23.28.23	53.54.54	27.22.30	53.60.57	23.23.27	52.52.58	28.21.28	60.52.55	21.24.26	51.53.56	25.29.23	51.53.53
5	28.27.24	59.51.51	23.29.27	54.59.54	28.24.28	60.59.55	26.30.25	51.51.56	25.21.23	51.52.53	25.30.24	51.54.54
6	25.26.24	59.52.52	24.30.24	59.58.51	25.21.21	59.60.52	21.29.26	51.60.53	25.22.24	51.51.54	27.27.21	57.51.51
7	25.25.23	60.59.59	25.27.21	59.57.52	25.22.22	59.57.59	25.28.23	51.59.54	27.29.21	57.60.51	26.28.22	51.52.52
8	29.24.22	52.60.60	25.28.22	59.56.59	30.29.29	52.58.60	26.27.30	60.57.57	28.30.28	52.59.52	33.35.35	9.9.5
9	26.23.21	60.57.57	29.25.29	52.55.60	26.30.30	60.55.57	24.26.27	57.58.58	33.37.35	9.8.5	33.36.36	9.10.6
10	24.22.30	57.58.58	26.26.30	60.54.57	24.27.27	58.56.58	28.25.28	9.5.5	33.38.36	9.7.6	34.33.33	4.7.3
11	28.21.29	9.5.5	24.23.27	58.53.58	27.28.28	9.3.5	33.34.35	9.6.6	33.35.35	3.6.3	36.34.34	10.8.4
12	33.40.38	9.4.2	28.24.28	9.2.5	33.35.35	9.4.6	33.33.36	4.3.3	36.36.34	10.5.4	34.31.31	8.5.1
13	33.39.37	1.1.9	33.31.35	9.1.2	33.36.36	3.1.3	33.32.33	10.4.4	34.33.31	8.4.1	31.32.32	2.6.2
14	37.38.36	10.2.10	33.32.32	1.10.9	37.35.39	10.2.10	36.31.34	8.1.1	32.34.32	2.3.2	33.39.39	7.3.9
15	36.37.35	6.9.7	37.39.39	10.7.10	36.36.40	8.9.7	34.40.31	1.2.2	33.31.39	7.2.9	33.40.40	7.4.10
16	40.34.40	4.10.8	36.40.40	6.6.7	40.33.37	4.10.8	38.39.38	7.3.5	33.32.36	7.1.10	35.33.33	1.1.3
17	38.33.39	10.7.5	40.38.37	4.5.8	38.34.38	10.10.5	33.38.35	7.4.6	35.39.33	1.10.3	33.34.34	10.2.4
18	34.32.38	9.8.6	38.37.38	10.9.5	34.31.35	5.9.6	31.35.36	1.1.3	34.40.34	10.9.4	50.41.41	14.19.11
19	39.39.40	9.3.1	34.36.35	9.10.6	39.32.36	1.8.3	35.34.33	9.2.4	50.48.41	14.14.11	48.42.42	12.19.12
20	35.38.37	9.4.2	39.35.36	9.7.1	35.39.33	9.7.4	33.33.34	14.19.11	48.47.42	12.13.12	44.49.49	18.18.19
21	33.37.38	15.11.19	33.34.31	9.8.2	33.36.32	15.16.19	45.46.41	12.20.12	44.46.49	18.12.19	43.50.50	13.17.20
22	45.46.45	20.12.20	33.33.32	15.15.19	45.43.49	20.15.20	48.45.42	18.17.19	43.45.50	13.14.20	45.47.47	19.16.17
23	44.45.46	18.19.17	45.42.49	20.16.20	44.44.50	18.14.17	44.44.47	13.16.18	43.44.48	19.11.17	43.46.46	17.15.16
24	44.44.43	13.20.18	44.41.50	18.13.17	44.41.47	13.13.18	43.43.48	17.13.15	43.43.46	17.12.16	49.43.43	17.14.13
25	43.43.44	17.17.15	44.50.47	13.14.18	43.42.48	17.12.15	43.42.45	17.14.16	49.42.43	19.19.13	43.44.44	18.13.14
26	43.42.41	17.18.16	43.49.48	17.11.15	43.49.45	17.11.16	43.41.46	19.11.13	44.41.44	18.20.14	42.41.41	18.12.11
27	43.41.42	19.15.13	43.48.45	17.12.16	43.50.46	19.18.13	49.50.43	18.12.14	42.50.41	18.17.11	47.42.42	17.11.12
28	49.50.49	18.16.14	43.47.46	19.19.13	49.47.43	18.17.14	44.49.44	16.19.11	47.49.42	17.18.12	51.59.59	27.30.29
29	44.49.50		49.46.43	18.20.14	44.48.44	16.16.11	42.48.41	17.20.12	51.58.59	27.25.29	51.60.60	27.29.30
30	42.48.47		44.45.44	16.17.11	42.45.41	17.15.12	47.47.42	17.27.29	51.57.60	27.26.30	53.57.57	23.28.27
31	47.47.48		42.44.41		47.46.42		51.56.59	27.28.30		23.23.27		28.27.28

（下ひとケタが… 1・2 自我欲　3・4 食欲・性欲　5・6 金欲・財欲　7・8 権力・支配欲　9・0 創作欲）

命数は左から、**第3命数**、**第2命数**、**第1命数**となります

金 1960 昭和35年生まれ

日\月	1	2	3	4	5	6	7	8	9	10	11	12
1	26.26.25	51.51.56	26.27.26	51.57.55	21.22.25	51.57.54	25.28.24	51.59.53	27.29.22	57.60.52	26.28.21	52.52.51
2	21.25.26	51.60.53	21.28.25	51.56.54	25.29.24	51.58.53	25.27.23	57.58.52	26.30.21	52.59.51	34.35.40	10.9.10
3	25.24.23	51.59.54	25.25.24	51.55.53	25.30.23	57.55.52	27.26.22	52.57.51	34.37.40	10.8.10	35.36.39	5.10.9
4	25.23.24	57.58.51	25.26.23	57.54.52	27.27.22	52.56.51	25.25.21	10.6.10	35.38.39	5.7.9	35.33.38	9.7.8
5	27.22.21	58.58.52	24.23.21	58.53.52	28.28.22	10.3.10	34.34.40	5.5.9	35.35.38	9.6.8	35.34.37	9.8.7
6	28.21.28	9.5.9	28.24.22	9.2.9	33.35.39	9.4.10	35.33.39	9.4.8	35.36.37	9.5.7	31.31.36	1.5.6
7	33.40.35	9.6.10	33.31.39	9.1.10	33.36.40	3.1.7	33.32.37	10.4.8	31.33.36	1.4.6	32.32.36	2.6.6
8	33.39.36	3.3.7	33.32.40	10.2.8	33.33.37	10.2.8	31.31.38	8.1.5	32.34.36	2.3.6	33.39.33	7.3.3
9	33.38.33	10.4.8	33.39.37	10.9.8	36.34.38	8.9.5	34.40.35	2.2.6	33.31.33	7.2.3	33.40.34	7.4.4
10	36.37.34	8.1.5	36.40.38	8.8.5	34.31.35	2.10.6	32.39.36	7.9.3	33.32.34	7.1.4	37.37.31	7.1.1
11	34.36.31	2.2.6	34.37.35	2.7.6	32.32.36	7.7.3	33.38.33	7.10.4	37.39.31	7.10.1	34.38.32	10.2.2
12	32.35.32	7.9.3	32.38.34	7.6.3	33.39.33	7.8.4	33.37.34	7.7.1	34.40.32	10.9.2	42.45.49	18.19.19
13	33.34.39	7.8.4	33.35.33	7.5.4	33.32.34	7.5.1	37.36.31	10.8.2	42.47.49	18.18.19	46.46.50	16.20.20
14	33.33.36	1.5.1	33.36.34	1.4.1	35.39.31	10.6.2	34.35.32	18.15.19	46.48.50	16.17.20	41.43.47	18.17.17
15	35.32.33	2.6.10	35.33.31	10.1.2	34.40.32	18.13.19	42.44.49	12.20.20	41.45.47	17.16.17	41.50.48	17.18.18
16	33.39.34	14.13.20	33.33.31	14.20.20	50.47.50	12.14.20	48.43.50	18.17.17	41.46.48	15.15.18	45.47.45	19.15.15
17	50.48.41	12.14.19	50.42.50	12.19.19	48.48.49	14.18.18	41.50.47	15.18.18	45.43.45	19.14.15	44.48.46	18.16.16
18	48.47.42	18.11.18	48.41.49	18.13.18	44.45.48	15.13.17	49.49.47	19.15.16	44.44.46	18.19.16	48.45.44	13.14.14
19	44.44.49	13.12.17	44.50.48	13.14.17	43.46.47	19.12.16	45.48.46	17.16.15	48.42.44	14.18.14	46.46.43	12.13.13
20	43.43.50	17.17.16	43.49.47	17.11.16	43.49.46	17.11.15	43.41.45	19.13.14	46.41.43	12.17.13	42.43.42	18.12.12
21	43.42.45	17.18.15	43.48.46	17.12.15	43.50.45	19.20.14	49.50.44	12.14.13	42.50.42	18.17.12	47.44.41	17.11.11
22	43.41.46	19.15.14	43.47.45	19.19.14	49.47.44	18.19.13	44.49.43	18.19.12	47.49.41	17.18.11	51.59.60	27.30.30
23	49.50.43	18.16.13	49.46.44	18.20.13	44.48.43	12.18.12	42.48.42	17.20.11	51.58.60	27.25.30	51.60.59	27.29.29
24	44.49.44	18.13.12	44.45.43	18.17.12	42.45.42	17.17.11	47.47.41	27.27.30	51.57.59	27.26.29	53.57.58	23.28.28
25	42.48.41	17.14.11	42.44.42	17.18.11	47.46.41	27.26.30	51.56.60	27.28.29	53.56.58	23.23.28	52.58.57	28.27.27
26	47.47.42	27.21.30	47.43.41	27.25.30	51.53.60	27.25.29	51.55.59	23.25.28	52.55.57	28.24.27	52.55.56	25.26.26
27	51.56.59	27.22.29	51.52.60	27.26.29	51.54.59	23.22.28	53.54.58	28.26.27	52.54.56	26.21.26	51.56.55	21.25.25
28	51.55.60	23.29.28	51.51.59	23.23.28	53.51.58	28.21.27	52.53.57	26.23.26	51.53.55	21.22.25	51.53.54	25.24.24
29	53.54.57	28.30.27	53.60.58	28.24.27	52.52.57	26.30.26	59.52.56	21.24.25	51.52.54	25.29.24	51.54.53	25.23.23
30	52.53.58		52.59.57	26.21.26	60.59.56	21.29.25	51.51.55	25.21.24	51.51.53	25.30.23	57.51.52	27.22.22
31	60.52.55		60.58.56		51.60.55		51.60.54	25.22.23		27.27.22		26.21.21

銀 1961 昭和36年生まれ

日\月	1	2	3	4	5	6	7	8	9	10	11	12
1	34.40.40	5.5.9	26.24.27	10.2.6	34.35.36	5.4.5	35.33.35	9.4.4	35.36.33	9.5.3	31.31.32	1.5.2
2	35.39.39	9.4.8	34.31.36	5.1.5	35.36.35	9.1.4	35.32.34	9.3.3	31.33.32	1.4.2	36.32.31	9.6.1
3	35.38.38	9.3.7	35.32.35	9.10.4	35.33.34	9.2.3	35.31.33	1.2.2	36.34.31	10.3.1	34.39.40	8.3.10
4	35.37.37	8.1.6	35.39.34	9.9.3	35.34.33	1.9.2	31.40.32	10.1.1	34.31.40	8.2.10	39.40.39	9.4.9
5	34.36.35	2.2.5	36.34.37	8.8.6	31.31.32	10.10.1	36.39.31	8.10.10	39.32.39	9.1.9	33.37.38	9.1.8
6	32.35.36	7.9.4	34.37.36	2.7.5	32.32.35	7.7.4	34.38.40	10.9.9	33.39.38	9.10.8	33.38.37	9.2.7
7	33.34.33	7.10.3	32.38.35	7.6.4	33.39.34	7.8.3	33.37.33	9.8.8	33.40.37	9.9.7	45.45.46	18.19.20
8	33.33.34	7.7.2	33.35.34	7.5.3	33.40.33	7.5.2	37.36.32	10.8.1	42.47.50	18.18.20	46.46.49	16.20.19
9	37.32.31	10.8.1	33.36.33	7.4.2	37.37.32	10.6.1	34.35.31	18.15.20	46.48.49	16.17.19	41.43.48	17.17.18
10	34.31.32	18.15.20	37.33.32	10.3.1	34.38.31	18.13.20	42.44.50	16.16.19	41.45.48	17.16.18	41.44.47	17.18.17
11	42.50.49	16.16.19	34.34.31	18.12.20	42.45.50	16.14.19	46.43.49	17.13.18	41.46.47	15.15.17	41.41.46	11.15.16
12	46.49.50	17.11.18	42.41.50	16.11.19	46.46.49	17.11.18	41.42.48	17.14.17	41.43.46	11.14.16	44.42.45	18.16.15
13	41.48.47	17.12.17	46.42.49	17.20.18	41.43.48	17.12.17	41.41.47	11.11.16	44.44.45	18.13.15	42.49.44	16.13.14
14	41.47.48	19.19.14	41.49.48	17.19.17	41.46.47	19.19.16	41.50.46	18.12.15	42.41.44	16.12.14	50.50.43	20.14.13
15	45.42.45	17.20.13	41.50.47	19.16.14	45.43.45	18.20.15	44.49.45	16.19.14	50.42.43	20.11.13	41.47.42	15.11.12
16	43.43.45	14.17.12	45.47.44	17.15.13	44.44.43	14.17.12	42.48.44	12.14.13	41.49.42	15.20.12	41.44.41	15.12.11
17	48.42.44	12.18.19	43.47.43	14.14.12	48.41.42	12.19.11	46.45.41	15.11.12	41.50.41	15.19.11	53.51.60	29.29.28
18	46.49.43	18.15.18	48.46.42	12.20.19	46.42.41	18.20.20	44.44.50	13.12.19	53.57.58	29.24.28	52.52.57	27.29.27
19	42.48.42	17.14.17	46.49.49	18.17.18	42.49.48	19.29.28	53.43.59	29.29.28	51.57.57	27.23.27	58.59.56	22.28.26
20	47.47.41	27.21.26	42.44.48	17.18.17	47.50.47	29.26.26	53.56.56	27.30.27	58.56.56	22.22.26	56.60.55	30.27.23
21	51.56.60	27.22.25	47.43.47	27.25.26	51.53.56	27.25.25	51.55.55	23.27.24	56.55.53	30.24.23	52.57.52	26.26.22
22	51.55.59	23.29.24	51.52.56	27.26.25	51.54.55	23.24.24	53.54.54	30.28.23	52.54.52	26.21.22	51.58.51	21.25.21
23	53.54.58	28.30.23	51.51.55	23.23.24	53.51.54	28.23.23	52.53.53	26.23.22	51.53.51	21.22.21	51.53.60	25.24.30
24	52.53.57	26.27.22	53.60.54	28.24.23	52.52.53	26.22.22	51.52.52	21.24.21	51.52.60	25.29.30	51.54.59	25.23.29
25	52.52.56	21.28.21	52.59.53	26.21.22	52.59.52	22.21.21	52.51.51	25.21.30	51.51.59	25.30.29	57.51.58	27.22.28
26	51.51.55	25.25.30	52.58.52	21.22.21	51.60.51	25.30.30	51.60.60	25.22.29	57.60.58	27.27.28	52.52.57	26.21.27
27	51.60.54	25.26.29	51.57.51	25.29.30	51.57.60	25.27.29	51.59.59	27.29.28	52.59.57	26.28.27	10.9.6	36.40.36
28	51.59.53	27.23.28	51.56.60	25.30.29	51.58.59	27.26.28	57.58.58	26.30.27	10.8.6	36.35.36	5.10.5	35.39.35
29	57.58.52		51.55.59	27.27.28	57.55.58	26.25.27	52.57.57	34.37.36	5.7.5	35.36.35	9.7.4	35.38.34
30	52.57.51		57.54.58	26.28.27	52.56.57	34.34.36	10.6.6	35.38.35	9.6.4	35.33.34	9.8.3	35.37.33
31	10.6.10		52.53.57		10.3.6		6.5.5	35.35.34		35.34.33		31.36.32

命数が… **1～10** 羅針盤座 **11～20** インディアン座 **21～30** 鳳凰座 **31～40** 時計座 **41～50** カメレオン座 **51～60** イルカ座

日＼月	1	2	3	4	5	6	7	8	9	10	11	12
1	36.35.31	8.10.10	31.37.37	10.7.8	36.32.38	8.7.5	34.38.35	9.9.6	33.39.33	9.10.3	33.38.34	9.2.4
2	34.34.40	10.9.9	36.38.38	8.6.5	34.39.35	9.8.6	39.37.36	9.8.3	33.40.34	9.9.4	45.45.41	15.19.11
3	39.33.39	9.8.8	34.35.35	9.5.6	39.40.36	9.5.3	33.36.33	9.7.4	45.47.41	15.18.11	44.46.42	20.20.12
4	33.32.38	10.8.8	39.36.36	9.4.3	33.37.33	9.6.4	33.35.34	15.16.11	44.48.42	20.17.12	42.43.49	18.17.19
5	33.31.37	18.15.15	34.33.33	10.3.8	33.38.34	15.13.11	45.44.41	20.15.12	42.45.49	18.16.19	43.44.50	13.18.20
6	42.50.50	15.16.16	34.34.38	18.12.15	42.45.45	16.14.16	44.43.42	18.14.19	43.46.50	13.15.20	43.41.47	17.15.17
7	46.49.49	17.13.13	42.41.45	16.11.16	45.46.46	17.11.13	41.42.43	13.13.20	43.43.47	17.14.17	43.42.48	18.16.12
8	41.48.48	17.14.14	46.42.46	17.20.13	41.43.43	17.12.14	41.41.44	12.11.11	44.44.42	17.13.18	42.43.49	18.16.12
9	41.47.47	12.11.11	41.49.43	17.19.14	41.44.44	11.19.11	41.50.41	18.12.12	42.41.49	16.12.19	49.50.50	20.14.20
10	41.46.46	18.12.12	41.50.44	11.18.11	42.41.41	18.20.12	44.49.42	16.19.19	50.42.50	20.11.20	41.47.47	15.11.17
11	44.45.45	16.19.19	41.47.41	18.17.12	44.42.42	15.17.19	42.48.49	19.20.20	41.49.47	15.20.17	41.48.48	15.12.18
12	42.44.44	12.18.18	44.48.42	16.16.19	42.49.49	20.18.20	50.47.50	15.17.17	41.50.48	15.19.18	56.55.55	29.29.25
13	50.43.43	16.15.15	42.45.49	12.15.18	49.50.50	15.15.17	41.46.47	15.18.18	55.57.55	25.28.25	52.56.56	28.30.26
14	41.42.42	13.16.16	46.46.48	15.14.15	41.49.45	15.16.16	41.45.48	26.25.25	52.58.56	28.27.26	60.53.53	26.27.23
15	42.41.41	29.23.23	41.43.43	13.11.16	41.46.44	29.23.23	53.54.53	28.26.26	60.55.53	26.26.23	53.54.54	30.28.22
16	53.58.58	27.24.24	49.44.46	29.30.23	53.57.53	28.24.24	52.53.54	26.27.22	56.56.52	24.25.24	59.57.59	25.25.29
17	51.57.57	23.21.21	53.52.53	27.29.24	51.58.54	22.24.21	58.60.51	30.28.22	59.53.59	25.24.29	59.58.60	23.26.30
18	58.56.56	30.22.22	51.51.54	23.23.21	58.55.51	30.23.22	56.59.52	25.25.29	57.54.60	25.23.30	53.55.57	27.24.27
19	56.53.53	26.27.27	53.60.51	30.24.22	56.56.52	26.22.29	52.58.59	23.26.30	58.53.57	27.28.27	51.56.58	25.23.28
20	51.52.52	21.28.28	56.59.52	26.21.27	52.53.59	21.21.30	51.51.60	27.23.27	51.51.58	25.27.28	56.53.55	27.22.25
21	52.51.51	26.25.25	52.58.57	21.22.28	51.60.58	25.30.25	53.60.57	25.24.28	57.60.55	22.26.25	54.54.56	30.21.26
22	51.60.60	25.26.26	51.57.58	25.29.25	51.57.55	25.29.26	51.59.56	27.21.25	54.59.56	30.28.26	10.1.3	36.40.31
23	51.59.59	27.23.23	51.56.55	25.30.26	51.58.58	27.28.23	57.58.53	26.30.24	10.8.1	36.35.33	5.10.2	35.39.32
24	57.58.58	26.24.24	51.55.56	27.27.23	57.55.53	26.27.24	52.57.54	36.37.31	5.7.2	35.36.32	9.7.9	35.38.39
25	52.57.57	34.31.31	57.54.53	26.28.24	52.56.54	36.36.31	10.6.1	35.38.32	9.6.9	35.33.39	9.8.10	35.37.40
26	10.6.6	35.32.32	52.53.54	34.35.31	10.3.1	35.35.32	5.5.2	35.35.39	9.5.10	35.34.40	1.5.7	31.36.37
27	6.5.5	35.39.39	10.2.1	35.36.32	5.4.2	35.32.39	9.4.9	35.36.40	1.4.7	31.31.37	10.6.8	35.35.38
28	9.4.4	35.40.40	5.1.2	35.33.39	9.1.9	35.31.40	9.3.10	31.33.37	10.3.8	36.32.38	10.3.5	34.34.35
29	9.3.3		9.10.9	35.34.40	9.2.10	31.40.37	1.2.7	36.34.38	8.2.5	34.39.35	9.4.6	39.33.36
30	1.2.2		9.9.10	31.31.37	1.9.7	36.39.38	10.1.8	34.31.35	9.1.6	39.40.36	9.1.3	33.32.33
31	10.1.1		1.8.7		10.10.8		8.10.5	39.32.36		33.37.33		33.31.34

日＼月	1	2	3	4	5	6	7	8	9	10	11	12
1	45.50.41	20.15.12	33.34.33	15.12.12	45.45.42	20.14.11	44.43.41	18.14.20	43.46.49	13.15.19	43.41.48	17.15.18
2	44.49.42	18.14.19	45.41.42	20.11.11	44.46.41	18.11.20	42.42.50	13.13.19	43.43.48	17.14.18	43.42.47	17.16.17
3	42.48.49	13.13.20	44.42.41	18.20.20	42.43.50	13.12.19	43.41.49	17.12.18	43.44.47	17.13.17	43.49.46	19.13.16
4	43.47.50	11.11.17	42.49.50	13.19.19	43.44.49	17.19.18	43.50.48	17.11.17	49.41.46	19.12.16	44.50.45	18.14.15
5	43.46.47	18.12.13	43.50.49	13.19.17	43.41.48	17.20.17	43.49.47	19.20.16	44.42.46	18.11.15	42.47.44	16.11.14
6	44.45.42	16.19.15	41.47.47	18.17.18	44.42.48	16.17.15	49.48.46	18.19.15	42.49.44	16.20.14	47.48.43	17.12.13
7	42.44.49	20.20.16	44.48.48	16.16.15	42.49.45	20.18.16	44.47.45	16.18.14	47.50.43	17.19.13	51.55.52	27.29.22
8	50.43.50	17.15.13	42.45.45	20.15.16	50.50.46	15.15.13	41.46.43	15.18.14	55.57.52	27.28.22	52.56.52	28.30.22
9	41.42.47	15.18.14	50.46.46	15.14.13	41.47.43	15.16.14	41.45.44	25.25.21	52.58.52	28.27.22	60.53.59	26.27.29
10	41.41.48	25.25.21	41.43.43	15.13.14	41.48.44	25.23.21	55.54.51	28.26.22	60.55.59	26.26.29	54.54.60	24.28.30
11	55.60.55	28.26.22	41.44.44	25.22.21	55.55.51	28.24.22	52.53.52	26.23.29	54.56.60	24.25.30	59.51.57	25.25.27
12	52.59.56	26.21.29	55.51.51	28.21.22	52.56.52	26.21.29	60.52.59	24.24.30	59.53.57	25.24.27	59.52.58	25.26.28
13	60.58.53	30.22.29	51.52.52	26.30.29	60.53.59	24.22.30	54.51.60	25.21.27	59.54.58	25.23.28	59.59.55	29.23.25
14	56.57.52	25.29.27	60.59.59	30.29.30	56.56.60	25.29.27	59.60.57	25.22.28	59.51.55	29.22.25	52.60.56	24.24.26
15	59.56.59	23.30.27	56.60.60	25.26.27	59.53.57	25.30.28	59.59.58	29.29.25	52.52.56	26.21.26	60.57.53	24.21.23
16	57.53.60	27.27.26	59.57.57	23.25.27	57.54.58	27.27.25	53.58.55	26.24.26	60.53.53	24.30.23	53.54.54	30.22.24
17	53.52.57	25.28.25	58.57.57	27.24.26	53.51.56	25.29.25	52.57.56	24.21.23	54.60.54	30.29.24	9.1.1	33.39.31
18	51.51.58	27.25.24	53.56.56	25.30.25	51.52.55	22.28.24	56.54.53	30.22.24	9.7.1	33.38.31	7.2.2	31.40.32
19	57.58.55	26.23.21	51.55.55	27.27.24	57.59.54	30.27.23	54.53.53	36.39.32	7.7.1	31.33.32	1.9.10	37.38.40
20	54.57.56	36.31.32	57.54.54	26.28.23	54.60.53	36.36.32	10.2.2	31.40.31	1.6.10	37.32.40	9.10.9	35.37.39
21	10.6.1	35.32.31	52.53.53	36.35.32	10.3.2	35.35.31	5.5.1	37.37.40	9.5.9	35.31.39	1.7.8	31.36.38
22	5.5.2	35.39.40	10.2.2	35.36.31	5.4.1	35.34.40	1.4.10	35.38.39	1.4.8	31.31.38	4.8.7	38.35.37
23	9.4.9	35.40.39	5.1.1	35.33.40	9.1.10	35.33.39	9.3.9	31.33.38	10.3.7	38.32.37	10.3.6	34.34.36
24	9.3.10	31.37.38	9.10.10	35.34.39	9.2.9	31.32.38	1.2.8	36.34.37	10.2.6	34.39.37	9.4.5	39.33.35
25	1.2.7	36.38.37	10.9.9	31.31.38	1.9.8	36.31.37	10.1.7	34.31.36	9.1.5	39.40.35	9.1.4	33.32.34
26	10.1.8	34.35.36	1.8.8	36.32.37	10.10.7	34.40.36	10.10.6	39.32.35	9.10.4	33.37.34	9.2.3	33.31.33
27	8.10.5	39.36.35	10.7.7	34.39.36	8.7.6	39.37.35	9.9.5	33.39.34	9.9.3	33.38.33	15.19.12	45.50.42
28	9.9.6	33.33.34	8.6.6	39.40.35	9.8.5	33.36.34	9.8.4	33.40.33	15.18.12	45.45.42	20.20.11	44.49.41
29	9.8.3		9.5.5	33.37.34	9.5.4	33.35.33	9.7.3	45.47.42	20.17.11	44.46.41	18.17.20	42.48.50
30	9.7.4		9.4.4	33.38.33	9.6.3	45.44.42	15.16.12	44.48.41	18.16.20	42.43.50	13.18.19	43.47.49
31	15.16.11		9.3.3		15.13.12		20.15.11	42.45.50		43.44.49		43.46.48

（下ひとケタが…　1-2 自我欲　3-4 食欲・性欲　5-6 金欲・財欲　7-8 権力・支配欲　9-0 創作欲）

命数は左から、第3命数、第2命数、第1命数となります

金 1964 昭和39年生まれ

日＼月	1	2	3	4	5	6	7	8	9	10	11	12
1	43.45.47	19.20.16	43.48.42	19.16.19	50.49.49	18.18.20	44.47.50	16.18.17	47.50.48	17.19.18	51.55.55	27.29.25
2	49.44.46	18.19.15	49.45.49	18.15.20	44.50.50	16.15.17	42.46.47	17.17.18	51.57.55	27.28.25	51.56.56	27.30.26
3	44.43.45	16.18.14	44.46.50	16.14.17	42.47.47	17.16.18	47.45.48	27.26.25	51.58.56	27.27.26	54.53.53	23.27.23
4	42.42.44	17.17.13	42.43.47	17.13.18	47.48.48	27.23.25	51.54.55	27.25.26	53.55.53	23.26.23	52.54.54	28.28.24
5	47.41.43	25.25.22	41.44.43	25.22.22	55.55.52	27.24.26	51.53.56	23.24.23	52.56.54	28.25.24	60.51.51	26.25.21
6	55.60.51	28.26.21	55.51.52	28.21.21	52.56.51	26.21.30	53.52.53	28.23.24	60.53.51	26.24.21	51.52.52	21.26.22
7	52.59.52	26.23.30	52.52.51	36.30.30	60.53.60	24.22.29	54.51.59	25.21.28	59.54.57	21.23.22	59.59.56	29.23.26
8	60.58.59	24.24.29	60.59.60	24.29.29	54.54.59	25.29.28	59.60.58	25.22.27	59.51.56	29.22.26	52.60.55	26.24.25
9	54.57.60	25.21.28	54.60.59	25.28.28	59.51.58	25.30.27	59.59.57	29.29.26	52.52.55	26.21.25	60.57.54	24.21.24
10	59.56.57	25.22.27	59.57.58	25.27.27	59.52.57	29.27.26	59.58.56	26.30.25	60.59.54	24.30.24	58.58.53	28.22.23
11	59.55.58	29.29.26	59.58.57	29.26.26	59.59.56	26.28.25	52.57.55	24.27.24	58.60.53	28.29.23	9.5.2	33.39.32
12	59.54.55	26.30.25	59.55.56	26.25.25	52.60.55	24.25.24	60.56.54	28.28.23	9.7.2	33.38.32	9.6.1	33.40.31
13	52.53.56	24.25.24	52.56.55	23.24.24	60.59.54	28.26.23	58.55.53	33.35.32	9.8.1	33.37.31	3.3.10	33.37.40
14	60.52.53	30.26.23	60.53.54	30.23.23	54.60.53	33.33.32	9.4.2	33.36.31	3.5.10	33.36.40	10.4.9	36.38.39
15	54.51.54	33.33.40	54.53.53	30.40.40	9.7.10	33.34.31	9.3.1	37.37.40	10.6.9	36.35.39	8.7.8	34.35.38
16	9.8.1	31.34.39	10.2.10	31.39.39	7.8.9	37.31.38	1.2.10	36.38.39	8.3.8	34.34.38	4.8.7	38.36.37
17	7.7.1	37.31.38	7.1.9	37.38.38	1.5.8	35.33.37	10.9.7	39.35.36	4.4.5	38.33.37	7.5.4	33.33.34
18	1.6.10	35.32.34	1.10.3	35.34.34	9.6.4	40.32.36	6.8.6	38.36.35	10.2.4	33.38.34	5.6.3	31.33.33
19	9.3.9	31.39.31	9.9.4	32.31.31	1.3.1	38.31.32	4.7.5	34.33.34	5.1.3	31.37.33	1.3.2	35.32.32
20	1.2.8	36.38.32	1.8.1	36.32.32	10.10.2	34.40.39	10.10.9	39.34.40	1.10.7	35.36.32	9.4.8	33.31.38
21	10.1.7	34.35.39	10.7.2	34.39.39	10.7.9	39.39.40	9.9.10	35.31.37	9.9.8	33.38.38	15.11.15	45.50.45
22	10.10.6	39.36.40	10.6.9	39.40.40	9.8.10	33.38.37	9.8.7	33.40.38	15.18.15	46.45.45	20.20.16	44.49.46
23	9.9.5	33.33.37	9.5.10	33.37.37	9.5.7	33.37.38	9.7.6	45.47.45	20.17.16	44.46.46	18.17.13	44.48.43
24	9.8.4	33.34.38	9.4.7	33.38.38	9.6.8	45.46.45	15.16.15	44.48.46	18.16.13	44.43.43	13.18.14	43.47.44
25	9.7.3	45.41.45	9.3.8	46.45.45	15.13.15	44.45.46	20.15.16	44.45.43	13.15.14	43.44.44	17.15.11	43.46.41
26	15.16.12	44.42.46	15.12.15	44.46.46	20.14.16	44.44.43	18.14.13	43.46.44	17.14.11	43.41.41	17.16.12	43.45.42
27	20.15.11	42.49.43	20.11.16	42.43.43	18.11.13	43.41.44	13.13.14	43.44.43	19.13.12	43.42.42	19.13.19	49.44.49
28	18.14.20	43.50.44	18.20.13	43.44.44	13.12.14	43.50.41	17.12.11	43.44.42	19.12.19	50.49.49	18.14.20	44.43.50
29	13.13.19	43.47.41	13.19.14	43.41.41	17.19.11	43.49.42	17.11.12	49.41.49	18.11.20	44.50.50	16.11.17	42.42.47
30	17.12.18		17.18.11	43.42.42	17.20.12	49.48.49	19.20.19	44.42.50	16.20.17	42.47.47	17.12.18	47.41.48
31	17.11.17		17.17.12		11.17.19		18.19.20	42.49.47		47.48.48		51.60.55

銀 1965 昭和40年生まれ

日＼月	1	2	3	4	5	6	7	8	9	10	11	12
1	51.59.56	23.24.23	51.51.53	27.21.24	51.56.54	23.21.21	53.52.51	28.23.22	60.53.57	26.24.29	51.52.60	21.26.30
2	53.58.53	28.23.24	51.52.54	23.30.21	53.53.51	28.22.22	52.51.52	26.22.29	51.54.60	21.23.30	51.59.57	25.23.27
3	52.57.54	26.22.21	53.59.51	28.29.22	52.54.52	26.29.29	60.60.59	21.21.30	51.51.57	25.22.27	51.60.58	25.24.28
4	60.56.51	27.22.22	52.60.52	26.28.29	60.51.59	21.30.30	51.59.60	25.30.27	51.52.58	25.21.28	57.57.55	27.21.25
5	59.55.57	30.29.29	60.57.59	25.27.22	51.52.60	25.27.27	51.58.27	25.29.28	57.59.55	27.30.25	52.58.56	26.22.26
6	59.54.56	26.30.30	59.58.52	29.26.29	60.59.59	26.28.30	51.57.58	27.28.25	52.60.56	26.29.26	10.5.3	34.39.33
7	52.53.55	24.27.27	59.55.59	26.25.30	52.60.60	24.25.27	60.56.57	26.27.26	10.7.3	34.38.33	5.6.4	33.40.36
8	60.52.54	27.28.28	52.56.60	24.24.27	56.57.57	28.26.28	58.55.58	36.35.35	9.8.6	33.37.36	4.3.3	33.37.33
9	58.51.53	33.35.35	60.53.57	28.23.28	57.58.58	33.33.35	9.4.5	35.36.36	3.5.3	33.36.33	10.4.4	36.38.34
10	9.10.2	33.36.36	58.54.58	33.32.35	9.5.5	33.34.36	9.3.6	34.33.33	10.6.4	36.35.34	8.1.1	34.35.31
11	9.9.1	34.33.33	9.1.5	33.31.36	9.6.6	33.31.33	3.2.3	36.34.34	8.3.1	34.34.31	1.2.2	32.36.32
12	3.8.10	36.32.36	9.2.6	33.40.33	4.3.3	36.32.34	10.1.4	34.31.31	2.4.2	32.33.32	7.9.9	33.33.39
13	10.7.9	34.39.33	3.9.3	36.39.36	10.4.4	34.39.31	8.10.1	31.32.32	7.1.9	33.32.39	7.10.10	33.34.40
14	8.6.8	38.40.34	10.10.6	34.38.33	8.3.3	38.40.34	2.9.2	33.39.39	7.2.10	33.31.40	8.7.7	37.31.37
15	4.5.3	34.37.31	8.7.3	38.35.34	3.4.4	33.37.31	7.8.1	33.40.40	7.9.7	37.40.37	10.4.10	34.32.40
16	10.2.4	31.38.32	4.8.4	34.34.31	7.1.1	31.38.32	7.7.2	35.31.39	9.10.10	34.39.40	18.11.17	42.49.47
17	5.1.3	35.35.39	10.6.1	31.33.32	5.2.2	35.38.39	1.4.9	34.32.40	18.17.17	42.48.47	12.12.18	48.50.48
18	1.8.7	33.36.40	5.5.2	35.37.39	1.9.9	43.37.40	9.3.10	50.49.47	12.18.18	48.43.48	17.19.15	44.48.45
19	9.7.8	45.41.43	1.4.9	33.38.40	9.10.9	45.47.44	14.12.17	48.50.48	18.16.15	44.42.45	15.20.16	49.47.46
20	15.16.15	44.42.44	9.3.10	45.45.43	15.17.17	48.45.48	12.15.18	44.47.45	15.15.16	49.41.46	19.17.13	45.46.43
21	20.15.16	44.49.41	15.12.13	44.46.44	20.14.14	44.44.41	18.14.15	43.48.46	19.14.13	45.41.43	17.18.14	43.45.44
22	18.14.13	43.50.42	20.11.14	44.43.41	18.11.11	43.43.42	13.13.12	45.45.43	17.13.14	43.42.44	19.15.11	49.44.41
23	13.13.14	43.47.49	18.20.11	43.44.42	13.12.12	43.42.49	17.11.20	44.46.50	19.12.11	49.47.41	18.14.18	44.43.48
24	17.12.11	43.48.50	13.19.12	43.41.49	17.19.19	43.41.50	17.11.20	49.41.47	18.11.18	44.50.48	11.11.15	42.42.45
25	17.11.12	49.45.47	17.18.19	43.42.50	17.20.20	49.50.47	19.20.17	44.42.48	18.20.15	42.47.45	17.12.16	47.41.46
26	19.20.19	44.46.48	17.17.20	49.49.47	19.17.17	44.49.48	18.19.18	42.49.45	17.19.16	47.48.46	17.29.23	51.60.53
27	18.19.20	42.43.45	19.16.17	44.50.48	17.18.18	42.44.45	18.18.15	47.50.46	27.28.23	51.55.53	27.30.24	51.59.54
28	16.18.17	47.44.46	18.15.18	42.47.45	16.15.15	47.45.46	17.17.16	51.57.53	27.27.24	51.56.54	23.27.21	53.58.51
29	17.17.18		16.14.15	47.48.46	17.16.16	51.54.53	27.26.23	51.58.54	23.26.21	53.53.51	28.28.22	52.57.52
30	27.26.25		17.13.16	51.55.53	27.23.23	51.53.54	27.25.24	53.55.51	28.25.22	52.54.52	26.25.29	60.56.59
31	27.25.26		27.22.23		27.24.24		23.24.21	52.56.52		60.51.59		51.55.60

命数が… 1〜10 羅針盤座　11〜20 インディアン座　21〜30 鳳凰座　31〜40 時計座　41〜50 カメレオン座　51〜60 イルカ座

日＼月	1	2	3	4	5	6	7	8	9	10	11	12
1	51.54.57	25.29.28	51.58.59	25.26.28	51.59.58	25.28.27	51.57.57	27.28.26	52.60.55	26.29.25	10.5.4	34.39.34
2	51.53.58	27.28.25	51.55.58	25.25.27	51.60.57	27.25.26	57.56.56	26.27.25	10.7.4	34.38.34	5.6.3	35.40.33
3	57.52.55	26.27.26	57.56.57	27.24.26	57.57.56	26.26.25	52.55.55	34.36.34	5.8.3	35.37.33	9.3.2	35.37.32
4	52.51.56	33.35.33	57.53.56	26.23.25	52.58.55	34.33.34	10.4.4	35.35.33	9.5.2	35.36.32	9.4.1	35.38.31
5	10.10.3	33.36.34	52.54.57	33.32.33	10.5.4	35.34.33	5.3.3	35.34.32	9.6.1	35.35.31	1.1.10	31.35.40
6	9.9.6	33.33.31	9.1.3	33.31.34	9.6.4	33.31.31	9.2.2	35.33.31	1.3.10	31.34.40	10.2.9	36.36.39
7	3.8.3	36.34.32	9.2.4	33.40.31	3.3.1	36.32.32	10.1.2	31.32.40	10.4.9	36.33.39	8.9.8	33.33.37
8	10.7.4	34.31.39	3.9.1	36.39.32	10.4.2	34.39.39	8.10.9	32.32.40	7.1.7	34.32.38	7.10.8	33.34.38
9	8.6.1	32.32.40	10.10.2	34.38.39	8.1.9	32.40.40	2.9.10	33.39.37	7.2.8	33.31.38	7.7.5	37.31.35
10	2.5.2	33.39.37	8.7.9	32.37.40	2.2.10	33.37.37	7.8.7	33.40.38	7.9.5	37.40.35	10.8.6	34.32.36
11	7.4.9	33.40.38	2.8.10	33.36.37	7.9.7	33.38.38	7.7.8	37.37.35	10.10.6	34.39.36	18.15.13	42.49.43
12	7.3.10	36.35.35	7.5.7	33.35.38	7.10.8	37.35.35	7.6.5	34.38.36	18.17.13	42.48.43	16.16.14	46.50.44
13	7.2.7	34.36.36	7.6.8	35.34.35	7.7.5	34.36.36	10.5.6	42.45.43	16.18.14	46.47.44	17.13.11	41.47.41
14	10.1.10	50.43.43	1.3.5	34.33.36	10.10.6	42.43.43	18.14.13	46.46.44	17.15.11	41.46.41	17.14.12	41.48.42
15	18.20.17	48.44.45	10.5.50	50.50.43	18.17.13	48.44.44	12.13.14	41.43.41	17.16.12	41.45.42	11.11.19	45.45.49
16	12.17.18	44.41.44	14.11.13	48.49.45	12.18.14	42.41.41	17.12.11	41.48.42	13.13.19	41.44.49	15.12.18	44.46.50
17	18.16.15	43.42.43	12.11.15	44.48.44	18.15.14	49.43.43	15.19.12	45.45.49	18.14.20	44.43.50	16.15.17	48.43.47
18	15.15.16	45.49.42	18.20.14	43.44.43	15.16.13	45.42.42	19.18.12	44.46.50	14.11.17	42.42.47	12.16.18	46.43.49
19	19.12.13	43.48.41	13.19.12	43.41.41	19.13.12	43.41.41	17.17.11	48.43.50	12.11.19	46.41.48	18.13.18	42.42.48
20	17.11.14	49.45.50	19.18.12	43.42.41	17.14.11	49.50.50	19.20.20	46.44.49	18.20.18	42.46.48	13.14.17	47.41.47
21	19.20.17	44.46.49	17.17.11	49.49.50	19.17.20	44.49.49	12.19.19	42.41.48	17.19.17	49.45.47	29.21.26	53.60.56
22	18.19.18	42.43.48	19.16.20	44.50.49	18.18.19	42.48.48	17.18.18	47.42.47	29.28.26	53.55.56	27.22.25	51.59.55
23	18.18.15	47.44.47	18.15.17	47.47.47	18.15.18	48.47.47	18.17.17	51.57.56	27.27.25	51.56.55	23.27.24	53.58.54
24	17.17.16	51.51.54	18.14.18	47.48.47	17.16.17	51.56.56	27.26.26	51.58.55	23.26.24	53.53.54	28.28.23	52.57.53
25	27.26.23	51.52.53	17.13.17	51.55.56	27.23.26	51.55.55	27.25.25	53.55.54	28.25.23	52.54.53	26.25.22	52.56.52
26	27.25.24	53.59.52	27.22.26	51.56.53	27.24.25	53.54.54	23.24.24	52.56.53	26.24.22	52.51.52	21.26.21	51.55.51
27	23.24.21	52.60.51	27.21.23	53.53.52	23.21.22	52.51.51	28.23.23	52.53.52	21.23.21	51.52.51	25.23.30	51.54.60
28	28.23.22	60.57.60	23.30.22	52.54.51	28.22.21	59.60.60	26.22.30	51.54.51	25.22.30	51.59.60	25.24.29	51.53.57
29	26.22.29		28.29.21	60.51.60	26.29.30	51.59.59	21.21.29	51.51.58	25.21.27	51.60.59	27.21.26	57.52.58
30	21.21.30		26.28.30	51.52.59	21.30.29	51.58.58	25.30.28	51.52.57	27.30.26	57.57.56	26.22.25	52.51.55
31	25.30.27		21.27.29		25.27.28		25.29.27	57.59.56		52.58.55		10.10.4

日＼月	1	2	3	4	5	6	7	8	9	10	11	12
1	5.9.3	35.34.32	10.1.6	35.31.35	5.6.5	35.31.34	9.2.4	35.33.33	1.3.2	31.34.32	10.2.1	36.36.31
2	9.8.2	35.33.31	5.2.5	35.40.34	9.3.4	35.32.33	9.1.3	31.32.32	10.4.1	36.33.31	8.9.10	34.33.40
3	9.7.1	31.32.40	9.9.4	35.39.33	9.4.3	31.39.32	1.10.2	36.31.31	8.1.10	34.32.40	9.10.9	39.34.39
4	1.6.10	32.32.39	9.10.3	31.38.32	1.1.2	36.40.31	10.9.1	34.40.40	9.2.9	39.31.39	9.7.8	33.31.38
5	10.5.9	33.39.38	1.7.2	32.37.39	10.2.1	34.37.40	8.8.10	40.39.39	9.9.8	33.40.38	9.8.7	33.32.37
6	7.4.7	33.40.37	2.8.9	33.36.38	7.9.8	33.38.37	9.7.9	33.38.38	9.10.7	33.39.37	15.15.16	45.49.46
7	7.3.8	37.37.36	7.5.8	33.35.37	7.10.7	37.35.36	9.6.8	33.37.37	15.17.16	45.48.46	20.16.15	44.50.45
8	7.2.5	34.38.35	7.6.7	37.34.36	7.7.6	34.36.35	10.5.5	42.45.44	16.18.13	44.47.45	17.13.12	41.47.42
9	10.1.6	42.45.44	7.3.6	34.33.35	10.8.5	42.43.44	18.14.14	46.46.43	17.15.12	41.46.42	14.14.11	41.48.41
10	18.20.13	46.46.43	10.4.5	42.42.44	18.15.14	46.44.43	16.13.13	41.43.42	17.16.11	41.45.41	11.11.20	41.45.50
11	16.19.14	41.43.42	18.11.14	46.41.43	16.16.13	41.41.42	17.12.12	41.44.41	11.13.20	41.44.50	18.12.19	44.46.49
12	17.18.11	41.42.41	16.12.13	41.50.42	17.13.12	41.42.41	11.11.41	41.41.50	18.14.19	44.43.49	18.19.18	47.43.48
13	17.17.12	45.49.50	17.19.12	41.49.41	17.14.11	41.49.50	11.20.20	44.42.49	16.11.18	42.42.48	20.20.17	50.44.47
14	19.16.19	44.50.47	17.20.11	45.48.50	19.13.20	44.50.49	18.19.19	42.49.48	20.12.17	50.41.47	15.17.16	41.41.46
15	18.15.20	48.47.46	19.17.20	44.47.49	18.14.19	42.47.48	16.18.18	50.50.47	15.19.16	41.50.46	18.15.13	41.42.45
16	14.12.17	46.48.45	18.18.17	48.44.46	14.11.16	46.48.45	12.17.17	41.41.46	15.20.15	41.49.45	29.21.24	53.59.54
17	12.11.19	42.45.48	14.16.16	46.43.45	12.12.15	42.48.44	15.16.16	41.42.45	29.27.24	53.58.54	28.22.23	52.60.53
18	18.20.18	47.46.47	12.15.15	42.47.48	18.19.14	49.47.43	14.13.13	53.59.52	28.28.21	52.57.53	22.29.30	58.57.60
19	18.17.17	51.51.56	18.14.18	47.48.47	18.17.17	53.56.56	29.22.22	51.60.51	22.26.30	58.52.60	30.30.29	56.57.59
20	29.26.26	51.52.55	17.13.17	51.55.56	29.27.26	51.55.55	27.21.21	58.57.60	30.25.29	56.51.59	27.27.28	52.56.58
21	27.25.25	53.59.54	27.22.26	51.56.55	27.24.25	53.54.54	23.24.24	56.58.53	26.24.22	52.60.58	21.28.21	51.55.51
22	23.24.24	52.60.53	27.21.25	53.53.54	23.21.24	52.53.53	30.23.23	52.55.52	21.23.21	51.52.51	27.25.30	53.54.60
23	28.23.23	52.57.52	23.30.24	52.54.53	28.22.23	51.52.52	26.22.22	51.54.51	25.22.30	53.59.60	25.24.29	51.53.59
24	26.22.22	51.58.51	28.29.23	52.51.52	26.29.22	52.51.51	22.21.21	51.51.60	25.21.29	51.60.59	27.21.28	57.52.58
25	22.21.21	51.55.60	26.28.22	51.52.51	21.30.21	51.60.60	25.30.30	51.52.59	27.30.28	57.57.58	26.22.27	52.51.57
26	25.30.30	51.56.59	21.27.21	51.59.60	25.27.30	51.57.59	25.29.29	57.59.58	26.29.27	52.58.57	36.39.36	10.10.6
27	25.29.27	52.53.58	25.26.30	51.60.59	25.28.29	57.56.58	27.28.28	52.60.57	36.38.36	10.5.6	35.40.35	5.9.5
28	27.28.26	52.54.57	25.25.29	57.57.58	27.25.28	52.55.57	26.27.27	10.7.6	35.37.35	5.6.5	35.37.34	9.8.4
29	26.27.25		27.24.28	52.58.57	26.26.27	10.4.6	34.36.36	5.8.5	35.36.34	9.3.4	35.38.33	9.7.3
30	34.36.34		26.23.27	10.5.6	34.33.36	5.3.5	36.35.35	9.5.4	35.35.33	9.4.3	31.35.32	1.6.2
31	35.35.33		34.32.36		35.34.35		35.34.34	9.6.3		1.1.2		10.5.1

（下ひとケタが…　**1・2** 自我欲　**3・4** 食欲・性欲　**5・6** 金欲・財欲　**7・8** 権力・支配欲　**9・0** 創作欲）

命数は左から、第3命数、第2命数、第1命数となります

金 1968 昭和43年生まれ

日\月	1	2	3	4	5	6	7	8	9	10	11	12
1	8.4.10	40.39.39	8.5.1	39.35.32	9.10.2	33.35.39	9.6.9	33.37.40	15.17.17	45.48.47	20.16.18	44.50.48
2	9.3.9	33.38.38	9.6.2	33.34.39	9.7.9	33.36.40	9.5.10	45.46.47	20.18.18	44.47.48	18.13.15	42.47.45
3	9.2.8	33.37.37	9.3.9	33.33.40	9.8.10	45.43.47	15.14.17	44.45.48	18.15.15	42.46.45	13.14.16	43.48.46
4	9.1.7	45.46.46	18.11.15	46.41.46	17.16.16	42.41.45	18.12.15	43.43.46	17.13.13	43.44.43	17.12.14	43.46.44
5	15.20.16	45.46.46	18.11.15	46.41.46	17.16.16	42.41.45	18.12.15	43.43.46	17.13.13	43.44.43	17.12.14	43.46.44
6	16.19.13	41.43.43	16.12.16	41.50.43	17.13.13	41.42.44	13.11.16	43.42.43	17.14.14	43.43.44	19.19.11	49.43.41
7	17.18.12	41.44.44	17.19.13	41.49.44	17.14.14	41.49.41	11.20.11	44.42.42	16.11.19	49.42.41	19.20.20	50.44.50
8	17.17.11	42.41.41	17.18.11	41.41.41	12.11.11	44.50.42	18.19.12	42.49.49	20.12.20	50.41.50	15.17.17	41.41.47
9	11.16.20	44.42.42	11.17.11	44.47.42	18.12.12	42.47.49	16.18.19	49.50.50	15.19.17	41.50.47	15.18.18	41.42.48
10	18.15.19	42.49.49	18.18.12	42.46.49	16.19.19	50.48.50	20.17.20	41.47.47	15.20.18	41.49.48	26.25.25	55.59.55
11	16.14.18	49.50.50	16.15.19	50.45.50	19.20.20	41.44.47	15.15.18	56.55.55	28.28.26	52.57.56	26.23.23	60.57.53
12	20.13.17	41.47.47	20.16.20	41.44.47	15.17.17	41.46.48	25.24.25	52.56.56	26.25.23	60.56.53	23.24.24	54.58.54
13	15.12.16	41.46.42	15.13.11	41.43.42	15.20.17	55.53.55	25.24.25	52.56.56	26.25.23	60.56.53	23.24.24	54.58.54
14	15.11.15	53.53.59	15.14.12	53.52.59	29.27.29	52.54.60	28.23.26	60.53.53	24.26.24	54.55.54	27.21.21	59.55.51
15	29.30.24	52.54.60	29.21.29	58.58.57	28.28.30	60.51.57	22.22.27	56.58.58	25.23.25	59.54.51	25.28.26	59.56.56
16	28.27.21	58.51.57	27.21.30	52.52.58	22.25.27	56.52.58	30.21.28	59.55.55	25.24.26	59.53.56	27.25.23	54.53.53
17	22.26.30	56.52.58	22.30.27	56.57.58	30.26.28	52.52.55	25.28.25	55.56.56	27.21.23	53.52.53	26.26.24	52.54.54
18	30.25.29	52.59.55	30.29.28	52.51.55	26.23.25	57.51.56	23.27.26	54.53.53	25.21.24	52.57.54	22.23.21	56.52.51
19	26.22.22	51.60.56	26.28.25	51.52.56	21.24.26	53.60.53	27.26.23	51.54.54	22.30.21	56.56.51	30.24.22	54.51.52
20	22.21.21	51.55.51	21.27.24	51.59.51	25.27.21	51.59.54	25.29.24	57.51.51	30.29.22	54.55.52	36.31.39	10.10.9
21	25.30.30	51.56.52	25.26.21	51.60.52	25.28.22	57.58.59	27.28.21	54.52.52	36.38.39	10.5.9	35.32.40	5.9.10
22	25.29.29	57.53.59	25.25.22	57.57.59	27.25.29	52.57.60	26.27.30	10.7.7	35.37.38	5.6.10	35.37.35	9.8.5
23	27.28.28	52.54.60	27.24.29	52.58.60	26.26.30	10.6.7	36.36.37	5.8.8	35.36.35	9.3.5	35.38.36	9.7.6
24	26.27.27	10.1.7	26.23.30	10.5.7	36.33.37	5.5.8	35.35.38	9.5.5	35.35.36	9.4.6	31.35.33	1.6.3
25	35.36.36	5.2.8	36.32.37	5.6.8	35.34.38	9.4.5	35.34.35	9.6.6	31.34.33	1.1.5	36.36.34	10.5.4
26	36.35.35	9.9.5	35.31.38	9.3.5	35.31.35	9.3.6	35.33.36	1.3.3	36.33.34	10.2.4	34.33.31	10.4.1
27	35.34.34	9.10.6	35.40.35	9.4.6	31.32.36	1.10.3	31.32.33	10.4.4	34.32.31	10.9.1	39.34.32	9.3.2
28	35.33.33	1.7.3	35.39.35	1.1.3	31.39.33	10.9.4	36.31.34	8.1.1	39.31.32	9.10.2	33.31.39	9.2.9
29	31.32.32	10.8.4	31.38.33	10.2.4	36.40.34	8.8.1	34.40.31	9.2.2	33.40.39	9.7.9	33.32.40	9.1.10
30	36.31.21		36.37.34	8.9.1	34.37.31	9.7.2	39.39.32	10.9.9	33.39.40	9.8.10	45.49.47	15.20.17
31	34.40.40		34.36.31		39.38.32		33.38.39	9.10.10		15.15.17		20.19.18

銀 1969 昭和44年生まれ

日\月	1	2	3	4	5	6	7	8	9	10	11	12
1	18.18.15	43.43.46	20.12.17	42.50.46	18.13.16	43.42.45	13.11.15	43.42.44	17.14.13	44.43.43	19.19.12	49.43.42
2	13.17.16	43.42.43	18.19.16	43.49.45	13.14.15	43.49.44	17.20.14	43.41.43	19.11.12	49.42.42	18.20.11	44.44.41
3	17.16.13	43.41.44	13.20.15	43.48.44	17.11.14	43.50.43	17.19.13	49.50.42	18.12.11	44.41.41	16.17.20	42.41.50
4	17.15.14	42.49.41	17.17.14	43.47.43	17.12.13	49.47.42	19.18.12	44.49.41	16.19.20	42.50.50	17.18.19	47.42.49
5	16.14.19	50.50.42	17.18.13	42.46.41	19.19.12	44.48.41	18.17.11	42.48.50	17.20.19	47.49.49	27.25.28	51.59.58
6	20.13.20	41.47.49	16.15.11	50.45.42	20.20.12	41.45.49	16.16.20	47.47.49	27.27.28	51.58.58	27.26.27	51.60.57
7	15.12.17	41.48.50	20.16.12	41.44.41	15.17.19	41.46.50	15.15.20	51.56.58	27.28.27	51.57.57	26.23.25	60.57.55
8	15.11.18	55.55.57	15.13.19	41.43.50	15.18.20	55.53.57	25.24.27	52.56.58	26.25.25	60.56.55	24.24.26	54.58.56
9	25.30.25	52.56.58	15.14.20	55.52.57	25.25.27	52.54.58	28.23.28	60.53.55	24.26.26	54.55.56	25.21.23	59.55.53
10	28.29.26	60.53.55	25.21.27	52.51.58	28.26.28	60.51.55	26.22.25	54.54.56	25.23.23	59.54.53	25.22.24	59.56.54
11	26.28.23	54.54.56	28.22.28	60.60.55	26.23.25	54.52.56	24.21.26	59.51.53	25.24.24	59.53.53	29.29.21	59.53.51
12	24.27.24	59.59.53	26.29.25	54.59.56	24.24.26	59.59.53	25.30.23	59.52.54	29.21.21	59.52.51	26.30.22	52.54.52
13	25.26.25	59.60.54	24.30.26	59.58.53	25.21.23	59.60.54	25.29.24	59.59.51	26.22.22	52.51.52	24.27.29	60.51.59
14	25.25.26	53.57.51	25.27.23	59.57.54	25.24.24	53.57.51	29.28.21	52.60.52	24.29.29	60.60.59	28.28.30	58.52.60
15	27.22.23	51.58.51	25.28.24	53.54.51	27.21.21	52.58.52	26.27.22	60.57.59	28.30.30	58.59.60	33.31.37	9.9.7
16	25.21.24	56.55.60	27.25.21	51.53.51	26.22.22	56.55.59	24.26.29	54.52.60	33.37.37	9.8.7	33.32.38	9.10.8
17	22.30.21	54.56.59	25.25.21	56.52.60	22.29.30	54.57.59	30.23.30	9.9.7	33.38.38	9.7.8	37.39.35	1.7.5
18	30.27.22	10.3.8	22.24.30	54.58.59	30.30.29	10.6.8	36.32.38	7.10.8	37.35.35	1.2.5	35.40.35	9.7.5
19	36.36.39	5.2.7	30.23.29	10.5.8	36.37.38	5.7.5	31.31.37	1.7.6	36.35.35	9.1.5	40.37.34	6.6.4
20	35.35.38	9.9.6	36.32.38	5.6.7	35.38.37	1.4.6	37.34.36	9.8.5	40.34.34	6.10.4	38.38.33	4.5.3
21	35.34.35	9.10.5	35.31.37	9.3.6	35.31.36	9.3.5	35.33.35	1.5.4	38.33.33	4.2.3	34.35.32	10.4.2
22	35.33.36	1.7.4	35.40.36	9.4.5	35.32.35	1.2.4	31.32.34	4.6.3	34.32.32	10.9.2	39.34.31	9.3.1
23	31.32.33	10.8.3	35.39.35	1.1.4	31.39.34	10.1.3	36.31.33	10.1.2	39.31.31	9.10.1	33.31.40	9.2.10
24	36.31.34	10.5.2	31.38.34	10.2.3	36.40.33	10.10.2	34.40.32	9.2.1	33.40.40	9.7.10	33.32.39	9.1.9
25	34.40.31	9.6.1	36.37.33	10.9.2	34.37.32	9.9.1	39.39.31	9.9.10	33.39.39	9.8.9	45.49.48	15.20.18
26	39.39.32	9.3.10	34.36.32	9.10.1	39.38.31	9.8.10	33.38.40	9.10.9	45.48.48	15.15.18	44.50.47	20.19.17
27	33.38.39	9.4.9	39.35.31	9.7.10	33.35.40	9.7.9	33.36.39	15.17.18	44.47.47	20.16.17	44.47.46	18.18.16
28	33.37.40	15.11.18	33.34.40	9.8.9	33.36.39	15.14.18	45.46.48	20.18.17	42.46.46	18.13.16	43.48.45	13.17.15
29	45.46.47		33.33.39	15.15.18	45.43.48	20.13.17	44.45.47	18.15.16	43.45.45	13.14.15	43.45.44	17.16.14
30	44.45.48		45.42.48	20.16.17	44.44.47	18.12.16	42.44.46	13.16.15	43.44.44	17.11.14	43.46.43	17.15.13
31	42.44.45		44.41.47		42.41.46		43.43.45	17.13.14		17.12.13		19.14.12

命数が… **1〜10** 羅針盤座 **11〜20** インディアン座 **21〜30** 鳳凰座 **31〜40** 時計座 **41〜50** カメレオン座 **51〜60** イルカ座

日＼月	1	2	3	4	5	6	7	8	9	10	11	12
1	18.13.11	42.48.50	19.15.19	44.45.50	18.20.20	42.45.47	16.16.17	47.47.48	27.27.25	51.58.55	27.26.26	51.60.56
2	16.12.20	47.47.49	18.16.20	42.44.47	18.17.17	47.46.48	17.15.18	51.56.55	27.28.26	51.57.56	24.23.23	53.57.53
3	17.11.19	51.56.58	16.13.17	47.43.48	17.18.18	51.53.55	27.24.25	51.55.56	23.25.23	53.56.53	28.24.24	52.58.54
4	27.30.28	52.56.57	17.14.18	51.52.55	27.25.25	51.54.56	27.23.26	53.54.53	28.26.24	52.55.54	26.21.21	60.55.51
5	27.29.27	60.53.56	27.21.25	52.51.57	27.28.28	53.51.53	23.22.23	52.53.54	26.23.21	60.54.51	21.22.22	51.56.52
6	26.28.25	54.54.55	28.22.27	60.60.56	26.23.26	54.52.55	28.21.24	60.52.51	21.24.22	51.53.52	25.29.29	51.53.59
7	24.27.26	59.51.54	26.29.26	54.59.55	24.24.25	59.60.53	25.30.24	51.51.52	25.21.29	51.52.59	25.30.30	52.54.54
8	25.26.23	59.52.53	24.30.25	59.58.54	25.21.24	59.59.60	26.22.21	51.50.51	26.22.21	51.51.60	24.27.28	60.51.60
9	25.25.24	59.59.52	25.27.24	59.57.53	25.22.23	59.57.52	29.28.22	52.60.51	24.29.30	59.60.60	28.27.30	58.52.59
10	29.24.21	52.60.51	25.28.23	59.56.52	29.29.22	52.58.51	26.27.21	60.57.60	28.30.29	58.59.59	33.35.38	9.9.8
11	26.23.22	60.57.60	29.25.22	52.55.51	26.30.21	60.55.60	24.26.30	58.58.59	33.37.38	9.8.8	33.36.37	9.10.7
12	24.22.29	54.56.59	26.26.21	60.54.60	24.27.30	58.56.59	28.25.29	9.5.8	33.38.37	9.7.7	33.34.38	3.7.6
13	28.21.30	9.3.8	24.23.30	54.53.59	28.28.29	9.3.8	33.34.38	9.6.7	33.35.36	3.6.6	36.34.35	10.8.5
14	33.40.37	7.4.3	30.24.29	9.2.8	33.37.38	9.4.7	33.33.37	3.3.6	36.36.35	10.5.5	34.31.34	8.5.4
15	33.39.38	1.1.2	33.31.38	7.9.3	33.32.36	1.1.6	37.32.36	10.4.5	34.33.34	8.4.4	32.32.33	4.6.3
16	37.36.35	9.2.1	31.32.33	1.8.2	37.35.32	10.2.1	36.31.35	8.5.4	38.34.33	2.3.3	33.35.32	7.3.2
17	36.35.35	1.9.1	37.40.32	9.7.1	35.36.31	6.2.10	40.38.40	4.6.3	33.31.32	7.2.2	33.36.31	5.4.7
18	40.34.34	4.10.2	35.39.31	2.1.1	40.33.40	4.1.9	38.37.39	7.3.8	31.32.37	7.1.1	35.33.36	1.2.6
19	38.31.33	10.5.9	38.34.32	10.9.9	34.36.32	10.10.9	34.36.38	5.4.7	35.40.36	1.6.6	33.34.35	9.1.5
20	34.40.32	9.6.10	38.37.32	10.9.9	34.31.39	9.9.10	39.39.40	1.1.6	33.39.35	9.5.5	50.41.44	15.20.15
21	39.39.31	9.3.7	34.36.39	9.10.10	39.38.40	9.8.7	35.38.37	9.2.8	45.48.45	13.14.14	48.42.46	12.19.16
22	33.38.40	9.4.8	39.35.40	9.7.7	33.35.37	9.7.8	33.37.38	15.19.15	48.47.46	12.16.16	44.49.43	18.18.13
23	33.37.39	15.11.15	33.33.38	9.8.4	33.36.38	15.16.15	45.46.46	20.18.16	44.46.43	18.13.13	43.45.41	13.17.14
24	45.46.48	20.12.16	33.33.38	16.15.15	45.43.45	20.15.16	44.45.46	18.15.13	43.45.44	13.14.14	43.45.41	17.16.11
25	44.45.47	18.19.13	45.42.45	20.16.16	44.44.46	18.14.13	44.44.43	13.16.14	43.44.41	17.11.11	43.46.42	17.15.12
26	44.44.46	13.20.14	44.41.46	18.13.13	44.41.43	13.13.14	43.43.44	17.13.11	43.43.42	17.12.12	49.43.49	19.14.19
27	43.43.45	17.17.11	42.50.43	13.14.14	43.42.44	17.20.11	43.42.41	17.14.12	49.42.49	20.19.19	44.42.48	18.13.20
28	43.42.44	17.18.12	43.49.44	17.11.11	43.49.41	17.19.12	43.41.42	19.11.19	44.41.50	18.20.20	42.41.47	16.12.17
29	43.41.43		43.48.41	17.12.12	43.50.42	19.18.19	49.50.49	18.12.20	42.50.47	16.17.17	47.42.48	17.11.18
30	49.50.42		43.47.42	20.19.19	49.47.49	18.17.20	44.49.50	16.19.17	47.49.48	17.18.18	51.59.55	27.30.25
31	44.49.41		49.46.49		44.48.50		42.48.47	17.20.18		27.25.25		27.29.26

日＼月	1	2	3	4	5	6	7	8	9	10	11	12
1	23.28.23	52.53.54	27.22.30	53.60.57	23.23.27	52.52.58	28.21.28	60.52.55	21.24.26	51.53.56	25.29.23	51.53.53
2	28.27.24	60.52.51	23.29.27	52.59.58	28.24.28	60.59.55	26.30.25	51.51.56	25.21.23	51.52.53	25.30.24	51.54.54
3	26.26.21	51.51.52	28.30.28	60.58.55	26.21.25	51.60.56	21.29.26	51.60.53	25.22.24	51.51.54	27.27.21	57.51.51
4	21.25.22	60.59.59	26.27.25	51.57.56	21.22.26	51.57.53	25.28.23	51.59.54	27.29.21	57.60.51	26.28.22	51.52.52
5	25.24.29	52.60.60	21.28.26	59.56.59	25.29.23	51.58.54	25.27.24	57.58.51	26.30.22	52.59.52	34.35.39	10.9.9
6	26.23.21	60.57.57	29.25.29	52.55.60	26.30.30	60.55.57	27.26.21	52.57.52	34.37.39	10.8.9	35.36.40	5.10.10
7	24.22.30	57.58.58	26.26.30	60.54.57	24.27.27	58.56.58	26.25.22	10.6.9	35.38.40	5.7.10	35.33.37	9.7.7
8	28.21.29	9.5.5	24.23.27	58.53.58	27.28.28	9.3.5	33.34.35	9.6.6	33.35.33	9.6.7	36.34.34	10.8.4
9	33.40.38	9.6.6	28.24.28	9.2.5	33.35.35	9.4.6	33.33.36	4.3.3	36.36.34	10.5.4	34.31.31	8.5.1
10	33.39.37	4.3.3	33.31.35	9.1.6	33.36.36	3.1.3	33.32.33	10.4.4	34.33.31	8.4.1	31.32.32	2.6.2
11	33.38.36	10.4.4	33.32.36	3.1.3	36.31.34	10.2.4	36.31.34	8.1.1	32.34.32	2.3.2	33.39.39	7.3.9
12	36.37.35	8.9.7	33.39.33	10.9.4	36.34.34	8.9.1	34.40.31	1.2.2	33.31.39	7.2.9	33.40.40	7.4.10
13	34.36.34	4.10.8	36.40.34	8.8.7	34.31.31	2.10.2	32.39.32	7.9.9	33.32.40	7.1.10	38.37.37	7.1.7
14	38.35.33	7.7.5	34.37.37	4.7.8	38.34.38	7.7.5	33.38.39	7.10.10	37.39.37	7.10.7	34.38.38	10.2.8
15	33.34.32	5.8.6	37.38.38	7.4.5	33.31.35	7.8.6	33.37.40	8.7.7	34.40.38	10.9.8	42.45.45	18.19.15
16	31.31.37	1.5.3	33.35.35	5.3.6	31.32.36	1.5.3	35.36.33	10.2.4	42.47.41	18.18.15	48.42.42	12.20.12
17	35.40.36	9.6.4	31.35.36	1.2.3	35.39.33	9.7.4	34.35.34	18.19.11	48.48.42	12.17.12	41.49.49	17.17.19
18	33.39.35	15.13.11	35.34.33	9.8.4	33.40.34	14.16.11	50.42.41	12.20.12	41.45.49	17.16.19	49.50.50	15.18.20
19	45.46.45	20.12.20	33.33.34	15.15.11	45.48.47	12.15.12	48.41.42	18.17.19	49.45.50	15.11.20	45.47.47	19.16.17
20	48.45.46	18.19.17	45.42.41	20.16.20	48.48.42	18.14.19	45.18.20	15.18.20	45.44.47	19.20.17	48.48.48	17.15.18
21	44.44.43	13.20.18	44.41.50	18.13.17	44.41.47	13.13.18	44.43.50	19.15.17	43.43.48	17.19.18	49.45.45	19.14.15
22	43.43.44	17.17.15	44.50.47	13.14.18	43.42.48	17.12.15	45.42.47	17.16.18	49.42.45	19.19.15	45.46.46	12.13.16
23	43.42.41	17.18.16	43.49.48	17.11.15	43.49.45	17.11.16	43.41.48	19.11.11	44.41.44	12.20.16	42.41.41	18.12.11
24	43.41.42	19.15.13	43.48.45	17.12.16	43.50.46	19.20.13	49.50.43	18.12.14	42.50.41	18.17.11	47.42.42	17.11.12
25	49.50.49	18.16.14	43.47.46	19.19.13	49.47.43	18.19.14	44.49.44	18.19.11	47.49.42	17.18.12	51.59.59	27.30.29
26	44.49.50	16.13.11	49.46.43	18.20.14	44.48.44	18.18.11	42.48.41	17.20.12	51.58.59	27.25.29	51.60.60	27.29.30
27	42.48.47	17.14.12	44.45.44	16.17.16	47.46.42	17.15.12	47.47.42	27.27.29	51.57.60	27.26.30	53.57.58	28.27.28
28	47.47.48	27.21.29	42.44.41	17.18.12	47.46.42	27.24.29	51.56.59	27.28.30	53.56.57	23.23.27	52.58.58	28.27.28
29	51.56.55		47.43.42	27.25.29	51.53.59	27.30.30	51.55.60	23.25.27	52.55.58	28.24.28	60.55.55	26.26.25
30	51.55.56		51.52.59	27.26.30	51.54.60	23.22.27	53.54.57	28.26.28	60.54.55	26.21.25	51.56.56	21.25.26
31	53.54.53		51.51.60		53.51.57		52.53.58	26.23.25		21.22.26		25.24.23

（下ひとケタが… 1・2 自我欲 3・4 食欲・性欲 5・6 金欲・財欲 7・8 権力・支配欲 9・0 創作欲）

命数は左から、第3命数、第2命数、第1命数となります

金 1972 昭和47年生まれ

日\月	1	2	3	4	5	6	7	8	9	10	11	12
1	25.23.24	57.58.51	25.26.23	57.54.52	27.27.22	52.56.51	26.25.21	10.6.10	35.38.39	5.7.9	35.33.38	9.7.8
2	27.22.21	52.57.52	27.23.22	52.53.51	26.28.21	10.3.10	34.34.40	5.5.9	35.35.38	9.6.8	35.34.37	9.8.7
3	26.21.22	10.6.9	26.24.21	10.2.10	34.35.40	5.4.9	35.33.39	9.4.8	35.36.37	9.5.7	31.31.36	1.5.6
4	34.40.39	5.5.10	34.31.40	5.1.9	35.36.39	9.1.8	35.32.38	9.3.7	31.33.36	1.4.6	36.32.35	10.6.5
5	35.39.40	3.3.7	33.32.40	3.10.7	33.33.37	10.2.8	35.31.37	1.2.6	36.34.35	10.3.5	34.39.34	8.3.4
6	33.38.33	10.4.8	33.39.37	10.9.8	36.34.38	8.9.5	31.40.36	10.1.5	34.31.34	8.2.4	39.33.40	9.4.3
7	36.37.34	8.1.5	36.40.38	8.8.5	34.31.35	2.10.6	32.39.36	7.9.3	33.32.34	9.1.3	37.37.31	7.1.1
8	36.36.31	2.2.6	34.37.35	2.7.6	32.32.36	7.7.3	33.38.33	7.10.4	37.39.31	7.10.1	34.38.32	10.2.2
9	32.35.32	7.9.3	32.38.36	7.6.3	33.39.33	7.8.4	33.37.34	7.7.1	34.40.32	10.9.2	42.45.49	18.19.19
10	33.34.39	7.10.4	33.35.33	7.5.4	33.40.34	7.5.1	37.36.31	10.8.2	42.47.49	18.18.19	46.46.50	16.20.20
11	33.33.40	7.7.1	33.36.34	7.4.1	37.37.31	10.6.2	34.35.32	18.15.19	46.48.50	16.17.20	41.43.47	18.17.17
12	37.32.37	10.8.2	37.33.31	10.3.2	34.38.32	18.13.19	42.44.49	16.16.20	41.45.47	17.16.17	41.44.48	17.18.18
13	34.31.38	18.13.19	34.34.32	18.12.19	42.47.49	12.14.20	46.43.50	17.13.17	41.46.48	17.15.18	41.41.45	11.15.15
14	42.50.41	12.14.20	42.41.49	12.11.20	48.48.50	17.11.17	41.42.47	17.14.18	41.43.45	11.14.15	44.42.46	18.16.16
15	48.49.42	17.11.17	48.42.50	17.18.17	41.45.47	15.12.18	41.41.48	19.15.15	44.44.46	18.13.16	42.45.43	16.13.13
16	41.46.49	15.12.17	44.50.48	15.17.17	49.46.47	19.12.16	45.50.45	18.16.16	42.41.43	16.12.13	46.46.44	12.14.14
17	49.45.50	19.19.16	49.49.47	19.16.16	45.43.46	17.11.15	44.47.46	14.13.13	46.42.44	12.11.14	41.43.41	15.11.11
18	45.44.47	17.20.15	45.48.46	17.12.15	43.44.45	19.20.14	48.46.44	12.14.13	42.50.42	15.16.11	49.44.41	13.11.11
19	43.41.48	19.17.14	43.47.45	19.19.14	49.41.44	12.19.13	46.45.43	18.11.12	49.49.41	13.15.11	53.51.60	29.30.30
20	49.50.45	18.16.13	49.46.44	18.20.13	44.48.43	18.18.12	42.48.42	17.12.11	53.58.60	29.24.30	51.52.59	27.29.29
21	44.49.44	18.13.12	44.45.43	18.17.12	42.45.42	17.17.11	47.47.41	29.29.30	51.57.59	27.26.29	53.59.58	23.28.28
22	42.48.41	17.14.11	42.44.42	17.18.11	47.46.41	27.26.30	51.56.60	27.28.29	53.56.58	23.23.28	52.58.57	28.27.27
23	47.47.42	27.21.30	47.43.41	27.25.30	51.53.60	27.25.29	51.55.59	23.25.28	52.55.57	28.24.27	51.55.56	25.26.26
24	51.56.59	27.22.29	51.52.60	27.26.29	51.54.59	23.24.28	53.54.58	28.26.27	52.54.56	26.21.26	51.56.55	21.25.25
25	51.55.60	23.29.28	51.51.59	23.23.28	53.51.58	28.23.27	52.53.57	26.23.26	51.53.55	21.22.25	51.53.54	25.24.24
26	53.54.57	28.30.27	53.60.58	28.24.27	52.52.57	26.30.26	52.52.56	21.24.25	51.52.54	25.29.24	54.54.53	25.23.23
27	52.53.58	26.27.26	52.59.57	26.21.26	60.59.56	21.29.25	51.51.55	25.21.24	51.51.53	25.30.23	57.51.52	27.22.22
28	60.52.55	21.28.25	60.58.58	21.22.25	51.60.55	25.28.24	51.60.54	25.22.23	57.60.52	27.27.22	52.52.51	26.21.21
29	51.51.56	25.25.24	51.57.55	25.29.24	51.57.54	25.27.23	51.59.53	27.29.22	52.59.51	26.28.21	10.9.10	34.40.40
30	51.60.53		51.56.54	25.30.23	51.58.53	27.26.22	57.58.52	26.30.21	10.8.10	34.35.40	5.10.9	35.39.39
31	51.59.54		51.55.54		57.55.52		52.57.51	34.37.40		35.36.39		35.38.38

銀 1973 昭和48年生まれ

日\月	1	2	3	4	5	6	7	8	9	10	11	12
1	35.37.37	1.2.6	35.39.34	9.9.3	35.34.33	1.9.2	31.40.32	10.1.1	34.31.40	8.2.10	39.40.39	9.4.9
2	31.36.36	10.1.5	35.40.33	1.8.2	31.31.32	10.10.1	36.39.31	8.10.10	39.32.39	9.1.9	33.37.38	9.1.8
3	36.35.35	8.10.4	31.37.32	10.7.1	36.32.31	8.7.10	34.38.40	10.9.9	33.39.38	9.10.8	33.38.37	9.2.7
4	33.34.34	7.10.3	36.38.31	8.6.10	34.39.40	9.8.9	39.37.39	9.8.8	33.40.37	9.9.7	45.45.46	15.19.16
5	33.33.34	7.7.2	34.35.40	7.5.3	39.40.39	9.5.8	33.36.38	9.7.7	45.47.46	15.18.16	44.46.45	20.20.15
6	37.32.31	10.8.1	33.36.33	7.4.2	37.37.32	10.6.1	33.35.37	15.16.16	44.48.45	20.17.15	42.43.44	18.17.14
7	34.31.32	18.15.20	33.37.32	10.3.1	34.38.31	18.13.20	42.44.50	20.15.15	42.45.44	18.16.14	41.44.47	17.18.17
8	42.50.49	16.16.19	34.34.31	18.12.20	42.45.50	16.14.19	46.43.49	17.13.18	41.46.47	17.15.17	41.41.46	11.15.16
9	46.49.50	17.13.18	42.41.50	16.11.19	46.46.49	17.11.18	41.42.48	17.14.17	41.43.46	11.14.16	44.42.45	18.16.15
10	41.48.47	17.14.17	46.42.49	17.20.18	41.43.48	17.12.17	41.41.47	11.11.16	44.44.45	18.13.15	42.49.44	16.13.14
11	41.47.48	11.11.16	41.49.47	17.19.17	41.44.47	11.19.16	41.50.46	18.12.15	42.41.44	16.12.14	50.50.43	20.14.13
12	41.46.45	18.20.15	41.50.47	11.18.16	41.41.46	18.20.15	44.49.45	16.19.14	50.42.43	20.11.13	41.47.42	15.11.12
13	44.45.46	16.17.14	41.47.46	18.17.15	44.42.45	16.17.14	42.48.44	20.20.13	41.49.42	15.20.12	41.48.41	15.12.11
14	42.44.43	12.18.11	44.48.45	16.16.14	42.41.44	12.18.13	50.47.43	15.17.12	41.50.41	15.19.11	55.55.60	25.29.30
15	46.41.44	18.15.20	42.45.44	18.15.13	46.42.43	15.15.12	41.46.42	15.18.11	55.57.60	25.28.30	52.52.59	28.30.29
16	42.50.42	13.16.19	46.46.41	18.12.20	41.49.50	13.16.19	41.45.41	29.29.30	52.58.59	28.27.29	60.59.58	26.27.28
17	49.49.41	29.23.26	42.44.50	13.11.19	49.50.49	29.26.28	53.52.58	28.30.29	60.55.58	26.26.28	56.60.55	30.28.25
18	53.56.60	27.24.25	49.43.49	29.25.26	53.57.58	27.25.27	51.51.57	22.27.26	56.56.55	30.21.25	52.57.54	26.26.24
19	51.55.59	23.29.24	53.52.56	27.26.25	51.58.55	23.24.24	58.60.56	30.28.25	52.54.54	26.30.24	57.58.53	23.25.23
20	53.54.58	28.30.23	51.51.55	23.23.24	53.55.54	30.23.23	56.53.53	26.25.24	57.53.53	23.29.23	53.55.60	27.24.30
21	52.53.57	26.27.22	53.60.54	28.24.23	52.53.53	26.22.22	51.52.52	21.26.21	53.52.60	27.29.30	51.56.59	25.23.29
22	52.52.56	21.28.21	52.59.53	26.21.22	52.59.52	22.21.21	52.51.51	27.23.30	51.51.59	25.30.29	52.57.58	27.22.28
23	51.51.55	25.25.30	52.58.52	21.22.21	51.60.51	22.30.30	51.60.60	27.29.29	52.60.58	27.27.28	52.52.57	26.21.27
24	51.60.54	25.26.29	51.57.51	25.29.30	51.57.60	25.29.29	51.59.59	27.22.29	52.59.57	26.28.27	10.9.6	36.40.36
25	51.59.53	27.23.28	51.56.60	25.30.29	51.58.59	27.28.28	57.58.58	26.30.27	10.8.6	36.35.36	5.10.5	35.39.35
26	57.58.52	26.24.27	51.55.59	27.27.28	57.55.58	26.25.27	52.57.57	36.37.36	5.7.5	35.36.35	9.7.4	35.38.34
27	52.57.51	34.31.36	57.54.58	26.24.27	52.56.57	34.34.36	10.6.6	35.38.35	9.6.4	35.33.34	9.8.3	35.37.33
28	10.6.10	35.32.35	52.53.57	34.35.36	10.3.6	35.33.35	6.5.5	35.35.34	9.5.3	35.34.33	1.5.2	31.36.32
29	5.5.9		10.2.6	35.36.35	5.4.5	35.32.34	9.4.4	35.36.33	1.4.2	31.31.32	10.6.1	36.35.31
30	9.4.8		5.1.5	35.33.34	9.1.4	35.31.33	9.3.3	31.33.32	10.3.1	36.32.31	8.3.10	34.34.40
31	9.3.7		9.10.4		9.2.3		1.2.2	36.34.31		34.39.40		39.33.39

命数が… 1~10 羅針盤座　11~20 インディアン座　21~30 鳳凰座　31~40 時計座　41~50 カメレオン座　51~60 イルカ座

金 1974（昭和49年生まれ）

日＼月	1	2	3	4	5	6	7	8	9	10	11	12
1	33.32.38	9.7.7	39.36.36	9.4.3	33.37.33	9.6.4	33.35.34	15.16.11	44.48.42	20.17.12	42.43.49	18.17.19
2	33.31.37	15.16.16	34.33.33	9.3.4	33.38.34	15.13.11	45.44.41	20.15.12	42.45.49	18.16.19	43.44.50	13.18.20
3	45.50.46	20.15.15	33.34.34	15.12.11	45.45.41	20.14.12	44.43.42	18.14.19	43.46.50	13.15.20	43.41.47	17.15.17
4	44.49.45	17.13.13	45.41.41	20.11.12	44.46.42	18.11.19	42.42.49	13.13.20	43.43.47	17.14.17	43.42.48	17.16.18
5	42.48.44	17.14.14	44.42.42	17.20.13	42.43.49	13.12.20	43.41.50	17.12.17	43.44.48	17.13.18	49.49.45	19.13.15
6	41.47.47	12.11.11	41.49.43	17.19.14	41.44.44	11.19.11	43.50.47	17.11.18	49.41.45	19.12.15	44.50.46	18.14.16
7	41.46.46	18.12.12	41.47.41	11.18.11	42.41.41	18.20.12	44.49.42	19.20.15	44.42.46	18.11.16	42.47.43	15.11.17
8	44.45.45	16.19.19	41.47.41	18.17.12	44.42.42	16.17.19	42.48.49	19.20.20	41.49.47	16.20.13	41.48.48	15.12.18
9	42.44.44	19.20.20	44.48.42	16.16.19	42.49.49	20.18.20	50.47.50	15.17.17	41.50.48	15.19.18	56.55.55	25.29.25
10	50.43.43	15.17.17	42.45.49	20.15.20	49.50.50	15.15.17	41.46.47	15.18.18	55.57.55	25.28.25	52.56.56	28.30.26
11	41.42.42	15.18.18	50.46.50	15.14.17	41.47.47	15.16.18	41.45.48	26.25.25	52.58.56	28.27.26	60.53.53	26.27.23
12	42.41.41	29.23.23	41.43.47	15.13.18	41.48.48	25.23.25	55.54.55	26.23.26	60.55.53	26.26.23	53.54.54	24.28.24
13	55.60.60	28.24.24	41.44.48	29.22.23	56.55.55	28.24.24	52.53.56	26.23.23	54.56.54	24.25.24	59.51.51	25.25.21
14	52.59.59	22.21.21	53.51.53	28.21.24	52.58.54	26.21.21	60.52.53	23.24.24	59.53.51	25.24.21	59.52.52	25.26.22
15	60.58.58	30.22.22	52.52.54	22.28.21	60.55.51	30.22.22	52.51.55	25.21.21	59.54.52	25.23.22	60.59.59	27.23.27
16	56.55.55	26.29.29	58.59.51	30.27.22	56.56.52	25.29.29	59.60.59	25.26.30	53.51.57	29.22.29	52.56.58	26.24.28
17	52.54.54	21.30.30	56.59.52	26.26.29	52.53.59	23.21.30	57.57.60	27.23.27	52.52.58	26.21.28	63.53.55	22.21.25
18	57.53.53	28.27.27	52.58.59	21.22.30	57.54.60	27.30.27	53.56.57	26.24.28	56.59.55	24.30.25	54.54.56	30.21.26
19	53.60.60	25.26.26	51.57.60	27.29.27	53.51.57	25.29.28	51.55.58	22.21.25	54.59.56	30.25.26	10.1.3	36.40.33
20	51.59.59	27.23.23	53.56.57	25.30.26	51.52.58	27.28.25	57.58.55	30.22.26	10.8.3	36.34.33	7.2.4	35.39.34
21	57.58.58	26.24.24	51.55.56	27.27.23	57.55.53	26.27.24	54.57.56	36.39.33	5.7.4	31.33.34	1.9.1	37.38.31
22	52.57.57	36.31.31	57.54.53	26.28.24	52.56.54	36.36.31	10.6.1	35.40.34	1.6.1	37.33.31	9.10.2	35.37.40
23	10.6.6	35.32.32	52.53.54	36.35.31	10.3.1	35.35.32	5.5.2	35.35.39	9.5.10	35.34.32	1.5.7	31.36.37
24	6.5.5	35.39.39	10.2.1	35.36.32	5.4.2	35.34.39	9.4.9	35.36.40	1.4.7	31.31.37	10.6.8	36.35.38
25	9.4.4	35.40.40	5.1.2	35.33.39	9.1.9	35.33.40	9.3.10	31.33.37	10.3.8	36.32.38	10.3.5	34.34.34
26	9.3.3	31.37.37	9.10.9	35.34.40	9.2.10	31.32.37	1.2.7	36.34.38	10.2.5	34.39.35	9.4.6	39.33.36
27	1.2.2	36.38.38	9.9.10	31.31.37	1.9.7	36.39.38	10.1.8	34.31.35	9.1.6	39.40.36	9.1.3	33.32.33
28	10.1.1	34.35.35	1.8.7	36.32.38	10.10.8	34.38.35	8.10.5	39.32.36	9.10.3	33.37.33	9.2.4	33.31.34
29	8.10.10		10.7.8	34.39.35	8.7.5	39.37.36	9.9.6	33.39.33	9.9.4	33.38.34	15.19.11	45.50.41
30	10.9.9		8.6.5	39.40.36	9.8.6	33.36.33	9.8.3	33.40.34	15.18.11	45.45.41	20.20.12	44.49.42
31	9.8.8		9.5.6		9.5.3		9.7.4	45.47.41		44.46.42		42.48.49

銀 1975（昭和50年生まれ）

日＼月	1	2	3	4	5	6	7	8	9	10	11	12
1	43.47.50	17.12.17	42.49.50	13.19.19	43.44.49	17.19.18	43.50.48	17.11.17	49.41.46	19.12.16	44.50.45	18.14.15
2	43.46.47	17.11.18	43.50.49	17.18.18	43.41.48	17.20.17	43.49.47	19.20.16	44.42.45	18.11.15	42.47.44	16.11.14
3	43.45.48	19.20.15	43.48.48	18.17.17	43.42.47	19.17.16	49.48.46	18.19.15	42.49.44	16.20.14	47.48.43	17.12.13
4	49.44.45	20.20.16	43.48.47	19.16.16	49.49.46	18.18.15	44.47.45	16.18.14	47.50.43	17.19.13	51.55.52	27.29.22
5	44.43.46	15.17.13	49.45.46	20.15.16	44.50.45	16.15.14	42.46.44	17.17.13	51.57.52	27.28.22	51.56.51	27.30.21
6	41.42.47	15.18.14	40.46.46	15.14.13	41.47.43	15.16.14	47.45.43	27.26.22	51.58.51	27.27.21	53.53.60	23.27.30
7	41.41.48	25.25.21	41.44.44	25.23.21	51.54.52	25.23.21	51.54.52	27.25.21	53.55.60	23.26.30	52.54.59	28.28.29
8	55.60.55	28.26.22	41.44.44	25.22.21	55.55.51	28.24.22	52.53.52	26.23.29	54.56.60	28.25.29	59.51.57	25.25.27
9	52.59.56	26.23.29	55.51.51	28.21.22	52.56.52	26.21.29	60.52.59	24.24.30	59.53.57	25.24.27	59.52.58	25.26.28
10	60.58.53	24.24.30	51.52.52	26.30.29	60.53.59	24.22.30	54.51.60	25.21.27	59.54.58	25.23.28	59.59.55	29.23.25
11	54.57.54	25.21.27	60.59.59	24.29.30	54.54.60	25.29.27	59.60.57	25.22.28	59.51.55	29.22.25	52.60.56	26.24.26
12	59.56.51	25.30.28	54.60.60	25.28.27	59.51.57	25.30.28	59.59.58	29.29.25	52.52.56	26.21.26	60.57.53	24.21.23
13	59.55.52	27.27.25	59.57.57	25.27.28	59.52.58	29.27.25	59.58.55	26.30.26	60.59.53	24.30.23	58.58.54	28.22.24
14	53.54.57	26.28.26	59.58.58	27.26.25	53.51.55	26.28.26	52.57.56	24.27.23	58.60.54	28.29.24	9.5.1	33.39.33
15	52.53.58	22.25.24	53.55.55	26.23.26	52.52.54	24.25.23	60.56.53	28.28.24	9.7.1	33.38.31	9.6.2	33.40.32
16	56.60.55	30.26.23	52.56.56	22.22.24	56.59.53	30.26.24	54.55.54	9.8.2	33.37.32	1.9.9	37.37.39	
17	54.59.56	36.33.32	56.54.54	30.21.23	54.60.53	36.36.32	9.4.1	33.40.32	1.5.9	37.36.39	9.10.10	36.38.40
18	10.8.3	35.34.31	54.53.53	36.35.32	10.7.2	31.35.31	7.1.2	37.37.39	10.6.10	36.35.40	6.7.7	40.35.37
19	5.5.4	35.39.40	10.2.2	35.36.31	5.8.1	37.34.40	1.10.10	35.38.39	6.4.8	40.40.37	4.8.7	38.35.37
20	1.4.1	35.40.39	5.1.1	35.33.40	1.5.10	35.33.39	10.9.9	40.35.38	4.3.7	38.39.37	10.5.6	34.34.36
21	9.3.10	31.37.38	9.10.10	35.34.39	9.2.9	31.32.38	1.2.8	38.36.37	10.2.6	34.38.36	9.6.5	39.33.35
22	1.2.7	36.38.37	10.9.9	31.31.38	1.9.8	36.31.37	4.1.7	34.33.36	9.1.5	39.40.35	1.3.4	35.32.34
23	10.1.8	34.35.36	1.8.8	36.32.37	10.10.7	34.40.36	10.10.6	39.32.35	9.10.4	35.37.34	9.2.3	33.31.33
24	10.10.5	39.36.35	10.7.7	34.39.36	10.7.6	39.39.35	9.9.5	33.39.34	9.9.3	33.39.34	15.19.12	45.50.42
25	9.9.6	33.33.34	10.6.6	39.40.35	9.8.5	33.38.34	9.8.4	33.40.33	15.18.12	45.45.42	20.20.11	44.49.41
26	9.8.3	33.34.33	9.5.5	33.37.34	9.5.4	33.37.33	9.7.3	45.47.42	20.17.11	44.46.41	18.17.20	44.48.50
27	9.7.4	45.44.42	9.4.4	33.38.33	9.6.3	45.44.42	15.16.12	44.45.50	18.16.20	44.43.50	18.18.19	43.45.47
28	15.16.11	44.42.41	9.3.3	45.45.42	15.13.12	44.43.41	20.15.11	44.45.50	13.15.19	43.44.49	17.15.18	43.46.48
29	20.15.12		15.12.12	44.46.41	20.14.11	42.42.50	18.14.20	43.46.49	17.14.18	43.41.48	17.16.17	43.45.47
30	18.14.19		20.11.11	42.43.50	18.11.20	43.41.49	13.13.19	43.43.48	17.13.17	43.42.47	19.13.16	49.44.46
31	13.13.20		18.20.20		13.12.19		17.12.18	43.44.47		49.49.46		44.43.45

（下ひとケタが… 1・2 自我欲　3・4 食欲・性欲　5・6 金欲・財欲　7・8 権力・支配欲　9・0 創作欲）

命数は左から、第3命数、第2命数、第1命数となります

金 1976 昭和51年生まれ

日＼月	1	2	3	4	5	6	7	8	9	10	11	12
1	42.42.44	17.17.13	42.43.47	17.13.18	47.48.48	27.23.25	51.54.55	27.25.26	53.55.53	23.26.23	52.54.54	28.28.24
2	47.41.43	27.26.22	47.44.48	27.22.25	51.55.55	27.24.26	51.53.56	23.24.23	52.56.54	28.25.24	60.51.51	26.25.21
3	51.60.52	27.25.21	51.51.55	27.21.26	51.56.56	23.21.23	53.52.53	28.23.24	60.53.51	26.24.21	51.52.52	21.26.22
4	51.59.51	23.24.30	51.60.53	24.30.23	54.54.59	28.22.24	51.51.54	26.22.21	51.54.52	21.23.22	51.59.59	25.23.29
5	53.58.60	24.24.29	60.59.60	24.29.29	54.54.59	25.29.28	60.60.51	21.21.22	51.51.59	25.22.29	51.60.60	25.24.30
6	54.57.60	25.21.28	54.60.59	25.28.28	59.51.58	25.30.27	51.59.52	25.30.29	51.52.60	25.21.30	58.57.57	27.21.27
7	59.56.57	25.22.27	59.57.58	25.27.27	59.52.57	29.27.26	59.58.56	26.30.25	60.59.54	27.30.27	58.58.53	28.22.23
8	59.55.58	29.29.26	59.58.57	29.26.26	59.59.56	26.28.25	52.57.55	24.27.24	58.60.53	28.29.23	9.5.2	33.39.32
9	59.54.55	26.30.25	59.55.56	26.25.25	52.60.55	24.25.24	60.56.54	28.28.23	9.7.2	33.38.32	9.6.1	33.40.31
10	52.53.56	24.27.24	52.56.55	23.24.24	60.57.54	28.26.23	58.55.53	33.35.32	9.8.1	33.37.31	3.3.10	33.37.40
11	60.52.53	28.28.23	60.53.54	28.23.23	58.58.53	33.33.32	9.4.2	33.36.31	3.5.10	33.36.40	10.4.9	36.38.39
12	58.51.54	33.35.32	58.54.53	33.32.32	9.5.2	33.34.31	9.3.1	33.33.40	10.6.9	36.35.39	8.1.8	34.35.38
13	9.10.1	33.34.31	9.1.2	33.31.31	9.8.1	37.31.40	3.2.10	36.34.39	8.3.8	34.34.38	2.2.7	32.36.37
14	9.9.2	37.31.40	9.2.1	37.40.40	1.5.10	36.32.39	10.1.9	34.31.38	2.4.7	32.33.37	7.9.6	33.33.36
15	1.8.9	36.32.37	1.9.8	36.37.37	10.6.7	40.39.38	8.10.8	38.36.37	7.1.6	33.32.36	7.6.5	33.34.31
16	10.5.10	40.39.36	9.9.7	40.36.36	6.3.6	38.31.35	4.9.7	33.33.36	7.2.5	33.31.35	1.3.4	35.31.34
17	6.4.8	38.40.35	6.8.6	38.35.35	4.4.5	34.40.34	7.6.4	31.34.33	1.9.2	35.40.34	10.4.1	34.32.31
18	4.3.7	34.37.39	4.7.2	34.39.39	10.1.9	39.39.40	5.5.3	35.31.32	9.9.1	34.35.31	14.11.20	49.50.50
19	10.10.6	39.38.40	10.6.9	39.40.40	9.2.10	35.38.37	1.4.2	33.32.31	14.18.20	50.44.50	12.12.19	48.49.49
20	10.9.5	33.33.37	9.5.10	33.37.37	9.5.7	33.37.38	9.7.8	45.49.45	12.17.16	48.43.49	18.19.13	44.48.43
21	9.8.4	33.34.38	9.4.7	33.38.38	9.6.8	45.46.45	15.16.15	48.50.46	18.16.13	44.43.43	13.20.14	43.47.44
22	9.7.3	45.41.45	9.3.8	46.45.45	15.13.15	44.45.44	20.15.16	44.45.43	13.15.14	43.44.44	17.15.11	43.46.41
23	15.16.12	44.42.46	15.12.15	44.44.46	20.14.16	44.44.43	18.14.13	43.46.44	17.14.11	43.41.41	17.16.12	43.45.42
24	20.15.11	44.49.43	20.11.16	44.43.43	18.11.13	43.43.44	13.13.14	43.43.41	17.13.12	43.42.42	19.13.19	49.44.49
25	18.14.20	43.50.44	18.20.13	43.44.44	13.12.14	43.42.41	17.12.11	43.44.42	19.12.19	50.49.49	18.14.20	44.43.50
26	13.13.19	43.47.41	13.19.14	43.41.41	17.19.11	43.49.42	17.11.12	49.41.49	18.11.20	44.50.50	18.11.17	42.42.47
27	17.12.18	43.48.42	17.18.11	43.42.42	17.20.12	49.48.49	19.20.19	44.42.50	18.20.17	42.47.47	17.12.18	47.41.48
28	17.11.17	49.45.49	17.17.12	50.49.49	19.17.19	44.47.50	18.19.20	42.49.47	17.19.18	47.48.48	27.29.25	51.60.55
29	19.20.16	44.46.50	19.16.19	44.50.50	18.18.20	42.46.47	16.18.17	47.50.48	27.28.25	51.55.55	27.30.26	51.59.56
30	18.19.15		18.15.20	42.47.47	16.15.17	47.45.48	17.17.18	51.57.55	27.26.26	51.56.56	23.27.23	53.58.53
31	16.18.14		16.14.17		17.16.18		27.26.25	51.58.56		54.53.53		52.57.54

銀 1977 昭和52年生まれ

日＼月	1	2	3	4	5	6	7	8	9	10	11	12
1	60.56.51	21.21.22	52.60.52	26.28.29	60.51.59	21.30.30	51.59.60	25.30.27	51.52.58	25.21.28	57.57.55	27.21.25
2	51.55.52	25.30.29	60.57.59	21.27.30	51.52.60	25.27.27	51.58.57	25.29.28	57.59.55	27.30.25	52.58.56	26.22.26
3	51.54.59	25.29.30	51.58.60	25.26.27	51.59.57	25.28.28	51.57.58	27.28.25	52.60.56	26.29.26	10.5.3	34.39.33
4	51.53.60	24.27.27	51.55.58	25.25.28	51.60.58	27.25.25	57.56.55	26.27.26	10.7.3	34.38.33	5.6.4	35.40.34
5	60.52.54	27.28.28	51.56.58	24.24.27	57.57.55	25.26.26	52.55.56	34.36.33	5.8.4	35.37.34	9.3.1	35.37.31
6	58.51.53	33.35.35	60.53.57	28.23.28	57.58.58	33.33.35	10.4.3	35.35.34	9.5.1	35.36.31	9.4.2	35.38.32
7	9.10.2	33.36.36	58.54.58	33.32.35	9.5.5	33.34.34	9.3.6	35.34.31	9.6.2	35.35.32	8.1.1	34.35.31
8	9.9.1	34.33.33	9.1.5	33.31.36	9.6.6	33.31.35	3.2.3	36.34.34	8.3.1	34.34.31	1.2.2	32.36.32
9	3.8.10	36.34.34	9.2.6	33.40.33	2.3.3	36.32.34	10.1.4	34.31.31	2.4.2	32.33.32	7.9.9	33.33.39
10	10.7.9	34.31.31	3.9.3	36.39.34	10.4.4	34.39.31	8.10.1	31.32.32	7.1.9	33.32.39	7.10.10	33.34.40
11	8.6.8	31.32.32	10.10.4	34.38.31	8.1.1	32.40.32	2.9.2	33.39.39	7.2.10	33.31.40	8.7.7	37.31.37
12	2.5.7	33.37.31	8.7.1	32.37.32	1.2.2	30.40.40	7.8.9	33.40.40	7.9.7	37.40.37	10.8.8	34.32.38
13	7.4.6	33.38.32	2.8.2	33.36.31	7.9.9	33.38.40	7.7.10	38.37.37	10.10.8	34.39.38	18.15.15	42.49.45
14	7.3.5	35.35.39	7.5.1	33.35.32	7.2.2	35.35.37	7.6.7	34.38.38	18.17.15	42.48.45	15.16.16	46.50.46
15	1.10.2	33.36.40	7.6.2	35.32.39	1.9.9	34.36.40	10.5.10	42.45.45	16.18.16	46.47.46	17.19.15	41.47.45
16	9.9.1	50.43.47	1.3.9	33.31.40	9.10.10	50.43.47	18.14.17	48.50.48	17.15.15	41.46.45	17.20.16	41.48.46
17	14.18.20	48.44.48	9.3.10	50.50.47	14.17.17	48.45.48	12.11.18	41.47.45	17.16.16	41.45.46	19.17.13	45.45.43
18	12.15.16	44.41.45	14.12.17	48.46.48	12.18.18	44.44.45	18.20.15	49.48.46	19.13.13	45.50.43	17.18.14	43.45.44
19	18.14.13	43.50.42	12.11.18	44.43.45	18.15.15	43.46.46	15.19.16	45.45.43	17.13.14	43.49.44	14.15.11	48.44.41
20	13.13.14	43.47.49	18.20.15	43.44.42	13.16.16	45.42.43	19.12.13	43.46.44	14.12.11	48.48.41	12.16.12	43.43.42
21	17.12.11	43.48.50	13.19.12	43.41.49	17.19.19	43.41.50	17.11.14	49.43.41	12.11.12	46.50.42	18.13.19	42.42.49
22	17.11.12	49.45.47	17.18.19	43.42.50	17.20.20	49.50.47	19.20.17	46.44.42	18.20.19	42.47.49	17.12.16	47.41.46
23	19.20.19	44.46.48	17.17.20	49.49.47	19.17.17	44.49.48	18.15.18	42.45.49	17.19.16	47.48.46	27.29.23	51.60.53
24	18.19.20	42.43.45	19.16.17	44.50.48	18.18.18	42.48.45	18.18.15	47.50.46	27.28.23	51.55.53	27.30.24	51.59.54
25	18.18.17	47.44.46	18.15.18	42.47.45	18.15.15	47.47.46	17.17.16	51.57.53	27.27.24	51.56.54	23.27.21	53.58.51
26	17.17.18	51.51.53	18.14.18	47.48.46	17.16.16	51.56.53	27.26.23	51.58.54	23.26.21	53.53.51	28.28.22	52.57.52
27	27.26.25	51.52.54	17.17.18	51.55.53	27.23.23	51.54.54	23.24.21	52.56.52	28.25.22	52.51.59	21.26.30	52.56.59
28	27.25.26	53.59.51	27.22.23	51.56.54	27.24.24	53.52.51	23.24.21	52.56.52	24.24.21	52.51.59	21.26.30	51.55.60
29	23.24.23		27.21.24	53.53.51	23.21.21	52.51.52	28.23.22	60.53.59	21.23.30	51.52.60	25.23.27	51.54.57
30	28.23.24		23.30.21	52.54.52	28.22.22	60.60.59	26.22.29	51.54.60	25.22.27	51.59.57	25.24.28	51.53.58
31	26.22.21		28.29.22		26.29.29		21.21.30	51.51.57		51.60.58		57.52.55

命数が… 1～10 羅針盤座　11～20 インディアン座　21～30 鳳凰座　31～40 時計座　41～50 カメレオン座　51～60 イルカ座

金 1978 昭和53年生まれ

日\月	1	2	3	4	5	6	7	8	9	10	11	12
1	52.51.56	34.36.33	57.53.56	26.23.25	52.58.55	34.33.34	10.4.4	35.35.33	9.5.2	35.36.32	9.4.1	35.38.31
2	10.10.3	35.35.34	52.54.55	34.32.34	10.5.4	35.34.33	5.3.3	35.34.32	9.6.1	35.35.31	1.1.10	31.35.38
3	5.9.4	35.34.31	10.1.4	35.31.33	5.6.3	35.31.32	9.2.2	35.33.31	1.3.10	31.34.40	10.2.9	36.36.39
4	9.8.1	36.34.32	5.2.3	35.40.32	9.3.2	35.32.31	9.1.1	31.32.40	10.4.9	36.33.39	8.9.8	34.33.38
5	9.7.2	34.31.39	9.9.2	36.39.32	9.4.1	31.39.40	1.10.10	36.31.39	8.1.8	34.32.38	9.10.7	39.34.37
6	8.6.1	32.32.40	10.10.2	34.38.39	8.1.9	32.40.40	10.9.9	34.40.38	9.2.7	39.31.37	9.7.6	33.31.36
7	2.5.2	33.39.37	8.7.9	32.37.40	2.2.10	33.37.37	7.8.7	39.39.37	9.9.6	33.40.36	9.8.5	34.32.36
8	7.4.9	33.40.38	2.8.10	33.35.38	7.9.7	33.38.38	7.7.8	37.37.35	10.10.6	33.39.35	18.15.13	42.49.43
9	7.3.10	37.37.35	7.5.7	33.35.38	7.10.8	37.35.35	7.6.5	34.38.36	18.17.13	42.48.45	16.16.14	46.50.44
10	7.2.7	34.38.36	7.6.8	37.34.35	7.7.5	34.36.36	10.5.6	42.45.43	16.18.14	46.47.44	17.13.11	41.47.41
11	10.1.8	42.45.43	7.3.5	34.33.36	10.8.6	42.43.43	18.14.13	46.46.44	17.15.11	41.46.41	17.14.12	41.48.42
12	18.20.15	48.44.44	10.4.6	42.42.43	18.15.13	46.44.44	16.13.14	41.43.41	17.16.12	41.45.42	18.12.20	44.46.50
13	16.19.16	42.41.41	18.11.13	48.41.44	16.16.14	42.41.41	17.12.11	41.44.42	11.13.19	41.44.49	18.12.20	44.46.50
14	17.18.15	49.42.42	12.12.14	41.50.41	17.15.11	41.42.42	17.11.12	41.41.49	18.14.20	44.43.50	19.19.17	42.43.47
15	17.17.16	45.49.42	17.19.11	49.47.42	17.16.12	45.49.49	19.20.19	44.42.50	16.11.17	42.42.47	20.20.18	46.44.48
16	19.14.13	43.50.41	15.20.12	45.46.42	19.13.19	44.50.50	18.19.20	42.43.47	12.12.18	50.41.48	18.15.13	41.41.45
17	17.13.14	49.47.50	19.18.12	43.45.41	17.14.11	48.50.50	14.16.17	46.44.48	15.19.15	41.50.45	15.14.16	49.42.46
18	14.12.11	46.48.49	17.17.11	49.49.50	14.11.20	46.49.49	12.15.19	41.41.45	13.20.16	41.49.46	29.21.23	53.60.56
19	12.19.12	42.45.43	19.16.20	46.50.49	12.12.19	42.48.48	11.14.18	42.47.47	29.28.26	53.54.53	27.22.25	51.59.55
20	18.18.19	47.44.47	12.15.19	42.47.48	18.19.18	48.47.47	18.17.17	53.59.56	27.27.25	51.53.55	22.29.24	53.58.54
21	17.17.16	51.51.56	18.14.18	47.48.47	17.16.17	51.56.56	29.26.26	51.60.55	23.26.24	58.52.54	30.30.23	56.57.53
22	27.26.23	51.52.55	17.13.17	51.55.56	27.23.26	51.55.55	27.25.25	53.57.54	30.25.23	53.54.53	26.27.22	52.56.52
23	27.25.24	53.59.54	27.22.26	51.56.55	27.24.25	53.54.54	23.24.24	52.56.53	26.24.22	52.51.52	21.26.21	51.55.51
24	23.24.21	52.60.53	27.21.25	53.53.54	23.21.24	52.53.53	28.23.23	52.53.52	21.23.21	51.52.51	25.23.30	51.54.60
25	28.23.22	60.57.60	23.30.24	52.54.53	28.22.23	51.52.52	26.22.22	51.54.51	25.22.30	51.59.60	25.24.29	51.53.59
26	26.22.29	51.58.59	28.29.23	60.51.60	26.29.22	52.51.51	22.21.21	51.51.60	25.21.29	51.60.59	27.21.28	57.52.58
27	21.21.30	51.55.58	26.28.30	51.52.59	21.30.29	51.58.58	25.30.30	51.52.59	27.30.28	57.57.58	26.22.27	52.51.57
28	25.30.27	51.56.57	21.27.29	51.59.58	25.27.28	51.57.57	25.29.27	57.59.58	26.29.27	52.58.57	36.39.36	10.10.4
29	25.29.28		25.26.28	51.60.57	25.28.27	57.56.56	27.28.26	52.60.55	34.38.34	10.5.6	35.40.33	5.9.3
30	27.28.25		25.25.27	57.57.56	27.25.26	52.55.55	26.27.25	10.7.4	35.37.33	5.6.3	35.37.32	9.8.2
31	26.27.26		27.24.26		26.26.25		34.36.34	5.8.3		9.3.2		9.7.1

銀 1979 昭和54年生まれ

日\月	1	2	3	4	5	6	7	8	9	10	11	12
1	1.6.10	36.31.39	9.10.3	31.38.32	1.1.2	36.40.31	10.9.1	34.40.40	9.2.9	39.31.39	9.7.8	33.31.38
2	10.5.9	34.40.38	1.7.2	36.37.31	10.2.1	34.37.40	8.8.10	40.39.39	9.9.8	33.40.38	9.8.7	33.32.37
3	8.4.8	39.39.37	10.8.1	34.36.40	8.9.10	39.38.39	9.7.9	33.38.38	9.10.7	33.39.37	15.15.16	45.49.46
4	9.3.7	37.37.36	8.5.10	39.35.39	9.10.9	33.35.38	9.6.8	33.37.37	15.17.16	44.47.45	20.16.15	44.50.45
5	9.2.6	34.38.35	9.6.9	37.34.36	9.7.8	33.36.37	9.5.7	45.46.46	20.18.15	44.47.45	18.13.14	42.47.44
6	10.1.6	42.45.44	7.3.6	34.33.35	10.8.5	42.43.44	15.14.16	44.45.45	18.15.14	42.46.44	13.14.13	43.48.43
7	18.20.13	46.46.43	10.4.5	42.42.44	18.15.14	46.44.43	20.13.15	42.44.44	13.16.13	43.45.43	17.11.12	43.45.42
8	16.19.14	41.43.42	18.11.14	46.41.43	16.16.13	41.41.42	17.12.12	41.44.51	11.13.20	43.44.42	18.12.19	44.46.49
9	17.18.11	41.44.41	16.12.13	41.50.42	17.13.12	41.42.41	17.11.11	41.41.50	18.14.19	44.43.49	16.19.18	42.43.48
10	17.17.12	41.41.50	17.19.12	41.49.41	17.14.11	41.49.50	11.20.20	44.42.49	16.11.18	42.42.48	20.20.17	50.44.47
11	11.16.19	44.42.49	17.20.11	41.48.50	11.11.20	44.50.49	18.19.19	42.49.48	20.12.17	50.41.47	15.17.16	41.41.46
12	18.15.20	42.47.48	11.17.20	44.47.49	18.12.19	42.47.48	16.18.18	50.50.47	15.19.16	41.50.46	15.18.15	41.42.45
13	16.14.17	46.48.47	18.18.19	42.46.48	16.19.18	50.48.47	20.17.17	41.47.46	15.20.15	41.49.45	25.25.24	55.59.54
14	12.13.18	41.45.44	16.15.18	46.45.47	12.12.17	41.45.46	15.16.16	41.48.45	25.27.24	55.58.54	28.26.23	52.60.53
15	15.12.15	49.46.43	12.16.17	41.42.46	15.11.16	41.46.45	16.15.15	55.55.54	28.28.23	52.57.53	26.23.22	60.57.52
16	13.19.16	53.53.52	15.13.14	49.41.43	13.20.13	53.53.52	29.24.24	52.60.53	26.26.22	60.56.52	30.30.21	56.58.51
17	29.28.26	51.54.55	14.13.13	53.60.52	29.27.22	51.55.51	28.23.23	60.57.52	30.26.21	56.55.51	25.27.30	59.55.60
18	27.27.25	53.51.54	29.22.22	51.56.55	27.28.21	58.54.60	22.30.30	56.58.52	25.23.28	59.54.60	23.28.27	57.56.57
19	23.24.24	52.60.53	27.21.25	53.53.54	23.25.24	56.53.53	30.29.29	52.55.60	23.23.27	57.59.57	27.25.26	53.54.56
20	30.23.23	52.57.52	23.30.24	52.54.53	30.26.23	51.52.52	26.28.28	57.56.57	27.22.26	53.58.56	21.26.21	51.53.55
21	26.22.22	51.58.51	28.29.23	52.51.52	26.29.22	52.51.51	22.21.21	53.53.60	25.21.29	51.57.55	27.23.28	57.52.58
22	22.21.21	51.55.60	26.28.22	60.52.51	21.30.21	51.60.60	27.30.30	51.54.59	27.30.28	57.57.58	30.24.27	54.51.57
23	25.30.30	51.56.59	21.27.21	51.59.60	25.27.30	51.59.59	25.29.29	57.59.58	26.29.27	54.58.57	36.39.36	10.10.6
24	25.29.29	57.53.58	25.26.30	51.60.59	25.28.29	57.58.58	27.28.28	52.60.57	36.38.36	10.5.6	35.40.35	5.9.5
25	27.28.28	52.54.57	25.25.29	57.57.58	27.25.28	52.57.57	26.27.27	10.7.6	35.37.35	5.6.5	35.37.34	9.8.4
26	26.27.27	10.1.6	27.24.28	52.58.57	26.26.27	10.6.6	35.36.36	5.8.5	35.36.34	9.3.4	35.38.33	9.7.3
27	34.36.34	5.2.5	26.23.27	10.5.6	35.35.35	5.3.5	36.35.35	9.5.4	35.35.33	9.4.3	31.35.32	1.6.2
28	35.35.33	9.9.4	34.32.36	5.6.5	35.34.35	9.2.4	35.34.34	9.6.3	31.34.32	1.1.2	36.36.31	10.5.1
29	35.34.32		35.31.35	9.3.4	35.31.34	9.1.3	35.33.33	1.3.2	36.33.31	10.2.1	34.33.40	8.4.10
30	35.33.31		35.40.34	9.4.3	35.32.33	1.10.2	31.32.32	10.4.1	34.32.40	8.9.10	39.34.39	9.3.9
31	31.32.40		35.39.33		31.39.32		36.31.31	8.1.10		9.10.9		9.2.8

（下ひとケタが… 1・2 自我欲　3・4 食欲・性欲　5・6 金欲・財欲　7・8 権力・支配欲　9・0 創作欲）

命数は左から、第3命数、第2命数、第1命数となります

金 1980 昭和55年生まれ

日\月	1	2	3	4	5	6	7	8	9	10	11	12
1	9.1.7	45.46.46	9.4.10	45.42.47	15.15.17	44.44.48	20.13.18	42.44.45	13.16.16	43.45.46	17.11.13	43.45.43
2	15.20.16	44.45.45	15.11.17	44.41.48	20.16.18	42.41.45	18.12.15	43.43.46	17.13.13	43.44.43	17.12.14	43.46.44
3	20.19.15	42.44.44	20.12.18	42.50.45	18.13.15	43.42.46	13.11.16	43.42.43	17.14.14	43.43.44	19.19.11	49.43.41
4	18.18.14	44.43.43	18.19.15	41.49.44	13.14.16	43.49.43	17.20.13	43.41.44	19.11.11	49.42.41	18.20.12	44.44.42
5	13.17.13	42.41.41	17.20.14	41.48.41	12.11.11	44.50.42	17.19.14	49.50.41	18.12.12	44.41.42	16.17.19	42.41.49
6	11.16.20	44.42.42	11.17.11	44.47.42	18.12.12	42.47.49	16.17.19	44.49.42	16.19.19	42.50.49	17.18.20	47.42.50
7	18.15.19	42.49.49	18.18.12	42.46.49	16.19.19	50.48.50	20.17.20	41.47.47	15.20.18	47.49.50	26.25.25	55.59.55
8	16.14.18	49.50.50	16.15.19	50.45.50	19.20.20	41.45.47	15.18.18	41.48.48	25.27.25	55.58.55	28.26.26	52.60.56
9	20.13.17	41.47.47	20.16.20	41.44.47	15.17.17	41.46.48	15.15.18	56.55.55	28.28.26	52.57.56	26.23.23	60.57.53
10	15.12.16	41.48.48	15.13.17	41.43.48	15.18.18	55.53.55	25.24.25	52.56.56	26.25.23	60.56.53	23.24.24	54.58.54
11	15.11.15	56.55.55	15.14.18	55.52.55	26.25.25	52.54.56	28.23.26	60.53.53	24.26.24	54.55.54	25.21.21	59.55.51
12	25.30.24	52.56.56	25.21.25	52.51.60	28.26.26	60.51.53	26.22.23	53.54.54	25.23.21	59.54.51	25.22.22	59.56.52
13	28.29.23	60.51.57	28.22.30	60.60.57	26.25.27	56.52.58	24.21.24	59.51.51	25.24.22	59.53.52	30.29.29	59.53.59
14	26.28.22	56.52.58	26.29.27	56.57.58	30.26.28	59.59.55	25.30.24	59.52.52	29.21.29	59.52.59	26.30.30	52.54.60
15	30.27.21	59.59.55	30.30.28	52.56.55	25.23.25	57.60.56	25.29.26	54.53.53	26.22.24	52.51.60	20.23.21	60.51.51
16	25.24.28	57.60.56	26.28.25	57.55.56	23.24.26	53.60.53	27.28.23	52.54.54	24.29.21	60.60.51	30.24.22	54.52.52
17	23.23.27	53.57.53	23.27.26	53.59.53	27.21.23	51.59.54	26.25.24	56.51.51	30.30.22	54.59.52	33.31.39	10.9.9
18	27.22.26	51.58.54	27.26.23	51.60.54	25.22.24	57.58.51	22.24.21	54.52.52	36.38.39	9.4.9	31.32.40	7.9.10
19	25.29.29	57.55.51	25.25.24	57.57.59	27.29.21	54.57.52	30.23.22	10.9.9	31.37.40	7.3.10	37.39.37	1.8.7
20	27.28.28	52.54.60	27.24.29	52.58.60	26.26.30	10.6.7	36.36.39	5.10.10	37.36.37	1.2.7	35.40.38	9.7.8
21	26.27.27	10.1.7	26.23.30	10.5.7	36.33.37	5.5.8	35.35.40	1.7.7	35.35.38	9.4.8	31.37.35	1.6.5
22	35.36.36	5.2.8	36.32.37	5.6.8	35.34.38	9.4.5	35.34.35	9.6.6	31.34.33	1.1.5	36.36.34	10.5.4
23	36.35.35	9.9.5	35.31.38	9.3.5	35.31.35	9.3.6	35.33.36	1.3.3	36.33.34	10.2.4	34.35.33	10.4.1
24	35.34.34	9.10.6	35.40.35	9.4.6	35.32.36	1.2.3	31.32.33	10.4.4	34.32.31	10.9.1	39.34.32	9.3.2
25	35.33.33	1.7.3	35.39.36	1.1.3	31.39.33	10.1.4	36.31.34	10.1.1	39.31.32	9.10.2	33.31.39	9.2.9
26	31.32.32	10.8.4	31.38.33	10.2.4	36.40.34	8.8.1	34.40.31	9.2.2	33.40.39	9.7.9	33.32.40	9.1.10
27	36.31.31	8.5.1	36.37.34	8.9.1	34.37.31	9.7.2	39.39.32	10.9.9	33.39.40	9.8.10	45.49.47	15.20.17
28	34.40.40	9.6.2	34.36.31	9.10.2	39.38.32	6.6.9	33.38.39	10.10.9	45.48.47	15.15.17	44.50.48	20.19.18
29	40.39.39	9.3.9	39.35.32	9.7.9	33.35.39	9.5.10	33.37.40	15.17.17	44.47.48	20.16.18	42.47.45	18.18.15
30	33.38.38		33.34.39	9.8.10	33.36.40	15.14.17	45.46.47	20.18.18	42.46.45	18.13.15	43.48.46	13.17.16
31	33.37.37		33.33.40		45.43.47		44.45.48	18.15.15		13.14.16		17.16.13

銀 1981 昭和56年生まれ

日\月	1	2	3	4	5	6	7	8	9	10	11	12
1	17.15.14	49.50.41	17.17.14	43.47.43	17.12.13	49.47.42	19.18.12	44.49.41	16.19.20	42.50.50	17.18.19	47.42.49
2	19.14.11	44.49.42	17.18.13	49.46.42	19.19.12	44.48.41	18.17.11	42.48.50	17.20.19	47.49.49	27.25.28	51.59.58
3	18.13.12	42.48.49	19.15.12	44.45.41	18.20.11	42.45.50	16.16.20	47.47.49	27.27.28	51.58.58	27.26.27	51.60.57
4	16.12.19	41.48.50	18.16.11	42.44.50	16.17.20	47.46.49	17.15.19	51.56.58	22.28.27	51.57.57	23.23.26	53.57.56
5	17.11.20	55.55.57	15.17.19	41.43.50	15.18.20	51.53.58	27.24.28	51.55.57	23.25.26	53.56.56	28.24.25	52.58.55
6	25.30.25	52.56.58	15.14.20	55.52.57	25.25.27	52.54.58	27.23.27	53.54.56	28.26.26	52.55.55	26.21.24	60.55.54
7	28.29.26	60.53.55	25.21.27	52.51.58	28.26.28	60.51.55	23.22.26	54.54.56	26.23.24	60.54.54	25.22.24	59.56.54
8	26.28.23	54.54.56	28.22.28	60.60.55	26.23.25	54.52.56	24.21.26	59.51.53	25.24.24	59.53.54	29.29.21	59.53.51
9	24.27.24	59.51.53	26.29.25	54.59.56	24.24.26	59.59.53	25.30.23	59.52.54	29.21.21	59.52.51	26.30.22	52.54.52
10	25.26.21	59.52.54	24.30.26	59.58.53	25.21.23	59.60.54	25.29.24	59.59.51	26.22.22	52.51.52	24.27.29	60.51.59
11	25.25.22	59.59.51	25.27.23	59.57.54	25.22.24	59.57.51	29.28.21	52.60.52	24.29.29	60.60.59	28.28.30	58.52.60
12	29.24.29	52.58.52	25.28.24	59.56.51	29.29.21	52.58.52	26.27.22	60.57.59	28.30.30	58.59.60	33.35.37	9.9.7
13	26.23.30	60.55.59	29.25.21	52.55.52	26.22.22	60.55.59	24.26.29	58.58.60	33.37.37	9.8.7	33.36.38	9.10.8
14	24.22.21	54.56.60	26.26.22	60.54.59	24.29.29	54.56.60	28.25.30	9.5.7	33.38.38	9.7.8	33.33.35	3.7.5
15	30.21.22	10.3.8	24.23.29	54.51.60	29.30.30	9.3.7	33.34.37	9.10.8	33.35.35	3.6.5	36.40.36	10.8.6
16	33.38.39	7.4.7	30.24.30	10.10.8	36.37.38	7.4.8	33.33.38	1.7.5	35.36.36	10.5.6	34.37.33	8.5.3
17	31.37.40	1.1.6	36.32.38	7.9.7	31.38.37	1.4.6	37.40.35	10.8.6	34.33.33	8.4.3	38.38.34	4.6.4
18	37.36.37	9.2.5	31.31.37	1.3.6	37.35.36	9.3.5	35.39.35	6.5.4	38.34.34	4.9.4	34.35.32	10.4.2
19	35.33.38	1.7.4	37.40.36	9.4.5	35.36.35	1.2.4	40.38.34	4.6.3	34.32.32	10.8.2	31.36.31	5.3.1
20	31.32.35	10.8.3	35.39.35	1.1.4	31.39.34	4.1.3	38.31.33	10.3.2	32.31.31	5.7.1	35.33.40	1.2.10
21	36.31.34	10.5.2	31.38.34	10.2.3	36.40.33	10.10.2	34.40.32	9.4.1	35.40.40	1.7.10	33.34.39	9.1.9
22	34.40.31	9.6.1	36.37.31	10.9.2	34.37.32	9.9.1	39.39.31	9.9.10	33.39.39	9.8.9	45.49.48	15.20.18
23	39.39.32	9.3.10	34.36.32	9.10.1	39.38.31	9.8.10	33.38.40	15.18.18	45.48.48	15.15.18	44.50.47	20.19.17
24	33.38.39	9.4.9	39.35.31	9.7.10	33.35.40	9.7.9	33.37.39	15.17.18	44.47.47	20.16.17	44.47.46	18.18.16
25	33.37.40	15.11.18	33.34.40	9.8.9	33.36.39	15.16.18	45.46.48	20.18.17	44.46.46	18.13.16	43.48.45	13.17.16
26	45.46.47	20.12.17	33.33.39	15.15.18	45.43.48	20.15.17	44.45.47	18.15.16	43.45.45	13.14.15	43.45.44	17.16.14
27	44.45.48	18.19.16	45.42.48	20.16.17	44.44.47	18.12.16	44.44.46	13.16.15	43.44.44	17.11.14	43.46.43	17.15.13
28	42.44.45	13.20.15	44.41.47	18.13.16	42.41.46	13.11.15	43.43.45	17.13.14	43.43.43	17.12.13	49.43.42	19.14.12
29	43.43.46		42.50.46	13.14.15	43.42.45	17.20.14	43.42.44	17.14.13	49.42.42	19.19.12	44.44.41	18.13.11
30	43.42.43		43.49.45	17.11.14	43.49.44	17.19.13	43.41.43	19.11.12	44.41.41	18.20.11	42.41.50	16.12.20
31	43.41.44		43.48.44		43.50.43		49.50.42	18.12.11		16.17.20		17.11.19

命数が… **1〜10** 羅針盤座 **11〜20** インディアン座 **21〜30** 鳳凰座 **31〜40** 時計座 **41〜50** カメレオン座 **51〜60** イルカ座

日＼月	1	2	3	4	5	6	7	8	9	10	11	12
1	27.30.28	51.55.57	17.14.18	51.52.55	27.25.25	51.54.56	27.23.26	53.54.53	28.26.24	52.55.54	26.21.21	60.55.51
2	27.29.27	53.54.56	27.21.25	51.51.56	27.26.26	53.51.53	23.22.23	52.53.54	26.23.21	60.54.51	21.22.22	51.56.52
3	23.28.26	52.53.55	27.22.26	53.60.53	24.23.23	52.52.54	28.21.24	60.52.51	21.24.22	51.53.52	25.29.29	51.53.59
4	28.27.25	59.51.54	23.29.23	52.59.54	28.24.24	60.59.51	26.30.21	51.51.52	25.21.29	51.52.59	25.30.30	51.54.60
5	26.26.24	59.52.53	24.24.25	59.58.54	26.21.21	51.60.52	21.29.22	51.60.59	25.22.30	51.51.60	28.27.27	57.51.57
6	25.25.24	59.59.52	25.27.24	59.57.53	25.22.23	59.57.52	25.28.29	51.59.60	27.29.27	57.60.57	26.28.28	52.52.58
7	29.24.21	52.60.51	25.28.23	59.56.52	29.29.22	52.58.51	26.27.21	53.58.57	26.30.28	52.59.58	34.35.35	9.9.8
8	26.23.22	60.57.60	29.25.22	52.55.51	26.30.21	60.55.60	24.26.30	58.58.59	33.37.38	9.8.8	33.36.37	9.10.7
9	24.22.29	58.58.59	26.26.21	60.54.60	24.27.30	58.56.59	28.25.29	9.5.8	33.38.37	9.7.7	33.33.36	3.7.6
10	28.21.30	9.5.8	24.23.30	58.53.59	28.28.29	9.3.8	33.34.38	9.6.7	33.35.36	3.6.6	36.34.35	10.8.5
11	33.40.37	9.6.7	28.24.29	9.2.8	33.35.38	9.4.7	33.33.37	3.3.6	36.36.35	10.5.5	34.31.34	8.5.4
12	33.39.38	1.1.6	33.31.38	9.1.7	33.36.37	3.1.6	33.32.36	10.4.5	34.33.34	8.4.4	32.32.33	2.6.3
13	33.38.35	10.2.5	33.32.37	1.10.6	33.33.36	10.2.5	36.31.35	8.1.4	32.34.33	2.3.3	33.39.32	7.3.2
14	36.37.36	6.9.10	37.39.36	10.9.5	36.36.35	8.9.4	34.40.34	2.2.3	33.31.32	7.2.2	33.40.31	7.4.1
15	34.36.33	4.10.9	36.40.35	6.6.10	34.34.34	4.10.3	38.39.33	7.9.2	33.32.31	7.1.1	37.37.40	1.1.10
16	38.33.34	10.7.8	40.37.40	4.5.9	38.34.39	7.7.8	33.38.32	7.4.1	35.39.40	1.10.10	34.34.39	10.2.9
17	34.32.32	9.8.10	38.37.39	10.4.8	34.31.38	5.9.7	31.35.37	1.1.10	34.40.39	10.9.9	42.41.48	14.19.14
18	32.31.31	1.5.7	34.36.38	9.10.10	31.32.37	1.8.6	35.34.36	10.2.5	50.47.44	13.14.14	48.42.43	12.19.13
19	35.38.40	9.4.8	39.35.40	1.7.7	35.39.37	9.7.8	33.33.35	14.19.14	48.47.43	12.13.13	49.49.42	18.18.12
20	33.37.39	15.11.15	35.34.37	9.8.8	33.40.38	15.16.15	45.46.45	12.20.13	44.46.42	18.12.12	49.50.41	13.17.14
21	45.46.48	20.12.16	33.33.38	16.15.15	45.43.45	20.15.16	48.45.46	18.17.13	43.45.44	13.14.14	45.47.41	19.16.11
22	44.45.47	18.19.13	45.42.45	20.16.16	44.44.46	18.14.13	44.44.43	13.18.14	45.44.41	19.11.11	43.48.42	17.15.12
23	44.44.46	13.20.14	44.41.46	18.13.13	44.41.43	13.13.14	43.43.44	17.13.11	43.43.42	17.12.12	49.43.49	19.14.19
24	43.43.45	17.17.11	44.50.43	13.14.14	43.42.44	17.12.11	43.42.41	17.14.12	49.42.49	20.19.19	44.44.50	18.13.20
25	43.42.44	17.18.12	43.49.44	17.11.11	43.49.41	17.11.12	43.41.42	19.11.19	44.41.50	18.20.20	42.41.47	18.12.17
26	43.41.43	19.15.19	43.48.41	17.12.12	43.50.42	19.20.19	49.50.49	18.12.20	42.50.47	18.17.17	47.42.48	17.11.18
27	49.50.42	18.16.20	43.47.42	20.19.19	49.47.49	18.17.20	44.49.50	18.19.17	47.49.48	17.18.18	51.59.55	27.30.25
28	44.49.41	16.13.17	49.46.49	18.20.20	44.48.50	16.16.17	42.48.47	17.20.18	51.58.55	27.25.25	51.60.56	27.29.26
29	42.48.50		44.45.50	16.17.17	42.45.47	17.15.18	47.47.48	27.27.25	51.57.56	27.26.26	53.57.53	23.28.23
30	47.47.49		42.44.47	17.18.20	47.46.48	27.24.25	51.56.55	27.28.26	53.56.53	24.23.23	52.58.54	28.27.24
31	51.56.58		47.43.48		51.53.55		51.55.56	23.25.23		28.24.24		26.26.21

日＼月	1	2	3	4	5	6	7	8	9	10	11	12
1	21.25.22	51.60.59	26.27.25	51.57.56	21.22.26	51.57.53	25.28.23	51.59.54	27.29.21	57.60.51	26.28.22	51.52.52
2	25.24.29	51.59.60	21.28.26	51.56.53	25.29.23	51.58.54	25.27.24	57.58.51	26.30.22	52.59.52	34.35.39	10.9.9
3	25.23.30	57.58.57	25.25.23	51.55.54	25.30.24	57.55.51	27.26.21	52.57.52	34.37.39	10.8.9	35.36.40	5.10.10
4	27.22.27	57.58.58	25.26.24	57.54.51	27.27.21	52.56.52	26.25.22	10.6.9	35.38.40	5.7.10	35.33.37	9.7.7
5	26.21.28	9.5.5	27.23.21	58.53.58	26.28.22	10.3.9	34.34.39	5.5.10	35.35.37	9.6.7	35.34.38	9.8.8
6	33.40.38	9.6.6	28.24.28	9.2.5	33.35.35	9.4.6	35.33.40	9.4.7	35.36.38	9.5.8	31.31.35	1.5.5
7	33.39.37	4.3.3	33.31.35	9.1.6	33.36.33	3.1.3	33.31.33	9.3.8	31.33.35	1.4.5	36.32.36	10.6.6
8	33.38.36	10.4.4	33.32.36	3.10.3	34.33.33	10.2.4	36.31.34	8.1.1	32.34.32	10.3.6	33.39.39	7.3.9
9	36.37.35	8.1.1	33.39.33	10.9.4	36.34.34	8.9.1	34.40.31	1.2.2	33.31.39	7.2.9	33.40.40	7.4.10
10	34.36.34	1.2.2	36.40.34	8.8.1	34.31.31	2.10.2	32.39.32	7.9.9	33.32.40	7.1.10	38.37.37	7.1.7
11	32.35.33	7.9.9	34.37.31	2.7.2	31.32.32	7.7.9	33.38.39	7.10.10	39.39.37	7.10.7	34.38.38	10.2.8
12	33.34.32	7.8.6	32.38.32	7.6.9	33.39.39	7.8.10	33.37.40	8.7.7	34.40.38	10.9.8	42.45.45	18.19.15
13	33.33.31	1.5.3	33.35.39	7.5.6	33.40.40	7.5.7	37.36.37	10.8.8	42.47.45	18.18.15	45.46.46	16.20.16
14	35.32.40	10.6.4	33.36.36	1.4.3	35.39.33	10.6.4	34.35.38	18.15.15	46.48.46	16.17.16	41.43.43	17.17.13
15	31.31.39	14.13.11	35.33.33	10.1.4	34.40.34	18.13.11	42.44.45	15.16.16	41.45.43	17.16.13	41.44.44	17.18.14
16	50.48.44	12.14.12	33.34.34	14.20.11	50.47.41	12.14.12	48.43.42	17.17.19	41.46.50	17.15.14	45.47.47	19.15.17
17	48.47.43	18.11.19	50.42.41	12.19.12	48.48.42	18.14.19	41.42.49	17.18.20	45.43.47	19.14.17	44.48.48	18.16.18
18	44.46.42	13.12.20	48.41.42	18.13.19	44.45.49	15.13.20	49.49.50	19.15.17	44.44.48	18.13.18	48.45.45	14.13.15
19	43.43.44	17.17.15	44.50.49	13.14.20	43.46.50	19.12.17	45.48.47	17.16.18	48.42.45	14.18.15	45.46.46	12.13.16
20	45.42.41	17.18.16	43.49.50	17.11.15	45.43.47	17.11.18	43.47.48	18.15.15	46.41.46	12.17.16	43.43.43	18.12.13
21	43.41.42	19.15.13	43.48.45	17.12.16	43.50.46	19.20.13	49.50.45	12.14.16	42.50.43	18.16.13	47.44.44	17.11.14
22	49.50.49	18.16.14	43.47.46	19.19.14	49.47.43	18.19.14	46.49.46	18.11.13	47.49.44	17.18.14	53.51.51	29.30.21
23	44.49.50	18.13.11	49.46.43	18.20.14	44.48.44	18.18.11	42.48.41	17.20.12	51.58.59	29.25.21	51.60.60	27.29.26
24	42.48.47	17.14.12	44.45.44	18.17.11	42.45.41	17.17.12	47.47.42	27.27.29	51.57.60	27.26.30	53.57.57	23.28.27
25	47.47.48	27.21.29	42.44.41	17.18.12	47.46.42	27.26.29	51.56.59	27.28.30	53.56.57	23.23.27	52.58.58	28.27.28
26	51.56.55	27.22.30	47.43.42	27.25.29	51.53.59	27.25.30	51.55.60	23.25.27	52.55.58	28.24.28	52.55.55	26.26.25
27	51.55.56	28.30.28	51.52.59	27.26.30	51.54.60	23.22.27	53.54.57	28.26.28	52.54.55	26.21.25	51.56.56	21.25.26
28	53.54.53	28.30.28	51.51.60	23.23.27	53.51.57	28.21.28	52.53.58	26.23.25	51.53.56	21.22.26	51.53.53	25.24.23
29	52.53.54		53.60.57	28.24.28	52.52.58	26.30.25	60.52.59	21.24.26	51.52.53	25.29.23	51.54.54	25.23.24
30	60.52.51		52.59.58	26.21.25	60.59.55	21.29.26	51.56.50	21.21.25	51.51.54	25.30.24	57.51.51	27.22.21
31	51.51.52		60.58.55		51.60.56		51.60.53	25.22.24		27.27.21		26.21.22

（下ひとケタが… **1-2** 自我欲　**3-4** 食欲・性欲　**5-6** 金欲・財欲　**7-8** 権力・支配欲　**9-0** 創作欲）

命数は左から、**第3命数**、**第2命数**、**第1命数**となります

金 1984 昭和59年生まれ

日／月	1	2	3	4	5	6	7	8	9	10	11	12
1	34.40.39	5.5.10	34.31.40	5.1.9	35.36.39	9.1.8	35.32.38	9.3.7	31.33.36	1.4.6	36.32.35	10.6.5
2	35.39.40	9.4.7	35.32.39	9.10.8	35.33.38	9.2.7	35.31.37	1.2.6	36.34.35	10.3.5	34.39.34	8.3.4
3	35.38.37	9.3.8	35.39.38	9.9.7	35.34.37	1.9.6	31.40.36	10.1.5	34.31.34	8.2.4	39.40.33	9.4.3
4	35.37.38	1.2.5	35.40.37	8.8.5	31.31.36	10.10.5	36.39.35	8.10.4	39.32.33	9.1.3	33.37.32	9.1.2
5	31.36.35	2.2.6	34.37.35	2.7.6	32.32.36	7.7.3	34.38.34	9.9.3	33.39.32	9.10.2	33.38.31	9.2.1
6	32.35.32	7.9.3	32.38.36	7.6.3	33.39.33	7.8.4	33.38.34	9.8.2	33.40.31	9.9.1	45.45.50	15.19.20
7	33.34.39	7.10.4	33.35.33	7.5.4	33.40.34	7.5.1	37.36.31	10.8.2	42.47.49	15.18.20	46.46.20	16.20.20
8	33.33.40	7.7.1	33.36.34	7.4.1	37.37.31	10.6.2	34.35.32	18.15.19	46.48.50	16.17.20	41.43.47	18.17.17
9	37.32.37	10.8.2	37.33.31	10.3.2	34.38.32	18.13.19	42.44.49	16.16.20	41.45.47	17.16.17	41.44.48	17.18.18
10	34.31.38	18.15.19	34.34.32	18.12.19	42.45.49	16.14.20	46.43.50	17.13.17	41.46.48	17.15.18	41.41.45	11.15.15
11	42.45.45	16.16.20	42.41.49	16.11.20	46.46.50	17.11.17	42.42.47	17.14.18	41.43.45	11.14.15	44.42.46	18.16.16
12	46.49.46	17.13.17	46.42.50	17.20.17	41.43.47	17.12.18	41.41.48	11.11.15	44.44.46	18.13.16	42.49.43	16.13.13
13	41.48.43	17.12.18	41.49.47	17.19.18	41.46.48	19.19.15	41.50.45	18.12.16	42.41.43	16.12.13	50.50.44	20.14.14
14	41.47.50	19.19.15	41.50.48	19.16.15	45.43.45	18.20.16	44.49.46	16.19.13	50.42.44	20.11.14	41.47.41	15.11.11
15	41.46.18	18.20.16	45.47.45	17.15.15	44.44.46	14.17.13	42.48.43	12.14.14	41.49.41	15.20.11	41.44.42	15.12.12
16	44.43.48	14.17.14	43.47.45	13.14.14	48.41.44	12.19.13	46.47.44	15.11.11	41.50.42	15.19.12	53.51.59	30.29.29
17	48.42.45	12.18.13	48.46.44	12.20.13	46.42.43	18.18.12	41.44.41	13.12.12	53.57.59	29.28.29	52.52.60	28.30.30
18	46.41.46	18.15.12	46.45.43	18.17.12	42.49.42	17.17.11	49.43.41	29.29.30	51.57.59	28.23.30	58.59.58	22.28.28
19	42.43.43	17.16.11	42.44.42	17.18.11	47.50.41	29.26.30	53.52.60	27.30.29	58.56.58	22.22.29	56.60.57	30.27.27
20	47.47.44	27.21.30	47.43.41	27.25.30	51.53.60	27.25.29	51.55.59	23.27.28	56.55.57	30.21.27	52.57.56	25.26.26
21	51.56.59	27.22.29	51.52.60	27.26.29	51.54.59	23.24.28	53.54.58	30.28.27	52.54.56	26.21.26	51.58.55	21.25.25
22	51.55.60	23.29.28	51.51.59	23.23.28	53.51.58	28.23.27	52.53.57	26.23.26	51.53.55	21.22.25	51.53.54	25.24.24
23	53.54.57	28.30.27	53.60.58	28.24.27	52.52.57	26.22.26	52.52.56	21.24.25	51.52.54	25.29.24	51.54.53	25.23.23
24	52.53.58	26.27.26	52.59.57	26.21.26	52.59.56	21.21.25	51.51.55	25.21.24	51.51.53	25.30.23	57.51.52	27.22.22
25	52.52.55	21.28.25	52.58.56	21.22.25	51.60.55	25.30.24	51.60.54	25.22.23	57.60.52	27.27.22	52.52.51	26.21.21
26	51.51.56	25.25.24	51.57.55	25.29.24	51.57.54	25.27.23	51.59.53	27.29.22	52.59.51	26.28.21	10.9.10	36.40.40
27	51.60.53	25.26.23	51.56.54	25.30.23	51.58.53	27.26.22	57.58.52	26.30.21	10.8.10	36.35.40	5.10.9	35.39.39
28	51.59.54	27.23.22	51.55.53	27.27.22	57.55.52	26.25.21	52.57.51	34.37.40	5.7.9	35.36.39	9.7.8	35.38.38
29	57.58.51	26.24.21	57.54.52	26.28.21	52.56.51	34.34.40	10.6.10	35.38.39	9.6.8	35.33.38	9.8.7	35.37.37
30	52.57.52		52.53.51	34.35.40	10.3.10	35.33.39	5.5.9	35.35.38	9.5.7	35.34.37	1.5.6	31.36.36
31	10.6.9		10.2.10		5.4.9		9.4.8	35.36.37		31.31.36		36.35.35

銀 1985 昭和60年生まれ

日／月	1	2	3	4	5	6	7	8	9	10	11	12
1	33.34.34	9.9.3	36.38.31	8.6.10	34.39.40	9.8.9	39.37.39	9.8.8	33.40.37	9.9.7	45.45.46	15.19.16
2	39.33.33	9.8.2	34.35.40	9.5.9	39.40.39	9.5.8	33.36.38	9.7.7	45.47.46	15.18.16	44.46.45	20.20.15
3	33.32.32	9.7.1	39.36.39	9.4.8	33.37.38	9.6.7	33.35.37	15.16.16	44.48.45	20.17.15	42.43.44	18.17.14
4	33.31.31	18.15.20	33.33.38	9.3.7	33.38.37	15.13.16	45.44.46	20.15.15	42.45.44	18.16.14	43.44.43	13.18.13
5	42.50.49	16.16.19	34.38.31	18.12.20	42.45.50	20.14.15	44.43.45	18.14.14	43.46.43	13.15.13	43.41.42	17.15.12
6	46.49.50	17.13.18	42.41.50	16.11.19	46.46.49	17.11.18	42.42.44	14.13.13	43.43.42	17.14.12	43.42.41	17.16.11
7	41.48.47	17.14.17	46.42.49	17.20.18	41.43.48	17.12.17	41.41.47	11.11.16	43.44.41	17.13.11	42.49.44	16.13.14
8	41.47.48	11.11.16	41.49.48	17.19.17	41.44.47	11.19.16	41.50.46	18.12.15	42.41.44	16.12.14	50.50.43	20.14.13
9	41.46.45	18.12.15	41.50.47	11.18.16	41.41.46	18.20.15	44.49.45	16.19.14	50.42.43	20.11.13	41.47.42	15.11.12
10	44.45.46	16.19.14	41.47.46	18.17.15	44.42.45	16.17.14	42.48.44	20.20.13	41.49.42	15.20.12	41.48.41	15.12.11
11	42.44.43	20.20.13	44.48.45	16.16.14	42.49.44	20.18.13	50.47.43	15.17.12	41.50.41	15.19.11	55.55.60	25.29.30
12	50.43.44	15.15.12	42.45.44	20.15.13	50.50.43	15.15.12	41.46.42	15.18.11	55.57.60	25.28.30	52.56.59	28.30.29
13	41.42.41	15.16.11	50.46.43	15.14.12	41.49.42	15.16.11	41.45.41	25.30.30	52.58.59	28.27.29	60.53.58	26.27.28
14	41.41.42	29.23.28	41.43.42	15.13.11	41.50.41	29.23.30	55.54.60	28.26.29	60.55.59	26.26.28	54.54.57	24.28.27
15	55.60.59	27.24.27	41.44.41	29.30.28	53.57.58	28.24.29	52.53.59	26.27.28	54.56.57	24.25.27	59.57.56	25.25.26
16	51.57.59	22.21.26	53.51.58	27.29.27	51.58.57	22.21.26	60.52.58	30.27.28	59.53.56	25.24.26	59.58.55	25.26.25
17	58.56.58	30.22.23	51.51.57	22.28.26	58.55.56	30.23.25	56.59.55	25.25.24	59.54.55	25.23.25	53.55.52	27.23.22
18	56.53.57	26.29.22	58.60.56	30.24.23	56.56.53	26.22.24	52.58.54	23.26.23	53.51.52	27.28.22	51.56.51	25.23.21
19	52.52.56	21.28.21	56.59.53	26.21.22	52.53.52	22.21.21	57.57.53	27.23.22	52.51.51	25.27.21	56.60.60	22.22.30
20	51.51.55	25.25.30	52.58.52	21.22.21	51.60.51	27.30.30	53.60.60	25.24.29	56.60.60	22.26.30	54.54.57	30.21.27
21	51.60.54	25.26.29	51.57.51	25.29.30	51.57.60	25.29.29	51.59.59	27.21.28	54.59.57	30.28.27	10.1.6	36.40.36
22	51.59.53	27.23.28	51.56.60	25.30.29	51.58.59	27.28.28	57.58.58	26.30.27	10.8.6	36.35.36	5.10.5	35.39.35
23	57.58.52	26.24.27	51.55.59	27.27.28	57.55.58	26.27.27	52.57.57	36.37.36	5.7.5	35.36.36	9.7.4	35.38.34
24	52.57.51	36.31.36	57.54.58	26.28.27	52.56.57	35.36.36	10.6.6	35.38.36	9.6.4	35.33.34	9.8.3	35.37.33
25	10.6.10	35.32.35	52.53.57	36.35.36	10.3.6	36.35.35	6.5.5	35.35.34	9.5.3	35.34.33	1.5.2	31.36.32
26	5.5.9	35.39.34	10.2.6	35.36.35	5.4.5	35.32.34	9.4.4	35.36.33	1.4.2	31.31.32	10.6.1	36.35.31
27	9.4.8	35.31.33	5.1.5	35.33.34	9.1.4	35.31.33	9.3.3	31.33.32	10.3.1	31.32.31	10.3.10	34.34.40
28	9.3.7	31.37.32	9.10.4	35.34.33	9.2.3	31.40.32	1.2.2	36.34.31	10.2.10	34.39.40	9.4.9	33.33.39
29	1.2.6		9.9.3	31.31.32	1.9.2	36.39.31	10.1.1	34.31.40	9.1.9	39.40.39	9.1.8	33.32.38
30	10.1.5		1.8.2	36.32.31	10.10.1	34.38.40	8.10.10	39.32.39	9.10.8	33.37.38	9.2.7	33.31.37
31	8.10.4		10.7.1		8.7.10		10.9.9	33.39.38		33.38.37		45.50.46

命数が… **1〜10** 羅針盤座 **11〜20** インディアン座 **21〜30** 鳳凰座 **31〜40** 時計座 **41〜50** カメレオン座 **51〜60** イルカ座

金 1986 （昭和61年生まれ）

日＼月	1	2	3	4	5	6	7	8	9	10	11	12
1	44.49.45	18.14.14	45.41.41	20.11.12	44.46.42	18.11.19	42.42.49	13.13.20	43.43.47	17.14.17	43.42.48	17.16.18
2	42.48.44	14.13.13	44.42.42	18.20.19	42.43.49	13.12.20	43.41.50	17.12.17	43.44.48	17.13.18	49.49.45	19.13.15
3	43.47.43	17.12.12	42.49.49	13.19.20	43.44.50	17.19.17	43.50.47	17.11.18	49.41.45	19.12.15	44.50.46	18.14.16
4	43.46.42	18.12.12	43.50.50	17.18.17	43.41.47	17.20.18	43.49.48	19.20.15	44.42.46	18.11.16	42.47.43	16.11.13
5	43.45.41	16.19.19	42.41.41	18.17.12	43.42.48	19.17.15	49.48.45	18.19.16	42.49.43	16.20.13	47.48.44	17.12.14
6	42.44.44	19.20.20	44.48.42	16.16.19	42.49.49	20.18.20	44.47.46	16.18.13	47.50.44	17.19.14	51.55.51	27.29.21
7	50.43.43	15.17.17	42.45.49	20.15.20	49.50.50	15.15.17	41.46.47	17.17.14	51.57.51	27.28.21	51.56.52	28.30.26
8	41.42.42	15.18.18	50.46.50	15.14.17	41.47.47	15.16.18	41.45.48	26.25.25	52.58.56	28.27.26	60.53.53	26.27.23
9	42.41.41	26.25.25	41.43.47	15.13.18	41.48.48	25.23.25	55.54.55	28.26.26	60.55.53	26.26.23	53.54.54	24.28.24
10	55.60.60	28.26.26	41.44.48	25.22.25	56.55.55	28.24.26	52.53.56	26.23.23	54.56.54	24.25.24	59.51.51	25.25.21
11	52.59.59	26.23.23	55.51.55	28.21.26	52.56.56	26.21.23	60.52.53	23.24.24	59.53.51	25.24.21	59.52.52	25.26.22
12	60.58.58	30.22.22	52.52.56	26.30.23	60.53.53	24.22.24	54.51.54	25.21.21	59.54.52	25.23.22	60.59.59	29.23.29
13	54.57.57	25.29.29	60.59.53	30.29.22	53.54.54	25.29.21	59.60.51	25.22.22	59.51.59	29.22.29	52.60.60	26.24.30
14	59.56.56	23.30.30	56.60.52	25.28.29	59.53.59	25.30.30	59.59.52	30.29.29	52.52.60	26.21.30	60.57.57	24.21.27
15	59.55.55	28.27.27	59.57.59	23.25.30	59.54.60	28.27.27	53.58.57	26.30.30	59.60.57	24.30.27	57.58.58	30.22.26
16	53.52.52	25.28.28	57.58.60	27.24.27	53.51.57	26.28.28	52.57.58	24.21.25	54.60.56	30.29.26	9.1.3	33.39.33
17	52.51.51	27.25.25	53.56.57	25.23.28	51.52.58	22.28.25	56.54.55	30.22.26	9.7.3	33.38.33	9.2.4	31.40.34
18	56.60.60	30.26.26	51.55.58	27.27.25	56.59.55	30.27.26	54.53.56	33.39.33	7.8.4	31.33.34	1.9.1	37.38.31
19	54.57.57	36.31.31	57.54.55	30.28.26	54.60.56	36.36.33	10.2.3	31.40.34	1.6.1	37.32.31	9.10.2	35.37.32
20	10.6.6	35.32.32	54.53.56	36.35.31	10.7.3	35.35.34	5.5.4	37.37.31	9.5.2	35.31.32	6.7.9	31.36.39
21	6.5.5	35.39.39	10.2.1	35.36.32	5.4.2	35.34.39	1.4.1	35.38.32	1.4.9	31.31.39	4.8.10	38.35.40
22	9.4.4	35.40.40	5.1.2	35.33.39	9.1.9	35.33.40	9.3.10	31.35.39	4.3.10	38.32.40	10.5.7	34.34.35
23	9.3.3	31.37.37	9.10.9	35.34.40	9.2.10	31.32.37	1.2.7	36.34.38	10.2.5	34.39.35	9.4.6	39.33.36
24	1.2.2	36.38.38	9.9.10	31.31.37	1.9.7	36.31.38	10.1.8	34.31.35	9.1.6	39.40.36	9.1.3	33.32.33
25	10.1.1	34.35.35	1.8.7	36.32.38	10.10.8	34.40.35	10.10.5	39.32.36	9.10.3	33.37.33	9.2.4	33.31.34
26	9.10.10	36.36.36	10.7.8	34.39.35	10.7.5	39.39.36	9.9.6	33.39.33	9.9.4	33.38.34	15.19.11	45.50.41
27	10.9.9	34.33.33	8.6.5	39.40.36	9.8.6	33.36.33	9.8.3	33.40.34	15.18.11	45.45.41	20.20.12	44.49.42
28	9.8.8	33.34.34	9.5.6	33.37.33	9.5.3	33.35.34	9.7.4	45.47.41	20.17.12	44.46.42	18.17.19	42.48.49
29	9.7.7		9.4.3	33.38.34	9.6.4	45.44.41	15.16.11	44.48.42	18.16.19	42.43.49	13.18.20	43.47.50
30	15.16.20		9.3.4	45.45.41	15.13.11	44.43.42	20.15.12	42.45.49	13.15.20	43.44.50	17.15.17	43.46.47
31	20.15.15		15.12.11		20.14.12		18.14.19	43.46.50		43.41.47		43.45.48

銀 1987 （昭和62年生まれ）

日＼月	1	2	3	4	5	6	7	8	9	10	11	12
1	49.44.45	18.19.16	43.48.47	19.16.16	49.49.46	18.18.15	44.47.45	16.18.14	47.50.43	17.19.13	51.55.52	27.29.22
2	44.43.46	16.18.13	49.45.46	18.15.15	44.50.45	16.15.14	42.46.44	17.17.13	51.57.52	27.28.22	51.56.51	27.30.21
3	42.42.43	17.17.14	44.46.45	16.14.14	42.47.44	17.15.13	47.45.43	27.26.22	51.58.51	27.27.21	53.53.60	23.27.30
4	47.41.44	25.25.21	42.43.44	17.13.13	47.48.43	27.23.22	51.54.52	27.25.21	53.55.60	23.26.30	52.54.59	28.28.29
5	51.60.51	28.26.22	41.48.44	25.22.21	51.55.52	27.24.21	51.53.51	23.24.30	52.56.59	28.25.29	51.51.58	26.25.28
6	52.59.56	26.23.29	55.51.51	28.21.22	52.56.52	26.21.29	53.52.60	28.23.29	60.53.58	26.24.28	51.52.57	21.26.27
7	60.58.53	24.24.30	51.52.52	26.30.29	60.53.53	24.22.30	54.52.60	26.22.28	51.54.57	21.23.27	51.59.56	25.26.24
8	54.57.54	25.21.27	60.59.59	24.29.30	54.54.60	25.29.27	59.60.57	27.22.28	59.51.55	25.22.26	52.60.56	26.24.26
9	59.56.51	25.22.28	54.60.60	25.28.27	59.51.57	25.30.30	59.59.58	29.29.25	52.52.56	26.21.26	60.57.53	24.21.23
10	59.55.52	29.29.25	59.57.57	25.27.28	59.52.58	29.27.25	59.58.55	26.30.26	60.59.53	24.30.23	58.58.54	28.22.24
11	59.54.59	26.30.26	59.58.58	29.26.25	59.59.55	26.28.26	52.57.56	24.27.23	58.60.54	28.29.24	9.5.1	33.39.33
12	52.53.60	24.25.23	59.55.55	26.25.26	52.60.56	24.25.23	60.56.53	28.28.24	9.7.1	33.38.31	9.6.2	33.40.32
13	60.52.57	30.26.24	52.56.56	24.24.23	60.57.53	28.26.24	58.55.54	33.35.31	9.8.2	33.37.32	3.3.9	33.37.39
14	54.51.56	33.33.31	60.53.53	30.23.24	54.60.54	33.33.31	9.4.1	33.36.32	3.5.9	33.36.39	10.4.10	36.38.40
15	9.10.3	31.34.31	53.54.54	33.40.31	9.7.1	33.34.32	9.3.2	33.33.39	10.6.10	36.35.40	8.1.7	34.35.37
16	7.7.4	37.31.40	9.1.1	31.39.31	7.8.2	37.31.39	1.2.9	36.38.40	8.3.7	34.34.37	4.8.8	38.36.38
17	1.6.1	35.32.39	7.1.1	37.38.40	1.5.10	35.33.39	10.1.10	34.35.37	4.4.8	38.33.38	7.5.5	33.33.35
18	9.5.2	31.39.38	1.10.10	35.34.39	9.6.9	40.32.38	6.8.7	38.36.38	7.1.5	33.32.35	5.6.6	31.34.36
19	1.2.9	36.38.37	10.9.9	31.31.38	1.3.8	36.31.37	4.7.7	34.33.36	5.1.5	31.37.36	1.3.4	35.32.34
20	4.1.10	34.35.36	1.8.8	36.32.37	4.4.7	34.40.36	10.6.6	31.34.35	1.10.4	35.36.34	9.4.3	33.31.33
21	10.10.5	39.36.35	10.7.7	34.39.36	10.7.6	39.39.35	9.9.5	35.31.34	9.9.3	33.35.33	15.11.12	45.50.42
22	9.9.6	33.33.34	10.6.6	39.40.35	9.8.5	33.38.34	1.8.4	33.32.33	15.18.12	45.45.42	12.12.11	48.49.41
23	9.8.3	33.34.33	9.5.5	33.37.34	9.5.4	33.37.33	15.16.12	44.48.41	12.17.11	48.46.41	18.17.20	44.48.50
24	9.7.4	45.41.42	9.4.4	33.38.33	9.6.3	45.46.42	15.16.12	44.48.41	18.16.20	44.43.50	13.18.19	43.47.49
25	15.16.11	44.42.41	9.3.3	45.45.42	15.13.12	44.45.41	20.15.11	44.45.50	13.15.19	43.44.49	17.15.18	43.46.48
26	20.15.12	42.49.50	15.12.12	44.46.41	20.14.11	44.44.50	18.14.20	43.46.49	17.14.18	43.41.48	17.16.17	43.45.47
27	13.13.20	43.50.49	20.11.11	42.43.50	13.11.20	43.43.49	13.13.19	43.43.48	17.13.17	43.42.47	19.13.16	49.44.46
28	13.13.20	43.47.48	18.20.20	43.44.49	13.12.19	43.50.48	17.12.18	43.44.47	19.12.16	49.49.46	18.14.15	44.43.45
29	17.12.17		13.19.19	43.41.48	17.19.18	43.49.47	17.11.17	49.41.46	18.11.15	44.50.45	16.11.14	42.42.44
30	17.11.18		17.18.18	43.42.47	17.20.17	49.48.46	19.20.16	44.42.45	16.20.14	42.47.44	17.12.13	47.41.43
31	19.20.15		18.17.17		19.17.16		18.19.15	42.49.44		47.48.43		51.60.52

（下ひとケタが… 1-2 自我欲 3-4 食欲・性欲 5-6 金欲・財欲 7-8 権力・支配欲 9-0 創作欲）

命数は左から、**第3命数**、**第2命数**、**第1命数**となります

金 1988 昭和63年生まれ

日＼月	1	2	3	4	5	6	7	8	9	10	11	12
1	51.59.51	23.24.30	51.52.56	23.30.23	54.53.53	28.22.24	52.51.54	26.22.21	51.54.52	21.23.22	51.59.59	25.23.29
2	53.58.60	28.23.29	53.59.53	28.29.24	52.54.54	26.29.21	60.60.51	21.21.22	51.51.59	25.22.29	51.60.60	25.24.30
3	52.57.59	26.22.28	52.60.54	26.28.21	60.51.51	21.30.22	51.59.52	25.30.29	51.52.60	25.21.30	58.57.57	27.21.27
4	60.56.58	25.22.27	60.57.51	25.27.27	51.52.52	25.27.29	51.58.59	25.29.30	57.59.57	27.30.27	52.58.58	26.22.28
5	51.55.57	29.29.26	59.58.57	29.26.26	59.59.56	26.28.25	51.57.60	27.28.27	52.60.58	26.29.28	10.5.5	34.39.35
6	59.54.55	26.30.25	59.55.56	26.25.25	52.60.55	24.25.24	60.55.54	26.27.28	10.7.5	34.38.35	5.6.6	35.40.36
7	52.53.56	24.27.24	52.56.55	23.24.24	60.57.54	28.26.23	58.55.53	33.35.32	9.8.1	33.36.36	3.3.10	33.37.40
8	60.52.53	28.28.23	60.53.54	28.23.23	58.58.53	33.33.32	9.4.2	39.36.31	3.5.10	33.35.35	10.4.9	36.38.39
9	58.51.54	33.35.32	58.54.53	33.32.32	9.5.2	33.34.31	9.3.1	33.33.40	10.6.9	36.35.39	8.1.8	34.35.38
10	9.10.1	33.36.31	9.1.2	33.31.31	9.6.1	33.31.40	3.2.10	36.34.39	8.3.8	34.34.38	2.2.7	32.36.37
11	9.9.2	33.33.40	9.2.1	33.4.10	3.3.10	36.32.39	10.1.9	34.31.38	2.4.7	32.33.37	7.9.6	33.33.36
12	3.8.9	36.32.39	3.9.10	36.39.39	10.4.9	34.39.38	8.10.8	32.32.37	7.1.6	33.32.36	7.10.5	33.34.35
13	10.7.10	34.39.38	10.10.9	34.38.38	8.3.8	38.40.37	2.9.7	33.39.36	7.2.5	33.31.35	7.7.4	37.31.34
14	8.6.7	38.40.35	8.7.8	38.35.35	4.4.7	33.37.36	7.8.6	33.40.35	7.9.4	37.40.34	10.8.3	34.32.33
15	4.5.8	34.37.34	4.8.5	34.34.34	7.1.4	31.38.33	7.7.5	35.31.34	10.10.3	34.39.33	18.11.12	42.49.42
16	7.2.5	31.38.33	10.6.4	31.33.33	5.2.3	35.38.32	1.6.4	34.32.33	18.17.12	42.48.42	12.12.11	48.50.41
17	5.1.5	35.35.37	5.5.3	35.37.37	1.9.2	33.37.31	10.3.1	50.49.50	12.18.19	48.47.41	17.19.18	41.47.48
18	1.10.4	33.36.38	1.4.7	33.38.38	9.10.8	45.46.45	14.12.20	48.50.49	18.16.18	41.42.48	15.20.17	49.47.47
19	9.9.3	45.41.45	9.3.8	46.45.45	15.17.15	48.45.46	12.11.19	44.47.48	15.15.17	49.41.47	19.17.16	45.46.46
20	15.16.12	44.42.46	15.12.15	44.46.46	20.14.16	44.44.43	18.14.13	43.48.44	19.14.11	45.50.46	17.18.12	43.45.42
21	20.15.11	44.49.43	20.11.16	44.43.43	18.11.13	43.43.44	13.13.14	45.45.41	17.13.12	43.42.42	19.15.19	49.44.49
22	18.14.20	43.50.44	18.20.13	43.44.44	13.12.14	43.42.41	17.12.11	43.44.42	19.12.19	50.49.49	18.14.20	44.43.50
23	13.13.19	43.47.41	13.19.11	43.41.41	17.19.11	43.42.48	17.11.12	49.41.49	18.11.20	44.50.50	18.11.17	42.42.47
24	17.12.18	43.48.42	17.18.11	43.42.42	17.20.12	49.50.49	19.20.19	44.42.50	18.20.17	42.47.47	17.12.18	47.41.48
25	17.11.17	49.45.49	17.17.12	50.49.49	19.17.19	44.49.50	18.19.20	42.49.47	17.19.18	47.48.48	27.29.25	51.60.55
26	19.20.16	44.46.50	19.16.19	44.50.50	18.18.20	42.46.47	18.18.17	47.50.48	27.28.25	51.55.55	27.30.26	51.59.56
27	18.19.15	42.43.47	18.15.20	42.47.47	16.15.17	47.45.48	17.17.18	51.57.55	27.27.26	51.56.56	23.27.23	53.58.53
28	16.18.14	47.44.48	16.14.17	47.48.48	17.16.18	51.54.55	27.26.25	51.58.56	23.26.23	54.53.53	28.28.24	52.57.54
29	17.17.13	51.51.55	17.13.18	51.55.55	27.23.25	51.53.56	27.25.26	53.55.53	28.25.24	52.54.54	26.25.21	60.56.51
30	27.26.22		27.22.25	51.56.56	27.24.26	53.52.53	23.24.23	52.56.54	26.24.21	60.51.51	21.26.22	51.55.52
31	27.25.21		27.21.26		23.21.23		28.23.24	60.53.51		51.52.52		51.54.59

銀 1989 平成元年生まれ／昭和64年生まれ

日＼月	1	2	3	4	5	6	7	8	9	10	11	12
1	51.53.60	27.28.27	51.55.57	25.25.28	51.60.58	27.25.25	57.56.55	26.27.26	10.7.3	34.38.33	5.6.4	35.40.34
2	57.52.57	26.27.28	51.56.58	27.24.25	57.57.55	25.26.26	52.55.56	34.36.33	5.8.4	35.37.34	9.3.1	35.37.31
3	52.51.58	34.36.35	57.53.55	26.23.26	52.58.56	34.33.33	10.4.3	35.35.34	9.5.1	35.36.31	9.4.2	35.38.32
4	10.10.5	33.36.36	52.54.56	34.32.33	10.5.3	35.34.34	5.3.4	35.34.31	9.6.2	35.35.32	1.1.9	31.35.39
5	9.9.1	34.33.33	9.1.5	33.31.36	9.6.6	35.31.31	9.2.1	35.33.32	1.3.9	31.34.39	10.2.10	36.36.40
6	3.8.10	36.34.34	9.2.6	33.40.33	4.3.3	36.32.34	9.1.2	31.32.39	10.4.10	36.33.40	8.9.7	34.33.37
7	10.7.9	34.31.31	9.3.9	36.39.34	10.4.4	34.39.33	8.10.1	31.32.32	8.1.7	34.32.37	7.10.10	33.34.40
8	8.6.8	31.32.32	10.10.4	34.38.31	8.1.1	32.40.32	2.9.2	33.39.39	7.2.10	33.31.40	8.7.7	37.31.37
9	2.5.7	33.39.39	8.7.1	32.37.32	1.2.2	33.37.39	7.8.9	33.40.40	7.9.7	37.40.37	10.8.8	34.32.38
10	7.4.6	33.40.40	2.8.2	33.36.39	7.9.9	33.38.40	7.7.10	38.37.37	10.10.8	34.39.38	18.15.15	42.49.45
11	7.3.5	38.37.37	7.9.9	33.35.40	7.10.10	37.35.37	7.6.7	34.38.38	18.17.15	42.48.45	15.16.16	46.50.46
12	7.2.4	34.36.40	7.6.10	37.34.37	8.7.7	34.36.38	10.5.8	42.45.45	16.18.16	46.47.46	17.13.13	41.47.43
13	10.1.3	42.43.47	1.3.9	34.33.40	9.10.10	42.43.45	18.14.15	45.46.46	17.15.13	41.46.43	17.14.14	41.48.44
14	18.20.12	48.44.48	10.4.10	42.42.47	18.17.17	48.44.48	16.13.16	41.43.43	17.16.14	41.45.44	12.11.11	41.45.41
15	12.17.19	44.41.45	11.11.17	48.49.48	12.18.18	41.41.45	17.12.15	41.48.46	11.13.11	41.44.41	18.18.14	44.46.44
16	18.16.18	49.42.46	12.11.18	44.48.45	18.15.15	49.42.46	17.11.16	48.18.14	18.14.14	44.43.41	16.15.11	42.43.41
17	15.15.17	45.49.43	18.20.15	49.47.46	15.16.16	45.42.43	19.18.13	44.46.44	16.11.11	42.42.41	12.16.12	46.44.48
18	19.12.11	43.50.44	13.19.16	45.41.43	19.13.13	43.41.44	17.17.14	48.43.41	11.12.12	46.47.42	18.13.19	42.42.49
19	17.11.12	49.45.41	19.18.13	43.42.44	17.14.14	46.44.41	14.16.11	44.42.42	18.20.19	42.46.49	11.14.20	49.41.50
20	19.20.19	44.46.48	17.17.20	49.49.47	19.17.17	46.49.42	12.19.12	42.41.49	19.19.20	49.45.50	29.21.27	53.60.57
21	18.19.20	42.43.45	19.16.17	44.50.48	17.18.18	42.48.45	18.18.19	47.42.50	29.28.27	53.55.57	27.22.28	51.59.58
22	18.18.17	47.44.46	18.15.18	42.47.45	18.15.15	47.47.46	17.17.16	51.57.53	27.27.28	51.56.58	23.27.21	53.58.51
23	17.17.18	51.51.53	18.14.15	47.48.46	17.16.16	51.56.53	27.26.23	51.58.54	23.26.21	51.53.51	28.28.22	52.57.52
24	27.26.25	51.52.54	17.13.16	51.55.53	27.23.23	51.55.54	27.25.24	53.55.51	28.25.22	52.54.52	26.25.29	52.56.59
25	27.25.26	53.59.51	27.22.23	51.56.54	27.24.24	53.54.51	23.24.21	52.56.52	26.24.29	52.51.59	21.26.30	51.55.60
26	23.24.23	52.60.52	27.21.24	53.53.51	23.21.21	52.53.52	28.23.22	52.53.59	21.23.30	51.52.60	25.23.27	51.54.57
27	28.23.24	60.57.59	23.30.21	52.54.52	28.22.22	60.60.59	26.22.29	51.54.60	25.22.27	51.59.57	25.24.28	51.53.58
28	26.22.21	51.58.60	28.29.22	60.51.59	26.29.29	51.59.60	21.21.30	51.57.57	25.21.28	51.60.58	27.21.25	57.52.55
29	21.21.22		26.28.29	51.52.60	21.30.30	51.58.57	25.30.27	51.52.58	27.30.25	57.57.55	26.22.26	52.51.56
30	25.30.29		21.27.30	51.59.57	25.27.27	51.57.58	25.29.28	57.59.55	26.29.26	52.58.56	34.39.33	10.10.3
31	25.29.30		25.26.27		25.28.28		27.28.25	52.60.56		10.5.3		5.9.4

命数が… **1〜10** 羅針盤座　**11〜20** インディアン座　**21〜30** 鳳凰座　**31〜40** 時計座　**41〜50** カメレオン座　**51〜60** イルカ座

日\月	1	2	3	4	5	6	7	8	9	10	11	12
1	9.8.1	35.33.32	5.2.3	35.40.32	9.3.2	35.32.31	9.1.1	31.32.40	10.4.9	36.33.39	8.9.8	34.33.38
2	9.7.2	31.32.39	9.9.2	35.39.31	9.4.1	31.39.40	1.10.10	36.31.39	8.1.8	34.32.38	9.10.7	39.34.37
3	1.6.9	36.31.40	9.10.1	31.38.40	1.1.10	36.40.39	10.9.9	34.40.38	9.2.7	39.31.37	9.7.6	33.31.36
4	10.5.10	33.39.37	1.7.10	36.37.39	10.2.9	34.37.38	7.8.8	39.39.37	9.9.6	33.40.36	9.8.5	33.32.35
5	7.4.9	33.40.38	2.2.10	33.36.37	8.9.8	39.38.37	9.7.7	33.38.36	9.10.5	33.39.35	15.15.14	45.49.44
6	7.3.10	37.37.35	7.5.7	33.35.38	7.10.8	37.35.35	9.6.6	33.37.35	15.17.14	45.48.44	20.16.13	44.50.43
7	7.2.7	34.38.36	7.6.8	37.34.35	7.7.5	34.36.36	15.16.6	45.46.44	20.18.13	44.47.43	18.13.12	41.47.41
8	10.1.8	42.45.43	7.3.5	34.33.36	10.8.6	42.43.43	18.14.13	46.46.44	17.15.11	41.46.41	17.14.12	41.48.42
9	18.20.15	46.46.44	10.4.6	42.42.43	18.15.13	46.44.44	16.13.14	41.43.41	17.16.12	41.45.42	11.11.19	41.45.49
10	16.19.16	41.43.41	18.11.13	46.41.44	16.16.14	42.41.41	17.12.11	41.44.42	11.13.19	41.44.49	18.12.20	44.46.50
11	17.18.13	41.44.42	16.12.14	41.50.41	17.13.11	41.42.42	17.11.12	41.41.49	18.14.20	46.11.17	16.19.17	42.43.47
12	17.17.14	45.49.49	17.19.11	41.49.42	17.14.12	41.49.49	11.20.19	44.42.50	16.11.17	42.42.47	20.20.18	50.44.48
13	19.16.13	44.50.50	17.20.12	45.48.49	11.11.19	44.50.50	18.19.20	42.49.47	20.12.18	50.41.48	15.17.15	41.41.45
14	18.15.14	48.47.47	19.17.19	44.47.50	18.14.20	42.47.47	16.18.17	50.50.48	15.19.15	41.50.45	15.18.16	41.42.46
15	14.12.11	46.48.49	18.18.20	44.48.47	16.11.17	46.48.48	12.17.18	41.47.45	15.20.16	41.49.46	25.25.23	53.59.53
16	12.11.12	42.45.48	14.15.17	46.43.49	12.12.18	41.45.45	15.16.15	41.42.46	29.27.23	53.58.53	28.22.24	52.60.54
17	18.20.19	47.46.47	12.15.19	42.42.48	18.19.18	49.47.47	13.13.16	53.59.53	28.28.24	52.57.54	26.29.21	58.57.51
18	17.17.20	53.53.56	18.14.18	47.48.47	13.20.17	53.56.56	29.22.26	52.60.54	22.25.21	58.52.51	30.30.22	56.57.53
19	29.26.27	51.52.55	17.13.55	53.55.56	27.29.26	51.55.55	27.21.25	58.57.54	30.25.23	56.51.53	26.27.22	52.56.52
20	27.25.24	53.59.54	29.22.26	51.56.55	27.28.25	53.54.54	23.24.24	56.58.53	26.24.22	52.60.52	23.28.21	51.55.51
21	23.24.21	52.60.53	27.21.25	53.53.54	23.21.24	52.53.53	30.23.23	52.55.52	21.23.21	51.52.51	27.25.30	53.54.60
22	28.23.22	52.57.52	23.30.24	52.54.53	28.22.23	51.52.52	26.22.22	51.56.51	27.22.30	53.59.60	25.26.29	51.53.59
23	26.22.29	51.58.51	28.29.23	52.51.52	26.29.22	52.51.51	22.21.21	51.51.60	25.21.29	51.60.59	27.21.28	52.51.52
24	21.21.30	51.55.60	26.28.22	51.52.51	21.30.21	51.60.60	25.30.30	51.52.59	27.30.28	57.57.58	26.22.27	52.51.57
25	25.30.27	51.56.57	21.27.21	51.59.60	25.27.30	51.59.59	25.29.29	57.59.58	26.29.27	52.58.57	36.39.36	10.10.6
26	25.29.28	51.57.58	25.26.30	51.60.59	25.29.29	57.58.58	27.28.28	52.60.57	36.38.36	10.5.6	35.40.35	5.9.5
27	27.28.25	52.54.55	25.25.27	57.57.56	27.25.26	52.55.55	26.27.27	10.7.6	35.37.35	5.6.5	35.37.34	9.8.4
28	26.27.26	10.1.4	27.24.26	52.58.55	26.26.25	10.4.4	34.36.34	5.8.5	35.36.34	9.3.4	35.38.31	9.7.1
29	34.36.33		26.23.25	10.5.4	34.33.34	5.3.3	35.35.33	9.5.2	35.35.31	9.4.1	31.35.40	1.6.10
30	35.35.34		34.32.34	5.6.3	35.34.33	9.2.2	35.34.32	9.6.1	31.34.40	1.1.10	36.36.39	10.5.9
31	35.34.31		35.31.33		35.31.32		35.33.31	1.3.10		10.2.9		8.4.8

日\月	1	2	3	4	5	6	7	8	9	10	11	12
1	9.3.7	33.38.36	8.5.10	39.35.39	9.10.9	33.35.38	9.6.8	33.37.37	15.17.16	45.48.46	20.16.15	44.50.45
2	9.2.6	33.37.35	9.6.9	33.34.38	9.7.8	33.36.37	9.5.7	45.46.46	20.18.15	44.47.45	18.13.14	42.47.44
3	9.1.5	45.46.44	9.3.8	33.33.37	9.8.7	45.43.46	15.14.16	44.45.45	18.15.14	42.46.44	13.14.13	43.48.43
4	15.20.14	46.46.43	9.4.7	45.42.46	15.15.16	44.44.45	20.13.15	43.44.45	13.16.13	43.45.43	17.11.12	43.45.42
5	20.19.13	41.43.42	18.15.14	46.41.43	20.16.15	42.41.44	18.12.14	44.43.43	17.13.12	43.44.42	17.12.11	43.46.41
6	17.18.11	41.44.41	16.12.13	41.50.42	17.13.12	41.42.41	13.11.13	43.42.42	17.14.11	43.43.41	19.19.20	49.43.50
7	17.17.12	41.41.50	17.19.12	41.49.41	17.14.11	41.49.50	11.20.20	43.41.41	19.11.20	49.42.50	18.20.19	44.44.49
8	11.16.19	44.42.49	17.20.11	44.48.50	11.11.20	44.50.49	18.19.19	43.49.49	20.12.17	44.41.49	15.17.16	41.41.46
9	18.15.20	42.49.48	11.17.20	44.47.49	18.12.19	42.47.48	16.18.18	50.50.47	15.19.16	41.50.46	15.18.15	41.42.45
10	16.14.17	50.50.47	18.18.19	42.46.48	16.19.18	50.48.47	20.17.17	41.47.46	15.20.15	41.49.45	25.25.24	55.59.54
11	20.13.18	41.47.46	16.15.18	50.47.47	20.20.17	41.45.46	15.16.16	41.48.45	25.27.24	55.58.54	28.26.23	52.60.53
12	15.12.15	41.46.45	20.16.17	41.44.46	15.17.16	41.46.45	16.15.15	55.55.54	28.28.23	52.57.53	26.23.22	60.57.52
13	15.11.16	53.53.54	15.13.16	41.43.45	15.18.15	55.53.54	25.24.24	52.56.53	26.25.22	60.56.52	24.24.21	54.58.51
14	29.30.23	52.54.51	15.14.15	53.52.54	29.27.24	52.54.53	28.23.23	60.53.52	24.26.21	54.55.51	25.21.30	59.55.60
15	28.29.24	58.51.60	29.21.24	52.59.51	28.28.23	60.51.52	26.22.22	54.54.51	25.23.30	59.54.60	22.22.29	59.56.59
16	22.26.21	56.52.59	28.22.21	58.58.60	22.25.30	56.52.59	30.21.21	59.55.60	25.24.29	59.53.59	27.25.28	53.53.58
17	30.25.23	52.59.52	22.30.30	56.57.59	30.26.29	52.52.58	25.28.28	59.56.59	27.21.28	53.52.58	26.26.27	52.54.57
18	26.24.22	51.60.51	30.29.29	52.51.52	26.23.28	57.51.57	23.27.27	53.53.56	26.22.25	52.51.57	22.23.24	56.51.54
19	22.21.21	51.55.60	26.28.22	51.52.51	21.24.21	53.60.60	27.26.26	51.54.55	22.30.24	56.56.54	30.24.23	54.51.53
20	27.30.30	51.56.59	22.21.21	51.59.60	27.21.30	51.59.59	22.29.26	56.51.54	30.29.23	54.55.53	36.31.32	10.10.2
21	25.29.29	57.53.58	25.26.30	51.60.59	25.28.29	57.58.58	27.28.28	54.52.57	36.38.36	10.4.2	35.32.35	5.9.5
22	27.28.28	52.54.57	25.25.29	57.57.58	27.25.28	52.57.57	26.27.27	10.9.6	35.37.35	5.6.5	37.39.34	1.8.4
23	26.27.27	10.1.6	27.24.28	52.58.57	26.26.10	10.6.6	35.36.36	5.5.5	35.36.34	1.3.4	35.38.33	9.7.3
24	35.36.36	5.2.5	26.23.27	10.5.6	36.33.36	6.5.5	36.35.35	9.5.4	35.35.33	9.4.3	31.35.32	1.6.2
25	36.35.35	9.9.4	36.32.36	5.6.5	35.34.35	9.4.4	35.34.34	9.6.3	31.34.32	1.1.2	36.36.31	10.5.1
26	35.34.32	9.10.3	35.31.35	9.3.4	35.31.34	9.1.3	35.33.33	1.2.3	36.33.31	10.2.1	34.33.40	10.4.10
27	35.33.31	1.7.2	35.40.34	9.4.3	35.32.33	1.10.2	31.32.32	10.1.4	34.32.40	10.9.10	39.34.39	9.3.9
28	31.32.40	10.8.1	35.39.33	1.1.2	31.39.32	10.9.1	36.31.31	10.1.10	39.31.39	9.10.9	33.31.38	9.2.8
29	36.31.39		31.38.32	10.2.1	36.40.31	8.8.10	34.40.40	9.2.9	33.40.38	9.7.8	33.32.37	9.1.7
30	34.40.38		36.37.31	8.9.10	34.37.40	9.7.9	40.39.39	9.9.8	33.39.37	9.8.7	45.49.46	15.20.16
31	39.39.37		34.36.40		39.38.39		33.38.38	9.10.7		15.15.16		20.19.15

（下ひとケタが…　1・2 自我欲　3・4 食欲・性欲　5・6 金欲・財欲　7・8 権力・支配欲　9・0 創作欲）

命数は左から、**第3命数**、**第2命数**、**第1命数**となります

金 1992 平成4年生まれ

日＼月	1	2	3	4	5	6	7	8	9	10	11	12
1	18.18.14	44.43.43	18.19.15	43.49.46	13.14.16	33.49.43	17.20.13	43.41.44	19.11.11	49.42.41	18.20.12	44.44.42
2	13.17.13	43.42.42	13.20.16	43.48.43	17.11.13	43.50.44	17.19.14	49.50.41	18.12.12	44.41.42	16.17.19	42.41.49
3	17.16.12	43.41.41	17.17.13	43.47.44	17.12.14	49.47.41	19.18.11	44.49.42	16.19.19	42.50.49	17.18.20	47.42.50
4	17.15.11	42.49.49	17.18.14	42.46.49	19.19.11	44.48.42	18.17.12	42.48.49	17.20.20	47.49.50	27.25.27	51.59.57
5	19.14.20	49.50.50	16.15.19	50.45.50	19.20.20	41.45.47	16.16.19	47.47.50	28.27.27	51.58.57	27.26.28	51.60.58
6	20.13.17	41.47.47	20.16.20	41.44.47	15.17.17	41.46.48	15.16.18	51.56.57	27.28.28	51.57.58	23.23.25	53.57.55
7	15.12.16	41.48.48	15.13.17	41.43.48	15.18.18	55.53.55	25.24.25	52.56.56	26.25.23	53.56.55	23.24.24	54.58.54
8	15.11.15	56.55.55	15.14.18	55.52.55	26.25.25	52.54.56	28.23.26	60.53.53	24.26.24	54.55.54	25.21.21	59.55.51
9	25.30.24	52.56.56	25.21.25	52.51.56	28.26.26	60.51.53	26.22.23	53.54.54	25.23.21	59.54.51	25.22.22	59.56.52
10	28.29.23	60.53.53	28.22.26	60.60.53	26.23.23	54.52.54	24.21.24	59.51.51	25.24.22	59.53.52	30.29.29	59.53.59
11	26.28.22	53.54.54	26.29.23	54.59.54	23.24.24	59.59.51	25.30.21	59.52.52	29.21.29	59.52.59	26.30.30	52.54.60
12	24.27.21	59.59.59	24.30.24	59.58.54	25.21.21	59.60.52	25.29.22	60.59.59	26.22.30	52.51.60	24.27.27	60.51.57
13	25.26.30	59.60.56	27.27.29	59.57.56	25.24.26	53.57.53	29.28.29	52.60.60	24.29.27	60.60.57	27.28.28	58.52.58
14	25.25.29	53.57.53	25.28.26	53.54.53	27.21.23	52.58.54	26.27.30	60.57.57	28.30.28	58.59.58	33.35.35	9.9.5
15	27.24.28	51.58.54	27.25.23	51.53.54	26.22.24	56.55.51	24.26.21	54.52.52	33.37.39	9.8.5	33.32.40	9.10.10
16	26.21.25	56.55.51	25.25.24	56.52.51	22.29.21	54.57.52	30.25.22	10.9.9	33.38.40	9.7.10	37.39.37	1.7.7
17	22.30.24	54.56.52	22.24.21	54.58.52	30.30.22	10.6.9	33.32.39	7.10.10	37.35.37	1.6.7	36.40.38	10.8.8
18	30.29.23	10.3.9	30.23.22	10.5.9	36.37.39	5.5.10	31.31.40	1.7.7	35.35.38	10.1.8	40.37.35	6.6.5
19	36.36.36	5.2.8	36.32.39	5.6.8	35.38.40	1.4.7	37.40.37	9.8.8	40.34.35	6.10.5	38.38.36	4.5.6
20	36.35.35	9.9.5	35.31.38	9.3.5	35.31.35	9.3.6	35.33.38	1.5.5	38.33.36	4.9.6	34.35.33	10.4.3
21	35.34.34	9.10.6	35.40.35	9.4.6	35.32.36	1.2.3	31.32.35	4.6.6	34.32.33	10.9.3	39.36.34	9.3.4
22	35.33.33	1.7.3	35.39.36	1.1.3	31.39.33	10.1.4	36.31.34	10.1.1	39.31.32	9.10.4	33.31.39	9.2.9
23	31.32.32	10.8.4	31.38.33	10.2.4	36.40.34	10.10.1	34.40.31	9.2.2	33.40.39	9.7.9	33.32.40	9.1.10
24	36.31.31	10.5.1	36.37.34	10.9.1	34.37.31	9.9.2	39.39.32	10.9.9	33.39.40	9.8.10	45.49.47	15.20.17
25	34.40.40	9.6.2	34.36.31	9.10.2	39.38.32	9.8.9	33.38.39	9.10.10	45.48.47	15.15.17	44.50.48	20.19.18
26	40.39.39	9.3.9	39.35.32	9.7.9	33.35.39	9.5.10	33.37.40	15.17.17	44.47.48	20.16.18	44.47.45	18.18.15
27	33.38.38	9.4.10	33.34.40	9.8.10	33.36.40	15.14.17	45.46.47	20.18.18	44.46.45	18.13.15	43.48.46	13.17.16
28	33.37.37	15.11.17	33.33.40	15.15.17	45.43.47	20.13.18	44.45.48	18.15.15	43.45.43	13.14.16	43.45.43	17.16.13
29	45.46.46	20.12.18	45.42.47	20.16.18	44.44.48	18.12.15	42.44.45	13.16.16	43.44.43	17.11.13	43.46.44	17.15.14
30	44.45.45		44.41.48	18.13.15	42.41.45	13.11.16	43.43.46	17.13.13	43.43.44	17.12.14	49.43.41	19.14.11
31	42.44.44		42.50.45		43.42.46		43.42.43	17.14.14		19.19.11		18.13.12

銀 1993 平成5年生まれ

日＼月	1	2	3	4	5	6	7	8	9	10	11	12
1	16.12.19	47.47.50	18.16.11	42.44.50	16.17.20	47.46.49	17.15.19	51.56.58	27.28.27	51.57.57	23.23.26	53.57.56
2	17.11.20	51.56.57	16.13.20	47.43.49	17.18.19	51.53.58	27.24.28	51.55.57	23.25.26	53.56.56	28.24.25	52.58.55
3	27.30.27	51.55.58	17.14.19	51.52.58	27.25.28	51.54.57	27.23.27	53.54.56	28.26.25	52.55.55	26.21.24	60.55.54
4	27.29.28	60.53.55	27.21.28	51.51.57	27.26.27	53.51.56	23.22.26	52.53.55	26.23.24	60.54.54	21.22.23	51.56.53
5	26.28.23	54.54.56	28.22.28	60.60.55	26.23.25	52.52.55	28.21.25	60.52.54	21.24.23	51.53.53	25.29.22	51.53.52
6	24.27.24	59.51.53	26.29.25	54.59.56	24.24.26	59.59.53	26.30.24	51.51.53	25.21.22	51.52.52	25.30.21	51.54.51
7	25.26.21	59.52.54	24.30.26	59.58.53	25.21.23	59.60.54	25.30.24	59.59.51	25.22.21	52.51.51	24.27.29	60.51.59
8	25.25.22	59.59.51	25.27.23	59.57.54	29.22.24	59.57.51	29.28.21	52.60.52	24.29.29	60.60.59	28.28.30	58.52.60
9	29.24.29	52.60.52	25.28.24	59.56.51	29.29.21	52.58.52	26.27.22	60.57.59	28.30.30	58.59.60	33.35.37	9.9.7
10	26.23.30	60.57.59	29.25.21	52.55.52	26.30.22	60.55.59	24.26.29	58.58.60	33.37.37	9.8.7	33.36.38	9.10.8
11	24.22.29	58.58.60	26.26.22	60.54.59	24.27.29	58.56.60	28.25.30	9.5.7	33.38.38	9.7.8	33.33.35	3.7.5
12	28.21.28	9.3.7	24.23.29	58.53.60	28.28.30	9.3.7	33.34.37	9.6.8	33.35.35	3.6.5	36.34.36	10.8.6
13	33.40.39	9.4.8	30.24.30	9.2.7	33.37.37	9.4.8	33.33.38	3.3.5	35.36.36	10.5.6	34.31.33	8.5.3
14	33.39.40	1.1.5	33.31.37	9.1.8	33.38.38	1.1.5	33.32.35	10.4.6	34.33.33	8.4.3	32.32.34	2.6.4
15	37.36.37	9.2.5	31.32.38	1.8.5	37.35.35	10.2.6	36.31.36	8.5.3	32.34.34	2.3.4	33.35.31	7.3.1
16	35.35.38	6.9.4	37.40.36	9.7.5	35.36.35	6.9.6	34.40.33	4.6.4	33.31.31	7.2.1	33.36.32	7.4.2
17	40.34.35	4.10.3	35.39.35	6.6.4	40.33.34	4.1.3	38.39.34	7.3.1	33.32.32	7.1.2	35.33.39	1.1.9
18	38.31.36	10.7.2	31.38.34	4.2.3	38.34.33	10.10.2	33.36.31	5.4.1	35.39.39	1.6.9	33.34.39	9.1.9
19	34.40.33	9.6.1	38.37.33	10.9.2	34.31.32	9.9.1	31.35.31	1.1.10	33.39.39	9.5.9	50.41.48	14.20.18
20	39.39.32	9.3.10	34.36.32	9.10.1	39.38.31	1.8.10	35.34.40	9.2.9	50.48.48	14.14.18	48.42.47	12.19.17
21	33.38.39	9.4.9	39.35.31	9.7.10	33.35.40	9.7.9	33.37.39	15.19.18	48.47.47	12.16.17	44.49.46	18.18.16
22	33.37.40	15.11.18	33.34.40	9.8.9	33.36.39	15.16.18	45.46.48	20.18.17	44.46.46	18.13.16	43.48.45	13.17.15
23	45.46.47	20.12.17	33.33.39	15.15.18	45.43.48	20.15.17	44.45.47	18.15.16	43.45.45	13.14.16	43.45.44	17.16.14
24	44.45.48	18.19.16	45.42.48	20.16.17	44.44.47	18.14.16	44.44.46	13.16.15	43.44.44	17.11.14	43.46.43	17.15.13
25	44.44.45	13.20.15	44.41.47	18.13.16	44.41.46	13.13.15	43.43.45	17.13.14	44.43.43	17.12.13	49.43.42	19.14.12
26	43.43.46	17.17.14	42.50.46	13.14.15	43.42.45	17.12.14	43.42.44	17.14.13	49.42.42	19.19.12	44.44.41	18.13.11
27	43.42.43	17.18.13	43.49.45	17.11.14	43.49.44	17.11.13	49.41.43	19.11.12	44.41.41	18.20.11	42.41.50	18.12.20
28	43.41.44	19.15.12	43.48.44	17.12.13	43.50.43	19.18.12	49.50.42	18.12.11	42.50.50	18.17.20	47.42.49	17.11.19
29	49.50.41		43.47.43	19.19.12	49.47.42	18.17.11	44.49.41	16.19.20	47.49.49	17.18.19	51.59.58	27.30.28
30	44.49.42		49.46.42	18.20.11	44.48.41	16.16.20	42.48.50	17.20.19	51.58.58	27.25.28	51.60.57	27.29.27
31	42.48.49		44.45.41		42.45.50		47.47.49	27.27.28		27.26.27		23.28.26

命数が… **1～10**羅針盤座 **11～20**インディアン座 **21～30**鳳凰座 **31～40**時計座 **41～50**カメレオン座 **51～60**イルカ座

日＼月	1	2	3	4	5	6	7	8	9	10	11	12
1	28.27.25	60.52.54	23.29.23	52.59.54	28.24.24	60.59.51	26.30.21	51.51.52	25.21.29	51.52.59	25.30.30	51.54.60
2	26.26.24	51.51.53	28.30.24	60.58.51	26.21.21	51.60.52	21.29.22	51.60.59	25.22.30	51.51.60	28.27.27	57.51.57
3	21.25.23	51.60.52	26.27.21	51.57.52	21.22.22	51.57.59	25.28.29	51.59.60	27.29.27	57.60.57	26.28.28	52.52.58
4	25.24.22	52.60.51	21.28.22	51.56.59	25.27.30	57.58.57	26.30.28	52.59.58	34.35.35	10.9.5		
5	26.23.22	60.57.60	29.29.22	52.55.51	25.30.30	57.55.57	27.26.27	52.57.58	34.37.35	10.8.5	35.36.36	5.10.6
6	24.22.29	58.58.59	26.26.21	60.54.60	24.27.30	58.56.59	26.25.28	10.6.5	35.38.36	5.7.6	35.33.33	9.7.3
7	28.21.30	9.5.8	24.23.30	58.53.59	28.28.29	9.3.8	33.34.38	5.5.6	35.35.33	9.6.3	35.34.34	10.8.5
8	33.40.37	9.6.7	28.24.29	9.2.8	33.35.38	9.4.7	33.33.37	3.3.6	36.36.35	10.5.5	34.31.34	8.5.4
9	33.39.38	3.3.6	33.31.38	9.1.7	33.36.37	3.1.6	33.32.36	10.4.5	34.33.34	8.4.4	32.32.33	2.6.3
10	33.38.35	10.4.5	33.32.37	3.10.6	33.33.36	10.2.5	36.31.35	8.1.4	32.34.33	2.3.3	33.39.32	7.3.2
11	36.37.36	8.1.4	33.39.36	10.9.5	36.34.33	8.9.4	34.40.34	2.2.3	33.31.32	7.2.2	33.40.31	7.4.1
12	34.36.33	4.10.3	36.40.35	8.8.4	34.31.34	2.10.3	32.39.33	7.9.2	33.32.31	7.1.1	37.37.40	7.1.10
13	38.35.34	7.7.2	34.37.34	4.7.3	32.32.33	7.7.2	33.38.32	7.10.1	37.39.40	7.10.10	38.38.39	10.2.9
14	33.34.31	5.8.7	38.38.33	7.6.2	33.31.32	7.8.1	33.37.31	7.7.10	34.40.39	10.9.9	42.45.48	18.19.18
15	31.31.32	1.5.6	33.35.32	5.3.7	33.32.31	1.5.10	35.36.40	10.8.9	42.47.48	17.18.18	46.46.47	12.20.17
16	35.40.40	9.6.5	31.36.37	1.2.6	35.39.36	10.6.5	34.35.39	18.19.18	48.48.47	12.17.17	41.49.46	17.17.16
17	33.39.39	15.13.15	35.34.36	9.1.5	33.40.35	14.16.14	50.42.44	12.20.17	41.45.46	17.16.16	41.50.45	15.18.11
18	45.46.48	12.14.16	33.33.35	16.15.15	50.47.44	12.15.13	48.41.43	17.17.12	49.46.41	15.11.11	45.47.50	19.16.20
19	48.45.47	18.19.13	45.42.45	12.16.16	48.48.46	18.14.13	44.50.42	15.18.11	45.44.50	19.20.20	43.48.49	17.15.19
20	44.44.46	13.20.14	48.41.46	18.13.13	44.45.43	13.13.14	43.43.44	19.15.20	43.43.49	17.19.19	48.45.48	19.14.19
21	43.43.45	17.17.11	44.50.43	13.14.14	43.42.44	17.12.11	45.42.41	17.16.12	49.42.49	20.19.19	46.46.50	12.13.20
22	43.42.44	17.18.12	43.49.44	17.11.11	43.49.41	17.11.12	43.41.42	19.13.19	46.41.50	12.20.20	42.43.47	18.12.17
23	43.41.43	19.15.19	43.48.41	17.12.12	43.50.42	19.20.19	49.50.49	18.12.20	42.50.47	18.17.17	47.42.48	17.11.18
24	49.50.42	18.16.20	43.47.42	20.19.19	49.47.49	18.19.20	44.49.50	18.19.17	47.49.48	17.18.18	51.59.55	27.30.25
25	44.49.41	16.13.17	49.46.49	18.20.20	44.48.50	18.18.17	42.48.47	17.20.18	51.58.55	27.25.25	51.60.56	27.29.26
26	42.48.50	17.14.18	44.45.50	16.17.17	42.45.47	17.17.18	47.47.48	27.27.25	51.57.56	27.26.26	53.57.53	23.28.23
27	47.47.49	27.21.25	42.44.47	17.18.18	47.46.48	27.24.25	51.56.55	27.25.26	53.56.53	24.23.23	52.58.54	28.27.24
28	51.56.58	27.22.26	47.43.48	27.25.25	51.53.55	27.23.26	51.55.56	23.25.23	52.55.54	28.24.24	52.55.51	26.26.21
29	51.55.57		51.52.55	27.26.26	51.54.56	23.22.23	53.54.53	28.26.24	60.54.51	26.21.21	51.56.52	21.25.22
30	53.54.56		51.51.56	24.23.23	53.51.53	28.21.24	52.53.54	26.23.21	51.53.52	21.22.22	51.53.59	25.24.29
31	52.53.55		53.60.53		52.52.54		60.52.51	21.24.22		25.29.29		25.23.30

日＼月	1	2	3	4	5	6	7	8	9	10	11	12
1	27.22.27	52.57.58	25.26.24	57.54.51	27.27.21	52.56.52	26.25.22	10.6.9	35.38.40	5.7.10	35.33.37	9.7.7
2	26.21.28	10.6.5	27.23.21	52.53.52	26.28.22	10.3.9	34.34.39	5.5.10	35.35.37	9.6.7	35.34.38	9.8.8
3	34.40.35	5.5.6	26.24.22	10.2.9	34.35.39	5.4.10	35.33.40	9.4.7	35.36.38	9.5.8	31.31.35	1.5.5
4	35.39.36	4.3.3	34.31.39	5.1.10	35.36.40	9.1.7	35.32.37	9.3.8	31.33.35	1.4.5	36.32.36	10.6.6
5	35.38.33	10.4.4	35.32.40	3.10.3	35.33.37	9.2.8	35.31.38	1.2.5	34.34.36	10.3.6	34.30.35	8.3.3
6	36.37.35	8.1.1	33.39.33	10.9.4	36.34.34	8.9.1	31.40.35	10.1.6	34.31.33	8.2.3	39.40.34	9.4.4
7	34.36.34	1.2.2	36.40.34	8.8.1	34.31.32	2.10.2	32.39.32	8.10.3	39.32.34	9.1.4	33.37.31	7.1.7
8	32.35.33	7.9.9	34.37.31	2.7.2	31.32.32	7.7.9	33.38.39	7.10.10	37.39.37	9.10.1	34.38.38	10.2.8
9	33.34.32	7.10.10	32.38.32	7.6.9	33.39.39	7.8.10	33.37.40	8.7.7	34.40.38	10.9.8	42.45.45	18.19.15
10	33.33.31	8.7.7	33.35.39	7.5.10	33.40.40	7.5.7	37.36.37	10.8.8	42.47.45	18.18.15	45.46.46	16.20.16
11	37.32.40	18.13.11	33.36.40	7.4.7	38.37.37	10.6.8	34.35.38	18.15.15	46.48.46	16.17.16	41.43.43	17.17.13
12	34.31.39	18.13.11	37.33.37	10.3.8	34.38.38	18.13.15	42.44.45	15.16.16	41.45.43	17.16.13	41.44.44	17.18.14
13	42.50.48	12.14.12	34.34.38	18.12.11	42.45.45	16.14.16	46.43.46	17.13.13	41.46.44	17.15.14	42.41.41	11.15.11
14	48.49.47	17.11.19	42.41.41	12.11.12	48.48.42	17.11.19	41.42.43	17.14.14	41.43.41	11.14.11	44.42.42	18.16.12
15	41.48.46	15.12.20	48.42.42	17.18.19	41.45.49	17.12.20	41.41.50	12.11.11	44.44.42	18.13.12	42.49.49	16.13.15
16	49.45.41	19.19.17	41.49.49	15.17.20	49.46.50	19.19.17	45.50.47	18.16.18	42.41.45	16.12.16	45.46.46	12.14.16
17	45.44.50	17.20.18	49.49.50	19.16.17	45.43.47	17.11.18	44.47.48	16.13.15	46.42.46	12.11.16	41.43.43	15.11.13
18	43.43.49	19.17.15	45.48.47	17.12.18	43.44.48	14.20.15	48.46.45	12.14.16	41.49.43	15.20.13	49.44.44	13.11.14
19	49.50.49	18.16.14	43.47.48	19.19.15	49.41.45	12.19.16	46.45.46	11.13.14	49.44.44	13.15.14	53.51.51	29.30.21
20	46.49.50	18.13.11	49.46.45	18.20.14	46.42.46	18.18.13	42.48.43	13.12.14	53.58.51	29.24.21	51.52.52	27.29.22
21	42.48.47	17.14.12	44.45.44	18.17.11	42.45.41	17.17.12	47.47.44	29.29.21	51.57.52	27.23.22	53.59.59	23.28.29
22	47.47.48	27.21.29	42.44.41	17.18.12	47.46.42	27.26.29	51.56.59	27.30.22	53.56.59	23.23.29	56.60.60	28.27.28
23	51.56.55	27.22.30	47.43.42	27.25.29	51.53.59	27.25.30	51.55.60	23.25.27	52.55.58	30.24.30	52.55.55	26.26.25
24	51.55.56	23.29.27	51.52.59	27.26.30	51.54.60	23.24.27	53.54.57	28.26.28	52.54.55	26.21.25	51.56.56	21.25.26
25	53.54.53	28.30.28	51.51.60	23.23.27	53.51.57	28.23.28	52.53.58	26.23.25	51.53.56	21.22.26	51.53.53	25.24.23
26	52.53.54	26.27.25	53.60.57	28.24.28	52.52.58	26.22.25	52.52.55	21.24.26	51.52.53	25.29.23	51.54.54	25.23.24
27	60.52.51	21.28.26	52.59.58	26.21.25	60.59.55	21.29.26	51.51.56	25.21.23	51.51.54	25.30.24	57.51.51	27.22.21
28	51.51.52	25.25.24	60.58.55	21.22.26	51.60.56	25.28.23	51.60.53	25.22.24	57.60.51	27.27.21	51.52.52	26.21.22
29	51.60.59		51.57.56	25.29.23	51.57.53	25.27.24	51.59.54	27.29.21	52.59.52	26.28.22	10.9.9	34.40.39
30	51.59.60		51.56.53	25.30.24	51.58.54	27.26.21	57.58.51	26.30.22	10.8.9	34.35.39	5.10.10	35.39.40
31	57.58.57		51.55.54		57.55.51		52.57.52	34.37.39		35.36.40		35.38.37

（下ひとケタが… 1-2 自我欲　3-4 食欲・性欲　5-6 金欲・財欲　7-8 権力・支配欲　9-0 創作欲）

命数は左から、**第3命数**、**第2命数**、**第1命数**となります

金 1996 平成8年生まれ

日＼月	1	2	3	4	5	6	7	8	9	10	11	12
1	35.37.38	1.2.5	35.40.37	1.8.6	31.31.36	10.10.5	36.39.35	8.10.4	39.32.33	9.1.3	33.37.32	9.1.2
2	31.36.35	10.1.6	37.37.36	10.7.5	36.32.35	8.7.4	34.38.34	9.9.3	33.39.32	9.10.2	33.38.31	9.2.1
3	36.35.36	8.10.3	36.38.35	8.6.4	34.39.34	9.8.3	39.37.33	9.8.2	33.40.31	9.9.1	45.45.50	15.19.20
4	34.34.33	7.10.4	34.35.34	7.5.4	39.40.33	9.5.2	33.36.32	9.7.1	45.47.50	15.18.20	44.46.49	20.20.19
5	39.33.34	7.7.1	33.36.34	7.4.1	37.37.31	10.6.2	33.35.31	15.16.20	44.48.49	20.17.19	42.43.48	18.17.18
6	37.32.37	10.8.2	37.33.31	10.3.2	34.38.32	18.13.19	42.43.49	20.15.19	42.45.48	18.16.18	43.44.47	13.18.17
7	34.31.38	18.15.19	34.34.32	18.12.19	42.45.49	16.14.20	44.43.50	17.13.17	41.46.48	13.15.17	41.41.45	11.15.15
8	42.40.45	16.16.20	42.44.49	16.11.20	46.46.50	17.11.17	41.42.47	17.14.18	41.43.45	11.14.15	44.42.46	18.16.16
9	46.49.46	17.13.17	46.42.50	17.20.17	41.43.47	17.12.18	41.41.48	11.11.15	44.44.46	18.13.16	42.49.43	16.13.13
10	41.48.43	17.14.18	41.49.47	17.19.18	41.44.48	11.19.15	41.50.45	18.12.16	42.41.43	16.12.13	50.50.44	20.14.14
11	41.47.44	11.11.15	41.50.48	11.18.15	41.41.45	18.20.16	44.46.46	16.19.13	50.42.44	20.11.14	41.47.41	15.11.11
12	41.46.41	18.20.16	41.47.45	18.17.16	44.42.46	16.17.13	42.48.43	20.20.14	41.49.41	15.20.11	41.48.42	15.12.12
13	44.45.42	16.17.13	44.48.46	16.16.13	42.41.43	12.18.14	50.47.44	15.17.11	41.50.42	15.19.12	55.55.59	25.29.29
14	42.44.45	12.18.14	42.45.43	12.13.14	46.42.44	15.15.11	41.46.41	15.18.12	55.57.59	25.28.29	52.56.60	28.30.30
15	46.43.46	18.15.12	46.46.44	18.12.12	41.49.41	13.16.12	41.45.42	30.29.29	52.58.60	28.27.30	60.59.57	26.27.27
16	50.50.43	13.16.11	42.44.42	13.11.11	41.50.41	29.26.30	53.54.59	28.30.30	60.55.57	26.26.27	56.60.58	30.28.28
17	49.49.44	29.23.30	49.43.41	29.25.30	53.57.60	27.25.29	52.51.60	22.27.27	56.56.58	30.25.28	59.57.55	26.25.25
18	53.58.51	27.24.29	53.52.60	27.26.29	51.58.59	23.24.28	58.60.58	30.28.27	52.54.56	25.30.25	57.58.55	23.25.25
19	51.55.52	23.29.28	51.51.59	23.23.28	53.55.58	30.23.27	56.59.57	26.25.26	51.53.55	23.29.25	53.55.54	27.24.24
20	53.54.59	28.30.27	53.60.58	28.24.27	52.52.57	26.22.26	52.52.56	21.26.25	53.52.54	27.28.24	51.56.53	25.23.23
21	52.53.58	26.27.26	52.59.57	26.21.26	52.59.56	21.21.25	51.51.55	27.23.24	51.51.53	25.30.23	57.53.52	27.22.22
22	52.52.55	21.28.25	52.58.56	21.22.25	51.60.55	25.30.24	51.60.54	25.22.23	57.60.52	27.27.22	52.52.51	26.21.21
23	51.51.56	25.25.24	51.57.55	25.29.24	51.57.54	25.29.23	51.59.53	27.29.22	52.59.51	26.28.21	10.9.10	36.40.40
24	51.60.53	25.26.23	51.56.54	25.30.23	51.58.53	27.28.22	57.58.52	26.30.21	10.8.10	36.35.40	5.10.9	35.39.39
25	51.59.54	27.23.22	51.55.53	27.27.22	57.55.52	26.27.21	52.57.51	36.37.40	5.7.9	35.36.39	9.7.8	35.38.38
26	57.58.54	26.24.21	57.54.52	26.28.21	52.56.51	34.34.40	10.6.10	35.38.39	9.6.8	35.33.38	9.8.7	35.37.37
27	52.57.51	34.31.40	52.53.51	34.35.40	10.3.10	35.33.39	5.5.9	35.35.38	9.7.7	35.34.37	1.5.6	31.36.36
28	10.6.9	35.32.39	10.2.10	35.36.39	5.4.9	35.32.38	9.4.8	35.36.37	1.4.6	31.31.36	10.6.5	35.35.35
29	5.5.10	35.39.38	5.1.9	35.33.38	9.1.8	35.31.37	9.3.7	31.33.36	10.3.5	36.32.35	8.3.4	33.34.34
30	9.4.7		9.10.8	35.34.37	9.2.7	31.40.36	1.2.6	36.34.35	8.2.4	34.39.34	9.4.3	39.33.33
31	9.3.8		9.9.7		1.9.6		10.1.5	34.31.34		39.40.33		33.32.32

銀 1997 平成9年生まれ

日＼月	1	2	3	4	5	6	7	8	9	10	11	12
1	33.31.31	15.16.20	33.33.38	9.3.7	33.38.37	15.13.16	45.44.46	20.15.15	42.45.44	18.16.14	43.44.43	13.18.13
2	45.50.50	20.15.19	33.34.37	15.12.16	45.45.46	20.14.15	44.43.45	18.14.14	43.46.43	13.15.13	43.41.42	13.15.12
3	44.49.49	18.14.18	45.41.46	20.11.15	44.46.45	18.11.14	42.42.44	14.13.13	43.43.42	17.14.12	43.42.41	13.16.11
4	42.48.48	17.14.17	44.42.45	18.20.14	42.43.44	13.12.13	43.41.43	17.12.12	43.44.41	17.13.11	49.49.50	19.13.20
5	41.47.48	11.11.16	41.49.48	17.19.17	41.44.47	17.19.12	43.50.42	17.11.11	49.41.50	19.12.20	44.50.49	14.14.19
6	41.46.45	18.12.15	41.50.47	11.18.16	41.41.46	18.20.15	43.49.41	19.20.20	44.42.49	18.11.19	42.47.48	12.11.18
7	41.45.46	16.19.14	41.47.46	18.17.15	44.42.45	16.17.14	42.48.44	20.20.13	44.44.49	11.20.19	41.48.41	11.12.11
8	42.44.43	20.20.13	44.48.45	16.16.14	42.49.44	20.18.13	50.47.43	15.17.12	41.50.41	15.19.11	55.55.60	25.29.30
9	50.43.44	15.17.12	42.45.44	20.15.13	50.50.43	15.15.12	41.46.42	15.18.11	55.57.60	25.28.30	52.56.59	28.30.29
10	41.42.41	15.18.11	50.46.43	15.14.12	41.47.42	15.16.11	41.45.41	25.25.30	52.58.59	28.27.29	60.53.58	30.27.28
11	41.41.42	25.25.30	41.43.42	15.13.11	41.44.41	25.23.30	55.54.60	28.26.29	60.55.58	26.26.28	54.54.57	24.28.27
12	55.60.59	28.24.29	41.44.41	25.22.30	55.55.60	28.24.29	52.53.59	26.23.28	54.56.57	24.25.27	59.51.56	29.25.26
13	52.59.60	26.21.28	53.51.60	28.21.29	52.58.59	26.21.28	60.52.58	24.24.27	59.53.56	25.24.26	59.52.55	29.26.25
14	60.58.57	30.22.25	52.52.59	26.30.28	60.55.58	30.22.27	54.51.57	25.21.26	59.54.55	25.23.25	59.59.54	29.23.24
15	56.55.58	26.29.24	58.59.59	30.27.25	56.56.55	25.29.26	59.60.56	25.26.25	53.51.54	29.22.24	56.53.56	26.24.23
16	52.54.56	23.30.23	56.59.55	26.26.24	52.53.54	23.30.23	57.59.56	27.23.24	52.59.54	26.21.23	60.53.52	30.21.22
17	57.53.55	27.27.30	52.58.54	23.25.23	57.54.53	27.30.22	53.56.52	26.24.21	56.59.60	24.30.22	54.54.59	30.22.29
18	53.60.54	25.28.29	51.57.51	27.29.30	53.51.60	25.29.21	51.55.51	22.21.30	54.59.59	30.25.29	10.1.8	40.40.38
19	51.59.53	27.23.28	53.56.60	25.30.29	51.52.59	27.28.28	56.54.60	30.22.29	10.8.8	36.34.38	7.2.7	37.39.37
20	57.58.52	26.24.27	57.55.60	27.27.28	57.55.58	30.27.27	54.57.57	36.39.36	7.5.7	31.33.37	1.9.4	31.38.34
21	52.57.51	36.31.36	57.54.58	26.28.27	52.56.57	36.35.36	10.6.6	35.40.35	1.6.4	37.33.34	9.10.3	39.37.33
22	10.6.10	35.32.35	52.53.57	36.35.36	10.3.6	36.35.35	6.5.5	35.35.34	9.5.3	35.34.33	1.5.2	31.36.32
23	5.5.9	35.39.34	10.2.6	35.36.35	5.5.5	34.34.34	9.4.4	35.36.33	1.4.2	31.33.32	10.6.1	40.35.31
24	9.4.8	35.40.33	5.1.5	35.33.34	9.1.4	35.33.33	9.3.3	31.33.32	10.3.1	36.32.31	10.3.10	40.34.40
25	9.3.7	31.37.32	9.10.4	35.34.33	9.2.3	31.32.32	1.2.2	36.34.31	10.2.10	34.39.40	9.4.9	39.33.39
26	1.2.6	36.38.31	9.9.3	31.31.32	1.9.2	36.39.31	10.1.1	34.31.40	9.1.9	39.40.39	9.1.8	39.32.38
27	10.1.5	34.35.40	1.8.2	36.32.31	10.10.1	34.38.40	9.10.10	39.32.39	9.10.8	33.38.37	9.1.1	33.31.37
28	8.10.4	39.36.39	10.7.1	34.39.40	8.7.10	39.37.39	9.9.9	33.39.38	9.9.7	33.38.37	15.19.16	45.50.46
29	9.9.3		8.6.10	39.40.39	9.8.9	33.36.38	9.8.8	33.40.37	15.18.16	45.45.46	20.20.15	50.49.45
30	9.8.2		9.5.9	33.37.38	9.5.8	33.35.37	9.7.7	45.47.46	20.17.15	44.46.45	18.17.14	48.48.44
31	9.7.1		9.4.8		9.6.7		15.16.16	44.48.45		42.43.44		43.47.43

命数が… **1〜10** 羅針盤座 **11〜20** インディアン座 **21〜30** 鳳凰座 **31〜40** 時計座 **41〜50** カメレオン座 **51〜60** イルカ座

日＼月	1	2	3	4	5	6	7	8	9	10	11	12
1	43.46.42	17.11.11	43.50.50	17.18.17	43.41.47	17.20.18	43.49.48	19.20.15	44.42.46	18.11.16	42.47.43	16.11.13
2	43.45.41	19.20.20	43.47.47	17.17.18	43.42.48	19.17.15	49.48.45	18.19.16	42.49.43	16.20.13	47.48.44	17.12.14
3	49.44.50	18.19.19	43.48.48	19.16.15	49.49.45	18.18.14	44.47.46	16.18.13	47.50.44	17.19.14	51.55.51	27.29.21
4	44.43.49	15.17.17	49.45.45	18.15.16	44.50.46	16.15.13	42.46.43	17.17.14	51.57.51	27.28.21	51.56.52	27.30.22
5	41.42.42	15.18.18	49.50.50	15.14.17	42.47.43	17.16.14	47.45.44	27.26.21	51.58.52	27.27.22	53.53.59	23.27.29
6	42.41.41	26.25.25	41.43.47	15.13.18	41.48.48	25.23.25	51.54.51	27.25.22	53.55.59	23.26.29	52.54.60	28.28.30
7	55.60.60	28.26.26	41.44.48	25.22.25	56.55.55	28.24.24	52.53.58	23.24.29	52.56.60	28.25.30	60.51.57	25.25.21
8	52.59.59	26.23.23	55.51.55	28.21.26	52.56.56	26.21.23	60.52.53	23.23.24	59.53.51	25.24.21	59.52.52	25.26.22
9	60.58.58	23.24.24	52.52.56	26.30.23	60.53.53	24.22.24	54.51.54	25.21.21	59.54.52	25.23.22	60.59.59	29.23.29
10	54.57.57	25.21.21	60.59.53	24.29.24	53.54.54	25.29.21	59.60.51	25.22.22	59.51.59	29.22.29	52.60.60	26.24.30
11	59.56.56	25.22.22	54.60.54	25.28.21	59.51.51	25.30.22	59.59.52	30.29.29	52.52.60	26.21.30	60.57.57	24.21.27
12	59.55.55	28.27.27	59.57.51	25.27.22	59.52.52	29.27.29	58.58.59	26.30.30	60.59.57	24.30.27	57.58.58	28.22.28
13	53.54.54	26.28.28	59.58.52	27.26.27	60.59.59	26.28.30	52.57.60	24.27.27	58.60.58	28.29.28	9.5.5	33.39.35
14	52.53.53	22.25.25	53.55.57	26.25.28	52.52.58	24.25.25	60.56.57	27.28.28	9.7.5	33.38.35	9.6.6	33.40.36
15	56.60.60	30.26.26	55.56.58	22.22.25	60.59.55	30.26.26	54.55.56	33.35.35	9.8.6	33.37.36	4.3.3	37.37.31
16	54.59.59	36.33.33	56.53.55	30.21.26	54.60.56	34.33.33	9.4.3	33.40.34	1.5.1	37.36.31	10.10.2	36.38.32
17	10.8.8	35.34.34	54.53.56	36.40.33	10.7.3	31.35.34	7.1.4	37.37.31	10.6.2	36.35.32	8.7.9	40.35.39
18	6.5.5	37.31.31	10.2.3	35.36.34	7.8.4	37.34.31	1.10.1	36.38.32	6.3.9	40.40.39	4.8.10	38.35.40
19	1.4.4	35.40.40	5.1.4	37.33.31	1.5.1	35.33.32	9.9.2	40.35.39	4.3.10	38.39.40	10.5.7	34.34.37
20	9.3.3	31.37.37	1.10.1	35.34.40	9.6.2	31.32.39	1.2.9	38.36.40	10.2.7	34.38.37	5.6.8	39.33.38
21	1.2.2	36.38.38	9.9.10	31.31.37	1.9.7	36.31.38	4.1.10	34.33.37	9.1.8	39.40.38	1.3.5	35.32.35
22	10.1.1	34.35.35	1.8.7	36.32.38	10.10.8	34.40.35	10.10.5	39.34.38	1.10.5	35.37.35	9.4.6	33.31.34
23	9.10.10	39.36.36	10.7.8	34.39.35	10.7.5	39.39.36	9.9.6	33.39.33	9.9.4	33.34.36	15.19.11	45.50.41
24	10.9.9	33.33.33	10.6.5	39.40.36	9.8.6	33.38.33	9.8.3	33.40.34	15.18.11	45.45.41	20.20.12	44.49.42
25	9.8.8	33.34.34	9.5.6	33.37.33	9.5.3	33.37.34	9.7.4	45.47.41	20.17.12	44.46.42	18.17.19	44.48.49
26	9.7.7	45.41.41	9.4.3	33.38.34	9.6.4	45.46.41	15.16.11	44.48.42	18.16.19	44.43.49	13.18.20	43.47.50
27	15.16.16	44.42.42	9.3.4	45.45.41	15.13.11	44.43.42	20.15.12	44.45.49	13.15.20	43.44.50	17.15.17	43.46.47
28	20.15.15	42.49.49	15.12.11	44.46.42	20.14.12	42.42.49	18.14.19	43.46.50	17.14.17	43.41.47	17.16.18	43.45.48
29	18.14.14		20.11.12	42.43.49	18.11.19	43.41.50	13.13.20	43.43.47	17.13.18	43.42.48	19.13.15	49.44.45
30	14.13.13		18.20.19	43.44.50	13.12.20	43.50.47	17.12.17	43.44.48	19.12.15	49.49.45	18.14.16	44.43.46
31	17.12.12		13.19.20		17.19.17		17.11.18	49.41.45		44.50.46		42.42.43

日＼月	1	2	3	4	5	6	7	8	9	10	11	12
1	47.41.44	27.26.21	42.43.44	17.13.13	47.48.43	27.23.22	51.54.52	27.25.21	53.55.60	23.26.30	52.54.59	28.28.29
2	51.60.51	27.25.22	47.44.43	27.22.22	51.55.52	27.24.21	51.53.51	23.24.30	52.56.59	28.25.29	60.51.58	26.25.28
3	51.59.52	23.24.29	51.51.52	27.21.21	51.56.51	23.21.30	53.52.60	28.23.29	60.53.58	26.24.28	51.52.57	21.26.27
4	53.58.59	24.24.30	51.52.51	23.30.30	53.53.60	22.22.29	52.51.59	26.22.28	51.54.57	21.23.27	51.59.56	25.23.26
5	52.57.60	25.21.27	60.53.59	24.29.30	52.54.59	26.29.28	60.60.58	21.21.27	51.51.56	25.22.26	51.60.55	25.24.25
6	59.56.51	25.22.28	54.60.60	25.28.27	59.51.57	25.30.28	51.59.57	25.30.26	51.52.55	25.21.25	57.57.54	27.21.24
7	59.55.52	29.29.25	59.57.57	25.27.28	59.52.58	29.27.25	59.58.55	25.29.25	57.59.54	27.30.24	52.58.53	28.22.24
8	60.54.59	26.30.26	59.58.58	29.26.25	59.59.55	26.28.26	52.57.56	24.27.23	58.60.54	26.29.23	9.5.1	33.39.31
9	52.53.60	24.27.23	59.55.55	26.25.26	52.60.56	24.25.23	60.56.53	28.28.24	9.7.1	33.38.31	9.6.2	33.40.32
10	60.52.57	28.28.24	52.56.56	24.24.23	60.57.53	28.26.24	58.55.54	33.35.31	9.8.2	33.37.32	3.3.9	33.37.39
11	58.51.58	33.35.31	60.53.53	28.23.24	58.58.54	33.33.31	9.4.1	33.36.32	3.5.9	33.36.39	10.4.10	36.38.40
12	9.10.5	33.34.32	58.54.54	33.32.31	9.5.1	33.34.32	9.3.2	33.33.39	10.6.10	36.35.40	8.1.7	34.35.37
13	9.9.6	37.31.39	9.1.1	33.31.32	9.6.2	33.31.39	3.2.9	36.34.40	8.3.7	34.34.37	2.2.8	32.36.38
14	1.8.1	36.32.40	9.2.2	37.40.39	1.5.9	36.32.40	10.1.10	34.31.37	2.4.8	32.33.38	7.9.5	33.33.35
15	10.7.2	40.39.38	1.9.9	36.37.40	10.6.10	34.39.37	8.10.7	32.32.38	7.1.5	33.32.35	7.10.6	33.34.36
16	6.4.9	38.40.37	9.10.10	40.36.38	6.3.7	38.40.38	4.9.8	33.33.35	7.2.6	33.31.36	1.3.3	35.31.33
17	4.3.10	34.37.36	6.8.8	38.35.37	4.4.7	34.40.36	7.6.5	33.34.36	1.9.3	35.40.33	10.4.4	34.32.34
18	10.2.7	39.38.35	4.7.7	34.39.36	10.1.6	31.39.35	6.5.5	35.31.33	10.10.4	34.39.34	14.11.11	50.50.42
19	9.9.8	33.34.33	10.6.6	39.40.35	9.2.5	35.38.34	1.4.4	33.32.33	14.18.12	50.44.41	12.12.11	48.49.41
20	1.8.5	33.34.33	9.5.5	33.37.34	1.9.4	33.37.33	9.7.3	50.49.42	12.17.11	48.43.41	18.19.20	44.48.50
21	9.7.4	45.41.42	9.4.4	33.38.33	9.6.3	45.46.42	15.16.12	48.50.41	18.16.20	44.42.50	13.20.19	43.47.49
22	15.16.11	44.42.41	9.3.3	45.45.42	15.13.12	44.45.41	20.15.11	44.47.50	13.15.19	43.44.49	19.17.18	43.46.48
23	20.15.12	44.49.50	15.12.12	44.46.41	20.14.11	44.44.50	18.14.20	43.46.49	17.14.18	45.41.48	17.16.17	43.45.47
24	18.14.19	43.50.49	20.11.11	44.43.50	18.11.20	43.43.49	13.13.19	43.45.48	17.13.17	43.42.47	19.13.16	49.44.46
25	13.13.20	43.47.48	18.20.20	43.44.49	13.12.19	43.42.48	17.12.18	43.44.47	19.12.16	49.49.46	18.14.15	44.43.45
26	17.12.17	43.48.47	13.19.19	43.41.48	17.19.18	43.41.47	17.11.17	49.41.46	18.11.15	44.50.45	18.11.14	42.42.44
27	17.11.18	44.45.46	17.18.18	43.42.47	17.20.17	49.48.46	19.20.16	44.42.45	18.20.14	42.47.44	17.12.13	47.41.43
28	19.20.15	44.46.45	18.17.17	49.49.46	17.17.16	44.47.45	18.19.15	42.49.44	17.19.13	47.48.43	27.29.22	51.60.52
29	18.19.16		19.16.16	44.50.45	18.18.15	42.46.44	16.18.14	47.50.43	27.28.22	51.55.52	27.30.21	51.59.51
30	16.18.13		18.15.15	42.47.44	16.15.14	47.45.43	17.17.13	51.57.52	27.27.21	51.56.51	23.27.30	53.58.60
31	17.17.14		20.14.14		17.16.13		27.26.22	51.58.51		53.53.60		52.57.59

（下ひとケタが… 1・2 自我欲 3・4 食欲・性欲 5・6 金欲・財欲 7・8 権力・支配欲 9・0 創作欲）

命数は左から、第3命数、第2命数、第1命数となります

金 2000 平成12年生まれ

日＼月	1	2	3	4	5	6	7	8	9	10	11	12
1	60.56.58	21.21.27	60.57.51	21.27.22	51.52.52	25.27.29	51.58.59	25.29.30	57.59.57	27.30.27	52.58.58	26.22.28
2	51.55.57	25.30.26	51.58.52	25.26.29	51.59.59	25.28.30	51.57.60	27.28.27	52.60.58	26.29.28	10.5.5	34.39.35
3	51.54.56	25.29.25	51.55.59	25.25.30	51.60.60	27.25.27	57.56.57	26.27.28	10.7.5	34.38.35	5.6.6	35.40.36
4	51.53.55	24.27.24	51.56.60	23.24.24	58.57.57	26.26.28	52.55.58	34.36.35	5.8.6	35.37.36	9.3.3	35.37.33
5	57.52.54	28.28.23	60.53.54	28.23.23	58.58.53	33.33.32	10.4.5	35.35.36	9.5.3	35.36.33	9.4.4	35.38.34
6	58.51.54	33.35.32	58.54.53	33.32.32	9.5.2	33.34.31	9.4.1	35.34.33	9.6.4	35.35.34	2.1.1	31.35.31
7	9.10.1	33.36.31	9.1.2	33.31.31	9.6.1	33.31.40	3.2.10	36.34.39	8.3.8	31.34.31	2.2.7	32.36.37
8	9.9.2	33.33.40	9.2.1	33.40.40	3.3.10	36.32.39	10.1.9	34.31.38	2.4.7	32.33.37	7.9.6	33.33.36
9	3.8.9	36.34.39	3.9.10	36.39.39	10.4.9	34.39.38	8.10.8	32.32.37	7.1.6	33.32.36	7.10.5	33.34.35
10	10.7.10	34.31.38	10.10.9	34.38.38	8.1.8	32.40.37	2.9.7	33.39.36	7.2.5	33.31.35	7.7.4	37.31.34
11	8.6.7	32.32.37	8.7.8	32.37.37	2.2.7	33.37.36	7.8.6	33.40.35	7.9.4	37.40.34	10.8.3	34.32.33
12	2.5.8	33.37.36	2.8.7	33.36.36	7.9.6	33.38.35	7.7.5	37.37.34	10.10.3	34.39.33	18.15.12	42.49.42
13	7.4.5	33.38.35	7.5.6	33.35.35	7.2.5	35.35.34	7.6.4	34.38.33	18.17.12	42.48.42	16.16.11	46.50.41
14	7.3.6	35.35.32	7.6.5	35.32.32	1.9.4	34.36.33	10.5.3	42.45.42	16.18.11	46.47.41	17.13.20	41.47.50
15	1.2.3	33.36.31	1.3.2	33.31.31	10.10.1	50.43.50	18.14.12	48.50.41	17.15.20	41.46.50	17.20.19	41.48.49
16	10.9.4	50.43.50	9.3.1	49.50.50	14.17.20	48.45.49	12.13.11	41.47.50	17.16.19	41.45.49	19.17.18	45.45.48
17	14.18.12	48.44.46	14.12.20	48.46.46	12.18.19	44.44.48	17.20.18	49.48.47	19.13.16	45.44.48	18.18.15	44.46.45
18	12.17.11	44.41.43	12.11.16	44.43.43	18.15.13	43.43.44	15.19.17	45.45.46	17.13.15	44.49.45	14.15.14	48.44.44
19	18.14.20	43.50.44	18.20.13	43.44.44	13.16.14	45.42.43	19.18.16	43.46.45	14.12.14	48.48.44	12.16.13	46.43.43
20	13.13.19	43.47.41	13.19.14	43.41.41	17.19.11	43.41.42	17.11.12	49.43.49	12.11.20	46.47.43	18.13.17	42.42.47
21	17.12.18	43.48.42	17.18.11	43.42.42	17.20.12	49.50.49	19.20.19	46.44.50	18.20.17	42.47.47	17.14.18	47.41.48
22	17.11.17	49.45.49	17.17.12	50.49.49	19.17.19	44.49.50	18.19.20	42.49.47	17.19.18	47.48.48	27.29.25	51.60.55
23	19.20.16	44.46.50	19.16.19	44.50.50	18.18.20	42.48.47	18.18.17	47.50.48	27.28.25	51.55.55	27.30.26	51.59.56
24	18.19.15	42.43.47	18.15.20	42.47.47	18.15.17	47.47.48	17.17.18	51.57.55	27.27.26	51.56.56	23.27.23	53.58.53
25	18.18.14	47.44.48	18.14.17	47.48.48	17.16.18	51.56.55	27.26.25	51.58.56	23.26.23	54.53.53	28.28.24	52.57.54
26	17.17.13	51.51.55	17.13.18	51.55.55	27.23.25	51.53.56	27.25.26	53.55.53	28.25.24	52.54.54	26.25.21	52.56.51
27	27.26.22	51.52.56	27.22.25	51.56.56	27.24.26	51.53.53	23.24.23	52.56.54	26.24.21	52.51.51	21.26.22	51.55.52
28	27.25.21	53.59.53	27.21.26	54.53.53	23.21.23	52.51.54	28.23.24	60.53.51	21.23.22	51.52.52	25.23.29	51.54.59
29	23.24.30	52.60.54	23.30.23	52.54.54	28.22.24	60.60.51	26.22.21	51.54.52	25.22.29	51.59.59	25.24.30	51.53.60
30	28.23.29		28.29.24	60.51.51	26.29.21	51.59.52	21.21.22	51.51.59	25.21.30	51.60.60	27.21.27	57.52.57
31	26.22.28		26.28.21		21.30.22		25.30.29	51.52.60		58.57.57		52.51.58

銀 2001 平成13年生まれ

日＼月	1	2	3	4	5	6	7	8	9	10	11	12
1	10.10.5	35.35.36	52.54.56	34.32.33	10.5.3	35.34.34	5.3.4	35.34.31	9.6.2	35.35.32	1.1.9	31.35.39
2	5.9.6	35.34.33	10.1.3	35.31.34	5.6.4	35.31.31	9.2.1	35.33.32	1.3.9	31.34.39	10.2.10	36.36.40
3	9.8.3	35.33.34	5.2.4	35.40.31	9.3.1	35.32.32	9.1.2	31.32.39	10.4.10	36.33.40	8.9.7	34.33.37
4	9.7.4	34.31.31	9.9.2	34.38.31	9.4.2	31.39.39	1.10.9	36.31.40	8.1.7	34.32.37	9.10.8	39.34.38
5	8.6.8	31.32.32	10.10.4	34.38.31	8.1.1	32.40.32	10.9.10	34.40.37	9.2.8	39.31.38	9.7.5	33.31.35
6	2.5.7	33.39.39	8.7.1	32.37.32	1.2.2	33.37.39	7.7.9	39.39.38	9.9.5	33.40.35	9.8.6	33.32.36
7	7.4.6	33.40.40	2.8.2	33.36.39	7.9.9	33.38.40	7.7.10	38.37.37	10.10.8	33.39.36	18.15.15	42.49.45
8	7.3.5	38.37.37	7.5.9	33.35.40	7.10.10	37.35.37	7.6.7	34.38.38	18.17.15	42.48.45	15.16.16	46.50.46
9	7.2.4	34.38.38	7.6.10	37.34.37	8.7.7	34.36.38	10.5.8	42.45.45	16.18.16	46.47.46	17.13.13	41.47.43
10	10.1.3	42.45.45	7.3.7	34.33.38	10.8.8	42.43.45	18.14.15	45.46.46	17.15.13	41.46.43	17.14.14	41.48.44
11	18.20.12	45.46.46	10.4.8	42.42.45	18.15.15	46.44.46	16.13.16	41.43.43	17.16.14	41.45.44	12.11.11	41.45.41
12	16.19.11	41.41.45	18.11.15	46.41.46	15.16.16	41.41.43	17.12.13	41.44.44	11.13.11	41.44.41	18.12.12	44.46.42
13	17.18.20	41.42.46	12.12.18	41.50.45	17.15.15	41.42.42	17.11.14	42.41.41	18.14.12	44.43.42	16.19.19	42.43.49
14	17.17.19	45.49.43	17.19.15	41.49.46	17.16.16	45.49.43	11.20.11	44.42.42	16.11.19	42.42.49	19.20.20	50.44.50
15	19.14.16	44.50.44	15.20.16	45.46.43	19.13.13	44.50.44	18.19.14	42.43.41	11.12.12	50.41.50	15.13.19	41.41.49
16	17.13.15	48.47.41	19.18.13	43.45.44	17.14.14	48.50.41	16.18.11	46.44.42	15.19.19	41.50.49	15.14.20	41.42.50
17	14.12.14	46.48.42	17.17.14	48.44.41	14.11.11	46.49.42	12.15.12	41.41.49	13.20.20	41.49.50	29.21.27	53.59.57
18	12.19.20	42.45.49	19.16.11	46.50.42	11.12.12	42.48.49	18.14.19	49.42.50	29.28.27	53.54.57	27.22.28	51.59.58
19	18.18.17	47.46.50	11.15.12	42.47.49	19.19.19	47.47.50	13.13.20	53.59.57	27.27.28	51.53.58	22.29.25	58.58.55
20	17.17.18	51.51.53	18.14.15	47.48.46	17.16.16	51.56.53	29.26.27	51.60.58	23.26.25	58.52.55	30.30.26	56.57.56
21	27.26.25	51.52.54	17.13.16	51.55.53	27.23.23	51.55.54	27.25.28	53.57.55	30.25.26	56.54.56	26.27.23	52.56.53
22	27.25.26	53.59.51	27.22.23	51.56.54	27.24.24	53.54.51	23.24.21	52.56.52	26.24.29	52.51.53	21.26.30	51.55.60
23	23.24.23	52.60.52	27.21.24	53.53.51	23.21.21	52.53.52	28.23.22	52.53.59	21.23.30	51.52.60	25.23.27	51.54.57
24	28.23.24	52.57.59	23.30.21	52.54.52	28.22.22	52.52.59	26.22.29	51.54.60	25.22.27	51.59.57	25.24.28	51.53.58
25	26.22.21	51.58.60	28.29.22	52.51.59	26.29.29	51.51.60	21.21.30	51.51.57	25.21.28	51.60.58	27.21.25	57.52.55
26	21.21.22	51.55.57	26.28.29	51.52.60	21.30.30	51.58.57	25.30.27	51.52.58	27.30.25	57.57.55	26.22.26	52.51.56
27	25.30.29	51.56.58	21.27.30	51.59.57	25.27.27	51.57.58	25.29.28	57.59.55	26.29.26	52.58.56	36.39.33	10.10.3
28	25.29.30	57.53.55	25.26.27	51.60.58	25.28.28	57.56.55	27.28.25	52.60.56	34.38.33	10.5.3	35.40.34	5.9.4
29	27.28.27		25.25.28	57.57.55	27.25.25	52.55.56	26.27.26	10.7.3	35.37.34	5.6.4	35.37.31	9.8.4
30	26.27.28		27.24.25	52.58.56	25.26.26	10.4.3	34.36.33	5.8.4	35.36.31	9.3.1	35.38.32	9.7.2
31	34.36.35		26.23.26		34.33.33		35.35.34	9.5.1		9.4.2		1.6.9

命数が… 1～10 羅針盤座　11～20 インディアン座　21～30 鳳凰座　31～40 時計座　41～50 カメレオン座　51～60 イルカ座

日＼月	1	2	3	4	5	6	7	8	9	10	11	12
1	10.5.10	34.40.37	1.7.10	36.37.39	10.2.9	34.37.38	7.8.8	39.39.37	9.9.6	33.40.36	9.8.5	33.32.35
2	8.4.7	39.39.38	10.8.9	34.36.38	8.9.8	39.38.37	9.7.7	33.38.36	9.10.5	33.39.35	15.15.14	45.49.44
3	9.3.8	33.38.35	8.5.8	39.35.37	9.10.7	33.35.36	9.6.6	33.37.35	15.17.14	45.48.44	20.16.13	44.50.43
4	9.2.5	34.38.36	9.6.7	33.34.36	9.7.6	33.36.35	9.5.5	45.46.44	20.18.13	44.47.43	18.13.12	42.47.42
5	10.1.8	42.45.43	7.7.5	34.33.36	9.8.5	45.43.44	15.14.14	44.45.43	18.15.12	42.46.42	13.14.11	43.48.41
6	18.20.15	46.46.44	10.4.6	42.42.43	18.15.13	46.44.44	20.13.13	42.44.42	13.16.11	43.45.41	17.11.20	43.45.50
7	16.19.16	41.43.41	18.11.13	46.41.44	16.16.14	42.41.41	17.11.12	43.43.41	17.13.20	43.44.50	18.12.20	44.46.50
8	17.18.13	41.44.42	16.12.14	41.50.41	17.13.11	41.42.42	17.11.12	41.41.49	18.14.20	44.43.50	16.19.17	42.43.47
9	17.17.14	41.41.49	17.19.11	41.49.42	17.14.12	41.49.49	11.20.19	44.42.50	16.11.17	42.42.47	20.20.18	50.44.48
10	11.16.11	44.42.50	17.20.12	41.48.49	11.11.19	44.50.50	18.19.20	42.49.47	20.12.18	50.41.48	15.17.15	41.41.45
11	18.15.12	42.49.47	11.17.19	44.47.50	18.12.20	42.47.47	16.18.17	50.50.48	15.19.15	41.50.48	15.18.16	41.42.46
12	16.14.19	46.48.48	18.18.20	42.46.47	16.19.17	50.48.48	20.17.18	41.47.45	15.20.16	41.49.46	25.25.23	55.59.53
13	12.13.12	41.45.45	16.15.17	46.45.48	20.20.18	41.45.45	15.16.15	41.48.46	25.27.23	55.58.53	28.26.24	52.60.54
14	15.12.19	49.46.46	12.16.18	41.44.45	15.19.15	41.46.46	15.15.16	55.55.53	28.28.24	52.57.54	26.23.21	60.57.51
15	13.19.20	53.53.56	15.13.15	49.41.46	15.20.16	54.53.53	29.24.23	52.56.54	26.25.21	60.56.51	30.30.22	56.58.52
16	29.28.27	51.54.55	13.14.16	53.60.56	29.27.23	52.54.54	28.23.24	60.57.51	30.26.22	56.55.52	25.27.29	59.55.59
17	27.27.28	53.51.54	29.22.26	51.59.55	27.28.25	58.54.54	22.30.21	56.58.52	25.23.29	59.54.59	23.28.30	57.56.60
18	23.24.25	56.52.53	27.21.25	53.53.54	22.25.24	56.53.53	30.29.23	59.55.59	23.24.30	57.59.60	27.25.30	53.54.60
19	30.23.26	52.57.52	23.30.24	56.54.53	30.26.23	51.52.52	28.28.22	57.56.51	27.22.30	53.58.60	25.26.29	51.53.59
20	26.22.29	51.58.51	30.29.23	52.51.52	26.23.22	52.51.51	22.21.21	53.53.60	25.21.29	51.57.59	27.23.28	57.52.58
21	21.21.30	51.55.60	26.28.22	51.52.51	21.30.21	51.60.60	27.30.30	51.54.59	27.30.28	57.57.58	30.24.27	54.51.57
22	25.30.27	51.59.59	21.27.21	51.59.60	25.27.30	51.59.59	25.29.29	57.51.58	30.29.27	54.58.57	36.39.36	10.10.6
23	25.29.28	57.53.58	25.26.30	51.60.59	25.28.29	57.58.58	27.28.28	52.60.57	36.38.36	10.5.6	35.40.35	5.9.5
24	27.28.25	52.54.57	25.25.29	57.57.58	27.25.28	52.57.57	26.27.27	10.7.6	35.37.35	5.6.5	35.37.34	9.8.4
25	26.27.26	10.1.4	27.24.28	52.58.57	26.26.27	10.6.6	35.36.36	5.8.5	35.36.34	9.3.4	35.38.33	9.7.3
26	34.36.33	5.2.3	26.23.27	10.5.4	36.35.36	6.5.5	36.35.35	9.5.4	35.35.33	9.4.3	31.35.32	1.6.2
27	35.35.34	9.9.2	34.32.34	5.6.3	35.34.33	9.2.2	35.34.32	9.6.3	31.34.32	1.1.2	36.36.31	10.5.1
28	35.34.31	9.10.1	35.31.33	9.3.2	35.31.32	9.1.1	35.33.31	1.3.2	36.33.31	10.2.1	34.33.38	8.4.8
29	35.33.32		35.40.32	9.4.1	35.32.31	1.10.10	31.32.40	10.4.9	34.32.38	8.9.8	39.34.37	9.3.7
30	31.32.39		35.39.31	1.1.10	31.39.40	10.9.9	36.31.39	8.1.8	39.31.37	9.10.7	33.31.36	9.2.6
31	36.31.40		31.38.40		36.40.39		34.40.38	9.2.7		9.7.6		9.1.5

日＼月	1	2	3	4	5	6	7	8	9	10	11	12
1	15.20.14	44.45.43	9.4.7	45.42.46	15.15.16	44.44.45	20.13.15	42.44.44	13.16.13	43.45.43	17.11.12	43.45.42
2	20.19.13	42.44.42	15.11.16	44.41.45	20.16.15	42.41.44	18.12.14	44.43.43	17.13.12	43.44.42	17.12.11	43.46.41
3	18.18.12	43.43.41	20.12.15	42.50.44	18.13.14	43.42.43	13.11.13	43.42.42	17.14.11	43.43.41	19.19.20	49.43.50
4	13.17.11	41.41.50	18.19.14	43.49.43	13.14.13	43.49.42	17.20.12	43.41.41	19.11.20	49.42.50	18.20.19	44.44.49
5	17.16.20	44.42.49	17.14.11	41.48.50	17.11.12	43.50.41	17.19.11	49.50.50	18.12.19	44.41.49	16.17.18	42.41.48
6	18.15.20	44.49.48	11.17.20	44.47.49	18.12.19	42.47.48	19.18.20	44.49.49	16.19.18	42.50.48	17.18.17	47.42.47
7	16.14.17	50.50.47	18.19.18	42.46.48	16.19.18	50.48.47	20.17.17	42.48.48	17.20.17	47.49.47	27.25.26	55.59.54
8	20.13.18	41.47.46	16.15.18	50.45.47	20.20.17	41.45.46	15.16.16	41.48.45	25.27.24	51.58.56	28.26.23	52.60.53
9	15.12.15	41.48.45	20.16.17	41.44.46	15.17.16	41.46.45	16.15.15	55.55.54	28.28.23	52.57.53	26.23.22	60.57.52
10	15.11.16	55.55.54	15.13.16	41.43.45	15.18.15	55.53.54	25.24.24	52.56.53	26.25.22	60.56.52	24.24.21	54.58.51
11	25.30.23	52.56.53	15.14.15	55.52.54	25.25.24	52.54.53	28.23.23	60.53.52	24.26.21	54.55.51	25.21.30	59.55.60
12	28.29.24	60.51.52	25.21.24	52.51.53	28.26.23	60.51.52	26.22.22	54.54.51	25.23.30	59.54.60	25.22.29	59.56.59
13	26.28.21	56.52.51	28.22.23	60.60.52	26.23.22	54.52.51	24.21.21	59.51.60	25.24.29	59.53.59	29.29.28	59.53.58
14	30.27.22	59.59.58	26.29.22	56.59.51	30.26.21	59.59.60	25.30.30	59.52.59	29.21.28	59.52.58	26.30.27	52.54.57
15	25.26.29	57.60.57	30.30.21	59.56.58	25.23.30	59.60.59	25.29.29	59.59.58	26.22.27	52.51.57	24.27.26	60.51.56
16	23.23.30	53.57.56	25.27.30	57.55.57	23.24.27	53.57.56	27.28.28	54.54.57	24.29.26	60.60.56	30.24.25	54.52.55
17	27.22.30	51.58.59	23.27.27	53.54.56	27.21.26	51.59.55	26.25.25	60.51.56	30.30.25	54.59.55	33.31.34	9.9.2
18	25.21.29	57.55.58	27.26.26	51.60.59	25.22.25	56.58.54	22.24.24	54.52.53	33.37.32	9.8.4	31.32.31	7.9.1
19	27.28.28	52.54.57	25.25.29	57.57.58	27.29.28	51.57.53	30.23.23	10.9.2	31.37.31	7.3.1	37.39.40	1.8.10
20	30.27.27	10.1.6	27.24.28	52.58.57	30.30.27	10.6.6	35.36.36	7.10.1	37.36.40	1.2.10	35.40.39	9.7.3
21	35.36.36	5.2.5	26.23.27	10.5.6	36.33.36	6.5.5	36.35.35	1.7.4	35.35.33	9.1.9	31.37.32	1.6.2
22	36.35.35	9.9.4	36.32.36	5.6.5	35.34.35	9.4.4	35.34.34	9.8.3	31.34.32	1.1.2	38.38.31	10.5.1
23	35.34.34	9.10.3	35.31.35	9.3.4	35.31.34	9.3.3	35.33.33	1.3.2	36.33.31	4.2.1	34.33.40	10.4.10
24	35.33.33	1.7.2	35.40.34	9.4.3	35.32.33	1.2.2	31.32.32	10.4.1	34.32.40	10.9.10	39.34.39	9.3.9
25	31.32.32	10.8.1	35.39.33	1.1.2	31.39.32	10.1.1	36.31.31	10.1.10	39.31.39	9.10.7	33.31.38	9.2.8
26	36.31.31	8.5.10	31.38.33	10.2.1	36.40.31	9.10.10	34.40.40	9.2.9	33.40.38	9.7.8	33.32.37	9.1.7
27	34.40.38	9.6.9	36.37.31	8.9.10	34.37.40	9.7.9	40.39.39	9.8.7	33.39.37	9.8.7	45.49.46	15.20.16
28	39.39.37	9.3.8	34.36.40	9.10.9	39.38.39	9.6.8	33.38.38	9.10.7	45.48.46	15.15.16	44.50.45	20.19.15
29	33.38.36		39.35.39	9.7.8	33.35.38	9.5.7	33.37.37	15.17.16	44.47.45	20.16.15	42.47.44	18.18.14
30	33.37.35		33.34.38	9.8.7	33.36.37	15.14.16	45.46.46	20.18.15	42.46.44	18.13.14	43.48.43	13.17.13
31	45.46.44		33.33.37		45.43.46		44.45.45	18.15.14		13.14.13		17.16.12

（下ひとケタが… **1-2** 自我欲 **3-4** 食欲・性欲 **5-6** 金欲・財欲 **7-8** 権力・支配欲 **9-0** 創作欲）

命数は左から、第3命数、第2命数、第1命数となります

金 2004 （平成16年生まれ）

日＼月	1	2	3	4	5	6	7	8	9	10	11	12
1	17.15.11	49.50.50	17.18.14	49.46.41	19.19.11	44.48.42	18.17.12	42.48.49	17.20.20	47.49.50	27.25.27	51.59.57
2	19.14.20	44.49.49	19.15.11	44.45.42	18.20.12	42.45.49	16.16.19	47.47.50	28.27.27	51.58.57	27.26.28	51.60.58
3	18.13.19	42.48.48	18.13.19	42.44.49	16.17.19	47.46.50	17.15.20	51.56.57	27.28.28	51.57.58	23.23.25	53.57.55
4	16.12.18	41.48.48	16.13.19	41.43.48	17.18.20	51.53.57	27.24.27	51.55.58	23.25.25	53.56.55	28.24.26	52.58.56
5	17.11.17	56.55.55	15.14.18	55.52.55	26.25.25	52.54.56	27.23.28	53.54.55	28.26.26	52.55.56	26.21.23	60.55.53
6	25.30.24	52.56.56	25.21.25	52.51.56	28.26.26	60.51.53	26.21.23	52.53.56	26.23.23	60.54.53	21.22.24	51.56.54
7	28.29.23	60.53.53	28.22.26	60.60.53	25.23.23	54.52.54	24.21.24	59.51.51	25.24.22	51.53.54	30.29.29	59.53.59
8	26.28.22	53.54.54	26.29.23	54.59.54	23.24.24	59.59.51	25.30.21	59.52.52	29.21.29	59.52.59	26.30.30	52.54.60
9	24.27.21	59.51.51	24.30.24	59.58.51	25.21.21	59.60.52	25.29.22	60.59.59	26.22.30	52.51.60	24.27.27	60.51.57
10	25.26.30	59.52.52	25.27.21	59.57.52	25.22.22	59.57.59	29.28.29	52.60.60	24.29.27	56.60.57	27.28.28	58.52.58
11	25.25.29	60.59.59	25.28.22	59.56.59	29.29.29	52.58.60	26.27.30	60.57.57	28.30.28	58.59.58	33.35.35	9.9.5
12	29.24.28	52.58.54	29.25.29	52.55.54	26.30.30	60.55.57	24.26.27	57.58.58	33.37.35	9.8.5	33.36.36	9.10.6
13	26.23.27	60.55.51	26.26.24	60.54.51	24.29.21	54.56.52	28.25.28	9.5.5	33.38.36	9.7.6	34.33.33	3.7.3
14	24.22.26	54.56.52	24.23.21	54.51.52	30.30.22	9.3.9	33.34.35	9.6.6	33.35.33	3.6.3	36.34.34	10.8.4
15	30.21.25	10.3.9	34.24.22	10.10.9	33.37.39	7.4.10	33.33.40	1.7.7	36.36.38	10.5.4	34.37.35	8.5.5
16	33.38.32	7.4.10	36.32.39	7.9.10	31.38.40	1.4.7	37.32.37	10.8.8	34.33.35	8.4.5	38.38.36	4.6.6
17	31.37.31	1.1.7	31.31.40	1.3.7	37.35.37	9.3.8	36.39.38	6.5.5	38.34.36	4.3.6	33.35.33	7.3.3
18	37.36.40	9.2.8	37.40.37	9.4.8	35.36.38	1.2.5	40.38.35	4.6.6	34.32.33	7.8.3	31.36.34	5.3.4
19	35.33.33	1.7.3	35.39.38	1.1.3	31.33.35	4.1.6	38.37.36	10.3.3	31.31.34	5.7.4	35.33.31	1.2.1
20	31.32.32	10.8.4	31.38.33	10.2.4	36.40.34	10.10.1	34.40.33	9.4.4	35.40.31	1.6.1	33.34.32	9.1.2
21	36.31.31	10.5.1	36.37.34	10.9.1	34.37.31	9.9.2	39.39.34	2.1.1	33.39.32	9.8.2	45.41.49	15.20.19
22	34.40.40	9.6.2	34.36.31	9.10.2	39.38.32	9.8.9	33.38.39	9.10.10	45.48.47	15.15.19	44.50.48	20.19.18
23	40.39.39	9.3.9	39.35.32	9.7.9	33.35.39	9.7.10	33.37.40	15.17.17	44.47.48	20.16.18	44.47.45	18.18.15
24	33.38.38	9.4.10	33.34.39	9.8.10	33.36.40	15.16.17	45.46.47	20.18.18	44.46.45	18.13.15	43.48.46	13.17.16
25	33.37.37	15.11.17	33.33.40	15.15.17	45.43.47	20.15.18	44.45.48	18.15.15	43.45.46	13.14.16	43.45.43	17.16.13
26	45.46.46	20.12.18	45.42.47	20.16.18	44.44.48	18.12.15	44.44.45	13.16.16	43.44.43	17.11.13	43.46.44	17.15.14
27	44.45.45	18.19.15	44.41.48	18.13.15	42.41.45	13.11.16	43.43.46	17.13.13	43.43.44	17.12.14	49.43.41	19.14.11
28	42.44.44	13.20.16	42.50.45	13.14.16	43.42.46	17.20.13	43.42.43	17.14.14	49.42.41	19.19.11	44.44.42	18.13.12
29	44.43.43	17.17.13	43.49.46	17.11.13	43.49.43	17.19.14	43.41.44	19.11.11	44.41.42	18.20.12	42.41.49	16.12.19
30	43.42.42		43.48.43	17.12.14	43.50.44	19.18.11	49.50.41	18.12.12	42.50.49	16.17.19	47.42.50	17.11.20
31	43.41.41		43.47.44		49.47.41		44.49.42	16.19.19		17.18.20		27.30.27

銀 2005 （平成17年生まれ）

日＼月	1	2	3	4	5	6	7	8	9	10	11	12
1	27.29.28	53.54.55	27.21.28	51.51.57	27.26.27	53.51.56	23.22.26	52.53.55	26.23.24	60.54.54	21.22.23	51.56.53
2	23.28.25	52.53.56	27.22.27	53.60.56	23.23.26	52.52.55	28.21.25	60.52.54	21.24.23	51.53.53	25.29.22	51.53.52
3	28.27.26	60.52.53	23.29.26	52.59.55	28.24.25	60.59.54	26.30.24	51.51.53	25.21.22	51.52.52	25.30.21	51.54.51
4	26.26.23	59.52.54	28.30.25	60.58.54	26.21.24	51.60.53	21.29.23	51.60.52	25.22.21	52.51.51	27.27.30	57.51.60
5	25.25.22	59.59.51	25.27.23	59.57.54	25.22.24	59.57.51	25.28.22	51.59.51	27.29.30	57.60.60	26.28.29	52.52.59
6	29.24.29	52.60.52	25.28.24	59.56.51	29.29.21	52.58.52	26.30.22	57.58.60	26.30.29	34.35.38	10.9.8	
7	26.23.30	60.57.59	29.25.21	52.55.52	26.30.22	60.55.59	24.26.29	58.58.60	33.37.37	10.8.8	33.36.36	9.10.8
8	24.22.27	58.58.60	26.26.22	60.54.59	24.27.29	58.56.60	28.25.30	9.5.7	33.38.38	9.7.8	33.33.35	3.7.5
9	28.21.28	9.5.7	24.23.29	58.53.60	28.28.30	9.3.7	33.34.37	9.6.8	33.35.35	3.6.5	36.34.36	10.8.6
10	33.40.35	9.6.8	28.24.30	9.2.7	33.35.37	9.4.8	33.33.38	3.3.5	36.36.36	10.5.6	34.31.33	8.5.3
11	33.39.36	3.3.5	33.31.37	9.1.8	33.36.38	3.1.5	33.32.35	10.4.6	34.33.33	8.4.3	32.32.34	2.6.4
12	33.38.33	10.2.6	33.32.38	3.10.5	33.33.35	10.2.6	36.31.36	8.1.3	32.34.34	2.3.4	33.39.31	7.3.1
13	36.37.38	8.9.3	37.39.35	10.9.6	35.36.36	8.9.3	34.40.33	2.2.4	33.31.31	7.2.1	33.40.32	7.4.2
14	34.36.35	4.10.4	36.40.36	8.8.3	34.33.33	4.10.4	32.39.34	7.9.1	33.32.32	7.1.2	37.37.39	7.1.9
15	38.33.36	10.7.2	40.37.33	4.5.4	38.34.34	7.7.1	33.38.31	7.4.2	35.39.37	7.10.9	34.34.40	10.2.10
16	34.32.33	5.8.1	33.38.33	10.4.2	34.31.32	5.9.1	33.37.32	1.1.9	34.40.40	10.9.10	42.41.47	18.19.17
17	31.31.34	1.5.10	34.36.32	5.3.1	31.32.31	1.8.10	35.34.39	10.2.10	50.47.47	18.18.17	48.42.48	12.20.18
18	35.38.31	9.6.9	39.35.31	1.7.10	35.39.40	9.7.9	33.33.40	14.19.18	48.47.47	12.13.18	44.49.46	18.18.16
19	33.37.32	15.11.18	35.34.40	9.8.9	33.40.39	15.16.18	50.42.48	12.20.17	44.46.46	18.12.16	49.50.45	15.17.15
20	45.46.47	20.12.17	33.33.39	15.15.18	45.43.48	20.15.17	48.45.47	18.17.16	43.45.45	15.11.15	45.47.44	19.16.14
21	44.45.48	18.19.16	45.42.48	20.16.17	44.44.47	18.14.16	44.44.46	13.18.15	45.44.44	19.11.14	43.48.43	17.15.13
22	44.44.45	13.20.15	44.41.47	18.13.16	44.41.46	13.13.15	43.43.45	17.13.14	44.43.43	17.12.13	44.44.41	19.14.12
23	43.43.46	17.17.14	44.50.46	13.14.15	43.42.45	17.12.14	43.42.44	17.14.13	49.42.42	19.19.12	44.44.41	18.13.11
24	43.42.43	17.18.13	43.49.45	17.11.14	43.49.44	17.11.13	43.41.43	19.11.12	44.41.41	18.20.11	42.41.50	18.12.20
25	43.41.44	19.15.12	43.48.44	17.12.13	43.50.43	19.20.12	49.50.42	18.12.11	42.50.50	18.17.20	47.42.49	17.11.19
26	49.50.41	18.16.11	43.47.43	19.19.12	49.47.42	18.17.11	44.49.41	18.19.20	47.49.49	17.18.19	51.59.58	27.30.28
27	44.49.42	16.13.20	49.46.42	18.20.11	44.48.41	16.16.20	42.48.50	17.20.19	51.58.58	27.25.28	51.60.57	27.29.27
28	42.48.49	17.14.19	44.45.41	16.17.20	42.45.50	17.15.19	47.47.49	27.27.28	51.57.57	27.26.27	53.57.56	23.28.26
29	47.47.50		42.44.50	17.18.19	47.46.49	27.24.29	51.56.58	27.28.27	53.56.56	23.23.26	52.58.55	28.27.25
30	51.56.57		47.43.49	27.25.28	51.53.58	27.23.27	51.55.57	23.25.26	52.55.52	28.24.25	60.54.54	26.26.24
31	51.55.58		51.52.58		51.54.57		53.54.56	28.26.25		26.21.24		21.25.23

命数が… **1〜10** 羅針盤座 **11〜20** インディアン座 **21〜30** 鳳凰座 **31〜40** 時計座 **41〜50** カメレオン座 **51〜60** イルカ座

金 2006 平成18年生まれ

日＼月	1	2	3	4	5	6	7	8	9	10	11	12
1	25.24.22	51.59.51	21.28.22	51.56.59	25.29.29	51.58.60	25.27.30	57.58.57	26.30.28	52.59.58	34.35.35	10.9.5
2	25.23.21	57.58.60	25.25.29	51.55.60	25.30.30	57.55.57	27.26.27	52.57.58	34.37.35	10.8.5	35.36.36	5.10.6
3	27.22.30	52.57.59	25.26.30	57.54.57	27.28.27	52.56.58	26.25.28	10.6.5	35.38.36	5.7.6	35.33.33	9.7.3
4	26.21.29	9.5.8	27.23.27	52.53.58	26.28.28	10.3.5	34.34.35	5.5.6	35.35.33	9.6.3	35.34.34	9.8.4
5	33.40.37	9.6.7	28.28.29	9.2.8	34.35.35	5.4.6	35.33.36	9.4.3	35.36.34	9.5.4	32.31.31	1.5.1
6	33.39.38	3.3.6	33.31.38	9.1.7	33.36.37	3.1.6	35.32.33	9.3.4	31.33.31	1.4.1	36.32.32	10.6.2
7	33.38.35	10.4.5	33.32.37	3.10.6	33.33.36	10.2.5	36.31.35	1.2.1	36.34.32	10.3.2	33.39.32	7.3.2
8	36.37.36	8.1.4	33.39.36	10.9.5	36.34.35	8.9.4	34.40.34	2.2.3	33.31.32	7.2.2	33.40.31	7.4.1
9	34.36.33	2.2.3	36.40.35	8.8.4	34.31.34	2.10.3	32.39.33	7.9.2	33.32.31	7.1.1	37.37.40	7.1.10
10	32.35.34	7.9.2	34.37.34	2.7.3	32.32.33	7.7.2	33.38.32	7.10.1	37.39.40	7.10.10	34.38.39	10.2.9
11	33.34.31	7.10.1	32.38.33	7.6.2	33.39.32	7.8.1	33.37.31	7.7.10	34.40.39	10.9.9	42.45.48	18.19.18
12	33.33.32	1.5.10	33.35.32	7.5.1	33.40.31	7.5.10	37.36.40	10.8.9	42.47.48	17.18.18	46.46.47	16.20.17
13	35.32.39	10.6.9	33.36.31	1.4.10	37.37.40	10.6.9	34.35.39	18.15.18	46.48.47	16.17.17	41.43.46	17.17.16
14	34.31.40	14.13.14	33.43.40	10.3.9	34.40.39	18.13.18	42.44.48	16.16.17	41.45.46	17.16.16	41.44.45	17.18.15
15	50.48.47	12.14.13	34.34.39	14.20.14	42.47.48	12.14.17	48.43.47	17.13.16	41.46.45	17.15.15	45.47.44	19.15.14
16	48.47.47	18.11.12	50.41.44	12.19.13	48.48.43	17.11.12	41.42.46	17.18.15	45.43.44	19.14.14	48.48.43	18.16.13
17	44.46.46	13.12.14	48.41.43	18.18.12	44.45.42	15.13.11	49.49.41	19.15.14	44.44.43	18.13.13	48.45.48	14.13.18
18	43.43.45	19.19.11	44.50.42	13.14.14	49.46.41	19.12.20	45.48.50	18.16.19	48.41.48	14.18.18	46.46.47	12.13.17
19	45.42.44	17.18.12	43.49.44	19.11.11	45.43.41	17.11.12	43.47.49	14.13.18	46.41.47	12.17.17	42.43.46	12.18.16
20	43.41.43	19.15.19	45.48.41	17.12.12	43.44.42	19.20.19	49.50.49	12.14.17	42.50.46	18.16.16	47.44.48	17.11.18
21	49.50.42	18.16.20	43.47.42	20.19.19	49.47.49	18.19.20	46.49.50	18.11.17	47.49.48	17.18.18	53.51.55	29.30.25
22	44.49.41	18.13.17	49.46.49	18.20.20	44.48.50	18.18.17	42.48.47	17.12.18	53.58.55	29.25.25	51.60.56	27.29.26
23	42.48.50	17.14.18	44.45.50	18.17.17	42.45.47	17.17.18	47.47.48	27.27.25	51.57.56	27.26.26	53.57.53	23.28.23
24	47.47.49	27.21.25	42.44.47	17.18.18	47.46.48	27.26.25	51.56.55	27.28.26	53.56.53	24.23.23	52.58.54	28.27.24
25	51.56.58	27.22.26	47.43.48	27.25.25	51.53.55	27.25.26	51.55.56	23.25.23	52.55.54	28.24.24	52.55.51	26.26.21
26	51.55.57	23.24.24	51.52.55	27.26.30	51.54.56	23.24.23	53.54.54	28.26.24	52.54.51	26.21.21	51.56.52	21.25.22
27	53.54.56	28.30.24	51.51.56	24.23.23	53.51.53	28.21.24	52.53.54	26.23.21	51.53.52	21.22.22	51.53.59	25.24.29
28	52.53.55	26.27.21	53.60.53	28.24.24	52.52.54	26.30.21	60.52.51	21.24.22	51.52.59	25.29.29	51.54.60	25.23.30
29	60.52.54		52.59.54	26.21.21	60.59.51	21.29.22	51.51.52	25.21.29	51.51.60	25.30.30	57.51.57	27.22.27
30	51.51.53		60.58.51	21.22.22	51.60.52	25.28.29	51.60.59	25.22.30	57.60.57	28.27.27	52.52.58	26.21.28
31	51.60.52		51.57.52		51.57.59		51.59.60	27.29.27		26.28.28		34.40.35

銀 2007 平成19年生まれ

日＼月	1	2	3	4	5	6	7	8	9	10	11	12
1	35.39.36	9.4.3	34.31.39	5.1.10	35.36.40	9.1.7	35.32.37	9.3.8	31.33.35	1.4.5	36.32.36	10.6.6
2	35.38.33	9.3.4	35.32.40	9.10.7	35.33.37	9.2.8	35.31.38	1.2.5	36.34.36	10.3.6	34.39.33	8.3.3
3	35.37.34	1.2.1	35.34.38	1.9.8	35.34.38	1.9.5	31.40.35	10.1.6	34.31.33	8.2.3	39.40.34	9.4.4
4	31.36.31	1.2.2	35.40.38	1.8.5	31.31.35	10.10.6	36.39.36	8.10.3	39.32.34	9.1.4	33.37.31	9.1.1
5	36.35.32	7.9.9	31.37.35	2.7.2	36.32.36	8.7.3	34.38.33	9.9.4	33.39.31	9.10.1	33.38.32	9.2.2
6	33.34.32	7.10.10	32.38.32	7.6.9	33.39.39	7.8.10	39.37.34	9.8.1	33.40.32	9.9.2	45.45.49	15.19.19
7	33.33.31	8.7.7	33.35.39	7.5.10	33.40.40	7.5.7	37.36.37	9.7.2	45.47.49	15.18.19	44.46.50	16.20.16
8	37.32.40	10.8.8	33.36.40	7.4.7	38.37.37	10.6.8	34.35.38	18.15.15	46.48.46	20.17.20	41.43.43	17.17.13
9	34.31.39	18.15.15	37.33.37	10.3.8	34.38.38	18.13.15	42.44.45	15.16.16	41.45.43	17.16.13	41.44.44	17.18.14
10	42.50.48	15.16.16	34.34.38	18.12.15	42.45.45	16.14.16	46.43.46	17.13.13	41.46.44	17.15.14	42.41.41	11.15.11
11	46.49.47	17.13.13	42.41.45	16.11.16	45.46.46	17.11.13	41.42.43	17.14.14	41.43.41	11.14.11	42.42.42	18.16.12
12	41.48.46	17.12.20	46.42.46	17.20.13	41.43.43	17.12.14	41.41.44	12.11.11	44.44.42	18.13.12	42.49.49	16.13.19
13	41.47.45	19.19.17	41.49.43	17.19.20	41.44.44	11.19.11	41.50.41	18.12.12	42.41.49	16.12.19	49.50.50	20.14.20
14	45.46.44	18.20.18	41.50.50	19.18.17	45.43.43	18.20.18	44.49.42	16.19.19	50.42.50	20.11.20	41.47.47	15.11.17
15	44.45.43	14.17.15	45.47.47	18.15.18	44.44.48	16.17.15	42.48.45	19.20.20	41.49.47	15.11.17	44.48.48	15.12.14
16	48.42.48	12.18.16	44.48.48	14.14.15	48.41.45	12.18.16	46.47.46	15.11.13	41.50.44	15.19.18	53.51.51	29.21.21
17	46.41.47	18.15.13	48.46.45	12.13.16	46.42.46	18.13.13	41.44.43	15.12.14	53.57.51	29.28.21	51.52.52	28.30.22
18	42.50.49	17.16.14	46.45.46	18.17.13	49.43.44	13.17.14	49.43.44	29.29.21	52.58.52	28.27.22	58.59.59	22.28.29
19	47.47.48	27.21.29	42.44.43	17.18.14	47.50.44	29.26.21	53.52.51	27.30.22	58.56.59	22.22.29	56.60.60	30.27.30
20	53.56.55	27.22.30	47.43.44	27.25.29	53.57.51	27.25.22	51.55.52	27.29.29	56.55.60	30.21.30	52.57.57	26.26.27
21	51.55.56	23.29.27	51.52.59	27.26.30	51.54.60	23.24.27	53.54.59	30.28.30	52.54.57	26.30.29	51.58.58	21.25.28
22	53.54.53	28.30.28	51.51.60	23.23.27	51.51.57	28.23.28	52.53.58	26.25.27	51.53.58	21.22.28	53.55.55	25.24.23
23	52.53.54	26.27.25	53.60.57	28.24.28	52.52.58	26.22.25	52.52.55	21.24.26	53.52.55	25.29.26	51.54.54	25.23.24
24	52.52.51	21.28.26	52.59.58	26.21.25	52.59.55	21.21.26	51.51.56	25.21.23	51.51.54	25.30.24	57.51.51	27.22.21
25	51.51.52	25.25.23	52.58.55	21.22.26	51.60.56	25.30.23	51.60.53	25.22.24	57.60.51	27.27.21	51.52.52	26.21.22
26	51.60.59	25.26.24	51.57.56	25.29.23	51.57.53	25.29.24	57.59.54	27.29.21	52.59.52	26.28.22	10.9.9	36.40.39
27	51.59.60	27.23.21	51.56.53	25.30.24	51.58.54	27.26.21	57.58.51	26.30.22	10.8.9	36.35.39	5.10.10	35.39.40
28	57.58.57	26.24.22	51.55.54	27.27.21	57.55.51	26.25.22	52.57.52	36.37.39	5.7.10	35.36.40	9.7.7	35.38.37
29	52.57.58		57.54.51	26.28.22	52.56.52	34.34.39	10.6.9	35.38.40	9.6.7	35.33.37	9.8.8	35.37.38
30	10.6.5		52.53.52	34.35.39	10.3.9	35.33.40	5.5.10	35.35.37	9.5.8	35.34.38	1.5.5	31.36.35
31	5.5.6		10.2.9		5.4.10		9.4.7	35.36.38		31.31.35		36.35.36

（下ひとケタが… **1-2** 自我欲　**3-4** 食欲・性欲　**5-6** 金欲・財欲　**7-8** 権力・支配欲　**9-0** 創作欲）

命数は左から、**第3命数**、**第2命数**、**第1命数**となります

金 2008　平成20年生まれ

日＼月	1	2	3	4	5	6	7	8	9	10	11	12
1	34.34.33	9.9.4	34.35.34	9.5.3	39.40.33	9.5.2	33.36.32	9.7.1	45.47.50	15.18.20	44.46.49	20.20.19
2	39.33.34	9.8.1	39.36.33	9.4.2	33.37.32	9.6.1	33.35.31	15.16.20	44.48.49	20.17.19	42.43.48	18.17.18
3	33.32.31	9.7.2	33.33.32	9.3.1	33.38.31	15.13.20	45.44.50	20.15.19	42.45.48	18.16.18	43.44.47	13.18.17
4	33.31.32	18.15.19	33.34.31	18.12.19	45.45.50	20.14.19	44.43.49	18.14.18	43.46.47	13.15.17	43.41.46	17.15.16
5	45.50.49	16.16.20	42.41.49	16.11.20	46.46.50	17.11.17	42.42.48	13.13.17	43.43.46	17.14.16	43.42.45	17.16.15
6	46.49.46	17.13.17	46.42.50	17.20.17	41.43.47	17.12.18	41.42.48	17.12.16	43.44.45	17.13.15	49.49.44	19.13.14
7	41.48.43	17.14.18	41.49.47	17.19.18	41.44.48	11.19.15	41.50.45	18.12.16	42.41.43	19.12.14	50.50.44	20.14.14
8	41.47.44	11.11.15	41.50.48	11.18.15	41.41.45	18.20.16	44.49.46	16.19.13	50.42.44	20.11.14	41.47.41	15.11.11
9	41.46.41	18.12.16	41.47.45	18.17.16	44.42.46	16.17.13	42.48.43	20.20.14	41.49.41	15.20.11	41.48.42	15.12.12
10	44.45.42	16.19.13	44.48.46	16.16.13	42.49.43	20.18.14	50.47.44	15.17.11	41.50.42	15.19.12	55.55.59	25.29.29
11	42.44.49	20.20.14	42.45.43	20.15.14	50.50.44	15.15.11	41.46.41	15.18.12	55.57.59	25.28.29	52.56.60	28.30.30
12	50.43.50	15.15.11	50.46.44	15.14.11	41.47.41	15.16.12	41.45.42	25.25.29	52.58.60	28.27.30	60.53.57	26.27.27
13	41.42.47	15.16.12	41.43.41	15.13.12	41.50.42	29.23.29	55.54.59	28.26.30	60.55.57	26.26.27	54.54.58	24.28.28
14	41.41.44	29.23.29	41.44.42	29.30.29	53.57.59	28.24.30	52.53.60	26.23.27	54.56.58	24.25.28	59.51.55	26.25.25
15	53.60.51	27.24.29	53.51.59	27.29.29	52.58.60	22.21.27	60.52.57	30.28.28	59.53.55	25.24.25	59.58.56	27.26.26
16	52.57.52	22.21.28	51.51.59	22.28.28	58.55.58	30.23.27	56.51.58	26.25.25	59.54.56	25.23.26	53.53.57	27.23.23
17	58.56.59	30.22.27	58.60.58	30.24.27	56.56.57	26.22.26	59.58.55	23.26.26	53.51.53	27.22.23	52.56.54	26.24.24
18	56.55.60	26.29.26	56.59.57	26.21.26	52.53.56	21.21.25	57.57.55	27.23.24	51.51.53	26.27.24	56.53.52	21.22.22
19	52.52.57	21.28.25	52.58.56	21.22.25	51.54.55	27.30.24	53.56.54	25.24.23	56.60.52	22.26.22	54.54.51	30.21.21
20	51.51.58	25.25.24	51.57.55	25.29.24	51.57.54	25.29.23	51.59.53	27.21.22	54.59.51	30.25.21	10.1.10	36.40.40
21	51.60.53	25.26.23	51.56.54	25.30.23	51.58.53	27.28.22	57.58.52	30.22.21	10.8.10	36.35.40	5.2.9	35.39.39
22	51.59.54	27.23.22	51.55.53	27.27.22	57.55.52	26.27.21	52.57.51	36.37.40	5.7.9	35.36.39	9.7.8	35.38.38
23	57.58.51	26.24.21	57.54.52	26.28.21	52.56.51	36.36.40	10.6.10	35.38.39	9.6.8	35.33.38	9.8.7	35.37.37
24	52.57.52	36.31.40	52.53.51	36.35.40	10.3.10	35.35.39	5.5.9	35.35.38	9.5.7	35.34.37	1.5.6	31.36.36
25	10.6.9	35.32.39	10.2.10	35.36.39	5.4.9	35.34.38	9.4.8	35.36.37	1.4.6	31.31.36	10.6.5	36.35.35
26	5.5.10	35.39.38	5.1.9	35.33.38	9.1.8	35.31.37	9.3.7	31.33.36	10.3.5	36.32.35	10.3.4	33.34.34
27	9.4.7	35.40.37	9.10.8	35.34.37	9.2.7	31.40.36	1.2.6	36.34.35	10.2.4	34.39.34	9.4.3	39.33.33
28	9.3.8	31.37.36	9.9.7	31.31.36	1.9.6	36.39.35	10.1.5	34.31.34	9.1.3	39.40.33	9.1.2	33.32.32
29	1.2.5	36.38.35	1.8.6	36.32.35	10.10.5	34.38.34	8.10.4	39.32.33	9.10.2	33.37.32	9.2.1	33.31.31
30	10.1.6		10.7.5	34.39.34	8.7.4	39.37.33	9.9.3	33.39.32	9.9.1	33.38.31	15.19.20	45.50.50
31	8.10.3		8.6.4		9.8.3		9.8.2	33.40.31		45.45.50		44.49.49

銀 2009　平成21年生まれ

日＼月	1	2	3	4	5	6	7	8	9	10	11	12
1	42.48.48	13.13.17	44.42.45	18.20.14	42.43.44	13.12.13	43.41.43	17.12.12	43.44.41	17.13.11	49.49.50	19.13.20
2	43.47.47	17.12.16	42.49.44	13.19.13	43.44.43	17.19.12	43.50.42	17.11.11	49.41.50	19.12.20	44.50.49	18.14.19
3	43.46.46	17.11.15	43.50.43	17.18.12	43.41.42	17.20.11	43.49.41	19.20.20	44.42.49	18.11.19	42.47.48	16.11.18
4	43.45.45	16.19.14	43.47.42	17.17.11	43.42.41	19.17.20	49.48.50	18.19.19	42.49.48	16.20.18	47.48.47	17.12.17
5	42.44.43	20.20.13	44.48.45	16.16.14	42.49.44	20.18.13	44.47.49	16.18.18	47.50.47	17.19.17	51.55.56	27.29.26
6	50.43.44	15.17.12	42.45.44	20.15.13	50.50.43	15.15.12	42.46.48	18.17.17	51.57.56	27.28.26	51.56.55	27.30.25
7	41.42.41	15.18.11	50.46.43	15.14.12	41.47.42	15.16.11	41.45.41	25.25.30	52.58.56	27.27.25	60.53.58	26.27.28
8	41.41.42	25.25.30	41.43.42	15.13.11	41.48.41	25.23.30	55.54.60	28.26.29	60.55.58	26.26.28	54.54.57	24.28.27
9	55.60.59	28.26.29	41.44.41	25.22.30	55.55.60	28.24.29	52.53.59	26.23.28	54.56.57	24.25.27	59.51.56	25.25.26
10	52.59.60	26.23.28	55.51.60	28.21.29	52.56.59	26.21.28	60.52.58	24.24.27	59.53.56	25.24.26	59.52.55	25.26.25
11	60.58.57	24.24.27	52.52.59	26.30.28	60.53.58	24.22.27	54.51.57	25.21.26	59.54.55	25.23.25	59.59.54	29.23.24
12	54.57.58	25.29.26	60.59.58	24.29.27	54.54.57	25.29.26	59.60.56	25.22.25	59.51.54	29.22.24	52.60.53	26.24.23
13	59.56.55	25.30.25	56.60.57	25.28.26	59.53.56	25.29.25	59.59.55	29.29.24	52.52.53	26.21.23	60.57.52	24.21.22
14	59.55.56	27.27.22	59.57.56	25.27.25	59.54.55	27.27.24	59.58.54	26.30.23	60.59.52	24.30.22	58.58.51	28.22.21
15	53.52.53	25.28.21	57.58.53	27.24.22	53.51.52	26.28.21	52.57.53	24.21.22	54.60.51	28.29.21	9.1.10	33.39.40
16	51.51.53	22.25.30	53.56.52	25.23.21	51.52.51	22.28.30	60.56.52	30.22.21	9.7.10	33.38.40	9.2.9	33.40.39
17	56.60.52	30.26.27	51.55.51	22.22.30	56.59.60	30.27.29	54.53.59	33.39.38	7.8.7	33.37.39	1.9.6	37.37.36
18	54.57.51	36.33.36	57.54.58	30.28.27	54.60.57	35.36.36	10.2.8	31.40.37	1.6.6	37.32.36	9.10.5	35.37.35
19	10.6.10	35.32.35	54.53.57	36.35.36	10.7.6	36.35.35	7.1.7	37.38.36	9.5.5	35.31.35	6.7.4	40.36.34
20	5.5.9	35.39.34	10.2.6	35.36.35	5.4.5	35.34.34	1.4.4	37.35.35	1.4.2	40.40.34	4.8.1	38.35.31
21	9.4.8	35.40.33	5.1.5	35.33.34	9.1.4	35.33.33	9.3.3	31.35.32	4.3.1	38.32.31	10.5.10	34.34.40
22	9.3.7	31.37.32	9.10.4	35.34.33	9.2.3	31.32.32	1.2.2	36.34.31	10.2.10	34.39.40	9.4.9	39.33.39
23	1.2.6	36.38.31	9.9.3	31.31.32	1.9.2	36.31.31	10.1.1	34.31.40	9.1.9	39.40.39	9.1.8	33.32.38
24	10.1.5	34.35.40	1.8.2	36.32.31	10.10.1	34.40.40	9.10.10	39.32.39	9.10.8	33.37.38	9.2.7	33.31.37
25	10.10.4	39.36.39	10.7.1	34.39.40	10.7.10	40.39.39	10.9.9	33.39.38	9.9.7	33.38.37	15.19.16	45.50.46
26	9.9.3	33.33.38	8.6.10	39.40.39	9.8.9	33.36.38	9.8.8	33.40.37	15.18.16	45.45.46	20.20.15	44.49.45
27	9.8.2	33.34.37	9.5.9	33.37.38	9.5.8	33.35.37	9.7.7	45.47.46	20.17.15	44.46.45	18.17.14	44.48.44
28	9.7.1	45.41.46	9.4.8	33.38.37	9.6.7	45.44.46	15.16.16	44.48.45	18.16.14	44.43.44	13.18.13	43.47.43
29	15.16.20		9.3.7	45.45.46	15.13.16	44.43.45	20.15.15	42.45.44	13.15.13	43.44.43	17.15.12	43.46.42
30	20.15.19		15.12.16	44.46.45	20.14.15	42.42.44	18.14.14	43.46.43	17.14.12	43.41.42	17.16.11	43.45.41
31	18.14.18		20.11.15		18.11.14		14.13.13	43.43.42		43.42.41		49.44.50

命数が… **1～10** 羅針盤座　**11～20** インディアン座　**21～30** 鳳凰座　**31～40** 時計座　**41～50** カメレオン座　**51～60** イルカ座

金 2010（平成22年生まれ）

日\月	1	2	3	4	5	6	7	8	9	10	11	12
1	44.43.49	16.18.18	49.45.45	18.15.16	44.50.46	16.15.13	42.46.43	17.17.14	51.57.51	27.28.21	51.56.52	27.30.22
2	42.42.48	18.17.17	44.46.46	16.14.13	42.47.43	17.16.14	47.45.44	27.26.21	51.58.52	27.27.22	53.53.59	23.27.29
3	47.41.47	27.26.26	42.43.43	17.13.14	47.48.44	27.23.21	51.54.51	27.25.22	53.55.59	23.26.29	51.60.51	28.28.30
4	51.60.59	28.26.26	47.44.44	27.22.21	51.55.51	27.24.22	51.53.52	23.24.29	52.56.60	28.25.30	60.51.57	26.25.27
5	52.59.59	26.23.23	56.55.55	28.21.26	52.56.56	23.21.29	53.52.59	28.23.30	60.53.57	26.24.27	51.52.58	21.26.28
6	60.58.58	23.24.24	52.56.60	26.30.23	60.53.53	24.22.24	52.51.60	26.22.27	51.54.58	21.23.28	51.59.55	25.23.25
7	54.57.57	25.21.21	60.59.53	24.29.24	53.54.54	25.29.23	59.60.51	25.22.22	51.51.55	25.22.25	52.56.60	26.24.30
8	59.56.56	25.22.22	54.60.54	25.28.21	59.51.51	25.30.22	60.52.60	50.29.29	52.52.60	26.21.30	60.57.57	24.21.27
9	59.55.55	30.29.29	59.57.51	25.27.22	59.52.52	29.27.29	59.58.59	26.30.30	52.59.57	24.30.27	57.58.58	28.22.28
10	54.54.54	26.30.30	59.58.52	29.26.29	60.59.59	29.28.29	52.57.60	24.27.27	58.60.58	28.29.28	9.5.5	33.39.35
11	52.53.53	24.27.27	59.55.59	26.25.30	52.60.60	24.25.27	60.56.57	27.28.28	9.7.5	33.38.35	9.6.6	33.40.36
12	60.52.52	30.26.26	52.56.60	24.24.27	60.57.57	28.26.28	58.55.58	33.35.35	9.8.6	33.37.36	4.3.3	33.37.33
13	54.51.51	34.33.33	60.53.57	30.23.26	54.60.56	33.33.35	9.4.5	33.36.36	3.5.3	33.36.33	10.4.4	36.38.34
14	9.10.10	31.34.34	54.56.56	33.32.33	9.7.3	33.34.34	9.3.6	34.33.33	10.6.4	36.35.34	8.1.1	34.35.31
15	8.7.7	37.31.31	9.1.3	31.39.34	7.8.4	37.31.31	1.2.1	36.38.30	8.3.1	34.34.31	4.8.10	38.36.40
16	1.6.6	35.32.32	7.2.4	37.38.31	1.5.1	36.32.32	10.1.2	34.35.39	4.4.10	38.33.40	7.5.7	33.33.37
17	9.5.5	31.39.39	1.10.1	35.37.32	9.6.2	40.32.39	6.8.9	38.36.40	7.1.7	33.32.37	5.6.8	31.34.38
18	1.2.2	38.40.40	9.9.2	31.31.39	1.3.9	38.31.40	4.7.10	34.33.37	5.2.8	31.37.38	1.3.5	35.32.35
19	4.1.1	34.35.35	1.8.9	38.32.40	4.4.10	34.40.37	10.6.7	31.34.38	1.10.5	35.36.35	9.4.6	33.31.36
20	9.10.10	39.36.36	4.7.10	34.39.35	10.7.5	39.39.38	9.9.8	35.31.35	9.9.6	33.35.36	15.11.13	45.50.43
21	10.9.9	34.33.33	10.6.5	39.40.36	9.8.6	33.38.33	1.8.5	33.32.36	15.18.13	45.45.43	12.12.14	48.49.44
22	9.8.8	33.34.34	9.5.6	33.37.33	9.5.3	33.37.34	9.7.4	45.47.41	12.17.14	48.46.44	18.17.19	44.48.49
23	9.7.7	45.41.41	9.4.3	33.38.34	9.6.4	45.46.41	15.16.11	44.48.42	18.16.19	44.43.49	13.18.20	43.47.50
24	15.16.16	44.42.42	9.3.4	45.45.41	15.13.11	44.45.42	20.15.12	44.45.49	13.15.20	43.44.50	17.15.17	43.46.47
25	20.15.15	42.49.49	15.12.11	44.46.42	20.14.12	44.44.49	18.14.19	43.46.50	17.14.17	43.41.47	17.16.18	43.45.48
26	18.14.14	43.50.50	20.11.12	42.43.49	18.11.19	43.43.50	13.13.20	43.43.47	17.13.18	43.42.49	19.13.15	49.44.45
27	14.13.13	43.47.47	18.20.19	43.44.50	13.12.20	43.50.47	17.12.17	43.44.48	19.12.15	49.49.45	18.14.16	44.43.46
28	17.12.12	43.48.48	13.19.20	43.41.47	17.19.17	43.49.48	17.11.18	49.41.45	18.11.16	44.50.46	16.11.13	42.42.43
29	17.11.11		17.18.17	43.42.48	17.20.18	49.48.45	19.20.15	44.42.46	16.20.13	42.47.43	17.12.14	47.41.44
30	19.20.20		17.17.18	49.49.45	19.17.15	44.47.44	18.19.16	42.49.43	17.19.14	47.48.44	27.29.21	51.60.51
31	18.19.19		19.16.15		18.18.16		16.18.13	47.50.44		51.55.51		51.59.52

金 2010 平成22年生まれ

銀 2011（平成23年生まれ）

日\月	1	2	3	4	5	6	7	8	9	10	11	12
1	53.58.59	28.23.30	51.52.51	23.30.30	53.53.60	28.22.29	52.51.59	26.22.28	51.54.57	21.23.27	51.59.56	25.23.26
2	52.57.60	26.22.27	51.59.60	28.29.29	52.54.59	26.29.28	60.60.58	21.21.27	51.51.56	22.22.26	51.60.55	25.24.25
3	60.56.57	21.21.28	52.60.59	26.28.28	60.51.58	21.30.27	51.59.57	25.30.26	52.53.55	25.21.25	57.57.54	27.21.24
4	51.55.58	29.29.25	57.57.58	21.27.27	51.52.57	25.27.26	51.58.56	25.29.25	57.59.54	27.30.24	57.57.54	26.22.23
5	51.54.55	26.30.26	59.52.58	29.26.25	51.59.56	25.28.25	51.57.55	27.28.24	52.60.53	26.29.23	10.5.2	34.39.32
6	52.53.60	24.27.23	59.60.55	26.25.25	52.60.56	24.25.23	57.56.54	26.27.23	10.7.2	34.38.32	5.6.1	35.40.31
7	60.52.57	28.28.24	52.56.56	24.24.23	60.57.53	28.26.24	58.55.54	34.36.32	5.8.1	35.37.31	5.3.10	37.37.39
8	58.51.58	33.35.31	60.53.53	28.23.24	58.58.54	33.33.31	9.4.1	33.36.32	3.5.9	35.36.40	4.10.10	36.38.40
9	9.10.5	33.36.32	58.54.54	33.32.31	9.5.1	33.34.32	9.3.2	33.33.39	10.6.10	36.35.40	8.1.7	34.35.37
10	9.9.6	33.33.39	9.1.1	31.31.32	9.6.2	33.31.39	3.2.9	36.34.40	8.3.7	34.34.37	2.2.8	32.36.38
11	8.8.3	36.34.40	9.2.2	33.40.39	3.3.9	36.32.40	10.1.10	34.31.37	2.4.8	32.33.38	7.9.5	33.33.35
12	10.7.4	34.39.37	3.9.9	36.39.40	10.4.10	34.39.37	8.10.7	32.32.38	7.1.5	33.32.35	7.10.6	33.34.36
13	8.6.1	38.40.38	9.10.10	34.38.37	8.1.7	32.40.38	2.9.8	33.39.35	7.2.6	37.40.33	7.7.3	37.31.33
14	4.5.10	31.38.35	4.8.7	38.37.38	4.4.8	33.37.35	7.8.5	33.40.36	7.9.3	37.40.33	10.8.4	34.32.34
15	7.4.7	31.38.35	4.8.8	34.34.35	7.1.5	33.33.37	7.7.6	37.37.33	10.10.4	34.39.34	18.15.11	42.49.41
16	5.1.8	35.35.34	7.5.5	31.33.35	5.2.6	35.35.33	1.6.3	34.32.34	18.17.11	42.48.41	11.12.12	48.50.42
17	1.10.5	33.36.33	6.5.5	35.32.34	1.9.4	33.37.33	10.3.4	42.49.41	12.18.12	48.47.42	17.19.19	41.47.49
18	9.9.6	45.43.42	1.4.4	33.38.33	9.10.3	50.46.42	12.14.12	48.50.42	17.15.19	41.46.49	15.20.20	49.47.49
19	15.16.13	44.42.41	9.3.3	45.45.42	15.17.12	48.45.41	12.11.11	44.47.50	15.15.19	49.41.50	17.18.17	45.46.48
20	12.15.14	44.49.50	15.12.12	44.46.41	12.18.11	44.44.50	18.14.20	49.48.49	19.14.18	45.50.48	17.18.17	43.45.47
21	18.14.19	43.50.49	20.11.11	44.43.50	18.11.20	43.43.49	13.13.19	45.45.48	17.13.17	43.49.47	19.15.16	49.44.46
22	13.13.20	43.47.48	18.20.20	43.44.48	13.12.19	43.42.48	17.12.18	49.46.46	19.12.16	43.48.46	18.16.14	44.43.45
23	17.12.17	43.48.47	13.19.19	43.41.48	17.19.18	43.41.47	11.11.17	49.41.45	18.11.15	46.50.45	18.11.14	42.42.44
24	17.11.18	49.45.46	17.18.18	43.42.47	17.20.17	49.50.46	19.20.16	44.42.45	18.20.14	42.47.44	17.12.13	47.41.43
25	19.20.15	44.46.45	18.17.17	49.49.46	19.17.16	44.49.45	18.19.15	42.49.44	17.19.13	47.48.43	27.29.22	51.60.52
26	18.19.16	42.43.44	19.16.16	44.50.45	18.18.15	42.48.44	18.18.14	47.45.43	27.28.22	51.55.52	27.30.21	51.59.51
27	16.18.13	47.44.43	18.15.15	42.47.44	16.15.14	47.45.43	17.17.13	51.57.52	27.27.21	51.56.51	23.27.30	53.58.60
28	17.17.14	51.51.52	16.14.14	47.48.43	17.16.13	51.54.52	27.26.22	51.58.51	23.26.30	53.53.60	28.28.29	52.57.59
29	27.26.21		17.13.13	51.55.52	27.23.22	51.53.51	27.25.21	53.55.60	28.25.29	52.54.59	26.25.28	60.56.58
30	27.25.22		27.22.22	51.56.51	27.24.21	53.52.60	28.24.30	52.54.59	26.24.28	60.51.58	21.26.27	51.55.57
31	23.24.29		27.21.21		23.21.30		28.23.29	60.53.58		51.52.57		51.54.56

銀 2011 平成23年生まれ

（下ひとケタが… **1·2** 自我欲　**3·4** 食欲·性欲　**5·6** 金欲·財欲　**7·8** 権力·支配欲　**9·0** 創作欲）

命数は左から、**第3命数**、**第2命数**、**第1命数**となります

金 2012 平成24年生まれ

日\月	1	2	3	4	5	6	7	8	9	10	11	12
1	51.53.55	27.28.24	51.56.60	27.24.27	58.57.57	26.26.28	52.55.58	34.36.35	5.8.6	35.37.36	9.3.3	35.37.33
2	57.52.54	26.27.23	57.53.57	26.23.28	52.58.58	34.33.35	10.4.5	35.35.36	9.5.3	35.36.33	9.4.4	35.38.34
3	52.51.53	34.36.32	52.54.58	34.32.35	10.5.5	35.34.36	5.3.6	35.34.33	9.6.4	35.35.34	2.1.1	31.35.31
4	10.10.2	33.36.31	10.1.5	33.31.31	5.6.6	35.31.33	9.2.3	35.33.34	1.3.1	31.34.31	10.2.2	36.36.32
5	5.9.1	33.33.40	9.2.1	33.40.40	3.3.10	36.32.39	9.1.4	31.32.31	10.4.2	36.33.32	8.9.9	34.33.39
6	3.8.9	36.34.39	3.9.10	36.39.39	10.4.9	34.39.38	8.9.8	36.31.32	8.1.9	34.32.39	9.10.10	39.34.40
7	10.7.10	34.31.38	10.10.9	34.38.38	8.1.8	32.40.37	2.9.7	33.39.36	7.2.5	39.31.40	7.7.4	37.31.34
8	8.6.7	32.32.37	8.7.8	32.37.37	2.2.7	33.37.36	7.8.6	33.40.35	7.9.4	37.40.34	10.8.3	34.32.33
9	2.5.8	33.39.36	2.8.7	33.36.36	7.9.6	33.38.35	7.7.5	37.37.34	10.10.3	34.39.33	18.15.12	42.49.42
10	7.4.5	33.40.35	7.5.6	33.35.35	7.10.5	37.35.34	7.6.4	34.38.33	18.17.12	42.48.42	16.16.11	46.50.41
11	7.3.6	37.37.34	7.6.5	37.34.34	7.7.4	34.36.33	5.5.3	42.45.42	16.18.11	46.47.41	17.13.20	41.47.50
12	7.2.3	34.36.33	7.3.4	34.33.33	10.8.3	42.43.42	18.14.12	46.46.41	17.15.20	41.46.50	17.14.19	41.48.49
13	10.1.4	42.43.42	10.4.3	41.42.42	18.17.12	48.44.41	16.13.11	41.43.50	17.16.19	41.45.49	11.11.18	41.45.48
14	18.20.11	48.44.49	18.11.12	48.49.49	12.18.11	41.41.50	17.12.20	41.44.49	11.13.18	41.44.48	18.12.17	44.46.47
15	12.19.12	44.41.48	12.12.19	44.48.48	17.15.18	49.42.47	17.11.19	45.45.48	18.14.17	44.43.47	16.15.16	42.43.46
16	17.16.19	49.42.47	18.20.18	49.47.47	15.16.17	45.42.46	19.20.18	44.46.47	16.11.16	42.42.46	12.16.15	46.44.45
17	15.15.19	45.49.41	15.19.17	45.41.41	19.13.16	43.41.45	18.17.15	48.43.44	12.12.13	46.41.45	15.13.12	41.41.42
18	19.14.18	43.50.42	19.18.11	43.42.42	17.14.12	49.50.49	14.16.14	46.44.43	18.20.12	41.48.42	13.14.11	49.41.41
19	17.11.17	49.45.49	17.17.12	50.49.49	19.11.19	46.49.50	12.15.13	42.41.42	13.19.11	49.45.41	29.21.30	53.60.60
20	19.20.16	44.46.50	19.16.19	44.50.50	18.18.20	42.48.47	18.18.17	47.42.48	29.28.29	53.54.60	27.22.26	51.59.56
21	18.19.15	42.43.47	18.15.20	42.47.47	18.15.17	47.47.48	17.17.18	53.59.55	27.27.26	51.56.56	23.29.23	53.58.53
22	18.18.14	47.44.48	18.14.17	47.48.48	17.16.18	51.56.55	27.26.25	51.58.56	23.26.23	54.53.53	28.28.24	52.57.54
23	17.17.13	51.51.55	17.13.18	51.55.55	27.23.25	51.55.56	27.25.26	58.25.24	28.25.24	52.54.54	26.25.21	52.56.51
24	27.26.22	51.52.56	27.22.25	51.56.56	27.24.26	53.54.53	23.24.23	52.56.54	26.24.21	52.51.51	21.26.22	51.55.52
25	27.25.21	53.59.53	27.21.26	54.53.53	23.21.23	52.53.54	28.23.24	52.53.51	21.23.22	51.52.52	25.23.29	51.54.59
26	23.24.30	52.54.54	23.30.23	52.54.54	28.22.24	60.60.51	26.22.21	51.54.52	25.22.29	51.59.59	25.24.30	51.53.60
27	28.23.29	60.57.51	28.29.24	60.51.51	26.29.21	51.59.52	21.21.22	51.51.59	25.21.30	51.60.60	27.21.27	57.52.57
28	26.22.28	51.58.52	26.28.21	51.52.52	21.30.22	51.58.59	25.30.29	51.52.60	27.30.27	58.57.57	26.22.28	52.51.58
29	21.21.27	51.55.59	21.27.22	51.59.59	25.27.29	51.57.60	25.29.30	57.59.57	26.29.28	52.58.58	34.39.35	10.10.5
30	25.30.26		25.26.29	51.60.60	25.28.30	57.56.57	27.28.27	52.60.58	34.38.35	10.5.5	35.40.36	5.9.6
31	25.29.25		25.25.30		27.25.27		26.27.28	10.7.5		5.6.6		9.8.3

銀 2013 平成25年生まれ

日\月	1	2	3	4	5	6	7	8	9	10	11	12
1	9.7.4	31.32.31	9.9.1	35.39.32	9.4.2	31.39.39	1.10.9	36.31.40	8.1.7	34.32.37	9.10.8	39.34.38
2	1.6.1	36.31.32	9.10.2	31.38.39	1.1.9	36.40.40	10.9.10	34.40.37	9.2.8	39.31.38	9.7.5	33.31.35
3	10.5.2	34.40.39	1.7.9	36.37.40	10.2.10	34.37.37	8.8.7	39.39.38	9.9.5	33.40.35	9.8.6	33.32.36
4	8.4.9	33.40.40	10.8.10	34.36.37	8.9.7	39.38.38	9.7.8	33.38.35	9.10.6	33.39.36	15.15.13	45.49.43
5	7.3.5	38.37.37	7.5.9	33.35.40	7.10.10	37.35.37	9.6.5	33.37.36	15.17.13	45.48.43	20.16.14	44.50.44
6	7.2.4	34.38.38	7.6.10	37.34.37	8.7.7	34.36.38	10.6.6	45.46.43	20.18.14	44.47.44	18.13.11	42.47.41
7	10.1.3	42.45.45	7.3.7	34.33.38	10.8.8	42.43.45	18.14.15	45.46.46	17.15.13	42.46.41	17.14.14	41.48.44
8	18.20.12	45.46.46	10.4.8	42.42.45	18.15.15	46.44.46	16.13.16	41.43.43	17.16.14	41.45.44	12.11.11	41.45.41
9	16.19.11	41.43.43	18.11.15	46.41.46	15.16.16	41.41.43	17.12.13	41.44.44	11.13.11	41.44.41	18.12.12	44.46.42
10	17.18.20	41.44.44	16.12.16	41.50.43	17.13.13	41.42.44	17.11.14	42.41.41	18.14.12	44.43.42	19.20.20	42.43.49
11	17.17.19	42.41.41	17.19.13	41.49.44	17.14.14	41.49.41	11.20.11	44.42.42	16.11.19	42.42.49	20.19.20	50.44.50
12	11.16.18	44.50.44	17.20.14	41.48.41	12.11.11	44.50.42	18.19.12	42.49.49	20.12.20	50.41.50	15.17.17	41.41.47
13	18.15.17	42.47.41	19.17.13	44.47.44	18.14.14	42.47.41	16.18.19	49.50.50	15.19.17	41.50.47	15.18.18	41.42.48
14	16.14.16	46.48.42	18.18.14	46.43.42	16.11.11	46.48.42	20.17.20	41.47.47	15.20.18	41.49.48	26.25.25	55.59.55
15	12.11.13	49.45.49	14.15.11	46.43.42	11.12.12	41.45.49	15.16.17	41.42.50	29.27.25	55.58.55	28.22.28	52.60.58
16	18.20.12	49.46.50	12.15.12	42.42.49	18.19.19	49.47.50	15.15.20	53.59.57	27.28.28	52.57.58	26.29.25	60.57.55
17	13.19.11	53.53.57	18.14.19	49.41.50	13.20.20	53.56.57	29.22.27	52.60.58	22.25.25	60.56.55	30.30.26	56.58.56
18	29.26.25	51.54.58	17.13.20	53.53.57	29.27.27	51.55.58	27.21.28	58.57.55	30.25.26	56.51.56	26.27.23	52.56.53
19	27.25.26	53.59.51	29.22.27	51.56.58	27.28.28	53.54.55	23.30.25	56.55.56	26.24.23	52.60.53	27.28.24	57.55.54
20	23.24.23	52.60.52	27.21.24	53.53.51	23.21.21	52.53.52	30.23.26	52.55.53	21.23.24	57.59.54	27.25.21	53.54.51
21	28.23.24	52.57.59	23.30.21	52.54.52	28.22.22	52.52.59	26.22.23	51.56.54	27.22.21	53.59.51	25.26.22	51.53.52
22	26.22.21	51.58.60	28.29.22	52.57.59	26.29.29	51.60.60	21.21.30	51.57.53	25.21.22	51.60.52	27.21.29	57.52.55
23	21.21.22	51.55.57	26.28.29	51.52.60	21.30.30	51.60.57	25.30.27	51.52.58	27.30.25	57.57.55	26.22.26	52.51.56
24	25.30.29	51.56.58	21.27.30	51.59.57	25.27.27	51.59.58	25.29.28	57.59.55	26.29.26	52.58.56	36.39.33	10.10.3
25	25.29.30	57.53.55	25.26.27	51.60.58	25.28.28	57.58.55	27.28.25	52.60.56	36.38.33	10.5.3	35.40.34	5.9.4
26	27.28.27	52.54.56	25.25.28	57.57.55	27.25.25	52.57.56	26.27.26	10.7.3	35.37.34	5.6.4	35.37.31	9.8.1
27	26.27.28	10.1.3	27.24.25	52.58.56	25.26.26	10.4.3	36.36.33	5.8.4	35.36.31	9.3.1	35.38.32	9.7.2
28	34.36.35	5.2.4	26.23.26	10.5.3	34.33.33	5.3.4	35.35.34	9.5.1	35.35.32	9.4.2	31.35.39	1.6.9
29	35.35.36		34.32.33	5.6.4	35.34.34	9.2.1	35.34.31	9.6.2	31.34.39	1.1.9	36.36.40	10.5.10
30	35.34.33		35.31.34	9.3.1	35.31.31	9.1.2	35.33.32	1.3.9	36.33.40	10.2.10	34.33.37	8.4.7
31	35.33.34		35.40.31		35.32.32		31.32.39	10.4.10		8.9.7		9.3.8

命数が… **1〜10** 羅針盤座 **11〜20** インディアン座 **21〜30** 鳳凰座 **31〜40** 時計座 **41〜50** カメレオン座 **51〜60** イルカ座

日＼月	1	2	3	4	5	6	7	8	9	10	11	12
1	9.2.5	33.37.36	9.6.7	33.34.36	9.7.6	33.36.35	9.5.5	45.46.44	20.18.13	44.47.43	18.13.12	42.47.42
2	9.1.6	45.46.43	9.3.6	33.33.35	9.8.5	45.45.45	15.14.14	44.45.43	18.15.12	42.46.42	13.14.11	43.48.41
3	15.20.13	44.45.44	9.4.5	45.42.44	15.15.14	44.44.43	20.13.13	42.44.42	13.16.11	43.45.41	17.11.20	43.45.50
4	20.19.14	41.43.41	15.11.14	44.41.43	20.16.13	42.41.42	18.12.12	43.43.41	17.13.20	43.44.50	17.12.19	43.46.49
5	17.18.13	41.44.42	20.12.13	41.50.41	17.13.11	43.42.41	13.11.11	43.42.50	17.14.19	43.43.49	19.19.18	49.43.48
6	17.17.14	41.19.11	17.19.11	41.49.42	17.14.12	41.49.49	17.20.20	43.41.49	19.11.18	49.42.48	18.20.17	44.44.47
7	11.16.11	44.42.50	17.20.12	41.48.49	11.11.19	44.50.50	18.19.20	42.49.47	18.12.17	44.41.47	15.17.15	41.41.45
8	18.15.12	42.49.47	11.17.19	44.47.50	18.12.20	42.47.47	16.18.17	50.50.48	15.19.15	41.50.45	15.18.16	41.42.46
9	16.14.19	50.50.48	18.18.20	42.46.47	16.19.17	50.48.48	20.17.18	41.47.45	15.20.16	41.49.46	25.25.23	55.59.53
10	20.13.20	41.47.45	16.15.17	50.45.48	20.20.18	41.45.45	15.15.15	41.48.46	25.27.23	55.58.53	28.26.24	52.60.54
11	15.12.17	41.48.46	20.16.18	41.44.45	15.17.15	41.46.46	15.15.16	55.55.53	28.28.24	52.57.54	26.23.21	60.57.51
12	15.11.18	54.53.53	15.13.15	41.43.46	15.18.16	55.53.53	25.24.23	52.56.54	26.25.21	60.56.51	24.24.22	54.58.52
13	29.30.27	52.54.54	15.14.16	53.52.53	29.27.23	52.54.54	28.23.24	60.53.51	24.26.22	54.55.52	25.21.29	59.55.59
14	28.29.28	58.51.51	29.21.23	52.51.54	28.28.24	60.51.51	26.22.21	54.54.52	25.23.29	59.54.59	25.22.30	59.56.60
15	22.26.25	56.52.53	28.22.24	58.58.51	22.25.21	56.52.52	30.21.22	59.55.59	25.24.30	59.53.60	27.25.27	53.53.57
16	30.25.26	52.59.52	22.29.21	56.57.53	30.26.23	60.59.59	25.30.29	59.56.60	27.21.27	53.52.57	26.26.28	52.54.58
17	26.24.23	51.60.51	30.29.23	52.56.52	26.23.22	57.51.51	23.27.30	53.53.57	26.22.28	52.51.58	22.23.25	56.51.55
18	21.21.24	53.57.60	26.28.22	52.55.51	21.24.21	53.60.60	27.26.30	51.54.59	22.29.25	56.50.58	24.24.26	54.51.57
19	27.30.21	51.56.59	21.27.21	53.59.60	27.21.30	51.59.59	25.25.29	56.51.58	30.29.27	54.55.57	36.31.36	10.10.6
20	25.29.28	57.53.58	27.26.30	51.60.59	25.28.29	57.58.58	27.28.28	54.52.57	36.38.36	10.4.6	35.32.35	5.9.5
21	27.28.25	52.54.57	25.25.29	57.57.58	27.25.28	52.57.57	30.27.27	10.9.6	35.37.35	5.6.5	37.39.34	1.8.4
22	26.27.26	10.1.6	27.24.28	52.58.57	26.26.27	10.6.6	35.36.36	5.8.5	37.36.34	1.3.4	35.38.33	9.7.3
23	36.36.33	5.2.5	26.23.27	10.5.6	36.33.36	6.5.5	36.35.35	9.5.4	35.35.33	9.4.3	31.35.32	1.6.2
24	35.35.34	9.9.4	36.32.36	5.6.5	35.34.35	9.4.4	35.34.34	9.6.3	31.34.32	1.1.2	36.36.31	10.5.1
25	35.34.31	9.10.1	35.31.35	9.3.4	35.31.34	9.3.3	35.33.33	1.3.2	36.33.31	10.2.1	43.43.40	10.4.10
26	35.33.32	1.7.10	35.40.34	9.4.1	35.32.31	1.2.2	31.32.32	10.4.1	34.32.40	10.9.10	39.34.39	9.3.9
27	31.32.39	10.8.9	35.39.31	1.1.10	31.39.40	10.9.9	36.31.39	10.1.10	39.31.39	9.10.9	33.31.38	9.2.8
28	36.31.40	8.5.8	31.38.40	10.2.9	36.40.39	7.8.8	34.40.38	9.2.7	33.40.38	9.7.8	33.32.35	9.1.5
29	34.40.37		36.37.39	8.9.8	34.37.38	9.7.7	39.39.37	9.9.6	33.39.35	9.8.5	45.49.44	15.20.14
30	39.39.38		34.36.38	9.10.7	39.38.37	9.6.6	33.38.36	9.10.5	45.48.44	15.15.14	44.50.43	20.19.13
31	33.38.35		39.35.37		33.35.36		33.37.35	15.17.14		20.16.13		18.18.12

日＼月	1	2	3	4	5	6	7	8	9	10	11	12
1	13.17.11	43.42.50	18.19.14	43.49.43	13.14.13	43.49.42	17.20.12	43.41.41	19.11.20	49.42.50	18.20.19	44.44.49
2	17.16.20	43.41.49	13.20.13	43.48.42	17.11.12	43.50.41	17.19.11	49.50.50	18.12.19	44.41.49	16.17.18	42.41.48
3	17.15.19	49.50.48	17.17.12	43.47.41	17.12.11	49.47.50	19.18.20	44.49.49	16.19.18	42.50.48	17.18.17	47.42.47
4	19.14.18	50.50.47	17.18.11	49.46.50	19.19.20	44.48.49	18.17.19	42.48.48	17.20.17	47.49.47	27.25.26	51.59.56
5	18.13.17	41.47.46	19.15.20	50.45.47	18.20.19	42.45.48	16.16.18	48.47.47	27.27.26	51.58.56	27.26.25	51.60.55
6	15.12.15	41.48.45	20.16.17	41.44.46	15.17.16	41.46.46	17.15.17	51.56.56	27.28.25	51.57.55	23.23.24	53.57.54
7	15.11.16	55.55.54	15.13.16	41.43.45	15.18.15	55.53.54	25.24.24	51.55.55	23.25.24	53.56.54	28.24.23	54.58.51
8	25.30.23	52.56.53	15.14.15	55.52.54	25.25.24	52.54.53	28.23.23	60.53.52	24.26.21	54.55.51	25.21.30	59.55.60
9	28.29.24	60.53.52	25.21.24	52.51.53	28.26.23	60.51.52	26.22.22	54.54.51	25.23.30	59.54.60	25.22.29	59.56.59
10	26.28.21	54.54.51	28.22.23	60.60.52	26.23.22	54.52.51	24.21.21	59.51.60	25.24.29	59.53.59	29.29.28	59.53.58
11	24.27.22	59.51.60	26.29.22	54.59.51	24.24.21	59.59.60	25.30.30	59.52.58	26.30.27	52.52.57	26.30.27	52.54.57
12	25.26.29	59.60.59	24.30.21	59.58.60	25.21.30	59.60.59	29.29.29	59.59.58	26.22.27	52.51.57	24.27.26	60.51.56
13	25.25.30	53.57.58	25.27.30	59.57.59	25.22.29	59.57.58	29.28.28	52.60.57	24.29.26	60.60.56	28.28.25	58.52.55
14	27.24.27	56.55.54	25.28.29	53.56.58	27.21.28	52.58.57	26.27.27	60.57.56	28.30.25	58.59.55	33.37.34	9.9.4
15	26.23.28	56.55.54	27.25.28	53.53.55	26.22.27	60.55.56	24.26.26	58.58.55	33.37.34	9.8.4	33.36.33	9.10.3
16	22.30.25	54.56.53	26.26.25	56.52.54	22.29.24	54.56.53	30.25.25	9.9.4	33.38.33	9.7.3	37.39.32	1.7.2
17	30.29.27	10.3.6	22.24.24	54.51.53	30.30.23	10.6.2	33.32.32	9.10.3	37.35.32	1.6.2	36.40.31	10.8.9
18	36.38.36	5.4.5	30.23.23	10.5.6	36.37.32	7.5.1	32.31.31	1.7.10	36.36.39	10.1.9	40.37.38	6.6.8
19	36.35.35	9.9.4	36.32.36	5.6.5	35.38.35	1.4.4	37.40.40	9.8.9	40.34.38	6.10.8	38.38.37	4.5.7
20	37.34.34	9.10.3	35.31.35	9.3.4	37.35.34	9.3.3	35.33.33	6.5.8	38.33.37	4.9.7	34.35.36	10.4.10
21	35.33.33	1.7.2	35.40.34	9.4.3	35.32.33	1.2.2	31.32.32	4.6.1	34.32.40	10.9.10	39.36.39	9.3.9
22	31.32.32	10.8.1	35.39.33	1.1.2	31.39.32	10.1.1	36.31.31	10.3.10	39.31.39	9.10.9	35.33.38	9.2.8
23	36.31.31	10.5.10	31.38.32	10.2.1	36.40.31	9.10.10	34.40.40	9.2.9	33.40.38	9.7.8	33.32.37	9.1.7
24	34.40.40	9.6.9	36.37.31	10.9.10	34.37.40	10.9.9	40.39.39	9.9.8	33.39.37	9.8.7	45.49.46	15.20.16
25	40.39.39	9.3.8	34.36.40	9.10.9	39.38.39	9.8.8	33.38.38	9.10.7	45.48.46	15.15.16	44.50.45	20.19.15
26	33.38.38	9.4.7	39.35.39	9.7.9	33.35.38	9.7.7	33.37.37	15.17.16	44.47.45	20.16.15	44.47.44	18.18.14
27	33.37.35	15.11.16	33.34.38	9.8.7	33.36.37	15.14.16	45.46.46	20.18.14	44.46.44	18.13.14	43.48.43	13.17.13
28	45.46.44	20.12.15	33.33.37	15.15.16	45.43.46	20.13.15	44.45.45	18.15.14	43.45.43	13.14.13	43.45.42	17.16.12
29	44.45.43		45.42.46	20.16.15	44.44.45	18.12.14	42.44.44	13.16.13	43.44.42	17.11.12	43.46.41	17.15.11
30	42.44.42		44.41.45	18.13.14	42.41.44	13.11.13	43.43.43	17.15.12	43.45.42	17.12.11	49.43.50	19.14.20
31	43.43.41		42.50.44		43.42.43		43.42.42	17.14.11		19.19.20		18.13.19

（下ひとケタが… **1・2** 自我欲 **3・4** 食欲・性欲 **5・6** 金欲・財欲 **7・8** 権力・支配欲 **9・0** 創作欲）

命数は左から、第3命数、第2命数、第1命数となります

金 2016 平成28年生まれ

日\月	1	2	3	4	5	6	7	8	9	10	11	12
1	16.12.18	48.47.47	16.13.19	47.43.50	17.18.20	51.53.57	27.24.27	51.55.58	23.25.25	53.56.55	28.24.26	52.58.56
2	17.11.17	51.56.56	17.14.20	51.52.57	27.25.27	51.54.58	27.23.28	53.54.55	28.26.26	52.55.56	26.21.23	60.55.53
3	27.30.26	51.55.55	27.21.27	51.51.58	27.26.28	53.51.55	23.22.25	52.53.56	26.23.23	60.54.53	21.22.24	51.56.54
4	27.29.25	60.53.53	27.22.28	60.60.53	23.23.25	52.52.56	28.21.26	60.52.53	21.24.24	51.53.54	25.29.21	51.53.51
5	23.28.24	53.54.54	26.29.23	54.59.54	23.24.24	59.59.51	26.30.23	51.51.54	25.21.21	51.52.51	25.30.22	51.54.52
6	24.27.21	59.51.51	24.30.24	59.58.51	25.21.21	59.60.52	25.30.22	51.60.51	25.22.22	51.51.52	27.28.28	52.51.59
7	25.26.30	59.52.52	25.27.21	59.57.52	25.22.22	59.57.59	29.28.29	52.60.60	24.29.27	57.60.59	27.28.28	58.52.58
8	25.25.29	60.59.59	25.28.22	59.56.59	30.29.29	52.58.60	26.27.30	60.57.57	28.30.28	58.59.58	33.35.35	9.9.5
9	29.24.28	52.60.60	29.25.29	52.55.60	26.30.30	60.55.57	24.26.27	57.58.58	33.37.35	9.8.5	33.36.36	9.10.6
10	26.23.27	60.57.57	26.26.30	60.54.57	24.27.27	58.56.58	28.25.28	9.5.5	33.38.36	9.7.6	34.33.33	3.7.3
11	24.22.26	57.58.58	24.23.27	58.53.58	27.28.28	9.3.5	33.34.35	9.6.6	33.35.33	3.6.3	36.34.34	10.8.4
12	28.21.25	9.3.9	28.24.28	9.2.9	33.35.35	9.4.6	33.33.36	4.3.3	36.36.34	10.5.4	34.31.31	8.5.1
13	33.40.34	9.4.10	33.31.39	9.1.10	33.38.40	1.1.7	33.32.33	10.4.4	34.33.31	8.4.1	31.32.32	2.6.2
14	33.39.33	1.1.7	33.32.40	1.8.7	37.35.37	10.2.8	36.31.34	8.1.1	32.34.32	2.3.2	33.39.39	7.3.9
15	37.38.32	9.2.8	37.39.37	9.7.8	36.36.38	6.9.5	34.40.35	4.6.6	33.31.33	7.2.9	36.36.34	7.4.4
16	36.35.39	6.9.5	35.39.38	6.6.5	40.33.35	4.1.6	38.39.36	7.3.3	33.32.34	7.1.4	35.33.31	2.1.1
17	40.34.38	4.10.6	40.38.35	4.2.6	38.34.36	10.10.3	33.36.33	5.4.4	35.39.31	1.10.1	34.34.32	10.2.2
18	38.33.37	10.7.3	38.37.36	10.9.3	34.31.33	9.9.4	31.35.34	2.1.1	33.39.32	10.5.2	50.41.49	14.20.19
19	34.40.40	9.6.2	34.36.33	9.10.2	39.32.34	1.8.1	35.34.31	9.2.2	50.48.49	14.14.19	48.42.50	12.19.20
20	40.39.39	9.3.9	39.35.32	9.7.9	33.35.39	9.7.10	33.37.32	15.19.19	48.47.50	12.13.20	44.49.47	18.18.17
21	33.38.38	9.4.10	33.34.39	9.8.10	33.36.40	15.16.17	45.46.49	12.20.20	44.46.47	18.13.17	43.50.48	13.17.18
22	33.37.37	15.11.17	33.33.40	15.15.17	45.43.47	20.15.18	44.45.48	18.15.15	43.45.46	13.14.18	43.45.41	17.16.13
23	45.46.46	20.12.18	45.42.47	20.16.18	44.44.48	18.14.15	44.44.45	13.16.16	43.44.43	17.11.13	43.46.44	17.15.14
24	44.45.45	18.19.15	44.41.48	18.13.15	44.41.45	13.13.16	43.43.46	17.13.13	43.43.44	17.12.14	43.43.41	19.14.11
25	43.44.44	13.20.16	44.50.45	13.14.16	43.42.46	17.12.13	43.42.43	17.14.14	49.42.41	19.19.11	44.44.42	18.13.12
26	44.43.43	17.17.13	43.49.46	17.11.13	43.49.43	17.19.14	43.41.44	19.11.11	44.41.42	18.20.12	42.41.49	18.12.19
27	43.42.42	17.18.14	43.48.43	17.12.14	43.50.44	19.18.11	49.50.41	18.12.12	42.50.49	18.17.19	47.42.50	17.11.20
28	43.41.41	19.15.11	43.47.44	19.19.11	49.47.41	18.17.12	44.49.42	16.19.19	47.49.50	17.18.20	51.59.57	27.30.27
29	49.50.50	18.16.12	49.46.41	18.20.12	44.48.42	16.16.19	42.48.49	17.20.20	51.58.57	27.25.27	51.60.58	27.29.28
30	44.49.49		44.45.42	16.17.19	42.45.49	17.15.20	47.47.50	28.27.27	51.57.58	27.26.28	53.57.55	23.28.25
31	42.48.48		42.44.49		47.46.50		51.56.57	27.28.28		23.23.25		28.27.26

銀 2017 平成29年生まれ

日\月	1	2	3	4	5	6	7	8	9	10	11	12
1	26.26.23	51.51.54	28.30.25	60.58.54	26.21.24	51.60.53	21.29.23	51.60.52	25.22.21	52.51.51	27.27.30	57.51.60
2	21.25.24	51.60.51	26.27.24	51.57.53	21.22.23	51.57.52	25.28.22	51.59.51	27.29.30	57.60.60	26.26.29	52.52.59
3	25.24.21	51.59.52	21.28.23	51.56.52	25.29.22	51.58.51	25.27.21	57.58.60	26.30.29	52.59.59	34.35.38	10.9.8
4	25.23.22	60.57.59	25.25.22	52.55.52	25.30.21	57.55.60	27.26.30	52.57.59	34.37.38	10.8.8	35.36.37	5.10.7
5	24.22.27	58.58.60	26.26.22	60.54.59	24.27.29	58.56.60	26.25.29	10.6.8	35.38.37	5.7.7	35.33.36	9.7.6
6	28.21.28	9.5.7	24.23.29	58.53.60	28.28.30	9.3.7	33.33.37	5.5.7	35.35.36	9.6.5	35.34.35	9.8.5
7	33.40.35	9.6.8	28.24.30	9.2.7	33.35.37	9.4.8	33.35.36	3.3.5	35.36.36	9.5.5	34.31.33	8.5.3
8	33.39.36	3.3.5	33.31.37	9.1.8	33.36.38	3.1.5	33.32.35	10.4.6	34.33.33	8.4.3	32.32.34	2.6.4
9	33.38.33	10.4.6	36.32.38	3.10.5	33.33.35	10.2.6	36.31.36	8.1.3	32.34.34	2.3.4	33.39.31	7.3.1
10	36.37.34	8.1.3	33.39.35	10.9.6	36.34.36	8.9.3	34.40.33	2.2.4	33.31.31	7.2.1	37.37.39	7.4.2
11	34.36.31	2.2.4	36.40.36	8.8.3	34.31.33	2.10.4	32.39.34	7.9.1	33.32.32	7.1.2	37.37.39	7.1.9
12	32.35.32	7.7.1	34.37.33	4.7.4	32.32.34	7.7.1	33.38.31	7.10.2	37.39.39	7.10.9	34.38.40	10.2.10
13	33.34.33	7.8.2	38.38.34	7.6.1	33.31.31	7.8.2	33.37.32	7.7.9	34.40.40	10.9.10	42.45.47	18.19.17
14	33.33.34	1.5.9	33.35.31	5.3.2	33.32.32	1.5.9	39.36.39	10.8.10	42.47.47	18.18.17	46.46.48	16.20.18
15	35.40.31	9.6.9	31.36.32	1.2.10	35.39.39	10.6.10	34.35.40	18.19.17	47.48.48	16.17.18	41.49.45	17.17.15
16	33.39.32	14.13.18	35.34.40	9.1.9	33.40.39	14.16.18	42.44.47	12.20.18	41.45.45	17.16.15	41.50.46	17.18.16
17	50.48.49	12.14.17	33.33.39	15.15.18	50.47.48	12.15.17	48.41.48	17.17.15	49.46.46	17.15.16	45.47.43	19.15.13
18	48.45.50	18.11.16	45.42.48	12.16.17	48.47.48	18.14.16	44.50.46	15.18.15	45.44.44	19.20.13	43.48.42	14.14.12
19	44.44.47	13.20.15	48.41.47	18.13.16	44.45.46	13.13.15	49.49.45	19.15.14	44.43.43	17.19.13	48.45.42	14.14.12
20	43.43.46	17.17.14	44.50.46	13.14.15	43.42.45	17.12.14	45.42.44	17.16.13	49.42.42	14.18.12	46.46.41	12.13.11
21	43.42.43	17.18.13	43.49.45	17.11.14	43.49.44	17.11.13	43.41.43	19.13.12	46.41.41	12.20.11	47.42.49	18.12.20
22	43.41.44	19.15.12	43.48.44	17.12.13	43.50.43	19.20.12	49.50.42	18.12.20	42.50.50	18.17.20	51.51.59	27.11.19
23	49.50.41	18.16.11	43.47.43	19.19.12	49.47.42	18.19.11	44.49.41	18.19.20	51.59.59	27.30.28	52.52.56	26.26.24
24	44.49.42	18.13.20	49.46.42	18.20.11	44.48.41	18.18.20	42.48.50	17.20.19	51.58.50	27.25.28	51.60.57	27.29.27
25	42.48.49	17.14.19	44.45.41	16.17.20	42.45.50	17.17.19	47.47.49	27.27.28	51.57.57	27.26.27	53.57.56	23.28.26
26	47.47.50	27.21.28	44.44.50	17.18.19	47.47.49	27.24.28	51.56.58	27.28.27	53.56.56	23.23.26	52.58.55	21.25.23
27	51.56.57	27.22.27	47.43.49	27.25.28	51.53.58	27.23.27	51.55.57	23.25.26	52.55.55	28.24.25	52.55.54	26.26.24
28	51.55.58	23.29.26	51.52.58	27.26.27	51.54.57	23.22.26	53.54.56	28.26.25	60.54.54	26.21.24	51.56.53	21.25.23
29	53.54.55		51.51.57	23.23.26	53.51.56	28.21.26	52.53.56	26.23.24	51.53.53	21.22.23	51.53.52	25.24.22
30	52.53.56		53.60.56	28.24.25	52.52.56	26.30.24	60.52.54	21.24.23	51.52.52	25.29.22	25.22.21	
31	60.52.53		52.59.55		60.59.54		51.51.53	25.21.22		25.30.21		27.22.30

命数が… **1～10** 羅針盤座 **11～20** インディアン座 **21～30** 鳳凰座 **31～40** 時計座 **41～50** カメレオン座 **51～60** イルカ座

金 2018 平成30年生まれ

日＼月	1	2	3	4	5	6	7	8	9	10	11	12
1	26.21.29	10.6.8	27.23.27	52.53.58	26.28.28	10.3.5	34.34.35	5.5.6	35.35.33	9.6.3	35.34.34	9.8.4
2	34.40.38	5.5.7	26.24.28	10.2.5	34.35.35	5.4.6	35.33.36	9.4.3	35.36.34	9.5.4	32.31.31	1.5.1
3	35.39.37	9.4.6	34.31.35	5.1.6	35.36.36	9.1.3	35.32.33	9.3.4	31.33.31	1.4.1	36.32.32	10.6.2
4	35.38.36	10.4.5	35.32.36	9.10.3	35.33.33	9.2.4	35.31.34	1.2.1	36.34.32	10.3.2	34.39.39	8.3.9
5	36.37.36	8.1.4	33.33.36	10.9.5	36.34.35	1.9.1	31.40.31	10.1.2	34.31.39	8.2.9	39.40.40	9.4.10
6	34.36.33	2.2.3	36.40.35	8.8.4	34.31.34	2.10.3	36.39.32	8.10.9	39.32.40	9.1.10	33.37.37	9.1.7
7	32.35.34	7.9.2	34.37.34	2.7.3	32.32.33	7.7.2	35.38.32	7.10.1	33.39.37	9.10.7	34.38.39	10.2.9
8	33.34.31	7.10.1	32.38.33	7.6.2	33.39.32	7.8.1	33.37.31	7.7.10	34.40.39	10.9.9	42.45.48	18.19.18
9	33.33.32	7.7.10	33.35.32	7.5.1	33.40.31	7.5.10	37.36.40	10.8.9	42.47.48	17.18.18	46.46.47	16.20.17
10	37.32.39	10.8.9	33.36.31	7.4.10	37.37.40	10.6.9	34.35.39	18.15.18	46.48.47	16.17.17	41.43.46	17.17.16
11	34.31.40	18.15.18	37.33.40	10.3.9	34.38.39	18.13.18	42.44.48	16.16.17	41.45.46	17.16.16	41.44.45	17.18.15
12	42.50.47	12.14.17	34.34.39	18.12.18	42.45.48	16.14.17	46.43.47	17.13.16	41.46.45	17.15.15	41.41.44	11.15.14
13	48.49.48	17.11.16	42.41.48	12.11.17	48.48.47	17.11.16	41.42.46	17.14.15	41.43.44	11.14.14	44.42.43	18.16.13
14	41.48.45	15.12.11	48.42.47	17.20.16	41.45.46	17.12.15	41.41.45	11.11.14	44.44.43	18.13.13	42.49.42	16.13.12
15	45.45.46	19.19.20	41.49.46	15.17.11	49.46.41	19.19.14	45.50.44	18.16.13	42.41.42	16.12.12	46.46.41	12.14.11
16	45.44.44	17.20.19	49.50.41	19.16.20	45.43.50	18.20.19	44.49.43	16.13.12	46.42.41	12.11.11	41.43.50	15.11.20
17	44.43.43	19.17.19	45.48.50	17.15.19	43.44.49	14.20.18	48.46.48	12.14.17	41.49.50	15.20.20	49.44.45	13.12.15
18	49.50.42	12.18.20	43.47.49	20.19.19	49.41.49	12.19.17	46.45.47	18.11.16	49.50.45	13.15.15	53.51.54	29.30.24
19	46.49.41	18.13.17	49.46.50	12.20.20	46.42.50	18.17.17	47.47.48	29.29.25	51.57.53	27.23.23	53.59.53	23.28.23
20	42.48.50	17.14.18	46.45.50	18.17.17	42.45.47	17.17.18	47.47.48	29.29.25	51.57.53	27.23.23	53.59.53	23.28.23
21	47.47.49	27.21.25	42.44.47	17.18.18	47.46.48	27.26.25	53.56.55	27.30.26	51.56.53	24.23.23	56.60.54	30.27.24
22	51.56.58	27.22.26	47.43.48	27.25.25	51.53.55	27.25.26	51.55.56	23.25.23	56.55.54	30.24.24	52.55.51	26.26.21
23	51.55.57	23.29.23	51.52.55	27.26.26	51.54.56	23.24.23	53.54.53	28.26.24	52.54.51	26.21.21	51.56.52	21.25.22
24	53.54.56	28.30.24	51.51.56	24.23.23	53.51.53	28.23.24	52.53.54	26.23.21	51.53.52	21.22.22	51.53.59	25.24.24
25	52.53.55	26.27.21	53.60.53	28.24.24	52.52.54	26.22.21	52.52.51	21.24.22	51.52.59	25.29.29	51.54.60	25.23.30
26	60.52.54	21.28.22	52.59.54	26.21.21	60.59.51	21.21.22	51.51.52	25.21.29	51.51.60	25.30.30	57.51.57	27.22.27
27	51.51.53	25.25.29	60.58.51	21.22.22	51.60.52	25.28.29	51.60.59	25.22.30	57.60.57	28.27.27	52.59.58	26.28.28
28	51.60.52	25.26.30	51.57.52	25.29.29	51.57.59	25.27.30	51.59.60	27.29.27	52.59.58	26.28.28	10.9.5	34.40.35
29	51.59.51		51.56.59	25.30.30	51.58.60	27.26.27	57.58.57	26.30.28	10.8.5	34.35.35	5.10.6	35.39.36
30	57.58.60		51.55.60	28.27.27	57.55.57	26.25.28	52.57.58	34.37.35	5.7.6	35.36.36	9.7.3	35.38.33
31	52.57.59		57.54.57		52.56.58		10.6.5	35.38.36		35.33.33		35.37.34

銀 2019 平成31年生まれ 令和元年生まれ

日＼月	1	2	3	4	5	6	7	8	9	10	11	12
1	31.36.31	10.1.2	35.40.38	1.8.5	31.31.35	10.10.6	36.39.36	8.10.3	39.32.34	9.1.4	33.37.31	9.1.1
2	36.35.32	8.10.9	31.37.35	10.7.6	36.32.36	8.7.3	34.38.33	9.9.4	33.39.31	9.10.1	33.38.32	9.2.2
3	34.34.39	9.9.10	36.38.36	8.6.3	34.39.33	9.8.4	39.37.34	9.8.1	35.40.32	9.9.2	45.45.49	15.19.19
4	39.33.40	8.7.7	34.35.33	9.5.4	39.40.34	9.5.1	33.36.31	9.7.2	45.47.49	15.18.19	44.46.50	19.20.20
5	33.32.37	10.8.8	33.40.40	7.4.7	33.37.31	9.6.2	33.35.32	15.16.19	44.48.50	20.17.20	42.43.47	18.17.17
6	34.31.39	18.15.16	37.33.37	10.3.8	34.38.38	18.13.15	45.44.49	20.15.20	42.45.47	18.16.17	43.44.48	13.18.18
7	42.50.48	15.16.16	34.34.38	18.12.15	42.45.45	16.14.16	46.43.46	18.14.17	43.46.48	13.15.18	43.41.45	11.15.11
8	46.49.47	17.13.13	42.41.45	16.11.16	45.46.46	17.11.13	41.42.43	17.14.14	41.43.41	11.14.11	42.48.46	18.16.12
9	41.48.46	17.14.14	46.42.46	17.20.13	41.43.43	17.12.14	41.41.44	12.11.11	44.44.42	18.13.12	42.49.49	16.13.19
10	41.47.45	12.11.11	41.49.43	17.19.14	41.44.44	11.19.11	41.50.41	18.12.12	42.41.49	16.12.19	49.50.50	20.14.20
11	41.48.42	18.12.12	41.50.44	11.18.11	42.41.41	18.20.12	44.49.42	16.19.19	50.42.50	20.11.20	41.47.47	15.11.17
12	44.45.43	16.17.15	41.47.41	18.17.12	44.42.42	16.17.19	42.48.49	19.20.20	41.49.47	15.20.17	41.48.48	15.12.18
13	42.44.42	12.18.16	44.48.42	16.16.15	42.49.49	20.18.20	50.47.50	15.17.17	41.50.48	15.19.18	56.55.55	25.29.25
14	46.43.41	15.15.13	42.45.45	12.15.16	46.42.46	15.15.17	41.46.41	15.18.18	55.57.55	25.28.25	52.56.56	28.30.26
15	41.42.50	17.16.14	46.43.46	15.12.13	41.45.43	15.16.14	41.45.44	26.25.25	52.58.56	28.27.26	56.54.53	26.27.29
16	49.49.45	29.23.21	41.43.43	13.11.14	49.50.44	29.23.21	53.54.51	28.30.22	60.55.59	26.26.29	56.60.60	30.28.30
17	53.58.54	27.24.22	49.43.44	29.30.21	53.57.51	27.25.22	52.51.52	26.27.29	56.56.60	30.25.30	59.57.57	25.25.27
18	51.57.53	23.21.29	53.52.51	27.26.22	51.58.52	22.24.29	58.60.59	30.28.30	59.53.57	25.30.27	57.58.58	23.25.28
19	58.60.54	28.30.28	51.51.52	23.29.29	53.55.59	30.23.30	56.59.60	26.25.27	57.53.58	23.29.28	53.55.55	27.24.25
20	56.53.54	26.27.25	53.60.59	28.24.28	56.56.60	26.22.27	52.52.57	23.26.28	53.52.55	27.28.25	51.56.56	25.23.26
21	52.52.51	21.28.26	52.59.58	26.21.25	52.59.55	21.21.26	51.51.58	27.23.25	51.51.56	25.30.26	57.53.53	27.22.23
22	51.51.52	25.25.23	52.58.51	21.22.26	51.60.56	25.30.21	51.60.55	25.24.26	57.60.53	27.27.23	53.54.54	26.21.22
23	51.60.59	25.26.24	51.57.51	25.29.25	51.57.53	25.29.21	57.58.54	27.29.21	52.59.52	26.28.22	10.9.9	36.40.39
24	51.59.60	27.23.21	51.56.53	25.30.24	51.58.54	27.28.21	57.58.51	26.30.22	10.8.9	36.35.39	5.10.10	35.39.40
25	57.58.57	26.24.22	51.55.54	27.27.21	57.55.51	26.27.22	52.57.52	36.37.39	5.7.10	35.36.40	9.7.7	35.38.37
26	52.57.58	34.31.39	57.54.51	26.28.22	52.56.52	36.36.40	10.6.9	35.38.40	9.6.7	35.33.37	9.8.8	35.37.38
27	10.6.5	35.32.40	52.53.52	34.35.39	10.3.9	35.33.40	9.4.7	35.35.37	9.5.8	35.34.38	1.5.5	31.36.35
28	5.5.6	35.39.37	10.2.9	35.36.40	5.4.10	35.32.37	9.4.7	35.36.38	1.4.5	31.31.35	10.6.6	36.35.36
29	9.4.3		5.1.10	35.33.37	9.1.7	35.31.38	9.3.8	31.33.35	10.3.6	36.32.36	8.3.3	34.34.33
30	9.3.4		9.10.7	35.34.38	9.2.8	31.40.35	1.2.5	36.34.36	8.2.3	34.39.33	9.4.4	39.33.34
31	1.2.1		9.9.8		1.9.5		10.1.6	34.31.33		39.40.34		33.32.31

（下ひとケタが… 1·2 自我欲 3·4 食欲・性欲 5·6 金欲・財欲 7·8 権力・支配欲 9·0 創作欲）

金 2020 令和2年生まれ

日＼月	1	2	3	4	5	6	7	8	9	10	11	12
1	33.31.32	15.16.19	33.34.31	15.12.20	45.45.50	20.14.19	44.43.49	18.14.18	43.46.47	13.15.17	43.41.46	17.15.16
2	45.50.49	20.15.20	45.41.50	20.11.19	44.46.49	18.11.18	42.42.48	13.13.17	43.43.46	17.14.16	43.42.45	17.16.15
3	44.49.50	18.14.17	44.42.49	18.20.18	42.43.48	13.12.17	43.41.47	17.12.16	43.44.45	17.13.15	49.49.44	19.13.14
4	42.48.47	17.14.18	42.49.48	17.19.18	43.44.47	17.19.16	43.50.46	17.11.15	49.41.44	18.11.13	42.47.42	16.11.12
5	43.47.48	11.11.15	41.50.48	11.18.15	41.41.45	18.20.16	49.49.45	19.20.14	44.42.43	18.11.13	42.47.42	16.11.12
6	41.46.41	18.12.16	41.47.45	18.17.16	44.42.46	16.17.13	49.48.44	18.19.13	42.49.42	16.20.12	47.48.41	17.12.11
7	44.45.42	16.19.13	44.48.46	16.16.13	42.49.43	20.18.14	50.47.44	15.17.11	41.50.42	17.19.11	55.55.59	29.29.29
8	42.44.49	20.20.14	42.45.43	20.15.14	50.50.44	15.15.11	41.46.41	15.18.12	55.57.59	25.28.29	52.56.60	28.30.30
9	50.43.50	15.17.11	50.46.44	15.14.11	41.47.41	15.16.12	41.45.42	25.25.29	52.58.60	28.27.30	60.53.57	26.27.27
10	41.42.47	15.18.12	41.43.41	15.13.12	41.48.42	25.23.29	55.54.59	28.26.30	60.55.57	26.26.27	54.54.58	24.28.28
11	41.41.48	25.25.29	41.44.42	25.22.29	55.55.59	28.24.30	52.53.60	24.24.27	54.56.58	24.25.28	59.51.55	25.26.25
12	55.60.55	28.24.30	55.51.59	28.21.30	52.56.60	26.21.27	60.52.57	24.24.28	59.53.55	25.23.26	59.52.56	25.26.26
13	52.59.56	26.21.27	52.52.60	26.30.27	60.55.57	30.22.28	54.51.58	25.21.25	59.54.56	25.23.26	59.59.53	29.23.23
14	60.58.59	30.22.28	60.59.57	30.27.28	56.56.58	29.29.25	59.60.55	25.22.26	59.51.53	29.22.23	52.60.54	26.24.24
15	56.57.60	26.29.26	56.60.58	25.26.26	59.53.55	23.30.26	59.59.56	27.23.23	52.52.54	26.21.24	60.53.51	24.21.21
16	59.54.57	23.30.25	52.58.56	23.25.25	57.54.55	27.30.24	53.58.53	26.24.24	60.59.51	24.30.21	54.54.52	30.22.22
17	57.53.58	27.27.24	57.57.55	27.29.24	53.51.54	25.29.23	52.55.54	22.21.21	54.60.52	30.29.22	9.1.9	33.39.39
18	53.52.55	25.28.23	53.56.54	25.30.23	51.52.53	27.28.22	56.54.52	30.22.21	10.8.10	33.34.39	7.2.9	31.39.39
19	51.59.56	27.23.22	51.55.53	27.27.22	57.59.52	30.27.21	10.6.10	35.40.39	7.7.9	31.33.39	1.9.8	37.38.38
20	57.58.53	26.24.21	57.54.52	26.28.21	52.56.51	36.36.40	10.6.10	35.40.39	1.6.8	37.32.38	9.10.7	35.37.37
21	52.57.52	36.31.40	52.53.51	36.35.40	10.3.10	35.35.39	5.5.9	37.37.38	9.5.7	35.34.37	1.7.6	31.36.36
22	10.6.9	35.32.39	10.2.10	35.36.39	5.4.9	35.34.38	9.4.8	35.36.37	1.4.6	31.31.36	10.6.5	36.35.35
23	5.5.10	35.39.38	5.1.9	35.33.38	9.1.8	35.33.37	9.3.7	31.33.36	10.3.5	36.32.35	10.3.4	33.34.34
24	9.4.7	35.40.37	9.10.8	35.34.37	9.2.7	31.32.36	1.2.6	36.34.35	10.2.4	34.39.34	9.4.3	39.33.33
25	9.3.8	31.37.36	9.9.7	31.31.36	1.9.6	36.39.35	10.1.5	34.31.34	9.1.3	39.40.33	9.1.2	33.32.32
26	1.2.5	36.38.35	1.8.6	36.32.35	10.10.5	34.38.34	10.10.4	39.32.33	9.10.2	33.37.32	9.2.1	33.31.31
27	10.1.6	34.35.34	10.7.5	34.39.34	8.7.4	39.37.33	9.9.3	33.39.32	9.9.1	33.38.31	15.19.20	45.50.50
28	8.10.3	39.36.33	8.6.4	39.40.33	9.8.3	33.36.32	9.8.2	33.40.31	15.18.20	45.45.50	20.20.19	44.49.49
29	9.9.4	33.33.32	9.5.3	33.37.32	9.5.2	33.35.31	9.7.1	45.47.50	20.17.19	44.46.49	18.17.18	42.48.48
30	9.8.1		9.4.2	33.38.31	9.6.1	45.44.50	15.16.20	44.48.49	18.16.18	42.43.48	13.18.17	43.47.47
31	9.7.2		9.3.1		15.13.20		20.15.19	42.45.48		43.44.47		43.46.46

銀 2021 令和3年生まれ

日＼月	1	2	3	4	5	6	7	8	9	10	11	12
1	43.45.45	19.20.14	43.47.42	17.17.11	43.42.41	19.17.20	49.48.50	18.19.19	42.49.48	16.20.18	47.48.47	17.12.17
2	49.44.44	18.19.13	43.48.41	19.16.20	49.49.50	18.18.19	44.47.49	16.18.18	47.50.47	17.19.17	51.55.56	27.29.26
3	44.43.43	15.17.12	49.45.50	18.15.19	44.50.49	16.15.18	42.46.48	18.17.17	51.57.56	27.28.26	51.56.55	27.30.25
4	41.42.42	15.18.11	44.46.49	15.14.12	42.47.48	17.16.17	47.45.47	27.26.26	51.58.55	27.27.25	53.53.54	23.27.24
5	41.41.42	25.25.30	41.43.42	15.13.11	41.48.41	25.23.30	51.54.56	27.25.25	53.55.54	23.26.24	52.54.53	28.28.23
6	55.60.59	28.26.29	41.44.41	25.22.30	55.55.60	28.24.29	51.53.55	23.24.24	52.56.53	28.25.23	60.51.52	26.25.22
7	52.59.60	26.23.28	55.51.60	28.21.29	52.56.59	26.21.28	60.52.58	24.24.27	59.53.56	26.24.22	59.52.55	25.26.25
8	60.58.57	24.24.27	60.52.59	26.30.28	60.53.58	24.22.27	54.51.57	25.21.26	59.54.55	25.23.25	59.59.54	29.23.24
9	54.57.58	25.21.26	60.59.58	24.29.27	54.54.57	25.29.26	59.60.56	25.22.25	59.51.54	29.22.24	52.60.53	26.24.24
10	59.56.55	25.22.25	54.60.57	25.28.26	59.51.56	25.30.25	59.59.55	29.29.24	52.52.53	26.21.23	60.57.52	24.21.22
11	59.55.56	27.27.24	59.57.56	25.27.25	59.52.55	29.27.24	59.58.54	26.30.23	60.59.52	24.30.22	54.58.51	28.22.21
12	56.26.28	26.28.23	59.58.55	27.26.24	59.59.54	26.28.23	52.57.53	24.27.22	58.60.51	28.29.21	9.5.10	33.39.40
13	52.53.54	22.25.30	53.55.54	26.25.23	52.52.53	24.25.22	60.56.52	28.28.21	9.7.10	33.38.40	9.6.9	33.40.39
14	60.52.51	30.26.29	52.56.53	22.22.30	60.59.52	30.26.21	58.55.51	33.35.40	9.8.9	33.37.39	3.3.8	33.37.38
15	54.59.52	36.33.38	60.53.52	30.21.29	54.60.59	33.33.38	9.4.10	33.40.39	1.5.8	33.36.38	10.10.7	36.38.37
16	10.8.10	35.34.35	54.53.59	36.40.38	10.7.8	31.35.37	9.3.9	37.37.38	10.6.7	36.35.37	8.7.6	34.35.36
17	7.7.9	37.31.34	10.2.8	35.36.35	7.8.7	37.34.36	1.10.6	36.38.35	6.3.4	34.34.36	4.8.3	38.36.33
18	1.4.8	35.40.33	5.1.5	37.33.34	1.5.4	35.33.33	9.9.5	40.35.34	4.3.3	38.39.33	10.5.2	34.34.32
19	9.3.7	31.37.32	1.10.4	35.34.40	9.6.3	31.32.32	6.4.8	38.36.33	10.2.2	34.38.32	5.6.1	31.33.31
20	1.2.6	36.38.31	9.3.9	31.31.32	1.9.2	36.31.31	4.1.1	34.33.40	9.1.9	31.37.31	1.3.8	35.32.38
21	10.1.5	34.35.40	1.8.2	36.32.31	10.10.1	34.40.40	9.10.10	39.34.39	1.10.8	35.37.38	9.4.7	33.31.37
22	10.10.4	39.36.39	10.7.1	34.39.40	10.7.10	40.39.39	10.9.9	33.39.38	9.9.7	33.38.37	15.19.16	45.50.46
23	9.9.3	33.33.38	10.6.10	39.40.39	9.8.9	33.38.38	9.8.8	33.40.37	15.18.16	45.45.46	20.20.15	44.49.45
24	9.8.2	33.34.37	9.5.9	40.37.38	9.5.8	33.37.37	9.7.7	45.47.46	20.17.15	44.46.45	18.17.14	44.48.44
25	9.7.1	45.41.46	9.4.8	33.38.37	9.6.7	45.44.46	15.16.16	44.48.45	18.16.14	43.43.44	13.18.13	43.47.43
26	15.16.20	44.42.45	9.3.7	45.45.46	15.13.16	44.43.45	20.15.15	44.45.44	13.15.13	43.44.43	17.15.12	43.46.42
27	18.15.19	42.49.44	15.12.16	44.46.45	20.14.15	42.42.44	18.14.14	43.46.43	17.14.12	43.41.42	17.16.11	49.45.41
28	18.14.18	43.50.43	20.11.15	42.43.44	18.11.14	43.41.43	14.13.13	43.42.42	17.13.11	43.42.41	19.13.20	49.44.50
29	13.13.17		18.20.14	43.44.43	13.12.13	43.50.42	17.12.12	43.44.41	19.12.20	49.49.50	18.14.19	44.43.49
30	17.12.16		13.19.13	43.41.42	17.19.12	43.49.41	17.11.11	49.41.50	18.11.19	44.50.49	16.11.18	42.42.48
31	17.11.15		17.18.12		17.20.11		19.20.20	44.42.49		42.47.48		47.41.47

日＼月	1	2	3	4	5	6	7	8	9	10	11	12
1	51.60.56	27.25.25	47.44.44	27.22.21	51.55.51	27.24.22	51.53.52	23.24.29	52.56.60	28.25.30	60.51.57	26.25.27
2	51.59.55	23.24.24	52.51.51	27.21.22	51.56.52	23.21.29	53.52.59	28.23.30	60.53.57	26.24.27	51.52.58	21.26.28
3	53.58.54	28.23.23	51.52.52	23.30.29	53.53.59	28.22.30	52.51.60	26.22.27	51.54.58	21.23.28	51.59.55	25.23.25
4	52.57.53	25.21.21	53.59.59	28.29.30	52.54.60	26.29.27	60.60.57	21.21.28	51.51.55	25.22.25	51.60.56	25.24.26
5	59.56.56	25.22.22	54.60.54	25.28.21	59.51.51	21.30.28	51.55.58	25.30.25	51.52.56	25.21.26	57.57.53	27.21.23
6	59.55.55	30.29.29	59.57.51	25.27.22	59.52.52	29.27.29	51.58.55	25.29.26	57.59.53	27.30.23	52.58.54	26.22.24
7	59.54.54	26.30.30	59.58.52	29.26.29	60.59.59	26.28.30	52.57.60	24.27.27	52.60.54	26.29.24	9.5.5	33.39.34
8	52.53.53	24.27.27	59.55.59	26.25.30	52.60.60	24.25.29	52.55.57	27.28.28	9.7.5	33.38.35	9.6.6	33.40.36
9	60.52.52	27.28.28	52.56.60	24.24.27	60.57.57	28.26.28	58.55.58	33.35.35	9.8.6	33.37.36	4.3.3	33.37.33
10	58.51.51	33.35.35	60.53.57	28.23.28	57.58.58	33.33.35	9.4.5	33.36.36	3.5.3	33.36.33	10.4.4	36.38.34
11	9.10.10	33.36.36	58.54.58	33.32.35	9.5.5	33.34.36	9.3.6	34.33.33	10.6.4	36.35.34	8.1.1	34.35.31
12	10.9.9	37.31.31	9.1.5	33.31.36	9.6.6	33.31.33	3.2.3	36.34.34	8.3.1	34.34.31	1.2.2	32.36.32
13	1.8.8	36.32.32	9.2.4	37.40.31	1.5.1	36.32.34	10.1.4	34.31.31	2.4.2	32.33.32	7.9.9	33.33.39
14	10.7.7	40.39.39	1.9.1	36.39.32	10.6.2	34.39.39	8.10.1	31.32.32	7.1.9	33.32.39	7.10.10	33.34.40
15	6.4.4	38.40.40	10.10.2	40.36.39	6.3.9	38.40.40	4.9.10	33.33.37	7.2.10	33.31.40	1.3.5	35.31.35
16	4.3.3	34.37.37	6.8.9	38.35.40	4.4.10	33.37.37	7.8.7	33.34.38	1.9.5	35.40.35	10.4.6	34.32.36
17	10.2.2	39.38.38	4.7.10	34.34.37	10.1.7	31.39.38	5.5.8	35.31.35	10.10.6	34.39.36	14.11.13	50.49.43
18	10.9.9	36.35.35	10.6.7	39.40.38	9.2.8	35.38.35	1.4.5	33.32.36	14.17.13	50.44.43	12.12.14	48.49.44
19	1.8.8	33.34.34	9.5.8	35.37.35	1.9.5	33.37.36	9.3.6	50.49.43	12.17.14	48.43.44	18.19.11	44.48.41
20	9.7.7	45.41.41	9.4.3	33.38.34	9.6.4	45.46.43	15.16.13	48.50.44	18.16.11	44.42.41	13.20.12	43.47.42
21	15.16.16	44.42.42	9.3.4	45.45.41	15.13.11	44.45.42	12.15.14	44.47.41	13.15.12	43.44.42	19.17.19	45.46.49
22	20.15.15	44.49.49	15.12.11	44.46.42	20.14.12	44.44.49	18.14.19	43.46.50	19.14.19	45.41.49	17.16.18	43.45.49
23	18.14.14	43.50.50	20.11.12	43.43.50	18.11.19	43.43.50	13.13.20	43.43.47	17.13.18	44.42.48	19.13.15	49.44.45
24	14.13.13	43.47.47	18.20.19	43.44.50	13.12.20	43.42.47	17.12.17	43.44.48	19.12.15	49.49.45	18.14.16	44.43.46
25	17.12.12	43.48.48	13.19.20	43.41.47	17.19.17	43.41.48	17.11.18	49.41.45	18.11.16	44.50.46	18.11.13	42.42.43
26	17.11.11	49.45.45	17.18.17	43.42.48	17.20.18	49.48.45	19.20.15	44.42.46	18.20.13	42.47.43	17.12.14	47.41.44
27	19.20.20	44.46.46	17.17.18	49.49.46	19.17.15	44.47.46	18.19.16	42.49.43	17.19.14	47.48.44	27.29.21	51.60.51
28	18.19.19	42.43.43	19.16.15	44.50.46	18.18.16	42.46.43	16.18.13	47.50.44	27.28.21	51.55.51	27.30.22	51.59.52
29	16.18.18		18.15.16	42.47.43	16.15.13	47.45.44	17.17.14	51.57.51	27.27.22	51.56.52	23.27.29	53.58.59
30	18.17.17		16.14.13	47.48.44	17.16.14	51.54.51	27.26.21	51.58.52	23.26.29	53.53.59	28.28.30	52.57.60
31	27.26.26		17.13.14		27.23.21		27.25.22	53.55.59		52.54.60		60.56.57

日＼月	1	2	3	4	5	6	7	8	9	10	11	12
1	51.55.58	25.30.25	60.57.58	21.27.27	51.52.57	25.27.26	51.58.56	25.29.25	57.59.54	27.30.24	52.58.53	26.22.23
2	51.54.55	25.29.26	51.58.57	25.26.26	51.59.56	25.28.25	51.57.55	27.28.24	52.60.53	26.29.23	10.5.2	34.39.32
3	51.53.56	27.28.23	51.55.59	26.25.25	51.60.55	27.25.24	57.56.54	26.27.23	10.7.2	34.38.32	5.6.1	35.40.31
4	57.52.53	28.28.24	51.56.55	27.24.24	57.57.54	26.26.23	52.55.53	34.36.32	5.8.1	35.37.31	9.3.10	35.37.40
5	58.51.58	33.35.31	57.53.54	28.23.24	52.58.53	34.33.32	10.4.2	35.35.31	9.5.10	35.36.40	9.4.9	35.38.39
6	9.10.5	33.36.32	58.54.54	33.32.31	9.5.1	33.34.32	5.3.1	35.34.40	9.6.9	35.35.39	1.1.8	31.35.38
7	9.9.6	33.33.39	9.1.1	33.31.32	9.6.2	33.31.39	3.2.9	35.33.39	1.3.8	31.34.38	10.2.7	32.36.38
8	3.8.3	36.34.40	9.2.2	33.40.39	3.3.9	36.32.40	10.1.10	34.31.37	2.4.8	32.33.35	7.9.5	33.33.35
9	10.7.4	34.31.37	3.9.9	36.39.40	10.4.10	34.39.37	8.10.7	32.32.38	7.1.5	33.32.35	7.10.6	33.34.36
10	8.6.1	32.32.38	9.10.10	34.38.37	8.1.7	32.40.38	2.9.8	33.39.35	7.2.6	33.31.36	7.7.3	37.31.33
11	2.5.2	33.39.35	8.7.7	32.37.38	2.2.8	33.37.35	7.8.5	33.40.36	7.9.3	37.40.33	10.8.4	34.32.34
12	7.4.9	33.38.36	2.8.8	36.36.35	7.9.5	33.38.36	7.7.6	37.37.33	10.10.4	34.39.34	18.15.11	42.49.41
13	7.3.8	35.35.33	7.5.5	33.35.36	7.10.6	37.35.35	7.6.3	34.38.34	18.17.11	42.48.41	16.16.12	46.50.42
14	1.2.5	34.36.34	7.6.6	35.34.33	1.9.3	34.36.34	10.5.4	42.45.41	16.18.12	46.47.42	17.13.19	41.47.49
15	10.9.6	50.43.42	3.3.1	34.31.34	10.10.4	42.43.41	18.14.11	46.46.42	17.15.19	41.46.49	17.14.20	41.48.50
16	14.18.13	48.44.41	10.4.4	50.50.42	14.17.11	48.44.42	12.13.12	41.47.49	17.16.20	41.45.50	19.17.17	45.45.47
17	12.17.14	44.41.50	14.12.12	48.49.41	12.18.11	44.44.50	17.20.19	41.48.50	19.13.17	45.44.47	18.18.16	44.46.48
18	18.14.11	43.42.49	12.11.11	44.43.50	18.15.20	49.43.49	15.19.19	45.45.47	18.14.18	44.49.48	14.15.15	48.44.46
19	13.13.12	43.47.48	18.20.20	43.44.49	13.16.19	45.42.48	19.18.18	43.46.47	14.12.16	48.48.46	12.16.15	46.43.45
20	17.12.17	43.48.47	13.19.19	43.41.48	19.13.18	43.41.47	17.11.17	48.43.46	12.11.15	46.47.45	18.13.14	42.42.44
21	17.11.18	49.45.46	17.18.18	43.42.47	17.20.17	49.50.46	19.20.16	46.44.45	18.20.14	42.47.44	17.14.13	47.41.43
22	19.20.15	44.46.45	18.17.17	49.49.46	19.17.16	44.49.45	18.19.15	42.41.44	17.19.13	47.48.43	29.21.22	51.60.52
23	18.19.16	42.43.44	19.16.16	44.50.45	18.18.15	42.48.44	18.18.14	47.50.43	27.28.22	51.55.52	27.30.21	51.59.51
24	18.18.13	47.44.43	18.15.15	42.47.44	18.15.14	47.47.43	17.17.13	51.57.52	27.27.21	51.56.51	23.27.30	53.58.60
25	17.17.14	51.51.52	18.14.14	47.48.43	17.16.13	51.56.52	27.26.22	51.58.51	23.26.30	53.53.60	28.28.29	52.57.59
26	27.26.21	51.52.51	17.13.13	51.55.52	27.23.22	51.53.51	27.25.21	53.55.60	28.25.29	52.54.59	26.25.28	52.56.58
27	27.25.22	53.59.60	27.22.22	51.56.51	27.24.21	53.52.60	23.24.30	52.56.59	26.24.28	52.51.58	21.26.27	51.55.57
28	23.24.29	52.60.59	27.21.21	53.53.60	23.21.30	52.51.59	28.23.29	60.53.58	21.23.27	51.52.57	25.23.26	51.54.56
29	28.23.30		23.30.30	52.54.59	28.22.29	60.60.58	26.22.28	51.54.57	25.22.26	51.59.56	25.24.25	51.53.55
30	26.22.27		28.29.29	60.51.58	26.29.28	51.59.57	21.21.27	51.51.56	25.21.25	51.60.55	27.21.24	57.52.54
31	21.21.28		26.28.28		21.30.27		25.30.26	51.52.55		57.57.54		52.51.53

（下ひとケタが… **1-2** 自我欲 **3-4** 食欲・性欲 **5-6** 金欲・財欲 **7-8** 権力・支配欲 **9-0** 創作欲）

命数に関する注意点

⚠ 以下に当てはまる人はご注意ください。

ATTENTION 1

深夜0時～日の出前の時間帯に生まれた人

深夜0時から日の出前の時間帯に生まれた人は、前日の運気の影響を強く受けている可能性があります。本来の生年月日で占ってみて、内容がしっくりこない場合は、生年月日の1日前の日でも占ってみてください。もしかすると、前日の運気の影響を強く受けているタイプかもしれません。

また、日の出の時刻は季節により異なりますので、生まれた季節で考えてみてください。

ATTENTION 2

3つの命数のうち、2つがゾロ目の人

ひとつの生年月日につき、3つの命数がありますが、そのうち2つが同じ数字（ゾロ目）の人がいます。このタイプは、命数も2つになり、ゾロ目になった数字の性質を強くもっています。5欲を示す「下ひとケタ」も2つが同じになるため、その数字が示す欲望を強くもっています。読むページは少なくなりますが、ゾロ目の命数のパワーが強いタイプだと思って読んでみてください。

ATTENTION 3

戸籍と本当の誕生日が違う人

戸籍に記載されている日付と、実際に生まれた日が違う人は、「実際に生まれた日」で占ってください。

所詮占い、たかが占い
されど占い

他人がいるから、悩みが生まれる。
それなら占いを活用すればいい

　人生がうまくいっている人には「うまくいく理由」があり、うまくいっていない人には「うまくいかない理由」があります。

　やさしい人の元には、やさしい人が集まり、やさしくない人の周りには、やさしくない人が集まるもの。「類は友を呼ぶ」という言葉があるように、似た感覚をもっている人は、自然と集まってくるものです。
「自分はやさしくしているのに！」と嘆いていても、それは「自分基準」のやさしさだから、うまくいかないのです。

　しかし、人間はどうしても「自分基準」で物事を考え、話し、行動してしまいます。「相手のためを思い、よかれと思って行動をしている」と言っても、それ

が相手の「してほしいこと」かどうかは、「相手基準」で考えないとわかりません。

　人間関係をうまくいかせたいなら、もっと他人のことを知って、他人の好みを理解する必要があります。同時に、自分は人から見てどんな人物なのか、どう思われやすいのかを、「相手基準」で見る必要もあります。

　とはいえ、これは口で言うほど簡単なことではありません。

　なぜ、いきなりこんな話をしたかというと、

人の悩みの多くは、人間関係にあるからです。

　人はひとりでは生きていけません。これは、見方を変えれば、「周りにいる人や他人が、あなたの人生を左右している」ということ。

　だから、もっと相手を知り、自分を知り、相手の望みを満たし、自分の望みも満たす方法を知る必要がある。そこで占いを、「人間を知るツールとして、もっと活用してほしい」と僕は思うのです。

　この本では、これまで「金（銀）の羅針盤座、金（銀）のインディアン座、金（銀）の鳳凰座、金（銀）の時計座、金（銀）のカメレオン座、金（銀）のイルカ座」と計12タイプに分けていたのを、「金のイルカ座のなかにも、1〜10のタイプがいる」と、同じグループをさらに10分割して、細かな違いを表現しました。全部で120タイプに増やして1冊にまとめています。

　こんなに増やしたのはなぜかというと、人間のタイプを細かく分類すれば、**人間関係の悩みが減らせる**、と思ったからです。

人は似て非なるもの
──ゲッターズ飯田の占いは、なぜ当たるのか

　僕の「五星三心占い」は、テレビや雑誌、ウェブなど、時間やスペースの制限があるなかで伝えるときは、「ざっくりとした占い」にしています。その場合、12タイプ別で伝えていますが、本当は120タイプあります。

　「ざっくりとした占い」にも利点はあります。伝える要点を絞ると、記憶に残りやすく、人にも伝えやすい。「社交的なタイプ」「内に秘めるタイプ」「頑固なタイプ」などと、わかりやすいキャッチフレーズで伝えると、周囲の人とも共感し合えて、仲間同士で盛り上がれます。

　しかし本来、僕が対面で占うときは、たとえば12タイプのなかのひとつである「金のイルカ座」を、さらに10タイプに分類し、命数「51、52、53、54、55、56、57、58、59、60」に分けて占っています。
　金のイルカ座の「命数51」の人と「命数57」の人は、ざっくり見ると似ているのですが、細かく見ていくと違いがあるのです。

・**似ている部分に注目すれば、**
　　→「金のイルカ座（命数51〜60）」は、同じグループの仲間。
・**違う部分に注目すれば、**
　　→「命数51〜60」は、同じ金のイルカ座でも、中身が少しずつ違う。

　たとえば、自分の命数が「51」で、職場の同僚の命数が「57」だったとします。
　「なんだ〜、同じ金のイルカ座なんだね！（だから、なんとなく気持ちがわかるんだ！）」と、ちょっぴり仲間意識が芽生えるでしょう。
　初対面の人でも、出身地が同じとわかれば一気に仲よくなれるように、「似ている部分」に注目すると距離が縮まるものです。

一方で、命数「51」のあなたと、命数「57」の同僚が、恋のライバルだったとしたら？

　自分の魅力を主張するには、「違っている部分」を強調したほうが、ライバルがもっていない才能を見せつけることができます。つまり、「違っている部分」に注目すると、より個性を際立たせることができるのです。

　似ている部分に注目すれば、"同じ仲間"になれますが、違う部分に注目すると、"自分にしかない特別な才能"を感じられるでしょう。

・似ている部分に注目すれば、仲間意識をもてて、安心感につながる。
・違う部分に注目すれば、個性や才能が際立ち、より特別感が生まれる。

　どちらにも、よさがあるのです。

同じイルカでも
　　よく見ると個性や才能は違う

占いを使うと、人を許せるようになる

　この本で、自分の命数ページを読んで、「自分には、こんな才能や個性があるのか」とわかったら、身近な人の命数ページも読んでみてください。

　「なるほど、こういうタイプなんだ」「こういう性格のベースをもっているのか」などと、相手になったつもりで、その人の命数ページを読んでいくと、不思議と他人を認められるようになってきます。

　相手の態度にイラッとしたら、その人の命数ページを読んで、「だから、あ あいう態度をとるのか」と理解できれば、相手の行動や発言が腑に落ちます。「そういう要素をもっているなら、しかたないか……」と。

　そして、同時に気づきます。「相手から見れば、自分もそうなんだ」と。すると、相手を許せるようになるのです。合わない理由がわかれば、自分の気持ちも落ち着きます。理由を知らないから、許せなかっただけなんです。

「ネガティブで空気が読めないのは、羅針盤座だから」
「自分のペースでしか動けないのは、インディアン座だから」
「頑固で決めつけが激しいのは、鳳凰座だから」
「すぐに気持ちがブレるのは、時計座だから」
「現実的なことばかり言うのは、カメレオン座だから」
「自分中心で目立つのが好きなのは、イルカ座だから」
　タイプ別に、生まれつきもっている性質があることを知っていれば、どうでしょう？　相手を許せるようになりませんか？

　また、自分を占ってみて、「これが災いしているんだな」という部分がわかれば、相手に対しても「この性質をもっているって面倒だろうな」と思いやれるようになり、次第に「みんなそれぞれに、大変なんだな」と、やさしい気持ちがわいてきます。

自分基準で考えると、相手の一面しか見えませんが、いったん引いた目で見てみれば、相手にとっての「当たり前」と、自分にとっての「当たり前」が違うとわかり、「合わなくて当たり前」と思えるでしょう。

　先ほど、「人の悩みの多くは、人間関係」と言いました。占いでよく聞かれるテーマは、仕事、お金、恋愛、結婚、健康などですが、健康以外は、つきつめればすべて「他人」が関わってきます。
他人と自分を比べて、優劣をつけるから、悩みが生まれるのです。

　こんなことって、ありませんか？
・自分と他人を比べて、他人のもっているものがよく見えてしまう。
・他人も、自分と同じ欲望を追いかけていると思ってしまう。
・他人と比べることで、自分らしい生き方がわからなくなってしまう。
　たとえば、お金持ちを羨ましがっている人は、お金のない自分は不幸だと思いがちです。しかし、「お金があっても不幸」という人はたくさんいます。

　悩みが生まれるのは、勝手に相手を上に見て自分を下においたり、あるいはその逆をしてしまうからです。たんなる「違い」とフラットにとらえればいいのです。
　そこで、占いを使ってみてください。占いは淡々と「違うタイプ」だと教えてくれます。「性質の違い」「欲望の違い」を理解して、「どちらがいいも悪いもない」とわかれば、気持ちは楽になるはずです。自分と他人をもっと冷静に

理解するために、占いを上手に使えばいいのです。

　占いは、古代中国では戦略に活用されていたと言われています。戦略という言葉は、「戦を略す」とも書けます。

　一般的に「戦略」とは、「戦いに勝つための長期的な計画や準備の方針」と考えますが、有名な兵法書『孫子』には、「戦は国を滅ぼし得るから、むやみやたらにはじめるものではない」「戦わずして勝つ」などと書かれています。

　僕も、無駄な戦いを避けるために占いを使ったのではないか、と想像しています。なるべく血を流したり、命をなくしたりしないように。

　この考えは、現代でも使えます。

　意見の合わない相手、価値観の合わない相手とぶつかって、戦って、互いに傷つけ合って疲弊するよりも、占いを使って相手を知り、相手の欲望を理解して、協力し合えば、むしろパワーは2倍、3倍に増えます。

　だから、占いで相手を知って、互いの能力を理解し合ってほしいのです。

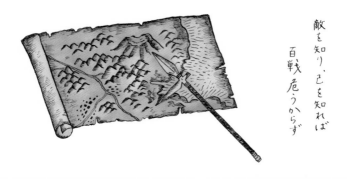

敵を知り、己を知れば
百戦危うからず

僕の占いを
すべて明かします

「五星三心占い」に込められた「5」と「3」の秘密

　次は、いよいよ僕の占いである「五星三心占い」を解体してみましょう。
「五星三心占い」は、四柱推命、算命学、九星気学、西洋占星術、宿曜など、複数の占いに、僕が占った人たちの膨大なデータをかけ合わせた占術です。

　なかでもポイントとなるのが「5」と「3」のリズムです。

　「5」は、中国で生まれ、古くから日本人の生活にも入り込んでいた陰陽五行説における「木、火、土、金、水」の5つの分類。5つそれぞれに「陰陽」があると考えて10パターン。

　これが「五星」の部分です。

　「3」は、心のリズムを「天、地、海」で表した3つの分類。こちらも3つそれぞれに「陰陽」があると考えて6パターン。そこからさらに「金・銀（表裏）」があ

ると考えて12パターン。

　これが「三心」の部分です。

　この10パターンと12パターンをかけ合わせて120タイプにしたもの。それが「五星三心占い」です。もう少し詳しく説明しましょう。

①五星
　「木、火、土、金、水」の5つ　×　「陰陽」の2つ　＝　10タイプ
②三心
　「天、地、海」の3つ　×　「表・裏（陰陽）」の2つ　×
　「金・銀（表裏）」の2つ　＝　12タイプ

　この①と②をかけ合わせたのが、本書で表現する120タイプに分けた「五星三心占い」です。②の「三心」は、「天、地、海」の3つを「表・裏（陰陽）」に分けて考えた段階で、6つのキャラクターに見立てています。

　それが、羅針盤座、インディアン座、鳳凰座、時計座、カメレオン座、イルカ座で、このネーミングは実在する星座からとったものです。
　星座が描いているキャラクターのイメージと、星がもっている性格とを照らし合わせて、「この性格とこの行動パターンは、この星座のキャラクターのイメージにピッタリ」という感覚で選びました。
　6つのキャラクターにおける表裏の関係は、次のようになっています。

・「羅針盤座⇔時計座」（天）…………時を刻み、自然と方向を指し示す。
　　　　　　　　　　　　　　　　　（精神的欲望を求める）

・「インディアン座⇔カメレオン座」（地）……育て、学び、土台となる。
　　　　　　　　　　　　　　　　　（物質的欲望を求める）

・「鳳凰座⇔イルカ座」（海）…………生命の源となり、延々と復活する。
　　　　　　　　　　　　　　　　　（肉体的欲望を求める）

このキャラクターを、さらに「金・銀（表裏）」のタイプに分け、陽気なイメージがあるほうを「金」とし、控え目で一歩引いて自分を隠すほうを「銀」としました。

　6つのキャラクターは、まったく違ったキャラクターのように見えて、じつは表裏一体です。つねに「陰陽」の関係になっています。

　なぜかというと、物事には必ず「表の面と裏の面」があるからです。
　コインに表裏、サイコロにも表の面と裏の面があるように、人にも「表の自分と裏の自分」があります。決してどちらか一面だけではないのです。

　一見、正反対のように見えて、じつは似ているのが表裏の不思議な関係で、両者の間には共通するテーマがあります。

　たとえば、人に時刻を知らせる「時計座」は人が好きで、つねに北を指し示す「羅針盤座」は人が苦手、といった性質をもっていますが、“人”に振り回されることが多いという点では似ています。“人”に対するベクトルが両極端に出ているだけです。

「5つの欲望」がカギを握っている

「五星三心占い」のしくみは、「三心」×「五星」です。

　先に「三心（6つのキャラクター）」について詳しく話したので、次は、「木、火、土、金、水」の5つ　×　「陰陽」の2つ　＝　10タイプ
の「五星」について、詳しく解説しましょう。

　五星が示しているのは、「欲望の種類」です。欲望とは、僕が「五欲」と呼んでいる「自我欲」「食欲・性欲」「金欲・財欲」「権力・支配欲」「創作欲」の5つのこと。これにもそれぞれ「陰陽」があり、10に分けています。

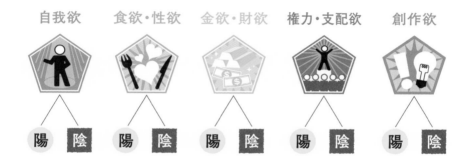

自我欲	食欲・性欲	金欲・財欲	権力・支配欲	創作欲
陽　陰	陽　陰	陽　陰	陽　陰	陽　陰

　僕は占いを勉強していくなかで、あるとき「占いとは、人の欲望を見ているんだ」と気づきました。

　占いの勉強をはじめて約25年が経ち、つねに無償で占い続け、これまで6万人以上を鑑定してきましたが、お金をいただかないからこそ、占い好きの人だけではなく、占いを信じない人や、占いは嫌いだという人も占うことができました。驚くようなお金持ちや有名人、生まれたばかりの子どもや外国人、たまたま電車で隣に座った人や、ときにはホームレスの人を占ったこともあります。

　そこでたまったデータを見ているうちに、「なぜ同じような状況でも満足す

る人と満足しない人、不満を抱えてしまう人とそうでない人がいるのか?」と疑問に思うことが多々ありました。

たとえば、「とにかく出世したい」人もいれば、「現場が好きで、プレイヤーでいたいから、管理職になるなら出世したくない」という人もいる。
「不安定でもいい。自由に働きたい」人もいれば、「安定が一番。決められた規則のなかで周りと同じように働けるほうがいい」という人もいる。

ほかにも、「ものづくりをしていると満足感が得られる」「スポーツをすると充実する」「おいしいものを食べると幸せを感じる」など、人によって満足するポイントは異なります。

ちなみに、現代に多いのは、「お金」に縛られて幸せを見失っている人です。資本主義社会では、とにかく「お金」があれば幸せと思われる面があります。しかし、もともと世の中には「お金をたくさん持っていても幸せを感じない人」「お金に執着しない人」が、かなりの数いるのです。

このように、その人の「持っている欲望の種類」を理解すると、心を満足させるポイントがわかります。占いで「持っている欲望」を伝えると、みなさん心の満たし方を知り、悩みも減り、幸せになっていきました。そんな人たちを見て、僕は人の欲望の重大さをあらためて知りました。
・人は欲望が満たされれば、幸せと感じる。
・人は欲望が満たされないと、不幸だと感じる。

不幸については、もう少し違った角度からも言うことができます。

・**自分の求めている欲望を脅かされると、イヤだと感じる。**
・**自分の求めていない欲望を押しつけられると、イヤだと感じる。**

いつもは意識していなくても、人は自然と「欲望を満たしたい」と思って生きています。

一方で、「欲望が満たされた状態」を奪われたくないし、「持っていない欲望」は押しつけられたくない、とも思っています。

こうして見ると、「欲望」が悩みの原因になっていることがわかるでしょう。

こんなとき、「五星三心占い」を使って、自分の「欲望」と他人の「欲望」に対して、どうアプローチしていくかを考えてみてください。占いが、「欲望」とうまく付き合うポイントを教えてくれます。

運気とは何か──人は3回変われる

占いとは「人の欲望を知るもの」とわかった僕は、次に「その欲望には変化が訪れる」ことに気づきました。

たとえば、出会った当初は、アイデアや企画を出すことに生きがいを感じていた人が、次第に権力や人脈に執着するようになる。あるいはその逆で、権力や人脈に興味があった野心家が、あるときから、独自のアイデアや企画を出すことに目覚めるなど、「欲望の変化」が起こるのです。

それは「人としての成長や、社会的立場の変化によって起こるものなのか?」、それとも「もともと持っている星にプログラミングされていることなの

か?」と、欲望が変化した人たちを占うなかで、冷静に見続けました。

　その結果、占い上にある「幼少期～青年期、青年期～壮年期、壮年期～老年期」の3段階で、人の欲望が変化することが見えてきたのです。

　人は、遅い人でも36年生きると、考え方や欲望が大きく変化します。「その人が成長したことで、欲望も変わっていった」とも言えるでしょう。このタイミングが早く訪れるタイプもいれば、遅いタイプもいます。

　そのリズムや流れは、また別軸の分類になるため、この本では詳しく触れませんが、先ほどお伝えした「幼少期～青年期、青年期～壮年期、壮年期～老年期」の3段階をイメージできるようにしたのが、「3つの命数」です（なかには僕の「19、16、16」のように、同じ命数を2つもっている人もいます）。

　この本では、僕が対面占いで使っている「3つの命数」を載せましたが、3つの命数とは、人生で起こる「欲望の変化」を、すべてお見せしたもの。
　占いの世界では、「一生で3段階、欲望が変化する」とも言われます。先に述べたとおり、変化のタイミングが早いタイプもいれば、遅いタイプもいるので、この本でいったん3つの欲望を全部見てみてください。
　そして、自分がいま、どの欲望をもっているのか、昔はどんな欲望をもっていて、将来どう変わるのか、自分なりに感じとってみてください。
　勘のいい人は、3つの命数ページすべてにおいて、書かれていることがピンとくるはずです。

誰もが3つの命数をもっている

　では、3つの命数について、ひとつずつ紹介しましょう。
　「五星三心占い」のベースになるのは「三心（天、地、海）」の部分です。これが「羅針盤座（金・銀）、インディアン座（金・銀）、鳳凰座（金・銀）、時計

座（金・銀）、カメレオン座（金・銀）、イルカ座（金・銀）」といったベースの性格であり、ベースになる運気のリズムでもあります。

三心 ＝ 一生変わらない部分

　この部分は、一生変わりません。
　P.90〜95の「三心ページ」を読んで、「自分の土台には、こういう性格がある」と認識しておくといいでしょう。
　この「三心」の上に、3つの命数が順に積み上がっていくと考えてください。下から、第1の命数、第2の命数、第3の命数、となります。

　第1の命数は、「ベースとなる性質」です。
　この性質がいつからいつまで（何歳から何歳まで）色濃く出るかは、その人の運気リズムによります。早い時期に次の欲望に変わっていく人もいれば、長らくこの欲望に支配されている人もいます。

第1の命数 ＝ ベースとなる性質

　ただし、「三つ子の魂百まで」ということわざがあるように、たとえ次の欲望に変わったとしても、「いまも、そういう部分はあるなぁ」と、この性質に対してしっくりくる部分は多いはずです。

　第1の命数の上に乗っているのが、第2の命数です。
　第2の命数が示すのは、「個性」です。イメージとしては、「ベースとなる性質」の上に「個性」が乗っているかたちです。

そして、第2の命数の上に乗っているのが、第3の命数です。

第3の命数が示すのは「才能」です。イメージとしては、「ベースとなる性質」の上に「個性」が乗り、その上に「才能」が乗っています。

第1の命数、第2の命数、第3の命数と、3つの命数ページをすべて読むと、「たしかに、あのころはそうだった」とか、「いま、まさにこれかもしれない」などと実感するでしょう。また、「なんとなく感じていたけど、こういう才能があるかもなぁ」と、自分の能力を再認識することもあるでしょう。

あなたの年齢によっては、第1の命数＝過去、第2の命数＝現在、第3の命数＝未来、と読んでもいいでしょう。

さらに、それぞれの命数を、「一の位」と「十の位」に分解してみてください。

「一の位（下ひとケタ）」の数字が、「五星（五欲）＝欲望の種類」です。

（命数がひとケタの人は、その数字がそのまま「欲望の種類」だと思ってください）

「十の位」は、「三心（タイプ別の性質）」を示しています（→右ページの図参照。詳しくはP.10の「五星三心占い大解剖」もご覧ください）。

つまり「五星三心占い」では、命数を「一の位」と「十の位」に分解し、それぞれで性質を読み解き、最終的にはそれらを組み合わせて、人の性格を表現しているのです。

3つの命数を見るときに、「一の位（下ひとケタの数字）」だけを見て、「持っている欲望」の観点からも占うと、また違った自分が見えてきます。

ちなみに、3つの命数のうち、同じ数字が2つ入っている人もいます。その場合、「同じ命数(欲望)を色濃くもっている」という解釈になります。

この本では、各命数ごとに「持っている星」を載せました。また、P.88〜105では、「三心」別、「五欲」別にも「持っている星」を載せていますので、両方の内容を読むことで、あなたの性格・欲望が、より浮かび上がってくるでしょう。

また、第1の命数、第2の命数、第3の命数には、それぞれ「裏の命数」が存在します。「裏の命数」は、「裏運気」のときに出てくる自分を表しています。

次は、「裏運気」についても説明しましょう。

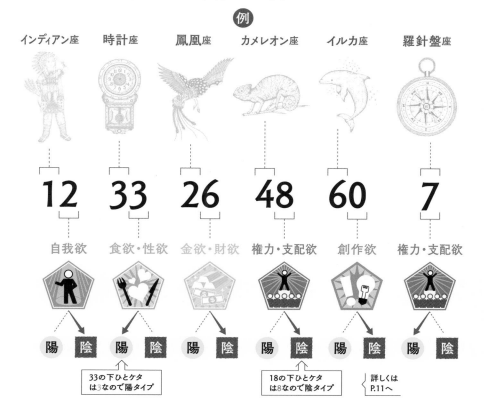

「表」と「裏」を知ることで、人の本質が見えてくる

　人はみな、「表の性質」と「裏の性質」をもっていて、それらは運気によって入れ替わって出てくる、と考えているのが「五星三心占い」の特徴です。

　運気にも「表の運気」と「裏の運気」があり、その時期をあらかじめ知っておくと、心構えと対処ができていいですよ、と僕は占いで伝えています。「裏運気（裏の時期）」とは、12年のうちの2年、12か月のうちの2か月、12日のうちの2日のこと※。

　ほかの占いでも、空亡、天中殺、大殺界など、いろいろな呼び名があり、いわゆる不運と言われている時期です。ただし、「五星三心占い」では、「悪い」というネガティブな表現を使わずに、「裏運気」と呼んでいます。

　僕が考える「裏運気」とは、簡単に言えば、「自分の裏の星の影響を強く受け、裏の才能や個性が開花する時期」です。

　「運気が悪いときにはどんなことが起き、何をするとよいのか」を僕なりに学んできた結果、つらいことが起きたり、苦しい局面が訪れたりするだけでなく、「己の欲望が、隠れていた裏の欲望に変化し、行動や性格においても裏の自分（これまでとは違う自分）が顔を出す」ということがわかりました。

　ですから、「裏運気」の時期をあらかじめ知っておき、裏の自分がもつ才能や能力を「裏側に隠れている、もうひとつの魅力」として活かせば、何も怖がる必要はないのです。

　「裏運気」には、その時期に適した過ごし方があります。この本では、命数ごとに「裏運気」という項目でまとめているので、「悪い時期だから」と脅えてじっとしているのではなく、「裏運気」にしかできないことがあると前向きにとらえて、意外な自分を楽しんでみてください。

※この本では、「乱気」と「裏運気」の時期をあわせて「裏運気（裏の時期）」と呼んでいます。

先ほど、第1の命数、第2の命数、第3の命数には、それぞれ「裏の命数」が存在すると言いましたが、「裏の命数」から「裏の性格」を読むのもおもしろいでしょう。なかには「裏の自分のほうが当てはまる」という人もいます（P.106〜111の「裏運気（裏の時期）」に関するページもご覧ください。また、「裏運気」について、もっと詳しく知りたいかたは『ゲッターズ飯田の裏運気の超え方』を読んでみてください）。

ゲッターズ飯田が、本当に伝えたいこと

この本は、ひとりにつき、3つの命数から占えるため、「もっとも詳しく自分を知るための本」であると同時に、「他人を占って、他人をより深く理解するための本」でもあります。

当たっている、外れている、だけで終わらせず、「こういう面がある」と知って、「自分はどうしたらいいのか」「相手は何を求めているのか」をじっくり考

えてみることが大事です。それこそが、「占いを使う」ということです。

　3つの命数のページを読むと、矛盾するように感じる場合があるかもしれません。
　しかし、そもそも人間とは、矛盾した部分をもっているものです。
　6万人以上を占ってきて感じているのは、「几帳面な性格」なのに「整理整頓は苦手」とか、「頑張り屋」なのに「サボり癖がある」など、一見、矛盾した部分をもっている人が多いこと。そして、それを自分でも理解できていないために、感情をコントロールできずモヤモヤしてしまう人もたくさんいます。

　また、家族、恋人、上司・部下などの矛盾した面を見て、信頼できなくなってしまい、思い悩む人もいます。しかしこの本で、人間の矛盾に気づけるようになれば、悩みは減っていくはずです。

　大切なのは、己がどんな性質をもっているかを知ること。
　己を理解しないまま人生を突っ走るより、どんな運命を背負って生きているのか、どう変わっていくのかを理解しておけば、慌てずに済むでしょう。

自分を知り、他人を知って、笑顔になってほしい

　もし、同じ命数（下ひとケタ）をもつ有名人などに、憧れの人がいたら、その人の生き方を真似してみるといいでしょう。逆に、憧れの人の命数の下ひとケタが自分とは違った場合、その人の生き方を真似しても、あなたとは欲望が違うため、苦しくなるかもしれません。

　こんな例もあります。「気難しい」と思っていた人が、占ってみると「非常に礼儀正しくて几帳面」だったというケース。「自分の態度が雑だった」と気づいたら、ていねいに挨拶してみましょう。それだけで相手の態度が変わることがあります。まずは自分から相手の欲望を受け入れることが大切です。

理屈っぽい相手なら、しっかり論理立てて説明してみる。陽気な人なら楽しい話をたくさんしてみる。おだてに弱い人ならドンドンほめてみる。損得勘定をする人なら、得する情報を話してみる……。

自分と相手のタイプが違う場合、「相手の欲望を受け入れる」のは、あなたの「持っていない欲」を鍛えることでもあります。
じつは、「合わない相手」からは、あなたの「持っていない欲」を見せられているのです。「苦手な人」「嫌いな人」の正体はこれです。

これからの人生、あなたが「持っていない欲」を求められる場面もたくさん出てくるでしょう。そんなとき、この本で「欲望のしくみ」を理解していれば、無駄に悩まずに、強く生きていけます。

最後に一言。
実際に、僕が占いで使っているノートに一番近いのが、この本です。

そして、3つの命数を混ぜ合わせた人が、あなたです。
最初から3つの命数を理解するのは難しいと思いますが、自分なりに想像する力を身につけてみてください。

誰しも、人と関わらなくては生きてはいけません。他人がいるおかげで、あなたも生きられるのです。
自分の性質を理解したら、自分をやさしく受け入れてください。それができたら、他人を占い、同じように他人をやさしく受け入れてみてください。

この本を使いこなせば、人との争いが減り、人を許せるようになり、ちょっとおおげさですが、世界平和にもつながると、僕は信じています。

人生の地図として、悩みをなくす道具として、「五星三心占い」を使い倒して、笑顔になってもらえることを願っています。

3つの命数のとらえ方

ここでは「3つの命数」から、どのように占っているのかをご紹介しましょう。

金 の時計座

たとえば **32 35 40** の場合

第**3**命数　第**2**命数　第**1**命数

| 32 |
| 35 |
| 40 |
| 金 の時計座 |

Basic

タイプ別の「基本性格」と下ひとケタの「持っている欲望」からイメージする

金の時計座

タイプ別

基本性格
…
P.88〜

◆ やさしい星
◆ 自然と人が集まる星
◆ 出会いが多い星
◆ 庶民的な星

◆ ブレやすい星
◆ 情にもろい星
◆ 差別や区別をしない星
◆ エラそうな人が嫌いな星

＋

下ひとケタ別

欲望
…
P.96〜

32
下ひとケタ1・2

自我欲 の 陰

↓

自分中心に考えたい
＋
守り

35
下ひとケタ5・6

金欲・財欲 の 陽

↓

得をしたい
＋
攻め

40
下ひとケタ9・0

創作欲 の 陰

↓

才能を発揮したい
＋
守り

人のために生きる時計座で、社会に出ると「金欲・財欲」が強くなりますが、ベースには創作欲があり、将来的には自我欲が出てくるタイプですね。

基本的には、生年月日の3つの命数で見ますが、より精度を上げるために、前日の命数もチェックして、とくにどの欲望が強いか、持っていない欲望は何かまで見ています。より相手のことがわかりますよ。試してみましょう。

Let's Try! 下ひとケタの「欠けている数字」で「弱い欲望」を見る

自我欲	1・2 ➡ 32
食欲・性欲	3・4 ➡ 持っていない!!
金欲・財欲	5・6 ➡ 35
権力・支配欲	7・8 ➡ 持っていない!!
創作欲	9・0 ➡ 40

▶ 食欲・性欲
▶ 権力・支配欲
が弱い!!

Let's Try! 誕生日の前日の命数も見て「もっとも強い欲望」を探る

前日	34	36	40
誕生日	32	35	40

下ひとケタ「0」が2つある
▶かなり理屈っぽい

前日に「4」がある
▶おしゃべりか、一言多いところも……

下ひとケタ「5・6」がある
▶お金や物への執着が強い

12 タイプ別
持っている星

金 の羅針盤座

- ◆ 礼儀正しい星
- ◆ 真面目な星
- ◆ 発想力がある星
- ◆ 品格のある星
- ◆ プライドが高い星
- ◆ ネガティブな星
- ◆ 被害妄想しがちな星
- ◆ 人は苦手な星

銀 の羅針盤座

- ◆ 真面目な星
- ◆ 他人任せな星
- ◆ プライドが高い星
- ◆ サプライズ下手な星
- ◆ 品のある星
- ◆ マイナス思考の星
- ◆ 几帳面な星
- ◆ 好きなことが見つかると才能を発揮する星

金 のインディアン座

- ◆ 陽気な星
- ◆ マイペースの星
- ◆ 好奇心旺盛な星
- ◆ 情報通の星
- ◆ 図々しい星
- ◆ 心は中学生の星
- ◆ 繊細さに欠ける星
- ◆ 空想・妄想好きな星

銀 のインディアン座

- ◆ マイペースの星
- ◆ 他人の言動に敏感な星
- ◆ 理想が高い星
- ◆ 束縛が苦手な星
- ◆ 3つのことを同時にできる星
- ◆ 妄想が激しい星
- ◆ 社会に出てから花開く星
- ◆ 手先は不器用な星

金 の鳳凰座

- ◆ 忍耐強い星
- ◆ 情熱的な星
- ◆ 凝り性の星
- ◆ 知的な星
- ◆ 頑固者の星
- ◆ 不器用な星
- ◆ 団体行動は苦手な星
- ◆ ワンテンポ遅い星

銀 の鳳凰座

- ◆ 忍耐強い星
- ◆ 決めたことは貫き通す星
- ◆ 不器用な星
- ◆ 覚悟すると驚くような力が出る星
- ◆ 超頑固な星
- ◆ 体力がある星
- ◆ 交友関係が狭い星
- ◆ 融通がきかない星

各タイプの基本性格となる「持っている星」を一覧にしました。
P.90〜の内容と合わせてご覧ください。

金の時計座

- ◆ やさしい星
- ◆ 自然と人が集まる星
- ◆ 出会いが多い星
- ◆ 庶民的な星
- ◆ ブレやすい星
- ◆ 情にもろい星
- ◆ 差別や区別をしない星
- ◆ エラそうな人が嫌いな星

銀の時計座

- ◆ 世話好きの星
- ◆ 人脈が広い星
- ◆ お人好しの星
- ◆ 他人の幸せが自分の幸せになる星
- ◆ 甘えん坊な星
- ◆ じつは野心家な星
- ◆ 人に執着する星
- ◆ 他人任せの星

金のカメレオン座

- ◆ 学習能力が高い星
- ◆ 理屈好きな星
- ◆ 真似が上手な星
- ◆ 視野が広い星
- ◆ 根は優柔不断な星
- ◆ お金が好きな星
- ◆ 現実的な星
- ◆ 周囲の人に似る星

銀のカメレオン座

- ◆ 几帳面な星
- ◆ 器用な星
- ◆ 真似が上手な星
- ◆ 伝統や文化が好きな星
- ◆ 突っ込まれると弱い星
- ◆ 他人任せの星
- ◆ 甘えん坊な星
- ◆ 根は心配性な星

金のイルカ座

- ◆ 負けず嫌いの星
- ◆ 頑張り屋の星
- ◆ 学生のノリが好きな星
- ◆ 仲間意識が強い星
- ◆ 自己中心的な星
- ◆ 根は遊び人の星
- ◆ 控えめな生活は苦手な星
- ◆ ライバルがいると燃える星

銀のイルカ座

- ◆ 人当たりがいい星
- ◆ 華やかな星
- ◆ 遊び心をもっている星
- ◆ 話術がある星
- ◆ 本当はサボる星
- ◆ 根は甘えん坊な星
- ◆ 心は高校2、3年生の星
- ◆ 毒舌の星

羅針盤座

命数が1〜10の人で

生まれた西暦年が

| 攻めが強いタイプ | 金 偶数年 | 奇数年 銀 | 受け身が強いタイプ |

★運気のいい月 》》 6月／7月

★運気のいい月 》》 7月／8月

基本性格

手のひらの上で北を指し示す羅針盤。その羅針盤を持つ人によって運命が大きく変わってしまいます。親、先輩、上司など指導者が優秀ならば自然とよい道に進めますが、間違った指示を受けてしまうと道に迷うことがあるでしょう。そもそも上品で真面目、言われたことを守れるタイプ。プライドも高くしっかり者ですが、マイナスに物事を考えすぎてしまう傾向も。やさしい人ですが、本音ではどこか人が苦手なところがあるでしょう。ポジティブな発言をして前向きに行動するだけで、持ち前の真面目さを活かせるでしょう。

基本性格

人の手の上に乗り、方向を指し示す銀の羅針盤。金の羅針盤座と同様、持つ人によって人生が大きく変わるため、親や上司などよき指導者にめぐり合うことで運命を好転させられるタイプ。非常に真面目ですが、じつはサボり魔で、他人に深入りしたくないのが本音。よく言えば控え目な人ですが、後ろ向きでマイナス思考の持ち主。発言もマイナス気味で、受け取り方も不要にネガティブになることが多いでしょう。ウソでもいいので、ポジティブな発言を繰り返してみてください。それだけで運を味方につけられるでしょう。

恋愛 & 結婚運

品のある頭のいい人ですが、相手にも真面目さや気品を求めすぎてしまうところがあるタイプ。完璧は望んでいないと言いながらも理想が自然と高くなってしまいます。自分から積極的に行動することも少なく、相手の告白を延々と待ってしまうことも。そもそも恋に臆病なので、なかなか心を開けなかったり、恥ずかしがってチャンスを逃しがち。結婚願望はありますが、仕事に火がつくとチャンスを逃すことが多く、なんでもひとりで頑張りすぎてしまうところも。結婚後に仕事を続けて OK な相手とならうまくいくでしょう。

恋愛 & 結婚運

しっかり者に見えますが、恋は非常に不器用で、相手の些細な言動をマイナスにとらえすぎたり、よかれと思ったサプライズやプレゼントが少しズレてしまったりすることが多いタイプ。甘えん坊で相手任せのことが多いので、パワフルで積極的にリードしてくれる人や相手の好みに合わせるとうまくいくでしょう。結婚願望はありますが、そこも相手任せになりすぎてなかなか進まず、ネガティブな情報に振り回されやすいので気をつけて。真面目に悩むより、自分も相手も楽しませることを考えて過ごすといいでしょう。

仕事 & 金運

どんな仕事もキッチリていねいにできるタイプ。とくに上司や先輩からの的確な指示を受けた仕事では活躍することができるので、若いころにどれだけ仕事を受けるかが重要。真面目な性格ですが「好きな仕事以外はやりたくない」などと、雑用を避けたりしてしまうと、いつまでもチャンスにめぐり合えず、苦労が絶えなくなります。サポート的な仕事やものづくりの仕事で才能を開花させられるでしょう。金運は、見栄で出費したり、独特な感性で買い物をしがちですが、体験や経験することに惜しみなく使う場合もあるでしょう。

仕事 & 金運

真面目でていねいに仕事をするため、職場での評判はいいのですが、決められたこと以上をするタイプではないので、自主的に動かなくてはならない仕事よりも、マニュアルがある職種や規則正しい仕事に就くといいでしょう。ただし知的なため、アイデアが豊富にあり、慎重に計画を練ることができるので、企画やイベントの仕事でも能力を活かすことができます。金運は、上品なことに出費が増えるタイプ。些細な見栄での出費も多いので、本当に必要な物なのか、価値ある物なのかを考えてお金を使うといいでしょう。

時計座

になると →

命数が31〜40の人で

生まれた西暦年が

攻めが強いタイプ 金 偶数年 奇数年 銀 受け身が強いタイプ

★運気のいい月 >>> 1月／12月

★運気のいい月 >>> 1月／2月

基本性格

人に時を教えることが役目の時計と同じように、人の役に立つことで幸せを感じる人です。権力を振りかざす人やエラそうな人は嫌いですが、基本的には差別や区別をしないので自然といろいろな人が集まり、マイノリティなタイプの友人もできるでしょう。振り子時計だけあって気持ちが右に左にとブレやすく、周囲の言葉や意見に振り回されることも。人との関わりが多いぶん、チャンスもやってきますが、苦労も多く、精神的に疲れてしまうこともあるタイプ。情に流されて人との縁がなかなか切れないことも多いでしょう。

基本性格

人のために時を教えるような生き方をする金の時計座と同じで、人のために生きることで幸せを感じるタイプですが、人に執着することが原因で自らブレてしまい、影響力の強い人に振り回されることも多いでしょう。野心や向上心はもっていますが、どこか人任せで、他人の努力に乗っかろうとするところもあるでしょう。正義感があり、人当たりもよく、差別や区別をしないので人脈は自然と広がり、人間関係が財産となることも多いはず。自分でも理解できないようなタイプと親友になる場合もあるでしょう。

恋愛＆結婚運

精神的に頼りになる人を望みながらも、逆に頼られてしまうような人と恋をすることが多いタイプ。情にもろく「私だけが理解できている」と思い、変わった人や夢を追いかけている人にハマってしまいがちです。周囲が止めるのを無視してでも一緒になってしまうこともありますが、あなたの場合は、お金や地位よりも愛や、互いに苦労をともにできる人と一緒にいることを大事にします。結婚後も互いに尊重し合いながら、派手な生活よりも心の満足を大事にする夫婦生活を理想とするでしょう。

恋愛＆結婚運

自分にかまってほしいタイプで、束縛されたり、マメに連絡があるほうが愛を感じられる人。恋人ができると、ほかの人間関係が手薄になってしまい、恋人に振り回されすぎる面もあるでしょう。周囲から「あの人、変わったね」と言われるほど相手の影響を受けがちですが、本人はなんとも思っていないこともあります。結婚後も仲よくベッタリの夫婦関係を好み、とくに精神的な支えとなってくれる相手と結ばれることを望むでしょう。

仕事＆金運

ノルマやマニュアルでガチガチの会社よりも、人情味のある社長がいるような職場のほうが合うタイプ。「この人がいるから頑張ろう」と思えるような、人と人とのつながりを大事にしながら仕事ができるとベストです。教育や育成、トレーナー、看護や保育など、人との関わりが多く、あまり商売的ではない仕事が最適でしょう。金運は、ケチではありませんが、高価な物や派手なお金遣いを自然と避け、身分相応の品選びができる人です。たまの贅沢はいいですが、困った人や若い人のためにもお金を大切に使えるタイプでしょう。

仕事＆金運

人との関わりの多い仕事が天職なタイプ。サービス業や仲介業、教育や指導など若い人や困った人の相談役になることで能力や魅力を開花させられそう。介護や看護、福祉関係に多くいるタイプで、マネージャーや秘書などのサポート役で活躍することも。コツコツと行うものづくりや単純な仕事より、人の笑顔に直接つながる仕事がオススメ。金運は、自分だけでなく周囲の笑顔のためにお金を使える人で、庶民的な感覚ももっているので、不要な贅沢を避けます。ブランド品よりも安くてよい物のほうが満足できるでしょう。

インディアン座

裏運気

命数が11〜20の人で

生まれた西暦年が

攻めが強いタイプ **金** 偶数年　奇数年 **銀** 受け身が強いタイプ

基本性格

五星三心占いで唯一、人を表すインディアン座ですが、大人ではなく、好奇心旺盛で心は中学生のままの人です。幅広く情報を集めるため、周囲から「なんでそんなこと知ってるの？」と言われるような新しいことを知っていたり、流行のさらに先を読むことができたりする人でもあるでしょう。妄想や空想が好きで、つねにいろいろなことに興味を示しますが、飽きっぽいため、計画的に行動することが苦手です。人なつっこく、知り合いが多くなることで幸運をつかめるようになるので、友人に執着しないほうがいいでしょう。

恋愛＆結婚運

恋は恋、仕事は仕事、趣味は趣味と、すべてを同率にするため、若いころだけは恋にどっぷりハマることがあっても、社会に出るとそこまでの深い恋をする感じではなくなります。「恋も楽しいし、仕事も頑張る、趣味の時間もほしい」というタイプに。そのため恋人に寂しい思いをさせてしまい、相手が浮気する隙をつくってしまうことも。結婚願望は強くはないのですが、家族を大事にします。結婚後は、相手も自分の家族も大切にしますが、ほどよい距離感を大事にしようとする面も出てくるでしょう。

仕事＆金運

フットワークの軽さを活かした仕事に就けると活躍できるので、販売や商社、営業などに強いタイプ。営業先の偉い人と仲よくなり、お酒の席で大事な仕事を得ることができるなど、学生時代よりも社会に出てからのほうが能力を発揮できるでしょう。転職することで複数の技術を取得でき、人脈を広げて仕事に活かすこともできるでしょう。金運は、中学生のようなお金の使い方をするので、できれば定期的にお金を貯めることが大事。複数の銀行にお金を分けて預けておくと、自然と貯まるようになるでしょう。

基本性格

妄想や空想が激しく、つねにいろいろと考えていますが、楽観主義で、他人からの目や評価はあまり気にしないタイプ。かといって無神経ではなく、相手が何を考えているのかを察する力にも長けています。「人は人、自分は自分」「過去は過去、今は今、未来は未来」と割り切った考え方をし、何事にも執着せず飄々と生きます。学生時代の友人との縁を切ってでも社会での知り合いを増やすことで、能力や才能を開花させられるでしょう。心は中学2、3年生で止まったままで、見た目も若く見えることが多いでしょう。

恋愛＆結婚運

妄想恋愛をしがちで、いろいろな相手で想像しているタイプ。そのため好きになる人の理想が高くなることが多く、とくに才能豊かな人やセンスのいい人、好きなことに一生懸命で輝いている人を好きになることが多いでしょう。ただし、自分のペースを邪魔するような相手とは長続きしません。適度な距離感を保てて自由な感じにさせてくれる人となら続くでしょう。結婚願望は強くはありませんが、適齢期が迫ってきて周囲の友人がみんな結婚したり、恋人が積極的で束縛しないタイプだったりすると、突然結婚することがあるでしょう。

仕事＆金運

情報系や流動性のある仕事、雑誌、ウェブ、最新の技術、若い女性に関わる仕事、日々の変化が多い仕事などが向いています。少し不安定なくらいのほうが楽しめることも。知り合いの数が幸運を引き寄せるので、転職や副業で成功したりすることも多いタイプ。気になったらいろいろやってみるのが大事。「三方の星（3つ同時に進行することで成功する）」を活かすといいでしょう。お金の使い方も無駄が多く、不要な買い物が多いでしょう。同じ物を何度も買ったり、趣味や遊びに浪費することも多いのでほどほどに。

カメレオン座

になると →

命数が41〜50の人で

生まれた西暦年が

攻めが強いタイプ 〉 **金** 偶数年 　 奇数年 **銀** 〈 受け身が強いタイプ

★運気のいい月 》》》 10月／11月

★運気のいい月 》》》 11月／12月

基本性格

冷静で真面目に自己分析や状況判断ができる頭のいい人。デキる人をしっかり観察し学習することで、その人の能力を自分のモノにするような、真似が非常に上手な人。困ったときは、周囲の人を観察したり、一流の人、憧れの人をしっかり見たりすることが大事。逆に、基本的なことを真似せずに、オリジナルな方法をとったり、個性をむき出しにしたりするとうまくいかなくなってしまいます。若いときほどしっかり勉強して何事も真似をして吸収するように努めるといいでしょう。

基本性格

器用で几帳面な性格ですが、周囲に同化することが多く、周りの人のレベルが高ければ自然と自分も同じような感じに変化することができます。逆に、友人や身近な人のレベルが低いと同じように低くなってしまうので、少し背伸びや無理をするくらいのほうが力を発揮できるタイプです。他人任せになるところが多く、甘えすぎたり、面倒なことや不慣れなことを人に押し付けたりする癖もあるので、いざというときに力を発揮できない場合も。他人任せはほどほどにしておきましょう。

恋愛 & 結婚運

選びすぎや考えすぎで、恋の流れに乗り遅れてしまうタイプ。理想や現実を考えるのはいいですが、考えても行動できないまま恋のチャンスを逃したり、いざチャンスがめぐってきても優柔不断になってしまうことも。恋愛上手な人の真似をしたつもりが遊ばれて終わってしまう場合も多そう。本音ではお金のない人には興味がないところが結婚で強く出てくるので、恋愛と結婚相手のタイプが極端に変わることも多いでしょう。結婚後は古風な考えが強く出て、いい家庭をつくるように努めるでしょう。

恋愛 & 結婚運

自分ではふつうのつもりでも、理想が自然と高くなってしまうタイプ。頭のよさや才能のある人、お金持ちなど、将来安定した生活を送る相手を選ぶところがあり、年齢の離れた人と交際するケースも多いでしょう。このタイプには、美人やイケメンが多いため、モテることも多いのですが、外見だけで判断された恋では痛い目に遭うこともありそう。結婚相手は、恋愛よりさらにレベルの高い人を選ぼうとして慎重になりすぎてしまいますが、一緒にいると安心できる人を選ぶといい生活を送れるでしょう。

仕事 & 金運

下積みや基本的なやり方、マニュアルがしっかりある職種や、少し堅めの仕事に就くといいでしょう。コツをつかめば多くの仕事で能力を活かせますが、収入面の不満が出たり、見習う人が周囲にいないとやる気を失ってしまったりするところがあるでしょう。手先が器用なので技術職や専門職でも才能を活かせそうです。金運は、心配性なので、計画的な貯金や積立なども苦痛ではないでしょう。価値のある物に出費をするぶん、ややマニアックな物を集めたり、突然高価な買い物をしたりすることもあるでしょう。

仕事 & 金運

知識や頭脳を活かせる仕事に就くと能力を発揮できるため、大手企業に勤めるか、マニュアルがしっかりしている仕事が最適。また、専門知識を活かした仕事や言葉を使う職種でも活躍する人が多いでしょう。美意識が高いので、人前に立って注目を集めるような仕事も合うでしょう。金運は、お金に対する考え方はしっかりしていますが、センスがいいぶん、レベルの高い物を手に入れてしまうため、時折大きな出費も。祖父母の影響が強く出るので、似たような仕事運や金運を引き継ぐこともあるでしょう。

鳳凰座

命数が21〜30の人で

生まれた西暦年が

攻めが
強いタイプ

金 偶数年　奇数年 銀

受け身が
強いタイプ

★運気のいい月≫≫ 2月／3月

基本性格

燃える孤高の鳥である鳳凰は、情熱家で、一度火がつくと燃えつきるまで続くパワーがあります。ふだんは物静かでも、内に情熱を秘めていることが多く、じっくりゆっくり進みながら内面は燃えたぎっているでしょう。団体行動や集団のなかにいるよりもひとりの時間を大事にするため、自然としゃべりが下手になってしまい、伝え下手なところが出てくるかも。何事もしっかり考えますが、考えすぎてチャンスを逃すことも多く、土台が頑固なため、勘違いや見当違い、人間関係のトラブルも多いタイプです。

恋愛＆結婚運

好みのタイプがハッキリしているため、一度好きになると同じような相手を好きになることが多いタイプ。恋の火がつくと相手のことばかり考えすぎて、深読みして空回りしたり、気持ちを言葉で伝えることが苦手でチャンスを逃してしまったりすることも多いでしょう。真面目で心の広い人と結ばれると幸せになれます。結婚は安定した人を好む傾向があり、両親や祖父母を大切にする人との結婚を望むでしょう。結婚後は安定した家庭生活を送りますが、頑固なので自分のリズムや生活パターンを変えられないでしょう。

仕事＆金運

時間と忍耐が必要な仕事や、体を使う仕事に向いています。どんな仕事でも「自分はこれだ！」と思って情熱を燃やせれば、時間がかかっても必ず結果を出し、評価される人。職人的な仕事、時間や手間がかかる仕事、研究や、変化の少ない仕事が最適です。流行を扱う分野やチームワークでは苦労が増えますが、一生懸命に取り組むと、次第に周囲の目も変わります。金運は、若い段階で「お金の勉強」をすると、投資などで安定して収入を得られることもあるでしょう。流動が激しい博打などには手を出さないほうがいいでしょう。

★運気のいい月≫≫ 3月／4月

基本性格

金の鳳凰座が"燃えたぎっている"のなら、銀の鳳凰座は"じっくりゆっくりと燃え続ける"タイプ。些細なことで自分の信念を曲げることなく、まっすぐ突き進んでいきます。壁にぶつかってもその壁を倒すまで押し続けるような人。周囲からのアドバイスも簡単には聞き入れずに自分の生き方や考えを通すでしょう。年齢と共に臨機応変な対応を覚えられればいいですが、若いうちは不器用で伝え下手なところが出てしまいます。交友関係は狭いのですが、一度仲よくなると深い付き合いをすることになるでしょう。

恋愛＆結婚運

本気で好きになるまでに時間はかかっても、一度火がつくと延々と燃え続けます。ストレートに気持ちを出す人ですが、すぐに行動には移せず、片思いの時間が長くなってしまうでしょう。相手のやさしさを勘違いして好きになり、猪突猛進になってしまうことも。また、押しに非常に弱いので、最初の印象が悪くない人に告白されて、強引な相手ととりあえず付き合って後悔する経験もあるでしょう。結婚相手には、両親と似ている部分がある人や自分の家族に近いタイプの人を望んでしまうことがあるでしょう。

仕事＆金運

どんな仕事でも、一度はじめると忍耐強く続けられ技術も身につきますが、時間がかかってしまったり独特な方法で仕事を進めたりするため、職場では浮いてしまうことも。不向きだと思われる仕事でも、好きになると辞めることなく突き通すところもあるでしょう。ただし、転職癖がつくと何度も同じ理由で転職してしまうので気をつけて。金運は、貯金の癖がつけばドンドン貯まりますが、浪費癖が身についてしまうとなかなかやめられなくなるので、早めに、保険や定期預金、少額の投資などをはじめるといいでしょう。

イルカ座

命数が51～60の人で

生まれた西暦年が

攻めが
強いタイプ

金 偶数年　奇数年 **銀**

受け身が
強いタイプ

★運気のいい月 》》 8月／9月

★運気のいい月 》》 9月／10月

基本性格

　海で群れで泳ぐイルカのように仲間意識が強い頑張り屋。自分の目標に向かって泳ぎ続けるタイプで、競争相手やライバルがいるほど燃える人。自分中心に物事を考えすぎてしまったり、自己アピールが強くなりすぎて、周囲からワガママと思われてしまうところも。心が高校1年生でサッパリした感じがあるため、身近な人や仲よくなった人には理解してもらえそうですが、負けず嫌いが原因で苦労することもあるので、他人を認めることが大事。頑張ったぶんはしっかり遊び、旅行や買い物などのご褒美も必要です。

基本性格

　明るく陽気で華やかな印象を与える人。人当たりもよく、ユーモアセンスや話術もあり、自然と人を引き寄せる魅力があります。イルカが船と競って遊ぶように、つねに遊び心をもって生きているため、真面目な感じや束縛、同じことの繰り返しの生活からは抜け出したくなるでしょう。変化や楽しい空気を感じる場所に自然と向かってしまうところや、大事なことは人任せになってしまうところもあるでしょう。愛嬌があるため、挨拶やお礼などマナーをしっかり身につけると、助けてくれる人が増えて楽しく生きられそうです。

恋愛＆結婚運

　いつまでもモテていたい人。基本的には恋することが好き。自分のことを好きでいてくれる人が多ければ多いほど満足しますが、外見や中身も周囲がうらやむような人と一緒になりたいと思っています。恋をしていないとパワーや魅力に欠けてしまうときがあるでしょう。結婚は、互いに認め合える人とすることが理想。相手に依存するような生活よりも、自分も相手も仕事をして、互いに助け合える感じを望むでしょう。パワーが強いぶん、浮気や不倫などに突っ走ってしまう場合もあるので気をつけてください。

恋愛＆結婚運

　恋は、ノリと勢いと華やかさに弱いタイプ。地味でおとなしい感じの人に目を向けることは少なく、自然と外見や服装のセンスのいい人や、才能を発揮している人に惹かれてしまいます。異性の扱いが上手な人と関係を結ぶことも多いので、「恋愛は遊び」などと割り切ってしまうことも。結婚後は家庭を大事にしたいという思いはありますが、遊び心を理解してもらえない相手とはうまくいかなくなったり、ノリや勢いだけで先を考えずに籍を入れてしまったりすることもあるでしょう。

仕事＆金運

　努力家で頑張り屋な性格を活かせる仕事に就くと、能力を開花させることができるので、目標をしっかり定められる仕事がオススメ。営業やノルマがある仕事もいいですが、競うことやチームワークが大切になる部署での活躍も期待できます。ただし、自分勝手に仕事をして注意されてしまうことも多そう。金運は、派手な物を手に入れたり、旅行やライブでお金を使ったりすることが多く、仕事で頑張ったぶんは、しっかり出費することで、さらに頑張れるようになっていくタイプです。

仕事＆金運

　仕事と趣味が連動すると驚くような能力を発揮します。仕事をゲーム感覚で取り組んでみるのもいいので、どう考えたら楽しくおもしろくなるか、いろいろと試してみるといいでしょう。楽しくない仕事はすぐにやる気を失い、労働意欲は弱くなりますが、職場に気の合う人がいると続くでしょう。金運は、楽しくお金を使うタイプ。チマチマ貯めたりケチケチすることは性に合いません。派手に使ったり、流行や話題の服や物を手に入れるために使ってしまうことも多いでしょう。

1

命数が 1, 11, 21, 31, 41, 51 の人

自我欲 の 陽 タイプ

表裏の

自分を中心に考えたい欲をもつ、攻めの強いタイプ

☆持っている星

- ☐ 色気がなくなる星
- ☐ 「でも、だって」が口癖の星
- ☐ 生意気な星
- ☐ 簡単に謝らない星
- ☐ 頑張り屋の星

- ☐ 対等な星
- ☐ 友情を大切にする星
- ☐ 身近な人と恋する星
- ☐ 胃腸が弱い星
- ☐ ライバルがいると燃える星

恋愛＆結婚運

　好きになる人は「身近な人」タイプ。同じ学校や同じ職場で対等に付き合える、友達の延長のような恋が好き。逆に、相手から甘えられたり、引っ張られすぎたりするとぶつかってしまい、ケンカになることも。また、共通の趣味や似た部分を相手に求めてしまうことも多いでしょう。結婚後は、相手には友人関係の延長のような生活を求めますが、対等な関係でいたいために素直に謝ることができず、それが原因で気まずい空気になってしまうことがありそう。意地を張らず、素直に謝れるように自分を成長させておきましょう。

仕事＆金運

　努力と根性でどんな仕事もパワフルにできる人。ライバルや競争相手がいると燃えるので、職場にも運動部のようなノリがあると楽しく仕事ができるでしょう。社内一や全国一位を目指して努力すると目標を叶えられますが、一方で、頑張りが認められないと簡単にすねてしまうところもあるタイプです。金運は、一生懸命仕事をしたぶんだけ、使い方も派手になってしまいそう。色気を感じさせるような品には興味が薄いのですが、自分をアピールできて、目立てるものにはお金を使いすぎてしまうところがあるでしょう。

健康面で気をつけてほしいこと

胃腸　胃痛　神経痛

おすすめのダイエット

**運動する
友人とダイエット競争をする**

下ひとケタ「1」の男性を口説くには？

**なれなれしく少し生意気なくらいの接し方
ため口　友達感覚**

下ひとケタ「1」の女性を口説くには？

**友達のように楽な感じに　親友のように話す
一緒にスポーツをする**

ラッキーカラー	ラッキーフード	ラッキースポット
レッド	クッキー	キャンプ場
オレンジ	ヨーグルト	スタジアム
イエロー	ささみ料理	スポーツジム

命数が 2, 12, 22, 32, 42, 52 の人

自我欲 の 陰 タイプ

関係

自分を中心に考えたい欲をもつ、守りの強いタイプ

☆持っている星

- 陰で努力する星
- 団体行動が苦手な星
- 長い話が嫌いな星
- 合理的な星
- やけ食いの星
- 旅行・ライブ好きな星
- 好きな人を追いかける星
- 独自の健康法にハマる星
- 役者の星
- 結論だけ聞く星

恋愛＆結婚運

　恋は追いかけていたいタイプ。相手が自分のことを好きになったり、ベッタリしてきたりすると突然冷めてしまうことが多い人。向上心と刺激と変化のある人を好むため、「高嶺の花」だと思われる人をねらったり、ドキドキするような秘密の恋に夢中になったりするでしょう。不倫や三角関係、友人の恋人、好きになってはいけないような相手を追いかけてしまうことも。結婚は、自分が好きな人を追い求めすぎてしまうため、若いときに後先考えずに突然入籍するかも。年齢とともに刺激のある恋が減るので、チャンスを逃さないように。

仕事＆金運

　社会に出ると、家族の前とは違ってしっかり者になれる人。自分で決めた目標に向かって突き進みますが、根は野心家なので、向上できる仕事ではないと長続きしないでしょう。若いころに雑用や基本的な仕事をサボったり、雑に覚えてしまったりするといつまでもいい結果を出せない場合も。基本や初心を大事にすることで仕事運は大きく変わるでしょう。金運は、自分が欲しいと思ったものを無計算で購入したり、派手に使ってしまったりすることが多いでしょう。目先の欲につられ、一発逆転をねらった転職には気をつけて。

健康面で気をつけてほしいこと

胃腸　事故　ケガ

おすすめのダイエット

露出の多い服を着る
格闘技を習う

下ひとケタ「2」の男性を口説くには？

セクシーで刺激的に演出する
やや冷たく危険な香りを出す

下ひとケタ「2」の女性を口説くには？

ワイルドな感じにする
やんちゃな雰囲気を出す

ラッキーカラー	ブラック / ホワイト / ゴールド	ラッキーフード	和菓子 / ステーキ / リンゴ	ラッキースポット	ライブハウス / リゾートホテル / 道場（格闘技場）

3

食欲・性欲 の 陽 タイプ

表裏の

楽しみたい欲をもつ、攻めの強いタイプ

☆持っている星

- [ ] 気分が顔に出る星
- [ ] ワガママな星
- [ ] 空腹がダメな星
- [ ] エロい星
- [ ] おしゃべりな星
- [ ] サービス精神の星
- [ ] 明るい星
- [ ] 楽観主義の星
- [ ] 太りやすい星
- [ ] 人が自然と集まる星

恋愛＆結婚運

笑顔とノリで異性の心をつかむことがとても上手な人。明るくおもしろい人が好きですが、欲望的なところもあるのでセックスアピールが強い人にも惹かれてしまうでしょう。自分を楽しませてくれる相手を好きになり、恋の回数は自然と多くなります。ワガママが言葉や態度に出やすいので、常識やマナーを守って陽気にしているとモテるようになるでしょう。結婚は、デキ婚率が非常に高く、何も考えないで結婚に踏み込んでしまうことも多いタイプです。結婚生活は、家族が笑顔でいてくれるだけで幸せだと感じられるでしょう。

仕事＆金運

真面目でお堅い仕事は不向き。サービス業や営業、人との関わりが多い仕事が向いています。ただし根っからいい加減なので、繊細な仕事は続きませんが、華やかな世界や相手を楽しませる仕事は長く続くでしょう。職場のムードメーカー的な存在にもなれるので、マネージャーやプロデューサー、仲介業などもいいでしょう。金運は、楽観的に使ってしまうため、お金遣いが激しくなりやすいですが、本当にお金に困る前に不思議と助けられたり、臨時収入があったりします。「お金がない」と言いながらも、お腹は満たされている人でしょう。

健康面で気をつけてほしいこと

気管　糖尿　虫歯　鼻炎

おすすめのダイエット

ダンスを踊る
カラオケに行く

下ひとケタ「3」の男性を口説くには？

露出多め　胸元を開ける
ミニスカート　派手な色の服を着る

下ひとケタ「3」の女性を口説くには？

たくさん笑わせる
ノリをよくする　おもしろい人

ラッキーカラー	ラッキーフード	ラッキースポット
ピンク	チョコレート	お祭り
レッド	卵料理	音楽フェス
オレンジ	焼肉	パーティー

命数が 4, 14, 24, 34, 44, 54 の人

食欲・性欲 の 陰 タイプ

関係 →

楽しみたい欲をもつ、守りの強いタイプ

☆持っている星

- 短気な星
- 勘で何でも決める星
- デブが嫌いな星
- 太りにくい星
- ストレス発散が下手な星

- 一言多い星
- 芸術の才能がある星
- 一目惚れする星
- 浪費する星
- 情にもろい星

恋愛 & 結婚運

　頭の回転が速く、第一印象のいい人に惚れるタイプ。基本的にはデブは嫌いで、スリムな体型の人を好み、または頭の回転が速い人を好きになるでしょう。「モタモタしたデブ」がもっとも苦手。情にもろいので、情から恋がはじまってしまったり、運命を感じる出会いをしたり、驚くようなサプライズをされると恋に火がついてしまうことも。結婚後は、おしゃべりなのは変わらず、自分の思ったまま家族にぶつけるため、自分で機嫌よくできるよう努めましょう。家庭での頑張りに家族から反応がないと突然怒り出すこともある人です。

仕事 & 金運

　感性を活かせる仕事に就くと能力が認められるタイプ。芸術や美術、人前でしゃべる仕事、企画、アイデアを出す仕事も向いています。ただし、基礎体力がないので、若いころに結果を出せる仕事がよく、若者向けに流行を発信する仕事がオススメ。ネットやアプリの仕事など、デスクワークもいいでしょう。お金は、浪費しやすいタイプで、後先を考えずに使いすぎることも。人に貸しすぎてしまうこともあるので注意。持ち前の勘を活かして投資や資産運用をすると成功しやすいので、基本的なことを早めに学んでおくといいでしょう。

健康面で気をつけてほしいこと

一生に一度は手術をしやすい
のど　ストレス

おすすめのダイエット

たくさんしゃべる
人前で話をする機会を増やす

下ひとケタ「4」の男性を口説くには?

やせる　ボケる
頭の回転や機転がきくところを見せる

下ひとケタ「4」の女性を口説くには?

頭の回転が速くキレがある風に
判断の早さ　やせる

ラッキーカラー	ラッキーフード	ラッキースポット
ホワイト	フルーツ	神社仏閣
ブラック	わかめ料理	美術館
イエロー	パン	映画館

5

命数が 5, 15, 25, 35, 45, 55 の人

金欲・財欲 の 陽 タイプ

表裏の

得をしたい欲をもつ、攻めの強いタイプ

☆持っている星

- ☐ 計算高い星
- ☐ 商売人の星
- ☐ 物が増える星
- ☐ 買い物好きの星
- ☐ オシャレな星

- ☐ 情報の星
- ☐ 駆け引き上手な星
- ☐ ダサい人が嫌いな星
- ☐ 損得勘定の星
- ☐ お酒で大失敗する星

恋愛 & 結婚運

　流行りの芸能人に似た人を好きになったり、おしゃれで都会的、異性の扱いに慣れている人に惹かれるケースが多いでしょう。貧乏な人やダサい人には興味がなく、周囲からうらやましがられるようなスタイリッシュな相手を選びます。お酒を飲んだときのノリや勢いで突っ走ることもあるので、薄っぺらい人と付き合ってしまうことも。結婚後は、これまで遊んでいたタイプも一度はしっかり家庭を守ろうとします。ただし、買い物が自由にできなくなるとイライラするので、ときには気ままにショッピングに行くといいでしょう。

仕事 & 金運

　あらゆる仕事で能力を発揮できる優秀なタイプ。とくにお金や数字に関わる仕事、商社や販売、流通、情報系の仕事に強く、流行りの仕事なら器用にこなします。軽快なトークで仕事を引き受け、人気者になって自然と注目を浴びるポジションになることも多いはず。段取りと計算上手を活かして戦略を立てると、結果をしっかり出せます。お金の価値をしっかりと理解しているタイプですが、買い物好きと多趣味とオシャレが重なり、出費が多くなりがちに。部屋にある物を思い切ってネットで売ってみると案外いいお金になるでしょう。

健康面で気をつけてほしいこと

肝臓　膀胱炎　過労

おすすめのダイエット

流行のダイエット法をいろいろやる
エステに通う

下ひとケタ「5」の男性を口説くには？

流行のファッションをする
仕事でお金を稼ぐ　ブランド品を持つ

下ひとケタ「5」の女性を口説くには？

お金を持っている　おいしいお店を知っておく
女性の扱いがうまい風に振る舞う

ラッキーカラー	ラッキーフード	ラッキースポット
ブルー	ソイラテ	デパート
ホワイト	豆の煮物	水族館
パープル	枝豆	オシャレで話題の店

命数が 6, 16, 26, 36, 46, 56 の人

関係

金欲・財欲 の 陰 タイプ

得をしたい欲をもつ、守りの強いタイプ

☆持っている星

- セコい星
- 小銭が好きな星
- 真面目な星
- 地味な星
- やさしい星

- 反論しない星
- ケンカ嫌いの星
- 自信がない星
- 時間がかかる星
- 片思いが長い星

恋愛＆結婚運

一度好きになると片思いが長くなってしまう人。自ら告白することはなかなかできないので、思いが伝わらないまま終わってしまうことも多いでしょう。強引な人に弱く、真剣に告白されると交際をスタートさせて一生懸命に好きになろうとしますが、相手に安心感を与えすぎて浮気されてしまうこともあるタイプ。しかも、そこも我慢してしまうので、つらい恋になる場合もあるでしょう。自ら別れを切り出すことができると次第にいい恋を見つけられるようになるので、人としてダメだと思う相手とは勇気を出して縁を切るようにしましょう。

仕事＆金運

事務職や計算、データ入力の仕事など、サポート的な仕事が最適です。また、身につけるまでに時間がかかる職人的な仕事でも能力を発揮するタイプ。どんな仕事もじっくりゆっくり慎重に行うため、若いころは苦労することも多いのですが、真剣に取り組み、自信をもって少し図々しく生きてみるといい人間関係ができるので、無駄に臆病にならないことが大切です。お金にシビアなのはいいですが、小銭や目先のお金ばかり考えて、貯金が趣味になってしまうことも。家や土地に縁があり、目標を決めて貯めれば手に入れられる人でしょう。

健康面で気をつけてほしいこと
冷え　認知症
尿道結石　腎臓

おすすめのダイエット
毎日腹筋
自転車に乗る

下ひとケタ「6」の男性を口説くには？
黒髪　清楚そうに演出
巨乳に見えるような服を着る

下ひとケタ「6」の女性を口説くには？
真面目　真剣に告白をする
少し強引になる

ラッキーカラー：ホワイト／パープル／ネイビー
ラッキーフード：乳製品／米／豆腐
ラッキースポット：アウトレット／温泉（スパ）／公共施設

7

命数が **7, 17, 27, 37, 47, 57** の人

権力・支配欲 の 陽 タイプ

表裏の

上に立ちたい欲をもつ、攻めの強いタイプ

☆持っている星

- ☐ おっちょこちょいな星
- ☐ よく転ぶ星
- ☐ ほめられたら何でもやる星
- ☐ 社長の星
- ☐ 長いものを持つ星

- ☐ 麺類の星
- ☐ 下半身が太りやすい星
- ☐ 上下関係を大事にする星
- ☐ ご馳走する星
- ☐ 甘えん坊の星

恋愛＆結婚運

好きな人にはストレートに気持ちが出るタイプ。積極的に行動できますが、相手がモタモタしていると勝手に諦めてしまうこともあります。恋の空回りが多いので、相手の出方を待つことを覚えるといいでしょう。パワフルでエネルギッシュな人を好み、甘やかしてくれる人やおだててくれる人に弱いでしょう。結婚後は、自分中心に家庭を動かそうとするため、自分のルールや正しいと思ったことを家族に押しつけようとする面が出るかも。その一方で、ほめられ、おだてられると、仕事も家庭もさらに頑張ってしまうタイプです。

仕事＆金運

責任を背負うことで仕事ができるようになるタイプ。若いころは甘え上手なかわいい後輩と思われますが、自分が正しいと思った仕事のやり方を見つけると猪突猛進し、周囲を束ねてリーダー的な存在に。面倒を見る人が増えるほど仕事運がよくなるので、自ら責任を負いにいくといいでしょう。経営の才能があり、社長にもなれますが、計画が雑な面もあるので、専門家に相談を。お金は、後輩や部下によくご馳走しますが、細かい計算が苦手でどんぶり勘定になりがちです。飲み会で「端数は私が出します」と言うことも多いでしょう。

健康面で気をつけてほしいこと

骨折　膝　腰痛

おすすめのダイエット

麺類を控える
マラソン　ランニング

下ひとケタ「7」の男性を口説くには？

ほめる　おだてる　相手を触る　生足
お尻のラインがキレイに見える服を着る

下ひとケタ「7」の女性を口説くには？

甘えさせる　すべてリードする
2人きりになると甘える

ラッキーカラー	ラッキーフード	ラッキースポット
グリーン	麺類	動物園
ホワイト	バナナ	ペットショップ
オレンジ	鍋料理	ホームパーティー

命数が 8, 18, 28, 38, 48, 58 の人

関係 →

権力・支配欲 の 陰 タイプ

→

上に立ちたい欲をもつ、守りの強いタイプ

48

☆持っている星

- ☐ 上品な星
- ☐ 見栄っ張りな星
- ☐ 衛生面にうるさい星
- ☐ マナーやルールを守る星
- ☐ 挨拶がしっかりしている星
- ☐ 下品が嫌いな星
- ☐ 神経質な星
- ☐ メンタルが弱い星
- ☐ 几帳面な星
- ☐ シャワーをすぐ浴びる星

恋愛 & 結婚運

清潔感のある上品な人を好むタイプです。異性への細かなチェックが多く、お礼や挨拶がしっかりできているか、家庭環境や学歴、会社がどこなのかなどを気にする人も多いため、理想が高いと思われがちです。タバコを吸う人を避けたり、荒っぽい言葉を使う人を嫌ったりするケースもあるでしょう。結婚生活は、規則正しい生活をし、自分が納得する範囲内での清潔感を保とうとします。家族が自分の聖域を侵すと強く怒りますが、そもそも争いが嫌いなので、ひとりでヘコんでしまうこともあるでしょう。

仕事 & 金運

最後までていねいに仕事をするタイプ。几帳面で上司や先輩のサポート役に最適。規則やルールを守りすぎてしまうので、臨機応変な対応が必要な仕事よりマニュアルがしっかりあるほうがいいでしょう。ホテル、病院、管理、公務員、ハイブランドの店、CAなど敷居が高めの場所でも能力を活かせますが、競争や数字を追い求める仕事は心が疲れてしまいそう。また、自然と品のある物を選ぶため、ブランド品購入で生活が苦しくなるなど、見栄での出費が多くなりがち。飲み会ではキッチリ割り勘をし、無駄な出費にはシビアです。

健康面で気をつけてほしいこと

肌
精神（メンタル）

おすすめのダイエット

値段の高い小さめの服を買って、その服を着ることを目標にする

下ひとケタ「8」の男性を口説くには？

**お嬢様風を演じる　黒髪　白い肌
下品な言葉は使わない**

下ひとケタ「8」の女性を口説くには？

**清潔感をアピール
マナーやルールはしっかり守る
歯をキレイにする　ムダ毛をなくす**

ラッキーカラー	ラッキーフード	ラッキースポット
ホワイト	柑橘類	高級ホテル
ライトブルー	アボカド	庭園
シルバー	懐石料理	百貨店

9

命数が **9, 19, 29, 39, 49, 59** の人

創作欲 の 陽 タイプ

表裏の

才能を発揮したい欲をもつ、攻めの強いタイプ

☆持っている星

- ☐ 変態の星
- ☐ 自由人の星
- ☐ 芸術家の星
- ☐ 心が子どもの星
- ☐ 束縛が嫌いな星
- ☐ 言い訳する星
- ☐ 異性を見る目がない星
- ☐ 人に興味が薄い星
- ☐ 熱しやすく冷めやすい星
- ☐ 新しいことが好きな星

恋愛＆結婚運

異性を見る目がないタイプ。才能ある個性的な人を好みますが、周囲から「どこがいいの？」と言われるような人に惚れる場合も多いでしょう。「このタイプはダメだ」とわかっていてもついハマってしまいがち。束縛が嫌いでベッタリされると逃げてしまったり、変化がないと簡単に飽きてしまったりと自由な恋を好みますが、それが相手に冷たいと思われてしまい、結果的に別れにつながる場合も。結婚願望が少なく理由がないと結婚しない人。子どもを産み育てるなんて自分にはできないと勝手に思い込んでいる人も多いでしょう。

仕事＆金運

芸術や美術、企画やアイデアを出す仕事、専門職や職人的な仕事など、周囲の人が簡単にはできないことを仕事にすると成功するタイプ。一般的な仕事では満足できず、「仕事は生活のため」と割り切って趣味に情熱を燃やす人もいるでしょう。職場での人間関係を作ることが下手で、浮いた存在になりがちですが、才能を活かせる仕事に就くと天才と言われる場合も。また、飽きっぽくひとつの仕事が続かないケースも。お金は深く考えずに自由に使ってしまうため、欲しいと思ったら手に入れ、行きたいと思ったら旅立つタイプでしょう。

健康面で気をつけてほしいこと

脳　ドライアイ
目の病気　視力低下

おすすめのダイエット

偏食を直す
ヨガ

39

下ひとケタ「9」の男性を口説くには？

不思議な女性を演じる
マニアックな話をする　才能をほめる

下ひとケタ「9」の女性を口説くには？

才能を磨く　ベッタリしない
不思議な感じをアピールする

ラッキーカラー	ラッキーフード	ラッキースポット
パープル	カレー	海外旅行
ホワイト	いちご	映画館
ブラック	チーズ	美術館

命数が 10, 20, 30, 40, 50, 60 の人

創作欲 の 陰 タイプ

関係 ▶

才能を発揮したい欲をもつ、守りの強いタイプ

☆持っている星

- ☐ 冷静な星
- ☐ 偉そうな星
- ☐ 探求心がある星
- ☐ 好き嫌いが激しい星
- ☐ 尊敬から恋がはじまる星
- ☐ 古いことが好きな星
- ☐ 人間関係が下手な星
- ☐ 年上と仲よくなる星
- ☐ 甘えベタな星
- ☐ 目が悪くなる星

恋愛＆結婚運

　頭がよく、尊敬できる人を好むタイプ。自分よりも知識や学歴があり、手に職があったり、他の人にない才能をもっていたりすると、そこへの興味から徐々に好きになっていくでしょう。自然と年上の人を好きになるので、先輩や先生、上司などとの恋も多いですが、そもそも他人に興味が薄いので、本気で恋することが少ないでしょう。年齢とともに選びすぎるようになってしまうので気をつけて。結婚は、家庭をしっかり守りますが、男だから女だからという古い考えを通そうとし、しきたりや礼儀もしっかり守るタイプです。

仕事＆金運

　任された仕事を完璧にこなす職人タイプ。芸術、美術、研究、専門知識が必要な仕事や、医者、弁護士など権威がある仕事に就く人が多いでしょう。どんな仕事でも探求することで先輩や上司を出し抜くほどの才能を発揮しますが、若いころは生意気だと思われてしまい、職場での人間関係で苦労しそう。おだてることやほめる言葉を上手に使うといいでしょう。お金は、極端にケチになりやすく、一方で価値があると思うと湯水のように使ってしまう極端なタイプ。頭がいいので、早い段階で投資や運用を学んでおくのがオススメです。

健康面で気をつけてほしいこと

脳　緑内障
白内障　視力低下

おすすめのダイエット

偏食を直す
スポーツジムに通う

下ひとケタ「0」の男性を口説くには？

歴史や深い話をする　専門知識の話をする
頭脳や才能をほめる

下ひとケタ「0」の女性を口説くには？

芸術や美術など深い話をする
専門知識を身につける　ケンカは避ける

ラッキーカラー	ブラック
	パープル
	ホワイト
	ゴールド

ラッキーフード	和食（うな重）
	コーヒー
	紅茶

ラッキースポット	神社仏閣
	歴史ある場所
	書店

裏の時期（乱気＋裏運気）の乗りこなし方

そもそも「悪い運気」なんてない!?

　形は違えど、運気の波は誰にとっても平等に流れています。五星三心占いでは、運気のリズムは12で1周し、12年のうちの2年、12か月のうちの2か月、12日のうちの2日を「**裏の時期（乱気＋裏運気）**」と呼び、「**裏の欲望（才能）が出てくる時期**」と考えています。

　人間は、誰もが欲望をもっています。ただし、もっている「欲望の種類」が違うため、人により、「うれしい、楽しい」と感じる対象や度合いは異なります。同じ欲望ばかりを体験していても、いつかは飽きてしまい、違うものを求めたくなるもの。そのタイミングが「裏の時期」なのです。

　「裏の時期」は、本来の自分ではなく、「**裏側の自分**」が出てきます。たとえば、人といることが好きなタイプはひとりの時間が増える。逆にひとりのほうが心地いい人は、大勢と絡まなければならない状況におかれる。恋愛でも、好みではない人が気になってくる……。本来の「自分らしさ」とは逆のことが起こるので、「慣れなくてつらい」と感じるのです。

　しかし、だからこそこの時期は、ふだんの自分とは違った体験ができて、視野が広がり、新たな学びが得られます。そして、この時期を乗り越えれば、成長できるのです。ですから、悪い運気というものはありません。

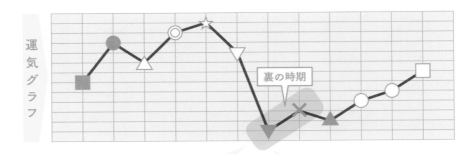

運気グラフ

裏の時期

乱気とは？

　本来の自分が「裏側の自分」にひっくり返っている途中の段階で、もっとも不安定な時期。気持ちが乱れ、判断ミスをしがちです。突然予定が変更になったり、トラブルに見舞われたりすることも。ただし、この試練を経験することが、人生ではとても大切です。

裏運気とは？

　本来の自分が180度ひっくり返って「真裏の自分」になっている時期。よかれと思ってしたことが裏目に出るなど、「思うようにいかない」感覚に。いつもと違う世界を学んでいるからで、ここでどれだけ学べるかにより、その後の運気の伸びが変わってきます。

裏の時期のしくみ

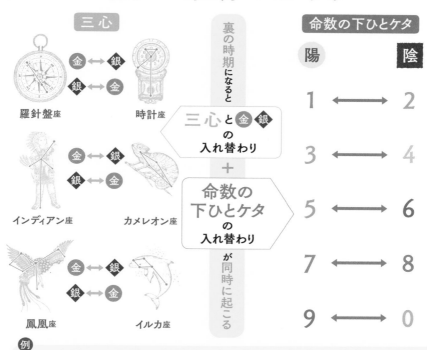

三心

羅針盤座　金 ↔ 銀　銀 ↔ 金

時計座　金 ↔ 銀　銀 ↔ 金

インディアン座　金 ↔ 銀　銀 ↔ 金

カメレオン座　金 ↔ 銀　銀 ↔ 金

鳳凰座　金 ↔ 銀　銀 ↔ 金

イルカ座　金 ↔ 銀　銀 ↔ 金

裏の時期になると

三心と 金 銀 との入れ替わり

＋

命数の下ひとケタの入れ替わり

が同時に起こる

命数の下ひとケタ

陽　　　陰

1 ⟷ 2

3 ⟷ 4

5 ⟷ 6

7 ⟷ 8

9 ⟷ 0

例

「命数45／金のカメレオン座」の場合

金 のカメレオン座　→　銀 のインディアン座に変わる

命数の下ひとケタ「5」　→　命数の下ひとケタ「6」に変わる

つまり「命数16／銀のインディアン座」になります

裏の時期に心がけたい10のこと
全タイプ共通

1. 現状を受け入れる
2. 問題は100％自分の責任だと思う
3. マイナス面よりもプラス面を探す
4. 何事もいい経験だと思う
5. 周囲からのアドバイスにもっと素直になる

6. 自分中心に考えない
7. 流れに身を任せてみる
8. 何事もポジティブ変換してみる
9. 自分も他人も許す
10. 感謝できることをできるだけ見つける

12タイプ別 裏の時期（乱気＋裏運気）に

この時期を乗り越えるための指針を、

金の羅針盤座

- 楽しそうな顔を心がける
- 他人の失敗を笑わずに、成長している最中だと思う
- 見返りは求めない
- 憧れない人には影響されない
- あるがままを受け止める
- 「いまが幸せ」だと思う
- 好きになれそうな部分を見つける
- 自分にやさしく、他人にはもっとやさしく
- 人のやさしさにもっと敏感になる
- どんな話も「ポジティブに変換するゲーム」にする

* 金の羅針盤座の乱気の月は9月、裏運気の月は10月です。

銀の羅針盤座

- 楽しむことをサボらない
- 「どうせ変わらない」と思ってもまずは取り組む
- 自分を愛する
- 自分と相手の幸せをもっと考えて行動する
- 人をよろこばせることに一生懸命になってみる
- 「ありがとうございます」を素直に言う
- 「自分の発言に憧れる人はいるか」と考えて話す
- 「また、会いたい」と相手に思われるようにする
- 「こんな人がいたらいいのに」と思う人に、自分がなる
- 連続でなくてもいい。「継続」を忘れない

* 銀の羅針盤座の乱気の月は10月、裏運気の月は11月です。

金のインディアン座

- 何をやりたいかわからないときは、「何をしたくないか」を考えてみる
- みんなの笑顔のためにも、素直に行動する
- 覚悟をする
- 相手のよい部分を探す
- 難しいのではなく「奥が深い」と思う
- 周りを安心させる
- 他人のよろこびを、一緒によろこぶ
- 予想外の出来事は「勉強になった」と思う
- 「思い通りに進まないからおもしろい」と思う
- 失敗から学んで、挽回を楽しむ

* 金のインディアン座の乱気の月は7月、裏運気の月は8月です。

銀のインディアン座

- どんな言葉でも、善意で受け止める
- 支えてくれた人の存在を忘れない
- 人のやさしさに鈍感になっていることに気づく
- 自分の話ではなく、相手がよろこぶ話をする
- 自分の置かれた場所に感謝する
- 面倒なことは先に片付ける
- 「楽（らく）」を選ばずに、「楽しい」を選択する
- 10年後の自分のために覚悟をする
- 忍耐力を鍛えていると思う
- 感謝されるように行動する

* 銀のインディアン座の乱気の月は8月、裏運気の月は9月です。

金の鳳凰座

- つまらないと決めつけない
- 「当たり前」と思ったことには感謝する
- 「相手にどう伝わるか」を考えて言葉を選ぶ
- ゆっくりでも、前に進んでいる自分をほめる
- 過去のすべての判断や経験はよかったと思う
- 変わろうとするのではなく、自分の成長を楽しむ
- 失敗を前向きにとらえる
- 現状に満足する
- 時間の使い方を変える
- 前向きな言葉を使う

* 金の鳳凰座の乱気の月は5月、裏運気の月は6月です。

銀の鳳凰座

- 他人に望むことがあるなら、自分で動く
- 他人を変えたければ、まずは自分が変わる
- どんな人からも学ぶ
- 自分独自のルールを変えてみる
- 運が悪いのではなく、習慣が悪いと思って改める
- 「正しい」で判断せず、「やさしさ」で判断する
- 「どんな人でも間違える」を忘れない。そして許す
- 過去のおかげでいまがあると感謝する
- つねに上機嫌でいる
- 「自分のために他人がいる」のではなく、「他人のために自分がいる」と思う

* 銀の鳳凰座の乱気の月は6月、裏運気の月は7月です。

実行するといい10のこと

タイプ別にお伝えします

金 の時計座

◇ 自分が正しいと思うなら、相手も正しいと思う
◇ よいことも悪いことも受け入れる
◇ 他人に執着しない
◇ お節介とサービス精神をはき違えない
◇ 「なんとかなる」を口癖にする
◇ 自分の足りないところを見つける
◇ 面倒を避けてばかりいないで、楽しんでみる
◇ ボーッとする時間をつくる
◇ 「大変」と思わずに、何事も「簡単」と思う
◇ 生きているだけで、
　 すべての人に価値があると思う

＊金の時計座の乱気の月は3月、裏運気の月は4月です。

銀 の時計座

◇ 他人任せにしない
◇ 思い出にすがらない
◇ 「思い通りに生きている人はひとりもいない」
　 ということを忘れない
◇ 楽しそうな顔をして日々を過ごす
◇ 依存や執着をしないで自立する
◇ 図々しいことを自覚する
◇ 他人の努力や苦労を想像して、相手を認める
◇ 落ち込むときは、しっかり落ち込む
◇ 新たな出会いを期待する
◇ どう話すかではなく、どう伝わるかを考えて話す

＊銀の時計座の乱気の月は4月、裏運気の月は5月です。

金 のカメレオン座

◇ 若い人から学ぶ
◇ 上から目線で話をしない
◇ 感謝を言葉に出す
◇ 「恩送り」を心がける
◇ 明るい未来の妄想をする
◇ 夢や本音を語る
◇ 自分の愚かさを認める
◇ 相手の幸せを一緒によろこぶ
◇ 失敗から学ぶ
◇ 小馬鹿にした言葉を使わない

＊金のカメレオン座の乱気の月は1月、裏運気の月は2月です。

銀 のカメレオン座

◇ 他人任せにしない
◇ 心配する前に、失敗から学ぶつもりで行動する
◇ サボッていたことを認める
◇ 都合の悪い話も受け入れる
◇ 何事もまずは相手から、自分は最後
◇ 現状を楽しむように工夫する
◇ すべて自分で選択したから「いま」があると思う
◇ 自分よりも結果を出している人を見習う
◇ 不安がるより「この先にいいことがある」と思う
◇ アドバイスは、
　 理解できなくても素直に受け入れる

＊銀のカメレオン座の乱気の月は2月、裏運気の月は3月です。

金 のイルカ座

◇ 自分中心に考えて判断しない
◇ 相手にどう伝わるかを考えて話す
◇ 相手に譲る
◇ 負けを認める
◇ 親切心とやさしさをもっと意識する
◇ ひとりの時間を楽しむ
◇ 自分から謝る
◇ 問題を他人の責任にしない
◇ すべての人を尊敬する
◇ 自分と他人の違いを楽しむ

＊金のイルカ座の乱気の月は11月、裏運気の月は12月です。

銀 のイルカ座

◇ 「縁の下の力持ち」を目指す
◇ まずは与える
◇ 他人任せにしない
◇ 簡単に「反発や反論」をしない
◇ クリアが難しいゲームだと思う
◇ 相手にも事情があると思う
◇ 欲張らない
◇ 地味な生活を楽しむ
◇ 「損して得とれ」と思う
◇ 自分中心で物事を考えない

＊銀のイルカ座の乱気の月は12月、裏運気の月は1月です。

裏の命数表

【裏の命数】とは……裏の時期に出てくるあなたの性質をつかさどる命数です

裏の命数の導き方

STEP 1
金 → 銀 になる
銀 → 金 になる

STEP 2
「裏の命数」は、
「自分の命数」の
矢印の先にある数字です。

例

あなたの命数

			裏の命数
金 の羅針盤座 10	→	銀 の時計座 39	
銀 のカメレオン座 42	→	金 のインディアン座 11	
金 のイルカ座 59	→	銀 の鳳凰座 30	

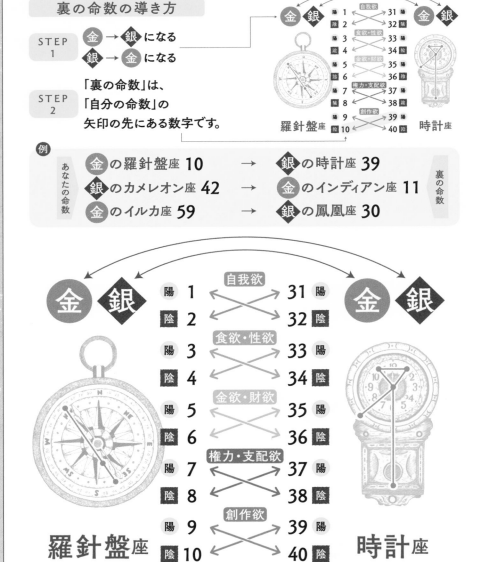

金 銀

陽 1	自我欲	31 陽
陰 2		32 陰
陽 3	食欲・性欲	33 陽
陰 4		34 陰
陽 5	金欲・財欲	35 陽
陰 6		36 陰
陽 7	権力・支配欲	37 陽
陰 8		38 陰
陽 9	創作欲	39 陽
陰 10		40 陰

羅針盤座

時計座

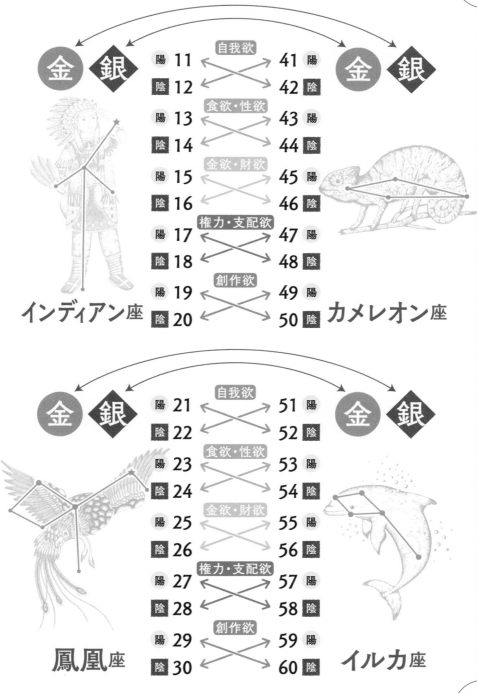

金 銀　陽 11 ─ 自我欲 ─ 41 陽　金 銀
　　　陰 12 ←　　　→ 42 陰

　　　陽 13 ─ 食欲・性欲 ─ 43 陽
　　　陰 14 ←　　　→ 44 陰

　　　陽 15 ─ 金欲・財欲 ─ 45 陽
　　　陰 16 ←　　　→ 46 陰

　　　陽 17 ─ 権力・支配欲 ─ 47 陽
　　　陰 18 ←　　　→ 48 陰

　　　陽 19 ─ 創作欲 ─ 49 陽
インディアン座 陰 20 ←　　　→ 50 陰 カメレオン座

金 銀　陽 21 ─ 自我欲 ─ 51 陽　金 銀
　　　陰 22 ←　　　→ 52 陰

　　　陽 23 ─ 食欲・性欲 ─ 53 陽
　　　陰 24 ←　　　→ 54 陰

　　　陽 25 ─ 金欲・財欲 ─ 55 陽
　　　陰 26 ←　　　→ 56 陰

　　　陽 27 ─ 権力・支配欲 ─ 57 陽
　　　陰 28 ←　　　→ 58 陰

　　　陽 29 ─ 創作欲 ─ 59 陽
鳳凰座 陰 30 ←　　　→ 60 陰 イルカ座

金の
羅針盤座

Gold
Pyxis

1

ネガティブな
頑張り屋

基本性格 サッパリとしているが、じつは人が苦手

　負けず嫌いの頑張り屋。人と仲よくなることが得意ですが、本当は人が苦手。誰とでも対等に付き合いたいと思うところはありますが、真面目で意地っ張りで融通がきかないところがあり、人と波長が合わせられないタイプ。生意気なところが出てしまい、他人とぶつかることも多いでしょう。心が高校1年生から成長しておらず、サッパリとした性格ですが、ネガティブなことをすぐに考えてしまうところがあるでしょう。

⭐ 持っている星
生まれながらにあなたが持っている性質

◆頑張り屋の星
◆自我が強い星
◆謝らない星
◆サッパリとした性格の星
◆ネガティブ思考の星
◆負けを認められない星
◆友達の延長で恋する星
◆空気が読めない星

◆スポーツをするといい星
◆甘えベタな星
◆反発心の星
◆対等でいたい星
◆胃腸が弱い星
◆負けると落ち込む星
◆友達にすぐ影響される星

仕事運 人間関係がうまくいけば仕事も順調に

　誰とでも対等でいたい気持ちが、職場では「生意気」に映ってしまうため、上司や先輩からにらまれてしまうことがありそう。一生懸命仕事に取り組めるのはよい面ですが、人間関係がうまくいけば悩みの多くはなくなるので、仕事での上下関係はしっかりとして、職場の人と仲よくなれるようにポジティブな発言を増やすことが大事でしょう。**企画を考える仕事や製造業、ものづくりなど、そもそも人との関わりが少ない仕事で活躍できそうです。**

♡ 恋愛運 友人の延長で対等に付き合える人が好き

　恋に積極的な感じに見えても、ほかの人と比べると恋愛や人に興味が薄い人です。そのため友人や知り合ってから長い人と恋に発展することが多いでしょう。挨拶やマナーがしっかりできて、友人の延長で対等に付き合える人を好みます。交際中は自分が正しいと思うとぶつかってしまうことが多く、謝るのが下手でケンカ別れになってしまいやすいので、**素直に謝れるようになるといいでしょう。**

 結婚

意地を張っていると話が進まない

　恋愛の延長に結婚があるタイプ。交際が続いていて将来を考えられる相手なら、相手からのプロポーズを待って結婚に進みますが、女性の場合は色気がないところや意地っ張りなところ、お金の管理が不得意なところが、あと一歩踏み込めない原因になってしまいそう。**恋愛中から2人の生活を考えられるように努力してみる**と、話が早く進みそうです。結婚後は、仕事と家庭の両立をするほうが気持ちが楽になるでしょう。

 浮気&不倫

理想の相手なら悪気なく飛び込んでしまう

　根は非常に真面目で品もあるタイプなので、浮気や不倫には程遠い感じがしますが、恋心に火がついてしまうと、恋人や結婚相手がいても突然空気を読まずに行動することがあるでしょう。上品で対等に付き合える理想的な相手にめぐり合ってしまうと、**危険だとわかっていても飛び込んでしまう**かもしれません。自分の行動を正当化することが多く、不倫自体に悪気がない場合も多いでしょう。

 復縁

復縁しても同じようなケンカを繰り返す

　身近な場所で恋をすることが多いため、別れたあとも自然と会うことになってしまい、スッキリしない環境におかれる場合があるでしょう。相手の嫌な部分をたくさん見て、自ら別れを告げた場合は復縁を望みませんが、**ケンカ別れで終わってしまうとズルズルと引きずる**ことが多く、恋なのか意地なのかわからなくなってしまいそう。復縁を求められるとあっさりOKするケースが多いものの、同じようなケンカばかりするので気をつけましょう。

 SEX

スポーツのように頑張って激しく

　SEXも頑張りますが、テクニック不足でワンパターンです。頑張ることで相手が満足するとは限らないため、相手もスポーツのような感じで**汗を流して激しくぶつかりながらもサクッと終えられる人**だと互いに満足できそう。ねっとりゆっくりを望まれると「これで大丈夫かな？」と余計なことを考えてしまい、集中できなくなってしまいます。少しでもいいのでムードを出したり演出したりできるようになるといいでしょう。

お金の貸し借りが運命を狂わせる

　根は真面目で頑張り屋なため、仕事に一生懸命になれば自然とお金が貯まるタイプ。お金を使うことを忘れるくらい仕事に本気で取り組んでみるといいでしょう。お金の貸し借りが運命を狂わせる原因になるので、たとえ少額でも**親友や家族だからといってお金の貸し借りをするのは避ける**ことが大事です。いつまでも学生のノリのようなお金の使い方をすることもありますが、お金持ちや仕事で成功している友人をつくると自然と金運もよくなるでしょう。

ライバルに負けると胃腸に不調が

　基本的にはタフで体調を崩すことは少ないほうですが、体が丈夫だと思っている人ほど胃腸が弱く、食べすぎや飲みすぎで簡単に調子を悪くするタイプでしょう。ライバルに負けるとストレスが胃腸に出やすいところがあるので、軽い運動、スポーツジムでバーベルを黙々と上げるような**余計なことを考えないで済むトレーニング**や、ポジティブな友人に会って楽しい時間を過ごすことなどが大事でしょう。

LUCKY

color
レッド、イエロー、シルバー

food
ヨーグルト、もつ鍋、リンゴ

spot
大きな公園、スポーツジム、遊園地

心にとめておきたい
運気UPアドバイス

結果を出している人を認めて、その人を目標とする

裏運気　好きなことに素直で行動的になれる

　裏運気には刺激と変化を求め、旅行やライブが好きな行動派タイプに。人との関わりが好きですが、団体行動はやや苦手。無謀とも思える行動に突っ走ってしまうときもありますが、自分が好きなことに素直に行動できるようになるでしょう。裏の時期に人間関係での苦労やもつれが多くなる原因は、都合の悪い話を無視したり、話を最後まで聞かなかったり、自分の生き方ややり方を通しすぎてしまう点にあるので、注意してください。

裏の時期　9月／10月　2005〜2006、2017〜2018、2029〜2030、2041〜2042年

チームワーク
が苦手な
野心家

基本性格　ひとりで未知の世界に飛び込む行動派

　頭の回転が速く、何事も合理的に物事を進めることが好きなタイプ。表面的な人間関係はできますが、団体行動が苦手で、好き嫌いが激しく出てしまう人。突然大胆な行動に走ってしまうことで周囲を驚かせたり、危険なことに飛び込んでしまったりすることもあるでしょう。ひとりでの旅行やライブが好きで、ほかの人が見ないような世界を知ることも多いはず。他人の話を最後まで聞かないところがあるので、しっかり聞くことが大事です。

★ 持っている星
生まれながらにあなたが持っている性質

- ◆合理主義の星
- ◆旅行・ライブ好きの星
- ◆変身がうまい星
- ◆ネガティブ思考の星
- ◆団体行動が苦手な星
- ◆話を最後まで聞かない星
- ◆派手な星
- ◆追いかける星
- ◆内弁慶の星
- ◆やる気を隠す星
- ◆理数系に強い星
- ◆困難な道を選ぶ星
- ◆危険な恋にハマる星
- ◆外見とのギャップがある星
- ◆逃げ足が速い星

仕事運　人間関係をコントロールできると一気に出世する

　最小限で最大の結果を出すことに長けた頭の回転が速い人。**システムエンジニア**などが適職で、**アイデアや企画**を考える力もあり、雑用的な仕事や無駄な仕事は嫌いですが、仕事を続けることで本来の能力を発揮できるようになるでしょう。**団体での仕事よりも少人数での仕事のほうが向いているタイプ**です。人間関係を上手にコントロールできるようになると、一気に出世したり、よいポジションを得たりするでしょう。

恋愛運　釣り合わない人を追うが、好意をもたれるのは苦手

　自分の好みだけを追い求めるため、恋になかなか火がつかないタイプ。理想が極端に高いわけではないのですが、品があり頭の回転が速く少し手が届かないような存在の人をねらってしまうことが多く、**自分に見合っていない人を追いかけすぎる場合も**。好意を寄せてくる人には興味がなく、避けてしまうケースもあり、交際のチャンスを自ら逃している場合も多いでしょう。好みの相手でも、手に入ってしまうと突然冷めてしまうこともあります。

結婚　突然周囲を驚かせるような結婚をする

　仕事でよいポジションについてしまうと「まだ結婚は早い」と判断してしまい、ドンドン婚期を逃してしまいます。**できれば早い段階で結婚に踏み込んだほうがいいでしょう。** 恋愛の盛り上がりで一気に結婚に話を進めることが多いですが、交際中の相手に興味が薄れてしまうと婚約を破棄して、突然お見合い結婚をするなど、驚くような行動に走るケースがありそう。イベントやライブなどでの出会いからの結婚もあるタイプです。

復縁　前の失敗を次に活かしたほうがいい

　根っこの部分は真面目なので、一度真剣に交際をすると執着してしまい、意地になって別れた恋人を追い続けてしまうことがあるでしょう。とくに**フラれて別れると、いつまでも追いかけてしまう**場合があります。逆に自分からフッた相手が復縁を望んできたときには、まったく見向きもしないことが多いでしょう。基本的には復縁向きではないので、その恋をしっかり終わらせて、失敗や反省したことを次の恋に活かせるようにしましょう。

浮気&不倫　不満から浮気に、刺激から不倫に

　基本的にはしっかりしているので浮気率や不倫率は低めです。ただし、恋人に不満がたまることが多く、理想とのギャップが大きくなりすぎて、愛情を感じられなくなってしまうと、**「ほかにもっと素敵な人がいるのでは」と浮気に走ることがあるでしょう。** 一方で刺激を求める癖があります。「何かワクワクドキドキすることをしたい」と思っているときに既婚者との恋に興味がわいて火がついてしまうと、ハマってしまうおそれがあるでしょう。

SEX　本能のおもむくままに

　ベッドの上では日ごろとはガラッと変わって激しいSEXが大好きです。自分をさらけ出す感じで、**本能のままにSEXをするため、相手が驚いてしまう**ことがありそう。そもそも刺激が好きなので、いろいろなことを試したり、自分の満足のために相手を操ったりすることもありそう。ベッド以外の場所でのプレイも好きなので、相手がワンパターンや淡白な感じだと一気に不満がたまってしまうことがあるでしょう。

金運　特殊技術を取得して高所得をねらって

　流行的なものではなく、ブランド品や少し派手なものにお金を使いすぎてしまいます。気がついたらハイブランドの品を買ってしまい、**身の丈に合わないものが増えていることも**。数字には強いほうですが、お金遣いが激しくなってしまい、一発逆転をねらうところもあるでしょう。しかし、大博打よりも特殊な技術や専門知識を取得して、高所得になれるポジションをねらったほうが収入面では安定します。医療や美容関係の仕事でも稼げるでしょう。

健康運　人にやさしくなるとストレスが自然と減る

　基本的には体力がありタフなタイプ。自分独自の健康法にハマりやすく「これを飲んでいるから大丈夫」「腹筋しているから」などと言い、周囲から**「それだけで健康にならないでしょ」**と突っ込まれるようなことにハマります。胃腸がやや弱いところもあります。人間関係の悩みからストレスをためやすいので、思った以上に自分中心の考え方や生き方をしているのを認識して、人にもっとやさしくなると、ストレスも自然となくなるでしょう。

LUCKY

color
ブラック、シルバー、レッド

food
和菓子、もつ鍋、リンゴ

spot
コンサート会場、リゾートホテル、遊園地

心にとめておきたい
運気UPアドバイス

ポジティブな役を演じる

裏運気　仲間のために頑張り、意見の合わない人と闘う

　裏は、負けず嫌いの頑張り屋。いろいろな人と仲よくすることができて、目標のためにしっかりと努力できる人です。仲間や友人を大事にしますが、周囲の意見に振り回されてしまうときもあるでしょう。人のために行動したり、頑張ったりすることができるようになりますが、そのぶん意見の合わない人とぶつかってしまう場面も増えそうです。不思議な人脈をつくることができ、謎の交友関係を生み出すこともあるでしょう。

裏の時期　9月／10月　2005〜2006、2017〜2018、2029〜2030、2041〜2042年

3 上品でも ワガママ

基本性格 ネガとポジの矛盾を抱えた明るい人

陽気で明るくサービス精神が旺盛。つねに楽しく生きられ、上品な感じをもっている人。人の集まりが好きですが、本音は人が苦手で、ポジティブなのにネガティブと、矛盾した心をもっているタイプ。真面目に物事を考えるよりも楽観的な面を前面に出したほうが人生がスムーズにいくことが多く、不思議と運を味方につけられる人でしょう。自分も周囲も楽しませるアイデアが豊富ですが、空腹になると何も考えられなくなるでしょう。

☆ 持っている星
生まれながらにあなたが持っている性質

- ◆ おしゃべりな星
- ◆ 感情が顔に出やすい星
- ◆ 太りやすい星
- ◆ 欲望に弱い星
- ◆ 他人に求めすぎる星
- ◆ 気分屋の星
- ◆ サービス精神の星
- ◆ スキンシップが多い星
- ◆ エロい星
- ◆ ダンスをするといい星
- ◆ 笑顔で心をつかむ星
- ◆ 運のいい出来事が多い星
- ◆ なかなか行動しない星
- ◆ 「楽しい」に流される星
- ◆ 浪費の星

仕事運 アイデアを出してサボり癖を直して

サービス精神を活かすことで仕事運を急激に上げられるタイプ。ただし直接人と関わるよりも、アイデアや企画を考えるサポート的な立場から「こうするともっと喜ばれるのでは」という意見を出すといいでしょう。**ゲームやエンターテインメント業界**なども向いています。根が真面目なわりにツメが甘いので、自分の適当な部分やサボり癖を理解して抜けを減らすようにしましょう。明るく振る舞って**職場のムードメーカー**になることも大事です。

恋愛運 チェックが厳しいわりに突然欲望に走る

　ノリや勢いで恋が進みそうな空気がありながら、相手へのチェックは少し厳しめです。「**元気で明るい人は好きだけど下品は嫌い**」「**おもしろい人は好き、でも非常識なノリは嫌い**」などと自分のなかで区分しています。笑顔でいたり明るい感じにしているだけで自然とモテるでしょう。どこか人に興味がなくて自ら避けてしまうところがあるのに、突然欲望に負けて突っ走ってしまうことも。テクニックのある人にもてあそばれてしまうこともあるでしょう。

結婚 相手次第で授かり婚や お見合いで電撃婚も

　陽気な面とノリのよさで隠れていますが、根は真面目で現実的に考えるタイプなので、恋愛の延長に結婚を考えます。一緒にいる時間が楽しければそのまま入籍するケースもありますが、自分からは言い出せないので相手の出方次第。**授かり婚率もかなり高いタイプ**なので突然の結婚もあるでしょう。交際が長くても結婚しなかった場合は、生活力やお金に問題がありそう。長い付き合いの縁を切ってお見合いや紹介で一気に結婚することもある人です。

浮気&不倫 浮気も不倫もノリが合えば してしまう

　欲望にはどうしても弱く流されてしまいがち。心ではダメだと理解していても、ついつい流されて結果的に浮気してしまったとか、魅力的な人から積極的にアプローチされたと思ったらそれがたまたま既婚者だった、というくらいの感覚で、浮気や不倫に走ってしまうことがありそうです。ただし、浮気相手も不倫相手も**ノリやSEXが合わないと簡単に縁を切ってしまうでしょう**。浮気や不倫をしそうな状況にならないように気をつけましょう。

復縁 肌の合う相手とは 復縁率が高くなる

　一度交際がはじまると真剣に愛するので、別れてからも相手を求めてしまうところがあるでしょう。**寂しくなるとちょっと連絡をしてみたりも**。相手もそれがわかると、気持ちにつけ込んできて、ズルズルと体だけの関係が続いてしまう場合もありそうです。復縁を求められると、ダメだとわかっていてもOKしてしまうこともあるでしょう。とくに肌の合う相手だと復縁率が高くなりますが、肌が合わないと復縁をまったく望まなくなるでしょう。

SEX じゃれ合ったり イチャついたりが好き

　SEXが大好きで1日に何回でもOKです。ふだんはそんなそぶりを見せませんが、快楽や欲望に弱く、ズルズルと体だけの関係で終えてしまうような人と付き合うこともあるでしょう。ベッドの上では、テクニックよりもサービス精神をぶつけ合うようにして、じゃれ合う感じが好き。**「やめて〜」と言いながら笑ってしまうくらい明るいSEXになるのが好きで**、昼間やベッド以外の場所でもイチャイチャできるタイプでしょう。

金 の羅針盤座 ◆ 3

金運　日、週、月ごとに使うお金を決めておく

　お金に執着するよりも、自分も周囲も楽しませようとアイデアを出して、ポジティブな発言で人を元気にさせられるようになると、自然とお金が集まってきます。逆に、ネガティブな発言は金運を下げるので気をつけましょう。無計画な出費が多くなってしまいやすいので、使うお金を日や週、月ごとなどに分けておき、**使わなかったぶんを貯金に回す**ようにするといいでしょう。食べたいと思ったものを買いすぎないように日々注意してください。

健康運　ダンス、格闘技などでストレス発散を

　鼻炎になったり、のどや気管が弱くなりやすいでしょう。鼻うがいや、日々のうがい・手洗いをマメにすること。歯もマメにメンテナンスしておくといいので、歯医者に行くタイミングをしっかり決めておきましょう。「**デブの星**」をもっているため油断すると太りやすいところも。軽い運動やダンス、格闘技などを習いに行くとストレスも発散できていいでしょう。裏運気の時期に手術をする病気になる可能性があるので、事前に検査をするようにしましょう。

LUCKY

color
ピンク、レッド、シルバー

food
チョコレート、卵料理、リンゴ

spot
フェス、ファミレス、遊園地

心にとめておきたい
運気UPアドバイス

いい加減で適当な自分を認めて人生を楽しむ

裏運気　人のためにと面倒を見すぎてしまう

　裏は、何事も感覚で決める頭の回転が速く情に厚い人です。人のためにあれこれ動けるのはいいのですが、余計なことまでやったり言ったりしてしまうところもあるタイプ。かわいそうな人の面倒を見すぎてしまい、振り回されてしまうこともあるでしょう。やや短気になりやすく、発言が強くなるときもありますが、基本的には平等な心をもって行動します。ただし、恩着せがましくなってしまうところも出てくると認識しておきましょう。

裏の時期　9月／10月　2005～2006、2017～2018、2029～2030、2041～2042年

余計な一言が多い真面目な人

 基本性格 おしゃべりで勘が鋭く恩着せがましい人情家

　何事も素早く判断できる頭の回転が速い人。短気なところもありますが、おしゃべりが好きで勘が非常に鋭いタイプ。人情家で情にとてももろい人ですが、人間関係をつくるのがやや下手なところがあり、恩着せがましくなったり、自分が正しいと思った意見を押しつけすぎてしまう癖があるでしょう。感性も豊かで芸術系の才能をもち、新しいアイデアを生み出す力もあります。寝不足や空腹で簡単に不機嫌になってしまうでしょう。

 ## 持っている星
生まれながらにあなたが持っている性質

- ◆超おしゃべりな星
- ◆勘で決める星
- ◆礼儀正しい星
- ◆ネガティブ思考の星
- ◆短気な星
- ◆情にもろい星
- ◆センスがいい星
- ◆恩着せがましい星
- ◆情から恋に発展する星
- ◆勘で買い物をする星
- ◆空気が読めない発言をする星
- ◆口ゲンカに強い星
- ◆芸術家の星
- ◆アイデアの星
- ◆デブが嫌いな星

仕事運  ## センスと想像力があり、先を読む力が強い

　デザインやファッション関係の仕事、想像力やアイデアが必要になる仕事に向いています。人間関係が得意なように見えますが、余計なおしゃべりが多く短気なので、職場の人間関係がギクシャクしたり、お客さんとの対話がうまくいかなかったりすることがあるでしょう。自分の感情をしっかりコントロールできると、先を読む力も強いので、**営業面**などでも能力を発揮するでしょう。**エンタメ系や映画、芸術系**の分野でも活躍できそうです。

♥ 恋愛運 結婚相手を一瞬で見抜ける勘の鋭さがある

好みの相手は、見た目に品があってスマートな人。下品な感じの人や社会的なルールやマナーを守れない人は嫌いです。「デブが嫌いな星」ももっています。**第一印象でハッキリとしぼってしまう**ため、ターゲットが少なくなってしまうところもあるでしょう。勘が鋭く、将来結婚する相手を一瞬で見抜くこともできますが、自分のしゃべりすぎや短気な部分が原因で、せっかくの縁を自ら破壊する場合があるでしょう。そうならないためにも、精神的な成長を心がけましょう。

 **計画性のなさを補えば
結婚もスムーズに**

恋愛の盛り上がりからそのままゴールインする可能性が高く、出会った瞬間から「**この人と結婚するかも**」と思った人と結婚することが多いでしょう。情に厚く、根は真面目なのでしっかりと将来のことも考えますが、問題は、計画性がなく感覚的すぎるところ。生活力が欠けていると相手も踏みとどまってしまうので、家庭的な部分を大切にしたり将来を考えた貯蓄や計画をしっかり立てたほうがスムーズに進むでしょう。

 **困難があるほうが
盛り上がってしまう**

相手に運命を感じたり、サプライズなどでいまの恋人との差を見せつけられたりすると、恋心に火がついてしまい、一気に関係を深めてしまうことがありそうです。不倫も、一目惚れした相手とはどんな状況でも進んでしまう可能性があり、むしろ**壁があるほうが盛り上がってしまう**ことも。一度情が移ると、何年も縁が切れない状況が続いてしまうかもしれません。

 **相手が不憫に見えると
復縁もあるかも**

本音の部分では人には興味が薄いところがありますが、情が厚いため、**一度付き合ったり関係を深めたりした人のことを思い続けてしまう**ところがあるでしょう。自分が将来を真剣に考えた相手とは、復縁を望みすぎて執着するほどになる場合も。相手から復縁を望まれた場合にはドライに返せそうですが、かわいそうな面を見たり泣きつかれたりすると弱く、結果的に復縁もあり得そう。別れの原因は余計な一言や短気なので、あなたが成長することも肝心です。

 **一瞬でもいいので
燃え上がりたい**

ベッドの上では感情をむき出しにしたSEXが大好き。相手の気持ちに素直に応えてみたいし、自分の好きな気持ちも伝えたいと思うため、激しいSEXになるでしょう。ただし持続力がないので、長時間になると疲れてしまい、飽きてしまう場合もありそうです。一瞬でもいいので燃え上がるようなSEXを何度も求められるほうが好きでしょう。サービス精神もあるので、**自然とテクニックをもっている天性のテクニシャン**といえそうです。

金 の羅針盤座 ◆ 4

ストレス発散するために出費が増える

何事も直感で判断するため、「欲しい」と思ったら即購入することが多く、自然と浪費家にもなってしまいます。ストレス発散するための出費も増えるので、ストレスをためないよう、日ごろからプラス思考の発言をしておくことが大事。美容や芸術系の資格や特技を活かすと収入を上げることができるので、**専門知識を活かせる仕事に就くことが大事**でしょう。お金の貸し借りや不要なローンは苦しみの原因になってしまいます。自分が情にもろいということを忘れないようにしましょう。

人をほめてポジティブな循環でストレスを解消

若いころは問題なくても、基礎体力がないので、筋トレや運動を続けておかないと、歳とともに簡単に体力が落ちてしまいそう。気管周辺が弱く、鼻炎で悩むことも多いでしょう。人生に一度は手術をする可能性が高いので、異変を感じたときは早めに病院で検査してもらいましょう。ストレスをためやすく発散も下手ですが、**原因の多くは己の口の悪さや愚痴や不満によるので、他人をほめて、ポジティブな発言、いい言葉選び**を心がけましょう。

LUCKY

color
ホワイト、ブラック、ゴールド

food
わかめ料理、もつ鍋、リンゴ

spot
美術館、映画館、遊園地

心にとめておきたい
運気UPアドバイス

マイナス発言、ネガティブなことを言わない聞かない

裏運気 人との関わりが喜びになり人脈が広がる

裏は、サービス精神が豊富で人生を楽しむために生きる人。陽気でポジティブで何事も前向きにとらえることができます。ただし、人のために生きすぎてしまい、振り回されることが増えてしまうかも。エラそうな人や権力者が好きではなく、どんな人とも楽しく会話をしたいと思っています。不思議な運に恵まれて、幅広い人脈を築きますが、ツメが甘くどこかいい加減なところが出てしまうことも。ワガママな発言にも注意が必要でしょう。

裏の時期　9月／10月　2005〜2006、2017〜2018、2029〜2030、2041〜2042年

金の羅針盤座

5

ネガティブな情報屋

金
の羅針盤座
◆
5

基本性格 アイデアは豊富だけど、適当でややネガティブ

　多趣味・多才でいろいろなことに詳しく視野が広い人。根は真面目で言われたことを忠実に守りますが、お調子者のところがあり、適当なトークをすることがあります。一方で不思議とネガティブな面もある人。おもしろそうなアイデアを出したり、情報を伝えたりすることは上手です。好きなことが見つかると没頭しますが、すぐに飽きてしまうところもあるでしょう。部屋に無駄なものが集まりやすいのでマメに片付けたほうがいいでしょう。

 持っている星
生まれながらにあなたが持っている性質

- ◆情報通の星
- ◆損得勘定で判断する星
- ◆ネガティブ思考の星
- ◆本音は人が苦手な星
- ◆計画的な星
- ◆商売人の星
- ◆多趣味・多才な星
- ◆都会的な人が好きな星

- ◆お酒に注意の星
- ◆都会で輝く星
- ◆おしゃれな星
- ◆トークが薄っぺらい星
- ◆表面上の付き合いがうまい星
- ◆自分の好きなことを見失う星
- ◆フットワークが軽い星

仕事運 情報とお金を扱うのが得意な商売人

　情報を発信し、段取りや計算をする仕事が向いているタイプ。何事も損得で判断できるので、バイヤーや目利きを活かせる仕事、**先を読む力が必要な仕事**が適職で、**証券会社や保険**などの業種もいいでしょう。商売人的な能力も高いのですが、急に人間関係が面倒になってしまうことが多そうです。いろいろな人がいる状況をおもしろがれると、思った以上にいい結果を残すことができそうです。

上品で賢くて都会的な人が理想

　好みの相手は、流行のファッションが似合う情報通で都会的な感じがする人。異性の扱いがうまくて上品で賢い人が理想です。**ストライクゾーンが狭い**うえに競争率がかなり高い相手を選んでしまうので、交際のチャンスを逃しがち。ただし、あなたもおしゃれで品があるので、**レベルの高い相手から言い寄られる**こともあるでしょう。都会的な空気を出すことでモテるようになりますが、もてあそばれてしまうケースも多いでしょう。

結婚
結婚を考えるが結局相手の出方を待つ

　交際した相手とは結婚をしっかり考えます。恋愛を遊びだと思っているような空気をまとっていますが、根は非常に真面目なので、将来のことや生活のことを考えているでしょう。ただし、**相手の出方を待ちすぎてしまう**ため、結婚までヤキモキする感じになることも。相手の家庭的な部分を見ると、さらに結婚を意識するようになりそうです。記念日や期限を決めておくと自ら結婚に進みやすくなるでしょう。

浮気&不倫
お酒の席でハイスペックな人に出会うと危険

　ふだんは浮気や不倫に走ることは少ないのですが、お酒の席が要注意。ただ酔っただけでは浮気することはありませんが、上品で都会的で、いまの恋人よりも**お得感が満載な人と出会ってしまうと危険**です。相手が仕向けてきたと見えるように自分からアプローチするようなテクニックを見せそう。不倫も同じように、かなりの好条件がそろわないと動きませんが、既婚者の余裕ある感じを目の当たりにして、恋心に火がついてしまうこともあるでしょう。

復縁
得があると思うと連絡してしまう

　一度縁を切った人でも気持ちがあるのが本音ですが、復縁は**「得がないならしない」**と考えているタイプ。逆に、復縁することで自分にメリットがある場合や、相手が大きく成長していたときには、自ら復縁を望むことがあるでしょう。学生時代の恋人が、社会に出てから大出世をしたうえに大人に変身していることがわかると、急に連絡することもありそうです。情が絡んでの復縁は、同じような別れを繰り返すだけになりそうです。

SEX
手順やテクニックでの正解を考えすぎる

　ＳＥＸの情報集めが好きなため、「このときはこうする」「これの次はこれ」と考えすぎてしまう人。とくに前の恋人や過去に上手だった相手と比べてしまい、集中できなくなることがありそう。自分が頑張ったぶん、**相手も頑張ってくれないと一気に不満が噴出**し、ガッカリしてしまいそうです。相手の反応に合わせることもうまくて、舐めるのも上手なほうでしょう。経験とともにドンドン上達してしまうこともあるでしょう。

金運　使わない物は売ってドンドン循環させるといい

　買い物がストレス発散になるので、不要な物が部屋に集まってしまうことが多いでしょう。着ない服や過去の趣味の道具、雑誌などもたまりやすいため、フリマアプリなどでドンドン売ってしまうといいかも。**情報収集能力が高いので、投資の勉強を早めにしておくといいタイプです。**ただし不要なプライドが邪魔をするところがあるので、わからないところは専門的な人に素直に聞いて、アドバイスをもらうといいでしょう。

健康運　お酒の失敗やケガ、過労に注意を

　過労と膀胱炎に注意が必要でしょう。予定を詰め込みすぎて、**気づいたら疲れがたまってしまっている**ことも。また、お酒を飲む人は酔って大ケガや大失敗をしやすく、病気もかなりの確率で飲みすぎが原因となってしまうタイプ。ヒマが好きだと言いながら、あいた時間に遊びすぎたり、お酒の席に顔を出しすぎてしまうこともあるでしょう。気管周辺も弱いので、異変を感じるときには早めに病院に行きましょう。

LUCKY

color
ブルー、ホワイト、シルバー

food
ソイラテ、もつ鍋、リンゴ

spot
温泉、プラネタリウム、遊園地

心にとめておきたい
運気UPアドバイス
G

おしゃれと流行を楽しむ

裏運気　人にやさしくなる一方で、振り回されて自分が揺らぐ

　裏運気では、真面目で地味なことが好きなタイプになります。小銭が好きで現実的なことを考えてコツコツ努力するでしょう。他人を思いやる気持ちが強く、言われたことにできるだけ素直に応えようとしますが、自分に自信がもてないところがあり、遠慮したり、ゆっくりじっくり進めすぎたりするところも出るでしょう。周囲の強い言葉に振り回されて、目的を見失ってしまったり、人に合わせすぎて疲れてしまったりすることも増えそうです。

裏の時期　9月／10月　2005〜2006、2017〜2018、2029〜2030、2041〜2042年

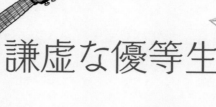

謙虚な優等生

基本性格 清潔感と品があり現実的だけど臆病者

　真面目でおとなしく出しゃばったことをしない人。やや地味なところはありますが、清潔感や品格をもち、現実的に物事を考えられて、謙虚な心でつねに一歩引いているようなタイプです。他人からのお願いが断れなくて便利屋にされてしまう場合もあるので、ハッキリと断ることも必要。自分に自信がないのですが、ゆっくりじっくり実力をつけることができれば、次第に信頼・信用されるでしょう。臆病が原因で交友関係は狭くなりそうです。

⭐ 持っている星
生まれながらにあなたが持っている性質

- ◆何事もゆっくりの星
- ◆礼儀正しい星
- ◆言われたことをしっかりやる星
- ◆真面目でまっすぐな星
- ◆ネガティブ思考の星
- ◆自信がない星
- ◆押されたらすぐ落ちる星
- ◆小銭が好きな星
- ◆受け身の星
- ◆やさしく親切な星
- ◆引き癖の星
- ◆人見知りの星
- ◆時間を守る星
- ◆押しに弱い星
- ◆部下の立場で輝く星

仕事運 やさしい性格が人のサポート役として活きる

　どんな仕事も真面目に取り組むタイプ。時間がかかってもじっくり続けることが大事です。ただし、都合のいい便利屋にされて我慢の限界を超えてしまう場合があるので、不当な扱いを受けていないか、冷静に判断する必要はあるでしょう。やさしい性格なので、営業や人との関わりは苦手です。**物作りや計算、データ入力の仕事、銀行やお金に関わる仕事**に就くと能力を発揮しそう。**秘書やマネージャーなどサポート役**としても活躍できるでしょう。

❤ 恋愛運　自信をもって飛び込めばいい恋ができる

真面目な人を求めますが、警戒心が強くなりすぎて臆病になってしまい、飛び込む勇気がなくて自らチャンスを逃すことが多くなってしまうでしょう。ときには人生や恋を楽しむくらいの気持ちで飛び込む度胸が必要な人です。**しっかり仕事をしていて、品があり、将来が保証されそうなやさしい人を好みますが、**好みではない人から強くアピールされると流されてしまうケースもあるでしょう。自分に自信がもてれば、いい恋ができそうです。

結婚　真面目さは控えめに明るさは最大限に

交際した相手とは結婚を真剣に考えます。根っからの真面目な性格なので、軽い恋のほうが苦手です。やさしさやつくしてくれる感じが相手にも伝わり、いい関係に進みやすいのですが、真面目すぎると「家庭がつまらなくなるかも」と思われてしまうことも。明るさや元気を出してみたり、**ポジティブな言葉を発したりすると話が進みやすい**でしょう。結婚後は家族を大事にするしっかり者になりますが、真面目すぎる面が出る場合も。

浮気&不倫　相手の言葉を盲目的に信じないこと

真面目に交際をするので、自ら望んで浮気をすることはほぼないでしょう。「相手が相当強引なうえに理想のタイプで、さらに恋人と気持ちが離れた状態がしばらく続いている」という状況なら可能性はありそう。不倫は、相手の「**離婚する」という言葉に延々とだまされ続けてしまう場合があるので要注意。**信じていたのに最終的に何もないまま終わってしまうことも多いので、好きだからといって、既婚者の言葉を簡単に信用しないようにしましょう。

復縁　信じても誠意が伝わっているかは疑問

別れた人のことをいつまでも好きなままでいます。ただし、**復縁を望み続けて素敵な出会いを逃してしまうこともあるので要注意。**「本当にその人で自分が幸せになるか」を冷静に判断する必要があるでしょう。**押しに極端に弱いため、**相手から復縁を望まれるとあっさりOKするタイプ。浮気されても「今度は大丈夫かな」と信用してしまうことが多く、あなたの誠意が通じない相手だと、同じ失敗を繰り返すので気をつけましょう。

SEX　大好きだけど全力を出せずに不完全燃焼

キスと肌と肌の触れ合いが大好きです。基本的にはSEXも大好きですが、恥ずかしがり屋なため、なかなか恋人の前では全力を出せないままになってしまいそう。相手の反応を見ながら満足させることはできても、自分の満足度は低くなってしまうケースが多いでしょう。**自分が攻めたぶんをしっかり返してほしいと思っ**ているのが本音です。とくに舐めることが抜群に上手です。ねっとりしたSEXが好きで長時間触れ合っていたいタイプでしょう。

金運　節約上手で手堅くお金を増やす

　流行のものよりも上品なものを手に入れたい気持ちが強いタイプですが、お金遣いにはシビアで、無駄遣いが嫌いな節約家でもあります。将来のためにしっかり貯金をすることや小銭を貯めることが好きでしょう。**コツコツと努力が必要なことで大金を手にする可能性をもっている**ので、お金の勉強を早い段階からはじめておくといいでしょう。手堅い方法で増やすためにも、ファイナンシャルプランナーなどに相談をすることも大事でしょう。

健康運　体を温めて適度な水分補給を

　基礎代謝が落ちやすく、冷え性になりやすいので、冷たいものの飲みすぎや食べすぎには注意が必要です。**お風呂や温泉にゆっくり入る習慣をつくっておくこと**や、腹筋やスクワットなど軽い筋トレを続けたほうがいいタイプ。水分が足りないと風邪をひいたり、飲みすぎや二日酔いに苦しんだりすることもあるので気をつけてください。また、気管周辺も弱くなりやすいので、乾燥するときはマスクをしておきましょう。

LUCKY

color
ホワイト、シルバー、ピンク

food
乳製品、もつ鍋、リンゴ

spot
温泉、海、遊園地

心にとめておきたい
運気UPアドバイス

待ってばかりいないで自分から
動いて失敗から学ぶことを楽しむ

裏運気　交友関係が広がり、お得な情報を集める

　裏運気では、情報収集好きの好奇心旺盛なタイプになり、フットワークも軽くなります。損得勘定を好むようになってお得な情報を信じて行動することが多くなり、損を被る人とは距離をあけることもあるでしょう。買い物好きが高じていろいろなものが欲しくなってしまいそう。交友関係も広がり、不思議なつながりも楽しめる人になるでしょう。部屋に無駄なものが集まってしまい、もったいなくて捨てられない……ということもありそうです。

裏の時期　9月／10月　2005〜2006、2017〜2018、2029〜2030、2041〜2042年

金　の羅針盤座　◆　6

7

おだてに弱い
正義の味方

基本性格 抜群の行動力だけど、ちょっとドジ

　自分が正しいと思ったことを貫き通す正義の味方のような人。人にやさしく面倒見がいいのですが、人との距離をあけてしまうところがあります。正しい考えにとらわれすぎて、ネガティブになってしまうこともあるでしょう。行動力と実行力があるのですが、おだてに弱く、ほめられたらなんでもやってしまうところもあります。基本的に、雑でドジなところがあるので、先走ってしまうことも多いでしょう。

★ 持っている星
生まれながらにあなたが持っている性質

- ◆ 正義感がある星
- ◆ おだてに弱い星
- ◆ 行動が雑な星
- ◆ ネガティブ思考の星
- ◆ 本当は甘えん坊な星
- ◆ 正義の味方の星
- ◆ ほめられたらなんでもやる星
- ◆ 恋で空回りする星

- ◆ 細かな計算をせず買い物する星
- ◆ 自分が正しいと思い込む星
- ◆ 仕切りたがり屋の星
- ◆ 空気が読めない星
- ◆ お節介な星
- ◆ 責任を背負うと強くなる星
- ◆ 社長の星

仕事運 お願い上手になると人間関係も良好に

　自分の仕事のやり方だけが正しいと思い込んでいると、周囲のやり方や考え方と噛み合わなくなってしまい、職場がギクシャクすることがあるでしょう。上下関係を気にするのはいいのですが、それに縛られすぎると大切なことを見逃してしまうかもしれません。お願い上手になったり周囲を認められるようになると、**経営者やいい上司になれる素質をもっている**ので、自分を正当化せず、周りの人の力を借りられるようになりましょう。

恋人にも正しさを強いて自分を曲げない

　好きな人にはわかりやすくアピールして、自らデートに誘うことができますが、ストレートすぎてしまうことがありそうです。押しが強くなりながらも、肝心の告白は「相手から」などと待ってしまうことが多いタイプでしょう。**恋にも正義感が出てしまう**ので、相手に非常識な態度があると正そうとしてケンカになることも。自分の考えを簡単に変えないところがもめる原因になってしまいそう。恋人に上手に甘えられるようになるとうまくいくでしょう。

 仕事が楽しくなると婚期が遅れがちに

　交際に発展した人とはほぼ全員と結婚を考えます。おだてに弱いので、大好きアピールがしっかりできる人からプロポーズされると簡単にOKするでしょう。勢い任せの結婚もしやすいので、**周囲が驚くスピードで結婚に至ることもありそう**です。ただし、一度仕事がうまくいきすぎて部下や面倒を見る人が増えると、なかなか結婚に踏み込めず、そのままになってしまうことも。結婚後も家庭におさまるよりも仕事をしたほうがいいでしょう。

 甘やかされると簡単に許してしまう

　相手に上手にもち上げられるとコロッと浮気に走ってしまうことがあるタイプ。真面目な感じがありつつも、体の関係を簡単にOKしてしまうところもあります。そもそも甘えん坊なので、上手に甘やかしてくれる人に弱いでしょう。不倫は尊敬する先輩や上司とする可能性があり、職場が面倒な感じになったり、離職に追い込まれたりするおそれがあるので、**一時の勢いで突き進まないように注意**しましょう。

 ほめられると体だけでも続けたくなる

　自分の気持ちにストレートなため、別れたあとも好きな気持ちが残っていると、追い続けてしまうでしょう。復縁を望んでいるのに体だけの関係で終えてしまったり、ズルズルとした関係が続いたりすると、**「このまま体だけでも続くならいいかな」**と思ってしまうことも。相手からの復縁は、上手におだてられたり、ほめられ続けたりするとあっさりOKするでしょう。別れた原因を探り、互いに成長しないと、**同じことを繰り返す**ので気をつけてください。

 回数や長さに自信があり何度も求めたい

　自分ではもっとスムーズに上品なSEXができると思っていても、ややせっかちで力任せな感じになり、ムードに欠けるSEXになりがちです。**相手がおだて上手だと自然と調教されてしまう**こともありそうです。1日に何度も求め合うことが好きで、テクニックよりも回数や長さで相手に満足してもらえることもあるでしょう。男性は足フェチお尻フェチになりやすく、後ろから攻めるのが好み。女性は騎乗位で頑張るのが好きでしょう。

経営者になると金運がよくなる

金運

　後輩や部下との食事代を率先して出すなど、面倒見のよさから出費が増えてしまうタイプ。ふだんから**お金遣いには大雑把なところがあり、細かなことは気にしません**。気がついたら使いすぎているパターンも多いでしょう。面倒見のよさが災いしてお金を貸して戻ってこないこともあるので注意は必要。経営者になることがもっとも金運をよくしますが、自分の考えだけが正しいと思い込まないことが大切です。**助言をしてくれる人を大事にしましょう。**

転倒やつまずきによる骨折や打撲に注意

健康運

　行動力とパワーがありますが、おっちょこちょいで行動が雑になりやすく、転倒や打撲などのケガをしやすいでしょう。酔って段差で転んで大ケガや骨折をしたり、何もないところでつまずいてしまったりすることもあるので気をつけましょう。また、気管や扁桃腺も弱いので、**空気が悪い場所ではマスクをするようにしてください**。下半身が太りやすいので、歩き方に工夫が必要なのと、麺類の食べすぎを避けるようにしましょう。

金
の羅針盤座 ◆ 7

LUCKY

color
グリーン、ホワイト、シルバー

food
麺類、もつ鍋、リンゴ

spot
動物園、海、遊園地

心にとめておきたい
運気UPアドバイス

相手をほめる、いい部分や
素敵なことは素直に言葉に出す

人にやさしくなり、気持ちがブレやすくなる

裏運気

　裏のあなたは礼儀正しく繊細で思いやりがあり、自分のことよりもまずは他人を優先することが多くなるでしょう。ただしメンタルが弱く、気持ちが簡単にブレてしまい、目的を見失ってしまうことも。人間関係をつくるのが上手ですが、見栄を張りすぎて後悔したり、言いたいことが言えずに飲み込んだりする場合も。権力者やお金持ちが嫌いで、どんな人とでも仲よく平等でいられることを好みますが、人に見せない向上心をもっているでしょう。

裏の時期　9月／10月　2005～2006、2017～2018、2029～2030、2041～2042年

上品で臆病な人

基本性格 繊細でネガティブだけど、礼儀正しくお上品

　真面目で上品、挨拶やお礼などの常識をしっかり守る人。ルールやマナーにもうるさく、できない人を見るとガッカリしてしまうことも多いでしょう。繊細な性格でネガティブな考えが強く、勝手にマイナスに考えてしまうところもあります。その点は、あえてポジティブな発言をすることで人生を好転させられるでしょう。臆病で人間関係が苦手、とくに初対面の人とは打ち解けるまでに時間がかかってしまうことが多いでしょう。

⭐ 持っている星
生まれながらにあなたが持っている性質

- ◆ 上品さと気品をもっている星
- ◆ 見栄っ張りな星
- ◆ 臆病な星
- ◆ 几帳面な星
- ◆ マイナス思考の星
- ◆ 人が苦手な星
- ◆ 品のある人が好きな星
- ◆ 肌と精神が弱い星
- ◆ 隙を見せない星
- ◆ 時間とルールを守る星
- ◆ 品のいい服を選ぶ星
- ◆ 常識を守る星
- ◆ 慎重になりすぎる星
- ◆ パーティーでいい縁がつながる星
- ◆ 挨拶がしっかりできる星

仕事運 人のアラにイライラせず、周囲を認め楽観的な発言を

　超真面目で几帳面に仕事ができます。言われたことに対して時間や期限をしっかり守ることができる優秀な人ですが、自分がしっかりしすぎているために、周囲の雑でいい加減な仕事ぶりにイライラして、職場で浮いた存在になってしまうことがあるでしょう。許す気持ちをもち、いろいろな生き方を認めないと苦しくなってしまうので、**楽観的な言葉を使いましょう**。そうすることで気持ちが楽になるでしょう。

恋愛運 相手を細かくチェックするも、勇気が出ない

　臆病で人見知りな性格で恋にも超慎重。相手の言動をはじめ、挨拶や社会的なマナーがしっかりできているか、上品か、などをじっくり観察します。とくに衛生面のチェックは厳しいでしょう。仲よくなるまでに時間がかかったり、勇気が出せなくてチャンスを逃してしまったりすることも多めです。そもそも人に興味が薄いので、恋にハマることも少ないほう。ただし、**本音は寂しがり屋で、かまってくれる人にとても弱いでしょう。**

結婚　誠実で品があり育ちのいい人を探す

　交際する時点で相手を厳しくチェックしているので、すでに結婚も視野に入れている場合が多いでしょう。相手には品格や家柄などを要求する部分がありますが、**誠実で愛がある家庭をしっかりもてるイメージが伝わってくれば、**結婚に進もうとするでしょう。ただし、仕事でよいポジションに上りすぎてしまうと、「結婚って必要？」と思ったり、寂しがり屋な面が仕事の充実で満たされてしまったりして、なかなか結婚しなくなってしまうでしょう。

浮気&不倫　既婚者と知らずにはじまった不倫はアブナイ

　常識をしっかり守ることができるタイプなので、浮気率はかなり低め。恋人以外の人との交際は生理的に気持ちが悪いと考えるところがありますが、恋人以上に品があり頭の回転も速く清潔感もある人に出会ってしまうと片思いがはじまります。**一歩進んでもプラトニックな恋になるかも。**不倫も不衛生な感じがあると進みませんが、結婚していることを知らないままスタートすると、なかなか縁が切れずに長い不倫になるケースもあるので注意。

復縁　相手の状況を考えずに突っ走ると撃沈する

　強く生きている風に見えて超寂しがり屋。交際するときは将来を考えているので、別れたときのショックは大きく、復縁を望んでしまうことはあるでしょう。気持ちがまっすぐなぶん、相手のことを考えられず、行動に突っ走ってしまい撃沈することがあるので、**相手の状況をよく確認**し、距離の詰め方を間違えないようにしましょう。相手からの復縁はうれしくても、浮気や不衛生な感じが原因で別れた場合、相手が変わらないと進展はないでしょう。

SEX　恥ずかしさを捨てて自分を解放して

　恥ずかしがり屋なため、自分を素直にさらけ出すことが苦手。シャワーを浴びないと嫌で、「体臭、口臭、ムダ毛、シーツが汚れていないか、相手の爪はキレイか」などを気にしすぎてSEXに集中できないことも。明るい場所は恥ずかしくてダメ、声を出すのも恥ずかしい……だと、相手からも「それじゃあ盛り上がらない」と思われてしまうかも。**ときには自分のなかの野性を出して、**欲望にまみれてみると本当の気持ちを解放できるでしょう。

金
の羅針盤座 ◆
8

金運 キッチリ管理できるが見栄っ張り

　お金遣いも几帳面で、使途不明金がなるべく出ないようにします。見栄っ張りなところがあり、流行よりも品のあるものや上質なものを見つけてしまうと、より値段の張るほうを選んでしまうこともあるでしょう。ご祝儀なども少し多めに包んでしまうところがあります。ただし、飲み会や知り合いの食事会では割り勘が好きなため、細かい金額まで割り勘の計算をしてくれる人がいると、とても喜んでしまうでしょう。

健康運 神経質なのでアウトドアで開放的に

　基礎体力がないので若いころから鍛えておくことが大事です。できればスポーツジムに通ったり、トレーナーから指導を受けたりして鍛えたほうがいいでしょう。ストレスが肌に出やすいので、湿疹ができたり肌荒れにもなりがちなタイプ。気管を痛めたり鼻炎にもなりやすいので、**空気洗浄機を置くのがオススメ**。衛生面や清潔感が気になり、神経質になってしまうところもあるので、ときには**アウトドアなどで開放的になるといいでしょう**。

LUCKY

color
ライトブルー、シルバー、ピンク

food
アボカド、もつ鍋、リンゴ

spot
リゾートホテル、百貨店、川

心にとめておきたい
運気UPアドバイス

失敗することが当たり前。そこから学んで成長すればいいだけ

裏運気 やや雑な行動力で面倒見のいいリーダーに

　裏運気のときには、周囲のまとめ役になったり、リーダー的な存在になったりして活躍できます。行動的になりますが雑な動きもしてしまい、うっかりミスが増えることも。おだてに弱く、ほめられたらなんでもやってしまったり、面倒見のよさや情にもろいところが出たりするでしょう。気持ちがブレやすくなり、目的が定まらなかったり、周囲に振り回されたりするケースも多くなりそう。せっかちにならずに何事もていねいに進めることが大事です。

裏の時期　9月／10月　2005〜2006、2017〜2018、2029〜2030、2041〜2042年

9

上品な
変わり者

基本性格 理屈と言い訳が多い、新たな価値の提案者

ほかの人とは違った生き方を自然としてしまいます。周囲から「変わってる」と言われることがありますが、自分では真面目に過ごしています。理論と理屈が好きですが、屁理屈や言い訳が多くなってしまうタイプ。芸術系の才能や新たなことを生み出す才能をもっているため、天才的な能力を発揮することもあるでしょう。頭はいいですが、熱しやすく冷めやすいので、自分の好きなことがわからずにさまよってしまうところがあるでしょう。

 持っている星
生まれながらにあなたが持っている性質

- ◆自由人の星
- ◆新しいことが好きな星
- ◆ネガティブ思考の星
- ◆屁理屈の星
- ◆本音は人が苦手な星
- ◆発想力がある星
- ◆海外の星
- ◆時代を変える星

- ◆恋は素直になれない星
- ◆束縛から逃げる星
- ◆発明家の星
- ◆頭の回転が速い星
- ◆あまのじゃくな星
- ◆芸術家肌の星
- ◆特殊な能力を身につける星

仕事運 仲間の信頼を得られると才能も花開く

アイデアやデザイン系、アートやものづくりの仕事が天職の人。人との関わりが下手なので、せっかくの才能を発揮できないまま、仕事を転々とすることもあるでしょう。若いころや新しい職場では基本的なことをきちんと学び、挨拶やマナーなどをキッチリしておくことが大事です。信頼を勝ちとって仲間ができると、**すごい才能を開花**させることがありそうです。お金よりも自分の好きな仕事を極めることに専念したほうがいいでしょう。

クリエイティブな才能が光る個性派が好き

　ふつうな人には興味を示さないタイプ。個性的な才能や不思議な魅力がある人を好みますが、下品で派手すぎる人や目立ちたがり屋は苦手。芸術系やクリエイティブ系で成功している人を選びますが、**あまのじゃくで素直になれないため、自ら交際のチャンスを逃すことも。**束縛と支配が嫌いでそもそも他人に興味がないので、恋にどっぷりハマることがないでしょう。ベッタリされると簡単に別れてしまうところもあるでしょう。

結婚　結婚は向かないかもと勝手に判断している

　結婚願望が薄く、「結婚は国が決めた制度」などと言ってなかなか結婚をしない人が多いでしょう。自由が好きで束縛が嫌いなため、結婚生活なんて営めないと自分で勝手に判断したり、**子どもを産んで育てることを恐れていたりする場合が多いでしょう。**若いころに好奇心で結婚をするのもいいのですが、そもそも離婚率がかなり高いタイプなので、他人との共存は「うまくいかなくて当たり前」だと思って進んでみるといいでしょう。

浮気&不倫　人にそれほど興味も執着心もない

　恋やＳＥＸには興味がありますが、人に執着心がないので、浮気をすることはあってもハマることはないでしょう。そもそも恋人にもしっかりハマっているわけでもなく、**つねに自由に生きているだけでしょう。**不倫も、好奇心に火がつくと既婚者でも関係なく飛び込むことはありますが、相手に才能や尊敬する部分がなければ、あっさり縁を切ってしまう結果となるでしょう。ただし、憧れの人との不倫は長くなる場合があるかもしれません。

復縁　プライドを守る以外の復縁はほぼない

　もしもあなたが復縁を望む場合は、それは恋や愛ではなく、プライドを守ろうとしているだけです。そもそも去った相手に興味はなく、とっくに飽きている相手だと自分でも理解しているはず。プライドを捨てて、自分の元を去った人のことなど忘れて、**新たな人を求めたほうがいいでしょう。**相手から復縁を求められた場合も、まったく興味を示せないでしょう。相手が別人に化けるくらいに変わっていなければ、復縁などなさそうです。

SEX　刺激的で変態的なプレイに興味あり

　ＳＥＸの情報をネットで集めて、どこをどうするかなどの情報もしっかり入手して研究しているため、いざはじまると、かえって余計なことまで考えてしまうタイプ。**本心は刺激的で変態的なプレイに興味があるので、**予想外の場所を攻められると興奮するでしょう。ただし、気持ちがランダムになりやすく、ＳＥＸをしたいときとまったく興味がなくなるときの差が激しい傾向があります。匂いフェチで耳や首筋を攻められると弱いでしょう。

金運 収入を考えず計画もなしに散財する

しっかり者に見えるかもしれませんが、お金遣いには要注意。独自の価値観で品性を感じるものや特別だと思えるものを、自分の収入を考えずに購入することが多いでしょう。無計画な使い方で給料日前に金欠で苦しむこともありそう。食事を極端にケチってなんとかつないだ経験も何度かあるでしょう。**カードやローンでの買い物は危険。特殊な才能を活かしたり、海外と接点のある仕事ができたりすると、お金持ちになること**があるでしょう。

健康運 温泉や治療院は評判のいいところへ

グルメの人も多いのですが、食事のバランスが悪くなりやすいタイプ。一度好きになると同じものばかり食べ続けてしまい、体調を崩す原因になることも。目の疲れ、緑内障や白内障など目の病気にもなりやすいので注意が必要です。肩こりにも悩みやすいので、温泉、マッサージ、整体などは、できるだけ評判のいいところに行くようにしてください。**ほかの人とは違うところに行くあまのじゃくな性格を、健康面では出さないようにしましょう。**

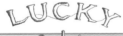

LUCKY

color
パープル、ブラック、シルバー

food
カレー、もつ鍋、リンゴ

Spot
神社仏閣、美術館、ダム

心にとめておきたい
運気UPアドバイス
G

感謝の気持ちを手紙に書く

裏運気 指導がうまくなるが人の好き嫌いは激しくなる

裏は冷静な大人タイプ。伝統や文化、歴史のあることが好きで、深く探求できる物事にハマることが多いのですが、人の好き嫌いが激しくなり、尊敬できる人とは深く付き合えても、知的好奇心や探求心のない人には興味がまったくなくなるでしょう。若い人に伝えることが上手で、先生や指導者としての能力もありますが、そのぶん上から目線の言葉が冷たく伝わることがあるかも。一方で、年上とは自然と仲よくすることが得意になるでしょう。

裏の時期　9月／10月　2005〜2006、2017〜2018、2029〜2030、2041〜2042年

真面目な完璧主義者

基本性格　人に興味がなく我が道を突き進む職人気質

　つねに冷静に物事を判断できる落ち着いた大人のような人。歴史や芸術が好きで、若いころから渋いものにハマっているでしょう。他人に興味がなく、距離をあけてしまうところや、上から目線の言葉が自然と出てしまうところもあるでしょう。ひとつのことを極めることができ、職人として最高の能力をもっているので、好きなことを見つけたらとことん突き進んでみるといいでしょう。ネガティブな発想になりすぎてしまうのはほどほどにしておきましょう。

持っている星
生まれながらにあなたが持っている性質

- ◆理論と理屈が好きな星
- ◆芸術家の星
- ◆ネガティブ思考の星
- ◆心を開かない星
- ◆言葉遣いがエラそうな星
- ◆プライドが邪魔する星
- ◆知的好奇心の星
- ◆先生や指導者によって運命が変わる星

- ◆専門職の星
- ◆年上に好かれる星
- ◆ズバッと言う星
- ◆恋人には完璧を求める星
- ◆比べられるのが嫌いな星
- ◆教える星
- ◆セックスレスになる星

仕事運　好きな仕事は完璧主義。それ以外は文句が多い

　職人的なタイプなので、完璧に成し遂げるまで細部を突き詰め、仕事が終わってもさらに次のことを考えられる人。ただし、それは自分の好きな仕事や情熱を燃やせる仕事に限っての話です。なんとなく仕事をしていると、上司や会社への不満が延々と出てしまうので、どんな仕事でもデータを集め、極めるために本気で取り組むと、才能を発揮することができそうです。**芸術や技術職、専門知識が必要な仕事に就くといいでしょう。**

141

恋愛運 ♥ 年上好きで、求める相手のレベルが高い

　理想が非常に高い人。好みは上品で頭がよく、愛情をしっかりもっていて、しかもやさしくて尊敬できる人。知的好奇心があり専門的な知識をもっていることも重要です。派手で下品な人、流行を追うような人には興味がわかないでしょう。年齢が離れた年上とも相性がよいのですが、**どこかを妥協しないといつまでも交際しないままでしょう。**そもそもめったに心を開かないので、人にもっと興味を示すことと、人のいい部分を見つける努力が大切です。

結婚 尊敬できる点が増えれば結婚を考える

　交際をするまでもハードルがかなり高いタイプなので、付き合った時点で結婚に進みやすくなります。ただし結婚をするうえでの理想も高く、「尊敬できる」部分が交際時よりもアップしないと進まなくなってしまうケースも。簡単に人を好きになることがないので、恋人のいない期間が長い場合は、**お見合いや結婚相談所に行くのがいいでしょう。**仕事だけをしていて気がついたらずっとひとりだった、なんてことにもなりやすい人です。

浮気&不倫 プラトニックな関係の浮気はあるかも

　人に興味がもてず、ひとりの人と真剣に付き合うので、浮気率はかなり低いでしょう。ＳＥＸにハマったり、欲望的な感じになったりはしないので、プラトニックな関係の浮気はあるでしょう。不倫は、若いころに一度や二度経験する可能性があるタイプ。そもそも**尊敬できないと好きになれない**ので、同級生が子どもに見えてしまううえ、年上で完璧に見える人は既婚者であることが多いために、意図せず不倫になってしまうケースがあるでしょう。

復縁 イラ立ちは残っても別れた時点で終わっている

　理想的な恋ではなかった時点であなたのなかでは終わっているため、別れを告げられても後悔は少ないでしょう。復縁したい気持ちよりも**プライドが傷ついたことや、時間が無駄になったことにイラ立って**復縁を望むことはありますが、本意ではないでしょう。相手からの復縁には基本的に興味がなく、相手が立派な人になっていたり、尊敬できるような存在になっていたり、何か成し得ていたりしていない限り、気持ちが惹かれることはないでしょう。

SEX 自分が興味なくてもときには相手のために

　欲望むき出しのＳＥＸができないタイプ。ＳＥＸは子どもをつくるためか、互いの愛の確認程度なので、激しく求め合うことは少なく、テクニックや相手の満足度を考えることはないでしょう。ただしそれでは相手がガッカリしたり不満に思うこともあるので、ときには相手に合わせて楽しませてあげ、自分も楽しんでみるといいでしょう。**互いの体の研究や、相手をＨなおもちゃだと思ってみると、**思った以上にイチャイチャできるようになりそうです。

金
の羅針盤座 ◆
10

142

金運　独自の価値観による出費が増えがち

何事も完璧にする性格がお金の管理にも出ますが、独自の価値観が強く、映画や美術館、芝居などにドンドンお金を使ってしまったり、「これは価値がある」と思ったレアな物事につぎ込んでしまったりするところがあるでしょう。管理ができているようでお金に執着が少ないタイプ。**お金の勉強をすると投資家として極めることもできるため**、セミナーに行ったり、独学でもいいので早い段階で学び、資産運用や投資の勉強をしておくといいでしょう。

健康運　温泉と軽い運動で肩こり、目の疲れをケアして

ふだんから健康を意識することがしっかりできるタイプですが、とくに体調に出やすい目の疲れと肩こり、偏頭痛に悩まされることが多いでしょう。なかでも目は視力低下から緑内障や白内障などの目の病気にもかかりやすいので気をつけましょう。肩こりもひどくなりがちなので、軽い運動をしたり、**温泉でゆっくりする日を定期的につくったり**するといいでしょう。食事のバランスも悪くなりやすいので、栄養バランスと質のよさを心がけて。

LUCKY

color
ホワイト、パープル、ゴールド

food
和食(うな重)、もつ鍋、アップルティー

Spot
神社仏閣、図書館、山

心にとめておきたい
運気UPアドバイス

映画や芝居を観て感動した作品を周囲に教える

裏運気　変わったことにハマり、新たな時代をつくる

裏のあなたは変わり者の自由人。心は庶民ですが、ふつうの生き方やみんなと同じが嫌なタイプ。不思議な人脈や周囲が理解できないような人とのつながりができたり、マニアックなことや、ほかの人ができないようなことにハマったりすることも多いでしょう。新しい物事やアイデアを生み出したり受け入れたりと、周囲からは少し変な人と見られる**場合もあります**が、新たな時代やルールをつくることができそう。感性を活かすと才能が開花するかも。

裏の時期　9月／10月　2005〜2006、2017〜2018、2029〜2030、2041〜2042年

銀の
羅針盤座

Silver
Pyxis

礼儀正しい
頑張り屋

基本
性格

狭く深く仲間意識の強い、一生青春な若者

　粘り強く真面目な頑張り屋タイプ。一度自分がこれだと見つけたことに最後まで一生懸命に取り組みます。仲間意識が強く友情を大切にしますが、友人に振り回されてしまうこともあるでしょう。心は高校1年生のまま、青春時代のままで生きているような人。友人の数は多くはなく、付き合いは狭くて深い人。反発心があり「でも、だって」が多く、若いころは生意気だと思われてしまうところがあり、他人からの言葉をネガティブにとらえることも多いでしょう。

⭐ ## 持っている星
生まれながらにあなたが持っている性質

- ◆ 負けず嫌いの星
- ◆ 根はサボり人の星
- ◆ マイナス思考の星
- ◆ 対等の星
- ◆ 自我が強い星
- ◆ 友人に影響を受ける星
- ◆ テンションが高校生の星
- ◆ 少年っぽい人が好きな星
- ◆ 胃が弱い星
- ◆ 体力がある星
- ◆ 粘り強い星
- ◆ 謝れない星
- ◆ 生意気な星
- ◆ 身近な人と恋をする星
- ◆ タメ口の星

仕事運

目上の人にかわいがられて才能が開花

　負けず嫌いの頑張り屋なので好きな仕事に粘り強く取り組みますが、上司や会社の方針がしっかりと決まらずに的確な指示がないと、いい結果を出すことができません。生意気なことを言ってしまうところがあり、上下関係をわきまえるのが下手です。しかし、目上の人にかわいがられることで能力が発揮できる人なので、**指示を待たずに任された仕事以上の結果を出せるように努めてみると、いいポジションに上がることができる**でしょう。

恋愛運　なんでも許してくれる心の広い大人が好き

　身近な人や友人で一緒にいると楽な人を選ぶことが多いでしょう。ふだんは対等に付き合えても基本的には自分を甘やかしてくれる人に弱いので、つくしてくれる人や支えになってくれる人、身の回りをいろいろ世話してくれる人に心を動かされるでしょう。ケンカをしてもなかなか謝りませんが、そんなところも許してくれる心の広い人や同年代でも大人っぽい人と合います。学生のようなノリの交際になりやすいので、年齢に見合う恋愛観を育てましょう。

結婚　一緒にいて楽な人と友人関係から発展

　結婚願望があり恋愛からの延長で結婚するタイプ。一緒にいて楽な人とそのままゴールインするケースが多いですが、甘えてくる人や過度に頼ってくる人との結婚は避けるでしょう。交際するまでの友人関係が長かったとしても、交際がはじまったら急に結婚することもあるでしょう。結婚後は家のことにも一生懸命になり、自分のやる気を相手にも同じように押しつけてしまうところもありますが、それも最初だけで時間とともにサボりはじめそうです。

浮気&不倫　付き合いの長い人とあっさり関係をもつ

　昔の恋人と浮気をすることが多いタイプ。昔の恋人が甘やかしてくれたりつくしてくれたりするタイプだと、体の関係に進んでしまう可能性があるでしょう。身近なところでの恋が多いので、職場の同僚や仲よくなった人と浮気してしまいます。不倫も、昔の恋人や長い付き合いの人と関係をもってしまうことがあります。ドロドロにはならず、あっさり別れるので、どちらもバレないままで終えているケースが多いでしょう。

復縁　ワガママを受け入れてくれる人ならOK

　交際に進むまでに時間がかかるぶん、一度付き合うと執着は強くなります。別れたあとでも気楽に連絡したり、復縁を望んでしまったりするでしょう。ただし、そこで相手の都合に振り回されると、都合のいいセフレでキープされてしまうおそれがあるので気をつけて。相手から復縁を望まれたときは、自分のワガママを素直に受け入れてくれる人なら簡単にOKするでしょう。ただし、自分に甘えてくる人との復縁はないでしょう。

SEX　スポーツ感覚が好きでつくすのは面倒

　ねっとりべったりした感じよりも、さわやかなSEXが好き。互いに気持ちよく汗を流すような感じが好みなので、テクニックはそれほどなく、淡白でワンパターンな感じになりやすいでしょう。舐めることを強要されると、ちょっと引いてしまうところもありそう。相手が自分のためにいろいろとやってくれるのは受け入れますが、自分が相手を満足させなくてはいけないと思うと面倒に感じてしまうタイプです。

銀の羅針盤座 ◆ 1

金運 積み立て預金が吉。お金の貸し借りは厳禁

正しく努力をすればしっかりお金になって戻ってきます。そのためには仕事に関わる勉強を、仕事以外の時間でも頑張ることが大事です。しっかり稼げますが、そのぶん旅行や趣味に使ってしまうことも多いでしょう。目標金額を決めて貯金するスタイルがよく、積み立て預金をしておくのもオススメ。お金の貸し借りは最悪の運命をたどる可能性があるので、家族でも親友でもやめておいてください。とくに保証人のサインはしないように。

健康運 意地を張って飲みの席で粘らないこと

基本的にはタフで基礎体力はありますが、胃腸が弱くなりやすいので暴飲暴食に要注意。緊張から腹痛や下痢になってしまうこともあるでしょう。負けず嫌いなので、周囲の飲みすぎや食べすぎにつられてしまったり、深酒になったりすることも。さっさと負けを認めて、つまらないところで意地を張らずに早めに帰りましょう。ストレスの発散のためにも、軽く体を動かす程度でいいので定期的に運動をしておきましょう。

銀
の羅針盤座 ◆ 1

LUCKY

color
オレンジ、イエロー、ピンク

food
ヨーグルト、そば、アーモンド

spot
スポーツジム、水族館、大きな公園

心にとめておきたい
運気UPアドバイス

友人の友人を集める会を開いて人脈を広げる

裏運気 飛び込んだ先で不思議な縁ができる

裏のあなたは向上心と野心があり、内心は強気で刺激を求めて行動する人。旅行やライブが好きで無計画に行動することもあるでしょう。合理的に物事を進めることを好み、雑用や無駄な時間をできるだけ削ろうとしますが、周囲からのアドバイスを聞かないところや、都合の悪いことを受け入れないところが出るでしょう。勇気があるので思い切って飛び込んだ先で不思議な縁ができたり、驚くような人とつながったりするでしょう。

裏の時期　10月／11月　2006〜2007、2018〜2019、2030〜2031、2042〜2043年

地道なこと
が好きな
無駄嫌い

基本性格 — 合理的だけど先走る無謀な男の子

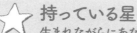

　上品で控えめな性格に見えて、根は無駄なことが大嫌いな、合理的に生きる男の子のようなタイプ。団体行動が苦手で人付き合いも苦手ですが、表面的には人間関係が上手にできるので、外側と中身が大きく違う人。頭の回転は速いのですが、話の前半しか聞かずに先走ることが多いでしょう。自分に都合が悪いことを聞かないわりには、ネガティブな情報に振り回されてしまうことも。一人旅に出るなど、大胆な行動に走る人でしょう。

★ 持っている星
生まれながらにあなたが持っている性質

- ◆ 合理主義の星
- ◆ 団体行動が苦手な星
- ◆ 根はサボリ人の星
- ◆ 大雑把な星
- ◆ 刺激好きな星
- ◆ 無駄が嫌いな星
- ◆ 結論だけ聞く星
- ◆ 上手にサボる星
- ◆ 玉の輿に乗る星
- ◆ 一攫千金の星
- ◆ 自棄を起こす星
- ◆ ライブが好きになる星
- ◆ 内弁慶の星
- ◆ 話を最後までしっかり聞かない星
- ◆ 旅行好きな星

仕事運 — 本当に好きな仕事ができるかがカギ

　団体行動やチームプレイが苦手ですが、仕事で役立つ人が周りに集まると本来の頭の回転の速さや合理主義を活かして、周囲が驚くような結果を出すことができます。新たなアイデアを出したりプログラムをつくったり、型破りな企画を考えることもできますが、好きな仕事以外にはまったく力を出さないので、自分が本当に好きな仕事を見つけることが大事。エンターテインメント業界やイベント業など不安定と思われる仕事のほうが燃えるでしょう。

149

恋愛運 「ドキドキするのが恋」と高嶺の花に挑む

　自分が好きな人と交際することが恋だと思っているので、相手を選びすぎてしまうことが多いでしょう。ドキドキしたりワクワクするような相手を求めて、理想に近い人を見つけるとすごいパワーを発揮して相手の心をつかみにいきます。とくに高嶺の花と思える相手だと盛り上がるところがあるでしょう。交際がはじまると、根は甘えん坊なので自分のワガママを受け入れさせようとして、相手を振り回してしまうことが多くなるでしょう。

結婚　地味な家事は苦手。夫婦で一緒に遊びたい

　恋愛の勢いで結婚に進みやすいのですが、本音は「家庭のことをやってくれる人」を望んでいます。基本的に雑用や地味な作業が嫌いなため、結婚後の料理や掃除、ゴミ捨てなどを考えると面倒に感じてしまいそう。役割分担をするなどして対等な立場で生活ができるといいのですが、一度サボるとドンドン相手任せになり、ケンカや不仲の原因になるので気をつけましょう。結婚後も旅行やライブなどに行ける感じの夫婦関係だとうまくいくでしょう。

浮気&不倫　あとで問題になるような相手ほど燃える

　恋心に火がついてしまうと誰の制止も無視するタイプなので、浮気や不倫をする可能性は高めです。しかも、その浮気相手が問題で、友人の恋人、職場の偉い人、仕事関係者など、あとで問題になりそうな面倒な人を好きになってしまうケースが多いでしょう。不倫も、刺激を味わいたいだけ。手に入ってしまうと興味が薄れたり、揉め事になるとサッといなくなってしまったり……ということもあるでしょう。

復縁　追うことに燃え、追われる恋に興味ナシ

　逃げた相手を追いかけてしまいがちです。空気を読まずに飛び込んでしまい、しかもトドメを刺してしまうので、二度と会いたくないと思われてしまうかも。くれぐれも暴走には気をつけましょう。別れた時点で「意地になっているだけだ」と冷静に判断して気づくといいでしょう。一方で、相手からの復縁には興味がありません。そもそも追われる恋が好きではないので、自分に気持ちがない人から言い寄られても昔の恋人でもなんとも思えないでしょう。

SEX　Sっ気もありつつ欲望全開に突っ走る

　SEXが驚くほど大好きで、はじめてするときに相手が「こんなに激しいの？」と驚いてしまうほど、欲望を全開にしたり、要求したりすることが多いでしょう。相手のことを考えずに自分勝手に突っ走ってしまうところがあるので、相手のようすやノリをよく観察してから求めるようにしましょう。相手が少し嫌がると逆に盛り上がってしまう癖は、ほどほどにしないと逃げられる原因にもなりそうです。

銀
の羅針盤座
◆
2

金運 ポジティブな発信でいい情報が手に入る

一発逆転で大金を手にすることができるタイプなので、転落する可能性も十分ある人。若いころから投資の勉強をして、情報を集めるためにいろいろな人と会っておくといいでしょう。度胸もあり、頭の回転の速さや判断力もありますが、人間関係をつくることが下手で損する場合もあります。表面的でもいいのでポジティブな演技やプラス思考を心がけて、自分にも相手にも前向きな言葉を発し続けていると、いい情報がドンドン入ってくるでしょう。

健康運 暴飲暴食とイライラと雑な行動に注意

破壊的な考え方をしながらも、健康には人一倍気を使っています。健康食品やら独特な健康法にハマったり、独自の健康ルールをつくって守ったりしていることも多いでしょう。ストレスによる暴飲暴食で胃腸を痛めやすいので、ヤケ酒ヤケ食いはとくに気をつけてください。刺激を求めて危険な行動に走ることがあるので、ケガと事故にも注意を。イライラしたり行動が雑になったりするところがあるので気をつけましょう。

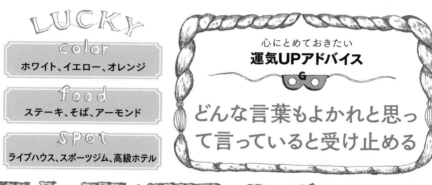

LUCKY

color
ホワイト、イエロー、オレンジ

food
ステーキ、そば、アーモンド

spot
ライブハウス、スポーツジム、高級ホテル

心にとめておきたい
運気UPアドバイス

どんな言葉もよかれと思って言っていると受け止める

銀 の羅針盤座 ◆ 2

裏運気 意地と反発心が出て人とぶつかってしまう

裏は、負けず嫌いの頑張り屋。気持ちはつねに高校1年生のようなパワーをもった人。意地を張りすぎてしまうところがありますが、平等心があり、分け隔てなくいろいろな人と仲よくなれるでしょう。裏運気では、反発心が増し、生意気なことを言ってしまうときもあって、不要なところで人とぶつかってしまうことがあるでしょう。とくにエラそうな人や権力者が嫌いで、わざとぶつかってしまうシーンもありそうです。

裏の時期　10月／11月　2006〜2007、2018〜2019、2030〜2031、2042〜2043年

3 明るい マイナス思考

基本性格　おしゃべりで人気者だけど、人が苦手

　サービス精神が豊富で明るく品のある人。自然と人が周りに集まってきますが、人が苦手という不思議な星の持ち主。自ら他人に振り回されにいってしまいながらも、自分も周囲を自然と振り回してしまうところがあるでしょう。おしゃべりでワガママな面がありますが、人気を集めるタイプです。超ポジティブですが空腹になるとネガティブな発言が多くなり、不機嫌がすぐ顔に出るでしょう。笑顔が幸運を引き寄せます。

★ 持っている星
生まれながらにあなたが持っている性質

- ◆ 欲望に弱い星
- ◆ 根はサボり人の星
- ◆ 指導者に左右されやすい星
- ◆ 意思が弱い星
- ◆ ワガママな星
- ◆ 愚痴と不満が多い星
- ◆ 甘え上手な星
- ◆ ポジティブな発言をすると最強な星
- ◆ 油断すると太る星
- ◆ 人任せな星
- ◆ 空腹に耐えられない星
- ◆ スケベな星
- ◆ おもしろい人を好きになる星
- ◆ ツメが甘い星
- ◆ ダンサーの星

仕事運　人を喜ばせるアイデアが仕事運を上げる

　どんな業種でも楽しくなければ続かないタイプ。職場がいい空気で、ワガママを認めてくれる雰囲気だと不向きな仕事も続くでしょう。サービス業は不得意ですが、キャラを認められると持ち前の明るさにお客さんがついてくることも多いでしょう。人を喜ばせるアイデアは豊富にもっているので、企画やアイデアを出す仕事もよさそうです。詰めが甘いところや雑なところがあるので最後までキッチリ仕事をするように心がけましょう。

恋愛運　甘やかしてくれるおもしろい人が好き

　自分のワガママを受け入れてくれ、甘やかしてくれる人に弱いでしょう。好みよりもノリや勢いとおもしろさが大事で、何よりもそんな自分を受け入れてくれる人なら交際までに時間はかからないでしょう。相手を振り回しているのに、自分のほうが振り回されていると言い張ったり、感情の浮き沈みで相手を困らせてしまったりすることも多いので気をつけてください。元気で明るいところがなくなると、突然フラれてしまう場合もあるでしょう。

結婚　頼れる人と結婚したいが何もかも相手任せ

　あなたを甘やかしてくれる人と結婚するタイプ。授かり婚をする確率も高く、ノリや勢いで結婚するケースも多いでしょう。何もかも相手任せになりやすいので、**相手の行動力と実行力、決断力が必要になります**。結婚後はサービス精神を発揮して明るい家庭をつくり、思ったよりも几帳面な部分が出そうです。ただし、一度サボると何事もダラーッとするようになってしまうので、相手の協力が大切になるでしょう。

浮気＆不倫　かまってくれる人にノリでついていく

　遊びの一環やエステ感覚で浮気します。恋人と会うことができずにセックスレスになると、簡単にほかにいってしまうでしょう。不倫も、このタイプにとって既婚者であることは、愛してはいけない理由にならないので、ノリや勢いで関係をもってしまうケースが多くなります。恋人が自分のためにつくしてくれず、甘やかしてくれない状況が続いてしまうと、**かまってくれる人に流されやすい**ので気をつけましょう。

復縁　体の相性がよかった人とは戻りたくなる

　交際期間が楽しければ楽しいほど復縁を望みます。とくにSEXが最高に合っていた相手と復縁したがります。ところがつい感情的になってしまい、それが原因でさらに嫌われてしまうケースも。交際期間中に太りすぎた人は、**デブになったことが別れの原因**なのでやせましょう。相手からの復縁は楽しい思い出があればOKですが、ほかに楽しいことや気になっている人がいると可能性は薄いでしょう。セフレになって終わる場合もありそうです。

SEX　大好きだけどもう少し技術を磨きたい

　食事の次に大事なのがSEXといってもいいほど、SEXが大好き。押しが強い人や流れをつくるのがうまい人だと、あっと言う間に体の関係になってしまうこともあるでしょう。イチャイチャするのもベタベタするのも好きなので、周囲の目線を気にすることはありません。**感度もよくてリアクションもいい**のですが、テクニックがあるほうではなく、SEXが好きでも相手を満足させるほどうまくはないので、もう少し技術を磨くといいでしょう。

銀の羅針盤座　◆　3

金運 人が集まる場でのサービス精神が収入アップに

　浪費が激しいのに不思議とお金で困ることが少ない人です。計画的に貯めることや積立預金をするのもいいですが、人が集まる場所に顔を出して周囲を楽しませてみたり、喜ぶことをドンドンやったりすると、それが仕事につながり、収入アップを引き寄せる流れになるでしょう。グルメなところもあり、食べたいと思った物を食べすぎてしまうことも。気分で買い物をするので、不要な物を買いすぎてしまう傾向もあるでしょう。

健康運 食に貪欲すぎるので定期的に運動を

　基礎体力がしっかりしている人が多くタフなタイプですが、そのぶん食べるパワーも強く、食べすぎに注意。太りすぎや糖尿病になりやすく、鼻炎になったり気管周辺も弱くなりがちです。おいしい物があると、ダイエット中でも「一口くらいは大丈夫」と言いながら食べてしまうところも。気分転換に人の集まる場所でおしゃべりするのはいいのですが、飲みすぎ、食べすぎになりやすいので、定期的に運動するようにしましょう。

銀
の羅針盤座 ◆ 3

LUCKY

color
ピンク、レッド、オレンジ

food
卵料理、そば、アーモンドチョコ

spot
フェス、伝統的な場所、美術館

心にとめておきたい
運気UPアドバイス

笑顔を心がけて、周囲も笑顔になるような行動をする

裏運気 情に流され人のために動くが、余計な一言も

　裏は、頭の回転が速く、美的センスもよく、感性も豊かでおしゃべりな人。情に厚く人のためにいろいろと考えて動けるようになりますが、情にもろいところも出て、縁が切れなくなってしまうこともあるでしょう。短気を起こしやすくなるので、些細なことでムッとした感じを出してしまい、余計なことを言ってしまうかも。**体型がスリムになりやすくなるので、体を動かしたり軽い運動をしたりするとストレス発散にもなっていいでしょう。**

裏の時期　10月／11月　2006〜2007、2018〜2019、2030〜2031、2042〜2043年

繊細で おしゃべりな 人

基本性格 頭の回転が速く感性豊かで一言多い

　好きなことをとことん突き詰められる情熱家。頭の回転が速く、なんでも勘で決める人。温和で上品に見えますが、根は短気でやや恩着せがましいところもあるでしょう。芸術的感性も豊かで表現力もありますが、おしゃべりで一言多いでしょう。粘り強いのですが、基礎体力がなく、イライラが表面に出てしまうところも。寝不足や空腹になると機嫌が悪くなり、マイナス思考や不要な発言が多くなってしまうでしょう。

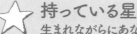

☆ 持っている星
生まれながらにあなたが持っている性質

- ◆ 発想力がある星
- ◆ マイナス思考の星
- ◆ 勘で決める星
- ◆ 超おしゃべりな星
- ◆ 愚痴が多い星
- ◆ 専門家になる星
- ◆ サプライズに弱い星
- ◆ ストレスをためやすい星

- ◆ 基礎体力作りが必要な星
- ◆ 昔の恋を引きずる星
- ◆ 身勝手な発言をする星
- ◆ 短気な星
- ◆ アイデアが出る星
- ◆ 芸術系の才能がある星
- ◆ 疲れやすい星

仕事運 愚痴や不満と人任せがなくなれば認められる

　言われたことはキッチリと素早くできますが、人任せで余計なことをしない人。求められた以上の仕事をすすんでやるようになれば簡単に認められますが、サボってしまったり怠けてしまったりするところがあるでしょう。持続力に欠け、長時間は仕事に集中できないタイプ。仕事でストレスを抱えやすく、愚痴や不満が出ますが、それはどの職場に行ってもあるものなので、プラスの面を探す努力が必要です。

言うことを聞いてくれる品のある人が好き

　自分を甘やかしてくれるスリムな相手が好みのタイプ。第一印象で品と清潔感を感じられる人を好きになりますが、デブが嫌いなので太った人は自然と避けるでしょう。おしゃべりなあなたの話を最後まで聞いてくれるやさしくて心の広い人とうまくいきますが、ワガママな発言ばかりしていると大ゲンカになり、突然終わりになることがあるので気をつけましょう。相手の喜ぶことを意識して交際することが、まずは大切になるでしょう。

結婚　サプライズに弱く運命を感じた人と結ばれる

　交際のときから運命を感じている人とそのまま結婚に向かうでしょう。演出されたプロポーズに弱く、サプライズされると即OKしますが、交際中に恋人が太ってしまうと気持ちが萎えてしまうことがありそう。結婚後も愛を確かめ合いたがりますが、相手に甘えすぎるところがあるので、自分の役割をサボらないように。記念日や誕生日を大事にするのはいいのですが、過度な期待をしすぎないことも結婚生活をうまく進めるコツです。

浮気&不倫　運命を感じる演出にコロッと落ちる

　一目惚れをするタイプですが、自ら動くことは少ないので浮気率は低いほうです。恋人との関係がマンネリになっているときに好みのタイプから積極的にこられた場合は危ないかも。とくに運命を感じてしまうシチュエーションを上手に演出されると、コロッと浮気や不倫をする方向に導かれてしまいます。不倫も相手からはじまるケースがほとんどですが、きっかけになるような言葉はあなたから発する場合が多いでしょう。

復縁　復縁にこだわりすぎて新たな出会いを逃さぬように

　執着心は強いほうなので、別れた相手のことをいつまでも引きずってしまいます。恩着せがましさも出てしまうので、さほどつくしていなくても「私がこれだけやったのに」と、思い込んでいるフシがあるでしょう。また、復縁を望みすぎて、新たな出会いをドンドン逃してしまうことも多そうです。相手から復縁を求められた場合は、その人がデブになっていたら即NGですが、スリムになって仕事で輝いていたらOKするでしょう。

SEX　ムード重視。期待がふくらむ演出を求める

　SEXは大好きですが、ムードもまるごと楽しみたいので、「はい、SEXしよ」みたいな流れには「は？」となってしまいます。音楽や下着などの準備をしっかりして、「今日はこの流れでするのかな」といろいろ考えさせてくれる相手だと盛り上がります。ベッドの上でもリクエストが多く、相手から攻められるのを期待しすぎるところがあるので、自分からサービスすることも忘れないようにしましょう。

金運 独自の感性で出したアイデアで大金持ちに

あとさき考えずにお金を使いすぎてしまうことも多く、お金の出入りがかなり激しい人。情に流されてのお金の貸し借りは止めたほうがいいタイプです。自分の感性や頭の回転の速さを活かし、アイデア勝負に出ると大金持ちになれる可能性も。「こんな商品あると便利なのに」と思ってつくったものや、「こうするとみんな喜ぶのに」と意見したことが当たったりして、大出世することもありそうです。自分の勘を信じて行動してみるといいでしょう。

健康運 睡眠不足が不調やイライラの原因に

体力作りは欠かせないタイプ。持続力がないので疲れやすく、睡眠時間が足りないとイライラしたり頭の回転が悪くなってしまったりするので、就寝時間に合わせた計画的な行動が大切です。ストレス発散が下手なので、愚痴や不満を言って楽になったつもりが逆にストレスをためてしまうハメに。人をほめたりポジティブな発言をしたりするといいでしょう。気管周辺も弱いので、異変を感じたときは早めに病院に行くようにしましょう。

LUCKY

color
ホワイト、イエロー、ゴールド

food
フルーツ、そば、アーモンド

Spot
神社仏閣、美術館、老舗旅館

心にとめておきたい
運気UPアドバイス

過去のすべてを許す、過ぎたことをグチグチ考えない

裏運気 友達が増えて振り回されながらも好かれる

裏のあなたは陽気で明るく、楽しいことやおもしろいことが大好きな人。サービス精神が豊富ですが、空腹になると不機嫌さが顔や態度に出てしまいます。いろいろな人と仲よくなりますが、そのためにいろいろな人に振り回されてしまう機会も増えるでしょう。ワガママな発言が多くなってしまうところが出てきますが、不思議と憎まれることなく好かれるでしょう。太りやすくなるので食べすぎには気をつけてください。

裏の時期　10月／11月　2006～2007、2018～2019、2030～2031、2042～2043年

5

品のある 器用貧乏

基本 性格 ◆ 多趣味すぎて好きなもののなかでさまよう

　損得勘定が好きで、段取りと情報収集が得意な、幅広く物事を知っている上品でおしゃれな人。好きなことにはじっくり長くハマりますが、視野が広いだけに自分は何が好きなのかを見つけられずにフラフラすることもあるでしょう。多趣味なのはいいのですが、部屋に無駄なものがたまりすぎてしまうことも。お調子者ですが、ややネガティブな情報に振り回されてしまうのと、人付き合いはうまいのに、本音では人が苦手なところがあります。

★ 持っている星
生まれながらにあなたが持っている性質

◆ 多趣味・多才の星
◆ マイナス思考の星
◆ お酒に飲まれる星
◆ 根はサボり人の星
◆ 駆け引き上手の星
◆ お金も人も出入りが激しい星
◆ 好きなことが見つけられない星
◆ お金持ちが好きな星

◆ 散財する星
◆ 過去の恋人と比べる星
◆ 適当なトークがうまい星
◆ 本音は人が苦手な星
◆ 貧乏臭い人が嫌いな星
◆ おしゃれな人に惹かれる星
◆ イチャイチャが好きな星

仕事運 感謝とポジティブさが仕事を楽しむコツ

　情報収集能力を活かした仕事や商才を活かせる仕事に就くと能力を発揮できますが、上司や目上の人の指示がないと懸命に仕事をしないところがあるでしょう。お調子者でもあるので、**ポジティブな感じを職場で出しておくと楽しく仕事ができるようになります。**一方で、「自分ばかりが損する役割になっているかも……」と思いはじめると、不満をためてドンドン仕事がつまらなくなってしまうので、現状の仕事に感謝を忘れないように。

恋愛運 受け身でいると好みじゃない人に好かれる

　理想ではおしゃれで都会的でお金がある人を望んでいますが、素敵な出会いがあっても相手の出方を待ってしまいます。「告白してこないかな〜」と自分ではわかりやすくアピールをしているつもりが、相手にはまったく伝わっておらず、チャンスを逃すことが多いでしょう。どちらかというと、まったく好みではない人から好意を寄せられて困ってしまうケースも。交際中は、束縛と甘えん坊のところが強く出すぎてしまうことがあるでしょう。

結婚　助け合う夫婦が理想だけど計画性が大事

　結婚にもメリットを感じないとなかなか進まない人ですが、交際をスタートした相手とは結婚を考えるでしょう。好きな買い物を自由にさせてくれる相手なら即OKになるでしょう。本音は家庭のことを助け合える夫婦が理想。結婚後は段取りをしっかり決めて予定通りに行動をしますが、家族にもそれを押しつけてしまったり、キッチリしないことに不満を抱いたり、「自分だけが頑張っている」と悲観的になってしまうこともあるでしょう。

浮気&不倫　甘やかしてくれる人に気が移りやすい

　寂しがり屋なタイプなので、恋人との触れ合いが減ってしまったり、甘やかしてくれない状況が続いてしまったりすると、ほかの人に目移りしてしまうことがあるでしょう。気がついたら複数の人と交際してしまうケースも。不倫は、お金持ちやおしゃれでテクニックのある人と関係をもってしまうことが多いでしょう。つくし上手で甘やかしてくれる人に流されて、ズルズルとした関係が続く可能性もあるので注意を。

復縁　未練から自分を成長させようとする

　別れたことで自分が損したと思うと、復縁を望んでしまうところがあるでしょう。交際した相手とは、少しは将来を考えるのでその未練もありますが、「キレイになって振り向かせる」などと別れた理由とは違うところを成長させてしまうかも。相手から復縁を求められても、相手がお得な感じに成長して都会的でおしゃれな人になっている場合にはOKするでしょう。ただし、あなたがポジティブになれないとまた失恋するハメになるでしょう。

SEX　余計なことを考えずもっと素直に楽しんで

　イチャイチャすることが大好きなので、その延長でSEXも好きですが、情報収集が好きなため、SEXのことや相手の体についていろいろと調べすぎてしまいます。ベッド上のテクニックはありますが、「このあとはこうして、これはこんな感じで大丈夫かな」などと余計なことを考えすぎてしまったり、前の恋人と比べたりして、なかなか素直に感じられないことがあるので、心を開いて素直に楽しむようにするといいでしょう。

銀
の羅針盤座 ◆ 5

金運　手堅さ、計画性、情報力を活かしてみて

　趣味が買い物になってしまうことが多いうえ、多趣味なため、不要な物が部屋に集まりやすく、自然と出費が増えてしまいます。お金の管理がしっかりできて情報通なので、投資の勉強をしてみるといいでしょう。根が手堅い性格なので、ゆっくりとではありますが収入をアップさせることに成功する可能性が高いでしょう。計画的にお金を貯めることもできるタイプです。目利きなので、ネットオークションで高く売れる物を安く仕入れることもできそうです。

健康運　情報通ゆえに疲れたり食べすぎたりしてしまう

　興味のある物事が多く、予定を詰め込みすぎて疲れをためてしまいがち。過労気味になることも多いので要注意。おいしいお店の情報を集めて実際に食べに行くのはいいのですが、好奇心もあり「あれもこれも食べすぎてしまう」という傾向があるので、痛風や糖尿病にならないように気をつけましょう。とくにお酒で大失敗をしたり、ケガをしたりすることもあるので、気分がいいからといって飲みすぎないように注意してください。

LUCKY

color
ブルー、ホワイト、ピンク

food
ソイラテ、そば、アーモンド

spot
温泉、美術館、水族館

心にとめておきたい
運気UPアドバイス

ポジティブな情報を集める。
ネガティブな情報は見ない

裏運気　やさしいのに主張できず流されやすくなる

　裏のあなたは、非常に真面目で現実的に物事を考える人。目先のお金に弱く小銭が好きで物が捨てられず、不要な物が身の回りに多くなってしまいます。人には親切でやさしく思いやりがありますが、自己主張が苦手で言いたいことをグッと我慢したり飲み込んだりして、流れに合わせてしまう場面も増えるでしょう。瞬発力はありませんが、時間をかけて信頼されるようになります。ただし、利用されすぎてしまうこともあるでしょう。

裏の時期　10月／11月　2006〜2007、2018〜2019、2030〜2031、2042〜2043年

受け身で誠実な人

基本性格 品があり臆病でゆっくり進む誠意ある人

　真面目でやさしく、じっくりゆっくり物事を進めるタイプ。品はありますが、やや地味になってしまうところもあります。言われたことは完璧にこなすことができるでしょう。現実的に物事を考えるのはいいことですが、臆病になりすぎてしまったり、マイナス情報に振り回されてしまったりと、石橋を叩きすぎてしまうこともあるタイプ。初対面の人や人間関係を広げることが苦手で、つねに一歩引いてしまうところがあるでしょう。

☆ 持っている星
生まれながらにあなたが持っている性質

- ◆真面目な星
- ◆マイナス思考の星
- ◆人見知りの星
- ◆言われたことしかやらない星
- ◆ルールを守る星
- ◆サポート上手な星
- ◆尿路結石の星
- ◆真面目さがコンプレックスになる星
- ◆一途な恋の星
- ◆根はMの星
- ◆恋に臆病な星
- ◆控えめな星
- ◆人に振り回される星
- ◆小銭が好きな星
- ◆地味な星

仕事運 サポート上手。仕事に慣れれば信頼される

　上司や会社からの指示通りにしっかりと仕事ができます。管理や事務作業、秘書的な仕事、サポートする役割で才能を発揮するでしょう。若いころは臆病で環境や仕事に慣れるまでに時間がかかってしまうことがありますが、時間とともに周囲から信頼される存在になれます。ただし指示が下手なので、上司や先輩などの立場になったときには、少しでもいいのでリーダーシップをとったり向上心や野心をもつといいでしょう。

恋愛運 何度も会う仲間から相手を見つけるといい

　好きな人ができても自ら積極的になることはなく、片思いのままで終わってしまう恋が多いでしょう。「自分なんて」と卑屈になってしまったり、自分を過小評価しすぎてしまったりするところもあるでしょう。根が人見知りで臆病なので、初対面の人や新しい出会いが苦手。習い事などで何度も会う仲間のなかから好きな人を見つけて、時間をかけて進むといいでしょう。ただし、外見が地味になりすぎてしまうので、自分磨きをサボらないように。

結婚　つくしたぶん甘やかしてくれると頑張る

　結婚願望が非常に強いタイプ。交際OKとなる前から結婚を考えてしまうことも多いでしょう。結婚相手に多くを望まないので、幸せにしてくれるならとプロポーズを簡単に受け入れます。結婚後は一生懸命につくしますが、**本音は甘えたいので**、そこを見抜いて相手がつくしてくれたり甘やかしてくれたりすると、さらに家庭のことを頑張れるようになるでしょう。つくすのはいいのですが、家庭を楽しむことも忘れないように。

浮気&不倫　浮気は本気になり不倫は引きずりやすい

　浮気とは程遠いタイプですが、恋人が冷たくて気持ちがないと感じているときに、恋人以上にやさしくて甘やかしてくれるような人が強引に誘ってくると動いてしまうかも。本気で恋するため、別れるのが下手で、結果的に浮気になってしまうことになりそう。不倫も、相手から強引に迫られると断れなくてズルズルと引きずってしまったり、長い間愛人になったりするケースもあるので気をつけましょう。幸せとは何かを忘れないようにしてください。

復縁　よい思い出に浸って復縁を待ってしまう

　別れたあとでも好きな気持ちを捨てられないでしょう。街で昔の恋人と似ている人を見ると追いかけてしまったり、写真を見て幸せだった記憶を思い出しながらメソメソしたりするタイプ。復縁を望んだとしても自分からはなかなか動けないので、待ち続けてしまうことも。相手からの復縁は、どんな別れ方をしても受け入れてしまうところがあるので、自分の幸せを真剣に考えてから判断するようにしましょう。

SEX　学習能力が高く回数に比例してうまくなる

　真面目で地味に見えてもSEXが大好きです。テクニックは相手の反応を見ながら学習するので、回数が増えるたびにうまくなります。交際相手から学んで身につけることもあり、それまでの経験を活かしていくタイプでしょう。舐めるのが好きで基本的にM体質ですが、相手を満足させても、自分は満足できないときが多いでしょう。キスが大好きで舐められるのも大好き。本当は自分も愛を感じられるSEXをしたい人でしょう。

銀
の羅針盤座 ◆ 6

162

金運　手堅いからこそ投資や資産運用向き

　上品なものに興味がありますが、現実的で根はセコイので、「そんなものを持っていても」と諦めてしまうことが多いでしょう。しっかり計算をして将来のために貯金もできるタイプですが、手堅い性格だからこそ、早い段階で投資や資産運用の情報を入手して、マネーの勉強をしておくといいでしょう。臆病な性格を活かして少額から投資をはじめてみるとうまくいくかもしれません。家や土地を手に入れるのを目標にすることが重要な人でしょう。

健康運　水分やお酒の摂取量には注意を

　基礎体力はありますが、冷えに弱いので、冷たいものの飲みすぎや食べすぎには注意。もったいないと言いながら残りものを食べすぎて体調を崩したり、太ってしまったりすることもあるので、最後の一口を残すくらいは気にしないこと。お酒も体調を崩す原因になるので飲みすぎには注意が必要です。お湯割りを飲むようにするといいでしょう。女性は子宮系が弱いので気をつけて。水分摂取量を一定にすると健康的になるでしょう。

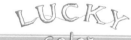

LUCKY

color
ホワイト、オレンジ、ピンク

food
乳製品、そば、アーモンド

spot
温泉、水族館、大きな公園

心にとめておきたい
運気UPアドバイス

自分磨きをサボらずに続けて積極的に行動すること

裏運気　人との交流が盛んになり、心がブレやすくなる

　裏は、情報収集が好きでいろいろなことに興味を示す人。フットワークも軽くさまざまな人と交流するのが好きですが、エラそうな人は苦手。買い物がストレス発散になるので、不要なものまで購入して部屋に無駄なものが集まってしまうことがあるでしょう。酔うと調子に乗りすぎてしまう傾向があるので、お酒の席では注意が必要。裏運気では視野が広がりますが、情報と人の意見に振り回されすぎて心がブレブレになるでしょう。

裏の時期　10月／11月　2006〜2007、2018〜2019、2030〜2031、2042〜2043年

7

ネガティブで 正義感が 強い人

基本 性格　面倒見がいいのに人が苦手で不器用な行動派

自分が正しいと思ったら突っ走る力が強く、せっかちで行動力はありますが、やや雑です。好きなことが見つかると粘り強さを発揮します。正義感があり面倒見が非常にいいのですが、不思議と人が苦手で人間関係をつくることに不器用な面があるでしょう。おだてに極端に弱く、ほめられたらなんでもやってしまうところも。年上の人から好かれることが多いのですが、その人次第で人生が大きく変わってしまうところもあるでしょう。

★ 持っている星
生まれながらにあなたが持っている性質

◆ 正義感がある星
◆ 根はサボり人の星
◆ マイナス思考の星
◆ 指導者に左右される人生の星
◆ 行動が雑な星
◆ 無謀な行動に走る星
◆ 人任せな星
◆ 仕切りたがり屋の星

◆ 押しに弱い星
◆ 下半身が太りやすい星
◆ 甘えん坊な星
◆ 不器用な星
◆ 同世代からモテない星
◆ 麺類の星
◆ おだてに超弱い星

仕事運　派閥に左右されるけど経営者になれる人

自分の信じた仕事スタイルを突き通したがります。上下関係がしっかりしているので、先輩や上司の指示が的確な場合はドンドン能力をアップさせるでしょう。派閥に巻き込まれやすく、強い派閥に入れればいいのですが、一度その歯車が狂うとなかなか修正できないケースもあるでしょう。経営者としての能力があるので、お願い上手な人を観察して、他人をコントロールすることを楽しむといいでしょう。プラス思考を出すとうまくいきます。

❤ 恋愛運　ほめられると弱く、喜ばせようと空回り

　仕切りたがり屋でパワフルに恋をする感じがありますが、**本音は超がつくほどの甘えん坊で、やさしくつくしてくれる人に極端に弱いです。** ほめられ続けると心を簡単に奪われてしまうところがあります。ただし、相手があなた以上に甘えるタイプだとうまくいかなくなってしまうでしょう。相手を喜ばせようとした行為が空回りしたり、少し違った方向に進んでしまったりすることも多いので、恋人に確認しながら行動するとうまくいくでしょう。

 結婚　引っ張ってくれて　助け合える人が好相性

　交際からの勢いで結婚をするタイプ。相手との生活を想像できて、甘やかしてくれるなと思うと話が進みやすいでしょう。**段取りが苦手なので相手任せになってしまいそうですが、** そのぶん引っ張ってくれる相手なら結婚までのスピードは速いでしょう。結婚後は、自分の考えや生活リズムを家族に押しつけるところが出るかもしれません。家事が雑になってしまう面もあるので、助け合うことができる相手だとうまくいくでしょう。

 浮気＆不倫　甘やかされると　長く続いてしまう

　行動力とパワーがあり情にもろいので、人生相談を受けている流れや勢いで体の関係に発展することがあるでしょう。情があっても浮気で深入りするケースは少なく、ハッと目が覚めたように縁を切ることも。不倫は、自分の行動を正当化すると長く続いてしまいます。ワガママを受け入れてくれて、甘やかしてくれる人とは愛人関係を続けてしまいそう。別れたとしても縁が切れない状態が長引いてしまう場合もあるでしょう。

 復縁　しつこいほどに粘って　復縁を望む

　復縁を望むことが多く、相手からの連絡をいつまでも待っていたり、当然のように会いに行ったりしてしまうことがあるでしょう。自分でもしつこくなりすぎていたと、あとになって思い知るくらい、**粘って無駄な時間を過ごす場合もあります。** 相手からの復縁にはあっさりOKすることが多いのですが、あなたの成長がないと同じことを繰り返すので、別れた原因を忘れないこと。別れている間に自分を少し変えるように努力しましょう。

 SEX　自分からリードすると　情熱的になれる

　ＳＥＸに抵抗感がありながらも、交際がはじまるとあっさりとしてしまいます。ただし基本的には甘えん坊なので、相手任せになってしまう場合が多いでしょう。相手を喜ばせようとして、身につけたテクニックで自信満々にプレイしても、相手からは「もう少していねいにやってほしいかな」と思われてしまうかも。とはいえ、あなたからリードしてＳＥＸをすると情熱的な感じにできるので、**素直に自分をさらけ出してみるといいでしょう。**

銀の羅針盤座 ◆ 7

情につけ込まれての金銭トラブルに注意

金運

　お金の管理や計算ができても使い方が雑になりやすく、なかなか目標の金額が貯まらないタイプ。後輩や部下がいるとご馳走したくなり、出費が増えてしまうことがあるでしょう。また物事の価値を考えずに、**趣味の出費も多くなってしまいがちに**。情にもろく、面倒見がいいのは問題ないのですが、お金の貸し借りでトラブルになったり、保証人になって苦しんだり、お金関係で裏切られることがあるので気をつけましょう。

膝、腰痛、下半身のケアを定期的に

健康運

　行動力がありますが、そもそもがせっかちなので、打撲やケガ、転倒などをしやすい傾向にあります。段差で転んで骨折をすることなどもありそう。膝の痛みや腰痛などに悩むこともあるので、体のメンテナンスとしての整体通いや、軽い運動は定期的にしておくといいでしょう。肌も弱く、ストレスで調子を崩すことも多いでしょう。下半身が太りやすく、麺類を食べすぎてしまうところがあるので回数を少し減らすといいでしょう。

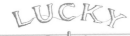

銀
の羅針盤座 ◆
7

color
グリーン、オレンジ、ピンク

food
バナナ、そば、アーモンド

spot
動物園、高級ホテル、美術館

心にとめておきたい
運気UPアドバイス
G

あらゆることに理由や意味があることを考える

裏
運気

やさしくなるけど、メンタルは弱まり人に振り回される

　裏は、臆病で繊細、誠実で上品、挨拶や常識やルールをしっかり守りますが、やや見栄っ張りなタイプ。差別意識がなく、いろいろな人を受け入れられるやさしい人。メンタルが弱く、周囲の意見や言葉に振り回されてしまうことが多くなり、自分の目的を見失ってしまうかも。恥ずかしがり屋で自分の気持ちをハッキリ言えないところも出るでしょう。遊び心をもって冗談を言えるくらいになると、人としての魅力がもっと出せるでしょう。

裏の時期　10月／11月　2006〜2007、2018〜2019、2030〜2031、2042〜2043年

常識を守る高貴な人

銀
の
羅
針
盤
座
◆
8

基本性格　お金持ちから好かれるネガティブな貴婦人

　礼儀正しく、上品で何事にも几帳面でていねいなタイプ。臆病で人間関係をつくることが苦手ですが、上司や先輩、お金持ちから自然と好かれてしまう人。やさしく真面目ですが、ネガティブに物事をとらえすぎる癖があり、マイナスな発言が多くなってしまう人でしょう。言われたことを完璧にできますが、一方で言われないとなかなかやらないところもあるでしょう。見栄っ張りなところもあり、不要な出費も多くなりそうです。

★ 持っている星
生まれながらにあなたが持っている性質

◆上品な星
◆礼儀正しい星
◆マイナス思考の星
◆メンタルが弱い星
◆約束やルールを守る星
◆気品のある星
◆人間関係が苦手な星
◆精神的に頼れる人が好きな星

◆スキンケアが大事な星
◆マナーを守る星
◆おしとやかな星
◆ていねいな星
◆神経質な星
◆衛生面にうるさい星
◆融通がきかない星

仕事運　上品さを活かし「自ら仕事をとってくる」くらいが吉

　言われた通りに仕事をする姿には定評がありながらも、「言われないことはやらない」となってしまって、自分の頑張りと評価が一致しない場合も。それで不満が出たりへこんだりするので、求められた以上のことをするか、自ら動いて仕事をとってくるといいでしょう。品や気遣いを活かせる仕事に就くと力を発揮できるので、ホテル業やエステ、美容関係が向いています。ただし、人間関係で毎回苦労しそうです。

恋愛運 勇気さえ出せればチャンスをつかめる

　人見知りで臆病なため相手を警戒しすぎてしまいそう。とくに細かなチェックが厳しく、「挨拶やお礼が言えるのか、下品な言葉を使わないか」などを気にするでしょう。上品でやさしく自分を甘やかしてくれて、つくしてくれる人を好きになりますが、自ら動くことはほぼありません。相手からの出方を待ち続けてしまい、いい関係になっても、いざとなると勇気が出せずにチャンスを逃すことも多いので、**度胸が必要だということを忘れないようにしましょう。**

結婚 相手の仕事や家庭など気になる点が多い

　愛を感じられる人との結婚を望んでいます。基本的には交際がはじまった時点で結婚を意識してはいますが、相手の家庭環境や仕事の状態などをチェックして、問題なければ話を進めるでしょう。結婚に理想が高くなりすぎるとなかなか進めなくなるので、気にしすぎはほどほどにしたほうがいいでしょう。また、勢いだけでは結婚できないからといって、タイミングを計りすぎるとチャンスを逃すので気をつけてください。少し楽観的に考えるといいかも。

浮気＆不倫 体の関係よりも本気で愛してしまう

　ひとりの人を好きになりじっくり愛するタイプなので、浮気率はかなり低い人。ただし、寂しい思いをしている期間が長くなったり、恋人に冷たくされたときに、やさしく包んでくれる人が現れたりすると危険です。体の関係以外で恋を進めてしまうことがありそうです。不倫は基本的に避けますが、相手の口車に乗せられてはじまると、真剣に交際して結婚しようと努めます。多くはうまくいかずに遊ばれて捨てられるので、止めておくのが吉。

復縁 寂しがり屋なので別れに弱く復縁したがる

　ひとつの恋に真剣になるので、別れてしまうとどん底に落ちたようにヘコみます。どんな別れ方をしても復縁を望んでしまい、メソメソくよくよするでしょう。些細なきっかけをつくって連絡したり、寂しさをアピールしたりしますが、逆に相手を遠ざけてしまうことも多いでしょう。向こうからの復縁には、もう一度相手のチェックがはじまりますが、清潔感があればよりを戻すことも。寂しがり屋なので、別れと付き合いを繰り返しがちなタイプです。

SEX 環境もテクニックも気にしすぎて集中できない

　恥ずかしがって本当の自分を出せないまま終わってしまうパターンが多いタイプ。シャワーを浴びて、歯を磨いて、シーツに汚れがないかをチェックして、部屋を暗くして……と細かいことを気にして集中できなくなることも。相手が手を洗ったかなどを気にしたり、いきなり盛り上がってＳＥＸする流れに抵抗したりして、相手に引かれてしまうこともありそうです。自分のテクニックを気にするあまり、結局相手任せになることも多いでしょう。

金運 お金持ちと仲よくなって人生が変わるかも

見栄での出費がもっとも多く、同じようなものでもつねに上品なほうを選択するので、自然と出費が増えてしまいます。欲しいものがあると、似た感じのものやレプリカは選ばず、高くても本物を選ぶケースが多いでしょう。品のよさからお金持ちと仲よくなって仕事につながったり、恋人や結婚相手になったりする場合もあるので、上品な話し方や立ち居振る舞いがつねにできるようしっかり身につけておくと、人生を大きく変える場合もあるでしょう。

健康運 神経質でストレスが肌に出る。日焼けにも注意

衛生面がしっかりしているのはいいのですが、気にしすぎて神経質になってしまうことや、ストレスが肌に出てしまうことがあるでしょう。日焼けに弱く、赤くなり、油断すると肌がガサガサになってしまう場合もあるので、スキンケアはしっかりしておくといいでしょう。エステやアロマで気分転換とストレス発散をすることも大事でしょう。おっちょこちょいで転びやすいところがあるので気をつけてください。

LUCKY

color
ホワイト、ライトブルー、ピンク

food
アボカド、そば、アーモンド

spot
リゾートホテル、美術館、老舗旅館

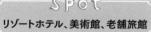

心にとめておきたい
運気UPアドバイス

自分の行動が遠い誰かの笑顔に
つながっていることを想像する

裏運気 仲間が増えて変わった生き方に目覚めるかも

裏は、自分の信じた道を突き進むパワーがある人。面倒見がよくいろいろな人と仲よくなれたり、リーダー的な存在にもなれたりしますが、正義感や自分の正しさを押しつけてしまうところが出るでしょう。情に厚く、困った人を助けて協力することが好きになります。人の縁を大事にするので、不思議な人と仲よくなれて変わった生き方をすることもありそうです。裏運気では、せっかちになって先走りすぎてしまうシーンも増えるでしょう。

裏の時期　10月／11月　2006〜2007、2018〜2019、2030〜2031、2042〜2043年

9

斬新な 生き方をする 臆病な人

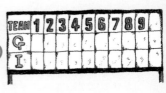

基本性格 — 人と違った才能をもつ、人が苦手な異端児

　上品でていねいですが、自由を求める変わり者。芸術や美術、周囲とは違った才能をもっています。デザインや色彩の才能、企画やアイデアを出すことでひとつの時代をつくれるくらい、不思議な生き方をします。表面的な人付き合いはできますが、本音は人が苦手で束縛や支配から逃げてしまうところも。一族のなかでも変わった生き方をし、突然これまでとはまったく違った世界に飛び込んでしまう場合があり、熱しやすく冷めやすい人でしょう。

★ 持っている星
生まれながらにあなたが持っている性質

◆新しいことが好きな星
◆屁理屈の星
◆束縛は嫌いな星
◆芸術家の星
◆マイナス思考の星
◆革命を起こす星
◆超変態な星
◆自由に生きる星

◆長い恋が苦手な星
◆飽きっぽい星
◆人と同じことが嫌いな星
◆人に深入りしない星
◆ひねくれ者の星
◆子どもの星
◆一族とは違う仕事をする星

仕事運 — 周囲の人がなし得ない驚くような結果を残せる

　芸術系のセンスやアイデアを出す仕事、機械やデータを扱う仕事が向いています。どの職場でも人間関係がネックになってしまうので、どんな人でも尊敬・尊重するように心がけてみると働きやすくなるでしょう。ただし他人の仕事を小馬鹿にしていると、いつまでも成長できなくなってしまいそう。海外で活躍したり、周囲の人ではなし得ないようなことに挑戦すると、驚くような結果を残す可能性が大いにあるでしょう。

恋愛運　天才か変態か紙一重という人が好き

才能と個性に惚れるタイプ。ふつうや真面目すぎる人に興味を示すことは少ないでしょう。束縛と支配が嫌いなので、自由な感じやよい距離感を保ってくれて、甘やかしてくれるけどベッタリしてこない人との恋を望むでしょう。変わった相手と交際することが多く、たいてい天才か変態かのどちらかでしょう。恋愛について周囲の人に相談するのはいいのですが、結局、毎回言うことを聞かずに痛い目に遭うので、アドバイスはちゃんと聞き入れる心をもちましょう。

 結婚　自由を邪魔しない人か　計算できる人がいい

甘えん坊なところがあり、自分の性格が子どもっぽいことを自分でも理解しています。自由を好むために結婚を自ら遠ざけてしまったり、言い訳をして逃げたりするところもあるでしょう。一度や二度は結婚を破棄するケースもありそうです。結婚相手は、自分の自由を理解してくれる心の広い年上がよいですが、それ以外では、段取りや計算ができてあなたをサポートしてくれるような人がいいでしょう。真面目すぎる人とは馬が合わないでしょう。

 浮気&不倫　好奇心をくすぐられる人と　出会うと危険

好奇心旺盛なタイプなので、自然と浮気に走ってしまうところがありますが、そもそも人に興味が薄いので、浮気をする確率は低いでしょう。変な人と浮気をして、大事な相手を失ってしまうおそれがあるので気をつけましょう。不倫も好奇心で飛び込んでしまうことがあります。才能に惚れてしまうと平気で不倫に突き進むかも。ただし泥沼にはならないタイプで、相手が本気になってきたら突然離れてしまう人でもあるでしょう。

 復縁　興味がわく大変身が　なければ復縁はない

あなたの元を去った人には一切興味がなくなりますが、驚くような才能を開花させていたり、不思議な人に変身していた場合は少しだけ興味がわくことがありそう。また、プライドを傷つけられたことに意地になるときもあるでしょう。相手からの復縁は基本的に受け入れないので、「NO」とハッキリ言ってしまったり、無視したりすることも多いでしょう。しつこくされると余計に逃げてしまうタイプでしょう。

 SEX　ワンパターンが嫌いで　過激なのは興味あり

ＳＥＸに対して好奇心をもつと、ネットで調べてドンドン過激でアブノーマルなほうまで見てしまいます。基本的には変態なのでいろいろなプレイや道具も受け入れます。ワンパターンや同じ感じが嫌いで、同じ人が同じようなＳＥＸをしてばかりだと突然飽きてしまったり、セックスレスになってしまったりすることも。匂いフェチで耳や首周辺を攻められると弱いでしょう。変な場所でもOKですが、過激になりすぎないようにしましょう。

何かに集中していると浪費しなくなる

金運

管理能力をもってはいるものの、お金に執着が少なく、浪費したり、マニアックなものにドンドンお金を使ってしまったりします。好奇心に火がつくと出費も激しくなってしまうでしょう。旅行やライブ、イベントへの出費も多くなりそう。**アイデアや芸術系の才能を活かすと収入アップにつながるでしょう。**お金を使わなくなるくらい仕事にハマったり、ひとつのことに集中したりすると、余計な出費が自然となくなり、お金が貯まるようになるでしょう。

好きな食べ物にハマっては突然飽きる

健康運

目の疲れ、偏頭痛、肩こりに悩むことが多いでしょう。とくに目は視力低下やドライアイなどになりやすい傾向が。日ごろから目の回りをマッサージしたり、遠くを見たりしておきましょう。また、食事のバランスが悪く、偏った食べ方をしたり、同じ物ばかり食べてしまったりすることが多いでしょう。好きな物を飽きるまで食べて、飽きたら突然食べなくなる、といったことも繰り返してしまいます。

銀
の羅針盤座 ◆ 9

LUCKy

color
パープル、ホワイト、ブラウン

food
いちご、カレー南蛮、アーモンド

Spot
映画館、美術館、老舗旅館

心にとめておきたい
運気UPアドバイス

平凡やふつうやみんなと
同じことを楽しむ

裏
運気

古いことが気になり、深く研究したくなる

裏のあなたは、自分の好きなことを深く突き詰め、学習能力の高い人。つねに冷静に落ち着いて物事を判断でき、尊敬できる人の言うことをしっかり聞き入れるタイプ。芸術や文化、歴史など古いことが好きになり、周囲の人が知らないようなことを学んだり、資格取得やいろいろなことを勉強したくなったりするでしょう。人と仲よくなりますが、距離感を大事にするため、自然と好き嫌いが激しくなってしまうところが出てくるでしょう。

裏の時期　10月／11月　2006〜2007、2018〜2019、2030〜2031、2042〜2043年

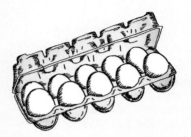

マイナス思考の研究家

基本性格　物事を突き詰められて、年上に好かれる人間嫌い

　つねに冷静に物事を判断して、好きではじめたことは最後まで貫き通し、完璧になるまで突き詰めることができる人。人に心をなかなか開きませんが、尊敬すると一気に仲よくなって極端な人間関係をつくる場合も多いタイプ。ただし、基本的には人間関係が苦手です。考えが古いので、年上の人や上司から好かれることも多いでしょう。偏食で好きなものができると飽きるまで食べすぎてしまうところも。疑い深く、ネガティブにもなりやすいでしょう。

☆ 持っている星
生まれながらにあなたが持っている性質

- ◆ 理論と理屈の星
- ◆ 心を開かない星
- ◆ プライドが高い星
- ◆ マイナス思考の星
- ◆ 他人を小馬鹿にする星
- ◆ 年上から好かれる星
- ◆ 完璧主義の星
- ◆ 言い訳が多い星
- ◆ 尊敬できないと恋できない星
- ◆ 大人で冷静な星
- ◆ 美意識が高い星
- ◆ 伝統を守る星
- ◆ 器用な星
- ◆ 交友関係が狭い星
- ◆ 偏食の星

仕事運　極めることで名人芸の域にまで達する

　技術者や職人系の仕事、芸術系、データ分析、教育、実験などの仕事が向いています。一度その仕事を好きになると、とことん突き詰められるので、何かを極めることで若いころから注目される可能性もあります。時間をかけて技術を磨き、名人のような存在になることもできるでしょう。ただし好きな仕事以外はサボってしまい、やる気に火がつかないので、いつまでもどんな仕事がいいのかわからずにさまよってしまう場合もあるでしょう。

♥ 恋愛運 自分にはない才能に惹かれるがなかなか動けない

簡単に人を好きになることはなく、尊敬できる人を好きになります。頭のよさや回転の速さ、知識や特別な才能、専門知識を身につけているなど、自分とは違った分野で活躍していてスペシャリストになっている人に興味を示して恋に落ちるでしょう。ただし、余計なことを考えすぎてしまい、プライドの高さから動かないままで終わってしまうことも。年がかなり離れた年上の人とうまくいくケースが多いでしょう。

 結婚 早く結婚するには
高すぎる理想を捨てること

理想を追い求めてしまうとなかなか結婚ができないタイプ。交際時点でもかなりハードルが高いのですが、結婚はさらに上を目指そうとするので、周囲から評判がよくても「ここがダメ、あそこがダメ」と悪いところばかりが目について自ら破壊しそう。頭がよくて尊敬できて自分を甘やかしてくれる人との結婚を望みますが、年々要求が増えて妥協ができなくなるので、つまらない基準やプライドを捨てると早く結婚できるでしょう。

 浮気&不倫 先生や上司などに
恋心を抱きやすい

軽い気持ちで恋をして体の関係になる確率は低く、恋人は1人いれば十分だと思っています。そもそも恋愛体質ではないので、浮気するほど尊敬できる人はなかなか見つからないでしょう。ただし、頭のいい人を尊敬し、好きになるケースが多く、その流れからの不倫の確率は高いほう。体の関係よりも先生や上司などに恋心をもち続けて、気持ちの面で関係を続けてしまう場合も。愛人になったまま時が過ぎてしまうこともあるでしょう。

 復縁 意地で自分から別れる
ために復縁するかも

執着心がないので復縁を望む気持ちは少ないのですが、フラれてしまった場合は別。プライドを守るために一度よりを戻し、「今度は自分から別れを告げる」という事実をつくるために復縁しようとするなど意地になる場合があります。相手から復縁を望まれても、すでに冷めてしまった恋に火がつくことは少ないです。見違えるほど相手に尊敬できる部分が増えていたり、大きく成長していたりする場合にだけ、復縁チャンスが少し増すでしょう。

 SEX 欲望には走らないが
研究熱心

何事も理論的に考えてしまうので、頭でっかちなSEXになってしまいます。基本は相手任せで、激しいプレイは苦手。淡白かつワンパターンで、快楽や欲望を満たす行為というよりも愛情の確認と思っているでしょう。ただし研究熱心な面に火がついてしまうと、いろいろなことを試したくなり、とくに若いころは実験のように試すときもあるでしょう。ただしセックスレスになりやすく、しなくても平気になってしまうタイプでしょう。

銀
の羅針盤座
◆
10

金運 データ好きを投資や運用に活かせると吉

そもそもお金に興味が薄く、独自の価値観で出費しがちなタイプなので、早い段階でお金の勉強をしておくといいでしょう。投資や資産運用を学んでおけば、データ好きを活かして大成功する可能性があります。ただし交友関係が狭くなってしまうと大事な情報を入手できなくなる場合があるので、人との関わりをもっと楽しむと、さらなる金運アップにつながるでしょう。人の才能を伸ばすことで自分の収入がアップすることもあるでしょう。

健康運 プロから正しい知識を教えてもらうといい

健康や医療の知識を知っているのはよいことですが、余計な情報を入れすぎて不安になったり、考えすぎてしまったりするタイプ。肩こりや偏頭痛、目の疲れや緑内障や白内障など目の病気が出やすく、視力の低下が若いころからある人も多いでしょう。食事が偏りやすいので、偏ったものばかりでなく栄養バランスを考えて食べること。水泳や軽い運動など、スポーツジムに行くなどしてトレーナーに学びながら定期的に運動をしましょう。

LUCKY

color
ブラック、パープル、ブラウン

food
紅茶、そば、アーモンド

spot
神社仏閣、美術館、老舗旅館

心にとめておきたい
運気UPアドバイス
G

他人に完璧は求めないで成長を期待する

銀 の羅針盤座 ◆ **10**

裏運気 あまのじゃくな自由人で不思議な人との縁が増える

裏になると自由を好み、平凡な人生を送らないようになります。芸術や美術などの才能をもっていますが、熱しやすく冷めやすいため、せっかくの能力を活かせないまま終えてしまうことも多いでしょう。交友関係が不思議で、自分でもよくわからない人とつながったり、海外の人との縁もできるかもしれません。知的好奇心が強くなり、不思議なことをたくさん知るようになるでしょう。子どもっぽく無邪気で、あまのじゃくな面も出てくるでしょう。

裏の時期　10月／11月　2006〜2007、2018〜2019、2030〜2031、2042〜2043年

金の
インディアン座

Gold
Indus

11

好奇心旺盛な
心は
中学3年生

基本性格 ▶ 誰とでも親しくなれる裏表のない少年

　負けず嫌いな頑張り屋。サッパリとした性格で、女性の場合は色気がまったく出ない人が多く、男性はいつまでも少年っぽい印象があるでしょう。心が中学3年生くらいからまったく成長していないので、無邪気で好奇心も旺盛。やや反発心をもっているので、若いころは生意気なところがありますが、裏表の少ない性格と誰とでもフレンドリーなところから、幅広い知り合いができることも多いでしょう。妄想が激しくなりすぎるのはほどほどに。

⭐ 持っている星
生まれながらにあなたが持っている性質

- ◆サッパリとした性格の星
- ◆テンションは中学生の星
- ◆負けず嫌いの星
- ◆妄想空想好きな星
- ◆細かな作業は苦手な星
- ◆裏表がない星
- ◆色気がない星
- ◆浪費癖の星
- ◆マメな人に弱い星
- ◆胃腸が弱い星
- ◆仲間作りがうまい星
- ◆小さなことは気にしない星
- ◆学生ノリの星
- ◆社会に出てから輝く星
- ◆身近な人を好きになる星

仕事運 ▶ 人間関係をよくすると仕事運もアップ

　頑張りが社会に出てから発揮されるタイプ。自分のやり方にこだわってしまうため、つい意地を張ってしまうことも多いでしょう。頑張りが裏目に出てしまい、反発心で他人とぶつかってしまうときもありますが、協調性を身につけると社会で能力を発揮し、いい結果を出すことができそうです。職場や仕事関係者と仲よくなって友人になれたり、仕事以外の付き合いも自然とできるくらいになったりすると、仕事運も上がるでしょう。

♥ 恋愛運 　友達の延長のような対等な関係が大切

　対等に付き合え、サッパリとした関係を保てる恋が好み。甘えすぎず引っ張りすぎない対等な付き合いや、友達付き合いの延長のような楽な恋を望みます。一目惚れは少なく、**友人関係や学校、仕事仲間など身近な人**と交際に発展するケースが多いでしょう。長い付き合いの友人や幼なじみとの交際も多いですが、自分のことをしっかり理解してくれて、ベッタリせず束縛してこないような相手を選ぶようになるでしょう。

結婚　仕事が結婚を邪魔するかも

　結婚は、早くにするタイプと、なかなかしないタイプのどちらかがほとんどです。早い場合は学生時代の恋人と社会に出て数年で結婚をしますが、仕事が楽しくなりすぎたり、頑張りすぎてしまうと、30歳を過ぎるまで結婚を考えられないことも多いでしょう。見た目が若いので、遅くても問題がなさそうに思われますが、**異性の友人はできるだけたくさんつくっておく努力を20代後半**のうちにしておくといいでしょう。

浮気＆不倫　身近なところにいる人との関係が危ない

　基本的には浮気や不倫には縁遠いですが、恋人とケンカをしたり、とくに相手の浮気が発覚したりすると、「対等だから」ということで自分も浮気に走ってしまう場合があるでしょう。浮気や不倫の相手も身近なところでできることが多く、職場や定期的に会う相手の可能性が高いでしょう。ＳＥＸが淡白で色気がそれほどないので恋人に浮気がバレないケースも多いのですが、**長い浮気や不倫は後に大問題になるので止め**ておきましょう。

復縁　復縁はしなくても友人関係が続きやすい

　サッパリとした性格のうえに新しいことが好きなタイプなので復縁を望むことは少ないのですが、別れた後も友人関係や仲のいい関係を続けてしまうケースはあるでしょう。昔の恋人との縁が切れていないのが原因で、今の恋人とケンカになってしまうこともあるので気をつけて。一度縁が切れてしまった人と復縁をしても、同じようなケンカ別れをする可能性が高いため、できれば**復縁よりも新しい人を見るように意識**しておきましょう。

SEX　頑張っても不器用なので雑に

　ＳＥＸは、淡白でワンパターンなことが多く、一緒に汗を流す運動のように考えるタイプ。色気が少なく、やや自分勝手なところがあるので、相手の満足度や反応をもっと見るようにするといいでしょう。とくにオーラルＳＥＸは苦手なほうで、頑張っても基本的には下手なほうです。指先の動きも不器用なので、雑になったり力任せにならないように気をつけましょう。**甘えたりイチャイチャしたりする時間をもっと楽しんで**みてください。

金のインディアン座 ◆ **11**

179

金運　新しいものが好きで衝動買いしてしまう

　頑張ったぶんが金運にそのまま反映しやすいタイプ。お金に執着が少なく、そのぶん使ってしまうことも多いので、お金の出入りは激しいほうです。新しいことに目が向くので、最新のものを見つけるとついつい購入してしまうケースもよくあるでしょう。瞬発力があるのはいいのですが、不要な物を衝動買いする場合もあるので、一度考えて購入する癖をつけたほうがいいでしょう。お金の貸し借りは不運の原因になるので避けるように。

健康運　ネガティブになるとお腹を壊しやすい

　基礎体力があり体は丈夫なほうです。陽気で気さくな感じに見えますが、胃腸の調子を崩しやすいタイプ。軽い運動をして汗を流しておかないとストレスをドンドンためてしまうところがあるので、ストレッチや軽いジョギングをするか、スポーツジムなどに通っておくといいでしょう。マイナスな妄想ばかりするとお腹を壊してしまうことがあるので、ポジティブな妄想をするように心がけましょう。

LUCKY

color
オレンジ、イエロー、グリーン

food
ヨーグルト、ささみ料理、たこ焼き

spot
スタジアム、スポーツジム、水族館

心にとめておきたい
運気UPアドバイス
G

負けは素直に認めて勝てるところで勝ちに行く

裏運気　表には出さず、刺激を求めて行動的になる

　裏は、秘密や内緒事が多くなる陰の努力家タイプ。現実的なことを考えるようになりますが、頑張りを見せないように生きることや、他人の話を最後まで聞かずに突っ走ってしまうことが増えるでしょう。また、刺激や変化を求めてしまう場合もあるでしょう。団体行動が面倒になってしまうため、少人数や単独での行動が増えてきます。旅行やライブに行きたくなって、突然行動的になりますが、優柔不断にもなりやすくなるでしょう。

裏の時期　7月／8月　2015〜2016、2027〜2028、2039〜2040、2051〜2052年

12 冒険が好きな楽観主義者

基本性格 時代をつくる才能がある、無邪気なお気楽者

　刺激と変化を求める無邪気な人。心は高校1、2年生で止まったままの好奇心旺盛なタイプ。やや落ち着きがなく無計画な行動に突っ走ってしまうところもありますが、新しいことや時代の流れに素早く乗ることができ、ときには時代をつくれる人。誰も知らない情報をいち早く知っていたり、流行のさらに一歩先を進んでいることもあるでしょう。団体行動が苦手で少人数や単独行動のほうが気楽でいいでしょう。

☆ 持っている星
生まれながらにあなたが持っている性質

- ◆大胆な星
- ◆刺激好きな星
- ◆好奇心旺盛な星
- ◆判断が速い星
- ◆団体行動が苦手な星
- ◆単独行動の星
- ◆努力を見せない星
- ◆逃げられると追いかけたくなる星
- ◆一発逆転をねらう星
- ◆独自の健康法にハマる星
- ◆ヤケ食い・ヤケ酒の星
- ◆冒険が好きな星
- ◆切り替えが上手な星
- ◆話の要点を掴むのがうまい星
- ◆ねらった相手を落とす星

仕事運 地味な仕事を避けず信頼感を得るといい

　仕事をはじめると、自分のなかの向上心や野心に気づくことがあるでしょう。合理的に物事を進め、ときにはギリギリな攻めもできるので、出世もする人。雑用や事務作業、初歩的な仕事を避けてしまうため、「若いころは苦労して当然だ」と思って、地味な仕事ほどしっかり取り組めると、より職場でもてはやされるでしょう。チームでの仕事も表面的になりかねないので、仕事以外の付き合いなどで信頼を得られるようにすると心強くなるでしょう。

刺激を求めるがあくまでもマイペース

　ベッタリと甘えられる恋は苦手なタイプ。自分が好きなら突き進んでしまうため、刺激やワクワクドキドキを求めてしまうケースが多いでしょう。大胆に攻めるときもありますが、あくまでも自分のペースで運ぼうとするでしょう。惚れられて相手から好意を伝えられると突然冷める場合もあり、恋に恋することや、激しい妄想恋愛をすることも多いでしょう。やんちゃな相手との恋も多いのでほどほどにしましょう。

家庭に縛られたくないので消極的

　もっとも結婚願望が薄いタイプと言えるほど、結婚に前向きではありません。とくに「家庭に縛られるイメージ」があるとなかなか一歩踏み出せず、恋愛には積極的でも結婚には消極的になってしまうでしょう。「平凡もいいかな」で結婚すると、結婚生活を自ら破壊するような行動をする場合があるので、結婚後もお互いに自由な時間をもち、窮屈な縛りがないほうがいいでしょう。結婚後も恋愛観を忘れない人だとうまくいき、長く続くでしょう。

相手が逃げると追いたくなるが……

　自分が好きでいることが最優先なため、別れても、自分が好きな場合は復縁したいと考えます。ただし、あなたは逃げられると追いかけたくなる癖があるだけなので、せっかく復縁しても結局は同じようなケンカや問題を繰り返してしまうことも多く、復縁はオススメしません。できればキッパリと諦めて、その恋愛での反省を活かして、次はもっと素敵な人や自分を幸せにしてくれる相手を探すようにしましょう。

つい刺激を求めたことが大問題に

　恋に刺激を求めてしまうので、浮気や不倫、三角関係、友人の恋人を奪うなどがありそうです。最初はそのつもりがなくてもちょっかいを出したり、遊んだりしているうちに火がついてしまい、最初は1回くらいと思っていたらズルズルと関係を続けてしまうケースもあるでしょう。自分ではバレないようにしていてもボロが出て大問題になったり、人間関係がぐちゃぐちゃになったりする場合があるので、罪悪感のある恋はしないように。

コスプレやキャラ設定があると盛り上がる

　やや自分勝手ですが、基本的にはSEXをするなら激しく刺激的にと望みます。感情をむき出しにするようなSEXが大好きですが、長すぎると飽きてしまい、ほかのことを妄想してしまうので短時間が好き。もしくは妄想をさせるために目隠しプレイや見たことがない道具を用意したり、コスプレや互いの設定キャラを決めてプレイしたりすると思った以上に盛り上がることも。制服や仕事着、部活のユニフォームなどが盛り上がりそう。

金運　周囲を喜ばせるとお金の苦労が減る

　ライブや旅行など刺激が好きなため、出費も自然と増えてしまいます。基本的に無駄遣いが多くなってしまう人でしょう。投資や一発逆転、博打的な行動に走って失敗することもあるので、家計簿をつけて1か月や1週間に使うお金を決めておくといいでしょう。知り合いの輪を広げて、非常識だと思われてでも自分や周囲の喜びになることに全力を出すと、お金に困らない生活を送れる確率が高まります。

健康運　独自のルールと未知の健康法の過信は注意

　いつも慌ただしく行動していて、破天荒な人生を送る人。刺激を求めて行動しているように見えて、自分独自の健康法をしっかりもっているタイプ。連日飲んだり遊んでいたりしても、しっかりお風呂に入るルールやサプリを飲むことを欠かさないでしょう。誰もまだ知らない健康法をいち早くやって効果を話すこともあるほど、じつは健康情報には敏感に生きています。ただし、その独自な健康法が災いする場合もあるので気をつけましょう。

LUCKY

color
ブラック、グリーン、シルバー

food
和菓子、ステーキ、たこ焼き

spot
ライブハウス、海、水族館

心にとめておきたい
運気UPアドバイス

幸せや幸福とは
些細なことだと忘れない

裏運気　協調性を身につけて友人を大切にする

　裏のあなたは、古風な考えが好きな頑張り屋。目標をしっかり立てることで一生懸命頑張ることができます。意地を張りすぎてしまいがちで、生意気なところがあるので他人とぶつかってしまうこともありますが、協調性を身につければこれらのトラブルは避けられるでしょう。仲間や友人にこだわり、現実的な問題にも対応できますが、お金の管理や運用は下手になりやすいので気をつけましょう。

裏の時期　7月／8月　2015〜2016、2027〜2028、2039〜2040、2051〜2052年

金のインディアン座

13 一生陽気な中学生

金 のインディアン座 ◆ 13

基本性格 交友関係が広い無邪気な人気者

　明るく陽気でおしゃべり、無邪気で楽観主義、見た目も心も若く中学2、3年生からまったく成長していないような人。楽しいことが好きで情報を集めたり、気になることに首を突っ込んだりすることが多いぶん、飽きっぽく落ち着きがないところもあるでしょう。ワガママな部分はありますが、陽気な性格がいろいろな人を引きつけるので、不思議な知り合いや交友関係も自然と広くなるでしょう。空腹で機嫌が悪くなる点には気をつけて。

★ 持っている星
生まれながらにあなたが持っている性質

◆楽観主義の星
◆人が自然と集まる星
◆欲望に弱い星
◆太りやすい星
◆細かな作業は苦手な星
◆無邪気な星
◆言ったことを忘れる星
◆助けられる星

◆夜の相性が大事な星
◆扁桃腺が弱い星
◆図々しい星
◆欲望に素直な星
◆明るく周囲を元気にさせる星
◆ワガママを言いすぎる星
◆心は中学生のままの星

仕事運 楽しんでサービス精神を活かせる仕事が吉

　おもしろがりながら楽しく仕事をすることが大事なタイプ。職場のムードメーカー的な存在になる場合もありますが、気分で仕事をしたりワガママが出てしまったりすることも多いでしょう。楽しくない職場だと転職を繰り返してしまう傾向もありそうです。サービス業やたくさんの人と関わる仕事のほうがよく、事務や地味な仕事だと本来の力を発揮できない場合もあるでしょう。サービス精神を活かせる仕事に就けると活躍できるでしょう。

恋愛運　ベッタリは苦手で楽しく付き合いたい

　明るく楽しい恋をしたいタイプ。一緒にいて楽しい人やおもしろい人を好きになるケースが多く、真面目でおとなしい人はつまらないと感じ、心惹かれることは少ないでしょう。恋愛を楽しみながら仕事や趣味も楽しみたいので、恋愛だけにどっぷりハマることもなく、ベッタリしてくる相手とは長続きしないでしょう。ノリと勢いもいいので、体だけの恋をする場合や、深く考えず「セフレもあり」と思うこともあるでしょう。

 結婚　笑いのセンスが合う人と

　段取りや計算が面倒なタイプなので、結婚のことは妄想で考えるくらいで現実的に真剣には考えてはいません。「まあ結婚できるでしょ〜」と思っているくらいです。自分のワガママを受け入れてくれて、冗談や笑いのセンスが合う楽しい人との結婚を望むでしょう。家庭に入ると、サービス精神があるので家族を盛り上げようといろいろとしますが、相手のノリや笑顔がないと不満になってしまいます。授かり婚の確率も高いので相手選びは慎重に。

 浮気&不倫　何度も繰り返しやすくバレて大ごとに

　浮気と不倫をする確率は高めです。明るく愛嬌があるのでウケがよく、強引にこられてしまうと断れずにズルズルした関係を続けてしまったり、「この人好き！」と盛り上がってしまうと恋人のことを忘れて一夜の恋をしてしまったりも。ＳＥＸが好きですが、面倒なトラブルは避けたいので泥沼になる前に切り替えられます。ただし、何度も繰り返してしまう傾向があるので気をつけましょう。バレて大ごとになるケースが一度はあるでしょう。

 復縁　復縁を続けると運気が停滞する

　明るく前向きなタイプなので面倒な感じの復縁は望みませんが、寂しい感じが続いてしまうと、ついつい昔の恋人とセフレ関係になってしまうような復縁はあるかもしれません。交際復活は、同じ問題にぶつかってしまうので自分を成長させることが大事でしょう。また、復縁を続けていると運気の流れが滞ってしまうケースもあるので、新しい人を見つけるように気持ちを切り替える努力が必要でしょう。

 SEX　定期的にしないとイライラの原因に

　ＳＥＸは大好きですが、テクニックはそれほどあるほうではありません。セックスレスになるとストレスが爆発して大ゲンカになってしまったり、イライラが止まらなくなったりすることがあるでしょう。明るくサクサクッと終わる感じでもいいので、定期的にＳＥＸをすることが大事です。１日に何回も求められると興奮が止まらなくなってしまうことも。求めすぎて過激にならないように気をつけましょう。

金のインディアン座 ◆ **13**

185

金運　助けてくれた人には必ず恩返しを

　計画的にお金を貯めたり、使ったりすることが不得意です。浪費をしても不思議と助けられたり、ギリギリでなんとかなることもありますが、助けてもらった人への感謝と恩返しを忘れると苦しい状況になったり、本当に困ったときに助けてもらえなくなるので気をつけましょう。友人や知人にプレゼントをあげることも多く、おいしいものや食べたいと思った行動が止められなくなる傾向もあります。衝動買いはほどほどにしましょう。

健康運　運動も楽しみながらが吉。気管と腰には注意

　鼻炎や気管周辺の病気に要注意です。油断すると簡単に太ってしまう人が多いので、食べすぎにも注意が必要。ダイエットを考える場合は、ダンスや楽しみながらやる方法がよく、過酷なダイエットは逆効果になってしまうケースもありそうです。腰痛にもなりやすいので気をつけてください。ストレスは食べて発散したり、愚痴や不満を言って発散したりすることがありますが、できれば周囲を笑わせて楽しませることで発散しましょう。

LUCKY

color
ピンク、レッド、オレンジ

food
チョコレート、たこ焼き、牡蠣

Spot
お祭り、ファミレス、水族館

心にとめておきたい
運気UPアドバイス

ポジティブな考え方を周囲に教える

裏運気　アイデアマンになるが短気にもなりやすい

　頭の回転が速くなり、勘でなんでも決められる人になります。瞬発力がありいい判断をしたり、周囲が驚くようなアイデアを出すこともできるでしょう。ただし、思ったことを言葉に出しすぎたり、短気になってイライラが表面に出やすくなったりすることも。過去のことにこだわってしまい、恩着せがましくなることもあります。友情を大事にするのはいいのですが、人間関係が突然狭くなってしまうときがありそうです。

裏の時期　7月／8月　2015〜2016、2027〜2028、2039〜2040、2051〜2052年

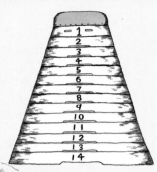

瞬発力だけで生きる中学生

基本性格　根っから無邪気なおしゃべり

　何事も直感で決め、瞬発力だけで生きている人。独特の感性をもち、周囲が驚くような発想をすることもあるでしょう。空腹になると短気になります。生まれつきのおしゃべりで、何度も同じようなことを深く語りますが、根っから無邪気で心は中学生のまま。気になることにドンドンチャレンジするのはいいですが、粘り強さがなく、諦めが早すぎてしまうこともあるでしょう。人情家ですが、執着されることを自然と避けてしまうでしょう。

★ 持っている星
生まれながらにあなたが持っている性質

- ◆ 超おしゃべりな星
- ◆ 同じ話が好きな星
- ◆ 愚痴が多い星
- ◆ 短気な星
- ◆ 妄想空想好きな星
- ◆ 語りたがる星
- ◆ 頭の回転が速い星
- ◆ 体力はないが忙しいほうがいい星
- ◆ センスのいい人が好きな星
- ◆ 余計な一言が出る星
- ◆ 瞬発力のある星
- ◆ 一目惚れする星
- ◆ 好奇心に素直な星
- ◆ 言ったことをすぐ忘れる星
- ◆ 勘で買い物する星

仕事運　瞬発力や感性を活かせる仕事がいい

　学生時代よりも社会に出てから本領発揮します。専門職や瞬発力が必要な仕事に就くと、その才能を開花させることができるでしょう。できれば言葉を使う仕事や、営業の仕事に就くといいでしょう。また、芸術や美術など感性を活かした仕事でも活躍できるので、美容関係もオススメです。人間関係にも敏感ですが、余計な一言や言葉で損をする傾向があるので、礼儀やマナーはできるだけしっかり身につけておくといいでしょう。

恋愛運 理想が高くスリムで頭のいい人が好き

　恋は一目惚れが多く、第一印象で好みなタイプかどうかを判断します。基本的には体型がだらしない人は好きにならないでしょう。スリムで頭の回転の速い人を好みますが、妄想恋愛も激しいので理想が高くなりすぎてしまうことも。**サプライズや演出されるのが好きで、運命を感じると恋心が燃え上がることもあります**が、依存や執着をすることは少なく、ベッタリされると突然冷めてしまいがちに。距離感のある付き合いを好むでしょう。

金のインディアン座 ◆ **14**

 結婚 経済的に余裕のある
　　　　　　大人な人との結婚が吉

　あなたのおしゃべりや、ときにはハッキリ言う言葉にひるんでしまうような相手とは結婚はできないでしょう。**大人な心で上手に流してくれる人が最適です。**恋愛と一緒で「デブが嫌いな星」ももっているので、相手の体型も気にするでしょう。また、経済的に支えてくれる現実的なタイプとの結婚がいいでしょう。結婚後は、情が厚いので家庭的な面を見せてきますが、恩着せがましくなってしまうところもあるので気をつけましょう。

 浮気&不倫 一夜の恋で大切な人が
　　　　　　　　去ってしまうかも

　基本的には浮気や不倫とは縁が薄いタイプですが、「運命的な出会い」に非常に弱く、偶然の出会いや、感激する演出をされたり、うれしいサプライズがあったりすると恋心に火がついてしまい、浮気や不倫に走ることがありそう。ＳＥＸも大好きなので、体の相性がいい人を見つけてしまうとズルズルと関係が続いてしまうおそれもあるでしょう。一夜の恋をすることもあり、気をつけないと大切な人を失う原因になってしまうでしょう。

 復縁 情に流され同じ失敗を
　　　　　　繰り返しがち

　基本的には新しい人を求めることが多く、復縁率は低めです。ただし情が厚いため、**長い付き合いになってしまうとズルズルとした関係になってしまうことや、**「運命の出会い」と思い込んでしまい復縁する場合があるでしょう。あなたの場合は、言葉遣いや浪費が原因での別れが多いので、自分が成長しないままでは、同じようなケンカを何度も繰り返してしまうので気をつけましょう。心も体も大人になるように意識しましょう。

 SEX 積極的に求め
　　　　　予想外の場所で

　ＳＥＸは大好きですが、長くねっとりとした感じよりも、**短くてもいいので情熱的なＳＥＸを望みます。**淡白でもいいですが、ムードがない感じや相手にテクニックがないと、ベッドの上でいろいろと注文することも多くなるでしょう。相手からなかなかこない場合は自ら積極的に求めることもあり、予想外の場所で盛り上がってしまうことも。「そんなところでする？」と周囲に驚かれる場所でＳＥＸをした体験をもっている人もいることでしょう。

金運　困った人にお金を使うことを厭わない

　金運が悪いわけではないのですが、浪費をしやすく、貯めることが不得意です。衝動買いも多く、勘での購入や新しいものを見つけるとパッと手を出してしまうこともあるでしょう。情が厚いので、困った友人や後輩がいるとつい面倒を見てしまったり、ごはんをご馳走してしまったりするやさしさも。お金を貯めるには家族や身内に管理を任せるか、積立預金をするといいでしょう。カードでの買い物にも気をつけましょう。

健康運　音楽とおしゃべりで早めにストレス発散を

　基礎体力がなく疲れやすく、自分でも「スタミナがない」と自覚している人も多いでしょう。若いころから体力作りをしておかないと、長時間の仕事や遊びでヘトヘトになってしまう傾向も。また、人生に一度は手術をするときがあるでしょう。とくに気管周辺には注意が必要。ストレス発散が下手なので、自分独自の発散方法を早く見つけることも大切。音楽を聴いて、友人や知人とたくさん話をすると気分がスッキリするでしょう。

LUCKY

color
ホワイト、イエロー、グリーン

food
フルーツ、わかめ料理、たこ焼き

spot
映画館、川、水族館

心にとめておきたい
運気UPアドバイス
あらゆるジャンルの
本を読む

裏運気　他人の長所を吸収して楽しく生きる

　裏は、現実的に物事を考えられ、冷静に判断しながらも人生を楽しむことが上手なタイプ。自分も周囲も楽しませながら生きます。楽観主義ですが、突っ込まれると優柔不断になってしまうこともあるでしょう。他人をしっかり観察し、コツをつかんで吸収する能力に長けているので、基本的なところや地味な部分をしっかり学ぶようにするとよく、伝統や文化に携わることもあるでしょう。師匠やいい先生との関わりも増えるでしょう。

裏の時期　7月／8月　2015〜2016、2027〜2028、2039〜2040、2051〜2052年

15 情報収集が得意な中学生

 基本性格 計算が得意で広い人脈をもつ情報屋

　あらゆる情報を入手することに長けた多趣味・多才な情報屋のような人。段取りと計算が得意で、フットワークも軽くいろいろな体験や経験をする人でしょう。お調子者でその場に合わせたトークもうまいので人脈は広がりますが、知り合い止まりくらいの人間関係を好むでしょう。家に無駄なものやガラクタ、昔の趣味のもの、服などが多くなってしまうのでマメに片付けるように。損得勘定だけで判断するところもあるのでほどほどに。

★ 持っている星
生まれながらにあなたが持っている性質

- ◆ 多趣味・多才の星
- ◆ フットワークが軽い星
- ◆ 情報屋の星
- ◆ よく遊ぶ星
- ◆ 同じ話が好きな星
- ◆ 視野が広い星
- ◆ 親友は少ない星
- ◆ 脂肪肝の星

- ◆ おしゃれな人が好きな星
- ◆ 流行の先をいく星
- ◆ 知り合いを増やすと成功する星
- ◆ お金を持った人を好きになる星
- ◆ 買い物がストレス発散の星
- ◆ 過労の星
- ◆ 予定を詰め込む星

仕事運　華やかな世界で才能が光る

　自分の立場や役割を理解するスピードが速く、段取りができるので、社会に出てから仕事がドンドンできるようになります。できれば情報関係や広告産業などエンターテインメント系の華やかな世界で働くと能力が開花するでしょう。流行遅れの仕事は好きではないので、若いころは転職が多くなってしまったり、待遇がいい会社に乗り換えたりすることもあるでしょう。お調子者で、職場でも人気者になれる人です。

見た目がよくてお得な人を好きになる

話のネタになるような物事を幅広く体験することで、話上手になれるでしょう。自然と相手の心をつかむのもうまく、生まれつきモテる人です。おしゃれで今風の雰囲気でしっかり仕事をしている相手を選び、お得な感じの人を好きになるでしょう。ダサくて流行遅れな感じの人は好きにならないでしょう。そのため、外見だけで恋をするケースも多く、遊ばれて終わってしまう場合もありますが、「遊んであげた」と思うと、さらにモテるようになりそうです。

結婚　経済面と家族イベントは大事にする

恋愛では外見的な要素を求め、付き合ってお得なところがあるかがポイントでしたが、結婚となると「経済面」を重視するようになります。自分が仕事をしなくても食べていけるような相手を望んでいるのが本音。結婚するためにしっかり計画を立てられますが、結婚が損をするイメージになってしまうとなかなか進まなくなるでしょう。家庭に入ると、思った以上に家庭的な面を見せて、家族でのイベントなども大事にするでしょう。

浮気&不倫　遊び人になると浮気の常習犯に

人の集まる場所やお酒の席が好きで、知り合いも多いので、自然と浮気や不倫をする確率も上がってしまいます。おしゃれでお金のある人にハマってしまうことも多いでしょう。男性の場合は、遊び人のようになってしまうケースもあり、浮気の常習犯になることもあるでしょう。若いころは複数の人と同時に付き合うこともあるので、修羅場にならないよう気をつけましょう。お酒を飲んだ勢いでの一夜の恋などもありそうです。

復縁　体目的での関係は時間の無駄に

基本的には新しい人を求めるので自ら復縁を望む可能性は低いですが、相手が超イケメンになったり、仕事で大成功をしていたりと、自分の元を離れてからすごいことになった場合は、復縁があるかも。SEXがうまいので相手から復縁を求められるケースも多く、「なんで戻ってくるんだろう」と思うこともあるでしょう。ただし、遊びの関係がズルズル続いてしまうおそれがあるので、自分の人生と時間を無駄にしないようにしましょう。

SEX　ギブ&テイクが基本

相手の反応を見ながら上手に合わせることができます。SEX情報もしっかり入手しているためテクニックもあり、舐めるのも上手で相手の満足度も高い人。ベッドの上では余計な妄想が多く、気持ちがよくなるまでにやや時間がかかるため、ほかの人を想像しながらSEXをするときも多いでしょう。テクニック不足の相手やギブ&テイクが理解できていない人だと冷めてしまうことも。お酒の勢いでSEXすることもあるでしょう。

金運　「金は天下の回りもの」くらいがうまくいく

　物欲もあり行動力も人脈もあるため、出費が自然と多くなってしまいます。大損はなかなかしないタイプですが、些細な部分を気にするよりも「お金は回してなんぼ」と思っておいたほうが、金運がよくなる人です。ただし、カードでの買い物はほどほどに。最新の情報を信じて飛び込んでみると、投資で大儲けをすることができるかもしれません。昔の趣味のものをネットで売ってみると、意外と高値で売れるようなこともあるでしょう。

健康運　スケジュール管理と休肝日がポイント

　予定を詰め込みすぎたり、興味のあることが多すぎたりと、遊びすぎや交友関係で疲れをため込んでしまうところがあるでしょう。とくにお酒で大失敗をする可能性が高いのでほどほどに。肝臓や腎臓などを大事にするためにもスケジュールをしっかり管理し、休肝日をつくるといいでしょう。最新のダイエット方法にハマって誰よりも早めに試すこともありますが、飽きっぽくて続かない場合も多いでしょう。

LUCKY

color
ブルー、ホワイト、オレンジ

food
枝豆、たこ焼き、牡蠣

spot
水族館、海、プラネタリウム

心にとめておきたい
運気UPアドバイス

自分の経験や見聞きしたことをまとめておく

裏運気　急に現実的になり、小銭に厳しくなる

　裏は非常に真面目で地味な性格。お金の計算が好きで小銭を気にしたり、割引券やクーポンが好きでポイントを貯めたりするのを楽しむような人。現実的なことをしっかり考えて、現状をどうしたら守れるのかを構想しているでしょう。裏運気の時期には、突っ込まれたり強く言われたりすると弱く、つい引き受けてしまうときも。好きな音楽を聴いてゆっくりすることが、心の癒やしにつながります。グルメですが、安くておいしいものを探すのが好きです。

裏の時期　7月／8月　2015〜2016、2027〜2028、2039〜2040、2051〜2052年

誠実で
陽気な
中学生

基本性格 ▷ 新しもの好きで情報通の慎重派

　真面目でやさしく地道にコツコツと積み重ねるタイプ。好奇心が旺盛で新しいことが好きですが、気になることを見つけても慎重なため情報ばかり集めて、ようす見ばかりで一歩前に進めないことが多いでしょう。断り下手で不慣れなことでも強くお願いをされると受け入れてしまい、なんとなく続けていたもので大きな結果を残すこともできる人。自信がなく、自分のことをおもしろくないと思い、ときどき無謀な行動に走っては後悔することも。

★ 持っている星
生まれながらにあなたが持っている性質

- ◆ 真面目な星
- ◆ 本当は図々しい星
- ◆ 妄想空想好きな星
- ◆ やさしい星
- ◆ 語り好きな星
- ◆ 陽気だが自信はない星
- ◆ 地道なことが好きな星
- ◆ セールが好きな星

- ◆ 妄想恋愛の星
- ◆ お酒に注意の星
- ◆ 遠慮する星
- ◆ 学生時代はパッとしない星
- ◆ 恋人につくす星
- ◆ 一歩引いてしまう星
- ◆ チャンスに緊張する星

仕事運 野心ある人の下で参謀・調整役になって

　言われたことに真面目に取り組めて、雑用や事務作業ができる人。攻めは弱いですが、社会に出てジワジワと信頼を集めることができます。ただしアピール下手で損するシーンも多いでしょう。サポート的な立場や、二番手三番手などの調整役としての仕事で才能を開花させられるでしょう。野心のある人と組むことで重要なポジションにまで上り詰める可能性もありますが、慎重に取り組みすぎてしまうところもあるでしょう。

恋愛運 面食いだけど結局マメに会う人と付き合う

「真面目でやさしい人が好き」と言いながら本音は面食いタイプ。口には出さなくとも片思いの相手は人気で競争率も高めなので、自信がもてなくて告白をしないまま諦めてしまうケースも多いでしょう。最終的にはマメに会っている人と落ち着きますが、押し切られると弱いので「なんとなく」で交際をスタートした場合でも、相手を一生懸命好きになる人です。交際早々から結婚を考えることも多く、相手につくしすぎてしまうところもあるでしょう。

結婚 じつは結婚願望が強く 家庭ではしっかり者に

結婚願望がないようなそぶりを見せることがありますが、じつは結婚のことを真剣に考えています。交際した人と結婚を考えるのは基本ですが、交際する前から結婚を考えてしまう場合もあるでしょう。相手から真剣にプロポーズされるとあっさりOKすることも多く、強引な人に弱いでしょう。結婚後は家庭のことをしっかりやってくれる安心できる人。やや地味になりすぎてしまうので、結婚後も美意識をもち、生活を楽しむ工夫を忘れないように。

浮気&不倫 真面目なので 相手の言葉を信じやすい

浮気や不倫は、自分から率先してするという意味では確率はかなり低め。真面目なので恋人を悲しませるようなことを簡単にはしないでしょう。ただし、お酒の席でかなり強引な相手が現れたり、相手が既婚者だということを隠して交際がはじまったりしてしまうと危険。相手の言葉を信じてズルズルと不倫や浮気相手と過ごしてしまう場合があるので気をつけましょう。もしも浮気に走った場合は本気になってしまう人もいるので気をつけて。

復縁 相手が悪くても 自分が反省

別れてもいつまでも相手のことを思い続けてしまい、相手の浮気や問題が発覚して別れたのに、なぜかあなたが反省をしてしまうことがある人。次に好きな人ができるまでダラダラ好きな気持ちをもち続けてしまうので、相手次第で簡単に復縁をしますが、本来は新しい人のほうがいいタイプなので、過去に縛られないように生きることが大事です。恋に真面目になるのはいいのですが、自分にとっての本当の幸せを考えておくといいでしょう。

SEX 一生懸命につくす M的な素質あり

表面には出しませんが、基本はむっつりスケベでSEXは大好きです。肌と肌の触れ合いやキスがとくに好きですが、相手を喜ばせるために一生懸命つくすSEXが好きなので、M的な要素が出るでしょう。相手がもういいと言うまで舐め続けることもあり、テクニックを調教されやすいので交際相手が増えると技も自然と多くなる人です。自らSEXを求められなくてモジモジしてチャンスを逃すこともあるので、ときには押しも必要でしょう。

金のインディアン座 ◆ 16

金運　お得な情報に目がなく不動産運がある

　浪費と小銭好きが混ざったタイプ。最新の物を見つけると欲しくてたまらなくなりますが、定価で購入するのがもっとも嫌なので、安いところを探したり、ポイントや他のサービスがないかを調べたりするタイプ。買い物も真っ先に値段を見て、安い物を見つけることが喜びになるでしょう。不動産運はよいので、家やマンションの購入を目標にするとしっかり節約ができるうえ、実際に手に入れることもできるでしょう。

健康運　散歩や自転車での体力作りと、つねに音楽を

　肌、子宮系、冷え性や代謝が悪くなりやすいでしょう。体調を崩す原因の多くは「水」なので、常温の水や白湯を飲むようにするといいでしょう。基礎体力もないほうなので、若いころから体力作りをしたり、散歩や自転車に乗るのがオススメ。膀胱炎、尿道結石などにもなりやすいので、定期的に検査を受けておくことも大事です。ストレス発散には音楽がいいので、無音をできるだけ避けるようにするといいでしょう。

LUCKY

color
ホワイト、グリーン、オレンジ

food
乳製品、たこ焼き、牡蠣

spot
スパ、海、水族館

心にとめておきたい
運気UPアドバイス

人生は一度きりだと思ってもっと図々しく生きてみる

裏運気　計算高くなり、調子のいいことを言いがちに

　裏は、情報収集が好きで、段取り上手で、何事もしっかり決めてから行動する人。裏運気のときは、現実的に物事を考えるので、お金のことや将来のことをいろいろと考えすぎてしまいます。損得勘定でなんでも判断したり、物が捨てられなくてガラクタが集まってしまうことも増えるでしょう。お調子者で適当な話も多く、表面的な付き合いも好きですが、親友を大事にするでしょう。調子のいい話をしすぎてしまうところが出るので、ほどほどにしましょう。

裏の時期　7月／8月　2015〜2016、2027〜2028、2039〜2040、2051〜2052年

金のインディアン座

17

妄想好きなリーダー

金 のインディアン座 ◆ **17**

 基本性格 おだてに弱く面倒見はいいが大雑把

　行動力と実行力があり、気になることがあるとすぐに飛びつく人。視野が広くいろいろなことに興味を示しますが、ややせっかちなため飽きが早く、深く追求しないところがあり、雑な部分が増えてしまうでしょう。心が中学2、3年生のままでおだてに極端に弱く、ほめられたらなんでもやってしまうところがありますが、正義感があり面倒見がいいので先輩・後輩から慕われることも多く、まとめ役としても活躍するタイプでしょう。

☆ 持っている星
生まれながらにあなたが持っている性質

- ◆ 行動力・実行力がある星
- ◆ おだてに弱い星
- ◆ 細かな作業は苦手な星
- ◆ 妄想空想好きな星
- ◆ 気前がいい星
- ◆ 独立心がある星
- ◆ 貸したお金は戻ってこない星
- ◆ 顔の濃い人が好きな星
- ◆ 腰痛の星
- ◆ 先輩や後輩に好かれる星
- ◆ 下半身デブの星
- ◆ ストレートに伝える星
- ◆ よく転ぶ星
- ◆ 正しいことを主張する星
- ◆ 経営者の星

 仕事運 上に立つと真の力を発揮。社長の素質も

　パワフルに仕事ができる職場に勤めれば、ドンドン能力を開花できます。若いころは甘えるところがありますが、先輩やリーダーの立場になりはじめて本当の力を発揮できるようになります。面倒見がよく部下や後輩から慕われることも多いでしょう。経営者になったつもりで仕事をすると、努力次第では社長になるほどの仕事運をもっているので、失敗や転職も含めていろいろな経験を積み、責任を背負うことの楽しさを知るといいでしょう。

❤ 恋愛運 恋は面倒で押し切られての交際が多い

　好きになると積極的になれますが、相手の反応が悪いと諦めも早く、もうひと粘りしたほうがうまくいくタイプ。そもそも面倒な恋が好きではないので、距離感のある楽な恋を好むでしょう。おだてに弱いのでストレートな告白をされたり、押し切られると交際をはじめてしまうケースがありますが、ベッタリされすぎてしまうと面倒になってしまうことも多いでしょう。同年代よりも少し年が離れた人との交際がいいタイプです。

 結婚 交際からなんとなく結婚へ

　恋愛からの勢いで突然結婚します。ムードがある感じよりも、交際からの流れでそのまま同棲や、半同棲からなんとなくの結婚になるパターンが多いでしょう。仕切ることも甘えることもありますが、結婚後もほどよい距離感を大事にします。ただし、自分の正しさを相手に押しつけてしまうところがあるのでほどほどに。家のことをすすんでやるのはいいのですが、毎回どこか雑だったり抜けがあるので、上手に協力してもらうといいでしょう。

 浮気&不倫 相手に乗せられて 突っ走ると泥沼に

　高い倫理観があり、正しいことをしっかり守れる人なので、自ら浮気や不倫に走るケースは少ないでしょう。ただし、パワフルで突っ走ってしまう面があるので、相手に上手に乗せられてしまうと危険です。相手の言葉を信じて不倫関係を続けてしまう場合もありますが、不倫のほうが執着されずに楽でいいことを知ってしまい、泥沼になるおそれがあるので気をつけましょう。走り出したら止まらなくなる自分の癖を理解しておくといいでしょう。

 復縁 面倒に思わず新たな恋を 探したほうがいい

　恋人への執着心がそもそも薄いので、復縁率は低めです。できれば新しい人と交際したほうが自分も成長できていいのですが、新たな恋を面倒に感じてしまったり、おだてや押しに弱いところがあるので、相手から復縁を望まれると、ズルズル関係を続けてしまうことがあるでしょう。復縁できたとしても、別れた原因になる部分を直そうとしないので、同じことが原因で別れてしまうケースもあるでしょう。

 SEX グイグイ攻める Ｓっぽさあり

　交際からＳＥＸするまでは早いのですが、基本的には淡白なほう。ムードやテクニックよりも、肉体がぶつかり合うような感じです。自分からグイグイいけますが、力任せなところがあるのでていねいさや相手の反応をよく見たほうがいいでしょう。ひと晩で回数はこなせるほうなので何度も求める場合も。女性は騎乗位が得意で、男性はバックだと盛り上がることが多く、ＳＥＸ中は少しＳな部分が出るので、相手が少し嫌がると余計に盛り上がるでしょう。

金 のインディアン座 ◆ **17**

金運　お願い上手になれると金運をつかめる

　お金遣いは雑で浪費が激しくなりやすいでしょう。どんぶり勘定になってしまったり、自分がいくら持ち歩いているのか考えずにドンドン使ってしまったり、衝動買いや店員さんにおだてられて不要な物を購入するケースも多いでしょう。後輩や部下がいるとご馳走する場合も増えそうです。お金持ちになるためには経営者になるのが一番早いタイプで、お願い上手になると、人と情報とお金をつかめるようになるでしょう。

健康運　見かけほど体力はなく、下半身に注意

　パワフルですが、本当はスタミナがありません。そのため腰痛や膝や足のケガに注意してください。そもそも雑なところがあるので、打撲や転倒をしやすい点にも気をつけましょう。無謀な行動から骨折をすることもあるので足元は慎重に。扁桃腺も弱いので、油断をするとすぐに痛めてしまうでしょう。また、麺類ばかりを食べすぎないように注意。下半身が太りやすいので、スクワットをしたり大股で素早く歩くようにするといいでしょう。

LUCKY

color
グリーン、オレンジ、シルバー

food
麺類、バナナ、たこ焼き

spot
海、植物園、水族館

心にとめておきたい
運気UPアドバイス

いろいろな方法や
生き方があることを学ぶ

裏運気　臆病と甘えん坊が出て他人任せになる

　裏は繊細で常識をしっかり守るていねいな人です。上下関係やルールやマナーにうるさくなってしまうところもありますが、臆病なところが出てくるので、慎重に物事を進めたり、細かなことを気にしすぎてしまう場合もあるでしょう。優柔不断で突っ込まれると答えが出せなくなってしまうところや、考えが古くなってしまうこともありそうです。甘えん坊が出るので、他人任せや他人の責任にして逃げてしまうときもあるでしょう。

裏の時期　7月／8月　2015〜2016、2027〜2028、2039〜2040、2051〜2052年

上品な中学生

金のインディアン座

18

基本性格

お金持ちから好かれやすい気遣い上手

　無邪気ですが上品で礼儀正しい人。好奇心旺盛でいろいろなことに興味を示しますが、慎重に情報を集めてていねいに行動するタイプ。楽観的に見えても気遣いをすることが多く、精神的に疲れやすいところもあるでしょう。目上の人やお金持ちの人から好かれやすく、不思議な人脈もできやすいですが、根は図々しいところがあります。心は中学2、3年生から変わっていないのでどこか子どもっぽいところがあり、見た目も若い雰囲気でしょう。

金のインディアン座 ◆ 18

持っている星
生まれながらにあなたが持っている性質

- ◆礼儀正しい星
- ◆清潔感がある星
- ◆妄想空想好きな星
- ◆見栄っ張りな星
- ◆超純粋な星
- ◆他人と争わない星
- ◆うっかりミスが多い星
- ◆キッチリしているが発言を忘れる星
- ◆外見で恋をする星
- ◆日焼けに弱い星
- ◆挨拶を大切にする星
- ◆無邪気でも品がある星
- ◆白いものを買う星
- ◆ガードが堅い星
- ◆本当はアホな星

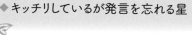

ていねいで人間関係も良好だけどやや臆病

　学生時代よりも社会に出てから能力や魅力が開花するタイプ。どんな仕事でも几帳面かつていねいにでき、上下関係もしっかりしているので、自然と先輩や上司から好かれるでしょう。失敗を恐れる臆病なところがあるので、何事も経験だと思って、ときには**不慣れなことや難しいと思えることにも挑戦**してみるといいでしょう。真面目に仕事をするのはいいのですが、キッチリしすぎると周囲から面倒な人と思われてしまうこともあるので注意。

恋愛運 純粋な恋愛をするけど束縛されると面倒に

寂しがり屋ですが、適度な距離感を必要とします。やさしく品があり面食いなため外見も大事ですが、相手への礼儀やマナーなどの細かなチェックが厳しく、荒っぽい人や下品な人を嫌います。臆病なため、交際のチャンスを自ら逃すことも多いでしょう。交際後はベッタリすることもありますが、束縛されると面倒に感じてしまうので、相手からはワガママだと思われてしまうタイプでしょう。純粋で子どものような恋愛をする人でしょう。

 結婚 **高い理想と純愛を求めていると遅くなる**

仕事に火がついてしまったり、恋に臆病になったりしていると、なかなか結婚に話が進まなくなってしまいます。結婚相手への理想が高く、「愛し合った人とするものだ」などと思っていると、いつまでも素敵な人が現れなくなってしまいそう。最終的にはマメな人や押し切る人に負けてしまいがち。結婚後は几帳面さが家庭に出てきて、些細なことで相手にイライラするので、何事もほどほどなくらいがいいと思っておくといいでしょう。

 浮気＆不倫 **相手の嘘を知ったときに精神を病みやすい**

浮気や不倫をする可能性がもっとも低いタイプです。不潔な感じがする行動には、基本的に自ら進むことはないでしょう。恋人がいるのに浮気する人を嫌うことのほうが多いくらいです。不倫は相手が嘘をついていたり、「離婚が決まっている」と言われて信じてしまったりするとズルズルと関係を続けてしまう場合がありますが、精神的に崩れてきてしまうので、面倒なことになる前に縁を切ってしまったほうがいいでしょう。

 復縁 **面倒がらずに新しい恋を求めたほうがいい**

本気で愛した人ともう一度やり直したいと思う気持ちがありますが、本音は失敗だと思われたくない、失恋したことがかっこ悪いからと思って復縁を望んでしまうところもあります。また、新たな人との恋愛も面倒なので復縁したいと思っている場合もありそう。ただし、基本的には一度別れた相手とは、同じような別れ方やすれ違いをするケースが多いので、できれば新しい恋を求めたほうがいいでしょう。

 SEX **過度に恥ずかしがらず、相手を想って**

ＳＥＸに対しての好奇心はありますが、恥ずかしがり屋で相手任せになってしまうタイプ。基本的には淡白ですが、シャワーを浴びてからでないと嫌で、途端に盛り上がれなくなってしまいます。明るい場所より暗い部屋のほうが好きでしょう。相手の気持ちを考えて恥ずかしがらずにいろいろと試してみたほうが、相手の不満がたまりにくく、セックスレスで悩まなくなります。ときには自分から攻められるようになるといいでしょう。

金のインディアン座 ◆ 18

金運 ▶ 見栄を張って家賃の高い家を選んでしまう

　ふだんのお金遣いは慎重でキッチリしていますが、見栄っ張りなので、後輩や部下、お祝いなどで出費が増えてしまうことが多いでしょう。ブランド品に弱く、同じような品でも少しでも高級感があるほうを選択して出費がかさんでしまうこともありそうです。結果的になかなかお金が貯まっていない場合も多いでしょう。不釣り合いな場所に住んで家賃で生活が苦しくなるケースもあるので、身分相応な場所に引っ越すといいでしょう。

健康運 ▶ 本音を吐き出し、音楽や香りで心を癒やして

　基礎体力がなく疲れやすいので、若いころから筋トレやトレーニングをしっかりしたほうがいいタイプ。ストレスや疲れが肌に出やすく、謎の湿疹なども出やすいでしょう。精神的な弱さもあるので、好きな音楽を聴いたり、好きな香りを嗅いで気持ちを安定させましょう。深い話をして本音を語るようにすることも大事です。マイナスな妄想を避けてプラスのことを考えると、気持ちは簡単に楽になるでしょう。

LUCKY

color
ライトブルー、シルバー、グリーン

food
柑橘類、アボカド、たこ焼き

spot
コンサート、百貨店、植物園

心にとめておきたい
運気UPアドバイス

些細なことを気にしない、
些細な感謝を忘れない

裏運気 ▶ ほめられると調子に乗って正しさを押しつける

　裏は、自分が正しいと思ったことを貫き通し、行動力とパワーが出るタイプ。面倒見がよく周囲をまとめる力もありますが、本音は甘え上手で人任せ、おだてに弱く、ほめられると簡単に乗せられてしまうところもあるでしょう。裏運気では頑張りすぎて空回りをしたり、正しさを押しつけすぎたりして周囲とギクシャクするときもあるでしょう。行動が雑になるため、おっちょこちょいなことをしやすく、打撲やケガをする可能性も高まります。

裏の時期　7月／8月　2015〜2016、2027〜2028、2039〜2040、2051〜2052年

19

好奇心旺盛な変わり者

基本性格　理屈っぽいが無邪気な子どもで自由人

　好奇心豊かで、気になることをなんでも調べる探求心と追求心があるタイプ。熱しやすくて冷めやすく、つねに新しいことや人とは違う何かを追い求めてしまう人。理屈好きで屁理屈も多いので、周囲から変わった人だと思われてしまうことも多いでしょう。心は小学6年生くらいで止まったままの子どものように無邪気な自由人。芸術や美術など創作する能力がありますが、飽きっぽいため好きなことが見つかるまでいろいろなことをするでしょう。

★ 持っている星
生まれながらにあなたが持っている性質

- ◆ 新しいことが好きな星
- ◆ 屁理屈の星
- ◆ 熱しやすく冷めやすい星
- ◆ 束縛が大嫌いな星
- ◆ 同じ話が好きな星
- ◆ 好奇心旺盛な星
- ◆ 不思議な話が好きな星
- ◆ 妙なものにお金を使う星
- ◆ 特殊な才能に惚れる星
- ◆ 変わった人脈ができる星
- ◆ マニアックなことにハマる星
- ◆ 芸術の才能がある星
- ◆ 新たなルールをつくれる星
- ◆ 超子どもな星
- ◆ アイデアが豊富な星

仕事運　職人気質で企画を生み出す才能がある

　好きな仕事が見つかるまでは転職を繰り返してしまい、長続きしないことがあります。自分の個性を理解している人は、公務員や堅い仕事に就いている場合も多いでしょう。本来は、職人的な仕事や、専門知識や能力を活かせる仕事が最適です。企画を生み出す才能はあるので、商品開発やデザイン関係で認められることもあるでしょう。チームワークが苦手で、社会に慣れるまでに時間がかかってしまう可能性があるでしょう。

恋愛運 注文が多く個性的な人を好きになる

　他人に興味がなく、なかなか好きな人ができないタイプ。束縛と支配を避けるため、告白されたり好意を感じると逃げてしまったりするところがあります。好きになるタイプは毎回変わった人で、才能や個性的な部分を好きになるため、周囲からの評判が微妙な場合も多いでしょう。相手への注文が多いですが、自由を認めてくれる相手ならなんとなく交際をスタートさせるケースもあります。恋にも飽きっぽく、長続きしにくい面もあるでしょう。

心が幼稚なので尻込みしてしまう

　結婚願望が薄く、結婚に対して束縛や支配されるイメージがあるとなかなか一歩前に進めません。束縛せず自分の世界観を邪魔しない自由な結婚を認めてくれる心の広い人を見つけられた場合に結婚するか、周囲の人がほぼ結婚して年齢的にも追い込まれてから慌てて結婚相手を探すかでしょう。尊敬できる人を望みますが、本当は自分の心が幼稚なことを理解できていて、結婚生活が送れないことを勝手に妄想しているだけのタイプです。

浮気も不倫も好奇心がわくと危ない

　恋人がいても好奇心があればほかの人とも関係をもってしまうことがありますが、執着されるのが苦手なので、ドロドロとした関係にはならずにあっさりと戻ってきます。ちょっとつまみ食いをした程度のことでしょう。不倫も「不倫に興味」がわいてしまうと突っ走ってしまう場合がありますが、どんなものか理解ができると突然冷めてしまいそう。浮気も不倫もどちらも、好奇心があるときだけが危ないタイプです。

一度冷めた恋に再び火がつくことはほぼない

　新しいことが大好きなので、自ら復縁を望む確率はかなり低いタイプ。ただしプライドは高いので、自分のプライドを保つために一瞬は動くことがあっても、すぐに飽きてしまうでしょう。相手から復縁を求められても、一度冷めてしまった恋心に再び火がつくことはなかなかありません。相手が、驚くような才能を開花させていたり、自分には絶対にできないことをなし得ていたりしたときに魔が差してしまうことはあるでしょう。

匂いフェチで耳や首筋を攻められると弱い

　基本的に淡白でムラがある人。探求心に火がつくと、ドンドンいろいろなことを試したくなるので変態と思われるプレイもOKです。匂いフェチでもあるので、勝手に相手の匂いを嗅いだりすることも。また、耳や首筋を攻められると弱いでしょう。相手がワンパターンだと途端に飽きてしまうので、テクニックのある人や刺激的なSEXをする人を望んでいるでしょう。

金 のインディアン座 ◆ **19**

金運 マネーゲームと思えば大金持ちになれる

　お金への執着は弱く、浪費家で、自分が独自に価値を感じたものをドンドン購入し、不要な買い物も増えやすい人です。体験や経験にも出費が増えるので、映画や芝居、美術館や世界遺産、旅行などに出かけては財布の中身を見て「何に使ったのか？」と疑問に思う場合も多いでしょう。給料の10％は必ず貯金するように心がけるか、投資やマネーの勉強に一度真剣に取り組み、お金を増やすことを「マネーゲーム」だと思えると大金持ちになる場合があるでしょう。

健康運 偏食やお菓子の食べすぎ、目の疲れに注意

　もっとも出やすいのが目の病気で、目の疲れ、偏頭痛、ドライアイなどにも注意が必要です。体力もなく疲れやすいので、体力をつけるためにスポーツジムに通ったり格闘技を習いに行ったりするといいでしょう。食事のバランスも悪く、一度好きになると飽きるまで食べ続けてしまい、ジャンクフードやお菓子の食べすぎも多いので気をつけましょう。偏食が原因で、病気になる場合も多いでしょう。

LUCKY

color
ホワイト、グリーン、オレンジ

food
カレー、いちご、たこ焼き

spot
映画館、神社仏閣、美術館

心にとめておきたい
運気UPアドバイス

挨拶やお礼や礼儀をしっかりする

裏運気 研究肌になり、尊敬できない人は小馬鹿にする

　裏は、伝統や文化、歴史、学ぶことが好きなタイプ。好きなことはとことん調べたり、尊敬できる人の話をしっかり聞き入れたりするでしょう。一方で、他人を小馬鹿にするところや、なんでも理屈で考えたり話をしてしまうことも増えるでしょう。つねに冷静で落ち着きがあり、他人に対して突っ込むことが多いですが、突っ込まれると弱く、優柔不断なところが出る人でしょう。他人の好き嫌いが激しくなり、尊敬できないと話を聞き入れないでしょう。

裏の時期　7月／8月　2015〜2016、2027〜2028、2039〜2040、2051〜2052年

理屈が
好きな
中学生

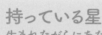

基本
性格 | 探求心旺盛で上から目線になりやすい理屈屋

　中学生のような純粋さと知的好奇心をもち、情報を集めることが好きな人。周囲から「いろいろ知ってますね」と言われることも多い人。探求心もあるので、一度好奇心に火がつくと深くじっくり続けることができます。見た目が若くても心が60歳なので、冷静で落ち着きがありますが、理屈が多くなったり評論したりと上から目線の言葉も多くなってしまいそう。友人は少なくてもよく、表面的な付き合いはうまいですが、めったに心を開かない人でしょう。

★ 持っている星
生まれながらにあなたが持っている性質

◆ 理論と理屈が好きな星
◆ 探求心がある星
◆ 妄想空想好きな星
◆ 古いことが好きな星
◆ 語り好きな星
◆ 他人に頼らない星
◆ 尊敬できる人を崇拝する星
◆ 先生や年上で運命が大きく変わる星
◆ 知識のある人を好きになる星
◆ 目の病気の星
◆ 考えすぎる星
◆ エラそうな口調になる星
◆ めったに心を開かない星
◆ 威圧の星
◆ 他人の欠点を見てしまう星

仕事運 | 探求心に火がつくと一気に成長する

　芸術系や美術系などの才能を活かせる仕事に就けると最高に力を発揮しますが、なんとなくはじめた仕事でも探求心に火がつくとメキメキと能力を身につけて、職場では欠かせない人にまで成長できるタイプ。できれば製造業や創作、専門職、教育分野に進むとさらに能力を活かすことができます。職場の人間関係が問題になることもありますが、同じ仕事をしている人を尊敬・尊重できると、よい関係性をつくれるようになるでしょう。

恋人よりも自分の好きな世界に夢中

　自分が認める頭のいい人や尊敬できる人を好きになるタイプ。自分の好きなことを極めている人や、専門的な知識や技術をもった人を選ぶので自然と年齢の離れた年上を好きになることが多いでしょう。知的好奇心のない人や、束縛や支配をして自分の世界を邪魔する人は苦手。基本的には簡単に恋心に火がつかないので、長い間好きな人ができない場合も多いでしょう。いろいろな人をほめるようになると自然とモテるようになります。

 結婚 尊敬できる理想の相手を求めすぎてしまう

　結婚相手には自分の理想を求めすぎてしまうところがあり、簡単には結婚に踏み込まず、必要以上に選んでしまうところがあるタイプ。恋愛と同じく尊敬できない人とは生活を共にできないでしょう。結婚後は、女性の場合、旦那さんの尻を叩く厳しい妻に変わりますが、家庭のことはキッチリやるようになるでしょう。母親のようになりすぎてしまい色気がどこかにいってしまうこともあるので気をつけてください。

 浮気＆不倫 年上の尊敬できる既婚者との関係が危ない

　浮気の確率は低く、交際がスタートすれば軽はずみな行動で浮気することはないタイプ。ただ、そもそも年齢が離れた年上を好きになりやすく、尊敬できる人に心を開いてしまうので、会社などで年上の既婚者に恋をして不倫関係になってしまうことはあり得るでしょう。ズルズルと関係が続いてしまい、別れようと思っても何年も続いてしまうケースもありますが、相手から「終わりにしようか」と言われるとあっさり別れることになるでしょう。

 復縁 ドライに切り替えるので復縁はほぼない

　プライドの高さから復縁を求める場合がありますが、基本的には自分の元を去っていった人には興味がないでしょう。ましてや自ら頭を下げて復縁を望むようなことはなかなかないでしょう。相手から復縁を望まれても「尊敬できる部分」があれば心が少し動くこともありますが、別れたときのままでは復縁することはないでしょう。思った以上にドライなところがあるので、キッパリ気持ちを切り替えられるでしょう。

 SEX 相手のテクニックで変態な部分が開花する

　探求心という意味では興味はありますが、基本的には相手任せで、SEXはなければないでいいし、あればあったでいいような感じ。SEXも理論で考えるので、こうすると気持ちがいいし、ここをこうすればいいと考えすぎになってしまうところもあるでしょう。じつは隠れた変態な部分があるので、相手のテクニックがすごければその部分が開花する場合もありますが、それも若いころや一時だけで次第に「愛があればいい」となっていきそうです。

金運　お金よりも自分の関心事が優先

「ごはんにはまったくお金をかけない」などと自分独自の節約をすることがありますが、お金に興味が薄く、儲け話や損得勘定は不得意。ただし、お金より自分の好きなことで生きていけることを優先しがちで、自分が「価値あり」と思う物事にお金をつぎ込んでしまうことがあるでしょう。映画や芝居、美術館など体験や勉強、知識になることに出費が増えるでしょう。経済やマネー、投資の勉強をすると大金持ちになれる場合もあります。

健康運　運動や好きな芸術作品でストレス発散を

目の疲れ、肩こり、偏頭痛が出やすく、緑内障、白内障など目の病気に注意が必要です。視力低下や老眼などで悩むことも多いでしょう。食事のバランスが悪く、偏食で同じ物ばかり食べても平気ですが、バランスのよい食事をとるように心がけましょう。考えてばかりになりやすいので、運動をして汗を流したり、好きな芸術作品を見たりしてストレス発散することが大切。ときには一流の作品に触れるといいでしょう。

LUCKY

color
グリーン、オレンジ、イエロー

food
和食(うな重)、紅茶、たこ焼き

spot
神社仏閣、図書館、水族館

心にとめておきたい
運気UPアドバイス

歴史の本を読んで
現代に当てはめる

裏運気　不思議なことにハマって秘密をもつように

裏運気では不思議と子どもっぽくなり、さらに自由を追い求めてしまいます。理屈っぽいのはいいですが、屁理屈と言い訳も増えてしまうところと、突っ込まれると弱く、優柔不断なところが出てくるでしょう。ふだんは考えない現実的なことや、お金や将来のことを気にするようになってしまったり、不思議なことやサブカル的なことにハマったりするかもしれません。本音を語らなくなり、どこか秘密をもってしまうでしょう。

裏の時期　7月／8月　2015〜2016、2027〜2028、2039〜2040、2051〜2052年

銀の
インディアン座

Silver
Indus

11

銀のインディアン座

マイペースな子ども大人

銀のインディアン座 ◆ 11

基本性格 ── サバサバしていて反発心がある頑張り屋

　超マイペースな頑張り屋。負けず嫌いなところがありますが、他人に関心は薄く、深入りすることやベッタリされることを避けてしまう人。心は中学3年生からまったく成長しないままで、サバサバした性格と反発心があるので、「でも、だって」が多くなってしまうでしょう。妄想が好きでつねにいろいろなことを考えすぎてしまいますが、土台が楽観的なので「まあいいや」とコロッと別のことに興味が移って、そこでまた一生懸命になるでしょう。

☆ 持っている星
生まれながらにあなたが持っている性質

◆超マイペースの星
◆サッパリとした性格の星
◆対等の星
◆同じ話をする星
◆言ったことを忘れる星
◆反発心がある星
◆指のケガの星
◆身近な人を好きになる星

◆胃腸が弱い星
◆負けを認められない星
◆困ったときにお願いができない星
◆学生ノリの星
◆高校生のときから運が開く星
◆色気がない星
◆生意気な星

仕事運 ── 目標をしっかり決めると結果を出せる

　学生時代よりも社会に出てからのほうが能力を開花させられます。若いころは生意気な部分はありますが、自分のペースで仕事ができるようになると、結果をドンドン出すことができるでしょう。目標をしっかり決めることが大事なタイプで、決めないままだとなんとなく仕事を続けてしまい、力を発揮できない場合が多くなるでしょう。また、想像力を使う仕事や営業職に就けると能力を活かせるでしょう。

恋愛運　対等な付き合いができる人が好み

　自分の生きるペースを乱されたくないので、過度に甘えてきたり、強引に引っ張ったりしない人を好みます。職場や仲間など身近なところでの恋が多く、遠距離恋愛や面倒な感じの恋は苦手でしょう。妄想恋愛が多いので、相手への理想が変に高くなってしまうこともありますが、最終的にはマメな人に弱いでしょう。そもそも色気がないのでサッパリとした交際になり、ケンカになる原因もサッパリしすぎの態度が理由のことが多いでしょう。

結婚　楽だなと思える相手と流れで

　職場や同級生など身近な人と結婚する確率が高いでしょう。結婚後も恋愛の延長のような友達夫婦が理想で、自分のペースを乱されることを嫌がります。家庭に縛られるイメージがあるとなかなか結婚に踏み切れなくなってしまうケースが多く、「一緒にいるのが楽だな」と思った人となんとなく結婚したり、先に妊娠をするなどの流れで結婚したりすることがあるでしょう。同棲が続いての結婚も多いタイプです。

浮気&不倫　身近で浮気や不倫をするのでバレやすい

　恋人に束縛されたり面倒な感じが続いたりすると、浮気に走ってしまう場合があります。相手も身近な場所で見つけることが多いので、浮気がバレたときは思っていたよりも面倒な事態に陥りますが、あなたは気にしないでしょう。不倫は、職場の同期や同窓会で会った同級生とする確率が高いです。深入りはしないので、セフレ的な感じの不倫が続いてしまうかもしれません。その人と縁が切れても、またほかの人と不倫をすることが多いでしょう。

復縁　復縁したとしても自分のペースは守る

　他人と仲よくすることが得意な感じがしますが、他人に執着せず、付き合った人や体の関係をもった人ともほどよい距離感を保ち、自分のペースを乱されたくない人です。別れた人には基本的に興味がないので復縁する可能性は非常に低く、相手から「どうしても復縁したい」と言われると「まあ、そんなに言うなら」とよりを戻す場合もあります。ただし、自分のペースはそのまま守り続けるので、高確率で同じような別れ方をするでしょう。

SEX　短時間でさわやかにするほうが好き

　超がつくほど淡白で、「ササッと、パパッと」終わるようなタイプ。ねっとりじっくりとするよりも「一緒に汗を流そう！」くらいにさわやかで時間をかけない感じが好き。若いころは好奇心があるのでいろいろ試すことはありますが、興味が薄れてしまうと時間をかけてするものではないと思ってしまいます。舐めるのも下手で、頑張りはしますが、基本的にテクニック不足なところも。相手の反応をもっと見るようにするといいでしょう。

人のためにお金を使うと不思議と収入がアップ

　計画的にお金を貯めることが不得意で、最新の商品など、欲しいと思ったら後先考えずに購入してしまうタイプ。「中学生にお金を持たせた」みたいなことが起こりやすく、仲間との遊びでほぼ使ってしまうなど、お金への執着が少ないでしょう。自分のためだけではなく、周囲の人のためにお金を使えるようになると不思議と収入がアップし、金運に恵まれるようになります。ただ、お金の貸し借りは不運の原因になるので避けましょう。

健康運

基礎体力をつける運動に集中するといい

　一見タフそうに見えますが、胃腸が弱い人。余計な妄想が増えると考えすぎて胃腸を悪くすることが多いでしょう。運動して体を鍛えるか、基礎体力をつけることに集中すると、余計なことを考えなくて済むので体調もよくなるでしょう。友人とお酒を飲むのはいいのですが、相手につられて飲みすぎてしまったり、翌日のことをまったく考えないで二日酔いになってしまったりする場合も多いので、時間や次の日のことを考えて行動するように。

LUCKY

color
レッド、オレンジ、イエロー

food
ヨーグルト、ハチミツ、煮物

spot
大きな公園、スタジアム、海

心にとめておきたい
運気UPアドバイス

敬語をしっかり
使えるようにする

裏
運気

刺激を求めて隠し事が増えてくる

　裏では、現実的かつ合理的に物事を考えられて、最小限で最大の結果を出せるようになるタイプ。無駄なことや雑用など下っ端的な仕事は苦手になり、他人任せになってしまうところがあるでしょう。隠し事や秘め事が増えて、本音を話さないようになることも多いでしょう。旅行やライブが好きになったり、刺激あることを追い求めたりするところが出てくるので、少し危険なことに首を突っ込んでしまう場面がありそうです。

裏の時期　8月／9月　2016〜2017、2028〜2029、2040〜2041、2052〜2053年

やんちゃな
中学生

基本性格 内と外の顔が異なる単独行動派

　淡々とマイペースに生きていますが、刺激と変化が大好きで、一定の場所でおとなしくしていられるタイプではないでしょう。表面的な部分と内面的な部分とが大きく違う人なので、家族の前と外では別人のようなところもある人。他人の話を最後まで聞かずに先走ってしまうなど無謀な行動が多いですが、無駄な行動は嫌いです。団体行動が嫌いで、たくさんの人が集まると面倒に感じてしまい、単独行動に走ってしまうタイプでしょう。

★ 持っている星
生まれながらにあなたが持っている性質

- ◆ 3つのことを同時にできる星
- ◆ 刺激好きな星
- ◆ 妄想空想をつねにする星
- ◆ 判断が速い星
- ◆ 旅行・ライブ好きの星
- ◆ 斬新なアイデアを出す星
- ◆ 都合の悪い話は聞かない星
- ◆ 刺激的な恋をする星
- ◆ ゴールを見ないで走る星
- ◆ 結論しか聞かない星
- ◆ 雑用が嫌いな星
- ◆ 人生のアップダウンが激しい星
- ◆ 一攫千金をねらう星
- ◆ やんちゃな人を好きになる星
- ◆ 演技がうまい星

 度胸ある行動と意外な方法で差をつける

　一見フワッとしていて仕事ができない感じに見られることもありますが、向上心と野心があり、仕事に火がつくと驚くようなエネルギーが出るタイプ。若いころは雑用や下っ端の仕事をサボってしまうことがあるので、なかなか信頼されず、ミスが多いところを突っ込まれてしまいがちですが、度胸ある思い切った行動や、意外な仕事の取り組み方で、一気に周囲との差をつけることがあるでしょう。少人数や単独での仕事が向いています。

自分が好きでないと恋ははじまらないタイプ。相手からの好意を感じたり告白をされたりすると突然冷めてしまい、ほかの人を求めてしまうことがあるでしょう。恋愛に執着がないので、趣味や仕事など自分の時間を最優先しても怒らない人を求めてしまう傾向も。妄想恋愛も激しいので、余計なことばかり考えてしまう面もありますが、最終的には知り合いの輪のなかからいい人を見つけることになるでしょう。

結婚　仕事や自由を認めてくれる人が理想

お互いの時間を邪魔しない相手との結婚を望みます。ベッタリと依存してきたり家庭に収めようとしたりする相手とはうまくいかないでしょう。旅行やライブに自由に行かせてくれて、仕事もバリバリやっていることを認めてくれる人が理想です。結婚への妄想は膨らみますが、最終的には成り行きやなんとなく近くにいるからという理由や、同棲からズルズルと結婚に流れるケースも多いでしょう。先に妊娠して結婚することもありそうです。

浮気&不倫　思いが爆走してあらゆる手段で奪おうとする

浮気率はかなり高めです。刺激を追い求めてしまい、恋心に火がつくと暴走を止めることはできないでしょう。いろいろな手段を使ってでも相手を落とそうとして、浮気や不倫のほうが逆に盛り上がってしまい、なかなか縁が切れない可能性もあるでしょう。とくに、人のものを奪うことが楽しくなってしまうと、何度も不倫を繰り返してしまう場合があるので注意してください。上手に浮気や不倫をするので、なかなかバレない人でもあります。

復縁　復縁しても冷めてしまうのでそもそも不向き

自分の元を去った人には基本的には興味はなく、執着心もないので復縁率はかなり低いでしょう。ただし、逃げた魚が大きいと意地でも振り向かせようとしたり、自分が大好きなのに避けられてしまうと逆に火がついてしつこくなったりすることがあります。やっとのことでよりを戻せたとしても、目的を達成したとたんに冷めてしまうことも。復縁には不向きな人なので、新たな人を探すように気持ちを切り替えましょう。

SEX　コスプレ、小道具など刺激がないと飽きてしまう

激しく感情をむき出しにする感じですが、娯楽の一環として考えているので、突然飽きてしまうことがあるでしょう。飽きないためにも小道具やコスプレ、激しい体位をいろいろと試してくれる人とは何度も求め合うでしょう。刺激を追い求めすぎて周囲が驚くような場所でSEXをした経験もあるタイプ。なかには複数の相手や一夜の恋を経験をしたことのある人もいるかも。相手が盛り上げようとせずに真面目なSEXしかしないと突然冷めてしまうでしょう。

金運 投資のノウハウを学ぶと大金持ちになるかも

心は中学生のままなので**お金遣いは派手**になってしまい、**無駄遣いが多くなってしまい**
がちです。旅行やライブにハマってしまうとドンドン出費して、遠征してでも好きな
アーティストのライブやフェスにお金をつぎ込んでしまうタイプ。人脈を活かして投
資に詳しい人と仲よくなり、ノウハウを学ぶことができると大金持ちになる場合もあ
ります。仕事で開発したりアイデアを出したりして、臨時ボーナスや役職手当をもら
えることもあるでしょう。

健康運 少しでも昼寝をすると疲れが取れる

自分独自の健康法だけを信じて続けるタイプ。基礎体力がないほうなので運動はマメに
しておくといいでしょう。**胃腸と扁桃腺、腰痛**に悩むことがありそうです。ストレス発散
で暴飲暴食をして体調を崩したり、二日酔いで苦しむことを繰り返したりする場合がある
ので気をつけましょう。昼寝をする時間をつくることが大事なので、日ごろできない場合
は、**休みの日には昼寝**をするなどすれば、一週間の疲れを一気に取ることができそうです。

LUCKY

color
ホワイト、グリーン、オレンジ

food
ステーキ、ハチミツ、煮物

spot
ライブハウス、リゾート地、大きな公園

心にとめておきたい
運気UPアドバイス

耳の痛いことを言ってくれる
人の言葉を大切にする

銀のインディアン座 ◆ **12**

裏運気 対等な付き合いを求め、年上の遊び友達が増える

裏は、現実的に物事を考えられる負けず嫌いな頑張り屋です。反発心があり、
やや生意気なタイプ。サッパリとした性格で誰とでも仲よくできるのはいいの
ですが、誰とでも対等になりすぎてしまうところがあるでしょう。考え方が古
くなり、学生時代や昔の出来事にこだわりすぎてしまうところも出てきて、過
去の自慢話が増えてしまいそう。年上の人と遊ぶ機会や年上の友人をつくるこ
とができるようになるでしょう。

裏の時期　8月／9月　2016〜2017、2028〜2029、2040〜2041、2052〜2053年

13 愛嬌がある アホな人

基本性格　運に救われるサービス精神旺盛な楽天家

　明るく陽気な超楽観主義者。何事も前向きにとらえることができますが、自分で言ったことをすぐに忘れてしまったり、気分で言うことがコロコロ変わったりするシーンも多いでしょう。空腹が耐えられずに、すぐに機嫌が悪くなってしまい、ワガママを言うことも多いでしょう。心は中学2、3年生からまったく成長していませんが、サービス精神が豊富で周囲を楽しませることに長けています。運に救われる場面も多い人でしょう。

★ 持っている星
生まれながらにあなたが持っている性質

- ◆超マイペースの星
- ◆太りやすい星
- ◆感情が顔に出やすい星
- ◆妄想空想をつねにする星
- ◆超楽観的な星
- ◆よく笑う星
- ◆空腹で不機嫌になる星
- ◆楽しく遊べる人を好きになる星
- ◆体型が丸くなる星
- ◆愚痴と不満がすぐに出る星
- ◆楽しませることがうまい星
- ◆おしゃべりな星
- ◆スケベな星
- ◆心は中学生のままの星
- ◆明るく陽気な星

仕事運　好かれるキャラで職場の盛り上げ役に

　みんなで楽しく仕事ができることを大事にします。給料や福利厚生などの条件よりも、その仕事でみんなが笑顔になることが重要。ツメが甘く確認ミスや失敗も多いですが、好かれるキャラで問題も少ないでしょう。仕事に真面目に真剣に取り組むとドンドン偉くなり、職場の盛り上げ役としても活躍できそう。人前に立つ客商売、営業などの仕事が向いていますが、適当な仕事をして突然転職を繰り返すことがあるので気をつけましょう。

恋愛運 根がスケベで身近な人にドンドン恋をする

自然にしているだけでモテる人です。笑顔と愛嬌で相手の心をつかむことが上手ですが、明るく楽しい感じの人やおもしろい人が大好き。真面目な感じや洒落が通じない人には興味がないでしょう。根がスケベなので体だけの関係やHからはじまる恋も多いでしょう。マメに会える仲間や身近なところでドンドン恋がはじまりますが、余計な一言や気分で相手を振り回しすぎてしまうときもあるので、大人になることを意識するといいでしょう。

 将来のことを話すと結婚に進みやすくなる

一緒にいて楽しい人との結婚を望むタイプ。生活のことやお金のことよりも、ノリや勢いを優先させることが多いでしょう。先に妊娠をしての結婚率も高めですが、あなたの明るさに惹かれて相手も結婚を考えるケースが多いでしょう。貯金や将来のことを少しでも考えている感じに見せると、より結婚に進むスピードが速まるでしょう。そもそもサービス精神が豊富なので、結婚後も家族を楽しませるようなことをいろいろとするでしょう。

 悪気なく快楽を求めて気軽に試してしまう

浮気も不倫もする可能性はかなり高めです。そもそも楽観主義なうえにスケベなので、気になる人を見つけると恋人がいてもHをしたり、どんなものか試したくなってしまうでしょう。不倫への悪気もなく「あとくされがないから逆に楽」と割り切って、SEXや快楽目的で気軽にする場合もあるでしょう。別れはあっさりとしていて、ほかに素敵な人を見つけると簡単に不倫をやめて「バカやってたな」で終えてしまうでしょう。

 寂しくて体の関係を求める復縁はあるかも

自ら復縁を望むことは少なく、ほかにチヤホヤしてくれる人がいれば、復縁をするつもりなどなくなってしまいます。ただし相手にしてくれる人が誰もいない場合や、SEXをしばらくしていなくてウズウズしているときに、昔の恋人に連絡して体の関係だけを求めてしまうことがありそう。そのタイミングで相手からグイグイ来られると戻ってしまうことがありますが、あなたのワガママや些細なケンカでまた別れてしまうことも多いでしょう。

じゃれ合う感じが好きで何度でもOK

SEXが大好きで「恋愛＝SEX」「愛＝SEX」と思うほどです。SEXがなくなると、相手が冷めてしまったと思うこともあるくらいでしょう。1日に何度求められてもOK。じゃれ合う感じの明るいSEXをしますが、自ら積極的に攻めることもあり、ふだんなら考えられない場所でも試したくなってしまうときもあるでしょう。ただし、空腹だと集中できないので、お腹を満たしてからするのがいいでしょう。

銀のインディアン座 ◆ **13**

金運　人を喜ばせるためにお金を使うと流れがよくなる

　グルメなところもあり、食べたいと思ったものとウワサになっているおいしいものに弱く、出費が多くなってしまいます。そもそもお金に執着がないので次々と使ってしまいますが、不思議と誰かに助けられることが多いタイプ。自分のためだけにお金を使っているとドンドン貧乏になってしまいます。お世話になった人や周囲の人を喜ばせるためにお金を使っていると、どん底に落ちることがなく、使うわりにはお金の流れがいいでしょう。

健康運　空腹に耐えられず油断するとすぐ太る

　実年齢よりも若く見られますが、疲れやすく膝痛や腰痛が出やすいでしょう。気管周辺、のど、鼻炎、扁桃腺も弱いタイプ。昼すぎに眠くなり、空腹に耐えられないので油断をすると簡単に太ってしまう人でもあります。口内炎や虫歯にも気をつけたほうがいいかも。基礎体力がないのでダンスをする、ウォーキングをするなどの軽い運動はつねにしておくほうがいいでしょう。愚痴を言っていると逆にストレスをためるので気をつけてください。

color
ピンク、レッド、グリーン

food
卵料理、ハチミツ、煮物

spot
お祭り、ファミレス、牧場

心にとめておきたい
運気UPアドバイス

お礼や感謝の気持ちを
しっかり表す

裏運気　世話焼きになりダイエットがうまくいく

　裏運気では、頭の回転が速くなり、現実的な問題にも的確に応えられるようになりますが、やや短気になりやすく、恩着せがましいところが出てしまいそうです。古い考えやしきたりにうるさくなり、マナーやお礼などをしっかりできない人が気になってしまうこともあるでしょう。情も厚くなり、他人の世話を焼きすぎてしまったり、面倒を見すぎてしまったりすることもあるでしょう。やせる運気になるのでダイエットが成功しやすいでしょう。

裏の時期　8月／9月　2016〜2017、2028〜2029、2040〜2041、2052〜2053年

語りすぎる
人情家

基本性格 人のために行動するが、極端にマイペース

　頭の回転が速いですが、おしゃべりでつねに一言多く、語ることが好きです。何度も同じ話を繰り返してしまうことも多いでしょう。極端にマイペースで心は中学3年生からまったく成長していない人です。短気で恩着せがましいところもあります。また、人情家で他人のために考えて行動することが好きなところがある一方で、深入りされるのを面倒に感じるタイプ。空腹と睡眠不足になると不機嫌な態度になってしまう癖もあるでしょう。

★ **持っている星**
生まれながらにあなたが持っている性質

- ◆超おしゃべりな星
- ◆短気な星
- ◆寝ないとダメな星
- ◆愚痴が多い星
- ◆超マイペースの星
- ◆頭の回転が速い星
- ◆一言多い星
- ◆直感で行動する星
- ◆スリムな人を好きになる星
- ◆体力がない星
- ◆芸術系の才能がある星
- ◆情にもろい星
- ◆演出された恋が好きな星
- ◆デブが嫌いな星
- ◆察する能力が高い星

 仕事運 アイデアや感性、言葉を活かせる仕事向き

　勘のよさや頭の回転の速さ、瞬発力が必要な仕事やアイデアを出す仕事に就くと才能を開花させられるでしょう。企画やアイデアを発信できる仕事や、芸術や美術などの感性を活かせる仕事、営業など言葉を発することが必要な仕事でも能力を発揮できるでしょう。専門知識を活かせる仕事もいいでしょう。仕事の愚痴や不満がすぐに出やすく、それで評価を下げてしまう場合があるので気をつけましょう。

面食いで、距離感を保ってくれる人が好き

　第一印象をもっとも大事にしていて、デブとモタモタした人は大嫌い。スタイルがよくて頭の回転が速い人や、面食いなので外見のいい人を望みます。また、束縛や支配をしてこない、ほどよい距離感を保ってくれる人を好むでしょう。妄想恋愛も激しく、考えすぎてしまうところがありますが、偶然の出会いや不思議なつながりがあると、突然恋に火がついてしまうことも。サプライズが上手な相手と付き合うことも多いでしょう。

 過激な発言を許してくれる人と

　「この人と結婚する」と初対面で思った人と結婚をする確率が高いタイプ。あなたのマイペースを認めてくれて、話はしっかり聞いてくれるけれど、少しくらい過激な発言をしても上手に聞き流してくれる人がいいでしょう。プロポーズを上手に演出されると一気に盛り上がりそう。結婚後は家庭のことはしますが、頑張りに対して相手から感謝の言葉がないとケンカになってしまうかも。余計な一言にはつねに注意しておきましょう。

 タイミングが合えばハマってしまうかも

　感情的な部分はありますが、浮気＆不倫率は低めです。情を大事にするので軽はずみな浮気はありませんが、問題はサプライズが上手で運命的な出会いや偶然の出会いが続いてしまうと恋心に火がついてしまうこと。恋人とセックスレスになっているときに、やさしくされたりSEXをしたくてしかたがない気分とが重なってしまったりすると危険です。一夜の恋から、どっぷりハマってしまう場合があるかもしれないので、くれぐれも注意してください。

 運命を感じた相手とは可能性あり

　別れてしまった人のことを気にしていないように見せていても、かなりマイペースで、情が厚いタイプなので復縁率は高めです。一度運命を感じると復縁を予言していたかのように「戻ってくると思った」などと言うこともあるでしょう。復縁後も短気やしゃべりすぎが原因でケンカ別れをするケースが多いので、自分を成長させることを覚えないと何度も繰り返してしまいそう。SEXにハマって戻ってくる相手も多そうです。

 本能のままに相手を調教してしまう

　SEXは大好きで、生まれつきのテクニシャン。本能でSEXするタイプです。過激になることもありますが、感情がむき出しになるあまり、声の出しすぎやベッドの上でもしゃべりすぎてしまう場合がありそう。相手にも本能のままのSEXを望むでしょう。また、相手にいろいろと注文をして、いつの間にか調教してしまうことも。セックスレスになると、それがストレスの原因になったり、突然怒りが爆発したりする瞬間もあるでしょう。

金運　持ち歩くお金を制限しローンでの買い物は控える

　浪費が激しいタイプなので要注意です。不要な物を買ってしまったり、自分以外の人への出費も多くなってしまったりして、気がついたらお金がない……なんてことも。カードローンでの買い物はとくに気をつけたほうがいいでしょう。財布には一定のお金だけを入れ、感覚だけで買い物をしないようにしましょう。早い段階で投資の勉強をしておくとよく、勘を信じて投資をすると大金を手にすることがあるかもしれません。

健康運　明るくいい言葉を使うと体調がよくなる

　基礎体力がなく昼間に眠くなってしまい、集中力が途切れてしまうことが多いでしょう。水泳やランニング、スポーツジムで体力作りをしっかりやっておくほうがいいタイプ。人生で一度は手術をすることがあるかもしれません。ストレス発散が下手で、それが原因で病気になってしまうことがあるので、楽しく話をする会などでマメに発散しておくことが必要です。明るい未来の話をして、いい言葉を選んで発すると体調もよくなるでしょう。

LUCKY

color
ブラック、イエロー、オレンジ

food
わかめ料理、ハチミツ、煮物

spot
神社仏閣、美術館、リゾート地

心にとめておきたい
運気UPアドバイス
G

有言実行をするために
言葉を選ぶ

裏運気　現実的なことを考えすぎて優柔不断に

　裏は、明るく陽気な楽観主義者で、何事もポジティブに物事を考えられるタイプです。伝統や文化など古いことが好きになり、サービス精神も豊富で上下関係などもしっかりしますが、おしゃべりで、自分の話ばかりが多くなってしまいます。太りやすくストレスで食べすぎてしまうところもあるでしょう。突っ込まれると弱く、優柔不断なところも出てきます。裏運気には、現実的なことを考えすぎてしまうところも表れるでしょう。

裏の時期　8月／9月　2016～2017、2028～2029、2040～2041、2052～2053年

15 多趣味・多才で不器用な中学生

基本性格 先見の明があり、妄想話を繰り返す情報通

　多趣味・多才で情報収集能力が高く、いろいろなことを知っているタイプ。段取りと計算が得意ですが、根がいい加減なのでツメが甘いところがあるでしょう。基本的に超マイペースですが、先見の明があり、流行のさらに一歩先を行っているところもあります。家に無駄なものやガラクタが集まりやすいので、いらないものはマメに処分しましょう。妄想話が好きなうえに、何度も同じような話をすることが多く、心は中学3年生のままでしょう。

★ 持っている星
生まれながらにあなたが持っている性質

◆情報通の星
◆多趣味・多才の星
◆言ったことを忘れる星
◆トークが適当な星
◆3つのことを同時にできる星
◆予定を詰め込む星
◆視野が広い星
◆知り合いが多い星

◆趣味の物が多い星
◆ぺらい人にハマる星
◆おしゃれな星
◆損得勘定の星
◆物が増える星
◆異性の扱いがうまい星
◆計画の星

仕事運 計算高さを仕事に活かすと出世する

　若いころは苦労が多くありますが、社会に出てからが本領発揮です。情報量とフットワークの軽さを活かせるとドンドン仕事ができるようになるでしょう。情報を発信する仕事や、商売や流通などの仕事で才能を発揮しそうです。持ち前の計算高さを仕事に活かすと一気に出世し、職場を引っ張る存在にまでなるでしょう。興味あることが多すぎて、転職を重ねたり、過労気味になってしまったりする傾向もあるので注意してください。

恋愛運　異性の扱いがうまく、都会的な人が好き

　おしゃれで情報量も多く多趣味・多才で、異性の扱いも自然とできて、恋の駆け引き上手でもあるため注目されるタイプです。ただし自分のペースを乱されることが嫌なので、恋愛よりも趣味や仕事に力を注ぎすぎてしまいそう。おしゃれで都会的な人を好み、異性の扱いはうまいものの、ベッタリしてこない人を望んでしまうところや、妄想が激しく、余計なことばかり考えてしまう癖もあります。少しマメになるだけで簡単に恋人ができるでしょう。

 ### 結婚　持ちつ持たれつの　束縛されない結婚を望む

　結婚となると相手に経済力を求めます。大金持ちがいいと口にすることもありますが、本音は束縛や支配をされない生活のできる人を求めるタイプ。あなたの生活リズムを崩す人や、考え方を押しつけてくる人とは結婚生活はできないでしょう。結婚生活は「持ちつ持たれつ」の関係で、自分ばかりが家事をすることになると不満がたまります。結婚して「得した」と思える演出をしてくれる相手とは老後まで仲よくできるでしょう。

 ### 浮気&不倫　つまみ食いの浮気多し。　お酒が入ると危険

　異性の扱いがうまくて人肌恋しくなりやすいので、恋人の冷たい態度が続くと簡単に浮気をしたり、「お得な相手」が出てきたら乗り換えるくらいの勢いで浮気をしたりと、つまみ食い程度の浮気をよくするでしょう。お酒が入ると歯止めがきかなくなってしまうので、既婚者との関係をもつこともありますが、ベッタリせずに距離感を保つと、逆に長く続いてしまうおそれも。おしゃれでお金がある相手には気をつけましょう。

 ### 復縁　体目当てで相手からの　復縁が多い

　人への執着心が薄いので、自ら復縁を望むことは少なく、好きな気持ちがマックスになったときにフラれてしまった相手との復縁を考えることはありますが、基本的には去る者は追わないでしょう。ただし、相手が大金持ちになった場合は、「連絡してみようかな」と思うかもしれません。SEXがうまいので相手からの復縁希望が多いですが、SEXを拒み続けると簡単に縁が切れてしまうでしょう。体目当ての相手には気をつけてください。

 ### SEX　妄想好きがベッドの上でも　出てしまう

　SEXのテクニックはありますが、基本的に淡白で、SEXも娯楽や趣味のひとつと考えるくらいです。舐めることも上手で相手に驚かれてしまうこともありますが、妄想好きがベッドの上でも出てしまうので、気持ちがよくなるまでに時間がかかってしまったり、ほかの人を想像しながらSEXを楽しんだり、昔の恋人と比べてしまうところもあるでしょう。安っぽいホテルだとガッカリし、それなりの場所のほうがサービスがすごくなるタイプです。

金運 お金の勉強をすると副業で儲けられる

ストレス発散で物を買ったり、買い物自体が趣味になってしまうタイプです。趣味も変わりやすいので使わないものがたまってしまったり、着ない服や履かない靴で収納がいっぱいになってしまったりすることもあるでしょう。情報好きで昔の雑誌や本もいっぱいになることが多いので、定期的に処分するか、ネットで売ってしまうといいでしょう。お金について徹底的に勉強をすると仕事に活かせますし、商売や副業でひと儲けすることもできるかもしれません。

健康運 忙しすぎるのでしっかり休む計画を

基本的には落ち着きがなく慌ただしい人。フットワークが軽いのはいいですが、お酒の飲みすぎや仕事を頑張りすぎてしまうことが多いでしょう。のんびり何もしていないときでも余計な妄想や考えごとをするため、逆に疲れてしまうこともありそう。しっかり休む計画を立てたり、昼寝をする時間をつくったりするといいでしょう。流行の健康法にハマりやすい傾向もあります。膀胱炎やお酒の飲みすぎによる病気には気をつけてください。

LUCKY

color
ブルー、ホワイト、グリーン

food
ソイラテ、豆の煮物、ハチミツ

spot
温泉、水族館、海

心にとめておきたい
運気UPアドバイス

調子に乗ってもいいが
礼儀とマナーを忘れない

裏運気 小銭、反復練習、お得情報が好きになる

裏は、現実的なことを真面目に考える人。古風な考えが好きで、ややセコくなり、小銭が好きになるでしょう。地味なことが好きでコツコツ努力をし、反復練習が好きなところも出てきます。自分に自信がもてず、メンタルが弱くなりますが、好きな音楽を聴くと心が安定します。また、お得な買い物が好きになるので、割引情報や値段の安いものを見つけると楽しくなるでしょう。裏運気には、強くお願いをされて断れなくなってしまうシーンが出てくるかも。

裏の時期　8月／9月　2016～2017、2028～2029、2040～2041、2052～2053年

銀のインディアン座 ◆ 15

やさしい
中学生

基本
性格 社会に出てから才能が光る超マイペース

　真面目で地味なことが好き。基本的に人は人、自分は自分と超マイペースですが、気遣いはできます。ただし遠慮して一歩引いてしまうところがあるでしょう。自分に自信がなく、中学まではパッとしない人生を送りますが、社会に出てからジワジワと能力を発揮するようになります。やさしすぎて便利屋にされることもありますが、友人の縁を思い切って切り、知り合い止まりの人間関係ができると才能を開花させられるでしょう。

★ 持っている星
生まれながらにあなたが持っている性質

◆ 真面目で誠実な星
◆ 超マイペースの星
◆ 気遣いをする星
◆ 警戒心がある星
◆ 妄想空想をつねにする星
◆ なんとなく続ける星
◆ 謙虚な星
◆ 片思いが長い星

◆ 冷えに弱い星
◆ 地道な星
◆ 言いたいことを言えない星
◆ お願いされると弱い星
◆ 根がセコい星
◆ 貯金が好きな星
◆ 相手のことを考えすぎる星

 仕事運　サポート能力を発揮すると楽しくなってくる

　スピードはありませんが、時間をかけてしっかりと仕事をするタイプ。待遇よりもお金のことを考えてしまうため、「割が悪い」と時給計算しているといつまでも仕事で結果が出せません。持ち前のサポート能力で上司や偉い人を補助すると、自然と信頼され周囲が驚くような人とも仲よくなれそうです。少し図々しく生きてみると仕事がおもしろくなるでしょう。お金に関わる仕事が向いていますが、何事もじっくりやることを忘れないように。

恋愛運　真面目に恋してすぐに結婚を考える

　人を思いやる力がありますが、相手のことを考えすぎてしまい、「自分には見合わない」と勝手に思い込んで片思いが長くなってしまったり、告白ができないまま数か月や数年経ってしまったりすることがあるタイプ。交際後は相手につくしすぎてしまい、振り回されることが嫌なのに我慢を続けてしまうことも多いでしょう。また、すぐに結婚を考えて重たくなりすぎてしまうところもありますが、毎回真剣な恋をするタイプでしょう。

結婚　結婚願望が強く家庭を大切にする

　マイペースに生活をすることを望んでいますが、結婚願望がとても強い人です。交際をはじめる前から結婚のことを考えてしまうタイプでもあります。強引な人にプロポーズされると流れで結婚したり、後先考えないで婚約や入籍をすることもあるでしょう。結婚後は、自分のペースを守りつつも家庭を大切にしますが、家族について考えすぎてしまうことも多く、慎重で真面目な考えが家族を息苦しくさせてしまう場合があるでしょう。

浮気&不倫　自分からはないが強引な相手に流される

　真面目でしっかり者なので、自ら浮気に走る確率は低いでしょう。ただし、かなり強引でテクニックのある人に口説かれてしまうと危険です。そのタイミングで恋人との距離があいていたり、寂しい思いが長く続いていたりすると、流されてしまうケースもありそうです。不倫も、相手から強引にきた場合で、あなたも好きになってしまうと進むことがあります。一度関係がはじまるとズルズルとしやすいので気をつけてください。

復縁　過去を活かして新たな恋をしたほうがいい

　別れた瞬間はサッパリしても、気持ちはズルズルと引きずりやすく「あのとき、ああすれば別れなかったかも……。でも、別れて自分のペースで生活できてスッキリしたし……」といった頭のなかでの会話を延々と繰り返してしまいます。相手から強引に復縁を望まれない限り、自ら動くことは少ないタイプです。復縁しても結局はあなたが我慢することになるので、別れた相手を追うよりも、新たな恋で、過去の恋の失敗を活かすほうがいいでしょう。

SEX　サービス満点で相手を満足させる

　妄想や空想が好きなところがあるので、自然とむっつりスケベになってしまいます。恥ずかしくて自分からはなかなか求められませんが、触れ合うことやキスが大好きで、相手を満足させることにも喜びを感じるので、ＳＥＸはサービス満点。相手が「もういい」と言うまで舐め続けて、自分の愛情を全力でアピールするでしょう。ＳＥＸの後も抱き合ったまま離れない感じが好きでしょう。

銀のインディアン座 ◆ 16

金運　小銭貯金が好きで値段比べが趣味

　根っからセコくて小銭が好きなわりには、高額な買い物になると日ごろのしっかりした面が簡単に崩れてしまいます。ふだんは小銭貯金が好きでコツコツと500円玉貯金をしたり、ちょっとした我慢をすることで無駄なお金を使わないようにできる人です。他人の浪費を見ると「そんな無駄なことにお金を使って」と思ってしまいそう。少しでも安くなる方法を考えたり、バーゲンやお店で値札を見たりするのが趣味になるくらい値段比べが好きでしょう。

健康運　常温の水を飲んで基礎体力作りを

　体調が崩れるときは、水が原因であることが多いでしょう。二日酔いや前日のお酒の影響が出やすく、むくみやすいところも。女性は子宮系が弱いので、冷やさないように気をつけましょう。基礎代謝もよくないので、基礎体力作りや軽い筋トレをするのがオススメです。とくに腹筋とスクワットを数回でもいいのでやってみてください。ストレスが肌に出やすく謎の湿疹が出ることも。常温の水を飲んで好きな音楽を聴くようにしましょう。

LUCKY

color
ホワイト、パープル、レッド

food
乳製品、白米、ハチミツ

spot
温泉、海、大きな公園

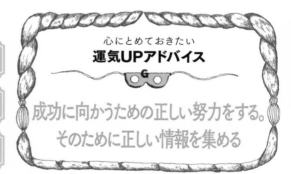

心にとめておきたい
運気UPアドバイス

成功に向かうための正しい努力をする。
そのために正しい情報を集める

裏運気　よい例を真似すれば身につくようになる

　裏のあなたは、現実的に物事を考え、損得勘定で判断するところがあるでしょう。裏運気では、得のない人間関係はつくらないようにするところも出てきます。学習能力が高くなるので、勉強をするか、仕事でも恋愛でもうまくいっている人の真似をすると、簡単に自分のものにできてしまうという能力を発揮するでしょう。また、不要な買い物が増えてしまったり、お得情報に振り回されることが多くなるでしょう。

裏の時期　8月／9月　2016〜2017、2028〜2029、2040〜2041、2052〜2053年

銀のインディアン座

17 パワフルな中学生

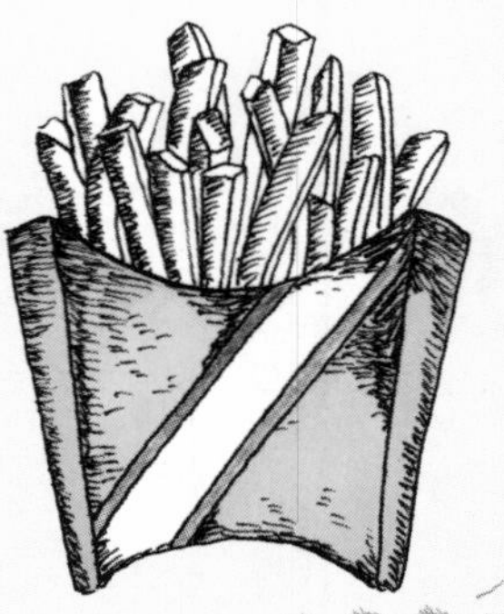

基本性格 不思議な友人がいるマイペースなリーダー

行動力と実行力とパワーがあるタイプ。おだてに極端に弱く、ほめられたらなんでもやってしまう人です。面倒見のいいリーダー的な人ですが、かなりのマイペースなので、突然他人任せの甘えん坊になってしまうことも多いでしょう。行動が雑なので、うっかりミスや打撲などにも注意。何事も勢いで済ませてしまう傾向がありますが、その図々しい性格が不思議な知り合いの輪をつくり、驚くような人と仲よくなることもあるでしょう。

持っている星
生まれながらにあなたが持っている性質

- 行動力・実行力がある星
- 正義感がある星
- 妄想空想をつねにする星
- 本当は甘えん坊な星
- うっかりミスが多い星
- 面倒見がいい星
- 根は図々しい星
- ほめてくれる人を好きになる星
- 無計画なお金遣いの星
- ギックリ腰の星
- 甘え上手な星
- 駆け引きは苦手な星
- 部下と後輩が必要な星
- リーダーの星
- 麺類の星

仕事運 経営者マインドがあるなら起業もあり

どんな仕事にも一生懸命になれて、後輩や部下ができてから本領を発揮するタイプ。恵まれた環境でいい仕事をしていても、突然転職をしたりこれまでとはまったく違う仕事をはじめたりと、**周囲からは謎に思われるような行動をする人。** チャレンジしてみたいと思う仕事を見つけると突き進んでしまうことがありますが、最終的には社長や経営者になる気持ちで仕事をしたり、起業したりすると、大成功する可能性をもっている人でしょう。

♥ 恋愛運 好きと言われると好きになってしまう

　自分の好きな気持ちに素直に行動できますが、**マイペースさと積極性が入り混じっ**ているので、自分ではわかりやすいと思っていても、相手からは振り回されていると思われてしまうことが多いタイプ。積極的な部分をもっている一方で、根は甘えん坊なので、相手任せになってしまうこともあるでしょう。おだてられたり、ほめられたりすることに極端に弱く、好きをアピールされると、自分のほうが好きになってしまうことも多いでしょう。

 ### 結婚　結婚しても自分のペースを維持したがる

　結婚は自分のペースを乱さない人を選ぶ傾向が強く、「家に帰ったらこの人がいたらいいかな」くらいの感じで、勢いで結婚をするタイプでしょう。自らプロポーズすることもありますが、押しが強い人からのアプローチで突然結婚するケースも。段取りが苦手なので、相手に任せてしまうことも多いでしょう。結婚後も自分のペースを守りながらも、自分が正しいと思ったことだけは家族に押しつけてしまうところがあるのでほどほどに。

 ### 浮気&不倫　甘やかされるとダメになる

　おだてに弱く行動力があるので、**出会ってしまった相手次第で浮気率が**大きく変わるでしょう。恋人がいる人を好きになるタイプに当たるとコロッとだまされてしまうことが多くなります。不倫も同じように相手次第ですが、甘やかしてくれる人が現れてしまうと危険です。恋人から厳しく叱られると突然浮気をしなくなるので、一度しっかりお灸をすえられたほうがいいタイプでもあるでしょう。

 ### 復縁　おだてられて戻ってはズルズルに

　面倒なことが嫌いなので、一度交際した相手は楽だと勘違いしていると、復縁と別れを繰り返してしまうことがあるでしょう。寂しがり屋な性格を知られてしまうといつまでもズルズルとした関係が続いてしまうので、**先を考えるならあなたの成長が絶対に必要**になります。復縁を求められる場合は、相手がおだて上手だとコロッと戻りやすいのですが、甘えられるとズルズルとした関係になってしまうことがあるので注意してください。

 ### SEX　こだわりがなく勢い任せになりやすい

　交際後に即SEXがOKなくらい、勢いで体を求めるところがあり、交際前のSEXもそれほど問題にしないタイプ。SEXに執着が少ないため、テクニックや相手の満足度はやや低く、力任せになりやすいかも。繊細な部分や恥じらいが少ないので、相手を楽しませるために少し**勉強をしたほうがいい**でしょう。少しSっ気が出てしまうと相手の嫌がるところを攻めすぎてしまうところもありそう。なんとなくのセフレ止まりの恋もありそうです。

銀のインディアン座 ◆ **17**

金運 どんぶり勘定でケチケチしない

「お金を豪快に使うタイプ」と言うと聞こえはいいのですが、お金に執着が弱く、雑に使ってしまうことが多い人。どんぶり勘定なので、後輩や部下がいると「ここはいいから」とご馳走したり、細かなお金は気にしなかったりするので、お金に困ってしまうこともあります。しかし、だからといって、ケチケチと節約をするようなチマチマしたことを好みません。積立預金や保険などで、将来のお金のことを考えておくといいでしょう。

健康運 行動力があるぶん不意のケガに注意

パワフルに行動しているため一見タフに見えますが、気管や扁桃腺が弱くなりやすいでしょう。また、その行動力からの打撲や足のケガなどにも要注意。ほかにも腰痛に悩みやすいので、前屈運動などのストレッチは日常からやっておくといいでしょう。ただし開脚はそれほどやらないほうがいいでしょう。下半身が太りやすく、麺類ばかり食べすぎてしまうところもあるので、少し意識して食べる回数を減らしたほうがいいかもしれません。

銀のインディアン座 ◆ 17

LUCKy

color
グリーン、ホワイト、オレンジ

food
麺類、ハチミツ、煮物

spot
動物園、海、大きな公園

心にとめておきたい
運気UPアドバイス

他人にはやさしく親切に
して見返りは求めない

裏運気 人の心をつかんで年長者から好かれる

現実的に物事を考えられて、見栄っ張りで臆病な人になりますが、少しズル賢いところもあり、自分を上手に見せるところやアピール上手なところが出てくるでしょう。裏のあなたは、気遣いができるぶん、人をしっかり観察して、その人の考えや心のつかみ方を知っているところもあります。挨拶やマナーがしっかりできて、上下関係もわきまえられるようになるので、目上の人や上司、年配者から好かれるような生き方が上手にできるでしょう。

裏の時期　8月／9月　2016〜2017、2028〜2029、2040〜2041、2052〜2053年

マイペースな
常識人

**基本
性格** 上品でキッチリしつつ楽観的で忘れっぽい

　礼儀とマナーをしっかりと守り上品で気遣いができる人。マイペースで警戒心が強く、他人との距離を上手にとるタイプです。キッチリしているようで楽観的なので、時間にルーズなところや自分の言ったことをすぐに忘れてしまうところがあるでしょう。心が中学2、3年生から変わっていないので、見た目は若く感じるところがあります。妄想や空想の話が多く、心配性に思われることもあるでしょう。

⭐ **持っている星**
生まれながらにあなたが持っている性質

- ◆礼儀正しい星
- ◆超マイペースの星
- ◆清潔感がある星
- ◆警戒心がある星
- ◆言ったことを忘れる星
- ◆性善説の星
- ◆相手の出方を待つ星
- ◆本当はドジな星

- ◆肌が弱い星
- ◆清潔感があるものを買う星
- ◆気を使う星
- ◆マナーを守る星
- ◆ガードが堅そうに見える星
- ◆見栄っ張りな星
- ◆いい匂いにこだわる星

仕事運 繊細さや気遣いを活かせる仕事で活躍する

　どんな仕事もていねいにする人ですが、指先を器用に使う細かな仕事はやや不向き。繊細さや気遣いを活かせる仕事に就くことができると、能力を発揮したり才能を開花させられるでしょう。マネージャー的ポジションやプロデューサー的な仕事、秘書や人の支えになる仕事も最適です。若いころは臆病で時間がかかってしまうところがありますが、仕事に真剣に取り組むと自然と道が切り開かれます。不向きな仕事から転職する勇気もときには必要です。

恋愛運 育ちがよく手順をちゃんと守る人が好き

　極端なおしゃれやいい外見よりも、清潔感とルールやマナーをしっかり守るような品格をチェックしています。「お箸の持ち方がダメ」などの些細なことで、気になっていた人を避けてしまうようなところもあるでしょう。手順をしっかり守ってくれて、ゆっくりでいいので距離を縮めてくれる品のある人を求めます。ただし、妄想恋愛が激しく、理想が高くなりすぎてしまい、臆病ゆえに自らチャンスを逃すこともあるので、恋に勇気が必要な人です。

結婚　結婚には相手の家柄や家族が気になる

　恋人にも要求が高いですが、結婚にはさらに家柄や家族のことなどのチェックが厳しくなってしまいます。結婚願望はありますが、臆病で勇気を出せずにチャンスを逃してしまうことも多いでしょう。先に妊娠してからの結婚は、見栄っ張りのあなたからは考えられないことかもしれません。結婚後は、几帳面な部分を家族に押しつけてしまったり、自分のやり方に従わないとイライラしたりするところが出やすいでしょう。

浮気&不倫　上品な人と心のつながりがあると危険

　清潔感をとても大切にするのと、浮気や不倫は不衛生な感じがするので、確率はかなり低め。遠距離恋愛中や忙しくて長い期間放っておかれている場合、恋人以上に紳士的で、軽い感じや体目的ではないプラトニックな恋愛を望む相手が現れてしまうと、心を奪われてしまうことがあるでしょう。不倫も基本的にはありませんが、恋愛のとき以上の上品さや心のつながりがあると、進んでしまう場合はあるでしょう。

復縁　寂しさと愛を感じる言葉に弱い

　基本的には新しい人に目を向けるので復縁率は低めです。非常にマイペースですが、本音はかなりの寂しがり屋であるため、恋人と別れてしまった後に次の出会いがまったくなく、寂しい時間が長くなってしまったときに、運命的な再会があると復縁を望みそう。昔の恋人から別れた原因をきちんと謝罪されて本気で好きな気持ちを打ち明けられたり、品と愛を感じられる言葉かけや演出をされたりすると弱いでしょう。

SEX　恥ずかしがり、気にしすぎで相手が不満に

　SEXには消極的ですが、触れ合いたいのと寂しがり屋の面があるので、本音ではSEXは好き。ただし衛生面を気にするため、シャワーを浴びてからではないと盛り上がれず、ムードや流れでしてしまうことは少ないでしょう。過激なプレイも恥ずかしがって避けてしまうので、声も出さずに暗い部屋でゴソゴソとしてサクッと終わってしまうため、相手の満足度が低いかも。恥じらわずに相手に思い切って合わせる態度も大事でしょう。

銀のインディアン座 ◆ 18

金運　お金にキッチリしてるけど計画的な貯金は下手

　臆病な性格の持ち主ですが、見栄での出費と衝動買いをすることがあり、自分でも気づかないうちに「なんとなく」の出費が多くなってしまいます。そのせいで貯金がなかなかできないタイプです。友人などとの食事では割り勘にしたがり、お金にはキッチリしていながらも、計画的な貯め方や運用が不得意でしょう。几帳面な性格を活かして家計簿をつけて定期的な貯金をすることや、3か所以上に分けて貯金を続けることで自然と貯まってくるでしょう。

健康運　意外とドジな性格で転びやすい

　基礎体力は低めで疲れやすいので、軽い運動を心がけ、社交ダンスや音楽を習いに行くといいでしょう。ストレスや体調の崩れが肌に出やすいところもあります。好きな香りをまとったり、常温の水をこまめに飲んだり、好きな音楽を聴くことなどで肌の調子がよくなるでしょう。思っているよりもドジな性格で、転びやすく、打撲やつまずいて手や手首のケガをしやすいので十分注意してください。

LUCKY

color
ライトブルー、グリーン、オレンジ

food
アボカド、ハチミツ、煮物

spot
リゾートホテル、百貨店、海

心にとめておきたい
運気UPアドバイス
G

人生を楽しむための
努力を欠かさない

裏運気　交友関係を広げて人を集めることが得意に

　裏のあなたは、正義感が強く人のために行動できて、自分の気持ちにまっすぐなタイプ。行動力があり面倒見がいいものの、おっちょこちょいでせっかちな人でもあります。甘え上手で人の真似が得意で、自然と自分のものにして、いい流れに乗るのがうまいでしょう。裏運気では、後輩の世話をするようになり、交友関係を広げるのも得意になるので、いろいろな人を集めたり仕切ったりするように。押しが強くなりすぎて空回りをしやすい面も出るでしょう。

裏の時期　8月／9月　2016〜2017、2028〜2029、2040〜2041、2052〜2053年

19

小学生 芸術家

基本 性格 **好きなことと妄想に才能を見せるあまのじゃく**

　超マイペースな変わり者。不思議な才能と個性をもち、子どものような純粋な心を備えていますが、あまのじゃくなひねくれ者。臆病で警戒心はありますが、変わったことや変化が大好きで、理屈と屁理屈、言い訳が多くなります。好きなことになると驚くようなパワーと才能、集中力を発揮するでしょう。飽きっぽく継続力がなさそうですが、なんとなく続けていることでいい結果を残せるでしょう。妄想が才能となる人でもあります。

⭐ **持っている星**
生まれながらにあなたが持っている性質

- ◆ 新しいことが好きな星
- ◆ 屁理屈の星
- ◆ 超マイペースの星
- ◆ 妄想空想をつねにする星
- ◆ 3つのことを同時にできる星
- ◆ 時代を変えるアイデアを出す星
- ◆ 言い訳の星
- ◆ あまのじゃくな恋の星
- ◆ お金が貯まらない星
- ◆ 人と違う発想をする星
- ◆ 自由人の星
- ◆ 束縛が嫌いな星
- ◆ 他人に深入りしない星
- ◆ 芸術・美術の星
- ◆ 異性を見る目がない星

 仕事運 **芸術、アイデア、海外に関わる仕事向き**

　自分の才能や自由なやり方を認めてくれる職に就けると、天才的な才能を発揮することがある人です。ただし仕事のコツや流れを知ってしまうと急に飽きてしまい、転職や離職を繰り返すかもしれません。できればなんとなくでもいいので、長く続けていると能力を出せるようにもなるでしょう。**芸術や美術に関わる仕事、制作、アイデアを出す仕事、海外と接点が多い仕事**などに就くといいタイプです。

素直になれずチャンスを逃しがち

　個性的で、芸術的なことや特殊な才能があり、尊敬できる人を好みますが、束縛されない自由で楽な恋を望みます。そもそも恋愛に深く興味がなく、気になる人が現れて盛り上がっても簡単に冷めてしまうことがあります。好きな人に素直になれず、あまのじゃくで自らチャンスを逃してしまうことも多いでしょう。交際がはじまっても相手の才能や個性が見抜けると急に冷めてしまいますが、なぜか突然盛り上がるときもあるでしょう。

 結婚しないかもと思うが本当は家族思い

　結婚願望が非常に弱く、自分でも「結婚しないかも」と思っている人。とくに自分は子どもっぽくて結婚生活に不向きだと数回の恋愛経験で気づいている場合があるでしょう。ただし、自由な感じや才能を認めてくれる人が現れれば一気に話は進みそうです。子どものような無邪気さは結婚後もそのままで、気ままなところはありますが、本音は家族思いです。家族を盛り上げるためにアイデアを出し、遊びの情報を調べることが好きでしょう。

 浮気心はあっても実現しにくい

　恋に執着しないぶん浮気率は高めですが、恋を感じるとひねくれたり、あまのじゃくな行動に走ったりするので、浮気心はあっても現実には浮気しにくい人です。束縛や支配をしてくる相手とはまったく合わないので、好奇心に火がついた人と関係をもち深入りしたとしても、執着することはないでしょう。不倫も、相手に興味がわけば動きは早いのですが、縁が切れるのも早く、ベッタリやズルズルすることは少ないでしょう。

 復縁を迫られても興味がもてない

　過ぎたことや古いことに興味がないので、復縁する確率はかなり低めです。ただし、相手が才能を開花させ、交際していた期間とは別人のようになっていた場合に、好奇心に火がつくと、心が動く可能性が少しだけあるでしょう。別れた恋人のほうから復縁を望まれたケースには、興味がわくことはないでしょう。逃げたり引いたりしてしまう人のほうが気になってしまうタイプでしょう。

 飽きっぽいので毎回変えて試してほしい

　ＳＥＸに好奇心はありますが、簡単に飽きてしまいます。最初の1、2回はテンションが上がっていますが、3回目以降がワンパターンになると淡白になってしまいそう。相手が変化したり、毎回いろいろなことを試してくれたりするといつまでも盛り上がれます。根っからの変態なので、ふだんなら攻めないようなところを攻められると盛り上がるでしょう。匂いフェチで耳を攻められると弱いでしょう。

金運 貯金は苦手。持ち前の才能でお金持ちに

　お金の管理やお金自体に興味が薄く、一度真剣に投資や資産運用などを学んでみたいと思わない限り、浪費が激しく、貯蓄も苦手なままでしょう。気がついたらドンドンお金を使ってしまい、マニアックなものや独自の価値観で出費することも。お金で苦労しないためには、少額でもいいので定期的な貯金やお金の使い方のルールを決めておくことが必要です。才能を評価されてお金持ちになる場合もあるので、その才を磨く価値はあります。

健康運 ポジティブになると偏頭痛が楽になる

　もっとも不調が出やすいのは目です。ドライアイや目の疲れ、視力の低下、目の病気になりやすいタイプ。自然と目を擦ってしまうときがあるので気をつけましょう。偏頭痛に悩むこともありますが、ポジティブな発言をして、人を小馬鹿にする言葉を発するのではなく、ほめるようにすると楽になるでしょう。食事のバランスも悪く、同じお菓子の食べすぎなどもよくあるので、生活習慣と食生活にも気をつけてください。

銀
のインディアン座 ◆
19

LUCKY

color
ホワイト、ブラック、グリーン

food
カレー、いちご、ハチミツ

spot
映画館、劇場、リゾート地

心にとめておきたい
運気UPアドバイス

恩返しとおかげさまの
精神を忘れない

裏運気 冷静な目をもちながら好きな専門分野に没頭

　裏運気では論理的、現実的かつ冷静に物事を考えられ、大人のマナーやルールをしっかり守ることができて、年上の人とも会話が上手にできるため、目上の人から好かれます。学習能力が高く知的好奇心があり、本を読むことや専門知識がある人との対話が好きになります。伝統や文化など古いことに関心がわき、好きなことはとことん調べるでしょう。真似が上手で自分独自にアレンジができて、応用する能力も高まるでしょう。

裏の時期　8月／9月　2016〜2017、2028〜2029、2040〜2041、2052〜2053年

マイペースな芸術家

　理論と理屈が好きで、探求心と追求心のある人。つねにいろいろなことを考えるのが大好きで、妄想と空想ばかりをする癖があります。表面的には人間関係がつくれますが、本音は他人に興味がなく、芸術や美術、不思議な物事にハマることが多いでしょう。非常に冷静で大人な対応ができますが、テンションは中学3年生くらいからまったく変わっていないでしょう。尊敬できる人を見つけると心を開いてなんでも言うことを聞くタイプです。

★ 持っている星
生まれながらにあなたが持っている性質

- ◆ 理論と理屈が好きな星
- ◆ 3つのことを同時にできる星
- ◆ 妄想空想をつねにする星
- ◆ 言ったことを忘れる星
- ◆ 束縛は嫌いな星
- ◆ 深い話が好きな星
- ◆ 理屈っぽい星
- ◆ 冷たい言い方をする星
- ◆ 互いに成長できる恋が好きな星
- ◆ 芸術にお金を使う星
- ◆ 伝統や文化が好きになる星
- ◆ エラそうな口調になる星
- ◆ 冷静な星
- ◆ 頭のいい人を好きになる星
- ◆ 偏った食事をする星

　細部にまでこだわり、完璧を目指すといい

　発想力や企画力を活かせる仕事に就けると能力を開花できそう。出版やウェブの文章構成や編集などが向いているでしょう。伝統や文化、芸術に関わる仕事でも才能を活かすことができそうです。どんな仕事も完璧を目指すとドンドン仕事ができるようになるので、細部までこだわってとことんやるように心がけましょう。問題は職場の人間関係作りが下手で人を小馬鹿にして交流を避けてしまう点で、不要な苦労をつくってしまいそうです。

恋愛運 　地頭のよさをもっているぶん理想が高い

　美意識の高さゆえに、流行ではなく本当にセンスのいい人にひかれたり、頭のよさも学歴だけではなく生き方上手な賢さを求めるため、自然と理想が高くなってしまいます。そもそも人に興味が薄く、尊敬できない人を好きにはならないでしょう。さらに束縛と支配を嫌うため、ベッタリしてくる人を避けてしまいそう。厳しいこともハッキリ言葉に出す一方で、好みではないような気の小さそうな人に好意を寄せられてしまうこともあるでしょう。

結婚　尊敬できる面を見つければ結婚は難しくない

　結婚相手には自分の理想を求めすぎてしまうために、結婚のチャンスを逃しやすいでしょう。ただし、このタイプの女性は母性が強いので、面倒を見る感じで一気に結婚をする場合があり、男性はマザコンなので母親のような人を見つけると突然結婚をすることがあるでしょう。相手の尊敬できる部分を見つけるようにすれば結婚自体は難しくないのですが、自分の生き方のペースを優先するとドンドン遠のいてしまいそうです。

浮気&不倫　プラトニックな浮気や不倫はあるかも

　自ら浮気に走るほど欲望的ではないので、確率はかなり低めです。ただし、頭のいい人や尊敬できる人、立派な人に恋することが多く、年上好きでもあるので、理想の相手が結果的に既婚者になってしまい、不倫に走ってしまうことがあるでしょう。一度ハマると長くなり、なかなか縁が切れないおそれもあります。奪いたいとか刺激的な恋を望まなくてもいいからといって、好きな気持ちを大事にするプラトニックな恋をすることもあるでしょう。

復縁　追うとしたらプライド死守のため

　復縁率はかなり低く、「別れたらおしまい」と割り切ってしまうことが多いでしょう。もしもあなたが復縁を望むとしたら、好きとか恋とかではなく、「プライド」を守るためで、そうなると必死になって別れた恋人を追いかけてしまうところがあるでしょう。冷静になって不要な時間を使うのをやめて、もっと尊敬できる人を探しましょう。復縁を求められても、相手を尊敬できなければ、よりを戻すことは基本的にはないでしょう。

SEX　突然レスになり心のつながりを求める

　SEXに興味が薄い人とハマりすぎる人と極端に分かれます。探求心に火がついてしまうと「どうすると気持ちいいのか？」といろいろ試したくなったり、ほかの人とSEXしたくなったりもするでしょう。交際後や結婚後はセックスレスにもなりやすく、突然冷めてしまい、愛や心のつながりを大事にするようになりそう。SEXを避けてばかりいると別れを切り出されてしまうので、相手のことを思ってときには自分から攻めましょう。

金運 独自の価値観や趣味の世界で散財しがち

　お金の情報や投資、運用の情報を知っていても**本音の部分では**お金に興味が薄く、自分独自の価値観での出費が多くなりがちです。とくにこだわった趣味があるとドンドンお金を使ってしまい、コレクションなどをコンプリートしようとすることもあるでしょう。目利きは悪くないので、驚くような高価なものを手に入れる場合もありますが、高値で売れても簡単に手放さないでしょう。早いうちに真剣に**マネーの勉強**をするといいタイプです。

健康運 偏食で足りない栄養はサプリで摂る

　偏頭痛や目の疲れが出やすい人。とくに目は視力低下、緑内障、白内障などになる場合が多いので、異変を感じたら早めに病院に行ったほうがいいかも。食事のバランスも悪く、偏食で、一度「絶対に食べない」と決めるとなかなか食べないくせに、それをサプリで補おうとするようなところも。運動不足にもなりやすいので、散歩やサイクリングをすると気持ちがスッキリするでしょう。他人をほめて認めることがストレス発散になるでしょう。

color
ブラック、パープル、ゴールド

food
和食（うな重）、ハチミツ、煮物

spot
神社仏閣、リゾート地、映画館

心にとめておきたい
運気UPアドバイス

相手の考えや気持ちを考えて自分の言動を変える

裏運気 突然過去の縁を切り捨てて新しいことに走る

　裏は、自由を愛し、古風なことや伝統を大事にしながらも新しいことを受け入れ、これまでにないことを自ら発信したい人。真似が上手で、他人のいい部分をしっかり吸収してオリジナルなものに変換して出すことが得意。裏運気では、飽きっぽくなり、順調に進んだことを突然切り捨ててしまったり、人間関係の縁を突然切ってしまったりするところも出るでしょう。海外との接点が強くなり、突然旅行に行き、周囲が驚くような知識を吸収してくる不思議な人でしょう。

裏の時期　8月／9月　2016〜2017、2028〜2029、2040〜2041、2052〜2053年

金の
鳳凰座

Gold
Phoenix

21

頑固な
高校1年生

基本性格　仲間意識を強くもつが、ひとりでいるのが好きな人

　サッパリと気さくな性格ですが、頑固で意地っ張りな人。負けず嫌いな努力家で、物事をじっくり考えすぎてしまうことが多いでしょう。仲間意識を強くもちますが、ひとりでいることが好きで、自然と単独行動が多くなったり、ひとりで没頭できる趣味に走ったりすることも多いでしょう。しゃべりが苦手で反発心を言葉に出してしまいますが、一言足りないことでケンカになってしまうなど、損をすることが多い人でしょう。

★ 持っている星
生まれながらにあなたが持っている性質

- ◆ 頑張り屋の星
- ◆ 自我が強い星
- ◆ 頑固者の星
- ◆ しゃべりが下手な星
- ◆ 融通がきかない星
- ◆ 忍耐力のある星
- ◆ 昔の仲間に執着する星
- ◆ 計算が苦手な星

- ◆ 好きなタイプが変わらない星
- ◆ 夜が強い星
- ◆ 言葉遣いが下手な星
- ◆ 不向きでも続けてしまう星
- ◆ 素直にアドバイスが聞けない星
- ◆ 謝れない星
- ◆ 初恋を引きずる星

仕事運　ひとりで頑張らず、適性を見極めるとうまくいく

　一度はじめた仕事を最後までやりとげるだけの意地はあり、頑張りをアピールすることができますが、周囲に合わせるのが不得意で、意地を張りすぎてしまうことがあるでしょう。なんでもひとりで頑張りすぎるよりも、仕事を上手にできる人に素直に教わったり、己の得意不得意を見極められれば、能力を伸ばすこともできそう。**体力が必要な仕事で**活躍するので、**夜勤がある仕事や営業職**などでもいい結果を出すことができそうです。

恋愛運 気さくな友人で終わらないよう色気を出して

第一印象がよく、身近にいて対等に付き合える楽な人を好みます。弱々しい感じの相手や自立心がない人は好きにならないでしょう。一度好きになると相手のことを考えすぎてしまい、思いが強くなりますが、**一歩踏み込むには時間がかかってしまいます**。気さくな性格はいいのですが、「ただの友人」で終わってしまうこともあるので、色気を出す努力も必要になるでしょう。交際中は些細なことでのケンカに注意しましょう。

 結婚
仕事と家庭の両立を目指す

結婚のことをじっくり考えすぎてタイミングを逃してしまうことが多いでしょう。対等で友人の延長のような夫婦生活や、**甘えてこない自立した人**との結婚を望みます。結婚後も仕事をすることを認めてもらえないと、大ゲンカになってしまうケースも。子どもが生まれることで一気に家庭に入る場合もありますが、それも一時的なことで、仕事と家庭の両立を目指して頑張る人になるでしょう。

 浮気&不倫
思いが強いのでハマると長期化のおそれも

好きな気持ちが強くなるとなかなか止められませんが、ひとりの人とじっくり交際を続けることができる人です。ただし、大ゲンカが続いてしまったり、対等な付き合いができない状況が長引いてしまったりすると、友人や職場の人と関係をもってしまうことがあるでしょう。不倫は、恋人がしばらくいないと、会社の上司など身近なところで関係をもってしまうことがありそう。一度ハマると長くなる人でしょう。

 復縁
一途に追うも同じ失敗を繰り返しがち

一度付き合った相手をいつまでも追いかけてしまいます。別れたあとも友人関係を続けたくなってしまったり、できればもう一度付き合おうとすることが多いでしょう。意地を張りすぎて、**好きではなくても追いかけてしまう**ことも。復縁を望まれると弱く、よほどひどい別れ方をしない限り戻ってしまうケースも多いのですが、同じ失敗を繰り返しやすいので、**反省をして次に活かすように**しましょう。

 SEX
激しく求め合って汗を流す

心が高校生のままなのでHなことに興味津々で、SEX自体も好きです。スケベな感じではなく、サッパリとした感じが好き。ねちっこい感じやダラダラするよりも、激しく求め合って汗を流す感じを好むでしょう。ただし、**命令や強要をされると面倒に感じてしまう**こともあります。頑張りますが舐めるテクニックがなく、相手の満足度は低いので、相手の反応を待ってみることと自分本位になりすぎないように気をつけましょう。

金の鳳凰座 ◆ **21**

意地と執着がお金の流れを狂わせる

〔金運〕

　一度お金を使うサイクルができるとなかなか抜け出せなくなってしまい、お金を貯められなくなってしまうでしょう。とくに「欲しい」と強く思ったものは、時間が過ぎてもなんとか得ようとするところがあり、不要になったころに手に入れてしまう場合もありそう。友人や知人につられてしまっての出費もあるので、冷静な判断が必要です。お金を貯めることに執着すると、ケチな生活が平気になるほど貯金に燃えるでしょう。

運動をすると運気アップ。ただし過信はNG

〔健康運〕

　基本的に基礎体力はあります。体力に自信があるために無理を続けてしまい、夜に強く朝や昼間が苦手になってしまうこともあるでしょう。運動をすることで運気が上がるタイプでもあります。ただし胃腸が弱く、体力のみを過信していると突然体調を崩してしまうケースがあるので注意が必要。子宮系も弱いので無理はしないことが大事です。ひとりの時間を大切にすることでストレス発散ができるでしょう。

LUCKY

color
レッド、グレー、グリーン

food
ヨーグルト、ささみ料理、納豆

spot
大きな公園、博物館、水族館

心にとめておきたい
運気UPアドバイス

昔の友人に
執着をしない

〔裏運気〕

無謀な行動や刺激を追い求めてしまう

　あなたの裏側は、刺激や変化を望み、安定を避けるような人です。向上心と遊び心があり、楽しそうでおもしろそうなことに首を突っ込みたくなるでしょう。日ごろインドアの人でも、突然アウトドアが好きになったり、外出をしていろいろな刺激を欲しがることがあるでしょう。裏運気になると無謀な行動に出たりヤケを起こす場合もあるので、冷静な判断をし、ワガママな決断は避ける必要があります。また、危険な恋に走ってしまうかもしれません。

裏の時期　5月／6月　2013〜2014、2025〜2026、2037〜2038、2049〜2050年

22 単独行動が好きな忍耐強い人

基本性格 内なるパワーが強く、やり抜く力の持ち主

向上心や野心があり、内に秘めるパワーが強く、頑固で自分の決めたことを貫き通す人。刺激が好きで、ライブや旅行に行くと気持ちが楽になりますが、団体行動が苦手でひとりで行動することが好きなタイプ。決めつけがかなり激しく、他人の話の最初しか聞いていないことも多いでしょう。心は高校3年生のようなところがあり、自我はかなり強いですが、頑張る姿や必死になっているところを他人には見せないようにする人です。

☆ 持っている星
生まれながらにあなたが持っている性質

- ◆孤独が好きな星
- ◆大胆な星
- ◆旅行・ライブ好きの星
- ◆刺激好きな星
- ◆忍耐強い星
- ◆陰で努力する星
- ◆豪快にお金を使う星
- ◆刺激的な恋にハマる星
- ◆夜、無駄に起きている星
- ◆格闘技の星
- ◆頑張りを見せない星
- ◆チームプレイが苦手な星
- ◆心は18歳のままの星
- ◆向上心がある人を好きになる星
- ◆人を見る目がない星

仕事運 医療や理数系、変化が多い仕事で能力発揮

頑張りをむき出しにすることを避けるため、忍耐強く仕事に取り組みます。真面目に仕事をしますが、雑用を避けてしまったり基本的な部分を見逃していると、苦労が絶えなくなってしまい、一発逆転をねらって逆に苦労を引き寄せてしまうことがあるでしょう。医療関係、医者、建築関係、理数系の才能を活かせる仕事や、変化が多い職場、ライブや旅行関係の仕事で能力を発揮することができるでしょう。

ひとつの恋にこだわりすぎず、現実的に考えて

　一度好きになるとその熱はなかなか冷めることがなく、あらゆる手段を使って相手を落とそうとします。あなたが好きになるタイプは、向上心があり、大胆で刺激的な人である場合が多いでしょう。おとなしい人や控えめな人を好きになる可能性は低いです。ひとつの恋にこだわりすぎてしまい、新たな出会いを自ら逃すケースもあるので、現実的な相手を見るように意識することが大事でしょう。

結婚　交際中と結婚後のギャップに相手が戸惑うかも

　結婚に関しては両極端な考えをもっています。家庭に入ってのんびりできるくらいの収入がある相手との結婚を望むときと、結婚後もバリバリ仕事をすることを許してくれる相手を望むときとがあるでしょう。そのため、交際中に自分の意志を伝えたときと、実際に結婚してからとで、**考えがガラッと真逆になってしまう**ことがあるので注意が必要。家庭でのんびりするなら刺激的な趣味をもったほうがいいでしょう。

浮気&不倫　好きになったらもう止められない

　自分が好きになってしまうとブレーキをかけることなく突き進んでしまいます。相手のことばかり考えてしまううえに、刺激を求めてしまうので浮気率はかなり高めです。また、恋人があなたにベッタリになってしまい、**安心な状態になりすぎると浮気をしやすくなる**でしょう。不倫も、一度好きになってしまうと相手の状況も何もかも考えられなくなってしまいます。隠すのも上手なので、何年もバレずに関係を続けてしまうケースも多いでしょう。

復縁　自分は追いかけたいが、求められると冷める

　あなたの元を去った相手を追いかけてしまう癖があり、追い続けなくては思いが収まらないことがあるでしょう。好きな気持ちや愛ではなく、執着したり意地になってしまう場合もあるので、本当に別れた相手と自分は幸せになれるのかを冷静に考えて、周囲の意見もしっかり聞いてみましょう。ただし、相手から復縁を望まれたとしても、一度冷めてしまうと簡単には戻らないことが多いでしょう。恋愛では、つねに「**自分が好きでいたい**」と思うタイプです。

SEX　一度で満足できず激しく何度も求められたい

　たとえ見た目を清楚で真面目そうに見せていても、SEXが激しく、相手が驚くような感じで攻めたり自分が満足するようにもっていったりします。過激さが増しすぎてしまい、周囲に簡単に言えないような場所でのSEX話があるほど。コスプレや設定があると、さらに盛り上がるでしょう。**夜に強いので、一度では満足できなくて何度も激しく求めてくれる人を好むようになる**場合もあるでしょう。

金運　お金の基本を勉強すれば投資の才能が開花

倹約家で無駄遣いをしないように見せますが、ライブや旅行が好きで、派手に使うときと節約できるときの差が激しく、結果的にお金が貯まらないことが多いでしょう。株や投資で成功する可能性が高いので、しっかり基本を勉強しておくことが重要です。刺激を求めて博打的なことをはじめても大損するだけなので、お金の流れをしっかり学び、ファイナンシャルプランナーなどのアドバイスをしっかり聞いておくといいでしょう。

健康運　独自すぎる健康法と、ヤケ食いヤケ酒に注意

基本的にはかなり体は頑丈で、健康情報が好きで自分独自の健康法にハマってしまうことがあります。頑固なので「これは絶対健康にいい」と信じたら延々と続けてしまいがちで、それが原因で逆に体調を崩す場合もありそう。運気が乱れると胃腸を壊してしまったり、ヤケ食いやヤケ酒などの暴飲暴食で体調を崩してしまったりするケースもあるので、ストレスがたまったときは、格闘技やスポーツをして汗を流すといいでしょう。

LUCKY

color
ホワイト、グレー、レッド

food
和菓子、納豆、梅干し

Spot
スポーツジム、リゾートホテル、水族館

心にとめておきたい
運気UPアドバイス

自分の考えとは 逆に進んでみる

裏運気　ライバルや目標があるとパワーがみなぎる

あなたの裏側は、負けず嫌いの頑張り屋です。心はサッパリとした少年のようなところがあり、色気が出ないところと、意地っ張りなところがあるでしょう。日ごろは単独行動が好きですが、裏運気では仲間とパーッと遊びたくなることが多くなります。頑張りを見せることが好きではないのに、ムキになって争ってしまい、ケンカに発展することも増えるので注意が必要です。ライバルや目標を見つけるとすごいパワーを発揮することがあるでしょう。

裏の時期　5月／6月　2013〜2014、2025〜2026、2037〜2038、2049〜2050年

23 陽気な ひとり好き

基本性格 運に救われる明るい一匹オオカミ

ひとつのことをじっくり考えることが好きですが、楽観主義の人。頑固で決めたことを貫き通しますが、「まあなんとかなるかな」と考えるため、周囲からもどっちのタイプかわからないと思われがち。サービス精神はありますが、本音はひとりが好きなため、明るい一匹オオカミのような性格。空腹が苦手で、お腹が空くと何も考えられなくなり、気分が顔に出やすくなるでしょう。不思議と運に救われますが、余計な一言に注意は必要。

★ 持っている星
生まれながらにあなたが持っている性質

- ◆ 頑固者の星
- ◆ しゃべりが下手な星
- ◆ 太りやすい星
- ◆ 欲望に弱い星
- ◆ 楽観主義の星
- ◆ おおらかな星
- ◆ 楽しくないと愚痴る星
- ◆ 趣味にお金をたくさん使う星
- ◆ とりあえず付き合う星
- ◆ 間食の星
- ◆ 自分勝手な星
- ◆ おもしろいことが好きな星
- ◆ ひとりの趣味が好きな星
- ◆ 何事もツメが甘い星
- ◆ なんとかなる星

仕事運 不満を吐きながらも続けてしまう

一度はじめた仕事は簡単にやめることなく続けられる人です。忍耐力があるので、楽しく仕事ができると長く続きますが、不向きでもなぜか継続してしまうところがあります。向かない仕事に就いてしまうと不満や愚痴が増えるので、その場合は転職したほうがいいでしょう。周囲からも「この人は不向きなのに」と思われてしまうことも多いはずです。サービス業やイベント系、エンターテインメントの世界で活躍できるでしょう。

「とりあえず」ではじまった恋は後悔しやすい

　明るく陽気で第一印象のいい人を好きになるパターンが多いですが、サービス精神が豊富で押しの強い人に弱く、ノリで交際をスタートさせてしまうところがあります。ただし、「とりあえず」ではじめた恋と、欲望に流された恋は後悔が多くなりそう。最初の印象だけでなく、周囲の評判を聞くことや、過去の反省を活かすように心がけたほうがいいでしょう。笑顔でいると相手の心をつかめますが、好みではない人から好かれるケースも多いでしょう。

 勢いで結婚しても「まあなんとかなる」

　明るく楽しい家庭をつくれる人と結婚したいと望みます。将来を深く考えないまま勢いで結婚することも多く、結婚後に「ここをどうしよう」と考えることはありますが、「まあなんとかなるかな」とすぐに気持ちを切り替えられるでしょう。女性なら、妻としての役割ははたせますが、掃除が雑で片付けができないなど、大雑把なところがケンカやぶつかる原因になってしまいそう。男女ともに笑顔を絶やさなければ、いい家庭をつくれるでしょう。

 一度味わうと罪悪感なく何度も

　そもそも欲望や強引な誘いに弱いため、浮気率はかなり高めです。とくに一度浮気経験や不倫経験がある人は、何度もする可能性が高いでしょう。自分の性格を理解して、グッと抑えることを鉄のルールとしている場合は大丈夫ですが、恋人とセックスレスになってしまっている期間に、強引でノリがよくて楽しい相手に出会ってしまうと関係をもってしまうことが多いでしょう。罪悪感も少ないので何度も繰り返す可能性があります。

 後悔する関係を繰り返さないように

　明るく元気な性格ですが、過去への執着は激しく、別れた恋人を追いかけてしまったり、よりを戻そうとしたりする癖をもっています。そのため昔の恋人とダラダラと関係を続けてしまったり、別れたり付き合ったりを繰り返すこともあるでしょう。昔の恋人から求められてついつい関係を続けて後悔する場合もあるので、キッパリと縁を切って、同じことを繰り返さないようにする覚悟が必要でしょう。

 笑い合えるようなプレイを楽しむ

　基本的にはＳＥＸが大好きで、毎日でも何回でも平気。逆にレスになると、イライラや不満がドンドンたまってしまうので危険です。自分でなんとかしている間はいいですが、魔が差すとほかの人で済ませてしまう場合もあるでしょう。テクニックよりも互いの体をどれだけ楽しむかが重要で、ＳＥＸ中に笑ってしまうようなプレイをしてくれる明るい性格の相手には何度も求めてしまうでしょう。やや締まりが悪くなるので注意が必要です。

金 の鳳凰座 ◆ **23**

金運 楽観主義だが突然、投資に目覚める

　お金に関しても楽観的な考えが強く、「なんとかなるかな」と思うところが多いでしょう。計算してお金を使うことや、お金の管理を面倒に感じてしまうのに、突然、投資に興味がわいて勉強をはじめたり、調べたりすることがあるでしょう。ただし、「儲かるかな〜」などとじっくり考えすぎて、タイミングを逃してしまうことも多そうです。少額でもいいので株や投資信託をはじめて、経済を勉強しておくと予想外に儲かることもあるでしょう。

健康運 つい食べすぎてしまうので油断すると太る

　基本的に体力があり、夜更かしが平気になってしまう時期があります。夜に目が冴えて眠れなくなってしまうときもあるでしょう。鼻炎になりやすく、気管などののど周りが弱いタイプ。うがいや手洗いはマメにすることが大事でしょう。お腹が空くと思考が止まってしまい機嫌が悪くなるため、ついつい食べすぎてしまいます。「デブの星」をもっているので、運動をしっかりして、ダンスやカラオケに行ってストレスを発散したほうがいいでしょう。

LUCKY

color
ピンク、グレー、ホワイト

food
チョコレート、卵料理、梅干し

spot
フェス、ファミレス、水族館

心にとめておきたい
運気UPアドバイス

10年後に笑顔に
なるための決断をする

裏運気 遊び好きの負けず嫌いになる

　裏側は、何事も勘で判断をする短気で鋭い感性をもった人。裏運気になるとアイデアが浮かんで頭の回転は速くなるでしょう。遊びが好きで負けず嫌いの頑張り屋です。恩着せがましいので、裏も表も過去にこだわってしまうところも。気が短くなるので、些細なことでイライラして他人とぶつかってしまうかもしれません。情が深くなりすぎて、悪友や刺激的な人と人脈がつながってしまうこともあり、これが苦労の原因にもなるでしょう。

裏の時期　5月／6月　2013〜2014、2025〜2026、2037〜2038、2049〜2050年

冷静で
勘のいい人

基本性格 機嫌が言葉に出やすい感性豊かな頑固者

　じっくり物事を考えながらも最終的には「勘で決める人」。根はかなりの頑固者で自分の決めたルールを守り通したり、簡単に曲げたりしないタイプ。土台は短気で、機嫌が顔に出て、言葉にも強く出がちですが、余計な一言は出るのに、肝心な言葉が足りないことが多いでしょう。想像力が豊かで感性もあるため、アイデアや芸術系の才能を活かせれば力を発揮する人でもあるでしょう。過去に執着する癖はほどほどに。

☆ **持っている星**
　　生まれながらにあなたが持っている性質

- ◆頑固者の星
- ◆愚痴が多い星
- ◆短気な星
- ◆第一印象で決める星
- ◆決めつけが強い星
- ◆過去にこだわる星
- ◆思い出にすがる星
- ◆一言多いが、肝心なことを言えない星

- ◆寝不足になるとイライラする星
- ◆恩着せがましい星
- ◆初恋を引きずる星
- ◆根にもつ星
- ◆誤った人間関係に気づかない星
- ◆口ゲンカに注意が必要な星
- ◆SEXは天性でうまい星

仕事運 経験を積むと勘も鍛えられる

　不向きな仕事も文句を言いながら続けてしまいます。職場への不満や愚痴が多く続く場合は、合っていない可能性が高いのですが、一度仕事をはじめると長く続けてしまうことがあるでしょう。アイデアを出す仕事や感性を必要とする仕事、職人的な仕事で活躍することがありますが、成就するまでに時間をかけることが必要です。若いころはいろいろと経験を積み、勘を磨いておくと、年齢を重ねてから役に立つでしょう。

♥ 恋愛運 第一印象を重視しすぎて失敗しがち

　第一印象をもっとも大事にするところがあり、運命を感じたり、「好き」のスイッチが入ってしまったりすると、周りが見えなくなってしまうでしょう。そのために似たような恋の失敗を繰り返すことも。情が深く面倒見もいいですが、執着しすぎてしまうところや、言葉を雑に使ってしまったり、ハッキリ言いすぎてしまい、恋のチャンスを失ってしまう場合も多いので、ていねいで上品な言葉遣いを心がけるといいでしょう。

結婚　あなたを理解してくれる人が運命の人

　運命の相手との結婚を望んで、結婚について考えすぎてしまうタイプ。「この人と結婚する！」と決めるとその気持ちはドンドン強くなり、周囲が制止しても突然結婚することがあります。不満や不公平さを口に出しても平気で受け止めてくれる、理解者のような相手との結婚がいいでしょう。結婚後は、不平不満も口にハッキリ出すため、ケンカや気まずい空気になる場合もありますが、家事や趣味など、やることを増やすとうまくいきます。

浮気&不倫　相手の浮気やレスの腹いせで

　感情的な部分があるので浮気や不倫をしやすい感じに思われますが、貞操観念はしっかりしているため、浮気率は低めです。ただし、恋人との大ゲンカの理由が、相手の浮気やセックスレスの場合は、腹いせにやり返したり、短気を起こして浮気をしたり、ということがあるでしょう。不倫も、上手に演出されて運命を感じてしまうと盛り上がってしまうことがあり、泥沼にハマるケースもあるので注意しましょう。

復縁　無駄だとわかっていても……

　執着が激しいので、一度別れた相手をいつまでも追いかけてしまうことが多いでしょう。完全に縁がないとわかっていても、相手のことをネットで調べたりして、思いが逆に強くなってしまう場合も。相手から復縁を求められると、情にほだされて簡単に戻ってしまい、「付き合う、別れる」を繰り返すケースも。周囲からのアドバイスにしっかり耳を貸さないと、同じことを繰り返し、学習能力のない恋をするハメになるでしょう。

SEX　感度がよくて才能があり注文も多い

　SEXに依存するほど大好き。相手を待たずに自分から積極的に求めるほうで、ベッドの上でも注文が多く「もっとこうして」などいろいろと言うタイプ。感度もよく、叫んだり予想以上に激しく悶えたりするので、真面目でおとなしい相手は引いてしまうこともありそう。締まりがよく男性が長くもたないことに不満を言いますが、「自分が名器」だと思っておくといいでしょう。下手な相手との経験しかないと才能を活かしきれない場合もあるでしょう。

金の鳳凰座 ◆ 24

持ち前の頑固さを活用できれば吉

　浪費が激しくなってしまうタイプ。給料日までに使い切ってしまう癖がつくとなかなか直らず、お金が貯まらないことも。一方で、そもそもの頑固さをうまく使って「絶対に貯める」と覚悟して目標を決めると、思った以上に簡単に貯められます。投資で成功することもできますが、基本をしっかり学ぶことと、大儲けをねらわないで引き際や抑えることを知っておくとよさそう。**一度マネーの勉強をしっかりしてみるといいでしょう。**

健康運　おしゃべりではなく運動でストレス発散を

　基礎体力がなく、疲れやすい体質ですが、**不思議と夜は強く朝に弱いタイプ。**つねに体力作りをしたほうがいいので、ウォーキングや自転車に乗るなどを意識してやるか、スポーツジムに行ってしっかり鍛えることも必要でしょう。**ストレス発散も下手で、ため**やすいので、運動をして汗を流すのが一番。おしゃべりでストレス発散をすると言いながら、しゃべりが下手で逆にストレスがたまってしまうケースもあるので気をつけて。

LUCKY

color
ホワイト、ブラック、グレー

food
わかめ料理、納豆、梅干し

spot
神社仏閣、映画館、水族館

心にとめておきたい
運気UPアドバイス

過去のおかげで
いまの自分がいると感謝する

裏運気　おもしろいことを考えて無計画に行動する

　あなたの裏側は明るく陽気な性格です。遊びが好きで、ワガママな部分がむき出しになることもあるでしょう。負けず嫌いなため、簡単に引けなくなってしまう場面も。裏運気では、サービス精神が豊富になり、周囲を楽しませる話をしたり、おもしろいことを考えられる人になったりしますが、無計画な行動や勢いだけで動いてしまうことがあります。空腹になると機嫌が悪くなり、感情が顔に出やすくなってしまうでしょう。

裏の時期　5月／6月　2013〜2014、2025〜2026、2037〜2038、2049〜2050年

25

ひとりの趣味に走る情報屋

基本性格　偏った情報や無駄なものまで集まってくる

　段取りと情報収集が好きで、つねにじっくりゆっくりいろいろなことを考える人。幅広く情報を集めているようで、土台が頑固なため、情報が偏っていることも。計算通りに物事を進めますが、計算自体が違っていたり勘違いで突き進むことも多いでしょう。部屋に無駄なものや昔の趣味のもの、着ない服などが集まりやすいのでマメに片付けましょう。気持ちを伝えることが下手で、つねに一言足りないでしょう。

★ 持っている星
生まれながらにあなたが持っている性質

- ◆忍耐強い星
- ◆損得勘定で判断する星
- ◆頑固者の星
- ◆情報通の星
- ◆多趣味・多才の星
- ◆計画が好きな星
- ◆ひとりの趣味に走る星
- ◆趣味に出費する星

- ◆おしゃれな人を好きになる星
- ◆深酒をする星
- ◆夜になるとテンションが上がる星
- ◆SEXはしつこく長くなる星
- ◆過去を引きずる星
- ◆思い出の品が処分できない星
- ◆年配者を大切にする星

仕事運　お酒の席での活躍が仕事につながるかも

　お金や流通に関わる仕事や、情報関係の仕事が向いています。事前に目的を決めて仕事をするのがよいですが、決めつけが激しすぎて、融通がきかなくなってしまう場合もあるので注意が必要。接待がうまく、仕事上手になる場面も多いので、お酒のマナーは早めに学んでおくといいでしょう。不向きな仕事を続けすぎてしまいがちなので、周囲と空気が違うなと感じているなら、自分のやってみたい仕事に挑戦するのも大事です。

恋愛運　高い理想に何度も挑んでしまう

　第一印象がよく、おしゃれで都会的で、さらに一緒にいることでお得感のある相手を好きになります。一度好きになると思いは強くなり、わかっていてもなかなか現実的に可能性がありそうな人に目を向けることができないため、何度も同じようなタイプを好きになって失敗するでしょう。とくに外見だけの薄っぺらい人に引っかかってしまうケースが多く、お酒の席で強引になる相手と関係をもってしまったり、流れで交際をはじめたりすることがあるでしょう。

結婚　計画と強い意志が大切

　安定した収入と、ゆとりのある生活ができる相手との結婚を望みます。現実をしっかり見ながらも、おしゃれな人に弱いので、「もっと自分を楽しませてくれる相手がいい」などと言っているとチャンスを逃してしまいます。自我は強いのですが、計画をしっかり立てて「この年で結婚をする」と本気で思うと、そこに向かって生活や生き方を変えることができるでしょう。自分が損した感じになる人とは結婚しないでしょう。

浮気&不倫　お得感を味わえる人にハマってしまう

　一度恋のコツをつかむと、ドンドンモテてしまうタイプなので、浮気率はかなり高めです。ただし、頑固で不器用な性格でもあるので、複数の人と関係をもつことを面倒だと感じ、とどまることもありますが、お酒を飲んだときは勢いが出て、気持ちに隙が出やすいので要注意。浮気や不倫相手は、お金をもっている相手やお得感を得られる相手、異性の扱いがうまい人にハマってしまうことが多いでしょう。

復縁　体の相性がいいと何度も戻りやすい

　一度好きになると思いは強くなるため、復縁率は高いでしょう。とくに自分がまだ好きな段階で別れてしまったり、元恋人が、都会的でおしゃれに変身していたりすると、簡単に復縁することも。交際中にお金のトラブルや大損をした相手とは戻る可能性は低いですが、ＳＥＸの相性がいい相手とは何度でも復縁するケースがあり、同じことを繰り返してしまうので気をつけましょう。友人など周囲の意見に耳を傾ける姿勢も大事でしょう。

SEX　過去の相手とついテクニックを比べちゃう

　夜に強く、イチャイチャすることが大好きで、テクニックもあります。相手の反応を見ながら上手に攻めますが、自分が攻めたぶんが返ってこないと不満がたまってしまうので、相手にもそれなりのテクニックを求めてしまいがち。イクまでに時間がかかりすぎてＳＥＸに飽きてしまったり、昔の恋人のことを考えたり、相手のテクニックを過去の相手と比べたりする癖があるので、ほどほどにしておきましょう。

金の鳳凰座 ◆ 25

金運　つい余計な物まで買ってしまう

　お金のことは好きで、情報を集めたり、投資や資産運用は考えたりしますが、なかなか行動に移さずに慎重にじっくり考えるタイプ。一度コツをつかむと株や投資信託で儲けることがありますが、同じ手法を続けすぎて流れが変わったときに大損する場合があるので、しっかり勉強をしたほうがいいでしょう。物欲があり買い物が好きで、余計な物まで購入して、使わないアイテムが部屋を占拠してしまいます。ガラクタがたまりやすいので処分しましょう。

健康運　間違った健康情報に踊らされないで

　夜に強く、基本的にはかなり丈夫な体の持ち主ですが、そのぶん無理をして過労になったり、連日遊びすぎてしまったりすることも。お酒の飲みすぎで体調を崩したり、大ケガをしたりすることが多いので気をつけましょう。膀胱や子宮系が弱いので冷たい物を飲みすぎないことと、しっかり休む計画を立ててのんびりする日をつくってください。間違った健康情報を集めて、結果的に不健康になってしまうケースもあるので気をつけましょう。

LUCKY

color
ブルー、ホワイト、グレー

food
ソイラテ、納豆、梅干し

spot
温泉、海、水族館

心にとめておきたい
運気UPアドバイス

初対面の人を増やす

裏運気　臆病な節約家になって押しに弱くなる

　あなたの裏側は、真面目で地味な人。表面の華やかな感じとは違い、小銭が好きで、臆病で人見知りなところがあるでしょう。コツコツ努力するのが好きで繰り返しの作業や勉強を苦痛と思いません。裏運気では節約料理をつくったり、お金の使い方を工夫することが好きになります。また、いつも以上に寂しがり屋になりますが、他人に気を使いすぎて遠慮してしまい、交友関係が狭くなります。押しに弱く、強引な人に流されてしまうことも多いでしょう。

裏の時期　5月／6月　2013〜2014、2025〜2026、2037〜2038、2049〜2050年

我慢強い
真面目な人

**基本
性格** ひとりで慎重に考えてゆっくり進む

　頑固で真面目で地味な人。言葉を操るのが苦手です。受け身で待つことが多く、反論することや自分の意見を言葉に出すことが苦手で、一言二言足りないことがあるでしょう。寂しがり屋ですが、ひとりが一番好きで音楽を聴いたり本を読んだりしてのんびりする時間がもっとも落ち着くでしょう。何事も慎重に考えるため、すべてに時間がかかり、石橋を叩きすぎてしまうところがあります。過去に執着しすぎてしまうことも多いでしょう。

⭐ **持っている星**
生まれながらにあなたが持っている性質

◆ 真面目な星
◆ 忍耐強い星
◆ やさしい星
◆ しゃべりが下手な星
◆ 何事もゆっくりの星
◆ 我慢強い星
◆ 引き癖の星
◆ 貯金の星

◆ つくしすぎてしまう星
◆ 温泉の星
◆ 結果が出るまで時間がかかる星
◆ 断り下手な星
◆ 寂しがり屋のひとり好きな星
◆ 強引な人に弱い星
◆ 根がセコい星

　仕事運 基本を押さえて手堅く活躍する大器晩成型

　どんな仕事も真面目に取り組みます。スピードが遅いので、若いころや最初のうちはほかの人よりも苦労が多めですが、ゆっくりでも基本や雑用をしっかりこなすことで信頼されるようになり、年齢とともによいポジションを得ることができるでしょう。ただし野心がないため、昇進のチャンスを自ら逃してしまう場合も多そう。トップに立つよりも二番手三番手で活躍できるでしょう。事務やお金の管理、数字に関わる仕事も向いています。

恋愛運 押されると弱く一生懸命好きになる

　片思いの恋が多く、**一度好きになるとその相手のことをずーっと考えて思いを寄せ**ますが、告白はせずにそのままで終わってしまったり、過去の恋をいつまでも引きずったりすることが多いでしょう。押しに極端に弱く、好みではない人と流れや押し切られての交際をするケースも。交際がはじまると一生懸命好きになりますが、相手が調子に乗ってしまうと、ひどい扱いをされることもありそう。**別れ下手で恋は我慢が多くなりそうです。**

 結婚 家庭を守る素質あり

　結婚願望は強く、付き合った人は「結婚する相手だ」と思ってしまいます。ケンカをせず、**平和で贅沢をしない安定した暮らしを送れる人を結**婚相手に選びたいタイプですが、押し切られて結婚するパターンが多いでしょう。モタモタしてタイミングを逃す場合があるので、ときには思い切った行動も大事。結婚後は、家庭をしっかり守ってくれるいい妻や母親のようになります。地域行事や学校のことを断れずに、引き受けてしまうケースも多いでしょう。

 浮気&不倫 相手の言葉を鵜呑みにしないで

　根っから真面目なので浮気をする確率はかなり低いです。臆病でもあるので、自分から浮気や不倫に走ることは少ないですが、お酒を飲んだときに強引な相手に接触してしまうと危険。不倫も、既婚者とは知らないで交際をスタートさせてしまい、「じつは結婚している」とあとで告白されても、ズルズルと関係を続けてしまうことがありそう。「離婚する」の言葉を簡単に信じないように。人生の無駄な時間になってしまうので知った時点で別れましょう。

 復縁 謝られるとつい許してしまう

　一度好きになった人をなかなか忘れられないタイプなため、復縁率は高いでしょう。いつまでも別れてしまった人のことを考えすぎて、**新しい相手を探せなくなってしまうことも。**相手から復縁を求められた場合は、一度は嫌いになった人でも、真剣に謝られてしまうとついつい許して同じことを何度も繰り返してしまったりすることが……。自分の幸せを真剣に考えたうえでの判断が必要でしょう。

SEX ベタベタしていたくて相手につくす

　恥ずかしがり屋なので自ら求めることは少ないですが、SEXは大好きな人。手をつなぐことや、とくにキスが好きで、好きな人とベタベタすることで愛を感じるタイプ。Mっぽさがあるため、**相手の言いなりになったプレイをしたり、**舐めることが好きで相手の反応を見ながら頑張ったりすることも。相手が「もういい」と言うまで舐め続けることもあるでしょう。明るい場所やシャワーを浴びていない状態だと頑張れないところがあるでしょう。

金運　倹約家なのに10万円を超えると太っ腹に

　周囲が驚くほどの節約ができるタイプで、もともとお金には厳しい人。昔から貯金が好きで、通帳を見てニヤニヤすることもあったはず。贅沢に興味は少なく、目的がなくてもお金を貯められる人でもあるでしょう。一方で、家や土地、不動産に縁が深く、自然と情報を集めているでしょう。ケチな部分はありますが、10万円を超える金額になると突然使いすぎてしまうことがあるので、大金が動くときほどいつもの慎重さを忘れないようにしましょう。

健康運　早歩きやサイクリングで健康維持を

　冷え性になりやすく、子宮系や婦人科系の病気になりやすいので注意しましょう。風邪や体の調子が悪くなる原因の多くは「水を飲む量」だったりするので、毎日一定の水や白湯を飲んだほうがいいタイプ。運動も1日のサイクルのなかに入れてしまえば、自然と習慣にすることができるでしょう。サイクリングや少し早足で歩くのが健康維持には効果的。スポーツジム通いは無駄なお金を使うように感じて気が進まないでしょう。

LUCKY

color
ホワイト、ネイビー、グレー

food
乳製品、納豆ごはん、梅干し

spot
スパ、博物館、水族館

心にとめておきたい
運気UPアドバイス

お金以上に体験や経験が大切だと思う

裏運気　遊びに夢中になり買い物が大好きに

　裏運気では、買い物好きの情報収集好きになり、いろいろと調べたり見たりすることが好きになります。日ごろの反動でパーッと遊びすぎたり、不慣れなことに挑戦したりと、コンプレックスになっていた真面目な部分を裏運気では発散しようとすることもあるでしょう。やさしい面、真面目な面、現実的なところは変わらないので、自分が損することだけは避けるように行動します。無駄な買い物をしてはガッカリし反省する場面が増えるかも。

裏の時期　5月／6月　2013〜2014、2025〜2026、2037〜2038、2049〜2050年

金の鳳凰座

27 猪突猛進な ひとり好き

金の鳳凰座 ◆ 27

基本性格 ほめられると面倒見がよくなる行動派

　自分が正しいと思ったことを頑固に突き通す正義の味方。曲がったことが嫌いで、自分の決めたことを簡単には変えられない人ですが、面倒見がよく、パワフルで行動的です。ただし、言葉遣いが雑で、一言足りないケースが多いでしょう。おだてに極端に弱く、ほめられるとなんでもやってしまいがちで、後輩や部下がいるとパワーを発揮しますが、本音はひとりが一番好きなタイプ。自分だけの趣味に走ることも多いでしょう。

★ 持っている星
生まれながらにあなたが持っている性質

- ◆ 正義感がある星
- ◆ 頑固者の星
- ◆ おだてに弱い星
- ◆ 融通がきかない星
- ◆ 第一印象で決める星
- ◆ パワフルな星
- ◆ 行動が雑な星
- ◆ どんぶり勘定の星
- ◆ 押しに弱い星
- ◆ 足をケガする星
- ◆ 勘違いで突き進む星
- ◆ ストレートな言い方をする星
- ◆ 視野が狭い星
- ◆ 決めたことをしっかり守る星
- ◆ 最初のイメージだけで恋をする星

仕事運 天職だと強く思い込むとうまくいく

　自分で「これっ！」と決めた仕事は最後まで責任をもって取り組むことができます。若いころは空回りや正義感から苦労が多くなりそうですが、年齢とともに面倒見のよさやまっすぐに取り組む姿勢が評価される人。とくに後輩や部下ができてからのほうが能力を発揮します。思い込みが強いので、どんな仕事も「自分に向いている」と強く念じるといいでしょう。挫折をするとなかなか立ち直れないこともあるので、**過去に執着しないこと**。

押しに弱いが、自分の生き方を押しつける

　第一印象がよく、パワフルで周囲のリーダー的な存在の人を好きになるパターンが多いでしょう。一度好きになると思いはドンドン強くなり、積極的にもなりますが、相手が思い通りにならないと突然引いてしまうなど、**頑固なわりには諦めが早いでしょう**。また、押し切られると弱いので、「とりあえず付き合う」ではじまるケースが多く、交際がはじまってから後悔をすることも。自分の思いや生き方を押しつけるところがあるので、やりすぎないようにしましょう。

 恋愛は年上、結婚は年下がベスト

　面倒見のいいタイプなので、自然と結婚に向けて話が進みやすいです。ただし、「このタイプがいい」と決めつけが激しくなってしまうと、素敵な出会いを自ら逃してしまうので気をつけましょう。甘えん坊なので年上との恋愛はいいのですが、結婚となると年下との相性もいいので、自分が引っ張っていくパターンもあることを覚えておくとよさそうです。**過去の恋を引きずりすぎると婚期を逃すので、気持ちの切り替えが大切です。**

 ほめられてその気になってズルズルと

　基本は真面目なので浮気率は低いタイプですが、強引な人に弱いのと、ほめられるとつい気持ちがゆるんでしまいます。ほめ上手や異性の扱いがうまい人の口車に乗って関係をもってしまうこともありそう。不倫も、相手のことを好きになってしまうと既婚者でも関係なく飛び込んでしまうことがあり、**自分の行動は間違っていないと正当化する**ことも多いでしょう。縁が切れなくなりズルズルと長引くケースがあるので気をつけましょう。

 甘やかされて押し切られての繰り返しに

　過去の恋への執着が激しく、いつまでも引きずってしまうことがあります。強引に復縁を望んで逆に嫌われてしまったり、しつこいと思われたりすることもありそうです。別れた相手から復縁を望まれた場合も、押し切られて交際を続けてしまい、体だけの関係がズルズル続くケースも。あなたを甘やかしてくれる人に対して「甘えては別れる」という付き合いを繰り返すおそれがあるので、**相手選びと強引な展開には気をつけましょう。**

 積極的だが少々荒っぽさも

　交際をはじめてからSEXするまでが早く、交際前にSEXをすることも多いでしょう。相手からの誘いを待ちきれなくてあなたから積極的に押し倒すことや、進めようとすることもあるほど。やや荒っぽい感じや雑な部分があり、細かなテクニックよりも互いの肉体を求めるタイプです。女性の場合、自らが上にまたがる騎乗位が得意ですが、力任せになりすぎる場合も。**少しムードを考えたSEXをしたほうが相手も喜ぶで**しょう。

金運　恩が金運になって返ってくる

　会社の経営をするなど、人の上に立ってからのほうが金運は上がるタイプ。それまでは
お金を雑に使ってしまったり、どんぶり勘定になったりしがち。後輩や部下がいると
ついついご馳走することがありますが、その面倒見のよさが年齢を重ねてから返って
くるケースが多いので、人脈作りにお金を使ってみるといいでしょう。ただし、昔の
話を持ち出し、恩着せがましくなるとチャンスも金運も逃してしまうことがあるで
しょう。

健康運　太ったりケガしたりと下半身に注意

　パワフルで健康的な人ですが、行動が雑なため、足、膝、股関節、腰痛など下半身
のケガに要注意。人生に一度は大きな足のケガや捻挫、骨折をすることがありそうです。
また、麺類ばかり食べていると下半身太りにもなりやすいので、ほどほどにしたほう
がいいでしょう。のどもやや弱いので、扁桃腺を腫らしてしまうかも。日ごろからう
がいはマメにしておくといいでしょう。

LUCKY

color
グリーン、ホワイト、オレンジ

food
麺類、納豆、梅干し

Spot
歴史ある場所、博物館、水族館

心にとめておきたい
運気UPアドバイス

「正しい努力」なのか冷静に考えて
無駄な努力にならないようにする

裏運気　意地や見栄を張りながらもメンタルが弱くなる

　あなたの裏側は繊細で臆病な人です。そのため、些細なことを気にしすぎる
場面が増えるでしょう。行動する前にいろいろと調べたり、失敗のないように
慎重になったりしますが、負けず嫌いになり、意地や見栄を張りすぎてしまう
ことも多いでしょう。裏運気のときにはメンタルが弱まり、クヨクヨしてヘコ
んでしまう事態にも陥りがちなので、ほめてくれる人やおだててくれる人と一
緒にいるといいでしょう。

裏の時期　5月／6月　2013〜2014、2025〜2026、2037〜2038、2049〜2050年

# 28 冷静で常識を守る人

基本性格　気にしすぎてしまう繊細な口ベタ

　礼儀正しく上品で、常識をしっかり守れる人ですが、根が頑固で融通がきかなくなってしまうタイプ。繊細な心の持ち主ですが、些細なことを気にしすぎてしまったり、考えすぎてしまったりすることも。しゃべりは自分が思っているほど上手ではなく、手紙やメールのほうが思いが伝わることが多いでしょう。過去の出来事をいつまでも考えすぎてしまうところがあり、新しいことになかなか挑戦できない人です。

 ## 持っている星
生まれながらにあなたが持っている性質

◆頑固者の星
◆礼儀正しい星
◆上品な星
◆じっくり考える星
◆団体行動が苦手な星
◆寂しがり屋のひとり好きな星
◆勘違いの星
◆安心できる物を購入する星

◆親しき仲にも礼儀ありの星
◆しゃべりが下手な星
◆年長者を大切にする星
◆ルールやマナーを守る星
◆道徳心のある星
◆恋に臆病な星
◆衛生面にうるさい星

 ## 仕事運　ゆっくりと評価やポジションを獲得する

　几帳面に仕事ができるので、時間とともに信頼を得られますが、杓子定規で融通がきかないため、周囲から煙たがられてしまうこともあるでしょう。また、仕事や職場の空気になじむことに時間がかかってしまい、若いころは苦労する場面もありそう。年齢を重ねることでよいポジションを得ることもできるでしょう。品のある仕事や、ゆったりと仕事をするような職場を選ぶと力を発揮できそうです。

恋愛運　清潔感と常識を相手に求める

　恋人に求めることが多いタイプ。常識の範囲内で品のある人を求めますが、その基準が細かくなりすぎてしまうことがあります。とくに衛生面や礼儀やマナーに厳しくなってしまいがち。第一印象も大事で、初見で悪い印象が強いとその先好きになることは少ないでしょう。一方で押しに極端に弱いので、それほど好みではない人に何度も告白されたり、**押し切られたりすると、流れで交際をスタートする**ことも。ただし後悔も多いでしょう。

結婚　几帳面に考えすぎないほうがいい

　結婚への理想が高く、相手の仕事や家族関係など、細かなことを気にします。親への挨拶や順番なども気にするため、**時間がかかってしまい、入籍のチャンスを逃してしまうことも。**長く付き合った人と結婚をするケースが多いのですが、慎重になりすぎないこともときには必要だと思っておきましょう。結婚後は家庭をしっかり守れます。家庭の規則やルールをつくろうとしますが、それが原因で気まずくなる場合もあるのでほどほどに。

浮気&不倫　思いが募ると諦められなくて苦しむ

　常識をしっかり守るタイプなので浮気率はかなり低いでしょう。恋人がいるのに自ら浮気に走ることはありませんが、寂しい思いをしすぎたり、別れることが決まったりしたときには、**保険となる相手を探すために**浮気することもあるでしょう。不倫も、自らすすんですることは少ないですが、一目惚れから思いが募ってしまったときに、相手が結婚していても諦められずに関係をもってしまうことはありそう。ただし罪悪感で**苦しむハメになるでしょう。**

復縁　寂しいからと判断を間違えないで

　一度真剣に交際した人への思いは強く、なかなか忘れられません。何年も引きずってしまい、復縁を望むことも多いでしょう。相手から復縁を求められてしまうと、断れなくて簡単に交際を再開するケースも。ただし、別れた理由を冷静に考えて判断しないと、自ら幸せを逃すことになるので気をつけましょう。ひとり好きの寂しがり屋なので、寂しいからではじめたとりあえずの交際は面倒なことが起こりやすいと頭の隅においておきましょう。

SEX　エロの素質はあるがいろいろと神経質

　肌と肌の触れ合いが好きなタイプです。夜に強いのでSEX自体は好きなほうですが、恥ずかしがり屋で「暗くないとダメ」「自分がシャワーを浴びてから」などとベッドの上でも気にするポイントが多いでしょう。「散らかった部屋やラブホテルが嫌」と気にするため、不信感のある場所だと集中できないことも。一度でもSEXのよさを知ってしまうと、驚くほどエロくなってしまうこともあるので、**テクニックがある相手に会うと危険かも。**

郵便はがき

1 0 4 - 8 0 1 1

東京都中央区築地

5−3−2

株式会社

朝日新聞出版

書籍編集部

『ゲッターズ飯田の

「五星三心占い」新・決定版係』 行

ご住所 〒			
	電話　　　（　　　　）		
ふりがな お名前			
メールアドレス			
ご職業		年齢 歳	性別

このたびは本書をご購読いただきありがとうございます。
今後の企画の参考にさせていただきますので、ご記入のうえ、ご返送下さい。
お送りいただいた方の中から抽選で10名様に図書カードを差し上げます。
当選の発表は、発送をもってかえさせていただきます。(2022年3月31日締切)

愛読者カード

2018年に発売された旧版（『ゲッターズ飯田の「五星三心占い」決定版』）をお持ちか教えてください

持っている　　　　　持っていない

本書のお求め先

お買い求めになった動機は何ですか？（複数回答可）

1. 著者のファン　　　　2. デザインが気に入ったから
3. 内容が良さそうだから　4. 人にすすめられて
5. インターネットで知って
　　（サイト、SNS名　　　　　　　　　　　　　　　　）
6. 書店で知って
7. その他（　　　　　　　　　　　　　　　　　　　　）

表紙デザイン	1. 良い	2. ふつう	3. 良くない
表紙の色	1. 良い	2. ふつう	3. 良くない
中面デザイン	1. 良い	2. ふつう	3. 良くない
定　価	1. 安い	2. ふつう	3. 高い

最近関心を持っていること、お読みになりたい本は？

本書に対するご意見・ご感想をお聞かせください

ご感想を広告等、書籍のPRに使わせていただいてもよろしいですか？

1. 実名で可　　　2. 匿名で可　　　3. 不可

ご協力ありがとうございました。
尚、ご提供いただきました情報は、個人情報を含まない統計的な資料の作成に使用します。その他の利用について詳しくは、当社ホームページ
https://publications.asahi.com/company/privacy/をご覧下さい。

 上品さでお金持ちから金運を伝授される

　見栄での出費が多く、生活レベルに見合わないものを無理して購入したり、無計画に手に入れたりして、あとで苦労するタイプ。周囲につられて不要な出費をすることも多いので、お金がないときはハッキリと「いまはいいかな」と断れるようにするといいでしょう。品を活かしてお金持ちと仲よくなると、儲け方やお金の勉強ができて投資や資産運用で大儲けすることもできそうです。マネー講座に行ってみるといいでしょう。

好きな音楽を聴いてゆったり過ごすこと

　体力的な部分では丈夫なほうですが、肌が弱く、乾燥肌になったり湿疹が出たりすることが多いので、水分をしっかりとって、軽い運動をするといいでしょう。また、メンタルが弱く、ストレスを抱え込みやすいところもあるので、ひとりでゆっくりとした時間を過ごしたり、好きな音楽を聴いてゆったりと過ごすことも大事でしょう。子宮系も弱いので、冷たいものの飲みすぎや食べすぎもできるだけ避けたほうがいいでしょう。

LUCKY

color
ホワイト、ライトブルー、グレー

food
アボカド、納豆、梅干し

spot
リゾートホテル、コンサート、水族館

心にとめておきたい
運気UPアドバイス

「昔は昔、いまはいま」
と思って行動する

裏運気　行動力があって面倒見のいいリーダーに

　あなたの裏側は積極的でパワフル、おっちょこちょいで何事も先走ってしまうことが多い人です。面倒見とノリもよく、ときには無謀と思われるような行動に突っ走ってしまうこともあるでしょう。周囲をまとめることも上手で、裏運気ではリーダー的な存在になったり、出しゃばったことをしたくなる機会も増えるでしょう。一方で、上下関係に厳しくなりすぎてしまったり、先輩に甘えすぎたり、後輩に厳しくなりすぎたりするところも出るでしょう。

裏の時期　5月／6月　2013〜2014、2025〜2026、2037〜2038、2049〜2050年

29

頑固な
変わり者

**基本
性格** 理屈っぽくて言い訳の多いあまのじゃく

　自由とひとりが大好きな変わり者。根は頑固で自分の決めたルールや生き方を突き通しますが、素直ではない部分があり、わざと他人とは違う生き方や考え方をすることが多いでしょう。芸術や美術など不思議な才能をもち、じっくりと考えて理屈っぽくなってしまうことも。しゃべりは下手で一言足りないことも多く、団体行動が苦手で、つねに他人とは違う行動を取りたがります。言い訳ばかりになりやすいので気をつけましょう。

⭐ **持っている星**
生まれながらにあなたが持っている性質

◆ 変態の星
◆ 束縛は嫌いな星
◆ 孤独が好きな星
◆ 芸術家の星
◆ 忍耐強い星
◆ 自由に生きる星
◆ おもしろい発想ができる星
◆ お金に縁がない星

◆ 寝不足の星
◆ 独特な生き方をする星
◆ 言い訳が多い星
◆ 理由がないと動かない星
◆ 新しいことが好きな星
◆ 変な食べ物を選ぶ星
◆ 個性的な人を好きになる星

仕事運 ## 極める努力をすると能力を発揮できる

　専門的な能力を活かせる仕事が向いています。手に職をつけられる分野、職人、芸術や美術、アイデアやセンスを活かせる仕事が最適でしょう。飽きっぽい性格ですが、心が強いので粘り強く続けることで能力を発揮できることもあるでしょう。周囲が望まないポジションや変わった仕事に自ら飛び込むケースも多く、極める努力をすると楽しく仕事ができるようになるでしょう。転職癖がついてしまうとひとつの仕事が続かなくなる場合も。

恋愛運 ほどよい距離感を保てる個性派が好き

　束縛と支配を避け、あまのじゃくな性格のため、自ら交際のチャンスを逃しやすい人です。尊敬できて個性的な才能をもった人を好きになるケースが多く、周囲からは疑問をもたれてしまうことも。交際後もマメな連絡を強要したり束縛したりする相手とは長続きしないので、ほどよい距離感を保ってくれる人がいいでしょう。基本的に、周囲からの意見に耳を傾けませんが、何度か恋で失敗が続いたならアドバイスを受け入れることも大事です。

 結婚　自分優先か電撃婚か

　結婚願望は弱く、自由な生活を優先しすぎてしまい、適齢期を過ぎてもなかなか結婚を真剣に考えられません。結婚生活に縛られるイメージがあると、余計に前に進めなくなってしまうことがあるでしょう。その一方で、裏運気のときや、「交際0日婚」など周囲が驚くようなタイミングで結婚をすることも。やや離婚率も高いので、自分の世界を優先しすぎないで、家族に合わせることの楽しさを見つける努力をすると、いい結婚生活が送れるでしょう。

 浮気&不倫　好奇心に火がつくとついて行ってしまう

　他人に深入りすることを避けるので本来は浮気率は低いのですが、好奇心に火がついてしまったり、「天才！」と相手の才能に惚れてしまったりすると、恋人を見捨てて浮気に走ることもあるでしょう。不倫も火がついてしまうと突っ走る場合がありますが、執着されるととたんに冷めてしまいます。「不倫ってどんな感じ？」と遊びで経験することはありますが、泥沼の事態には発展しないでしょう。そもそも相手を見る目がないので気をつけましょう。

 復縁　追いかけるより執着されて逃げるほう

　過ぎ去ったことへの興味はなくなりますが、プライドが高いので、自尊心を守るために自分の元を去った恋人を追いかけることはありそう。ただし本音では興味はないので、その熱も簡単に冷めるでしょう。相手からの復縁にはまったく興味がありませんが、相手が才能を開花させたり、別れたときよりもおもしろい状態になっていたりすると、復縁を考えることはありそうです。執着されると逃げることのほうが多いでしょう。

 SEX　匂いと耳に弱い変態プレイヤー

　好奇心が旺盛なタイプのため、SEXに興味を示すといろいろなことを試したくなります。変態プレイに走ることや、ひとりの人では満足できなくなってしまうこともあるでしょう。同じ人と同じパターンになると1、2回で飽きてしまい、その後はパッタリとSEXなしでもOKになってしまう場合もあるでしょう。匂いフェチなのと耳を攻められるのに弱く、変な場所や変な匂いを嗅ぐ癖もあるでしょう。

金の鳳凰座 ◆ 29

金運　早めにお金の勉強と正確な情報収集力を

お金に執着がないので浪費しやすいでしょう。自分独自の価値観で出費するため、マニアックなものや不思議なことにお金を使いすぎてしまいがち。芸術や美術などのほか、イベントや体験への出費も多いでしょう。一度お金の勉強をしっかりすると、投資や資産運用を考えて副収入をきちんと稼ぐこともできるので、早めに学んでおくといいタイプでもあります。ただし、しっかりとしたデータと情報を集める必要があるでしょう。

健康運　集中力が高いがゆえに不調を引き起こす

目の疲れ、偏頭痛、肩こりに悩むことが多いでしょう。とくにドライアイや視力低下、緑内障や白内障などになる可能性が高く、マメに検査を受けることが大切です。食事のバランスが悪く栄養が偏りやすいため、しっかりとした食事を心がけましょう。好きなことに集中しすぎてしまうことも体調を崩す原因になるので、ときには休息をちゃんと取り、軽い運動をするようにしましょう。

LUCKY

color
ホワイト、ブラック、グレー

food
カレー、納豆、梅干し

spot
映画館、美術館、水族館

心にとめておきたい
運気UPアドバイス

否定的なことを言わないで何事も肯定する

裏運気　集中力と学習能力が光る大人になる

表は子どものような生き方をしますが、あなたの裏側は冷静で大人びたタイプです。裏運気では、落ち着いて物事を論理的に考えられるようになるでしょう。伝統や歴史、古いことに興味を示し、先生や年上の人と話をすることが好きになります。ただし、他人を小馬鹿にしたり、見下したりする癖が出るので、言葉遣いには注意が必要です。集中力と学習能力が高まるので、資格を取得したり勉強したりするには能力を発揮できる時期でしょう。

裏の時期　5月／6月　2013〜2014、2025〜2026、2037〜2038、2049〜2050年

理屈が
好きな職人

**基本
性格** 好きな世界にどっぷりハマる頑固な完璧主義者

理論と理屈が好きで、探求心と追求心があり、自分の決めたことを貫き通す完璧主義者で超頑固な人。交友関係が狭くひとりが一番好きなので、自分の趣味にどっぷりハマってしまうことも多いでしょう。芸術や美術、神社仏閣などの古いものに関心があり、好きなことを深く調べるので知識は豊富ですが、視野が狭くなってしまう場合も。他人を小馬鹿にしたり評論する癖はありますが、人をほめることで認められる人になるでしょう。

★ 持っている星
生まれながらにあなたが持っている性質

- ◆ 理論と理屈が好きな星
- ◆ 心は60歳の星
- ◆ 忍耐強い星
- ◆ プライドが高い星
- ◆ 心を簡単に開かない星
- ◆ 年配の人と仲よくなれる星
- ◆ 考えすぎる星
- ◆ 同じものを買う星

- ◆ 睡眠欲が強い星
- ◆ 伝統や文化が好きな星
- ◆ 言葉は少ないが表現は豊かな星
- ◆ 若い人と話が合わない星
- ◆ 古いことを大切にする星
- ◆ 他人に興味がない星
- ◆ アドバイスを聞き入れない星

仕事運 覚悟をもって下積みをすれば極められる

手に職をつけるために極める職人タイプ。芸術や美術、アイデアやデータを必要とする仕事に長けていますが、若いころはコツをつかむまでに時間がかかってしまう場面も多いでしょう。資格を取得し、特殊な仕事で活躍することもできるでしょう。師匠と呼べる人を見つけ、弟子入りや修業をしっかりすることで、のちに自分が先生になれて、伝えられる人にもなれるでしょう。どんな仕事でも極める覚悟があると結果を出せそうです。

♥ 恋愛運 尊敬し合える大人の恋をしたい

第一印象が大切で、頭がよく尊敬できる人を好きになります。**馬鹿や知的好奇心が少ない人には興味がない**でしょう。自分の知らない世界を極めている人で、自分の世界観を邪魔せずに、距離を上手にとってくれる人を求めるタイプです。年上や上司、先生などを好きになることも多いですが、プライドが高く、自ら告白することが苦手でチャンスを逃しやすいでしょう。押しに弱く、押し切られた恋は失敗が多く、しかも過去の恋を引きずりがちです。

 結婚　厳しくなりすぎはNG

結婚願望は低いのですが、結婚相手への理想が高いタイプ。自由な時間や自分の世界を邪魔されたくないので、束縛感がある結婚にはなかなか踏み込めないでしょう。**結婚相手への注文も増える傾向にあるので**、まずは現実をしっかり受け止めることが大切です。結婚後は、家庭をしっかり守りいい親になれますが、厳しくなりすぎてしまうこともあるので、家庭内のルールを緩めることが大事。身内を馬鹿にする言葉は発しないように。

 浮気＆不倫　つかず離れずの長い関係も

浮気率はかなり低めです。そもそも他人に興味が薄く、深入りが苦手なので、交際中にパートナー以外の人を求めることを面倒に感じてしまうでしょう。恋人があなたを相手にしない期間が多くても気にせず、逆に楽だと感じる場合もありそう。不倫は、尊敬の念をもっている相手からアプローチがあると関係を結んでしまうこともありますが、**ドライな関係を維持できるぶん、関係を長く保っ**てしまうおそれがあるでしょう。

 復縁　しかたなく面倒で続けてしまう

自ら恋に執着することは少ないですが、新たな恋をわずらわしく感じてしまったり、**別れたことにプライドが許せなかったり**すると、昔の恋にこだわってしまう場合があります。別れた後もなかなか忘れられず、相手の情報を集めて探そうとすることもあるでしょう。相手からの復縁は、拒むこともありますが、押し切られてまた交際を続けてしまうケースも多いでしょう。ズルズルと切れない関係を続けてしまうこともありそうです。

 SEX　色気よりも極めることに夢中

ＳＥＸに好奇心があるときは盛り上がりますが、同じ人との同じパターンには簡単に飽きてしまいます。夜には強く、長くできますが、**基本的には相手任せが多く**、簡単にセックスレスになってしまうケースも多いでしょう。「極めたい！」と火がついてしまうと、色気よりもいろいろと試すことに専念してしまう場合も。匂いフェチで耳、首筋に弱く、ときに変態プレイに走ってしまうこともあるでしょう。

金 の鳳凰座 ◆ 30

金運　投資や運用に活かせるデータが読める

　基本的にはお金に興味が薄く、お金か自分の好きな仕事かの選択になると「食べていけるなら好きな仕事」を選ぶタイプ。マニアックな物にお金を使うことも多い半面、妙なところでケチにもなるでしょう。お金の勉強をしっかりしてデータを取るようにできれば、投資や資産運用で成功する可能性があります。お金よりも数字にこだわってみて、理論をしっかり身につけるとお金持ちになる場合も。ゲーム感覚でしてみることも大事でしょう。

健康運　軽い運動と目の検査を習慣に

　食事のバランスが悪く、同じ物ばかり食べることが体調を崩す原因になってしまいます。目の疲れ、偏頭痛、肩こりに悩むことも多くなるので、軽い運動を忘れないように気をつけ、栄養バランスのいい食事をしっかりとることが大切です。目は、緑内障、白内障になることもあるので、検査をちゃんとしたほうがいいでしょう。座り仕事が多い場合は、姿勢を正してください。痔になるおそれもあるので気をつけましょう。

LUCKY

color
パープル、ホワイト、グレー

food
和食(うな重)、紅茶、納豆

spot
神社仏閣、書店、水族館

心にとめておきたい
運気UPアドバイス

すべての人をすごいと
思って尊敬して話す

裏運気　変わった世界に無邪気にハマる

　あなたの裏側は変わり者の自由人。表が大人びているぶん、裏は子どものように無邪気になりますが、屁理屈や言い訳も多くなってしまうでしょう。遊びが好きで誘惑に負けたり、好奇心が赴くままに行動したりすることも増えるでしょう。飽きっぽく継続できなくなり、突然、周囲が疑問に思うような世界や海外などにハマる場合もあるでしょう。不思議な人間関係をつくることもでき、特殊な人と仲よくなるチャンスに恵まれるかも。

裏の時期　5月／6月　2013〜2014、2025〜2026、2037〜2038、2049〜2050年

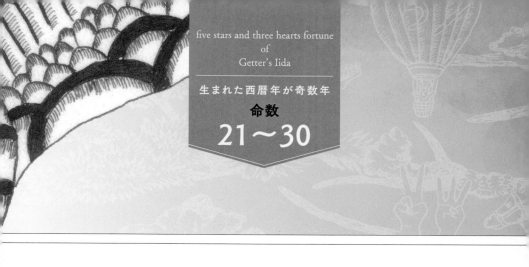

銀の
鳳凰座

Silver
Phoenix

21

覚悟のある
意地っ張り
な人

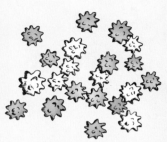

基本性格 ── 一度思うと考えを変えない自我のかたまり

　超負けず嫌いな頑固者。何事もじっくりゆっくり突き進む根性がある人。体力と忍耐力はありますが、そのぶん色気がなくなってしまい、融通がきかない生き方をすることが多いでしょう。何事も最初に決めつけてしまうため、交友関係に問題があってもなかなか縁が切れなくなったり、我慢強い性格が裏目に出てしまうことも。時代に合わないことを続けがちなので、最新の情報を集めたり、視野を広げる努力が大事でしょう。

★ 持っている星
生まれながらにあなたが持っている性質

- ◆ 頑張り屋の星
- ◆ 負けず嫌いの星
- ◆ 超頑固な星
- ◆ 自我が強い星
- ◆ 言葉で伝えることが苦手な星
- ◆ 根性がある星
- ◆ しゃべりが下手な星
- ◆ ギャンブルに注意な星
- ◆ 過去の恋を引きずる星
- ◆ 冬に強い星
- ◆ 心は少年の星
- ◆ 色気はない星
- ◆ 反骨精神の星
- ◆ 根にもつ星
- ◆ 身近な人に恋する星

仕事運 ── どんな環境でも根気強く耐え、努力する

　ほかの人がなかなか耐えられない苦しい状況や厳しい環境でも、結果を出すまで努力をし続ける頑張り屋。反発心もあるので若いころは生意気だと思われたり、テンポの遅さで苦労するシーンも多いのですが、ライバルに負けないように努めると力を発揮できるでしょう。ただし、不向きな仕事でも意地を張りすぎて続けてしまうケースがあります。人前に出ない仕事やサポートをするような仕事が向いているでしょう。

恋愛運 「また同じタイプ」と言われる相手に突き進む

　一度好きになると止まることを知りません。「あの人も自分のことが好き」と思い込んだらドンドン突っ走ってしまいます。身近でスポーツ好き、女性の場合は少年っぽくて男らしい感じの人に惚れることが多いでしょう。視野が狭く、同じようなタイプと何度も付き合ってしまうことがあるので、恋の相手を変えたい場合は、生活環境を思い切って変化させるくらいしないと簡単には変わらないでしょう。共通の趣味をもつ人がもっともいい相手でしょう。

結婚　自分が決めたら たとえ反対されても

　意地っ張りで頑固な性格ですが、根は守りが強いので、結婚願望はしっかりともっています。「この人と結婚する！」と決めたら周囲が止めようが突然結婚をすることも多いでしょう。ただし、恋愛のときの反省を活かせないまま結婚に踏み込むケースも。結婚後は、「自分のことは自分でしっかりやるように」などとしつけはじめたり、「家族はみんな同等の立場だ」などと言うようになり、ケンカや衝突も多いでしょう。

浮気&不倫　確かめずに飛び込み ズルズルと……

　一度好きになると思いは強いので、ほかの人との浮気率は低めです。ただし相手の浮気が発覚して、謝らずにまた繰り返すことがあると、あなたも仕返しで浮気に走ってしまうかも。不倫は、未婚だと思い込んで飛び込み、関係が進んでから「じつは結婚している」と知っても、もうその関係をやめられなくてズルズル続けてしまうことはありそう。負けず嫌いに火がついて何年も不倫関係を続けてしまうケースもあるので気をつけましょう。

復縁　別れと復縁を繰り返しがち

　一度好きになった人をいつまでも追い求めてしまいます。「あのとき好きって言ったのに！」と、昔の恋人の思い出を忘れられないことが多いでしょう。相手からの復縁を期待しても、「復縁してはまたケンカ別れ」を繰り返してしまうこともあるので、周囲の評判やアドバイスに耳を傾ける必要があるでしょう。互いに成長できるまでは簡単によりを戻さないほうが、自分たちのためにも幸せだと思うことが大事でしょう。

SEX　ワンパターンにサクサクッと

　体力がありますがテクニックはそれほどないので、ワンパターンで相手にはもの足りないと思われてしまうことが多いでしょう。ムード作りも考えずに、スポーツのように汗を流し、サクサクッと終えてしまうところもあるでしょう。ときには激しく求めますが、相手の満足度を考えないところが難点です。舐めることが苦手ながらも頑張りますが、ていねいな感じにはなかなかできないでしょう。

銀の鳳凰座 ◆ 21

金運 何事もハマりすぎるので、ギャンブルは危険

　不要なお金の使い方に一度ハマってしまうと、それをなかなか変えることができないタイプ。すでに浪費癖が身についてしまっている場合は、一度真剣にお金のことを考えたり、マネーの勉強をしたりする必要があります。ギャンブルにハマると抜けられなくなり大損をすることもあるので注意してください。しっかり勉強したり投資や資産運用を学んだほうがいいでしょう。周囲にいる詳しい人に教えてもらうと、うまくいく可能性があるでしょう。

健康運 胃腸が弱いのに辛い物を食べすぎる

　基礎体力があり、冬に強く丈夫な人。周囲が風邪を引いていてもケロッとしていて、深夜まで起きていても平気なことも多いでしょう。ただし暑い時期には弱いので、夏バテになりやすい傾向も。胃腸も弱く、ストレス発散の運動をマメにすることが大事です。辛い物の食べすぎにも注意が必要です。体力があるぶん、健康診断や日ごろのケアが雑になることも多いので、突然大きな病気にかかることなどないよう気をつけてください。

LUCKY

color
イエロー、ホワイト、ブラック

food
ヨーグルト、ささみ料理、わかめの味噌汁

spot
大きな公園、水族館、プラネタリウム

心にとめておきたい
運気UPアドバイス
素直に頭を下げ、
お願い上手になる

裏運気 突然環境を変えたくなって無謀な挑戦をする

　あなたの裏側は、刺激と変化が好きなタイプ。裏も表もともに負けず嫌いですが、突然仲間から離れたり、環境を変えたくなったりする瞬間があるでしょう。危ない世界に首を突っ込んでしまい、無謀と思えることに挑戦をすることもあるので気をつけましょう。旅行やライブに行きたくなり、これまで知らなかった世界を体験できるので、やる気になるきっかけやパワーを裏運気で獲得できるタイプでもあります。

裏の時期　6月／7月　2014〜2015、2026〜2027、2038〜2039、2050〜2051年

22

決めつけが激しい高校3年生

基本性格 人の話を聞かない野心家

　かなりじっくりゆっくり考えて進む、超頑固な人ですが、刺激や変化を好み、合理的に生きようとします。団体行動が苦手でひとりの時間が好き。旅行やライブに行く機会も自然に増えるタイプでしょう。向上心や野心はかなりありますが、ふだんはそんなそぶりを見せないように生きています。他人の話の前半しか聞かずに飛び込んでしまったり、周囲からのアドバイスはほぼ聞き入れないで、自分の信じた道を突き進むでしょう。

★ 持っている星
生まれながらにあなたが持っている性質

◆ 超頑固な星
◆ 単独行動が好きな星
◆ 大雑把な星
◆ 刺激好きな星
◆ 旅行・ライブ好きの星
◆ 秘めたパワーがある星
◆ 過信している星
◆ 物の価値がわかる星
◆ やんちゃな恋にハマる星
◆ 寒さに強い星
◆ 頑張っている姿は見せない星
◆ 演技がうまい星
◆ 心は18歳で止まっている星
◆ 一発逆転をねらっている星
◆ 不倫や三角関係になる星

仕事運 変な苦手意識や思い込みはNG

　合理的に物事を進められる頭脳をもっている人ですが、思い込みが強すぎて「この仕事は不向き、苦手」と感じると避けてしまうため、実力が身につかないことがあるでしょう。何事も、いい勘違いをして「この仕事は楽しい」と思って突き進んでみると、じつはなんでもできる才能をもっています。ただし、人間関係を築くのが苦手で、うわべだけの付き合いになってしまい、職場で浮いてしまうなど、打ち解けるのに時間がかかりそうです。

第一印象でほとんど決める

一度好きになると気持ちを抑えておくことができず、強引になってしまいます。周囲の制止を無視して自分の気持ちを突き通してしまうことが多く、好みのタイプを限定しすぎるので、苦手で好きになれないタイプと付き合うことはなかなかないでしょう。とくに第一印象がよかった人に恋することが多く、危険な人や変な人を好きになるケースも。ただし反省を活かさないので、似たような失敗を繰り返しがちです。

結婚　結婚後もなかなか生き方を変えられない

「この人と結婚する」と思い込んだら止まることがなかなかできません。そのため相手の気持ちや準備を考えないで突き進んでしまうケースが多く、タイミングが合わなくて、結婚に至らなくなってしまうこともあるでしょう。向上心がアダとなり「もっといい人が」と思い込んでいると、ドンドン素敵な人を逃してしまいます。結婚後も、自分の生き方を変えず、己の生活ルールを相手に押しつけすぎてしまう傾向があるので気をつけましょう。

浮気&不倫　思いの強さと刺激好きが突進系に

自分の思いを突き通すため、浮気率は高めです。好きな気持ちに火がついてしまうと、恋人のことを忘れて突き進んでしまい、行動に移さなくても浮気心をもち続けて「あわよくば」と思ってしまう人。不倫は、刺激を求めるなかで「一度くらいは」と思って飛び込んでしまったり、一夜限りの関係を楽しんでしまったりすることがあるでしょう。盛り上がりすぎると執着をして泥沼状態になる場合もあるので気をつけましょう。

復縁　復縁するなら成長すること

自ら別れを告げた相手には興味はもちませんが、フラれてしまったり、別れざるを得ない状況になったりした場合は、なかなか相手を忘れることや気持ちの切り替えができず、何年もズルズルと思い続けてしまうケースがあるでしょう。諦めきれないことが次の恋での失敗にもつながってしまいそう。復縁率はかなり高いのですが、復縁後も似たようなことで失敗する可能性が高いので、原因は自分にあると思って現実を受け止めて成長しましょう。

SEX　快楽に貪欲で過激に刺激を求めたい

自分の感情に素直なSEXをします。SEXがはじまると激しく求め合うので、相手が驚いてしまうケースがあるでしょう。少し野性的な感じでするタイプで、自分の快楽のためにいろいろなことをやりたがります。刺激を求めすぎて、道具を使ったり、驚くような場所でSEXをしたがったり……なんてことも。コスプレや設定をつけてみると思った以上に盛り上がれる人ですが、過激なプレイはほどほどにしておきましょう。

金運 欲張りすぎると大損するので注意

お金遣いは派手になってしまいやすく、浪費癖が身につくとなかなか貯めることができない人でしょう。旅行やライブなど刺激や体験への出費が多くなってしまい、「何に使ったんだろう?」と思い出せないこともありそう。一発逆転をねらった行動に走ってしまうこともあるでしょう。早い段階で投資や資産運用の勉強をしておくと、大金を手に入れられる可能性が高くなります。ただし、欲張りすぎて大損することもあるので引き際を見極めましょう。

健康運 効果がアヤしい独自の健康法を実施している

不健康そうな感じがしたり、健康に興味がなさそうな雰囲気を出していても、じつは自分独自の健康法を信じてやり続けているタイプ。周囲からすると「そんなことにこだわって」と思われてしまうことがよくあります。「お酒は飲むけど蒸留酒だけ」とか「ヨーグルトを食べれば大丈夫」と思い込んでいるなど、我流の健康法が習慣になっているでしょう。かなり丈夫なほうですが、胃腸が弱いので冷たいものの食べすぎには注意しましょう。

LUCKY

color
ブラック、ホワイト、シルバー

food
和菓子、味噌漬けステーキ、海藻サラダ

spot
ライブハウス、リゾートホテル、プラネタリウム

心にとめておきたい
運気UPアドバイス

いまある幸せを
見落とさないように

銀 の鳳凰座 ◆ 22

裏運気 人に勝ちたいと思いながらも仲間意識が強まる

あなたの裏側は、負けず嫌いの頑張り屋で意地っ張り。誰とでも仲よくなれて、対等に付き合うことができる人です。仲間意識も強くなるため、仲間以外とはぶつかることも多くなります。頑張りをアピールして、苦手な団体行動をはじめることもあるでしょう。ライバルや身近な人を意識しすぎることで振り回されてしまったり、逆に自分らしさを求めてしまったりすることも。突然スポーツに目覚めることもあるでしょう。

裏の時期　6月／7月　2014～2015、2026～2027、2038～2039、2050～2051年

23

頑固な気分屋

基本
性格 陽気で仲間思いだけど、いい加減な頑固者

明るく陽気ですが、ひとりの時間が大好きな人。サービス精神が豊富で楽しいことやおもしろいことが大好き。昔からの友人を大切にするタイプ。いい加減で適当なところがありますが、根は超頑固で、周囲からのアドバイスには簡単に耳を傾けず、自分の生き方を貫き通すことが多いでしょう。空腹になると機嫌が悪くなり態度に出やすいのと、余計な一言が多いのに肝心なことを伝えきれないところがあるでしょう。

銀の鳳凰座 ◆ 23

★ 持っている星
生まれながらにあなたが持っている性質

- ◆ 超頑固な星
- ◆ 欲望に弱い星
- ◆ 感情が顔に出やすい星
- ◆ ワガママな星
- ◆ 楽天家の星
- ◆ 空腹になると不機嫌になる星
- ◆ ノリで恋する星
- ◆ 油断すると太る星

- ◆ 人を楽しませるのが好きな星
- ◆ 根はいい加減な星
- ◆ 口が悪い星
- ◆ 笑顔の星
- ◆ 夜更かしで間食が増える星
- ◆ SEXが好きな星
- ◆ 適当な星

仕事運　習得に時間はかかっても、楽しんで取り組んで

一度決めた仕事を最後までやり通すタイプか、一度転職をするといつまでも定職が決まらずにフラフラしてしまうタイプかのどちらかに極端に分かれます。不向きだとわかっているのになんとなく続けてしまうところがあり、習得も遅いので多くの仕事で時間がかかってしまいそう。そのため愚痴や不満も増えますが、明るく楽しく仕事に取り組めれば、職場の盛り上げ役に徹することができ、自然とポジションを獲得するようになるでしょう。

恋愛運 顔には出るが言葉でうまく伝えられない

　一度好きになると思いが強くなるタイプ。明るく陽気で第一印象のいい人に恋をして、毎回同じような人を好きになることが多いでしょう。過去の恋を引きずりすぎたり、思いが強くなりすぎてしまったりする場合もあるでしょう。押し切られると弱く、なんとなく付き合ってしまうケースも多そうです。好きな人の前では、表情には出ますが、言葉がついてこないため、次の展開に進むには時間がかかってしまうこともあるでしょう。

結婚　付き合いが長引いたらデキ婚も

　陽気で適当な感じはありますが、結婚願望はあり、好きな人につくすため、プロポーズをされれば後先考えずに一気に結婚に踏み込むケースが多いでしょう。ただし根が頑固なため、一度モタモタするとそのまま長い付き合いになり、なかなか先に進まない場合もあるでしょう。そのせいもありますが、先に妊娠をしてからの結婚という可能性も非常に高い人です。結婚後はワガママも出ますが、明るい家庭を理想とするでしょう。

浮気&不倫　罪悪感が薄いので欲望に負けがち

　根がスケベで欲望が強いため、浮気率は高めです。お酒の勢いや楽しい場所でテンションが上がってしまったり、SEXがしたくてウズウズしたりすると、身近な場所やその日に出会った人とでも浮気をする可能性があります。不倫も、楽しければ問題がないと思い、軽はずみでスタートして、何年も関係をやめられなくなってしまうケースもありそう。罪悪感が薄いほうなので、逆の立場を考えて気持ちを抑えるようにしましょう。

復縁　気持ちを切り替えればいい恋ができる

　過去の思い出を気にしていないように見せますが、じつは復縁をねらうタイプ。気持ちがなかなか消えずに昔の恋人を思い続けてしまいます。一度体の関係をもってしまうとダラダラとセフレになってしまうケースも。執着をやめて新たなタイプや違った恋を楽しめるようになると、もっといい恋ができるようになるので、復縁ばかり考えないほうがいいでしょう。「いい恋だったな」と気持ちを切り替えることで素敵な人が現れるでしょう。

SEX　テクニックよりも本能でがっつく

　SEXは、もっとも好きな人と言えるほど大好きです。夜も強いので何度も求めてしまったり、欲望に素直になりすぎてしまったりすることも多いでしょう。自分から積極的になることもありますが、セックスレスになると、イライラと不安がドンドン募ってしまうことも。スケベなほうですが、テクニックよりも本能的になりすぎてしまうので、相手の反応を見ながら調節することが必要でしょう。

銀の鳳凰座 ◆ 23

金運　愛嬌や人懐っこさで援助が得られる

お金遣いは、やや荒くなりやすく、無計画に使ってしまうことが多いタイプでしょう。「欲しい！食べたい！」を抑えきれずに購入するものも多々あります。サービス精神も豊富なので、人にプレゼントする機会が重なって、お金に困ってしまうことがありそう。ただし、愛嬌や人懐っこいところがあればどん底に落ちる前に援助や臨時収入などがあり、ギリギリで助かったり、ラッキーな収入やご馳走してもらえたりすることがあるでしょう。

健康運　食べすぎに注意。ダンスやカラオケで発散を

基本的には体は丈夫なほうですが、太りやすく、油断すると丸々とした体型になってしまいます。鼻炎になりやすくのど周り、気管が弱いところもあるでしょう。夜に強いのはいいのですが、夜食を食べすぎてしまうことや、「空腹だと寝られない」と言ってはついつい食べてしまうこともあるので気をつけましょう。ストレス発散も兼ねてカラオケではしゃいだり、ダンス教室に行ったりすると、健康的な体を維持できるでしょう。

LUCKY

color
ピンク、ホワイト、シルバー

food
チョコレート、卵料理、わかめの味噌汁

spot
お祭り、水族館、プラネタリウム

心にとめておきたい
運気UPアドバイス

未来の自分が喜ぶと思えることを選択する

裏運気　学ぶ気持ちがわいて新機軸を打ち出せる

裏運気になると頭の回転が速くなり、何事も勘で決めることが多くなります。頑張り屋で、遊び心をしっかりともち、情にも少しもろくなってしまうところが出てくるでしょう。ふだんなら興味の薄い芸術系や創作に火がつき、学ぶ気持ちが強くなることも。判断の速さを活かせば、新たな一歩を踏み出しやすくなるので、計画を少し立ててみるとより能力を活かせます。恩着せがましくなるのと、短気を起こしやすい点には気をつけましょう。

裏の時期　6月／7月　2014〜2015、2026〜2027、2038〜2039、2050〜2051年

忍耐力と表現力がある人

基本
性格 意思を貫く感性豊かなアイデアマン

じっくり物事を考えているわりには直感を信じて決断するタイプ。超頑固で一度決めたことを貫き通す力が強く、周囲からのアドバイスを簡単には受け入れないでしょう。短気で毒舌なところもあり、おっとりとした感じに見えてもじつは攻撃的な人。過去の出来事に執着しやすく、恩着せがましい部分もあるでしょう。感性は豊かで、新たなアイデアを生み出したり、芸術的な才能を発揮したりすることもあるでしょう。

★ 持っている星
生まれながらにあなたが持っている性質

◆ 単独行動が好きな星
◆ 超頑固な星
◆ ハマると長い星
◆ 短気な星
◆ 愚痴が多い星
◆ 直感力が優れている星
◆ 過去を引きずる星
◆ 情にもろい星

◆ 一目惚れする星
◆ 手術する星
◆ 執着が激しい星
◆ 好き嫌いがハッキリしている星
◆ 好みのタイプが変わらない星
□ 口が悪い星
◆ 専門職に就くと輝く星

仕事運 愚痴の量が転職のバロメーター

専門知識を活かせる仕事に就けば能力を発揮できます。資格を取得するなどして、スキルアップをする努力を怠らないほうがいいでしょう。どんな仕事でも極めてみる覚悟が必要ですが、体力がなく疲れやすいところが難点になりそうなので、基礎体力はしっかりつけておきましょう。不向きな仕事が続くと愚痴と不満ばかりになり、ストレスがたまりうまくいかなくなるので、本当に得意だと思える仕事に転職するといいでしょう。

恋愛運 情熱的かと思いきや、急にひとりになりたがる

　一度好きになったタイプが変わることは少なく、第一印象がよく、スリムで頭の回転が速い人を好むパターンが多いでしょう。初恋や別れた恋をいつまでも引きずってしまうことがありますが、己の勘を信じて新しい人に飛び込む勇気も必要です。情熱的な恋をしますが、ひとりの時間も好きなので、執着するときと、まったく執着しないときの差が激しく、恋人に困惑されることもあるでしょう。口ゲンカには注意が必要です。

結婚 相手につくすが 口の悪さが災いする

　「この人と結婚する！」と思い込んだら、なかなか変えられないくらいに気持ちが強くなってしまいます。覚悟を決められる人なので、結婚後は相手につくし、家族のためにもいろいろとやりたがりますが、短気と口の悪さが災いする場面も多いでしょう。正しいとか、よかれと思ったことでも言葉を選び、不機嫌な気分を簡単に出さないようにしましょう。マイペースで距離を上手にとれる人と結婚できると幸せになれるでしょう。

浮気&不倫 初恋の人や同級生との 再会はアブナイ

　感情的なところは強く出ますが、簡単に浮気はしないタイプ。浮気率は低めですが、セックスレスになったり、ケンカが絶えない状況が続いていたりするときに、一目惚れした相手や昔の恋人に会うと危険です。不倫も基本的にはありませんが、第一印象がよかった相手や、学生時代の同級生や初恋の相手と関係をもってしまうことがありそうです。同窓会には気をつけたほうがいいかもしれません。

復縁 復縁にこだわると 見合う相手を逃すかも

　過去への執着が強く、別れた恋人のことを忘れられないため、いつまでも引きずってしまうでしょう。間違って一度会ってしまったり、体の関係をもってしまうと、ズルズルとセフレになってしまい、付き合ったり別れたりを繰り返してしまうおそれも。復縁ばかりを考えていると、新しい出会いや、あなたに見合っている相手を逃してしまうこともあるので、己の成長や現実をしっかり受け止める覚悟が必要でしょう。

SEX 欲望むき出しの情熱家

　基本的にはSEXが大好きで、情熱家でもあるので、ベッドの上では激しくなることが多く、相手にも注文が多くなってしまうでしょう。同じような手順やワンパターンが嫌いで、「こんなところで？」と思えるような場所やタイミングで、欲望を抑えられずにするようなSEXが大好きです。野性を感じられるくらいのほうがいいでしょう。一度夢中になると何もかも忘れてしまうときもあるでしょう。

銀
の鳳凰座
◆
24

284

勘はいいが浪費癖も。お金を貸したり保証人は△

金運

　直感的にお金を使ってしまうところがあるため、浪費が激しくなってしまったり、不要な買い物が多くなったりするでしょう。才能を活かすことで大金を手に入れられるので、専門家になってみようと努力をすることが大事。また、勘で投資をして大儲けする場合もありそうなので、資産運用や株、投資信託などの勉強をしてみる価値はあるでしょう。情にももろく、お金を貸したり保証人になることもありますが、トラブルに巻き込まれやすいので気をつけましょう。

愚痴や不満が病を呼び込む

健康運

　夜は強いですが、基礎体力がないため疲れやすく、気管やのど周りも弱いでしょう。愚痴や不満を口に出すと逆にストレスを抱えてしまったり、いい言葉を選ぶようにしないと、いつまでも病から抜け出せなくなってしまうおそれがあります。また、人生に一度は体にメスが入る可能性も高いので、定期的な検査はしっかりしておきましょう。スクワットやウォーキング、腹筋などをマメに行うといいでしょう。

LUCKY

color
ブラック、イエロー、シルバー

food
フルーツ、わかめの味噌汁、海藻サラダ

spot
神社仏閣、映画館、プラネタリウム

心にとめておきたい
運気UPアドバイス

過去のすべてを
よい経験だったと思う

人を喜ばせると運気がアップする

裏運気

　裏は負けず嫌いの頑張り屋。陽気で適当な性格でノリと勢いを大事にするでしょう。自分も周囲も楽しませるために生きる人ですが、ワガママになりすぎてしまい、無計画な行動に走ってしまうことも増えるでしょう。欲望的になってしまうこともあるので気をつけましょう。ただし、不思議と運に助けられる瞬間が多く、他人を喜ばせようとすると運をさらに引き寄せることができるでしょう。裏運気になると太りやすいので気をつけてください。

裏の時期　6月／7月　2014～2015、2026～2027、2038～2039、2050～2051年

25

忍耐力が
ある
商売人

基本性格　お調子者に見えて根は頑固者

　フットワークが軽く、情報収集も得意で段取りも上手にできる人ですが、頑固で何事もゆっくり時間をかけて進めるタイプ。表面的には軽い感じに見えても、芯がしっかりしています。頑固なため、視野が狭く情報が偏っている場合も多いでしょう。お調子者ですが、本音はひとりの時間が好き。多趣味で買い物好きになりやすいので、部屋には使わないものや昔の趣味の道具が集まってしまうことがあるでしょう。

☆ 持っている星
生まれながらにあなたが持っている性質

- ◆超頑固な星
- ◆よく遊ぶ星
- ◆単独行動が好きな星
- ◆損得勘定で判断する星
- ◆我慢強い星
- ◆情報収集が得意な星
- ◆夜はお調子者の星
- ◆お金の出入りが激しい星

- ◆お得な恋が好きな星
- ◆疲れをためやすい星
- ◆昔の趣味の物がたまってしまう星
- ◆おしゃれな人を好きになる星
- ◆お酒に注意の星
- ◆深夜に強い星
- ◆お得なアドバイスだけ聞く星

仕事運　情熱に火がつくとすごい結果も

　フットワークの軽さと忍耐強さがあるため、商業的な仕事に最適です。お金のことをしっかり考えられるので、金融関係、証券、流通に関わる仕事も向いています。夜に強いので仕事関係での飲み会や付き合いから大きな仕事をゲットすることも多いでしょう。どんな仕事も時間はかかってしまいますが、「この仕事が好き」と情熱に火がつくと驚くような結果を出すこともあるので、楽しく仕事に取り組んでみるといいでしょう。

恋愛運 隙のある服装と愛嬌ですぐモテる

　第一印象がよく、おしゃれで都会的な人を好きになるパターンが多いため、競争率が高い人をねらってしまうことになるでしょう。恋心に火がつくと気持ちがドンドン強くなってしまい、ほかの人を見られなくなってしまうことも。「この恋はダメなのに」と自分でわかっていても突っ走ってしまいます。押しには弱いので、流行のファッションを意識したり、隙があるような服装や愛嬌を身につけると、簡単にモテるようになるでしょう。

 ### 結婚　数値目標をもてば運気アップ

　結婚願望はしっかりあるので、「何歳までに結婚をする」とハッキリとした目標を決めると動きはじめますが、目標を決めないままでいるとダラダラといつまでも独身生活を楽しんでしまいます。どんな人が結婚できているかを観察しておくことは大事でしょう。結婚後は、相手のためにつくすよりも、自分のルールや決まりを家族に押しつけてしまうことが多いでしょう。家族ができてもひとりの時間を大切にしようとします。

 ### 浮気&不倫　リードがうまい年上に注意

　お酒が入ってしまうと浮気率は急激に上がってしまいます。とくに昔の恋人と会ってしまうと流れで浮気をしたり、体の相性がいいと感じてしまうとズルズルと関係を続けたりしそう。不倫は、おしゃれな上司やお金がある先輩など、上手にリードしてくれる人が現れるとハマってしまうことがあるでしょう。ただし、遊び心で関係を続けてしまうと、時間を無駄にしたことにあとで気がつき、後悔するハメになるでしょう。

 ### 復縁　体の相性がいいと続けてしまう

　別れたあとも未練たらたらで追いかけてしまい、なかなか気持ちの切り替えができずにズルズルした関係を続けてしまうことがあるでしょう。また、SEXのテクニックにハマっているだけで、愛のない関係を続けてしまうケースもあるので気をつけましょう。相手からの強引な誘いにも、お酒が入ると簡単にOKしてしまうときがあります。ただし、別れたあと貧乏くさくなった相手には一切興味がもてなくなるでしょう。

 ### SEX　相手を満たすテクニシャン

　肌と肌の触れ合いが大好きなので自然とSEXも好きで、夜も強いため長時間のSEXができるタイプ。テクニックもあり、相手を満足させることに長けていますが、自分ばかりが頑張っていると思うとガッカリします。イクまでに時間がかかってしまうときが多く、抱かれながらほかの相手や昔の恋人を思い浮かべてしまう瞬間も多々あるでしょう。SEXのうまさから昔の恋人が戻ってくるケースもあるでしょう。

銀の鳳凰座 ◆ 25

金運　投資の才能あり。お金関係の勘も働く

　投資や資産運用などで収入を得られるタイプなので、若いうちに基本的な仕組みを学んでおくといいでしょう。一発逆転をねらうよりも手堅いところをねらうか、自分が儲かると思った勘を信じてみるといいかも。買い物をすると気持ちが晴れるため、出費が多くなりすぎて不要な物が集まってしまうでしょう。同じような服や物を買いすぎてしまうこともありそうです。使わなくなった物はネットなどでドンドン売ってしまいましょう。

健康運　お酒と冷えで体を壊しやすい

　基礎体力があり、タフで夜も強いほうですが、過労や遊びすぎには要注意。とくにお酒の飲みすぎで体調を崩しやすく、人生に一度はお酒での大失敗があるでしょう。冷えにも弱いので膀胱炎や冷え性にも気をつけましょう。お酒で腎臓や肝臓を痛めてしまうおそれもあるため、定期的な検査は必要でしょう。間違った健康法をいつまでも続けてしまい、結果的にそれが原因になる場合もあるので、周囲の意見を聞くことも大事です。

LUCKY

color
ブルー、ホワイト、ブラック

food
ソイラテ、豆の煮物、海藻サラダ

spot
温泉、プラネタリウム、海

心にとめておきたい
運気UPアドバイス

最新の情報を
しっかり集める

裏運気　自己主張できなくなり、つくしてしまう

　裏は非常に真面目な頑張り屋。やや臆病で自分に自信がなく、謙虚で遠慮しやすい心をもっているでしょう。現実的に物事を考えられるのはいいことですが、目先のお金のことや損得勘定でなんでも考えてしまうシーンが増えてきます。裏のほうがやさしくなり、他人に合わせられるようになりますが、自己主張ができなくなってしまい、我慢しすぎてしまうことがあるでしょう。裏運気での恋はつくしすぎて失敗しやすいので気をつけてください。

裏の時期　6月／7月　2014〜2015、2026〜2027、2038〜2039、2050〜2051年

忍耐力が ある 現実的な人

基本 性格 じっと耐える口ベタなカタブツ

　超がつくほど真面目で頑固。他人のために生きられるやさしい性格で、周囲からのお願いを断れずに受け身で生きる人ですが、「自分はこう」と決めた生き方を簡単に変えられないところがあり、昔のやり方や考えを変えることがとても苦手でしょう。臆病で寂しがり屋ですが、ひとりが大好きで音楽を聴いて家でのんびりする時間が欲しい人。気持ちを伝えることが非常に下手で、つねに一言足りないので会話も聞き役になることが多いでしょう。

☆ 持っている星
生まれながらにあなたが持っている性質

◆ 真面目な星
◆ 忍耐強い星
◆ 何事もゆっくりの星
◆ ハマると長い星
◆ 言葉で伝えるのが苦手な星
◆ 粘り強い星
◆ 言いたいことを我慢する星
◆ ポイントをためる星

◆ 初恋を引きずる星
◆ 音楽を聴かないとダメな星
◆ 小銭が好きな星
◆ 節約を楽しめる星
◆ 我慢強い星
◆ 伝えベタな星
◆ 自信がなかなかもてない星

仕事運 真面目さでじっくり信頼を勝ち取る

　どんな仕事にも真面目に取り組めますが、自己主張を求められる仕事は不向き。じっくりゆっくり仕事に取り組む姿勢から、自然と信頼や信用を得られるようになりますが、臨機応変な対応が苦手なほうです。地道な仕事が好きで淡々と仕事をすることも多いでしょう。事務や管理、お金に関わる仕事が適職です。派手な仕事よりも手堅い仕事のほうがよく、コンプレックスから真逆のような仕事をすると苦しくなりそう。

恋愛運 自信がなくて受け身で待ち続ける

恋は重くゆっくり進める人。一度好きになると思いはドンドン強くなりますが、勇気がなく告白できないまま、ずーっとようすを見ては相手からの出方を待ってしまうでしょう。いざ相手から誘われても「自分なんて……」と引いてしまい、チャンスを逃すことも。押しに極端に弱いので、強く言い寄ってくる人を断れなくてなんとなく交際をスタートさせてしまい、別れたくても別れられずにズルズルと続くケースもあるでしょう。

 結婚 家族のためなら耐えられる

結婚願望が強く、付き合った人ほぼ全員と結婚を考えます。交際がはじまる前から結婚を考えてしまう場合もあるでしょう。恋人につくすのが好きで、結婚後もしっかり家族を守るように生きますが、節約をしすぎてしまうところがありそう。派手さやおもしろさは少なめですが、安定度は抜群にあり、忍耐強く我慢強く家族のために生きるでしょう。ただし、つくしすぎが原因で、**相手が調子に乗りすぎてしまうケースがあり**そうです。

 浮気&不倫 「離婚するから」の言葉には要注意

自ら浮気をする確率は非常に低いのですが、押し切られると弱いので、お酒の席で間違えて関係をもってしまうなど、**強引な人との事故的な関係**がありそう。ただし警戒心も強いので、多くは避けられるでしょう。不倫も自ら進めることはありませんが、信頼できる相手や心を許してしまった人、片思いの相手から誘われて関係を進めてしまうことがありそう。「離婚するから」の嘘にだまされて人生を棒に振るおそれもあるので気をつけて。

 復縁 ちゃんと終わらせると素敵な人が現れる

別れた恋をいつまでも追いかけて、思いが消えずに後悔を繰り返して、いつまでも復縁を望んでしまうでしょう。「何年前の話?」と周囲が驚いてしまうこともあるほどです。ひどい別れ方をしても昔の恋人が謝って復縁を望んでくるとあっさりOKすることも多いので、**自分の幸せをもっと真剣に考えたほうがいい**でしょう。ひとつの恋をしっかり終わらせて執着しないように己を成長させられると、素敵な人が現れるでしょう。

 SEX ドM精神を発揮して相手を喜ばす

SEXは好きですが、恥ずかしがり屋なので自分からは素直に求められずに、相手から誘われるのを待ちすぎてしまいがち。激しく動いたり声を出したりすることができないので、相手の満足度は低くなってしまいますが、ドM精神があり、舐めることは得意で相手を喜ばせようと一生懸命になるでしょう。恥ずかしくて自分を抑えてしまいますが、**一度快楽を覚えてしまうと驚くほど淫らになる**でしょう。

銀の鳳凰座 ◆ 26

金運 — コスパを重視しすぎて不要な物まで買う

お金には非常にシビアで、とくに小銭にうるさく、しっかりしている人です。安い買い物が好きで、少しでも安く売っている物を見つけると生きている喜びを感じるタイプ。コスパを考えすぎて、好きなことや欲しい物が見えなくなってしまうことも。「もったいない」という気持ちから不要な物も集まりやすいので、使わない物はネットで売ってしまうといいでしょう。不動産や資産運用で成功しやすいので早めに勉強しておきましょう。

健康運 — 冷えに弱く、お腹周りに肉がつく

冷えにもっとも弱いので、冷たいものの飲みすぎや食べすぎには注意が必要です。白湯を飲むか、常温の水を適量飲むようにすると肌の調子もよくなるでしょう。女性は、子宮系が弱いでしょう。夜は強いのですが、そのぶん朝が弱くなってしまいがち。代謝も悪くなりやすく、とくにお腹周りは肉がつきやすいので、腹筋など軽い運動をするようにしましょう。ストレス発散には好きな音楽を聴くのがオススメです。

LUCKY

color
ホワイト、ネイビー、シルバー

food
乳製品、おにぎり、わかめの味噌汁

spot
温泉、水族館、プラネタリウム

心にとめておきたい
運気UPアドバイス

計画を立てて
ゆっくりじっくり進める

裏運気 — ミーハーになり、交友関係が賑やかになる

裏はお調子者で、何事も損得勘定で判断するタイプ。情報収集や流行りの物が好きになり、ミーハーなところも出てくるでしょう。買い物が好きで、欲しい物があるとパーッと買ってしまうことも。表とは違って交友関係をつくることもうまくなり、趣味の話が合う友人をつくれるでしょう。ただし、その場に合わせた話をしすぎてしまうことも多くなります。裏運気では、お酒の席での大失敗やトラブルに巻き込まれやすいので気をつけましょう。

裏の時期　6月／7月　2014〜2015、2026〜2027、2038〜2039、2050〜2051年

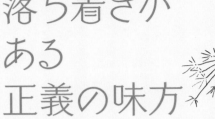

27 落ち着きがある正義の味方

銀の鳳凰座

基本性格　ほめられると弱い正義感のかたまり

　頑固でまっすぐな心の持ち主で、こうと決めたら猪突猛進するタイプ。正義感があり、正しいと思い込んだら簡単に曲げられませんが、強い偏見をもってしまうこともあり、世界が狭くなることが多いでしょう。つねに視野を広げるようにして、いろいろな考え方を学んでおくといいでしょう。また、おだてに極端に弱く、ほめられたらなんでもやってしまうところがあり、しゃべりも行動も雑なところがあるでしょう。

 ## 持っている星
生まれながらにあなたが持っている性質

- ◆超頑固な星
- ◆決めつけが激しい星
- ◆ストレートな星
- ◆本当は甘えん坊な星
- ◆行動力・実行力がある星
- ◆行動すると止まらない星
- ◆押しに弱い星
- ◆ほめられたら買ってしまう星
- ◆打撲が多い星
- ◆正しいと思うことを押しつける星
- ◆正義の味方の星
- ◆何事も雑な星
- ◆社長の星
- ◆恋愛の駆け引きができない星
- ◆麺類が好きな星

仕事運　思いがあれば困難を乗り越えられる

　じっくりと物事を考えながらも実行力があり、粘り強さもあるため、仕事では時間をかけて結果を出していきます。不向きな仕事に就いても、思いがあれば、越えられないと感じた壁を超越できるでしょう。周囲に上手におだててくれる人がいると若いころから芽を出すことができそう。頑固者ですが、周りからのアドバイスに耳を傾け、後輩や部下ができて責任を背負うことで、能力を発揮できるようになるでしょう。

♥ 恋愛運 不器用で、同じような人を好きになる

　一度好きになってしまうとその思いを止めることがなかなかできず、過去の恋を極端に引きずってしまいます。同じようなタイプを好きになり同じような失敗を繰り返すパターンも多いでしょう。押しは強いですが、段取りや計算、テクニックに欠けてしまいます。押しだけが強いこの不器用さでは、いつまでもうまくはいかないでしょう。おだてに弱く、ほめられて押し切られてとりあえず交際をはじめてしまう場合があり、交際後は甘えん坊が出るでしょう。

 自分のリズムでいたいが勢いで結婚も

　自分中心の生活をしながらもリードしてくれて甘えられる人を求めます。結婚願望が強いわけではないのですが「この人と結婚する！」という思いが強くなると、勢いで結婚することがあります。その相手の結婚願望が薄いと婚期をドンドン逃してしまうこともあるでしょう。結婚後は自分の正しさを押しつけるため、最初はよくてもだんだんイヤがられるおそれもあるので、相手に合わせてみたり、融通をきかせてみたりする心がけが大事でしょう。

 押し切られるとつい……

　正義感があるため、浮気や不倫の確率は低いのですが、問題はおだてに弱く情にほだされやすいところです。一目惚れした相手や初恋の相手、昔の恋人から強引に押し切られてしまうと関係をもってしまうことがあるでしょう。とくに恋人と不仲やセックスレスになっているときにやさしくされてしまうと、勢いで関係をもってしまうかもしれません。また、頑固な性格がアダになり、ズルズルと縁が切れない関係が続いてしまうことがあるでしょう。

 じっくり考えないと都合のいい人間に

　終わった恋をいつまでも引きずります。復縁のことばかり考えて、新たな恋に進めなくなってしまうパターンが多いでしょう。別れた恋人に気持ちを伝えるのも大事ですが、何がダメだったのか、どこが問題だったのかを改めないといつまでも同じ失敗を繰り返すでしょう。相手から復縁を望まれるとあっさりOKしますが、その性格を見抜かれて都合のいい相手になってしまい、セフレ扱いで終わってしまうケースもありそうです。

 パワーで押し切り色気がなくなりやすい

　交際する前からSEXするケースも多く、「交際＝SEXする」と思っているフシもあるでしょう。ただし、恋もSEXも雑なところがあり、パワーで押し切る強引な感じになってしまいがち。色気のないSEXになりやすいので、ムード作りやテクニックを学ぶ心が必要です。上手に甘えたり、相手の反応を見ながらいろいろなことを試したりしてみるといいでしょう。騎乗位が得意ですが、力任せにならないように。

金運 責任を背負うと金運も上がる

責任を背負って経営者になると大金持ちになれます。後輩や部下ができてからのほうが本格的に金運がよくなります。人にご馳走しすぎたり、ひとりの趣味に出費が多くなりすぎてしまったりすることがあるでしょう。「欲しい」と思ったら値段を問わず、何がなんでも手に入れようと頑張りすぎてしまうので、お金を動かすときには冷静になるように。人間関係で間違いが多く、だまされてしまう場合もあるので、お金が関わる人間関係には注意しましょう。

健康運 夜に強いが足元の不注意が多い

基礎体力がありパワフルで健康的な人ですが、行動が雑でおっちょこちょいなので、足に問題が出そうです。足首、膝、腰を痛めてしまう出来事が多いでしょう。些細な段差で転んだり、骨折、靭帯を痛める、半月板損傷、アキレス腱を痛めたりしそう。また、下半身が太りやすいタイプでもあります。夜に強いのはいいのですが、お酒や夜更かしが続いてしまうケースもあるので気をつけてください。

LUCKY

color
グリーン、ホワイト、ブラック

food
麺類、バナナ、わかめの味噌汁

spot
動物園、博物館、プラネタリウム

心にとめておきたい
運気UPアドバイス

自分だけが正しいと思わない

裏運気 人恋しくなるので、パーッと楽しんでリフレッシュを

裏はメンタルが弱く、寂しがり屋で周りに人がいないとダメなタイプです。品はありますが、見栄っ張りで本当のことをなかなか言えないところもあるでしょう。遊び心はありますが、下品な物事をイヤがり見栄での出費が多くなってしまうところも。裏運気ではとくに、リフレッシュやストレス発散なども必要。好きな音楽をゆっくり聴く時間をつくったり、パーッと遊んでみたりすることも大事です。常識やルールに縛られすぎないようにしましょう。

裏の時期　6月／7月　2014〜2015、2026〜2027、2038〜2039、2050〜2051年

ゆっくり
じっくりで
品のある人

基本
性格 気持ちが曲げられない小心者

　上品で常識やルールをしっかり守る人ですが、根が超頑固で曲がったことができない人です。ひとりが好きで単独行動が多くなりますが、寂しがり屋で人のなかに入りたがるところがあるでしょう。自分の決めたことを曲げない気持ちが強いのに、臆病で考えすぎてしまったり、後悔したりすることも多いタイプ。思ったことを伝えるのが苦手で、一言足りないことが多いでしょう。ただし、誠実さがあるので時間をかけて信頼を得るでしょう。

☆ 持っている星
生まれながらにあなたが持っている性質

◆礼儀正しい星
◆清潔感がある星
◆見栄っ張りな星
◆ハマると長い星
◆臆病な星
◆じっくりゆっくりの星
◆人前が苦手な星
◆割り勘が好きな星

◆恋に不器用な星
◆口臭を気にする星
◆寂しがり屋のひとり好きな星
◆反省しすぎる星
◆嫌いな人のことは一生嫌いな星
◆最後までキッチリする星
◆自分のルールは絶対に守る星

拙速よりも、ていねいにじっくり派

　ていねいに仕事ができ、言われたことはキッチリとでき、上下関係もしっかりとできるので公務員や品格、上品さが必要な仕事で活躍できるでしょう。荒くてもいいからとスピードを求められる職場は向いていません。思い込みが激しく、不向きな仕事に飛び込んでしまい苦労から抜けられなくなることもあるので、周囲から「この仕事は向いていないのでは？」と何度か言われたなら転職を考えたほうがいいかも。資格を活かせる仕事もいいでしょう。

恋愛運　妥協できずに高い理想を追いかけがち

一度好きになってしまった相手を簡単には変えることができません。上品で清潔感があり、挨拶やお礼がしっかりできて、目上の人を大事にできる人を好むでしょう。また、初恋を忘れられなかったり、手が届かない人や己に見合わない人をいつまでも追いかけてしまったりする傾向もあります。押しとおだてには弱いので、強引な相手と交際をして後悔することもあり、「好きな人に好かれない」と嘆くことも多いでしょう。

結婚　細かいことを気にするチェック魔に

結婚相手に対する理想は高くないのですが、ほかの人よりも細かくチェックしてしまい、恋愛のとき以上に相手の家庭環境や仕事、しぐさや癖を気にしてしまうでしょう。ほどほどの人との結婚を避けているうちに、チャンスを逃して後悔することも。結婚後はしっかりと家庭を守ることができますが、家族に対し規則や時間などのルールを無理強いしてしまうところがあるので、融通をきかせられる家庭を目指すことが大事でしょう。

浮気＆不倫　確率は低いが裏運気のときは注意を

浮気や不倫にもっとも縁遠いタイプです。用心深いため簡単に浮気はしないでしょう。浮気をするとしたら本気になったときだけで、別れ話や失恋のタイミングに行動を起こす場合はありますが、その確率も低いでしょう。不倫は、「離婚が決まっている」という相手の言葉にだまされて、強引に進められてしまったときに可能性はありますが、こちらも確率はかなり低め。ただし、裏運気の時期だけ注意が必要です。

復縁　別れた人を思いすぎると出会いを逃す

一度付き合った人や体の関係をもってしまった人のことをいつまでも思い続けてしまいます。別れたあとも相手を追い求めすぎてしまい、新しい素敵な出会いを逃してしまうことも多いでしょう。ひどい別れ方をした相手からの復縁も簡単にOKしてしまいますが、同じような失敗を繰り返すおそれがあるので、周囲からの忠告を聞くことと、自分の幸せを真剣に考えることと、いろいろなタイプに視野を広げるようにすることが大事でしょう。

SEX　上手な相手と経験すると積極的に

そもそも恥ずかしがり屋なため、ベッドの上でも恥ずかしがってしまい、「明るいとダメ」「シャワーを浴びないとダメ」などと些細なことを気にして集中できなくなってしまいます。「品のないラブホテルや散らかった部屋では絶対に嫌」などと言って、気持ちが盛り下がることもあるでしょう。激しい感じや声を素直に出せないときも多いのですが、一度SEXが上手な相手を経験すると、驚くほど積極的になってしまうケースもあるでしょう。

銀の鳳凰座 ◆ 28

296

金運　投資や運用の才はあるが、二の足も

　地道ながら安定した金運の持ち主です。しっかりお金のことを考えられますが、見栄での出費が多くなってしまうところや、一度「欲しい」と思うとなかなか諦めることができなくて、時間をかけてでも手に入れようとするところもあるでしょう。投資や資産運用の才能がありますが、臆病で一歩踏み込めないところがあります。基本的なことを早いうちに学んで、博打的な投資にならないように少しずつチャレンジしてみるといいでしょう。

健康運　音楽、入浴でゆったりとした時間をつくる

　何事もキッチリとする性格なので、体力的な無理はできるだけ避けて健康を維持しようとします。肌が弱いのでしっかりとスキンケアをして、入浴剤を入れたお風呂や温泉でゆっくりすることが大事でしょう。クラシックやゆったりとした音楽を聴きながら贅沢な時間を満喫すると、ストレスを発散できるでしょう。アロマオイルを使ったマッサージやエステに行くこともときには必要です。血行をよくする運動もいいでしょう。

LUCKY

color
ホワイト、シルバー、ブラック

food
柑橘類、アボカド、わかめの味噌汁

spot
リゾートホテル、コンサート、プラネタリウム

心にとめておきたい
運気UPアドバイス

自分が初対面なら相手も初対面だと思って行動する

裏運気　負けず嫌いと正義感が強い行動派に

　積極的に行動できて、気になる場所にすすんで飛び込めるようになり、正義感も強くなります。おだてに極端に弱くなり、後輩や年下の面倒見もよくなるでしょう。負けず嫌いが強くなり、簡単に引けなくなってしまい、押し切ろうとする瞬間も増えるでしょう。行動力を活かして世界を広げることができますが、警戒心が薄れて危険な場所に飛び込んでしまうこともあるので注意は必要です。転びやすくなるので足元には気をつけましょう。

裏の時期　6月／7月　2014〜2015、2026〜2027、2038〜2039、2050〜2051年

29

覚悟のある
自由人

基本性格　発想力豊かで不思議な才能をもつ変人

　独特な世界観をもち他人とは違った生き方をする頑固者。自由とひとりが好きで他人を寄せつけない生き方をし、独自路線を突っ走る人。不思議な才能や特殊な知識をもち、言葉数は少ないですが、理論と理屈を語るでしょう。周囲から「変わってる」と言われることも多く、発想力が豊かで、理解されると非常におもしろい人だと思われますが、基本的に他人に興味がなく、尊敬できないと本音で話さないのでそのチャンスも少ないでしょう。

★ 持っている星
生まれながらにあなたが持っている性質

- ◆ 自由人の星
- ◆ 屁理屈の星
- ◆ 誰の言うことも聞かない星
- ◆ 変態の星
- ◆ 超頑固の星
- ◆ 人と違う生き方をする星
- ◆ 独特なファッションセンスの星
- ◆ 睡眠欲が強いが夜更かしをする星
- ◆ お金に執着しない星
- ◆ 不思議な人を好きになる星
- ◆ 独自の世界で生きる星
- ◆ 心は小学生の星
- ◆ 外見よりも無邪気な星
- ◆ 才能がなかなか評価されない星
- ◆ 素直になれない星

仕事運　ナンバーワンを目指せば、その道のプロにも

　ふつうの人なら興味を示さないような変わった仕事や、専門的な知識、芸術的感性が必要な仕事で活躍できるタイプ。「日本一」や「世界一」を目指すことで、驚くような結果を出したり、その道のプロと言われるほどになることもあるでしょう。ただ、人間関係が下手で職場の人との折り合いが悪くなってしまうと、転職を繰り返してしまうことも。その場合は、大企業や公務員的な仕事に就くと長く続けられるようになるでしょう。

恋愛運　気持ちを隠してしまうひねくれ者

　何かを極めている職人や芸術家、特殊な能力をもっている個性的な人を好きになることが多いでしょう。一度好きになると思いは強まりますが、あまのじゃくなため気持ちを素直に出せません。そのため、進展がないままの恋になるケースも。美意識が高いので、独特なファッションの人を受け入れることもありますが、基本的には面食いです。束縛と支配が苦手で、ある程度距離をとってくれないと続かなくなってしまうでしょう。

結婚　面倒になる前に　なるべく早めが吉

　結婚願望が薄く、自分の心や精神年齢が幼いことを理解しており、家庭に入ることや他人と共存することが難しいとわかっています。ひとりの時間や自分の世界を邪魔されるとムッとしたり、面倒になったりするため、30代半ばになってやっと真剣に考える場合も。結婚したいと思うなら、できるだけ早く動いたほうがいいでしょう。ただし離婚率も高めです。相手選びと相手に合わせることをおもしろがってみると、家庭生活がうまくいくでしょう。

浮気＆不倫　尊敬する人と一緒に　いたいがすぐ冷める

　男女ともに浮気性の人が多く、ひとりの相手に執着することが少ないでしょう。恋人に束縛されて、自由な時間を奪われすぎるようだと離れてしまいます。そんなときに興味がある人が現れると、好奇心が旺盛なため浮気や不倫に走ることもあるでしょう。ただ、ＳＥＸが目的ではなく、尊敬できる人や興味がある時期に一緒にいたいだけで、恋心は簡単に冷めてしまうでしょう。そして、そのときには恋人にも冷めていることが多いでしょう。

復縁　よりを戻すより、環境を　変えると自分らしさアップ

　新しいことに目を向けるタイプなので復縁には縁が薄いですが、プライドが高く、フラれて別れたときだけは「己のプライドを保つため」に間違って執着してしまったり、自分の変態性を受け入れてくれた相手に復縁を望んでしまうことがあります。ただし、よりが戻っても同じ理由で何度もケンカをして別れるハメになるので、一度縁が切れた相手との復縁を望むよりも、環境を変えて新たな人を求めたほうが自分らしく生きられるでしょう。

SEX　ハマるときと冷めるときの　両極端

　自分のペースでＳＥＸを楽しみたいタイプ。最初の数回は好奇心もあり激しく盛り上がりますが、相手に変化がないと急に冷めてしまいセックスレスになることも。根は変態なので、相手がドンドン変化して新しいプレイに挑戦するとＳＥＸにハマってしまうこともあるでしょう。匂いフェチでアブノーマルなことに突き進むこともありますが、あっさり終わるときは突然簡単に終わってしまいそう。冷めたＳＥＸをすることもあるでしょう。

銀の鳳凰座　◆　29

独自の価値観で無計画に出費してしまう

　早い段階で投資などに興味を示して勉強をしていると天才的な投資家になるケースもありますが、基本的にはお金に執着が弱く、節約ができてもマニアックなことや自分独自の価値観による出費が激しくなってしまいます。無計画にお金を使いすぎてしまうので、保険や積立預金など自動で貯められるシステムを早めに使ったほうがいいでしょう。無計画なローンは首を絞めることになるので要注意。カードでの買い物も注意が必要です。

健康運

根性と体力はあるが、バランスが崩れがち

　若いころにスポーツや体を鍛えることにハマると、プロスポーツ選手になれるほどの能力を発揮する体力と根性があります。ただし、目の疲れや目の病気、頭痛に悩む傾向があり、食事のバランスが悪く、同じ物ばかり食べてしまったり、幼稚な物ばかり食べがちなので気をつけましょう。夜型にもなりやすいので、睡眠時間をしっかりとるようにして、バランスのよい食事を心がけましょう。

銀
の鳳凰座 ◆
29

LUCKY

color
パープル、ホワイト、ブラック

food
カレー、いちご、わかめの味噌汁

spot
映画館、神社仏閣、プラネタリウム

心にとめておきたい
運気UPアドバイス
G

自分が極めたことで
他人を喜ばす

裏
運気　どっぷりと知識の探求をしたくなる

　裏は、冷静に物事を判断できる落ち着きのある大人のようなタイプ。知識を活かすことに優れ、教育や指導する立場にも適した能力を発揮できるでしょう。さらに理屈っぽくなるため、他人を小馬鹿にして、受け入れられなくなってしまう局面も増えますが、深く物事を探求するにはいい時期なので、日ごろじっくり学べないことに一生懸命取り組むといい結果を出せるでしょう。知識も豊富になり、年配者とも仲よくなれるでしょう。

裏の時期　6月／7月　2014〜2015、2026〜2027、2038〜2039、2050〜2051年

頑固な先生

基本性格　自分の好きな世界に閉じ込もる完璧主義者

　理論と理屈が好きな完璧主義者。おとなしそうですが、秘めたパワーがあり、自分の好きなことだけに没頭するタイプ。何事にもゆっくりで冷静ですが、心が60歳なため、神社仏閣など古いものや趣深い芸術にハマることが多いでしょう。尊敬する人以外のアドバイスは簡単に聞き入れることがなく、交友関係も狭く、めったに心を開きません。「自分のことを誰も理解してくれない」と思うこともあるほどひとりの時間を大事にするでしょう。

 持っている星
生まれながらにあなたが持っている性質

- ◆ 理論と理屈が好きな星
- ◆ ひとり好きな星
- ◆ 我慢強い星
- ◆ プライドが高い星
- ◆ 心を開かない星
- ◆ 心が60歳の星
- ◆ 冷静で落ち着いている星
- ◆ 他人を受け入れない星
- ◆ 賢い人が好きな星
- ◆ 目の病気の星
- ◆ 静かな星
- ◆ 研究や勉強にハマる星
- ◆ 神社仏閣が好きな星
- ◆ 尊敬しないと好きにならない星
- ◆ 束縛が嫌いな星

 ## 理屈がわかれば人並み以上に能力発揮

　ほかの人では時間も忍耐も必要とするような、**特殊な仕事や芸術系の仕事**、頭のよさが**肝心な仕事**に向いています。かなり頭はいい人ですが、一度自分で「できない」と思い込むと何もやらなくなってしまいます。一方で「絶対にできる」と自分に言い聞かせるとどんな仕事も人並み以上にこなすでしょう。理屈で説明してくれる上司や方法論をしっかり話せる先輩がいると能力を伸ばせるでしょう。他人の仕事を小馬鹿にする癖には注意して。

恋愛運 尊敬できる人を好み、執着する

　他人に興味が薄く、恋のチャンスは少なめでしょう。尊敬できる人を好きになるので年上との恋が多くなりそう。簡単に好きになることは少ないのですが、一度好きになると思いはドンドン強くなります。ただしプライドが高いため、自分からすすんでの告白は避けるでしょう。第一印象も大事で、スタートの印象が悪いと交際に発展しない場合も。別れたあとはズルズル引きずってしまう癖があり、フラれるとプライドのために復縁を望むこともあるでしょう。

 結婚 尊敬できる人と
早めがいい

　結婚願望はほかの人ほど強くはありません。理想が高く、条件やこだわりが多いので、なかなか結婚に踏み込めないでしょう。尊敬できる相手や年齢の離れた人と結ばれることが多いですが、家庭ができると完璧主義のお母さんのようになり、生活に厳しくなるでしょう。遊びすぎてチャンスを逃すことも多いので、できれば若いうちに結婚をしておくほうがいいタイプです。

 浮気&不倫 交際中でも憧れの人に
誘われたら……

　恋愛体質ではないので、自ら浮気に走る確率は低いでしょう。ただし、現在の交際が相手から強引に迫られて、しかも「とりあえず付き合う」という流れではじまった場合、交際期間中であっても尊敬できる憧れの人から誘われたときには、浮気や不倫に走ってしまうことがあるでしょう。「そもそも本気で好きではなかったから」と言い逃れをして、浮気や不倫から本気になり、暴走が止まらなくなってしまうこともあるでしょう。

 復縁 一生に一度の恋だと
思うと引きずる

　あなたが復縁を望むときは、フラれたときにプライドを傷つけられた場合でしょう。そのプライドを保ちたいがために意地になってしまうことがあるかも。また、めったに人を本気で好きにならないので、一生に一度の恋だと思った相手と別れてしまうと、いつまでも過去の恋を引きずってしまうことも。このタイプは復縁できても同じような別れ方を繰り返す可能性が高いので、別れたときは新たな人を求めたほうがいいでしょう。

 SEX 淡白なときと熱心なときの
差が激しい

　SEXに興味が薄く、相手任せになることが多いタイプ。激しく求められるならそれなりに激しく、淡白ならサクサクッと終えても問題は少ない人です。SEXする場所も安心できる場所を好むので、いきなりホテルよりも自分の部屋や相手の部屋のほうがいいでしょう。耳や首筋を攻められると弱いでしょう。また、SEXに一度興味が出てしまうと、自分も相手もどこをどうすると気持ちいいのかと、やたらと研究熱心になるタイプです。

銀
の鳳凰座 ◆
30

金運 深く勉強すれば投資の才能が花開く

　投資の勉強を早い段階から学ぶのがオススメ。理論的で冷静なため、大成功することがあります。学ぶチャンスがあれば積極的に参加しておきましょう。ただし、お金への関心が薄いため、節約して、不要な買い物を避けて、ケチになりすぎてしまう傾向があるかと思いきや、自分独自の価値観で突然大金を使ったり、周囲からは理解できない物や体験にお金を費やしたりするケースも多いでしょう。交友関係にお金を使うようになるといいでしょう。

健康運 食事は偏りやすいが体も心も強い

　目の疲れ、偏頭痛に悩むことがありますが、基本的には健康で体力も精神力もあります。若いころから落ち着いていると言われることも多いでしょう。心のバランスが悪くなったときは瞑想と深呼吸をしてみると簡単に落ち着きますが、余計なことを考えすぎてしまうときには好きな趣味に集中するといいでしょう。食事が偏りやすく同じ物ばかり食べてしまう傾向があるので気をつけて。筋トレにハマると驚くほど体を鍛えられるでしょう。

LUCKY

color
ブラック、パープル、シルバー

food
和食(うな重)、コーヒー、わかめの味噌汁

spot
神社仏閣、図書館、プラネタリウム

心にとめておきたい
運気UPアドバイス

たくさんの人に会い、
いろいろな考えを吸収する

銀 の鳳凰座 ◆ **30**

裏運気 斬新なことに惹かれ不思議な人脈ができる

　裏は、自由な子どものような発想力と探求心をもった変わり者。束縛と支配を避けて自分の世界のなかだけで生きようとします。裏運気には屁理屈や言い訳も多くなり、素直になれないところはありますが、海外関連のことや斬新なことを受け入れられて、不思議な人脈もできるでしょう。また、非常に飽きっぽくなり、はじめたことをすぐに投げ捨ててしまったり、人との縁も簡単に切ってしまったりと、ワガママな行動に走ってしまうこともあるでしょう。

裏の時期　6月／7月　2014〜2015、2026〜2027、2038〜2039、2050〜2051年

金の
時計座

Gold
Horologium

31

誰にでも平等な高校1年生

基本性格 仲間を大切にする少年のような人

　心は庶民で、誰とでも対等に付き合う気さくな人です。情熱的で「自分も頑張るからみんなも一緒に頑張ろう！」と部活のテンションのような生き方をするタイプで、仲間意識や交友関係を大事にします。一見気が強そうですが、じつはメンタルが弱く、周囲の意見に振り回されてしまうことも多いでしょう。サッパリとした性格ですが、少年のような感じになりすぎて、色気がまったくなくなることもあるでしょう。

★ 持っている星
生まれながらにあなたが持っている性質

- ◆頑張り屋の星
- ◆心は庶民の星
- ◆人と縁を切るのが苦手な星
- ◆謝らない星
- ◆誰とでも対等の星
- ◆メンタルが弱い星
- ◆お金より人を追いかける星
- ◆友達から恋に発展する星
- ◆肌荒れの星
- ◆友情を大切にする星
- ◆平気でタメ口を使う星
- ◆上下関係が苦手な星
- ◆幅広く友達ができる星
- ◆「でも、だって」が多くなる星
- ◆同級生を好きになる星

仕事運 人と組むとやる気になるも、たまに空回り

　自分の力や才能が他人のために役立つような仕事をしたいと思っています。基本的にタフなほうなので、スポーツのインストラクターやスポーツクラブの先生、営業職などが向いているでしょう。人と関わるとやる気が出るので、介護や福祉関係の仕事、学校の先生などもいいでしょう。チームワークを大切にするところはいいですが、頑張りが空回りすることが多いため、意地を張ったり反発したりするのはほどほどにしておきましょう。

恋愛運 身近で頑張っている人に恋心が芽生えやすい

　頑張っている人を好きになります。目標や夢に向かって日々一生懸命に汗を流し、努力している少年のような人を応援しているうちに、次第に好きになってしまうことが多いタイプです。そのため自然と職場や身近な場所での恋が増えるので、恋からしばらく遠のいている場合は、**習い事をはじめるか学校に通うなど**して新しい仲間をつくるといいでしょう。または思い切って転職すると、そこで素敵な人に出会える可能性もあるでしょう。

結婚　苦労してでも伸びしろのある人と

　一緒に頑張れる人との結婚が理想です。周囲からは「苦労するよ」と言われるような人や、**将来の夢をしっかりもった人**との結婚を望むでしょう。安定した生活に憧れることもありますが、対等で楽な家庭をつくることを望むため、まだまだこれから伸びる可能性がある人を選んでしまいそう。友人や人間関係を大事にできる人との結婚が幸せを呼びますが、交友関係の狭い人、エラそうな人とは、お金があっても冷めた家庭になってしまいます。

浮気&不倫　情が移ると危険な関係に踏み込んでしまう

　浮気心はかなり少ないほうですが、異性の友人が多いタイプなので、相手が強引に攻めてきて、情が移ってしまったときに、恋人とケンカをしたり倦怠期に入っていたりすると浮気に走ることはありそうです。不倫は会社の上司や取引先のお偉いさん、習い事の先生など**身近なところでする可能性**があります。「家庭がうまくいってなくて」などと相談を受けていると、ズルズルと関係を深めてしまう場合があるので気をつけましょう。

復縁　なかなか切れずセフレになりがち

　人に対する執着心は強く、別れたあとも昔の恋人のことを思い続けてしまうところがあります。別れても「いい友人」としてふつうに連絡をしたいタイプ。あなたに気がなくなっても、執着心から都合のいい関係を続けてしまうと、セフレになってしまうこともあるでしょう。ハッキリしないあいまいな関係は続けないほうがいいので、きちんと自分の考えを伝えてください。

SEX　頑張りが伝わる愛し方が好き

　ＳＥＸはお互いの愛を確かめる行為だと思っているので、テクニックや回数、激しさを求めるよりも、裸で抱き合って**体温と愛を感じることが**重要。ダラダラと長いのは苦手なので、淡白でワンパターンになりやすく、少し汗を流す運動程度に落ち着きそう。無理やり変なプレイを迫ってくる人の要望にもできるだけ応えますが、力任せでオラオラくる感じは嫌いです。少しくらい下手でも頑張りが伝わる感じが好きでしょう。

金
の時計座 ◆
31

307

金運 金銭感覚は庶民的だが交際費は多め

仕事には一生懸命ですが、庶民的なので大儲けを考えるわけではなく、大金が欲しいというよりも「頑張ったぶんがもらえて生活ができればいい」くらいに考えることが多いでしょう。周囲との付き合いや人間関係で出費が多くなってしまうことはありますが、生まれつきお金持ちや恵まれた環境で育っている場合は、その出費レベルも自然と高くなってしまうことがあるので注意が必要です。

健康運 とにかくストレスに弱いので運動で発散を

体力はありタフなほうですが、胃腸が弱いでしょう。ストレスがかかると下痢をしたり、便秘で悩んだりすることが多い傾向にあります。肌も弱いので、油断すると謎のブツブツや肌荒れが目立ってしまうことも。若いころの日焼けが原因でシミになってしまう場合もありそうです。体を動かすことでストレスを発散できるので、ひとりで集中できる運動をするといいでしょう。

LUCKY

color
オレンジ、イエロー、ホワイト

food
クッキー、ヨーグルト、きのこ料理

spot
大きな公園、山の温泉、キャンプ場

心にとめておきたい
運気UPアドバイス

相手のことを考えて
しっかり謝る

裏運気 突然人との縁を切りたくなり、刺激に走る

裏運気になると、団体行動が嫌いになり、合理的に物事を進めることができるようになります。一方でネガティブに物事を考えすぎてしまったり、人との縁を突然切りたくなったりもするでしょう。旅行やライブに行く回数が増え、刺激を求めて行動する機会も増えてきます。ネガティブに物事をとらえてしまう癖が出たら、考えすぎには注意してください。無謀な行動に突っ走り、ふだんならしない贅沢をすることも増えるでしょう。

裏の時期　3月／4月　2011〜2012、2023〜2024、2035〜2036、2047〜2048年

刺激が好きな庶民

 寂しがり屋だけど、人の話を聞かない

　おとなしそうで真面目な印象ですが、根は派手なことや刺激的なことが好きで、大雑把なタイプ。心が庶民なわりには一発逆転を目指して大損したり、大失敗したりすることがある人でしょう。人が好きですが団体行動は苦手で、ひとりか少人数での行動のほうが好きです。頭の回転は速いですが、そのぶん他人の話を最後まで聞かないところがあるでしょう。ヘコんだ姿を見せることは少なく、我慢強い面をもっていますが、じつは寂しがり屋な人です。

 ## 持っている星
生まれながらにあなたが持っている性質

◆合理主義の星
◆刺激好きな星
◆大胆な星
◆目的が定まらない星
◆旅行・ライブ好きの星
◆話の先が読める星
◆裏表がある星
◆人が好きでも団体行動は苦手な星

◆夢追い人にお金を使う星
◆好きな人の前で態度が変わる星
◆胃炎の星
◆刺激的な人脈ができる星
◆家ではがさつな星
◆野心は見せない星
◆三角関係や不倫で悩む星

仕事運　　日々変化がある仕事で才能を発揮する

　刺激を求めて豪快な行動に出やすく、おとなしい仕事は不向きという人もいます。変化がある仕事や流れが変わりやすい仕事、旅行、イベント業、アパレル関係の仕事に就くことができると能力を発揮するでしょう。個人の努力を評価してもらえるような仕事のほうが、よりやる気になるでしょう。また、人の役に立つ仕事で能力を発揮するため、医療関係や看護職などに進む人が多いでしょう。

恋愛運　刺激的な夢追い人が好き

　売れないバンドマン、役者、芸人のような人にハマりやすいでしょう。安定した恋には簡単に飽きてしまい、夢に向かって努力している人を好きになります。周囲から「なんでそんなにライブに行くの？」と聞かれてしまうくらいに若手のライブにハマって本気で恋することもあるほど。**自分が好きでいたい気持ちが強い**ので、片思いのままで終わる場合もあります。また、身近なところでの恋ではやや刺激的な相手を選んでしまうことが多いでしょう。

結婚　ダメな雰囲気の人と結婚したくなる？

　結婚にも刺激を求めてしまうので、周囲が止めたくなるような人と結婚に踏み込んでしまうことが多いでしょう。危険な人やダメな相手とわかりながらも飛び込むことも。結婚後は、自分中心の生活を変えることができないのでケンカも多くなりますが、**刺激的な趣味や仕事をしっかりもっていると**、安定した家庭をつくるようになるでしょう。一方で夢がかなってしまった相手には興味が薄れてしまうことがありそうです。

浮気&不倫　演技力があるのでバレずに楽しむ

　人脈があり、刺激を求めてしまうタイプなので、自然と浮気率は上がるでしょう。向上心や野望がある相手に引っかかってしまい、一夜の恋を楽しむことも。演技力があるので、浮気はバレないほうかもしれません。不倫も、既婚者だとわかっていてわざと近づいたり、**おもしろ半分で不倫に走ったり**することもありそうです。ところが相手が本気になって離婚すると、急に冷めてしまったりします。

復縁　去った相手ほど追いかけたくなる

　団体行動は苦手ですが、人への執着は強いので、別れた恋人を追いかけることはあります。とくにあなたの元を去っていった人ほど追いかけたくなる可能性が高いでしょう。逆に自分がフった相手から言い寄られても、満足できるような刺激を与えてくれる相手に成長していなければ興味をもてません。ただし情にもろいので、悩み相談などをされてズルズルと関係を復活させてしまう場合はあるでしょう。

SEX　ワンパターンや淡々としたプレイは×

　愛のある激しいＳＥＸを望みます。自分が応えるだけでなく相手にも要求することが多く、ワンパターンだったり、淡白なＳＥＸをする相手とは長続きしません。**コスプレをすると激しく盛り上がれるので**、小道具などの準備もしておくといいでしょう。ただし、体型にコンプレックスがあり、ＳＥＸに関わる部分でとくに気になるところを指摘されるとヘこんだり怒り出したりすることがあるでしょう。

金
の時計座
◆
32

310

金運　アヤしい投資話や賭博にハマらないように

　極端な贅沢やお金儲けへの興味は薄い半面、ライブや旅行に行くお金は必要とします。ふだんは派手好きを隠しているので表面的には質素にできても、趣味やライブや旅行で豪快にお金を使ってしまうことがあるでしょう。一攫千金をねらって逆に大損することがあるので、博打やアヤしい投資話にハマらないよう注意してください。コミュニケーション能力を活かしてお金持ちや経営者と仲よくなったほうが、お金の流れを学べて、金運もアップするでしょう。

健康運　旅行やライブ、イベントでストレス発散を

　基本的には丈夫なほうですが、健康法にこだわりがあり、いろいろなことを試しては自分独特の健康法を続けます。体のなかでもっとも弱いのは肌で、日ごろのスキンケアが大事です。また、胃腸にも出やすく、暴飲暴食やヤケ食いで体調を崩しやすいのでほどほどにしましょう。ストレス発散には、旅行やライブに行ったり、遊園地ではしゃいだり、イベントに参加するのもいいでしょう。大雑把な行動がケガにつながるので気をつけましょう。

LUCKY

color
ホワイト、ボルドー、グレー

food
饅頭、ステーキ、きのこ料理

spot
ライブハウス、渓谷、キャンプ場

心にとめておきたい
運気UPアドバイス
G

誰の話も最後までしっかり聞く

裏運気　ネガティブ思考の怠け者になる

　負けず嫌いの頑張り屋ですが、裏運気になると怠け者の本音が出てきます。何事も言われたことはしっかりとできますが、言われなければやらない人になってしまいます。真面目な部分はありますが、融通がきかなくなり、ネガティブに物事を考えすぎてしまう面も出てくるでしょう。親友や仲間をとても大事にしますが、裏運気には交友関係を狭めてしまうような態度も多くなります。色気がなくなりサバサバした感じにもなるでしょう。

裏の時期　3月／4月　2011〜2012、2023〜2024、2035〜2036、2047〜2048年

金の時計座 33 サービス精神豊富な明るい人

金の時計座 ◆ 33

基本性格 おしゃべりで世話好きな楽観主義者

明るく陽気で、誰とでも話せて仲よくなれる人です。サービス精神が豊富で、ときにはお節介なほど自分と周囲を楽しませることが好きなタイプ。おしゃべりが好きで余計なことや愚痴や不満を言うこともありますが、多くはよかれと思って発言していることが多いでしょう。ただし、空腹になると機嫌が悪くなり、それが顔に出てしまいます。楽観的ですが、周囲の意見に振り回されて心が疲れてしまうこともあるでしょう。

☆ 持っている星
生まれながらにあなたが持っている性質

- ◆ サービス精神の星
- ◆ 不思議な人脈をもつ星
- ◆ デブの星
- ◆ 差別や区別をしない星
- ◆ 感情が顔に出やすい星
- ◆ 友人が多い星
- ◆ 適当な星
- ◆ 食べすぎる星
- ◆ おもしろい人が好きな星
- ◆ 陽気な人気者の星
- ◆ 欲望に素直な星
- ◆ SEXが好きすぎる星
- ◆ ノリがいい場所が好きな星
- ◆ 異性にもてあそばれる星
- ◆ 別れてもセフレになる星

仕事運 地道な職よりゲームと思える仕事を

サービス精神を活かせる仕事がとても向いています。飲食や販売、アミューズメント関係、レジャー関係など、楽しいことが仕事につながっているような職種で能力を活かせます。事務職や地道な努力や積み重ねが必要になる仕事はやや不向き。生活のためと割り切るなら、仕事をゲームだと思って取り組むと楽しく働けます。職場の盛り上げ役としてよいポジションを見つけられるといいでしょう。仕事の愚痴や不満はほどほどに。

❤ 恋愛運 根はスケベで素直な人が好き

　差別や区別をせずに多くの人を受け入れます。一緒にいると楽しい人や夢を語ってくれる前向きな人を好みますが、自分のことを「大好き」とアピールしてくれる人のことは素直に好きになるでしょう。一方で、エラそうな態度の人や権力を振りかざすような人は嫌いです。根がスケベなので、ときには体の関係だけで終えてしまうようなこともありそう。「笑顔でいれば自然とモテる星」ももっているので、テンションは高めにしたほうがいいでしょう。

結婚 ノリ重視でデキ婚率高し

　楽しい結婚生活を望むため、相手には生活力よりもノリやおもしろさがあることを重視します。相手の部屋に行ってそのまま同棲することに……というケースや、デキ婚率も高いでしょう。「お金よりも愛」を選びますが、その「お金」とは、自分の育った環境を基準とするでしょう。愛も家庭もジワジワ育てて成長する感じを楽しむので、結婚をゴールではなくスタートにすることができるでしょう。堅苦しい人やエラそうな人と結婚をすると危ないでしょう。

浮気&不倫 情が深いので相手に言いくるめられやすい

　一度に複数の人と交際したり、体の関係をもってしまったりすることがあるタイプです。根は真面目ですが欲望に弱く、他人の言葉に振り回されやすいので、テクニックのある人や言葉が上手な人に言いくるめられてしまうことがありそう。不倫する確率はやや低いですが、楽しい相手となら関係を深めても問題ないと思ってしまうケースがあるかもしれません。情がわいて本気になると、感情的になりすぎて相手に縁を切られることがありそうです。

復縁 体だけの関係はほどほどに

　執着が激しく、別れた人でも仲よくしていたいと思う気持ちが強いので、復縁する可能性は高いでしょう。根がスケベなことを知られている相手とは、体だけの関係をズルズルと続ける場合があるのでほどほどに。別れの原因が相手の威圧的な感じや、相手に馬鹿にされ続けた場合だと復縁率はかなり低くなります。別れた相手がおもしろい人に大変身していれば復縁の可能性は高くなりますが、スケベ心だけで動かないようにすることが大事です。

SEX 情熱的に相手を満たすがレスだとケンカに

　サービス精神が豊富な性格で、SEXでもっともその力を発揮します。自分の満足を求めるのは当然ですが、相手にも一緒に満足してもらうためにはなんでもOKな人。それが愛の証だと思っていて、ときに過激なことや非常識な場所でSEXすることもあるでしょう。テクニックよりも情熱とそのときの感情をぶつける感じが多く、雑なところはありますが、楽しい時間を過ごせそうです。セックスレスになるような相手だと大ゲンカになるでしょう。

金 の時計座 ◆ 33

 お金儲けの欲は少ないが金運はいい

お金に執着することが少なく、運用や投資よりも「楽しくお金を使うこと」を考えます。おいしそうなものを見つけたら我慢できなくて買ってしまいますが、自分のぶんだけでなく、家族や職場の人のぶんまで買うことが多いタイプ。心が庶民なので極端な贅沢は望みませんが、生まれ育った環境を基準にし、それを下回ることは少ないでしょう。不思議と運よく金銭的にも助けられるので、だまされない限りどん底に落ちることはないでしょう。

愚痴や不満を言う人に巻き込まれないで

ストレスから食べすぎて太ってしまうことが多く、なかなかやせられません。また、気管や呼吸器系に不調が出やすく、鼻炎、口内炎などにも悩まされるでしょう。肌も弱いので乾燥や日焼けにも注意が必要です。カラオケに行ってはしゃいだり、ダンスを踊ったり、好きな音楽を聴いたり、おもしろい友人とたくさん笑い話をしたりしてストレス発散をすると体調もよくなるでしょう。愚痴や不満を言う人の近くにはいないほうがいいでしょう。

LUCKY

color
ピンク、レッド、ブラック

food
チョコレート、卵料理、きのこ料理

Spot
フェス、高原、山の温泉

心にとめておきたい
運気UPアドバイス

他人を笑顔にすることに
専念する

裏運気　人との縁を切りたくなるが勘が冴えてくる

裏運気になると、頭の回転が速くなりなんでも勘で決めるようになります。裏運気のほうが判断スピードが速くなりますが、そのぶん短気や余計な一言が出やすいので注意は必要。人情家なところは変わりませんが、人との縁を切りたくなったり、離れたくなったりすることも。浪費癖も強くなり衝動買いが増えそう。ややネガティブに物事をとらえる癖が出るので、考えすぎには注意を。冴えてくる勘を信じて学んでみると、意外な能力が開花しそうです。

裏の時期　3月／4月　2011〜2012、2023〜2024、2035〜2036、2047〜2048年

最後はなんでも勘で決めるおしゃべりな人

基本性格 情に厚く人脈も広いが、ハッキリ言いすぎる

　頭の回転が速くおしゃべりですが、一言多いタイプ。交友関係が広く不思議な人脈をつなげることも上手な人です。何事も勘で決めようとするところがありますが、周囲の意見や情報に振り回されてしまうことも多く、それがストレスの原因にもなります。空腹や睡眠不足で短気を起こしたり、機嫌の悪さが表面に出たりしやすいでしょう。人情家で人の面倒を見すぎたり、よかれと思ってハッキリと言いすぎてケンカになったりすることも多いでしょう。

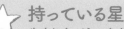

★ 持っている星
生まれながらにあなたが持っている性質

◆超おしゃべりな星
◆人情家の星
◆短気な星
◆目的が定まらない星
◆愚痴が多い星
◆直感で生きる星
◆情で失敗する星
◆頭の回転が速い人を好きになる星

◆センスのいい物を買う星
◆デブが嫌いな星
◆運命を信じる星
◆口は災いの元の星
◆情から恋がはじまる星
◆体力がない星
◆相談にのってしまう星

仕事運 センスや素早い判断力を活かせる仕事が吉

　頭の回転の速さを活かせる仕事や、芸術や美術に関わる仕事が向いています。ファッション関係のデザイナーやクリエイターに多く、ふつうの人ではモタモタするようなことを素早く判断できるので、マネージャー的な仕事もいいでしょう。情をかけすぎて失敗することもありますが、その経験から加減を知るといいでしょう。基礎体力がなく30代くらいから急激に疲れやすくなってしまうので、体力作りも仕事のひとつと考えておきましょう。

♥ 芸術センスがあり頑張っている人に弱い

　基本的にモタモタしたデブとエラそうな人は好きになれません。第一印象を非常に大事にするため、ピンときた人を好きになるでしょう。初対面で夢を語られたり、頑張っている姿を見たりすると好意をもってしまいます。芸術や美術などの感性が豊かなので、同じ世界で頑張っている人や将来が楽しみな人を選ぶことも。ムード作りやサプライズ上手な人に心をつかまれやすいところもあります。趣味を増やすといい出会いが増えるでしょう。

 ### 夢を語るけど行動力の ない人には要注意

　すべては自分の勘が頼りです。「この人と結婚する！」と感じる瞬間がなかった人とは結婚してもうまくいかないでしょう。相手の経済状態や生活環境といった条件ではなく、情熱的な結婚ができれば問題ないため、夢を追いかける人やまだまだ未熟な人と結婚して苦労することもあるでしょう。オススメはしっかり自立していて現実的な夢をもって着実に努力を重ねている人。現実味のない夢を語るだけの人や行動力のない人は避けましょう。

 ### 浮気を楽しむというより 本気になってしまう

　何事も素早く判断するタイプですが、浮気率は低めです。恋人とケンカ続きでSEXがしばらくない状況が重なったりしたときに、「一目惚れ」の相手と出会ってしまうと危険です。浮気ではなく一気に本気になってしまう場合があります。不倫は、既婚者の余裕のある態度やテクニックが心地よかったり、上手に演出やサプライズをされたりすると関係をもってしまうことがあるでしょう。泥沼の展開には注意しましょう。

 ### 短気で気分屋な面が 直れば復縁もアリ

　一度情をかけてしまうとなかなか縁を切ることができないので、つかず離れずの繰り返しになってしまいそう。そもそも短気で気分屋なところが原因で別れに至ってしまう場合が多いので、早く大人になるように成長しましょう。恩着せがましい発言も多すぎるので、余計な一言を言わない訓練をしておきましょう。大人になったことをアピールできて忍耐強くなったところを見せられれば、復縁はスムーズに進む可能性が高いでしょう。

 ### 求められることに 愛を感じる

　愛を確かめ合うためにSEXは絶対に必要な行為だと考えます。SEXが好きなのか自分のことが好きなのかはわからなくてもいいので、求められることで愛を感じるでしょう。相手にテクニックがあれば喘いだり激しい反応を見せたりしますが、下手な場合は注文の多いSEXになるでしょう。ベッドの上でもおしゃべりになりやすく、黙ってみると集中できるので試してみるといいでしょう。感度がいいタイプです。

金運 細かい出費が多く、貸したお金が返ってこない

　心が庶民なので高級なものにそこまで興味がありませんが、「安物買いの銭失い」になりやすく、出費が多くなかなかお金が貯まらないことがあるでしょう。情にもろいところにつけ込まれてお金を貸すと戻ってこないこともあるので、泣きつかれてもハッキリ断るようにしましょう。感性を活かした仕事や趣味、専門知識をしっかり活かした仕事に就くことができるとお金に苦労しなくなりそうです。

健康運 「ほめる、認める、許す」を心がけて

　基礎体力がなく疲れやすいので、若いころから走り込んでおくなどの体力作りは必要。30代ごろから急に疲れが抜けにくくなるでしょう。ストレス発散が下手でどうすればいいかわからずに愚痴や不満や文句を言ってしまうため、結果的にさらにストレスがたまることに。「ほめる、認める、許す」を意識し、言葉を選ぶようにするといいでしょう。肌も弱く、謎の肌荒れやニキビなどが出やすいので注意。

LUCKY

color
ホワイト、ブラック、ボルドー

food
フルーツ、わかめ料理、きのこ料理

spot
神社仏閣、映画館、植物園

心にとめておきたい
運気UPアドバイス

感謝の気持ちを
言葉に出す

裏運気 欲望に流されて無謀な行動に出たくなる

　裏の性格はややこしく、ポジティブとネガティブが混ざってしまいます。明るく陽気だと思ったらひとりの時間を大事にしたくなったり、人との縁を突然切りたくなったり、離れたくなったりもするでしょう。無謀と言えるような行動に走ることも多くなりそうです。裏に入ると突然太りやすくなり、丸顔になることもあるでしょう。欲望に流されやすくなるので、アヤしい人の言葉を簡単には信用しないように気をつけてください。

裏の時期　3月／4月　2011〜2012、2023〜2024、2035〜2036、2047〜2048年

金の時計座

35

社交的で
多趣味な人

金の時計座 ◆ 35

基本性格 興味の範囲が広いぶん、物がたまり心も揺れる

　段取りと情報収集が得意で器用な人。フットワークが軽く人間関係を上手につくることができるタイプです。心が庶民なので差別や区別をしませんが、本音では損得で判断するところがあります。使わないものをいつまでも置いておくので、物が集まりすぎてしまうところも。マメに断捨離をしたほうがいいでしょう。視野が広いのは長所ですが、そのぶん気になることが多くなりすぎて、心がブレてしまうことが多いでしょう。

★ 持っている星
生まれながらにあなたが持っている性質

◆情報通の星
◆交渉上手な星
◆多趣味・多才の星
◆目的が定まらない星
◆よく遊ぶ星
◆おしゃれな星
◆トークが薄い星
◆ガラクタが増える星

◆テクニックのある人に弱い星
◆お酒で失敗する星
◆ノリが軽い星
◆お得な情報が好きな星
◆飲み会で大活躍する星
◆イチャイチャが好きすぎる星
◆驚くような人脈ができる星

仕事運 人や情報、または健康に関わる仕事が吉

　流行や情報に強いタイプなので、アパレル関係、ファッション関係の仕事で才能を活かせます。ほかにもネットや雑誌など情報に関わる仕事も向いています。人とたくさん関われる仕事を選んだほうが楽しく仕事に取り組めるので、営業職や変化の多い仕事を選んでみるのもいいでしょう。商売人としての才能もありますが、高級品よりも自然食品やオーガニック商品、健康に関わるものを扱うといいでしょう。

恋愛運 外見で恋をして真のやさしさを見逃しがち

　差別や区別をしない人なので多くの人を受け入れられますが、本音はおしゃれで都会的な人を好み、頑張っている人を好きになります。若手の役者やアイドルにハマることも多く、プレゼントなどで貢いでしまうこともあるのでほどほどに。若いころは外見重視で恋をしがちですが、やさしい人や親切な人、真心のある相手を見逃さないように。交際がはじまるとつくしすぎてしまうことも多いので、適度なバランスを心がけましょう。

 結婚 夢追い人は苦労の元。生活力を冷静に見て

　日々忙しくするのも寂しがり屋の表れです。結婚願望はしっかりもっていますが、無謀な夢を追いかけている人、夢を語るだけの人、外見だけで中身のない人と結婚して苦労することが多いタイプ。「生活力」という点では周囲の意見をよく聞いて、相手を冷静な目で見る必要があります。損得で判断できる人なので、この人と結婚して本当に得かを判断してみるといいでしょう。相手の外見に惚れて結婚するなら、しっかり覚悟してからにしましょう。

 浮気&不倫 雰囲気に流されてホテルにGO

　交友関係が広く、人の集まる場所やノリのいい雰囲気が好きなので、自然と浮気率も高くなります。とくにお酒の席に呼ばれて流れで関係をもってしまい、都合のいい人になってしまう場合があるので注意が必要です。不倫は、異性の扱いが上手で段取りがしっかりしている人に出会ってしまうと危険です。悩み相談をしているうちに流れでホテルに行ってしまいそう。縁を切ったとしてもお酒を飲むと判断力が弱くなるので気をつけましょう。

 復縁 あいまいにしていると都合のいい関係に

　人情家で、基本的に人が好きなので、別れても縁が切れずにズルズルと関係を続けていることが多いでしょう。「別れてもいい友人で」とあなたは思っていても、相手からすれば都合のいい相手としか思われていない場合が多いかも。ちゃんとした復縁なのかセフレなのか、あなたがしっかりしないと体だけの関係が延々と続いてしまい、何年か経ったあるとき突然捨てられるパターンもあり得るでしょう。くれぐれも注意してください。

 SEX 自分の頑張りと同じぶんだけ相手に求める

　互いの愛を確認するためには必要なことだと考えます。相手を満足させるテクニックがあり、裸で抱き合ってベッタリすることが好きで、キスも舐めるのも上手です。時間をかけて愛を確かめ合いますが、自分ばかりが頑張っていると不満がたまり、自分が頑張ったぶんは、相手にも同じように頑張ってほしいと思うでしょう。逆にたくさん攻められれば、そのぶんのお返しはしっかりします。昔の恋人や好きなタイプの顔を想像する癖もあるでしょう。

金 の時計座 ◆ 35

庶民派のやりくり上手。投資は少額から

　損得勘定がしっかりできる庶民なので、派手なお金遣いはしませんが、損をしない範囲で買い物をすることに長けています。出すときは出して締めるところはしっかり締めるなど、上手にお金を使うことができますが、一方で、部屋に無駄な服や過去の趣味の物がたまってしまうところがあります。不要な物はドンドン処分する必要があるでしょう。儲けたいと思ったら、小さな投資からはじめるとうまくいきそうです。

効率化を求めて予定を詰めすぎる

　予定の管理がしっかりできるぶん、空いた時間を無駄なく有効的に使おうとして結果的に予定がいっぱいになってしまいがち。仕事もプライベートも充実させるのはいいのですが、過労になってしまったり、疲れをとることを忘れて突然倒れたりすることもあるので注意が必要です。膀胱炎になりやすく、ストレスがたまると肌が荒れるので気をつけてください。お酒にハマってしまうことも多いので、休肝日をつくるように心がけましょう。

LUCKY

color
ブルー、ホワイト、ブラック

food
ソイラテ、きのこ料理、あんこ

spot
海、植物園、キャンプ場

心にとめておきたい
運気UPアドバイス

些細な約束でも絶対に守るようにする

裏運気　真面目になり、やさしさと臆病さが出てしまう

　裏は非常に真面目で地味で、コツコツとした努力や反復が好きになり、言われたことを最後までしっかりやる人になります。目先のお金に弱く、ややセコいところも出ますが、現実的に物事を考えられるタイプに。真面目に考えすぎてネガティブになり、人に臆病になってしまい、これまでの人脈から離れたくなりますが、思い切ったことはできずにズルズルと関係を続けてしまいそう。裏はやさしい人ですが、気の小ささが出てしまうでしょう。

裏の時期　3月／4月　2011〜2012、2023〜2024、2035〜2036、2047〜2048年

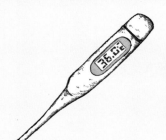

誠実で
真面目な人

基本性格	やさしくて真面目だけど、強い意見に流されやすい

　とても真面目でやさしく、誠実な人です。現実的に物事を考えて着実に人生を進めるタイプですが、何事も時間がかかってしまうところと、自分に自信がもてなくてビクビク生きてしまうところがあるでしょう。他人の強い意見に弱く、自分が決めても流されてしまうことも多いでしょう。さまざまなタイプの人を受け入れることができますが、そのぶんだまされやすかったり、利用されやすかったりもするので気をつけましょう。

☆ 持っている星
生まれながらにあなたが持っている性質

- ◆真面目な星
- ◆ケチな星
- ◆守りの人生の星
- ◆人のために生きる星
- ◆人と縁を切ることが苦手な星
- ◆お人よしの星
- ◆好きな人の前で緊張する星
- ◆安い買い物が好きな星
- ◆手をつなぐのが好きな星
- ◆寂しがり屋の星
- ◆値引き商品を見るのが好きな星
- ◆ポイントをためる星
- ◆強く言われると断れない星
- ◆ほめられると引いてしまう星
- ◆ハグが好きな星

仕事運	誰かが喜んでくれるとやる気が出る

　他人のためになる仕事なら喜んでします。環境が悪くても人間関係がよければ給料が安いくらいは気にせず長く続けられるでしょう。辞めようとしていてもお願いされると断れなくなってしまうことも。時間はかかりますが、**多くの仕事を習得できる**タイプです。ただしスタミナがないので**事務職や総務的な仕事**やデスクワークなどが向いているでしょう。**サポート役**になるといい仕事ができるので、2、3番手を目指すのもいいでしょう。

❤ 恋愛運 まだ脚光を浴びていない人を好きになる

　真面目でやさしい人を好きになります。自分から告白するのが苦手なので片思いが長くなりやすいでしょう。相手の出方をじっと待ったり、つくしたり、プレゼントを渡したりと、些細なアピールをしますが、好きな人の前では緊張してまともに話せず、慣れるまでに時間がかかってしまいそう。また、夢に向かって努力していて、まだ脚光を浴びていない人を好きになることも多いでしょう。若手芸人のような人につくしてしまうこともありそうです。

結婚　結婚に一直線で苦労も楽しめる

　ムチャクチャ結婚願望が強い人と言ってもいいほど結婚についていろいろと考えます。付き合った人とはすぐに結婚生活の話をするくらい真剣です。やや重たくなる場合がありますが、誠意ある相手からは大事にされるでしょう。ただし、夢を追いかける人を応援するために結婚をして、つくしすぎて相手がヒモのようになってしまう場合もあるので周囲の意見はしっかり聞くように。とはいえ、苦労を楽しめるタイプなので本人は幸せな場合もあるでしょう。

浮気&不倫　気持ちを知られると遊ばれてしまうかも

　浮気をする可能性はほぼない人。ひとりの人を真剣に愛して真面目な交際をするでしょう。ただし、相手にあなたの気持ちが伝わらないときや、好きではない相手からの猛烈なアピールでしかたなく付き合ったのに、その人から冷たい態度や仕打ちを受けたときなどに、やさしく親切な人が現れると関係をもってしまうかも。不倫はだまされない限り深入りしませんが、片思いを続けることはあるでしょう。気持ちがあると知られてしまうと遊ばれるかも。

復縁　期待してはまた同じ失敗を繰り返す

　情に厚く、一度好きになった人とはすぐに結婚を考えるほどなので、別れてもまだ未練は残っているでしょう。相手さえよければ復縁をすることも多いタイプです。浮気されたり、非常識な別れ方をされたりしても、「自分が悪かった。相手はきっと成長する」と期待をかけて復縁しては、また同じことを繰り返すことも。「別れたら終わり」と次の人を探すことがあなたには大事です。新たな恋に臆病にならないようにしてください。

SEX　ムッツリな恥ずかしがり屋

　恥ずかしがり屋で、下ネタなどはやや苦手なので、ＳＥＸも苦手そうに見えますが、じつはかなりのむっつりスケベで、本当はＳＥＸが大好き。愛されていることを確認したいのもありますが、相手を喜ばせたい気持ちが強く、相手を満足させることに一生懸命になるでしょう。全身を舐めるほどのテクニックをもっていますが、激しいプレイや喘ぎ声は恥ずかしがって抑えてしまうところがあるでしょう。

金の時計座 ◆ 36

金運 細かい金額ほど気にする締まり屋タイプ

　現実的に物事をしっかり考えられるため、お金にはシビアです。とくに細かいお金や目先のお金ほど非常にしっかり考えるので、「節電や節水、安い買い物に命をかけているのでは？」と思われるくらいキッチリしているでしょう。買い物に行って値段を見て安くなっているのを確認すると安心したり、以前購入した物が少しでも安くなっていると知ってショックを受けたりすることもあるでしょう。ポイントもしっかり貯める人です。

健康運 体を冷やさないように温かい水分をとる

　臆病な性格なので、健康管理をしっかりして無理のない行動を意識しますが、冷えに弱く、子宮系の病気にも要注意。温泉に行くなど、のんびりする日をしっかりつくったほうがいいでしょう。肌も弱く、ニキビや謎の肌荒れに悩むこともありそうです。不調の多くは水が原因になるので、白湯や常温の水を飲むようにして、軽い運動を意識して行うようにしましょう。サイクリングやウォーキングをするのもいいでしょう。

LUCKY

color
ホワイト、ネイビー、ブラウン

food
乳製品、おはぎ、きのこ料理

spot
公共施設、植物園、山の温泉

心にとめておきたい
運気UPアドバイス
G

自分の幸せに向かって 素直に行動する

裏運気 寂しがりになってお酒の席で失敗する

　裏運気になると、真面目な部分はしっかりもったまま、フットワークが軽くなり情報収集が好きになるでしょう。些細ですが、損得で物事を判断する癖が出てきます。寂しがるわりには人との距離も必要とするので、友人や知人と離れてひとりの趣味の時間を優先するようになるでしょう。お酒の席で大失態を演じたり、飲みすぎて二日酔いに苦しんだりすることもありそうです。ネガティブに物事を考えすぎる癖も出るのでほどほどに。

裏の時期　3月／4月　2011〜2012、2023〜2024、2035〜2036、2047〜2048年

金の時計座 37

面倒見が いい 甘えん坊

金 の 時計座 ◆ 37

基本性格　正義感あふれるリーダーだが、根は甘えん坊

　行動力とパワーがあり、差別や区別が嫌いで面倒見のいいタイプ。自然と人の役に立つポジションにいることが多く、人情家で正義感もあり、リーダー的存在になっている人もいるでしょう。自分が正しいと思ったことにまっすぐ突き進みますが、周囲の意見に振り回されやすく、心がブレてしまうことも。根の甘えん坊が見え隠れするケースもあるでしょう。おだてに極端に弱く、おっちょこちょい。行動が雑で先走ってしまいがちです。

★ 持っている星
生まれながらにあなたが持っている性質

◆正義感がある星
◆行動力・実行力がある星
◆おだてに弱い星
◆不思議な人脈をもつ星
◆うっかりミスが多い星
◆責任感の強い星
◆お節介な星
◆自分が正しいと思い込んでいる星

◆ご馳走するのが好きな星
◆恋に空回りする星
◆麺類の星
◆社長の星
◆後輩の面倒を見る星
◆仕切りたがり屋の星
◆よく転ぶ星

仕事運　面倒見のよい人情家の社長タイプ

　若いころは上手に甘える子分肌で、年齢を重ねると仕切りたがり屋のリーダータイプとして職場でその才能を活かすようになります。行動力と実行力があり、人間関係をつくることも上手なので、指導者や管理職、先生としてもその能力を発揮できそうです。介護やアドバイザー的な仕事も向いています。人情家の社長や経営者にも多いタイプで、人の面倒を見たり雇用を考えられるので、経営や独立も見据えて仕事をするといいでしょう。

恋愛運　世話焼きやお節介が恋に発展する

　あなたのことをストレートに好きと表現してくれるような、面倒見がいい人を好きになります。小細工や駆け引きは苦手で、**ハッキリ言ってくれたほうがいい**と思っています。せっかちなので、好きになると相手の気持ちを知りたくてひとりで急いでしまい、空回りすることも。世話焼きがきっかけで恋に発展することも多く、夢を追いかける人などにハマることもありそうです。たくさんの友人がいて、周囲を取り仕切るのがうまい人を好きになるでしょう。

「私が支える」と勢いで飛び込む

　結婚に対して金銭的なことや世間体を気にするよりも、「結婚は勢いだ」と考えているタイプ。相手はまだ修業中の身で結果が出ていない場合でも、**「自分が仕事をすれば大丈夫」**と周囲の制止を無視して結婚に踏み切ることがあるでしょう。面倒見がいいので、家庭でも自分中心に動きますが、自分の考えや生き方のほうが正しいと押しつけすぎてしまうところも。相手にも譲る部分をつくらないと、息苦しく感じさせてしまう場合があるでしょう。

寂しがり屋に行動力が加わると危険な状態に

　根は真面目なので浮気率は低いですが、問題は行動力と寂しがり屋に火がついてしまったとき。恋人が忙しくてかまってくれなかったり、マンネリな状態が続いたりしたときに、おだて上手や恋愛テクニックのある人が現れると関係をもってしまいそう。不倫も「離婚調停中」「夫婦不仲」「別居中」という言葉を信じて突っ走ってしまい、ズルズルと関係を続けてしまうことがあり、自分を正当化するような考えをもってしまうこともあるでしょう。

情に流されて気づいたらセフレに

　情に圧倒的に弱いので、復縁を求められるとついつい元サヤに戻ってしまいます。押し切られたりおだてられたりしても簡単に元に戻ってしまうことが多いでしょう。一方で昔の恋に執着して本当に大切な人を見逃したり、出会いのチャンスをなくしてしまう場合もあるので、相手のことを冷静に見て、自分の幸せに直結していないと思う場合は**キッパリ別れる必要もある**でしょう。気がついたらセフレになっていることがないように気をつけましょう。

もち上げられるとドンドン過激に

　「愛のあるＳＥＸを求めるタイプ」と自分で言うわりには、交際がスタートするとすぐにＳＥＸしたくなるか、**ＳＥＸをしてから交際をはじめる**ことがあるタイプ。甘えん坊なときは相手任せになりますが、せっかちになるとドンドン自分で攻めるようになります。テクニックはそれほどではなく、パワーで押し切る感じや回数で満足する人。騎乗位が好きで、おだてがうまい相手だと言うことを聞いて、ドンドン過激になることもあるでしょう。

金 の時計座 ◆ **37**

金運　計画性がなく、太っ腹なので貯まらない

　心が庶民でお金に関してはざっくりしているので、安い買い物をするために遠出をしたり、給料やボーナスが入ると後輩や部下にパーッとご馳走したりすることも多いでしょう。自分のためだけではなく他人のためにお金を使うことができるのはいいことですが、節約しているわりには無計画なのでなかなかお金が貯まらないことも。行動力もあるので、旅行などレジャーでの出費も多くなってしまいがちです。計画的な貯金を意識するといいでしょう。

健康運　雑な行動で体を痛めないように

　行動力がありますが、雑な動きが多く、打撲、転倒、足のケガをしやすいので要注意。何もない場所で転んだり、些細な段差でつまずいたりして恥ずかしい思いをすることも。パワフルで元気な雰囲気ですが、メンタルは弱く、胃痛や胃腸炎、肌荒れにもなりやすいでしょう。気管も弱く、扁桃腺にも注意が必要です。麺類を食べすぎる癖もあるのでほどほどに。また、下半身が太りやすいので適度に運動をしておくといいでしょう。

LUCKY

color
グリーン、ホワイト、オレンジ

food
麺類、バナナ、きのこ料理

spot
ペットショップ、川、山の温泉

心にとめておきたい
運気UPアドバイス
G

人にはそれぞれ人の事情があることを忘れない

裏運気　人と離れたくなって悶々と考え込みがちに

　裏は非常に上品で繊細、マナーやルールに厳しく、見栄っ張りなところはありますが、純粋で真面目な人になるでしょう。寂しがり屋なところは出ますが、人との距離感を大事にするので、深入りはせず、ひとりの時間が増えそうです。縁を切るまでではないのですが、日ごろ仲がよかった人と離れたりすることもあるでしょう。ネガティブに物事を考えるほど慎重になりすぎて、持ち前の行動力も欠けてしまい、考えすぎてしまうことが多くなるでしょう。

裏の時期　3月／4月　2011～2012、2023～2024、2035～2036、2047～2048年

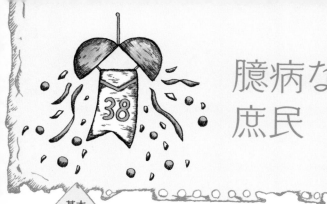

臆病な
庶民

基本性格 上品な見栄っ張りだが、人に振り回されやすい

　常識やルールをしっかり守り、礼儀正しく上品ですが、庶民感覚をしっかりもっている人。純粋に世の中を見ていて、差別や区別が嫌いで幅広く人と仲よくできますが、不衛生な人と権力者とエラそうな人だけは避けるようにしています。気が弱く、周囲の意見に振り回されてしまうことや、目的を定めてもグラついてしまうことが多いでしょう。見栄っ張りなところや、恥ずかしがって自分を上手に出せないところもあるでしょう。

★ 持っている星
生まれながらにあなたが持っている性質

◆礼儀正しい星
◆臆病な星
◆見栄っ張りな星
◆目的が定まらない星
◆清潔感がある星
◆温和で平和主義の星
◆精神が不安定な星
◆純愛の星

◆肌に悩む星
◆人のために生きられる星
◆他人に振り回されてしまう星
◆品を心がける星
◆庶民感覚の星
◆傷つきやすい星
◆エラそうな人が嫌いな星

仕事運 ていねいな仕事ぶりだが、たまに融通がきかない

　キッチリしっかり仕事をするていねいさがあります。会社のルールや規則を守り、きめ細かな仕事ぶりなので目上の人や年長者から重宝されますが、真面目に取り組みすぎて融通がきかなくなってしまったり、周囲で雑な人や規則を守らない人を見るとガッカリすることが多いでしょう。人の役に立てる仕事が向いているので、サポートをするような仕事や事務、秘書、医療、司法、公務員系の仕事がいいでしょう。体力不足には注意を。

恋愛運　恋には臆病。親切で礼儀正しい人を待つ

　やさしくて品があり、誠実な人で、お礼や挨拶などがしっかりできる人を好みます。エラそうにしている人は好きにならないので、どんな人にも親切でマナーもしっかりしている人を選ぶでしょう。下品な感じの人や荒々しい人のことも好きになりませんが、情にもろいので、頑張っている人や夢を追いかけている人にハマってしまう場合も。恋には臆病で、相手の出方を待ちすぎてしまったり、順序を守ろうとしすぎたりすることがあるでしょう。

結婚　理想と大胆な思いに揺れ動いて悩む

　理想の相手との結婚を望むときと「愛があれば大丈夫」という思いとにはさまれて、考えも気持ちもブレてしまう人。誰に紹介しても恥ずかしくない外見や学歴、職業の、誠実でしっかりしたやさしい人との結婚を望んでいますが、常識にとらわれずに自分が好きなら突っ走りたいという考えが混ざり、最終的には情熱的な人や強引な人と結婚することが多いでしょう。ただし、結婚後に相手への細かなチェックが増えたり、些細な点が気になりそうです。

浮気&不倫　「寂しい思いをしたくない」と思ったときが危険

　浮気に対しては嫌悪感があり、他人の浮気や不倫話を聞くことも本音では嫌。自ら浮気に走る可能性はもっとも低いタイプでしょう。問題は、情が移ってしまったときや、恋人との関係が冷め切ってしまい愛情を感じられない期間が長いときに、「保険」としてほかの人で試してみる場合があること。それは寂しい思いをしたくないがゆえの行動にすぎません。不倫も基本的にはしませんが、既婚者と知らずに関係をもってしまうことがあるので気をつけましょう。

復縁　自分が悪かったと思っては復縁を繰り返す

　寂しがり屋の人情家なので、別れてしまったことを反省して「自分のここが悪かったのでは」などと考えれば考えるほど、どんな別れ方をした人とでも復縁を望んでしまいます。相手から連絡があるとついつい行ってしまうので復縁率も高めです。ただし、同じようなことを繰り返してしまう傾向もあるので、周囲の意見に耳を傾ける必要があるでしょう。自ら復縁を求めるときは、「純粋な思いを伝えればわかってもらえる」などと思わないように。

SEX　知ってしまうと誰よりもエロくなる

　基本的には真面目なSEXを好むタイプ。しっかりシャワーを浴びて、毎回同じような愛撫と同じようなフィニッシュを繰り返します。変化や激しいことが苦手で、外や衛生的ではない場所などはNGです。本音では裸を見られるのも恥ずかしいので、暗いほうが集中できそうですが、殻をかぶっているぶん、テクニックのある人とSEXをして快楽を覚えてしまうと、誰よりもエロくなってしまったり積極的になったりする場合もあるでしょう。

金の時計座　◆　38

金運 人の喜ぶことに時間を使うとお金がめぐってくる

やや見栄っ張りなところがあり、そのせいで不要な出費をしがちです。しかし、基本的に心は庶民なので、贅沢や派手なお金遣いは少ないでしょう。生まれた環境を基準にした贅沢で満足できる人。度胸がないので、儲け話や博打的なことに飛び込んでも大損することがあるので注意しましょう。「お金を追いかけるよりも他人の喜ぶことに時間を使う」ようにすると、自然とあとからお金がめぐってくることがあるタイプでしょう。

健康運 人の愚痴や不満は無視してスキンケアを念入りに

肌に不調が出やすく、肌荒れ、乾燥、ニキビ、謎のじんましん、手荒れなども起こりやすいので、スキンケアをしっかりすることと日焼けには要注意。好きな音楽を聴いて、常温の水を飲んでのんびりする時間をつくり、精神的にリラックスできると自然と体調もよくなるでしょう。愚痴や不満を聞かずに、**前向きで明るい未来の話をすること**も大事です。転倒や打撲も多いタイプなので、足元をしっかり見て歩くようにしてください。

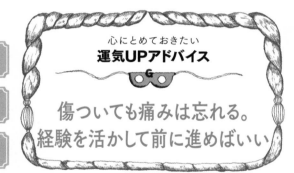

LUCKY

color
ホワイト、ライトブルー、グレー

food
柑橘類、アボカド、きのこ料理

spot
コンサート、渓谷、山の温泉

心にとめておきたい
運気UPアドバイス

傷ついても痛みは忘れる。
経験を活かして前に進めばいい

裏運気 パワーがみなぎり無謀な行動に走りやすい

裏運気になると行動力が増し、何事もせっかちになりやすく、自分が正しいと思ったことに突っ走ってしまうでしょう。日ごろのていねいさは消えて、雑な感じになったり、無謀な行動に走りやすくなることもあるでしょう。ネガティブな考えが強くなり、マイナスに受け止めすぎてしまいヘコむことも増えるので、裏運気に出てくる癖だと思っておきましょう。パワーが増すので、ふだんなら体験できないことを楽しんで経験してみるといいでしょう。

裏の時期　3月／4月　2011〜2012、2023〜2024、2035〜2036、2047〜2048年

39 常識に とらわれない 自由人

基本性格 ▷ 束縛嫌いで理屈好きな変わり者

　自分ではふつうに生きていると思っていても、周囲から「変わっているね」と言われることが多い人です。心は庶民ですが常識にとらわれない発想や言動が多く、理屈や屁理屈が好きなタイプ。自由を好み、他人に興味はあるけれど束縛や支配はされないように生きる人でもあります。心は中学1年生のような純粋なところがありますが、素直になれなくて損をしたり、熱しやすく飽きっぽかったりして、心がブレてしまうことも多いでしょう。

★ 持っている星
生まれながらにあなたが持っている性質

- ◆変態の星
- ◆屁理屈の星
- ◆不思議な人脈をもつ星
- ◆新しいことが好きな星
- ◆テンションは小学生のままの星
- ◆芸術家の星
- ◆独自の価値観の星
- ◆才能に惚れる星
- ◆食事のバランスが悪い星
- ◆自由に生きる星
- ◆外国が好きになる星
- ◆独特な発想ができる星
- ◆共同生活が苦手な星
- ◆変わった友人ができる星
- ◆興味あることがコロコロ変わる星

仕事運 ▷ 人と違うセンスを活かすと吉。海外での活躍も

　デザインやファッション、色彩、芸術系の才能を活かせる仕事が最適です。一方で、公務員にも多いタイプ。好きな仕事以外はやる気を出すことが少ないものの、一度火がつくと驚くほど才能を発揮し、国内だけではなく海外でも仕事ができたり、周囲が驚くような匠の技を身につけたプロになることもあるでしょう。ただし、飽きるのが早く、ひとつの仕事が続かず転々とする場合があるので、仕事への感謝の気持ちを忘れないように。

恋愛運 天才か変態の紙一重タイプを追いかける

　周囲が驚くような相手や、理解できないような人を好みます。才能がある人や尊敬できる人を好きになったり、夢を追いかけているようなタイプを好きになることもあり、「天才か変態」の紙一重な人を選ぶケースが多いでしょう。寂しがり屋ですがベッタリするのは嫌で、ほどよい距離感を必要とします。ただし、自分が「会いたい」と思ったときに会ってほしいという、ワガママな一面もあるでしょう。

結婚 周囲が驚くほどの
「自由すぎる結婚観」

　「結婚したい」と口に出すわりには、本音は「なんで結婚しないといけないのか」などと、結婚に理由を求めたり、いいタイミングでもあまのじゃくになってチャンスを逃したりすることがあるでしょう。結婚相手も、周囲から「その人で大丈夫？」と驚かれるような人と突然結婚するなど、生活力に欠けるような人との結婚に踏み切る場合も。結婚後も自由な生き方は変わらないままですが、支配されると逃げたくなってしまうでしょう。

 浮気&不倫 好奇心が勝るとサクッと

　興味のある人には深入りしますが、ベッタリされると興味がなくなるところがあるので、サックリ浮気をする可能性があるでしょう。才能があり、ふつうの人とはちょっと違った生き方をする人に近づいてしまうので、浮気がしたいというよりも好奇心が勝る人でしょう。不倫も同じように、好奇心や興味本位でスタートする場合がありますが、執着はしないので、別れや縁を切ることになれば終わるのも早いでしょう。

 復縁 プライドから
意地を張ってしまう

　自分の元を去った人には基本的には興味がなくなります。とくに自分から別れを告げた場合はきれいサッパリ別れることができます。問題はまだ自分が好きな状態でフラれてしまったとき。好きという気持ちよりもプライドの問題で意地を張ってしまう瞬間がありそうです。ただし、つねに新しいことに目を向けるので、昔の恋にこだわるケースは少ないでしょう。昔の恋人から求められても、才能がない人には見向きもしないでしょう。

 SEX 変化と予想外の展開が
あるとうれしい

　探求心に火がつくと、「どうするともっと気持ちがいいのか」とあれもこれもと試したくなります。基本的にはひとりの人とは一、二度SEXするとパターンが同じだとわかって飽きてしまいます。つねに変化を求め、予想外のことをしてくる相手だと盛り上がりますが、ワンパターンで淡白な相手だと簡単にセックスレスになってしまうでしょう。匂いフェチと耳を攻められると弱いところがありますが、変態プレイに走りやすいのでほどほどに。

金 の時計座 ◆ **39**

新しいものや未知の経験にお金を使いたい

お金への執着は弱く、お金遣いは激しいほうです。心が庶民なので高級な物を買うといった派手な使い方はしませんが、自分独自の価値観による支出が多いので「なんでそんなもの買うの？」と聞かれるような出費や新しいもの好きによる出費、未知のことを経験したくてお金を使うことが増えてしまうでしょう。海外旅行や芸能系に関することでの出費も自然と増えてしまうタイプです。積立預金や目標を定めて貯金をするといいでしょう。また、才能がお金を呼ぶこともあるでしょう。

 ## 首から上、肌、偏食に気をつけて

体調面で出やすいのが目の疲れ、偏頭痛など首から上の病気と肌荒れです。目は近視、遠視、緑内障、白内障、眼精疲労、ものもらいになりやすいので、検査やケアをしっかりすることが大事です。また、肌が弱いので日焼けに気をつけて、スキンケアを入念にするようにしましょう。食事のバランスが悪いことが体調不良の原因になりやすいので、同じものばかり食べないようにしましょう。

LUCKY

color
ホワイト、ブラック、グレー

food
カレー、いちご、きのこ料理

Spot
映画館、神社仏閣、キャンプ場

心にとめておきたい
運気UPアドバイス

自分よりももっと頑張っている人や
結果を出している人を素直に認める

 ## 情報収集にのめり込み、評論家気取りに

裏運気になると探求心が強くなり、勉強やデータ収集、情報を集めることが好きになるでしょう。他人とはいい距離感を保つというよりも閉鎖的な感じになり、突然人と会わなくなったり、縁を切ったりしてしまうこともあるでしょう。マイナスに物事を考えすぎたり、ネガティブな発言が増えたりもしそう。他人を小馬鹿にする発言や上から目線の言葉が多くなり、評論家気取りの発言が出やすいので、言葉選びには慎重になりましょう。

裏の時期　3月／4月　2011〜2012、2023〜2024、2035〜2036、2047〜2048年

40 下町の先生

基本性格 好き嫌いがハッキリした上から目線タイプ

　自分の学んだことを人に教えたり伝えたりすることが上手な先生のような人。理論や理屈が好きで知的好奇心があり、文学や歴史、芸術、美術に興味や才能をもっています。基本的には人間関係をつくることが上手ですが、知的好奇心のない人や学ぼうとしない人には興味がなく、好き嫌いが激しいところがあります。ただし、それを表には見せないでしょう。「エラそうな人は嫌い」というわりには、自分がやや上から目線の言葉を発してしまうところも。

 持っている星
生まれながらにあなたが持っている性質

- ◆ 理論と理屈が好きな星
- ◆ 古いことが好きな星
- ◆ 心は庶民の星
- ◆ 学習能力が高い星
- ◆ 心は60歳の星
- ◆ 教育者の星
- ◆ 言葉が冷たい星
- ◆ 勉強にお金を使う星
- ◆ 先生に惚れる星
- ◆ 視力低下の星
- ◆ 本音は他人に興味がない星
- ◆ 知的好奇心がある星
- ◆ 伝統や文化が好きな星
- ◆ 舞台を観るといい星
- ◆ 人の才能を見抜ける星

 感謝と尊敬の気持ちがもてると才能が伸びる

　一度はじめた仕事は完璧にしないと気が済まないタイプ。**教育機関、指導者、先生**などが最適です。ほかにも芸術や美術関係の仕事も適職。理論がしっかりとある仕事などもいいでしょう。プライドが高いところがありますが、頭を下げることやお願いをすることができなくなると能力が伸びなくなってしまいます。教えてもらうことへの感謝と、どんな人でも尊重・尊敬する気持ちを忘れないようにすることが大事でしょう。

面倒見がいいのに自分は心を開かない

　頭がよく尊敬できる人を好きになりますが、情にもろく、面倒を見すぎてしまったことから恋がはじまることが多い人です。女性の場合、恋人の母親のようになってしまったり、叱ったりお尻を叩いたりすることもよくあるでしょう。理想とは真逆のタイプに好かれたり、交際することになる場合もありますが、相手と仲よくなっても簡単には心を開かないので、「やさしいのにどこか冷たい」と思われてしまいます。言葉選びには注意が必要でしょう。

 ### 互いに独立して尊敬し合える人が理想

　「尊敬できる人と結婚をしたい」という気持ちが強い人です。芸術や美術、勉強などに励んで自分を高めようと日々努力している人との結婚を望み、互いに束縛しないで、ほどよい距離感を保ちながら認め合える相手が理想です。ただし、恋愛と一緒で情にもろく、流されて結婚に進んでしまう場合も。面倒を見すぎてしまい、甘えることができずに、相手の親のような存在のまま結婚に進んでしまうことも多いでしょう。

 ### 完璧な人を求めていると既婚者に当たりやすい

　交際がはじまるとほかの人に目移りすることは少ないでしょう。ただ、相手が浮気をしたり、愛がないと知ったときには、プライドが傷ついて無謀な行動に走る浮気はあるでしょう。心から尊敬できる人を見つけてしまうと気持ちがブレてしまうこともありそうです。不倫ではやや危険なのが、恋愛に「完璧な人」を求めていると既婚者である場合が多いこと。テクニックのある相手に引っかかり、情が移ってなかなか別れられなくなる場合もありそうです。

 ### 新しい人を探すのが面倒だと……

　人情家な面をもっていますが、執着は少なく、復縁率は低めです。とくに自分から別れを告げた相手は、完璧ではなかったり誠意が伝わらなかったことが原因である場合が多いので復縁するケースは少なめ。ただし、フラれてしまったときはプライドが傷ついたことが許せずに意地になったり、ヘコみすぎたり考えすぎることが原因で復縁を望む場合もあるでしょう。また、新しい人を探すのが面倒で復縁することもあるでしょう。

 ### 一度は探求しても結局相手任せになりがち

　愛があればSEXがなくても平気なタイプ。大事なことは互いに尊重尊敬できていることで、愛を感じられていれば近くにいるだけで十分。探求心はあるので、一度火がつくといろいろと試したり、こっそり勉強したりもしますが、ある程度SEXを経験すると、それほど盛り上がる人ではないでしょう。相手任せになってしまうことが多いので、ときにはワガママを言ったり攻めてみたりするといいでしょう。耳を舐められると弱いでしょう。

金運　人、芸術、技術のために生きるとお金がついてくる

お金に執着は少なく、「ほどほどのお金で好きな仕事」と、「好きではないがお金を稼げる仕事」のどちらを選ぶかと聞かれたら、「ほどほどのお金で好きな仕事」を選ぶタイプ。お金を追いかけるよりも他人のため、芸術・美術のため、技術習得のために時間をかけることで、あとになってからお金が回ってくる人でしょう。マニアックなものや独自の価値観で周囲が疑問に思うようなことにお金を使いすぎてしまう場合も多いので、ほどほどにする必要があるでしょう。

健康運　神社仏閣や芸術にふれると元気になる

頭がよいので健康情報をしっかり得ていそうですが、食事のバランスが悪く、同じものばかり食べてしまうなど偏食しやすい人。目の疲れや偏頭痛、緑内障、白内障、脳の病気などになりやすいので定期的な検査が必要。ストレスが肌に出やすく、スキンケアをしたりしっかり睡眠をとることも必要でしょう。時間があるときは神社仏閣や芸術に関わる場所でのんびりしたり、映画を観たり、好きな音楽を聴きながら読書するといいでしょう。

LUCKY

color
ホワイト、ボルドー、ブラック

food
和食(うな重)、コーヒー、きのこ料理

spot
神社仏閣、植物園、山の温泉

心にとめておきたい
運気UPアドバイス
G

笑顔を心がけて、
やさしい言葉を選ぶようにする

裏運気　ひねくれた子どものように突発的に行動する

他人に見せない裏側は「自由な子ども」のような人です。好奇心の赴くままに行動したり、飽きっぽいところや他人を小馬鹿にするところも出てくるでしょう。疑い深く、何事も斜めから見てしまい素直になれないことも増え、ひねくれた部分が出てしまうでしょう。なんでもマイナスに考えすぎて、卑屈になってしまうところも。海外に興味を示して、生活リズムを突然変えたくなり、人脈を切ってでも行動してしまうこともあるでしょう。

裏の時期　3月／4月　2011〜2012、2023〜2024、2035〜2036、2047〜2048年

銀の
時計座

Silver
Horologium

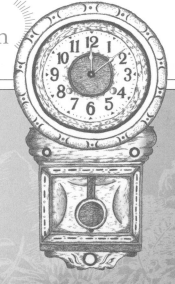

31

心がブレる
高校1年生

基本性格　仲間に囲まれていたいが、振り回されやすい

　負けず嫌いの頑張り屋で、気さくでサッパリとした性格です。色気があまりなく、交友関係は広いでしょう。反発心や意地っ張りなところはありますが、本当は寂しがり屋で、つねに人のなかにいて友人や仲間が欲しい人。頑張るパワーはありますが、周囲の人に振り回されてしまったり、自ら振り回されにいったりするような行動に走ってしまうことも。心は高校1年生くらいからほぼ変わらない感じで、学生時代の縁がいつまでも続くでしょう。

★ 持っている星
生まれながらにあなたが持っている性質

◆対等の星
◆頑張り屋の星
◆サッパリとした性格の星
◆根は野心家の星
◆平等心の星
◆負けを認められない星
◆友人と同じものを欲しがる星
◆同級生が好きな星

◆胃に注意が必要な星
◆仲間を大事にする星
◆スポーツをするといい星
◆メンタルが弱い星
◆友人任せにする星
◆ノリは高校生のままの星
◆色気がない星

仕事運　人のために頑張る仕事人間

　競争意識が高く頑張り屋ですが、仲間や他人のためにも頑張れる人。**人と関われる仕事や営業、インストラクター的な仕事**が最適です。お金のためよりも、ともに頑張れる人がいる職場や他人の笑顔のために頑張れる仕事を選ぶといいでしょう。仕事が楽しくなると仕事人間になってしまうことも多いので、恋愛や結婚のこともしっかり意識するのが大事。同期や同年代のよきライバルを見つけると、やる気が出て長く続けられるでしょう。

定期的に行く場所で素敵な出会いが

親しくなった仲間内で恋が芽生えやすく、身近で対等に付き合える人を求めます。一度好きになると思いは強くなり、突然告白をしたり意地になったりすることもあるでしょう。ただし、「異性の友人」止まりになりやすく、都合のいい存在になってしまう場合もあるので、現実をしっかり見て相手を選びましょう。出会いは、学校や職場、地域のイベントや定期的に行く場所にあることが多く、交流するなかで素敵な人を見つけるでしょう。スポーツに関わるスポットもオススメです。

 アーティスト気取りな人を選ぶと苦労する

同級生や職場など身近な相手と結婚する確率が高いでしょう。できるだけ相手から甘えられず、引っ張られない、対等な付き合いのままで結婚できるのが理想。何かに一生懸命打ち込んでいたり、夢に向かって努力している人と結婚する場合がありますが、アーティスト気取りな相手に引っかかってしまい、自分ばかりが頑張ることになり苦労が続くケースも。周囲からのアドバイスに反発せずに、素直になることが重要です。

 心の隙ができたときに魔が差す

浮気をする可能性は低いですが、意地っ張りなため、自分の反発心が原因で恋人とケンカになることが多いでしょう。それなのに、メンタルが弱くブレやすいので、心に隙ができたときに同僚や同期と飲みに行くなどすると危険です。不倫も、職場の上司や結婚している同期、昔の恋人と関係をもってしまうことが多く、ここでも心に隙ができたときが危険です。意地っ張りなのでなかなか引けなくなってしまい、不倫が長引くこともあるでしょう。

 友達のつもりでもズルズルと

別れたあとも友人関係でいることが多いので、復縁というよりなんでも話せる友達のような感じにしたい人。相手から復縁を望まれても、あなたに気持ちがなくて「友達だから」とハッキリ断れればいいのですが、ついつい体の関係をもってしまい、そのままダラダラと続いてしまう場合もあるので注意は必要です。自分から復縁を望む場合は、強引になり暴走しすぎてしまうことも多いので、まずは自分が成長し、大人になることが大事でしょう。

 自分本位にならないよう相手をよく見て

互いを理解するためにSEXは必要ですが、色気とテクニックはそれほどなく、サクサクと終わる感じや、運動部のように汗を流しているくらいがいいタイプ。「頑張っているけどね」と相手に思われてしまうので、ときにはねっとりゆっくりするなど楽しみ方を変えることも大切です。舐めることは下手ですが、「自分はうまい」と思い込んでいると相手をガッカリさせる場合があるので、自分本位にならず、相手の反応をもっとよく見るようにしましょう。

金運　周囲の人と同じようなお金の使い方になる

　庶民的な感覚をもっているのでお金に関しても派手な感じはありませんが、周囲の人に影響されやすく、身近な人が派手にお金を使っていたり、高級品や趣味にお金を使っていたりすると自分も欲しくなり、あなたにとっては不要な物でも、「友人が持っているなら必要かな」などと同じような出費をすることがあります。身の丈に合わない物を手に入れようとしないことと、高価なものを買うときは冷静になってよく検討する癖をつけたほうがいいでしょう。

健康運　若さゆえの無謀な行動、メンタル、胃腸に注意

　基礎体力がありサッパリとした性格なので健康そうに見えますが、表に出る部分では肌荒れになりやすいので、日ごろからスキンケアや保湿を大事にしてください。元気なのはいいですが、若いころに露出の多い服を着たことが原因で、気づいたらシミが多くなって悩むことがあるでしょう。また、性格のわりにはメンタルが弱いほうなので、胃腸の調子を崩しやすい傾向も。軽い運動やストレッチなどは欠かさないほうがいいでしょう。

LUCKY

color
レッド、グリーン、ホワイト

food
きなこクッキー、ヨーグルト、青椒肉絲

spot
スタジアム、テーマパーク、パーティー

心にとめておきたい
運気UPアドバイス

困っている人を助け、
困ったときには素直に助けてもらう

裏運気　刺激を求めて自分探しをしたくなる

　裏側は真面目ですが、ネガティブに物事を考えすぎてしまい、ヘコみすぎるタイプになります。そのわりには刺激や変化を求め、ライブや旅行に行きたくなり、「自分探しの旅」と言ってひとりでフラッと出かけてしまうこともあるでしょう。ふだんなら興味の薄い高級な物にお金を出してしまい、「なんでこんなもの買ったんだろう」と後悔することも。裏の時期になると突然、人間関係や団体行動を避けて、いろんな縁を切ろうとすることもあるでしょう。

裏の時期　4月／5月　2012～2013、2024～2025、2036～2037、2048～2049年

雑用が
嫌いな
じつは野心家

**基本
性格** 一発逆転の情熱をもって破天荒に生きる

　庶民的で人間関係をつくることが上手な人ですが、野心や向上心を強くもっています。どこかで一発逆転したい、このままでは終わらないという情熱を秘めていて、刺激や変化を好むところがあるでしょう。人は好きですが団体行動が苦手で、結果を出している人に執着する面があり、ともに成長できないと感じた人とは距離をあけてしまうことも。意外な人生や破天荒な人生を自ら歩むようになったり、心が大きくブレたりすることもある人です。

★ 持っている星
生まれながらにあなたが持っている性質

◆合理主義の星　　　　　　　◆苦労を隠す星
◆刺激好きな星　　　　　　　◆不思議な人脈ができる星
◆一発逆転の星　　　　　　　◆役者の星
◆根は野心家の星　　　　　　◆人生の近道をねらう星
◆旅行・ライブ好きの星　　　◆無駄が嫌いな星
◆頑張りを見せられない星　　◆危ない人を好きになる星
◆好きになると止まらない星　◆話の腰を折る星
◆ヤケ酒の星

仕事運 最初に下働きしておくと、あとで活きてくる

　外には見せなくても燃えるような情熱と向上心と野心をもっています。合理的に物事を進め、無駄なく仕事をすることが好き。一方で、人のためになる仕事を選ぶのもよく、看護師や医療系も向いているでしょう。理数系の能力もあり、男性が多い職場にも強いタイプです。ただし雑用を避けてしまったり、基本的なところを見落としてしまったりするところがあるので、最初は苦労を買ってでも下働きしておくといい仕事ができるでしょう。

攻略法を試しすぎてブレてしまう

　自分が好きでいたい気持ちが強く、一度火がつくと、相手を落とすまで強引になってしまい、どうしたら好かれるか、どうしたら落とせるかといろいろと試します。試すことが結果的に心がブレてしまう原因になることも。ただし、交際がはじまって相手がベッタリしてくると、最初はいいのですが、突然冷めてしまうことがあり、飽きがきやすいので刺激や変化が必要です。旅行やライブやイベントの計画をつねに立てておくといいでしょう。

 披露宴や新婚旅行は
派手にしたい

　結婚への憧れは強く、ウェディングドレスや着物姿を想像するなど、派手ではなくても披露宴への期待が高い人。平凡でも愛があればいいと言いながらも、本音は「結婚式くらいは派手に、新婚旅行くらいはよいところに」と思っているフシがあるでしょう。また、周囲が驚くような相手と結婚をすることもあります。**結婚後も好きな仕事をしているほうがよ**く、家庭での仕事も役割も互いに分担できる関係でいることが長続きの秘訣でしょう。

 ベッタリになると
次の刺激を追い求める

　人が好きで刺激も好きなので、浮気率はかなり高めですが、自分が恋人にベタ惚れだったり、交際相手があなたにベッタリではなく、いい距離感で付き合っているときには浮気を考えません。ただし、倦怠期に突入したり、恋人が自分のことを大好きになりすぎているときには、次の刺激を求めて浮気に走ることも多く、演技も上手なのでなかなかバレないでしょう。不倫も同じように刺激を求めて、社内や近いところで長く関係をもつことがあるでしょう。

 好きな気持ちが止まらず
執着する

　一度火がついた恋を止めることが難しいタイプ。とくにまだ相手を好きなのに、あなたの元を去っていった場合には執着が強くなり、もう一度やり直したいという自我がドンドン強くなるでしょう。逆に自分から見切りをつけた相手との復縁率は低めです。周囲が認めるすごい人になっているか、おもしろそうな刺激を与えてくれるような人に相手が成長していない限り、復縁を考えることもないでしょう。**自分が向上できる相手とは復縁を考える人でしょう。**

 コスプレやソフトSMなど
刺激好き

　激しすぎないけれど少し刺激的なSEXを望みます。ノーマルやワンパターンな感じでは簡単に飽きてしまい、本音ではコスプレや小道具、ソフトSMや外でのSEXが好きになる人でもあります。**まずは自分が満足することが大事。**気持ちのいいところを強引に攻めさせたりすることも多く、ひとりよがりで相手が引いてしまうこともあるでしょう。一方で、相手を喜ばせる努力もするので相手の満足度は高いでしょう。

 金運 仲間と楽しむためにお金を使ってしまう

　刺激や変化を好んでしまうため、庶民的ながらも旅行やライブなどの出費が増えてしまいます。そのためにそれなりのお金が必要になって、一発逆転をねらってしまうことがありますが、稼いだお金や臨時収入を自分のためだけでなく、周囲や仲がいい人と楽しく使ったりすることも多いでしょう。金額が大きくなると雑に使ってしまうことがあるので、**大金は持ち歩かずに**、貯金も口座をいくつかに分けたほうが貯まりやすいでしょう。

健康運 独自の偏った健康法にハマりやすい

　独自の健康法にハマるほどの健康マニアになりやすいでしょう。ただし、「ヨーグルトを食べれば大丈夫」「腹筋しているからいい」などと、それだけに偏る場合があるので注意が必要。体のなかでもっとも弱いのは胃腸と肌です。また、心がブレやすくメンタルが弱いので、リフレッシュやリラックスできる空間を定期的につくらないと、メンタルが崩れて考えすぎてしまうこともありそう。**格闘技を見たり習ったりするといいでしょう**。

LUCKY

color
ホワイト、グリーン、ブラウン

food
ステーキ、青椒肉絲、きなこ餅

Spot
ライブハウス、リゾートホテル、お祭り

心にとめておきたい
運気UPアドバイス

自分の夢や希望は
言葉に出す

銀の時計座 ◆ **32**

裏運気 真面目になりすぎて人間関係が下手になる

　人に見せない裏側は、負けず嫌いの頑張り屋の努力家で、言われたことを忠実に守るタイプです。ただし裏運気になると、真面目になりすぎて、マイナスに物事を考えすぎ、些細なことをネガティブに受け止めたり発したりすることがあるでしょう。人間関係も下手になり、距離をおきたくなったり、親友以外の人との交流を避けてしまったりすることも。突然、肉体改造やトレーニングをしたくなったりもするでしょう。

裏の時期　4月／5月　2012〜2013、2024〜2025、2036〜2037、2048〜2049年

明るい気分屋

基本
性格 　天真爛漫に人をよろこばせると幸せになれる

　誰よりも人を楽しませることが好きなサービス精神豊富な人。空腹が苦手で気分が顔に出やすいところはありますが、楽しいことやおもしろいことが大好きです。不思議な人脈をつくることができ、つねに天真爛漫ですが、心がブレやすいので目的を見失って、流されてしまうことも多いでしょう。人気者になり注目を浴びたい、人にかまってほしいと思うことが多いぶん、他人をよろこばせることに力を入れると幸せになれるでしょう。

★ 持っている星
生まれながらにあなたが持っている性質

◆ サービス精神の星
◆ 心は庶民の星
◆ 欲望に弱い星
◆ 太りやすい星
◆ 楽観主義の星
◆ 愛嬌のある星
◆ 愚痴の星
◆ 遊びすぎる星

◆ スケベな星
◆ 気管が弱い星
◆ ワガママな星
◆ 冗談が好きな星
◆ かまってくれる人が好きな星
◆ 余計な一言が出る星
◆ 体型にコンプレックスがある星

仕事運 　エラそうな人が苦手。楽しい職場が向いている

　人と関わりながら楽しく仕事ができる職場が最適です。サービス業や遊びの延長のような仕事と相性がよく、どんな職場でも「楽しいところを探す癖」を身につけることができれば自然とあなたに人気が集まりますが、思い通りにならないと愚痴や不満が出すぎてしまうことがあるでしょう。とくに上司や経営者がエラそうな態度をしていたり、権力を振りかざしていたりすると、不満が爆発してしまうでしょう。

恋愛運 楽観主義でノリの合う人と恋をする

　好きな人の前では自然と笑顔になったりテンションが上がってしまったりするので、**周囲に簡単にバレてしまいます**。おもしろくて楽しませてくれる人や、ノリが合う人を好きになるでしょう。お笑い芸人のようなポジションの人を好きになることも多く、真面目すぎてつまらない人とは長続きしないでしょう。楽観主義なので周囲が制止するような相手と交際をしたり、勢いで体だけの関係になってしまったりする恋もあるタイプです。

結婚　おもしろい人と楽しい家庭をつくる

　人と一緒にいることが好きで、根は寂しがり屋なので、結婚願望は強めです。ノリや勢いで結婚することが多く、デキ婚率もかなり高いでしょう。交際が長くなると不安になって判断できなくなってしまうので、**交際期間が短くても勢いが大事**。好みのタイプでもあるおもしろい人とは結婚に進みやすいのですが、経済面や生活のことを考えない場合があるので、冷静な目は必要です。結婚後は楽しい家庭をつくることができるでしょう。

浮気&不倫　浮気すると言い訳したり相手のせいにしたり

　浮気に対して罪悪感は少なく、ノリや勢いで、またはSEXがしたくて浮気することも。「**心は浮気していない**」と言い訳をしたり、「**あなたが相手をしてくれないから**」と恋人を責めたりする場合もあるでしょう。不倫もお酒の勢いや、たくさん笑わせてくれるサービス精神豊富な人と関係をもちやすく、なんとなく縁が切れなくてズルズルと関係が続いてしまうことも多いタイプ。先を考えて早めに縁を切らないと、素敵な出会いを逃してしまいます。

復縁　楽しい人、体の相性のいい人とは復縁しがち

　楽しい思い出が多かった相手との復縁や、別れたあとに会ってみて、話がおもしろかったり笑わせてくれたりした相手とは復縁を望みます。「恋愛＝遊び」の感覚も強いので、体の関係だけを続けてしまい、**互いに都合のいい状態をキープ**してしまうこともあるでしょう。理屈っぽくてエラそうな感じの人や小馬鹿にしてくる感じのある人、真面目で暗い人との復縁はありませんが、SEXが合うと感じた相手との復縁はあるかも。

SEX　H好きだけどコンプレックスも抱えやすい

　素直に「SEXが大好き」と言えるくらいSEX好きな人。肌と肌が触れ合うことから快楽も含めてすべてを一緒に楽しむタイプ。「付き合う＝SEXをする」と思っているほどです。ただし、SEXが好きなのに自分のスタイルやテクニックにコンプレックスを抱えやすい面もあるので、気にしないで素直になると相手も満足してくれそう。感じやすく相手とともに興奮できますが、レスになると愛がないと思ってへこんでしまうこともあるでしょう。

銀 の時計座 ◆ **33**

金運 なぜかお金に恵まれて、最低限の生活には困らない

　不思議とお金に恵まれる人ですが、そもそもが庶民の星なので、大金というよりも生活に困らない程度のお金にはつねに恵まれている人。ただし、大金を手にすると使い方がいい加減になってしまいます。1年や1か月の間でもっとも出費している物事を控えると、簡単にお金が貯まるでしょう。サービス精神があるので他人を楽しませられると、のちに金運になって戻ってくることもありますが、知り合いや友人へのお金の貸し借りだけは避けておきましょう。

健康運 陽気なのにメンタルが弱く、油断するとすぐ太る

　明るく元気ですが、肌が弱く、ストレスがたまると肌に出てしまうことが多いでしょう。ほかには気管周辺が弱く、鼻炎などに悩むことも。また、油断をすると簡単に太ってしまうので、ダンスや音楽に関わる習い事をしたり、カラオケでストレス発散などする日をつくっておくことが大事です。陽気なわりにはメンタルが弱いので、話を聞いてくれる友人やポジティブな人と一緒にいるといいでしょう。

銀
の時計座 ◆
33

LUCKY

color
ピンク、グリーン、ホワイト

food
チョコレート、卵料理、青椒肉絲

spot
お祭り、ファミレス、テーマパーク

心にとめておきたい
運気UPアドバイス
G

地道なことを楽しむ。
結果が出ないことも楽しむ

裏運気 やる気が出なくなるがアイデアは出る

　他人に見せない裏側は、余計な一言が多くやや短気なところがあり、受け身で自ら行動しなかったり、やる気のない感じが出てしまったりするでしょう。ふだんのポジティブなあなたとは真逆になって、ネガティブに考えたり、何事もマイナス思考になってしまい、人間関係を面倒に思うことも。感覚と勘は当たりやすくなるため、いいアイデアやひらめきは多くなるでしょう。ストレス発散が下手になるので、自然の多い場所でリフレッシュしましょう。

裏の時期　4月／5月　2012〜2013、2024〜2025、2036〜2037、2048〜2049年

一言多い
人情家

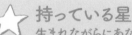

基本
性格 隠しもった向上心で驚くアイデアを出す

　何事も直感で判断して突き進む人です。人情家で面倒見がいいのですが、情が原因で苦労や困難を招いてしまうことが多く、余計な一言や、しゃべりすぎてしまうところ、恩着せがましいところが表面に出やすい人でしょう。ストレス発散が苦手で、些細なことでイライラしたり、機嫌が簡単に表情に出てしまったりすることも多いでしょう。向上心を隠しもち、周囲が驚くようなアイデアを生み出すことができる人です。

★ 持っている星
生まれながらにあなたが持っている性質

- ◆超おしゃべりな星
- ◆発想力がある星
- ◆人情家の星
- ◆短気な星
- ◆人に振り回される星
- ◆表現力豊かな星
- ◆ストレス発散が下手な星
- ◆デブが嫌いな星
- ◆疲れやすい星
- ◆察する能力が高い星
- ◆直感を信じる星
- ◆エロい星
- ◆若い人を育てる星
- ◆芸術家の星
- ◆ファッションで成功する星

　情の深い社長の下で、人のために生きたい

　言葉を使う仕事でもっとも才能を活かすことができます。また、他人のために生きることが向いているので、弁護士や教育者、医療関係、福祉関係などもいいでしょう。営業や販売など、人との関わりが多い仕事にもやりがいを見つけられるでしょう。「これだ」という仕事を発見してしまうと、突然転職をしたくなったり、転職を繰り返してしまう一面もあります。情の深い社長や親身になってくれる人がいる職場なら長く続けられるでしょう。

恋愛運　愛情あふれる夢追い人を好きになる

　第一印象がもっとも大事です。差別や区別を避ける人ですが、本音はデブとエラそうな人は嫌い。いつも一緒にいてくれる情のある相手を好きになりますが、一度その火がつくとなかなか消えることがないでしょう。新たなことに挑戦している人や、夢を追いかける人の応援をしているうちに本気で好きになってしまう場合もありそうです。人生相談や悩み相談を受けているうちに、情がわいて好きになってしまうことも多いでしょう。

結婚　頼ってくる相手にコロッといくかも

　「この人と結婚する！」と一度思い込むと一気に進めることができますが、相手の生活力や状況を考えないこともあるので、周囲から止められたり、親に反対されたりするかもしれません。面倒を見ているうちに相手に情が移って好きになってしまい、そのまま結婚に進んでしまう場合も。自分を頼ってくれる人に弱いところがありますが、そもそも見る目がないので、周囲の意見やアドバイスには耳を傾けるようにしましょう。

浮気&不倫　人肌恋しくなると体の関係になりやすい

　基本的には情に厚いので浮気率は低めですが、ＳＥＸが好きなので人肌恋しくなってしまったときや、恋人と大ゲンカをしたり、冷たくされたり、馬鹿にされたりすることが重なったときに、やさしく親切にしてくれる人に出会うと、つい流れで体だけの関係になることも。その相手が思った以上にテクニックがある場合はどっぷりハマってしまいそう。不倫も同様ですが、相手がテクニック不足の場合は、よい距離感をとるようにするでしょう。

復縁　情が深くて諦められずときには追跡調査も

　一度恋に火がついてしまうと別れたあとも追いかけてしまうことが多いでしょう。情が深いぶん、簡単には諦めることができないので、周囲に相談をしたり、しつこく連絡をしたりして会おうとすることも。相手が電話番号を変えるなど完全に連絡がとれなくなっても、SNSなどを使っていろいろと調べてしまうでしょう。復縁を求められた場合は、相手の思いの強さや本気な気持ちが伝わってしまうと、すぐに戻ってしまうことがあるでしょう。

SEX　Hが好きすぎて時間を忘れる

　回数やテクニックよりも本能的なＳＥＸをするタイプ。基本的にはＳＥＸは好きで、ＳＥＸがないとダメな人。相手がうまい人の場合は激しく反応することができるので、相手の興奮を誘うことも上手です。夢中になりすぎて時間を忘れてしまうことも多いでしょう。ＳＥＸのあともベタベタしたがります。相手がＳＥＸに興味が薄かったり、テクニック不足だったりした場合は、つい言葉に出てしまい、いろいろと言いすぎてしまうことがあるでしょう。

銀
の時計座 ◆
34

 金運 人のために生きて人脈をつくると金運アップ

　買い物も勘ですることが多く、「これが欲しい！」と思ったときにはネットでポチッとしていたり、つい衝動買いも多くなってしまいそう。心が庶民なので派手な贅沢をすることは少ないのですが、ピンと感じてしまったものに執着することがあるでしょう。収入面は、他人のためになることを一生懸命にして、人脈を広げることができると、自然と金運に恵まれます。ただし口が災いを呼びやすく、上手な聞き役を目指したほうがいいでしょう。

健康運 人をほめて認めるとストレス発散できる

　基礎体力がなくて疲れやすく、ストレスを抱えやすい人。肌が弱く、睡眠不足が表に出てしまうので、吹き出物やニキビ、乾燥肌、湿疹などで悩むことがありそう。軽い運動をしたりテーマパークではしゃいだり、友人や知人とじっくり話をする時間をつくるといいでしょう。「愚痴や不満を言うこと」がストレス発散になると勘違いしているところがありますが、本当は他人を認めることがストレス発散になる人なので、いろいろな人をほめてみるといいでしょう。

LUCKY

color
ホワイト、イエロー、グリーン

food
フルーツ、わかめ料理、青椒肉絲

spot
神社仏閣、映画館、テーマパーク

心にとめておきたい
運気UPアドバイス

他人に過度に期待をしない。
自分は期待されるように生きる

裏運気 不思議なチャンスが訪れるが、突然太る

　裏運気になると、ポジティブとネガティブが混ざった性格になり、楽観的に物事を考えながらも発言はマイナスになり、気分で心が揺れてしまいます。前向きに物事をとらえられるようにもなりますが、ワガママになりすぎてしまうことも多いでしょう。自分も周囲も楽しませてみようと思えると、いい流れや運に乗れるので、裏運気で不思議とチャンスがやってくる場合もあるでしょう。ただし、なぜか突然太るので注意しましょう。

裏の時期　4月／5月　2012〜2013、2024〜2025、2036〜2037、2048〜2049年

35

人のために生きられる商売人

基本性格　多趣味で視野が広く、計算して振る舞える

　フットワークが軽く情報収集が得意な人で、ひとつ好きなことを見つけると驚くような集中力を見せます。視野が広いため、ほかに気になることが出てくると突っ走ってしまうことが多いでしょう。何事も損得勘定でしっかり判断でき、計算をすることが上手で、自分の立場をわきまえた臨機応変な対応もできます。多趣味・多才なため人脈も自然に広がり、知り合いや友人も多いでしょう。予定の詰め込みすぎには注意が必要です。

☆ 持っている星
生まれながらにあなたが持っている性質

- ◆多趣味・多才の星
- ◆よく遊ぶ星
- ◆情報通の星
- ◆交渉上手な星
- ◆人脈がある星
- ◆フットワークが軽い星
- ◆ウソが上手な星
- ◆買い物好きな星
- ◆貧乏くさい人が嫌いな星
- ◆膀胱炎の星
- ◆商売人の星
- ◆計算高い星
- ◆下町が好きな星
- ◆おしゃれに興味がある星
- ◆デートプランをしっかり立てる星

仕事運　仕事以外での付き合いが運気を上げる

　ファッションや情報関係の仕事で才能を活かせる人。計算も得意なのでスケジュール管理やコンサルタント、ファイナンシャルプランナーや金融関係の仕事もいいでしょう。仕事関係者や職場の人とプライベートでも付き合うことで、さらに仕事をしやすい関係を自然とつくるタイプ。ただし、予定を詰め込みすぎてしまったり、頑張りすぎて過労になったりする場合があるので、スケジュールにしっかり休む日を入れることも大事でしょう。

恋愛運 チャンスは多いが外見だけの恋には注意

　異性の扱いが上手なおしゃれな人で、夢を語り目標に向かって努力している相手を好きになります。フットワークが軽く人の集まりが好きなので、自然と恋のチャンスは多くなるでしょう。ただし、薄っぺらい人を好きになってしまったり、外見だけで恋をしてしまったりすることも多いので、お酒の席やノリだけがよい人には注意が必要。好きな人とはベッタリしたり触れ合っていたいタイプですが、前の恋人と比べてしまう場合も多いでしょう。

結婚　運命を感じたなら、早めが吉

　経済的にも精神的にも安心のできる相手との結婚を望むタイプ。とくに大金持ちではなくていいので、安定した仕事の人や将来に期待できそうな人を選びます。目移りしやすいので、「この人と結婚する」と思ったら、なるべく1年以内に結婚したほうがいいでしょう。結婚後はベッタリとした夫婦関係や家族の絆を大事にし、家事をしながらも仕事や趣味も頑張るようになりますが、慌ただしくなりすぎてしまうので、ほどほどを忘れないようにしましょう。

浮気&不倫　見た目に惚れると顔や態度に出てバレる

　ひとりの人としっかり交際をするので浮気には縁遠いほうですが、お酒を飲んだときに勢いで関係をもってしまったり、寂しい感じが続いているときに隙を突かれたりすると弱い人です。不倫も、お金を持っていてデートや異性の扱いがうまい人とついつい関係をもってしまうことがありそう。「かっこいいから」「かわいいから」ではじまる不倫や浮気がありますが、顔や態度に出やすく、周囲にバレバレな場合もあるので気をつけましょう。

復縁　体が目当てなのに本気の恋だと勘違い

　情に厚く、別れてしまった相手をずっと好きでいることが多いでしょう。とくに肌が合うなど相性のよさを感じた相手には執着してしまいます。ＳＥＸが上手なため、別れた恋人が体だけの関係を求めてきているのに、「本気の恋だ」と勘違いして、交際や別れを繰り返すこともありそう。性格や求めている部分が成長しない相手とは、寂しいからといって簡単に復縁しないほうがいいでしょう。

SEX　自分も頑張るけど、相手にも求める

　イチャイチャすることが好きで、肌の触れ合いを求めます。生まれつきＳＥＸは上手で、相手の反応を見ながらいろいろと奉仕することが好き。ただし、自分が頑張ったぶん、相手にも頑張ってもらわないと不満がたまります。自分がイクまでに時間がかかってほかのことを考えすぎたり、昔の恋人とサイズやテクニックを比べたりすることも。経験が多くなるとドンドンうまくなる人でしょう。

銀の時計座 ◆ **35**

金運　不要な物がたまりがちだが、小銭は稼げる

　多趣味・多才が原因で出費が自然と増えてしまい、交友関係も広くなるので、付き合いでの出費も多くなりやすいでしょう。心が庶民なので物が捨てられなくて、不要な服や使わなくなった昔の趣味の物やコレクションが残ってしまうことも。情報力を活かして転売やネットオークションで小銭を稼ぐこともできそう。流行や投資にハマってしまうことがありますが、情報を真剣に集めるとうまくいくでしょう。

健康運　しっかり休養する日をつくるのを忘れずに

　予定を詰め込んでしまい、疲れがたまっていることすら忘れてしまうタイプ。友人や知人からの誘いを断らずにいると、過労で倒れたり、睡眠不足で突然体調を崩したりすることがあるので、しっかり休んでください。肌も弱く、湿疹やニキビなどに悩むことも多いので、軽く汗を流す運動と、水を飲む量を一定にするよう心がけるといいでしょう。女性は子宮系も弱いので冷やさないこと。お酒好きは休肝日を必ずつくりましょう。

LUCKY

color
ブルー、ホワイト、グリーン

food
ソイラテ、青椒肉絲、きなこ餅

spot
温泉、テーマパーク、パーティー

心にとめておきたい
運気UPアドバイス
G

前向きになれる情報をたくさん集めて発信もする

裏運気　人との距離をおき、お金にややセコくなる

　裏のあなたは非常に真面目で臆病な人です。裏運気になると慎重に物事を進めるようになり、すぐには行動しなくなります。やさしいのはいいのですが、ネガティブに物事を考えすぎて、将来の不安や心配をしすぎてしまう傾向があるでしょう。寂しがるわりには人との距離をおきたがるため、人間関係に深入りしなくなってしまいます。現実的に物事をしっかり考えられるのはいいことですが、お金に関してはややセコくなってしまう面も出てくるでしょう。

裏の時期　4月／5月　2012〜2013、2024〜2025、2036〜2037、2048〜2049年

世話が
好きな
真面目な人

基本
性格 理想と現実の間で心が揺れやすい

何事も真面目に地道にコツコツと努力ができ、自分のことよりも他人のために生きられるやさしい人です。ただし、自己主張が苦手で一歩引いてしまうところがあるので、チャンスを逃しやすく、人と仲よくなるのにも時間がかかるでしょう。現実的に物事を考える面と理想との間で心が揺れてしまい、つねに周囲の意見に揺さぶられてしまうタイプ。真面目がコンプレックスになり、無謀な行動に走ってしまうときもあるでしょう。

★ 持っている星
生まれながらにあなたが持っている性質

◆真面目な星
◆現実的な星
◆世話好きの星
◆ケチな星
◆人に振り回される星
◆思いやりの星
◆自信のない星
◆つくしすぎる星

◆水分バランスが悪い星
◆ポイントカードが好きな星
◆値段を比べるのが好きな星
◆押しに弱い星
◆片思いが長い星
◆イチャイチャが好きな星
◆キスが好きな星

仕事運 時間をかけて信頼とポジションを獲得

どんな仕事も真面目にできますが、習得には時間がかかるタイプ。ゆっくりと長期的に信頼や信用を得ることで、最終的によいポジションを獲得します。ただし、都合のいい人になってしまうこともあり、面倒な仕事を引き受けすぎて損な役を続けてしまう場合や、それをやめたいのにやめられないケースもあるでしょう。事務系、経理、金融関係、製造などの仕事が向いています。音楽に関わる仕事で活躍できる場合も多いでしょう。

恋愛運 押しに弱くてつくしすぎてしまう

　一度好きになった人を追い求めすぎて、片思いが長くなってしまいます。自分から告白するのが苦手で、相手からの出方や告白を待ちすぎてチャンスを逃してしまい、勇気が出せないままで終わることも多いでしょう。押しに極端に弱く、好みではない人と交際をスタートして一生懸命好きになろうとしたり、つくしすぎてしまったりすることもあるでしょう。真面目な感じの人や安心感がある相手を好むため、高望みをすることは少ない人です。

 ### あなたのやさしさに相手が甘えてしまいそう

　結婚願望は強く、付き合った人のほとんどと結婚を考え、意識しながら交際を進めるケースが多いでしょう。つくしたり面倒を見たりすることが好きな根っからやさしく親切な人なので、家庭に入っても安定した生活を送れる可能性が高いですが、相手があなたに甘えすぎたり、調子に乗りすぎて浮気したりすることも。生活や外見が地味になりすぎる傾向があるので、華やかさや明るい雰囲気を意識し、たまに刺激のある生活を心がけましょう。

 ### アヤしい感じがしたらよく調べて

　浮気や不倫とは縁遠いタイプですが、相手にとってあなたが本命だと思っていたら「じつはあなたが浮気相手だった」「じつは結婚をしていた」など、あとになって告白されることがありそう。アヤしい感じや、変な感じがした場合には、すぐに調べるか、周囲に聞いて情報を集めたほうがいいでしょう。また、お酒の席で気持ちが緩みすぎてしまうことがあり、隙を突かれて浮気や不倫をする危険性があるので、飲みすぎには注意しましょう。

 ### 謝られると許してしまい都合のいい関係に

　一度好きになった人をずっと好きなままでいるタイプなので、浮気をされるなど、かなりひどい別れ方をしても「あのときに戻れれば」などと考えて復縁を望んでしまいます。相手から強引な復縁を求められたり、真剣に謝られたりするとついつい許してしまうことも多いでしょう。それが原因で相手から都合のいい扱いをされてしまい、周囲が止めるような人といつまでもダラダラと関係を続けたりする場合があるので気をつけましょう。

 ### 自分よりも相手の満足重視などM

　キスや手をつなぐこと、肌の触れ合いが大好きで、その延長でSEXも大好きです。恥ずかしがり屋なので表面に出すことはなくても、頭のなかではSEXのことばかり考えてしまうほど。一方で病気や妊娠などの心配をしすぎて踏み込めないままになってしまうこともありそう。テクニックは、相手の反応を見ながら頑張る人で、ベッドの上ではドM精神が前面に出るでしょう。舐めることが得意で、自分のことよりも相手を満足させられる人です。

金運　節約上手で、お買い得情報を集めるのが得意

　お金に関してはかなりシビアで、小銭と目先のお金に弱く、コスパのいい品や安い買い物に情熱を燃やしすぎてしまうほど。周囲からケチ、セコいと思われているケースもあるくらい節約や節制をすることがありそう。お買い得情報なら誰にも負けないくらいもっていそうですが、金額が大きくなると突然出費が激しくなってしまうところがあるので、大きな出費ほど日ごろのシビアな感覚を忘れないようにしましょう。

健康運　体を温めて基礎代謝を上げることが大事

　年齢に関係なく、筋トレやダイエットや体力作りをコツコツと続ければ、自然と体力をつけることができます。三日坊主にならないように計画をきちんと立てられれば、健康管理もしっかりできるでしょう。ただし冷えに弱く、病気や体調の崩れは冷え性と子宮系と肌に出やすいので、日ごろから入浴をしっかりして基礎代謝を上げておくことが大切です。温泉やスパに行くのもいいでしょう。冷たい飲み物の飲みすぎには気をつけてください。

LUCKY

color
ホワイト、パープル、グリーン

food
乳製品、青椒肉絲、きなこ餅

spot
温泉、お祭り、植物園

心にとめておきたい
運気UPアドバイス

どんな人でも好き嫌いがあるだけ と思って嫌われることを恐れない

銀
の
時
計
屋　◆
36

裏運気　損をしたくない目立ちたがり屋になる

　裏も表も真面目ですが、じつは損得勘定で何事も判断しては、「自分だけは損をしたくない」という強い思いをもっています。また、目立ちたがり屋で、注目を浴びたいと思っているところもあるでしょう。裏運気になると、突然買い物をしたり、不慣れな世界に首を突っ込んだりして、交友関係や人間関係を切り離したいと思うところも出てくるでしょう。また、儲け話や薄っぺらい人に引っかかりやすくなるので気をつけましょう。

裏の時期　4月／5月　2012〜2013、2024〜2025、2036〜2037、2048〜2049年

銀の時計座
37 世話好きな正義の味方

基本性格　ほめられるとパワーが出る行動力のある人

　自分が正しいと思ったら止まることを知らずに突き進む力が強い人です。とくに正義感があり、面倒見がよく、自然と周囲に人を集めることができるでしょう。ただし、せっかちで勇み足になることが多く、行動に雑なところがあるので、動く前に計画を立ててみることや慎重になることも重要です。おだてに極端に弱く、ほめられたらなんでもやってしまうことも多いでしょう。向上心があり、つねに次に挑戦したくなる、行動力のある人でしょう。

★ 持っている星
生まれながらにあなたが持っている性質

◆ 正義感がある星
◆ 世話好きの星
◆ 行動が雑な星
◆ おだてに弱い星
◆ 本当は甘えん坊な星
◆ 社長の星
◆ 人に巻きつきたがる星
◆ 勢いで買い物する星

◆ ほめられたら好きになる星
◆ 膝のケガの星
◆ 仲間意識が強い星
◆ 後輩がいるといい星
◆ 空回りが多い星
◆ 恋にせっかちな星
◆ 将来の夢の話が好きな星

仕事運　周りの人をまとめ、能力を引き出せると吉

　「これだ」と決めた仕事には真面目に真剣にまっすぐ取り組みます。周囲をとりまとめるリーダーや職場の中心的な存在になりやすく、仕事によっては社長になるパワーをもっているタイプ。ただ、人任せにしたくなったり他人に甘えすぎてしまうところがあるので、お願い上手になり、相手の能力を見抜いて適材適所におけるようになると、さらに結果を出せそうです。デスクワークよりも営業や他社の人と絡む仕事がいいでしょう。

銀
の時計座
◆
37

恋愛運 面倒見がいいけど、じつは甘えたい

　日ごろはパワフルで行動的で、周囲をまとめるリーダー的な存在になることもありますが、恋愛も同じような感じに見えて、かなりの甘えん坊です。いつも一緒にいることができる相手や信頼できる相手を求めています。ただし、そもそもが面倒見のいいタイプなので、手のかかる人や、面倒を見すぎてしまったことがきっかけで、その相手と交際をスタートする場合も。夢を追いかける人や結果が出ていない人、若い人と付き合うことも多いでしょう。

 結婚 ノリと勢いで押し切る

　「結婚は勢い」とはあなたのためにあるような言葉です。交際期間が短くても、相手の生活状況など関係なく、突然結婚をする可能性が高いでしょう。年下や年齢の離れていることなども関係なく、ノリや勢いで入籍したり、気がついたら恋人の部屋に転がりこんで同棲をはじめていたりすることもあるでしょう。押しが弱い相手ならあなたが押し切ってトントン拍子に結婚を決めることも。結婚後はあなた中心に生活が動くようになるでしょう。

 浮気＆不倫 正義感がおかしな方向にいきやすい

　気持ちがまっすぐなので浮気率はかなり低いタイプですが、恋人の浮気が発覚すると、自分も別の人を見つけて浮気することがあるでしょう。正義感がズレるとドンドンおかしくなってしまう場合があるので気をつけましょう。不倫も火がつくと止まらなくなってしまうので要注意。上司や社長、先輩などに弱いので、押し切られてノリで不倫する場合もあるでしょう。情が移るとズルズルと長くなってしまうこともあります。

 復縁 まずは決めつけや押しつけを直すこと

　情が深いタイプなので別れたあとも相手のことを思い続けて、「まだ自分のことが好きなのでは」と都合よく解釈してしまうこともあるでしょう。強引になりすぎて、さらに嫌われてしまうこともあるので注意が必要。相手からの復縁は、情があるので思ったよりも簡単に戻ってしまうことがありますが、別れの原因の多くはあなたの決めつけや正しさを押しつけすぎたところにありそう。少しでも直すようにしないと、同じことを繰り返すでしょう。

SEX 自分が思うほど相手は満足していない

　恋人と一緒にいることが好きで、自然とSEXも好きになります。ただしテクニックがイマイチなので、相手の満足度はやや低く、力任せや勢いだけのSEXが多いでしょう。騎乗位が得意でグイグイ攻めることが好きですが、頑張りすぎてしまうこともありそう。一方で、SEXにコンプレックスをもちやすく、過去のSEXを引きずって、余計なことを考えすぎてしまう場合があるでしょう。

銀の時計座 ◆ **37**

357

金運 他人のために動くとお金持ちになれる

お金遣いは雑で、どんぶり勘定になってしまうところがありますが、心が庶民なのでそれほど派手な使い方は好まないでしょう。後輩や部下にご馳走するなど、自分のことよりも人間関係での出費が多くなってしまいそう。お金儲けを考えるよりも、責任感の強さから他人のために仕事をつくったり会社をつくったりすることのほうが、結果的にお金持ちにつながります。お金持ちになっても、頑張っている人や若い人にご馳走することを楽しむところは変わらないでしょう。

健康運 足腰のケガ、ギックリ腰に注意を

行動力があるのはいいのですが、そのぶん足や腰に注意が必要です。打撲や転倒、骨折などをしやすく、些細な段差で転んでしまうことが多いでしょう。ギックリ腰にもなりやすいので、重たい物は膝をついてから持ち上げるようにしましょう。肌も弱く、日焼けがシミになったり、ニキビや湿疹、かぶれなどに悩んだりすることもありそうです。また、下半身が太りやすく、麺類を食べすぎることも多いのでほどほどにしておきましょう。

LUCKY

color
グリーン、オレンジ、パープル

food
麺類、青椒肉絲、きなこ餅

spot
牧場、テーマパーク、パーティー

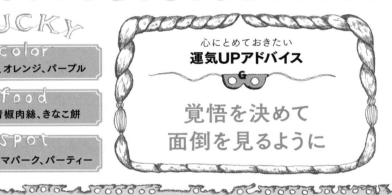

心にとめておきたい
運気UPアドバイス
G

覚悟を決めて
面倒を見るように

裏運気 臆病になりすぎたら自然の多い場所へ

裏運気になると真面目で繊細で臆病なところが出てくるでしょう。何事にも慎重なのはいいことですが、ネガティブに物事を考えすぎてしまい、不必要に臆病になり、行動できなくなることも。集団が面倒になり、交友関係を狭めてしまったり、突然縁を切ったりするケースも出てきそうです。精神面がとくに弱くなるので、好きな音楽を聴いたり、リラックスできる空間を見つけたり、自然の多い場所でのんびりすることも必要でしょう。

裏の時期　4月／5月　2012〜2013、2024〜2025、2036〜2037、2048〜2049年

見栄っ張りな常識人

基本性格 庶民的で親しみやすいが、心の支えが必要

　礼儀正しくていねいで、規則やルールなどをしっかり守り、上品に生きていますが、どこか庶民的な部分をもっている親しみやすい人。面倒見がよく、差別や区別なく交友関係を広げることができますが、下品な人や、権力者やエラそうな人だけは避けるでしょう。常識人でありながら非常識な人脈をもつ生き方をします。メンタルが弱く寂しがり屋で、些細なことでヘコみすぎてしまうこともあり、心の支えになるような友人や知人を必要とするでしょう。

★ 持っている星
生まれながらにあなたが持っている性質

- ◆礼儀正しい星
- ◆控え目な星
- ◆心は庶民の星
- ◆人に振り回される星
- ◆超純粋な星
- ◆誠実な星
- ◆失敗ができない星
- ◆百貨店の星

- ◆恋に執着する星
- ◆美肌にこだわる星
- ◆モラルを大切にする星
- ◆挨拶をしっかりする星
- ◆きれい好きな星
- ◆異性への細かいチェックがある星
- ◆恥ずかしがり屋な星

仕事運 挨拶やお礼をしっかりすると株が上がる

　どんな仕事もていねいにできてしっかりしていますが、ルールや規則を守りすぎて融通がきかないことがありそう。成績や数字ばかりを求められる職場はやや不向きです。教育機関や公共施設、医療関係の仕事がいいでしょう。上品なところを活かして高級店やブランド品を扱うお店などの仕事も向いています。几帳面な仕事ぶりが高く評価されるので、周囲が何を言おうと挨拶やお礼などはしっかりするようにしておきましょう。

恋愛運　一歩を踏み出す度胸が必要

　品があり常識のある人を好みますが、寂しがり屋なので、いつも一緒にいてくれる人や、やさしい人を結局選ぶことが多いでしょう。ただし、慎重に相手を選びすぎて自ら交際のチャンスを逃すことが多いので、勇気や度胸が必要です。一度好きになると思いは強くなり、同じようなタイプばかり好きになることも。好きな気持ちが顔や態度に簡単に出してしまうのはいいのですが、わかりやすすぎてしまうのを隠そうとすると失敗も増えそうです。

 結婚　寂しさから結婚したくなるが迷いも多い

　根っからの寂しがり屋なので結婚が必要なタイプです。結婚相手には学歴や育ち、就職先などを両親に紹介しても恥ずかしくないような人を望むため、結婚に踏み込むまでに時間がかかってしまい、悩むことが多いでしょう。ただし押しに弱く、寂しさからはじまった恋が流れで結婚まで至ったり、情で結婚したりする場合も。ケンカやトラブルが少ない安定した家庭をつくることさえできればよく、多くを望むことはしない人でしょう。

 浮気&不倫　情にもろいのでつけ込まれないように

　浮気や不倫には縁遠く、ほぼしないタイプです。ひとりの人をしっかり愛して、ていねいな交際や結婚生活をします。浮気は、相手があなたを寂しくさせたり、別れ話が出ていて「もう終わる」と思ったときに保険する場合はあるでしょう。不倫も基本的にはありませんが、既婚者の悩みを聞いているうちに情がわいてしまい、かわいそうと思う気持ちからハマってしまう場合があるので、あなたの人のよさをねらってくる人には気をつけましょう。

 復縁　度胸はないが突然連絡してしまう

　人との縁を切ることが苦手なタイプなため、別れた人のことをいつまでも考えてしまったり、復縁を求めてしまうことがあるでしょう。度胸がないのでなかなか動き出せませんが、ある日突然無鉄砲に連絡をすることもありそう。別れた相手から、真剣に復縁を求められるとあっさりOKするところがありますが、「寂しいから復縁」は選択として間違っている場合が多いので、相手をしっかり見定めましょう。

 SEX　激しいHに憧れる恥ずかしがり屋

　恥ずかしがり屋ですが、愛を確かめ合いたいので、SEXは好きなほうです。素直になれなかったり、体にコンプレックスやマイナスイメージを抱いていたりすると盛り上がれない人でもあります。衛生面も大事で、シャワーを浴びないとダメだったり、声を出したり激しい体位に憧れたりもしますが、なかなかできないでしょう。一度テクニックのある人と経験すると、気持ちを抑えていたぶんの反動で、SEXにハマりすぎてしまうこともあるでしょう。

銀の時計座 ◆ 38

金運　心が揺れやすいのでお金持ちの精神を学んで

見栄っ張りな庶民なので、高級品や上品なサービスに憧れをもちながらも「そんな贅沢してもなぁ」と気持ちの葛藤が多い人。ブランド品を欲しい気持ちはあるけれど、大きな物よりも小さくて目立たない物を選んでしまうタイプでしょう。「安いのはいいけど誰が使ったかわからない中古は嫌。でも、この値段なら手頃だし」などとグラグラ心が揺れることも。他人の笑顔のために仕事をし、お金持ちの精神を見習うと自然とお金に困らなくなるでしょう。

健康運　うっかりミスで打撲やケガをしやすい

疲れや体調の変化が肌に出やすく、ニキビや湿疹、乾燥肌などに悩まされそう。日焼けはシミになりやすいので注意が必要です。日ごろはていねいな人ですが、行動が雑なときがあり、うっかりミスで転倒しやすく打撲や足のケガも多くなりがちです。急いでいないときでも気をつけましょう。メンタルも強くはないので、好きな音楽を聴いてのんびりゆっくりする時間や、リフレッシュをする日を計画的につくることが大事でしょう。

LUCKY

color
ホワイト、ライトブルー、ブラウン

food
柑橘類、アボカド、青椒肉絲

spot
コンサート、テーマパーク、植物園

心にとめておきたい
運気UPアドバイス
G

恥ずかしい思いを
することに慣れる

銀の時計座 ◆ 38

裏運気　行動力が増すので柔軟さを忘れないように

裏運気になると行動力とパワーが出てきます。少しくらい無謀でもチャレンジするほどの行動力を発揮したり、まとめ役やリーダー的な存在になることがあるでしょう。おだてに弱くなんでもやろうとしますが、マイナス思考やネガティブな考えが強くなりすぎてしまうことも。正義感も強くなりますが、融通がきかなくなってしまったり、真面目に考えすぎてしまうこともあるので、柔軟さとポジティブな考えを忘れないようにしましょう。

裏の時期　4月／5月　2012〜2013、2024〜2025、2036〜2037、2048〜2049年

39

目的が定まらない芸術家

基本性格　理屈っぽくて飽きっぽいスペシャリスト

　自由な生き方と発想力がある生き方をする不思議な人。探求心と追求心があり集中力もあるのでひとつのことを深く突き詰めますが、飽きっぽく諦めが早いところがあり、突然まったく違うことをはじめたり、違う趣味を広げる人でしょう。変わった人脈をつくりますが、本音は他人に興味がなく、理屈と屁理屈が多く、何事も理由がないとやらないときが多いでしょう。その一方で、スペシャリストになったり、マニアックな生き方をすることがあるでしょう。

 持っている星
生まれながらにあなたが持っている性質

- ◆自由人の星
- ◆新しいことが好きな星
- ◆屁理屈の星
- ◆心は小学生のままの星
- ◆芸術家の星
- ◆アイデアが豊富な星
- ◆飽きっぽい星
- ◆幼稚な星
- ◆才能に惚れる星
- ◆匂いフェチの星
- ◆変態な星
- ◆色彩の才能がある星
- ◆天才に憧れる星
- ◆変な人を好きになる星
- ◆素直に言えない星

 仕事運　自分の感性を活かせる場がわからずさまよう

　芸術や美術や特殊な能力を活かせる職場が向いていますが、公務員やお堅い機関にも多いタイプ。研究やクリエイティブなことを一度は目指すでしょう。コツをつかむのが早く、最初がよかったぶん飽きてしまったり、若いときの苦労に耐えられなくて諦めたり逃げたりしてしまうケースも多く、自分にどんな仕事が向いているのかわからないままさまようことも。デザインや色彩を扱う仕事や、自分なりのやり方ができる仕事がいいでしょう。

恋愛運 **外見やお金よりも個性的な人や才能を重視**

　自分の生き方をもっている才能のある人を好きになります。かなり個性的な人を好きになることが多いので、周囲から「大丈夫？どこがいいの？」と心配されてしまうことも多いでしょう。外見や生活力よりも、斬新な生き方をする人や、ほかの人にはない才能をもちながら差別や区別をしない人を選ぶでしょう。交際中も束縛や支配されるのを嫌いますが、2人っきりのときはベッタリしたい人になります。熱しやすく冷めやすい恋も多いでしょう。

 結婚 ### 変わった魅力の人と 突然結婚するかも

　自由が好きですが、根は寂しがり屋なので、「結婚したい」とすぐに考えます。ただし、「こんな子どもっぽい自分が結婚できるわけがない。子どもは産めない」などと余計なことを考えて、言い訳して結婚から逃げてしまうことが多そう。責任を背負い、家庭に縛られることを嫌がりますが、突然周囲が驚くようなタイミングで結婚するかも。選ぶ相手も、やや不思議な人や変わったタイプの可能性が高く、あなたにしかよさがわからないような人を選ぶでしょう。

 浮気&不倫 ### サッパリとした感覚で 浮気や不倫をする

　浮気率はやや高めです。恋人の束縛が激しかったり、マンネリになったりすると新たな人に興味がわいてしまい、お試しで体の関係に進んでしまうことがあるでしょう。サッパリとした浮気になるので、ドロドロするかどうかは相手の出方次第です。不倫も、才能がある人に惚れるため、相手が既婚か未婚かは関係なくなってしまいそう。年齢がとても離れた相手や、友人・知人が驚くような人と不倫関係になることがありそうです。

 復縁 ### あまのじゃくな性格が 出ると追いかける

　他人に深入りされることを嫌がりながらも、人とは関わっていたいと思う子どものようなところがあります。復縁は、相手の才能が開花したり、相手がおもしろい生き方をはじめたりした場合は可能性がありますが、基本的には過ぎ去った人に興味はもてないでしょう。自分から復縁を求めて動くこともプライドがあるのでなかなかできませんが、あまのじゃくな性格が出ると、「逆に追いかけたい」と暴走してしまう場合がありそうです。

 SEX ### 諦めも早いが 研究熱心でもある変態

　根っからの変態なのでSEXにハマりそうな感じはありますが、同じ人とのSEXは1、2回で飽きてしまいがちです。とくに相手がワンパターンだったりテクニック不足だったりすると「もういいや」と思ってしまい、「近くにいられればいい」となりそう。探求心に火がつくとネットや動画で勉強して「このプレイをしたい。ここを攻めるといいのか」などと、夜な夜な勉強や研究をするでしょう。匂いフェチで耳を攻められると弱いでしょう。

銀 の時計座 ◆ 39

金運　お金に執着しないが独自の価値観で使ってしまう

お金への興味は薄いタイプ。投資の勉強がおもしろく感じるとゲーム感覚ではじめて、大金を手に入れる場合もありますが、儲けたからといって何かを買うとか、派手に使うなどということは少ない人です。基本的には浪費家でお金のことを考えないで使ってしまうタイプ。自分独自の価値観が強く、不思議な物やマニアックな物事に出費することが多いでしょう。気がついたら給料日前にお金を使い切っていることもありそう。積立預金をしておくことをオススメします。

健康運　ハマって飽きてと食のマイブームを繰り返す

食事のバランスが悪く、同じお菓子ばかりを食べたり、好きになった物を食べすぎてしまったりします。飽きたら食べなくなって、またほかの物にハマって食べるような人。体調は目の疲れ、偏頭痛、肩こりに悩むことが多くなりそう。バランスのいい食事と軽い運動を忘れないようにすることが大事です。また、肌が弱く、湿疹や謎の肌荒れを起こすことも多いので、スキンケアは忘れずにしっかりとしておきましょう。

LUCKY

color
パープル、ホワイト、グリーン

food
カレー、青椒肉絲、きなこ餅

spot
映画館、美術館、テーマパーク

銀
の時計座
◆
39

心にとめておきたい
運気UPアドバイス

自分が気づいた他人の
才能をほめる、認める

裏運気　他人の評論を控え、創作やアイデアを練ってみて

あなたの裏は非常に冷静で論理的に物事を考えられて、何事もマイナス面やリスクなどをしっかり考える人です。冷静な大人の対応ができますが、人間関係が苦手になりすぎたり、人と距離をおきすぎてしまったりするところがあるでしょう。他人を評論する癖と小馬鹿にする口調や、冷たい表現が多くなってしまうので、言葉選びには注意が必要です。創作やアイデアを練ったり、勉強をするときには、裏運気が役立つようになるでしょう。

裏の時期　4月／5月　2012〜2013、2024〜2025、2036〜2037、2048〜2049年

心が
ブレやすい
博士

銀の時計座
40

基本性格 **他人のために知恵を役立てると人生が好転する人**

　好きなことを深く突き詰めることができる理論と理屈が好きな人。冷静に物事を考えられ、伝統や文化が好きで、大人なタイプです。自分が学んできたことや知識を他人のために役立てることができると人生が好転するでしょう。人間関係をつくることが上手ですが、本当はめったに心を開かない人。心は庶民ですが、プライドが高く、自分の世界観やこだわりが強くなってしまい、他人の評論や評価ばかりをすることが多いでしょう。

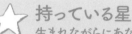

持っている星
生まれながらにあなたが持っている性質

◆ 理論と理屈が好きな星
◆ 学習能力が高い星
◆ 涙もろい星
◆ 心は庶民の星
◆ プライドが高い星
◆ 探求心の星
◆ 知識にお金を使う星
◆ 知性のある人が好きな星

◆ 目の疲れの星
◆ 教えたがる星
◆ 冷静な星
◆ 老人と仲よくなれる星
◆ 心が60歳の星
◆ 文化や芸術が好きな星
◆ 神社仏閣を好む星

仕事運 ## 年上に好かれるが自分が上に立つと厳しくなる

　研究職、教育機関、芸術的な分野で能力を発揮するタイプ。勉強してきたことを他人のために役立てることで、さらに能力を評価されるようになるでしょう。検定を受けて資格を得るのもいいでしょう。伝統や昔からの考えを理解できるので、年上や年配者から好かれて仕事がやりやすくなることも多いはず。指導者や先生のような立場になる能力ももっている人ですが、厳しくなりすぎてしまうときもあるでしょう。

恋愛運 付き合うと面倒見のいいお母さんタイプに

　頭がよく尊敬できる人を好みます。探求心や追求心のない人は好きにならないでしょう。恋をしたい自分と、自分の時間を優先したい気持ちに揺さぶられてしまうところがあり、さらにプライドが高く、自ら告白をすることが少ないので、相手からの出方を待ちすぎてしまうことが多いでしょう。交際をはじめると、厳しくもやさしい面倒見のいいお母さんのようになってしまいがちなので、恋愛感情を忘れないようにしましょう。

 結婚 尊敬できる人と結婚し家庭を守る

　人間関係をつくることが上手ですが、心は開かないタイプです。でも、結婚願望はあるので、尊敬できる立派な人や自分では挑戦できないようなことに努力している人に憧れ、生活力がなくても突然結婚する場合があるでしょう。結婚後は、厳しくもやさしいお母さんのようになりますが、情が厚く、節約が好きで家庭を守れる人になるでしょう。結婚までは選びすぎて時間がかかることが多いので、交友関係をつねに広げる努力をしておきましょう。

 浮気&不倫 尊敬できる人や年配者との出会いが危険

　浮気をする確率は非常に低く、自ら率先して動くことは少ないでしょう。ただし、交際相手があまりに納得できない行動をしたり、バカすぎたりして、あなたのプライドを傷つける言動が連続しているときに、尊敬できる人に出会ってしまうと危険です。不倫は、年配者からモテるので自然と既婚者と交際をすることがありそう。不倫にハマって独身の人に興味がもてなくなってしまうこともあるので気をつけましょう。

 復縁 自尊心しだいで復縁も

　一度縁が切れてしまった人を追いかけることは少なく、復縁の気持ちがあってもプライドが高いため、自ら動くことはなかなかないでしょう。とくに自分からフッた恋は完全に終わりにすることができるタイプです。ただし、まだ好きな状態でフラれてしまうとプライドのために必死に復縁しようとすることもあります。「好きなのか、プライドを守りたくて意地になっているだけなのか」を冷静に判断するようにしましょう。

 SEX テクニシャンに出会うと探求心に火が

　愛する人と一緒にいることが好きで、肉体的な欲望は低めです。相手が激しく求めればそれなりに応えますが、淡白な相手でも問題は少ないでしょう。簡単にセックスレスになってしまうことも多いタイプですが、テクニシャンで欲望を満足させてくれる最高のSEXができる相手に遭遇すると話は別です。突然探求心に火がついて、研究や勉強に熱心になり、どっぷりSEXにハマってしまうことがあるでしょう。

銀
の時計座 ◆
40

お金を増やす理論や理屈を学ぶと成功する

　大金持ちへの関心よりもお金がどんなものかを学びたい気持ちが強く、投資や資産運用の勉強に火がつくと、投資や株で成功することもあるでしょう。お金に興味があるというよりも、**お金を増やす理論や理屈に興味がわくタイプ**。お金遣いは自分独自の価値観があり、マニアックな物への出費が増えてしまい、そのために極端な節約をするときもありそう。体験や経験にお金を使うことで知識が増えて、のちの金運につながっていくでしょう。

健康運 孤独が不安を呼ぶので、親切な態度を心がけて

　プライドの高さが原因で相談できず、人と距離をとりすぎてしまい、孤独になって不安が募ることがありそう。メンタルの弱さを隠すためにエラそうになってしまうところもあるので、**素敵な言葉や親切心のある表現を選ぶようにするといいでしょう**。肌も弱いのでケアをしっかりすることも大事。食事のバランスが崩れやすく、好きな物しか食べないことが増え、目の疲れ、偏頭痛にもなりやすいので運動をしっかりしましょう。

LUCKY

color
ブラック、ホワイト、グリーン

food
うな重、青椒肉絲、きなこ

spot
神社仏閣、図書館、植物園

心にとめておきたい
運気UPアドバイス
G

やさしい言葉を
選ぶようにする

裏運気 変わった知識を増やせるが無謀な行動に出やすい

　あなたの裏側はかなりの変わり者で自由人です。束縛と支配を嫌がり、ネガティブな考えが多くなってしまいそう。日ごろの大人っぽさは消えて子どものように無邪気になりますが、そのぶん言い訳や屁理屈も増えてしまいます。人との距離をあけすぎてしまったり、突然縁を切ったりと無謀な行動に走りやすいので気をつけましょう。裏運気では好奇心が旺盛になるので、これまで興味のなかったことを覚えられて、変わった知識を増やせそうです。

裏の時期　4月／5月　2012〜2013、2024〜2025、2036〜2037、2048〜2049年

金の
カメレオン座

Gold
Chamaeleon

金のカメレオン座
41
古風な
頑張り屋

金のカメレオン座◆41

基本性格　真似することで能力が開花する

　大人っぽく冷静な感じに見えますが、サッパリとした性格で根性があります。ただし、突っ込まれると弱く、心配性なところを隠しもっています。女性は美人なのに色気がない人が多いでしょう。知的で、他人を真似することでその能力を開花させられるタイプですが、意地を張りすぎて真似を避けてしまうと、才能を発揮できない場合があります。友情や仲間をとても大事にするため、長い付き合いの友人がいるでしょう。

★ 持っている星
生まれながらにあなたが持っている性質

- ◆古風な考えの星
- ◆友人に似る星
- ◆サッパリとした性格の星
- ◆負けず嫌いの星
- ◆突っ込まれると弱い星
- ◆友情を大切にする星
- ◆みんなと同じものを買う星
- ◆大人っぽいが心は高校1年生の星
- ◆同級生を好きになる星
- ◆タフな星
- ◆若いときは生意気と思われる星
- ◆学生気分が抜けない星
- ◆仲間に影響される星
- ◆恋では価値観を大切にする星
- ◆身近な人と結婚する星

仕事運　真似が大事だと気づけばうまくいく

　頑張り屋で手先が器用です。頭もよいので仕事運は上々ですが、「カメレオン」の特性である「真似」が大事になるため、**職人的な専門職や大手企業などマニュアルがしっかりした会社**で才能を発揮します。人と仲よくなる能力も高く、**インストラクターやスポーツに関わる仕事**もいいでしょう。意地を張りすぎて若いころは生意気だと叱られたり、ぶつかったりすることもありますが、「最初に真似が大事」と理解できるとうまくいくでしょう。

恋愛運 対等な恋愛を好むがケンカで謝れない

　恋はかなりのんびりした感じですが、恋に慎重というよりも、仲よくなってから恋がはじまります。仕事仲間、友人関係、身近な人と交際することが多く、自分も相手もどんな人なのかをちゃんとわかったうえで、「**一緒にいたら楽**」「**対等に付き合える**」「**共通点が多い**」と思える人と、友達の延長のような対等な恋愛を望みます。交際中のケンカでは、謝らないことが原因で別れにつながる場合があるので、「ごめんね」は言えるようにしましょう。

結婚　甘えすぎず離れすぎない友達夫婦が理想

　古風な考えをもっている割に、男女ともに家庭におさまるタイプではありません。「とことん仕事をしたい」と言えば仕事をさせてくれ、「私は家庭を守るから」と言えば「じゃ〜僕は仕事を頑張るね」と**自分の生き方を尊重してくれ、なおかつ対等で**いられる人を求めるでしょう。結婚するなら、甘えすぎないけれど離れすぎない関係の夫婦でいられることが一番だと思っています。周囲からは、「友達みたいな夫婦だね」と言われることが理想です。

浮気&不倫　身近なところでサッパリと浮気する

　恋人とケンカが続いてしまったときに浮気をしやすくなります。浮気は身近なところでしやすいので、恋人の友人や仕事仲間などと関係をもちそうですが、性格がサッパリしているので、**一、二度の関係で終えてしまうことも**。不倫は会社の上司や取引先の人などとしてしまいそう。負けず嫌いに火がつくと既婚者をねらってしまうこともありますが、ズルズル&ドロドロになりやすいので要注意。罪悪感がなくなると長引いてしまうでしょう。

復縁　互いに求めてしまい復縁しやすい

　基本的には去る者は追わない人ですが、「友達の延長の恋」を理想とするため、職場や身近なところで交際をすることが多くなり、**別れてからもときどき会ってしまったり**、共通の知り合いといつまでもつながっていたりする場合があります。復縁したいと思うよりも、互いに求めてしまい、**都合のいいセフレになってしまうこと**もあるので気をつけましょう。男性は女々しくなりやすいので、去り際をかっこよくしましょう。

SEX　いい汗流して「自分はうまい」と早合点

　体力がありますが、力任せになるほど雑ではありません。相手に合わせながらもサクサクッと終えたいタイプ。SEXを運動の一つと考えていて、「いい汗流した」という感覚です。テクニックなどは**一番最初の人の影響をとても受けやすい**でしょう。本来舐めるのは苦手ですが、不慣れながらも頑張ることはできます。自分のことを「上手だ」と思っていると、相手からは「頑張っているけどうまくはないな」と思われやすいので、ていねいさを忘れずに。

金 のカメレオン座 ◆ **41**

金運

富裕層の真似をすればお金持ちになる

目標となる金額を決めるよりも、目標となる人を見つけて「あの人と同じ物が欲しい」と思って貯金をはじめると、お金を上手に貯められるようになります。お金持ちの家に行って、「こんな家に住みたい」と真剣に目標にすると、仕事への意欲もわき、取り組み方も大きく変えられるでしょう。ただし、周囲につられて不要な物を購入するところがあり、「真似の星」だけに、**不要な真似をやめる必要も。**お金持ちの友達をつくると、お金持ちになる確率が上がります。

健康運

長期間の頑張りすぎには注意

基本的には丈夫でタフなほうですが、それが仇となり、頑張りすぎて疲れを蓄積させてしまったり、お酒の席の付き合いが連続してしまったりで体調を崩すことがありそう。体のなかでもっとも弱いのは胃腸です。腹痛も出やすいので、元気だからといって油断しないように。スポーツをすることがストレスの発散になるので、**ジムに通ったり、家での簡単な筋トレやストレッチを欠かさないことが健康維持の秘訣です。**

LUCKY

color
レッド、オレンジ、ネイビー

food
ヨーグルト、ささみ料理、ピーナッツ

spot
大きな公園、歴史ある場所、老舗旅館

心にとめておきたい
運気UPアドバイス

成功している人の努力を認めて、真似る

裏運気

子どもっぽくマイペースな単独行動派に

裏運気になるとマイペースになり、妄想や空想が増え、つねにいろいろなことを考えるようになります。団体行動が面倒で少人数が好きになり、刺激を求めて、ときどき無謀な行動や危険なことに首を突っ込んでしまうかも。子どもっぽさが出て、少しやんちゃになってしまうところも出てくるでしょう。ふだんなら友人と行動することが多いのですが、一人旅やひとりでライブに行くなど、裏運気にはなんでも単独で行動するようになるでしょう。

裏の時期　1月／2月　2009〜2010、2021〜2022、2033〜2034、2045〜2046年

要領がいい 高校3年生

基本
性格

頭の回転が速いが、じつは心配性

　古風な考えをしっかりと理解でき、無駄が嫌いな合理的タイプ。派手に見えて古風か、知的に見えて根はやんちゃか、この2パターンに分かれるでしょう。どちらにせよ表面的に見せている部分と内面は大きく違います。自我が強く、自分に都合の悪い話はほぼ聞きません。他人の話の要点だけ聞くのがうまく、頭の回転はかなり速いのですが、じつは心配性。真似と要領のよさを活かすことで人生をわたり歩けますが、先走りすぎる癖には要注意。

★ 持っている星
生まれながらにあなたが持っている性質

◆合理主義の星
◆器用な星
◆変身がうまい星
◆団体行動が苦手な星
◆学習能力が高い星
◆優柔不断な星
◆高級なものを持つといい星
◆不倫や二股をする可能性が高い星

◆向上心がある人を好きになる星
◆健康マニアな星
◆要領がいい星
◆乗り換えがうまい星
◆じつは野心家な星
◆分析能力がある星
◆話を聞かない星

仕事運

どんな仕事も俳優並みの演技力で対応

　無駄が嫌いな合理主義者で、頭の回転も速いので、多くの仕事で結果を出すことができるキレ者です。ただし、基本的な作業や雑用を他人に押しつけてしまう癖があり、そこを見抜かれると苦労から抜けられない場合があるので最初が肝心。**特殊技術や専門知識、語学などを活かした仕事、海外と接点のある職で能力を開花させられる**でしょう。役者の才能があり、人前でうまく態度を変えられるので、どんな仕事も演技力で対応できます。

恋愛運 火がついたら一気に攻めモードに

　恋に火がつくまでには時間がかかりますが、一度燃え上がると一気に攻めの姿勢に変わり、相手を落とす作戦を練ったり、強く攻めたりするので、落とせる確率も高くなります。おとなしく真面目な感じの人よりも、**向上心があり、刺激的な部分をもった人**を好みます。**年々「自分が好きでいたい」という気持ちが強くなる**ので、なかなか恋心に火がつかなくなるでしょう。一方で、刺激を求めるために不倫に走ってしまうことや、略奪の恋に走る場合もあるでしょう。

結婚 結婚式も新婚旅行も
ゴージャスにしたい

　結婚への憧れが強く、本音では豪華な結婚式や派手な新婚旅行をしたいと思っているので、それを叶えてくれる相手を求めるでしょう。現実はなかなかそうもいかないのですが、年齢を重ねるまで諦めきれないことがあり、結婚が遅れる場合も。**結婚後も自分の時間や刺激を求める時間をとっておかないとダメなタイプ**。男性の場合は、料理ができて自分のことを好きでいてくれる古風な感じの女性を求めるでしょう。

浮気&不倫 刺激や高揚感を
求めすぎると痛い目に

　恋に刺激を求めてしまうので、浮気や不倫がつきものです。交際しても相手があなたにベッタリでなければ浮気はしませんが、「好き好き」と言われて思い通りになってしまうと、ほかにもっと刺激のある人を求めてしまうでしょう。向上心があるぶん、不倫もしやすいのですが、刺激を求めるだけで本気で好きになっていないことに気がつかずにいると、時間を無駄にするばかりか、**本当の愛を見失う**ことになります。高揚感だけが恋だと思わぬように。

復縁 後悔が大きいと
意地になって追いかける

　「逃がした魚が大きければ追う」という側面をもっています。自分がフッた場合はまだしも、自分がフラれた場合は、相手を意地になって追いかけてもう一度振り向かせようとする強いパワーの持ち主です。**内と外で態度が変わることに相手が嫌になっている**場合が多いので、原因を理解せずに追いかけても、また同じことを繰り返す可能性が。自分を成長させることが大事です。相手から復縁を求められても、興味がなければキッパリ断るでしょう。

SEX コスプレ大好き。
ただし激しすぎに注意

　タフで刺激的なSEXを好み、**ワンパターンやマンネリを嫌います**。いろいろなことを試してくれる相手だと満足するでしょう。とくに自分が満足したいので、ベッドの上では別人のように激しく欲望的になり、相手に驚かれることも。コスプレをするとテンションが上がるので、相手にもいろいろと注文できるといいでしょう。ただし、過激度が増してしまうとひとりの相手では満足できない場合もあるので、ほどほどを知るようにしてください。

金のカメレオン座 ◆ **42**

金運 儲け話、オイシイ話にご用心

　現状の生活よりも少しでも向上したいという気持ちがあるため、自然とお金への欲望は強くなります。とくにブランド品、一流品、アンティーク品などを手に入れるためにお金が欲しくなるでしょう。ギャンブルにハマッてしまったり、**一発逆転**をねらったりすることもありますが、成功者やお金持ちの行動やマインドを真似することで一気にお金をつかむことができます。ただし、**儲け話にだまされやすい人**でもあるので注意しましょう。

健康運 独自の健康法で、信じる者は救われる?

　不健康な生活を送っていても必ず「独自の健康法」を実行しています。何かのサプリを飲んでいたり、「**ヨーグルトを食べているから大丈夫**」などと信じ込んでいたりします。「それだけで大丈夫なわけないでしょ?」と周囲に突っ込まれることがありますが、**都合が悪いことは聞き流してしまう**のが得意です。基本的にはタフですが、ストレスがたまると暴飲暴食をすることがあるので注意。胃腸の調子を崩しやすいので気をつけましょう。

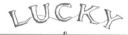

LUCKY

color
ホワイト、ブラウン、ネイビー

food
和菓子、イワシ料理、ピーナッツ

spot
ライブハウス、スポーツジム、老舗旅館

心にとめておきたい
運気UPアドバイス

基本を大切にする

裏運気　交友関係は広まるも、自我が強くなり周囲とぶつかる

　裏は、負けず嫌いの意地っ張りな子どものようなタイプ。色気がなくサッパリした性格ですが、頑張っている姿を周囲にアピールするため、自己中心的な考えや行動が多くなるでしょう。裏運気では自我が強くなりますが、余計な妄想が増えるため心配性なところも出てきます。交友関係は広くなり、誰とでも対等に付き合うことができますが、上下関係を気にしないため、生意気と思われてしまったり、反発的な発言も増えるので、他人とぶつかるケースもあるでしょう。

裏の時期　1月／2月　2009〜2010、2021〜2022、2033〜2034、2045〜2046年

43

明るい大人

基本
性格

知的でしっかり者なのに、バカなフリをする

　明るく元気で陽気な性格でありながら、知的で古風な考えをしっかりもっているタイプ。愛嬌があり美意識も高いので、自然と人気を集め、交友関係も広くなります。ふだんはかなり冷静ですが、空腹になると機嫌が悪くなり、思考停止することがあるはず。サービス精神が豊富なところは長所ですが、そのぶん口が悪くなったり、余計な話をしてしまったりすることも。人間関係においてはバカなフリをしていることが多いでしょう。

★ 持っている星
生まれながらにあなたが持っている性質

◆人が自然と集まる星
◆明るい星
◆欲望に弱い星
◆友人に似る星
◆突っ込まれると弱い星
◆楽しませることがうまい星
◆地道な努力が苦手な星
◆グルメな星

◆愛嬌のある人を好きになる星
◆ダンスをするとやせる星
◆太る星
◆喜怒哀楽が顔に出る星
◆理屈をわかったフリをする星
◆ツメが甘い星
◆ノリで不倫をする星

仕事運

空気を読んで人の気持ちを盛り上げる

　サービス精神が豊富で、場の空気を読む力や人間関係を計算することに長けています。知的に見せて周囲の盛り上げ役を買って出たかと思えば、わざとバカにされるようなキャラを演じて、仕事を円滑に回すこともできます。発言や礼儀をしっかりと学んでおけば、自然と職場のムードメーカーになれるでしょう。**サービス業や人と関わる仕事**に就けると、人を楽しませる能力を発揮することができます。

恋愛運　楽しくてノリのいい強引な人に流される

　慎重に相手を選びながらも快楽に負けてしまうタイプ。頭がよく安定した生活を送れる人を探しながらも、**「一緒にいて楽しい」**と感じる人を好きになり関係を深めてしまったりするでしょう。また陽気で優柔不断な性格のため、ノリがよく楽しませてくれる強引な人が現れるとついつい流されてしまったりすることがあるでしょう。冷静になったときに「恋愛だから、こういうこともある」と割り切れればいいのですが、ズルズルと関係を続けてしまうケースも多いでしょう。

 結婚　見る目があるので　理想の相手が見つかる

　つねに誰かに愛されていたい気持ちが強く、結婚願望をしっかりもっている人。家庭内でもサービス精神旺盛で楽しい結婚生活を望みますが、つくった食事にリアクションがないことが不満で大ゲンカになってしまうことがありそう。欲望に弱く、デキ婚率も高いのですが、本来は見る目があるので**「恋愛と結婚は別」**と考えて相手を探したほうがいいでしょう。ホームパーティーをすることが好きな相手だと、いい夫婦生活が保てるでしょう。

 浮気&不倫　性欲が満たされないと　暴走も

　欲望に弱く、浮気や不倫率は高め。「楽しいから」と体の関係を続けることも多く、**スポーツジムやエステ感覚で浮気をする場合がある**ので要注意。恋人に満足させてもらっている場合は問題ありませんが、数か月もSEXしていない場合は暴走しやすいので気をつけましょう。罪悪感があまりない場合もあるので、一度浮気や不倫をすると繰り返しやすくなります。最初に踏み止まることが重要です。

 復縁　楽しさが忘れられないと　復縁まっしぐら

　別れたあとに付き合った人が真面目すぎる場合や、楽しさを感じられない場合は、復縁率がかなり高くなります。「以前の人のほうが楽しかったな〜」と思ってしまうと、ブレーキがきかなくなってしまったり、体だけの関係でも問題ないからとズルズル付き合いを続けてしまったりすることも。**本当にあなたを大切に思っている相手かどうか**を確認しましょう。押し切られての復縁も多いので、ハッキリと断る勇気も必要だと思ってください。

 SEX　いつでもベッドの上で　大盛り上がり

　もっともスケベな人のひとり。SEXは相手の要望に応えながらも、「こうしてほしい」とも言えるので、満足度の高いSEXをすることが多く、反応もいい人です。ベッドの上で大盛り上がりする人だけに、サービス精神が豊富すぎたり、性欲が強すぎたりして相手がついてこられない日が続いてしまうと、「もう終わった」と不満を爆発させてしまうことも。基本的には毎日でも平気で、場所も時間も順序もおかまいなしになることもあるでしょう。

金 のカメレオン座 ◆ **43**

 金運　お金がなくてもなぜか周囲に助けられる

　お金の出入りが激しく見えて、じつはしっかり者。不思議とお金に困ることが少ない人です。困ったときは誰かにご馳走してもらえたり、臨時収入があったりするなど、ラッキーなことが多い人生です。お金儲けに走るよりも、周囲や他人を喜ばせることに一生懸命になったほうが、のちのちお金になって戻ってきたり、お金がなくても生きていける人になったりしそう。愚痴、不満、悪口が金運をなくす原因になるタイプなので、冗談でも言わないように。

健康運　ストレスやおいしいもので顔が丸くなる

　基本的には体は丈夫なほうですが、「グルメな星」をもっていることもあり、おいしい物を食べすぎたり、ストレスが原因で太ってしまったりします。油断すると突然丸々した顔や体になってしまうので、日ごろから軽い運動や代謝を上げる努力を忘れないように。マメに体重計に乗るといいので、キッチンに体重計を置きましょう。また、鼻炎になったり気管周辺が弱いので、うがいや手洗いをしっかりすることが大事です。

LUCKY

color
ピンク、ブラウン、パープル

food
チョコレート、イワシ料理、ピーナッツ

spot
お祭り、神社仏閣、老舗旅館

心にとめておきたい
運気UPアドバイス

「楽」と「楽しい」を
間違えない

裏運気　芸術的感性が豊かになるも、口が悪くなり流される

　裏運気になると頭の回転が速くなり、複合して物事を考えられるようになります。アイデアを出したり、芸術的感性が豊かになったりしますが、短気で口が悪くなりやすく、なんでも言葉に出しすぎてしまう癖が出てくるでしょう。本来のサービス精神が豊富なところも、「やってあげたのに」と恩着せがましくなることが多くなります。人との距離感をとても大事にしますが、情には弱くなり、流されてしまうことも多くなるでしょう。

裏の時期　1月／2月　2009〜2010、2021〜2022、2033〜2034、2045〜2046年

勘がいい
頭脳派

 基本性格 おしゃべりで勘が鋭いけど、突っ込まれると弱い

　頭の回転が速くおしゃべりで、つねに一言多いタイプ。真似がうまく、コツをつかむことが上手で、何事にも冷静に対応できますが、空腹や睡眠不足になると短気になる癖があるので注意が必要です。物事をいろいろな角度で考えますが、最後は勘でなんでも決めてしまうでしょう。おしゃべりなので攻めが強い感じに見られますが、突っ込まれると弱いところがあり、守りが手薄なところろがあるでしょう。

★ 持っている星
生まれながらにあなたが持っている性質

- ◆超おしゃべりな星
- ◆短気な星
- ◆愚痴が多い星
- ◆真似がうまい星
- ◆若いときの苦労が役立つ星
- ◆表現が豊かな星
- ◆毒舌家な星
- ◆勘で買い物をする星

- ◆サプライズに弱い星
- ◆スタミナ不足になる星
- ◆美人の星
- ◆浪費をする星
- ◆攻めは強いが守りが弱い星
- ◆ロゲンカで別れる星
- ◆異性の演出に弱い星

仕事運 知的な仕事に就ければ運気アップ

　どんな物事にも冷静に対応できるので、知性を活かす仕事に就くのが一番。**芸術や美術など感性を活かす仕事や、言葉を使う弁護士や学校の先生**などもいいでしょう。ただし、基礎体力をしっかりつくっておかないと、長時間の仕事や肉体労働は不向きになりそう。二番手三番手で上手に人間関係をコントロールできるような立場になると才能を発揮するでしょう。職場にいい上司や真似をしたい先輩がいると、能力を一気に開花させられそうです。

♥ 恋愛運　ビビッときても飛び込めない

　　好きになる人を瞬間的に見極めることができます。おいしいものを食べに行った先の料理人や、隣のテーブルの人でも「あ！この人」と感じたら恋がはじまるタイプですが、その勘を信じて飛び込めばいいのに、突然慎重になって相手の出方をうかがってしまい、待ってしまうことも多いでしょう。古風な考え方をもっていて、現実的に考えすぎる癖がありますが、**己の勘を信じたほうがいいので、勇気を出して飛び込んでみる**といいでしょう。

結婚　器が大きく自立した相手とならうまくいく

　　一目惚れからの電撃結婚や、運命の人との結婚を理想としますが、「カメレオン座」の冷静さがその気持ちをグッと抑えてしまい、「現実的には」と考え直すと結婚を遅らせてしまうでしょう。心配性でもあるので「勘で飛び込んでいいのか？」と躊躇もします。相手が合理的に物事を考えられてしっかり自立できている人なら、いい結婚生活を送れるでしょう。また、あなたの一言でヘコむような気の小さい人とはうまくいかないでしょう。

浮気&不倫　運命を感じて体の相性がいいと離れられない

　　知性と貞操観念がしっかりあるので、浮気や不倫には縁が薄いのですが、**問題はとにかく勘が働くところ**。「運命の人だ！」と思うと止まらなくなってしまったり、運命を感じさせる演出をされたりサプライズが上手な相手が現れたりすると、一気に心を奪われてしまいます。もしも社会的にしっかりとした収入があって少しお金持ち、しかもＳＥＸの相性が合う人に出会ってしまったら、もう抜けられないという泥沼の生活がはじまってしまうでしょう。

復縁　情が残る相手には驚くほど執着してしまう

　　人情家でもあるので、**一度情がわいてしまうと別れたあともズルズルと関**係を続けたり、追い求めてしまう場合があります。とくにＳＥＸの相性がいいと思った相手から別れを告げられると、驚くほど執着するでしょう。自分の勘が外れたことを認めたくない部分もあるので復縁率は高めですが、原因があなたの言葉の悪さ、短気やワガママ、愚痴や文句が多いことである場合、そこを直してからでないとうまくいかないでしょう。

SEX　見かけによらず開放的で激しいのがお好き

　　性欲はかなり強いのですが、古風な考えがあるため、「**SEXが大好き**」という面を見せないようにしています。ところが本音では開放的で激しく、互いにすべてをぶつけ合うような感じを求めています。勘がいいので相手の反応を見ながらも攻めるときはグイグイ迫り、相手がテクニック不足だったり違うポイントを攻めたりすると「もっとこうして」と口に出します。それでも不満がたまると「下手だね」と言ってしまい、相手と最悪な関係になることも。

金運 衝動買いや感情の高ぶりには注意

お金の出入りは激しい人です。己の勘を信じたことへの出費が多く、「この写真の
ホテルに泊まりたい」と思ったら値段を気にせずに予約するなど、ふだんの慎重な部
分よりも感情が動いてしまうと自然と出費が増えます。買い物でもピンとくるものを
買ってしまいそう。浪費家にも見えますが、昔からの友人が「困った」と言ってきた
りすると、**お金を貸してしまう人情家**です。残念ながらそのお金は出て行ったきり戻っ
てこない確率が高いでしょう。

健康運 しっかり休んで基礎体力の低下を防いで

体は丈夫なほうですが、基礎体力の低下が激しく、「若いころはもっと元気で」と思う
ことが多くなります。人生に一度はメスが入りやすいので、異変を感じたときは早めに
病院に行きましょう。そもそも**ストレス発散が苦手**なので、「しっかり働いてしっかり休む」
ことが必要。休日は予定を立ててリフレッシュすることが大事で、休暇の計画をしっか
り立てること。体力作りの筋トレやジム通いなどは、早くから行うといいでしょう。

LUCKY

color
ホワイト、ゴールド、ブラウン

food
フルーツ、わかめ料理、ピーナッツ

spot
神社仏閣、劇場、映画館

心にとめておきたい
運気UPアドバイス

自分が言うなら人から言われる覚悟は必要

裏運気 おしゃべりなところは変わらず、楽観的で無謀に

裏運気になると、空想と妄想が好きになり、根はいい加減で「なんとかなる
かな」という性格になります。勘よりもどこか運任せで楽観的になり、やや無
謀なくらいです。日ごろは冷静な感じですが、裏では中学生のような無邪気で
おしゃべりな部分をもっているでしょう。愛嬌はありますが、裏も表も余計な
一言やしゃべりすぎてしまうことが多いのでほどほどに。「そんなこと言った?」
などと、言った言わないの揉め事も多くなるでしょう。

裏の時期 1月／2月 2009〜2010、2021〜2022、2033〜2034、2045〜2046年

金のカメレオン座

45 真似が 上手な商売人

金

のカメレオン座◆

45

基本性格 好奇心が強く、損得勘定ができるしっかり者

　　知的で都会的なおしゃれを心がける、情報収集と段取りがしっかりできる人。古風な考えをしっかりもち、知的好奇心がありながら根はお調子者で、損得勘定で物事を判断するタイプ。じっくり情報を集めすぎて時間がかかってしまったり、突っ込まれるととても弱くなってしまったりする優柔不断な性格でもあります。真似が上手で、「これは得」と思ったらじっくりと観察して自分のものにする能力が高いでしょう。

★ 持っている星
生まれながらにあなたが持っている性質

◆多趣味・多才の星
◆真似がうまい星
◆器用な星
◆心は大人な星
◆学習能力が高い星
◆計画的に物事を進める星
◆損得勘定で判断する星
◆買い物が大好きな星

◆おしゃれな人が好きな星
◆過労になりやすい星
◆お金が大好きな星
◆玉の輿を望んでいる星
◆貧乏くさい人が嫌いな星
◆情報に振り回されやすい星
◆SEXのテクニックが豊富な星

仕事運 状況判断ができ交渉も上手な「名サポーター」

　　あなたの能力を最大に発揮するのが仕事です。周囲との力関係や自分の立場、状況判断がしっかりでき、仕事ができる人をしっかり真似られるからです。「損のない立ち位置」をちゃんと守ることも上手です。流通や交渉ごと、情報関係の仕事でその才能を発揮できるでしょう。トップに立って引っ張るよりもサポートする側としての才能があり、目標となる人や憧れの先輩が近くにいることで、高いサポート能力を開花させられるでしょう。

恋愛運 おしゃれな人に弱いが、現実的な将来も重視

「お金のないダサイ人は嫌い」が本音です。若いときは外見だけの人にハマッてしまうことも多く、周囲から **「ダメな人が好きだよね」** などと言われてしまうこともあるでしょう。おしゃれで都会的なだけでなく、実際に将来の安定した収入を保証できる相手を求めるため、「恋愛と結婚は違う」とハッキリ意識を変えられれば、いい人を見極められるでしょう。最初からおしゃれな人よりも、付き合ってから自分が相手をおしゃれにさせるくらいがいいでしょう。

 結婚 外見のレベルを下げて
計画すれば順調に

「経済的ゆとりのある人」が理想ですが、恋愛と結婚を分けて考えると早く結婚できるタイプ。恋愛では表面的な薄っぺらい人と交際をしても、将来が見えないまま年齢が迫ってくると、意識を切り替えてしっかりとした人を捕まえられるでしょう。ただし、**外見だけの条件を追い求めているとドンドン婚期が遅れてしまう** ことがあるので要注意。自分の見積もりを甘くしないことと、「何歳までに結婚する」としっかり計算しておくとよい人です。

 浮気&不倫 誘いが多く、
断れなくてしてしまう

浮気や不倫をしやすいタイプ。社交的で外見もよく、おしゃれで会話も上手にできるとなれば、自然と周りからの誘いも増えてしまうでしょう。お酒を飲んだときに強引に誘われてしまったり、リードが上手で断れない状況をつくられてしまったりという理由で、結果的に浮気や不倫になることも。自分だけ損をしたくない気持ちから執着すると、**縁が切れずにドロドロした関係になることがある** ので気をつけましょう。

 復縁 利益ありと判断すると
追いかける

去った人は追いませんが、去った先で **大物になったりお金持になったりすれば話は別。** 友人や知人からウワサを聞いたら、ネットで検索してSNSでつながるなどするでしょう。SEXの相性がよければなおさら復縁を望んで動くこともあります。ただし、「おしゃれでもない、お金もない、一緒にいても得がない」という相手とは、お酒を飲みすぎて寂しさのあまりに間違えての一夜はあっても、基本的には次の得な相手を探すでしょう。

SEX タフでじっくりな
テクニシャン

夜はタフで、長くねっとりじっくりなタイプ。相手に合わせながら柔軟に対応できるので、互いの満足度を高めることができ、イチャイチャするのも好きで、手先のテクニックももっています。相手に「上手だな」と思わせることができますが、自分は**ほかのことを考えてしまったり、前の恋人のことを想像しながらSEXし** たりすることも多いでしょう。一晩に何度でもOKなタイプなので、一回でサクッと終わる相手にはガッカリすることも。

金運　熟考して買うので捨てられないものが多い

　お金のことや損得をしっかり考えています。買い物をするときは事前に情報を調べて、安さ重視ではなく、本当に買うに値するものなのかを調べます。なるべく損はしたくないので、お得な期間に買うことも意識するタイプ。「よく考えて手に入れたものだから」などと言い訳し、昔の趣味のグッズや、買っても使わないものが捨てられずにドンドン部屋にたまってしまうことも。**数年間着ていない服は友人にあげるか処分することが必要です。**

健康運　倒れるほど耐えずに、よく休んで発散を

　基本的にはかなりタフなため、相当忙しくても耐えてしまうことが多いです。それが原因で過労で倒れたり、**ギリギリまで頑張りすぎて**大きな病気が発覚したりする場合もあるので、しっかり働いたらしっかり休むようにしてください。お酒が好きになったり、おいしいものに詳しくなったりと、ハマりやすいのでほどほどに。**買い物をすることがストレス発散になるタイプ**なので、ときどきでいいので思いっ切り買い物をしてみるといいでしょう。

LUCKY

color
ホワイト、ブラウン、ネイビー

food
ソイラテ、イワシ料理、ピーナッツ

spot
遺跡、神社仏閣、海が見える老舗旅館

心にとめておきたい
運気UPアドバイス

自分も相手も得をして損をしないことを考える

裏運気　余計なことを考えすぎて、人に合わせてしまう

　裏運気になると、真面目で親切な他人思いになり、また超現実的になり、じっくりゆっくりと物事を進める人になります。臆病で慎重に行動するため、初対面の人に距離をとりすぎてしまったり、自分を出せなかったりもするでしょう。余計なことを考えすぎて、自分に自信が持てずに周囲に合わせすぎてしまうところも出てくるでしょう。目先のお金に弱く、些細な損を気にしすぎてしまうことも。裏運気は音楽を聴くことで心が安定してきます。

裏の時期　1月／2月　2009〜2010、2021〜2022、2033〜2034、2045〜2046年

真面目で現実的な人

基本性格 慎重派だけど、ときどき無謀な行動に走る

　落ち着いてじっくりと物事を進める静かで真面目な人。几帳面で地道にコツコツ積み重ね、石橋を叩いて渡るような性格です。親切でやさしく、他人に上手に合わせることができ、守りの要となる人でもありますが、自信や勇気がなく、なかなか行動できずに待ちすぎてしまうことも。計画を立てて行動することが好きですが、冒険やチャレンジ精神は低めです。真面目がコンプレックスになり、ときどき無謀な行動に走ることもあるでしょう。

★ 持っている星
生まれながらにあなたが持っている性質

- ◆ 真面目な星
- ◆ 現実的に考える星
- ◆ 若いときの苦労が役立つ星
- ◆ 忍耐強い星
- ◆ 心は大人な星
- ◆ 几帳面な星
- ◆ 心配性の星
- ◆ 自信をもつまで時間がかかる星

- ◆ 価値にこだわる星
- ◆ 結婚をすぐに考える星
- ◆ 瞬発力のない星
- ◆ 貯金好きな星
- ◆ 不動産に縁がある星
- ◆ 大器晩成運の星
- ◆ 告白がなかなかできない星

仕事運 最高の縁の下の力持ち

　職場でとても真面目に仕事をします。手先も器用で、何事も時間をかけてものにすることが可能な人です。知恵はある一方、真面目すぎて融通がきかないところも。信頼をしっかり勝ち取れば、最高の二番手・三番手として活躍することができるでしょう。金融関係、不動産、事務職、公共機関などで能力を発揮することができます。派手で目立つことは不得意ですが、縁の下の力持ちとしての能力がとても高い人でしょう。

雰囲気を明るくして自信がもてるようにする

　相手がどんな人なのかじっくり観察をして、思いを寄せても何もしないまま、片思いで終わってしまうことが多いタイプ。自分に自信がもてないことが大きな原因なので、周囲の人がどんな服装でどんな感じにしているかをじっくり観察して、地味な服装ではなく、明るく大人な雰囲気に髪型や服を変えるといい恋ができるでしょう。押しに弱いので、好きではない人との交際もあり得ます。別れ下手なのでズルズルしてしまうことも多いでしょう。

結婚　押し切られれば誰とでも可能性あり

　互いに大切に思える安定した人との結婚を望みます。誰と交際をしても「この人と結婚するかも」と考えて真面目に付き合います。**つくしすぎてしまうことも多い**ですが、結婚願望が強く、押し切られたらほとんどの人と結婚する可能性があるでしょう。結婚後はしっかり自炊をして、節約もして家庭を守るので、周囲から「いい人と結婚したね」と思われることが多いタイプです。臆病が原因で結婚に慎重になりすぎる場合はあるでしょう。

浮気&不倫　相手を信じすぎると騙される

　自ら浮気に走ることはないでしょう。ただし、恋人がまったくかまってくれなかったり、浮気が発覚して自暴自棄になったりしているときに強引な相手が現れると、浮気に走ってしまう場合がありそう。とくに**お酒を飲んだときは要注意**。不倫も基本的にはありませんが、「離婚調停中」だという相手の言葉を信じてズルズルと関係を続けていたら、ある日突然別れを告げられてしまう場合があるので、**既婚者の言葉を信用しないようにしましょう**。

復縁　終わった恋に後悔してグズグズする

　別れたことを後悔して、いつまでも復縁を考えてしまいます。そもそも別れ下手なので、我慢して付き合っていたり、気持ちがないのに交際を続けて相手の浮気が発覚するまで別れられないことも。あなたの**真面目すぎが原因で恋が終わる場合**も多いでしょう。終わった恋にグズグズしてしまうので、別れた人から連絡がきたり、強引な相手に迫られたりすると復縁することがありますが、また同じようなことを繰り返すでしょう。

SEX　つくして調教されるM精神の持ち主

　真面目で恥じらいがあり、SEXに興味がなさそうですが、**じつはかなりのむっつりスケベ**です。シャワーを浴びてから薄暗い場所で互いに愛し合うSEXを望みますが、相手の反応に合わせてつくすので、相手の満足度は高いでしょう。舐めることが得意で、相手が「もういい」と言うまで舐め続けます。また、M精神をベッドの上では出すでしょう。調教されやすく、相手の思い通りにされますが、自分から大胆なことはできないでしょう。

金運 価格を比較して節約の知恵を働かせる

　若いころからコツコツと小銭を貯めていたり、目的がなくても貯金をするなど、**経済観念がしっかりしています。**家電量販店に行って値段を見比べることが好きだったり、**どこよりも安い情報を入手することも好き。**とはいえ値切るほどの勇気はないので、安くなることをじっと待つことのほうが多いでしょう。押しに弱いので、強引な営業に負けて不要な物を買ってヘコむことも。自炊が好きで、昔からの知恵を知っていて、いい節約ができるでしょう。

健康運 お酒の失敗に注意。白湯を飲もう

　真面目が健康面でも出るので、無謀なことは避けます。そのため健康でタフなほうですが、**冷えに弱く、子宮系や肌が弱くなりそう。**代謝を上げるために軽い運動やストレッチをすることもオススメです。白湯を飲むと体調が整う場合があるので、朝と晩に飲んでみるといいでしょう。お酒での失敗も多いので、何度も二日酔いになってしまうほど飲みすぎてしまうことも。**休肝日をしっかりつくる必要もあるでしょう。**

LUCKY

color
ホワイト、ボルドー、ネイビー

food
乳製品、イワシ料理、ピーナッツ

Spot
温泉、神社仏閣、工房

心にとめておきたい
運気UPアドバイス

華やかになることを
恥ずかしがらないように

裏運気 損得勘定で判断し、同じ話を繰り返す

　裏運気になると、損得勘定で物事を判断しては「得ならやるけれど、損をするならやらない」**と考える人になります。**お調子者で適当な話をしたり、同じ話を繰り返したりすることも。自分の言ったことを忘れて、「言った、言わない」の些細な揉め事も多くなるでしょう。フットワークも軽くなり、いろいろな場所に顔を出しますが、深入りはしません。部屋に無駄な物が多くなり、捨てられなくなってしまうところが出てくるでしょう。

裏の時期　1月／2月　2009〜2010、2021〜2022、2033〜2034、2045〜2046年

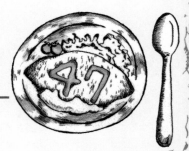

金のカメレオン座
47 正義感の あるリーダー

基本性格 ── おだてに弱く、上下関係を大事にするリーダー

　正義感があり、パワフルなリーダータイプ。自分が正しいと思ったことには まっすぐ突き進みますが、ややおっちょこちょいなところがあるため、先走っ てしまうことが多いでしょう。知性があり、情報をしっかり集められる冷静さ がありますが、おだてにとても弱い人です。古風な考え方をもち、上下関係を とても大事にするため、ほかの人にも自分と同じような振る舞いを求めるとこ ろがあります。また、後輩には厳しいことも多いでしょう。

★ 持っている星
生まれながらにあなたが持っている性質

- ◆ 正義感がある星
- ◆ 勇み足の星
- ◆ 古風な考えの星
- ◆ 突っ込まれると弱い星
- ◆ 気前がいい星
- ◆ 上下関係を大切にする星
- ◆ 人と衝突しやすい星
- ◆ 乗せられて買ってしまう星

- ◆ ほめられると好きになる星
- ◆ 腰痛の星
- ◆ 面倒見のいい星
- ◆ 若い人に振り回される星
- ◆ 足のケガをする星
- ◆ ストレートな表現をする星
- ◆ 経営者の星

仕事運 ── 経営に関わるといずれ社長や偉いポジションに

　勢いとパワーがあり、周囲を上手にまとめられます。若いころは空回りが多く、出しゃ ばりすぎてしまうこともありますが、**年齢を重ねるにつれ、偉くなることで能力を開花さ せ**られるでしょう。知恵もあり、上司や先輩を上手に立てることもできるので、「**いい部下、 いい後輩**」になることもできる人。経営に関わるつもりで真剣に仕事に取り組むと、社 長になったり、役員や偉いポジションにまで上り詰めたりすることがあるでしょう。

押しが強かったり急に引いたりと態度が極端

好きになるまでに時間はかかっても、一度好きになると急にせっかちになり空回りしてしまいます。周囲から信頼されているリーダータイプや、まとめ上手で面倒見がいい人を好きになりますが、**相手がどんな人か探りすぎてタイミングを逃してしまう**ことも多いでしょう。好きになると急に押しが強くなる一方で、相手が振り向かないとわかると突然引いてしまうことも。「ひとりで何やってるの？」と思われてしまうことが多いでしょう。

 ## 結婚　結婚後は主導権を握りたい

古風な考えをしっかりともっているので、「プロポーズは男性から。グイグイ引っ張ってくれる男性に女性は一歩下がってついていくもの」と考えがちですが、自分でも主導権を握りたいと願うところがあるため、プロポーズを急かすことも。結婚後も最初はつくしますが、**次第に自分中心の生活に変えていくでしょう**。甘えん坊で仕切り屋なところを温かく見守ってくれる人や、手に職のある職人的な専門職に就いている人が合うでしょう。

 ## 浮気&不倫　優柔不断なところが出ると危ない

おだてに弱く押しに弱いので、押し切られて気がついたらＳＥＸし終えていた、などということが多い人です。とくに優柔不断なところを知られてしまうと弱いので、**身近な人や会社の先輩や上司と関係をもって**しまうケースもありそうです。得のない相手だと思えれば縁は切れますが、ズルズルと体だけの関係を続けてしまう場合もあるので気をつけましょう。また、恋人が浮気をすると、「自分も浮気してもいい」などと無謀な行動に走ることも。

 ## 復縁　情にもろく、甘えられると断れない

何事もストレートにされると弱いので、別れた恋人にハッキリと復縁を望まれてしまうと、嫌いになった人でも戻ってしまうことがありそう。情にもろく、寂しがり屋な面を突かれると、戻っては別れてをダラダラと繰り返してしまうことも。とくに昔の恋人がおだて上手な場合は、言いくるめられてしまいそう。甘えてくる恋人に厳しく言っても、肝心の行動が厳しくない場合が多いので、本当にダメだと思ったら**ビシッと毅然とした態度をとることも大事**。

 ## SEX　パワフルに攻めてすごいプレイに

ＳＥＸに対してはパワフルで、テクニックもあります。**以前の恋人とのＳＥＸをそのまま新しい恋人に試してしまう**ことが多いでしょう。ＳＥＸには積極的で、付き合ったらすぐにするのは当たり前、自分本位でグイグイ進めて騎乗位（男性はバック）が得意。おだてられるとなんでもやってしまうところがあり、すごいプレイにまで進んでしまう場合もありそうです。つい力任せになりやすいので、相手をほめて、上手に扱うようにするといいでしょう。

（金運）後輩や年下のためにお金を使うと運気アップ

　自分のためだけに使うつもりでいると、金運はいつまでも波乱が多いまま。後輩や部下にご馳走して面倒を見ていると、年下から慕われることで仕事の役に立ったり、職場がいい感じになったりして、のちに金運もよくなるでしょう。ただし、優柔不断な部分を突かれてお金を貸してしまったり、おだて上手な営業に引っかかって不要なものを買ったりするので、口のうまい店員には注意が必要。そのトーク技術を真似て自分のものにしてしまいましょう。

（健康運）動きが雑なお調子者のため、足腰に注意

　基本的にはかなりタフなので健康問題は少ないのですが、調子に乗りやすく、行動が雑でおっちょこちょいなので、打撲、転倒による足のケガや骨折などをしやすいでしょう。とくに足元には要注意。腰痛も出やすいので、ギックリ腰にも気をつけて。また、肌や気管も弱いので、日ごろの手入れやうがいをマメにしたほうがいいでしょう。麺類を食べすぎて下半身が太りやすい傾向もあるので、ほどほどにすることが大事です。

LUCKY

color
グリーン、ホワイト、ブラウン

food
麺類、イワシ料理、ピーナッツ

spot
動物園、遺跡、老舗旅館

心にとめておきたい
運気UPアドバイス

すべての人に
平等になること

（裏運気）メンタルが弱くなり、礼儀にうるさくなる

　裏運気になるとマイペースで繊細になり、常識やルールを気にするようになります。順序や礼儀を重視し、少し見栄っ張りにもなるでしょう。日ごろのパワーはなくなり、メンタルが弱く些細なことを気にして余計な妄想や空想をしたり、マイナスなことを考えすぎてしまったりするでしょう。言ったことがコロコロ変わって覚えていないことも。本音を話せる親友だけを大事にし、それ以外の人とはほどよく距離をおくことも多くなります。

裏の時期　1月／2月　2009〜2010、2021〜2022、2033〜2034、2045〜2046年

清潔感のある大人

基本性格　学習能力と吸収力はあるが、臆病なのがアダ

　上品で知的な雰囲気をもった大人です。繊細で臆病なところはありますが、常識をちゃんと守り、礼儀やマナーもしっかりしている人です。学習能力が高く、不慣れなことや苦手なことはほかから学んで吸収する能力に長けています。ただし、臆病すぎるところがあり、慎重になりすぎてチャンスを逃すことや、順番を待ちすぎてしまうこともあるでしょう。手堅く守りが強そうですが、優柔不断で突っ込まれると途端に弱くなってしまいます。

★ 持っている星
生まれながらにあなたが持っている性質

◆ 礼儀正しい星
◆ 突っ込まれると弱い星
◆ 古風な考えの星
◆ 学習能力が高い星
◆ 心は大人な星
◆ 常識をしっかり守る星
◆ 臆病になりすぎる星
◆ 割り勘が好きな星

◆ 安心できる人が好きな星
◆ 緊張しやすい星
◆ 順序を気にする星
◆ 手紙を書くといい星
◆ 恥ずかしがり屋な星
◆ 品のあるものが好きな星
◆ 誠実な星

仕事運　手先が器用で真似が上手なしっかり者

　ていねいに仕事に取り組み、挨拶やお礼などもしっかりできます。マニュアルがあればその通りに仕事を進め、ほかの人がその通りにしないとガッカリすることやイラッとすることが多いでしょう。**大手企業や公務員、マニュアルがしっかりある職場**だと能力を発揮します。また、手先が器用で真似するのがうまいので、**職人的な仕事**にも向いています。ただしメンタルが弱いので、精神力を鍛えておくことが大切でしょう。

恋愛運 品がない人はムリ。交際すると懸命につくす

　誠実でしっかりとした相手を求めるのはいいのですが、慎重に探りすぎて交際のチャンスを逃してしまうことが多いでしょう。相手に品を求めるのは当然と考え、外見の要求レベルも高く、下品に感じる無精ひげを蓄えていたりすると避けてしまいがち。しかも**相手の出方を待ちすぎてしまうので、度胸や勇気、思い切った行動が必要**でしょう。付き合いがはじまると一生懸命つくしますが、余計な心配をしてしまうことが増えるでしょう。

結婚　プロポーズされると優柔不断に

　完璧とまでは言いませんが**結婚相手に求めるものは多く**、周囲に紹介しても恥ずかしくない会社、学歴、経歴の持ち主や、上品で誠実な人との結婚を望んでいます。古風な考えをもち、リードしてくれる人を好むでしょう。ただし、些細なことを気にして踏み込めなかったり、優柔不断が原因でプロポーズを流してしまったりとチャンスを逃す場合もあるので、自分を信じての**勢いも大事**。結婚後は几帳面さを活かし、家庭をしっかり守るでしょう。

浮気&不倫　寂しさに流されてしまった自分を正当化する

　基本的には浮気や不倫をするタイプではありませんが、浮気や不倫をした場合、**本気になってしまうことがある**でしょう。常識人のしっかり者ですが、寂しいときや、心の支えになってくれる人に強引に誘われてしまうと、流されて関係をもってしまうことも。相手のSEXが驚くほどうまくて体の相性がよかったときには、その恋を正当化するほどハマッてしまい、抜けられなくなってしまうかもしれません。

復縁　相手の出世を知ると未練がましくなる

　寂しがり屋に火がついてしまうと、復縁率が高くなってしまいます。とくにしかたなく別れた相手や、理由もなく自然消滅した相手には未練があるでしょう。さらに、相手が出世していたり、お金持ちになっていたりといった成功を目にすると、「**自分の見る目は正しかった**」と思って復縁しようとすることも。押しには弱いので、相手からしっかりハッキリ言われると、寂しさのあまり復縁するケースも多いでしょう。

SEX　相手のリードに合わせ上手

　根っからの寂しがり屋なのでSEXが嫌いではないのですが、シャワーを互いに浴びて体をキレイにして、歯もしっかり磨き、汚れていないシーツのベッドで薄明かり程度の状態をつくってからでないと盛り上がれません。**とくに自分はシャワーを絶対に浴びたいタイプ**。SEXもていねいで相手の要望にも応えますが、欲望をむき出しにすることは少ないでしょう。相手のリードにできるだけ合わせるので、相手の満足度はそこそこ高いでしょう。

金
のカメレオン座
48

金運　財布の紐は固いが見栄での散財に注意

　基本的に、派手な使い方や浪費をすることは少ないですが、見栄での出費が多くなってしまうことがあります。出さなくてもいいところでついつい見栄を張って多めに支払ってしまったり、一流ブランドにお金を出してしまうことも。ただし、購入前にはどれだけ価値があるかなどをしっかり調べてから購入します。それ以外の場面ではしっかりしていて、**本音では割り勘が好きですし**、**お金の貸し借りは避けたい**と思っています。

健康運　心配なことをなんでも話せる人が必要

　几帳面な性格が体調に出やすく、とくにメンタルの弱さが肌荒れに出てしまいます。スキンケアをサボッたり、ストレス発散ができない時期が続いたりすると、肌がボロボロに。好きな音楽を聴いてのんびり本を読んだり、映画館や美術館でゆっくりしたりする時間が大事です。また、何も言わずあなたの話を聞いてくれる人も必要でしょう。心配性な面もありますが、**多くは起きることのない心配なので**、考えすぎないようにしましょう。

LUCKY

color
ホワイト、シルバー、ネイビー

food
柑橘類、アボカド、ピーナッツ

spot
コンサート、古都、老舗旅館

心にとめておきたい
運気UPアドバイス

本音で話をすることが
大事

裏運気　無邪気でマイペースなおっちょこちょいに

　裏運気になると、仕切りたがり屋で面倒見がよく、パワフルに行動できる人になります。日ごろの繊細さも持ち合わせていますが、行動が雑になり、勢いで動くことが増え、おっちょこちょいな面が出てくるでしょう。余計な妄想や空想も好きで、ボーッとしながらいろいろなことを考えてしまいます。中学生のような子どもっぽさや無邪気さが出てマイペースに日々を過ごし、寂しがるよりも自分のペースや時間を優先するようになるでしょう。

裏の時期　1月／2月　2009〜2010、2021〜2022、2033〜2034、2045〜2046年

金 のカメレオン座 ◆ 48

49

屁理屈が好きな大人子ども

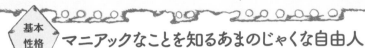

基本性格　マニアックなことを知るあまのじゃくな自由人

　知的で冷静で理屈が好きですが、どこか子どもっぽく、自由人のスタイルを通すタイプ。周囲が知らないことに詳しく、マニアックなことも知っていて、芸術や美術、都市伝説などにも詳しいでしょう。指先が器用で学習能力が高く真似が得意ですが、あまのじゃくな性格が邪魔をして、素直に教えてもらわないことが苦労の原因になりそう。言い訳が多く、何事も理由がないとやらないところと、なんでも評論する癖があるところはほどほどに。

持っている星
生まれながらにあなたが持っている性質

- ◆学習能力が高い星
- ◆芸術家タイプの星
- ◆屁理屈の星
- ◆真似がうまい星
- ◆若いときの苦労が役立つ星
- ◆芸術や美術にお金を使う星
- ◆個性的な人を好きになる星
- ◆変化や新しいことが好きな星
- ◆目の病気の星
- ◆言い訳が多い星
- ◆束縛されると逃げる星
- ◆匂いフェチの星
- ◆浮気をする星
- ◆指先が器用な星
- ◆色彩の才能がある星

仕事運　チャンスと感じたら独自の発想を試して

　自分のセンスや才能を活かせる仕事に就くと能力を発揮しますが、根が飽きっぽく、屁理屈や言い訳が多いため、職場で能力を発揮する前に浮いた存在になってしまうことがあるでしょう。若いころは周囲の真似をして同じようにしていますが、チャンスがきたと思ったときには、自分独自の発想を試すといいでしょう。**公務員や先生**など、「**堅い**」と言われる職種に多いタイプですが、一方で**フリー**で仕事をする人もとても多い星です。

恋愛運 才能のある人が好き。でも素直に言えない

　外見や相手の収入面を見て、安定した人を好むところはあるものの、好みのタイプは「才能がある人」です。**個性的で周囲とは違った生き方をしている人や、発想力や考え方の違う点を尊敬できるような相手**を求めるでしょう。あまのじゃくと優柔不断な性格が邪魔をして、素直に好きな人に気持ちを打ち明けられなかったり、チャンスになると逃げてしまったりするところがあるので、もうひとひねりして素直になるといいでしょう。

 結婚 ### 理由をつけて結婚が遅れるか20代でデキ婚

　結婚願望がないタイプ。口では「結婚したい」と理想を声に出すことがあっても、**本音では「自由でいたい」**「こんな子どもみたいな自分が結婚できるわけがない」「子どもを産むのが怖い」などと言い訳や理由を探して婚期をドンドン遅らせてしまう場合があるでしょう。早くから自分があまのじゃくで自由人だと自覚した人は、逆に20代前半にデキ婚をする場合があります。ただし、離婚率がかなり高いでしょう。

 浮気&不倫 ### 好奇心から繰り返しても本気にはならない

　新しい人が好きなので、1、2回したら「ほかの人を」と探してしまうことがあり、**浮気率はかなり高い**でしょう。とくにＳＥＸの気持ちよさを知ってしまうと、「あの人はどんな感じかな」と好奇心で動いてしまうことも。不倫も同じように「不倫ってどんなものよ」となる場合がありますが、浮気や不倫に本気になることはなく、相手にバレないようにスーッと引いて冷めた感じで別れるか、罪悪感なく繰り返すタイプでしょう。

 復縁 ### 古い人より新しい人が好き。復縁に縁なし

　基本的に復縁には興味がない人。そもそも他人に興味がないので、**復縁にも縁がありません。**新しいことや新しい人が好きなので「古くなった人」に戻るケースは少ないでしょう。ただ、別れたあとに驚くような才能を開花させた場合や「復縁ってどうなの？」と復縁自体に興味がわいた場合、傷ついたプライドが許さないからといったときなどに復縁に走ることはあります。ただし好きではない場合、戻ってもうまくいく確率は低いでしょう。

 SEX ### 探求するか冷めるかは最初の相手次第

　好奇心が旺盛なタイプなので若いころはＳＥＸに興味津々ですが、最初の相手に探求心がないと「ＳＥＸってこんなものか」と冷めてしまい、ＳＥＸがなくても平気になってしまいます。逆に最初の相手がかなりスケベな人で快楽を覚えてしまうと、ドンドン追求がはじまり、小道具からあらゆることまでをひと通り試したくなります。「変態」と言われるまで突き進んでしまう場合もあるでしょう。ただし、**どちらにしろいずれＳＥＸに飽きる**でしょう。

金のカメレオン座 ◆ **49**

金運　使いすぎと思えば極端な節約をすることも

　根が子どものような性格のため、**お金遣いは要注意**。冷静で知的な雰囲気とは裏腹に、目的がないとドンドン使ってしまうことが多く、給料日前に何度金欠で苦しんだことかと思う一方で、極端な節約をすることもあります。たとえば、「朝はごはんと卵だけ」などと偏った食事をしてでもお金を使わないようにするときなどがあるでしょう。目標をしっかり決めた預金通帳をつくって**目的以外では下ろさない**ようにするか、**積立預金**にするといいでしょう。

健康運　目をいたわりバランスのよい食事を心がけて

　体力面はタフなほうですが、もっとも出やすいのは目の疲れです。遠視、近視を含めて比較的若いころから目に出やすく、ドライアイ、眼精疲労、緑内障、白内障などにもなりやすいので定期的な検診は必要。そこから肩こりや腰痛になる場合もあるでしょう。食事のバランスが悪くなったり、偏食にもなりやすいので、バランスのよい食事を心がけましょう。また、人生に一度は手術する運気もあるので、**身内が罹患した病気**には気をつけましょう。

LUCKY

color
パープル、ホワイト、ブラウン

food
カレー、いちご、ピーナッツ

spot
神社仏閣、美術館、映画館

心にとめておきたい
運気UPアドバイス

どうせ言うなら前向きでポジティブな屁理屈を

裏運気　探求心が強くなり、評論と古い物好きになる

　裏運気になると、自分の生き方を通すマイペースな人になります。論理的に物事を考えるようになって、伝統や文化や古いことも好きになります。表も裏も似たところがありますが、裏のほうがさらに他人に興味がなく、研究や探求心が強くなり、自分の時間や世界をとても大事にするでしょう。他人を小馬鹿にして見下すことや、評価や評論好きになり、知ったかぶりで話をすることも増えるでしょう。神社や仏閣に行くと心が落ち着きます。

裏の時期　1月／2月　2009〜2010、2021〜2022、2033〜2034、2045〜2046年

生まれた ときから 心は60歳

基本
性格 **学習能力は高いが、上から目線でプライド高め**

　冷静で落ち着きがあり、年齢以上の貫禄と情報量があるタイプ。何事も論理的に考えられ、知的好奇心が旺盛で勉強熱心。学習能力がとても高く、手先が器用で、教えてもらったことを自分のものにするのが得意。ただし、プライドが邪魔をする場合があるので、つまらないプライドを捨てて、すべての他人を尊重・尊敬すると能力を開花させられるでしょう。上から目線の言葉や冷たい表現が多くなるので、言葉を選ぶようにしてください。

 持っている星
生まれながらにあなたが持っている性質

◆ 理論と理屈が好きな星
◆ 心は60歳の星
◆ 古風な考えの星
◆ プライドが高い星
◆ 突っ込まれると弱い星
◆ 古風と伝統が好きな星
◆ 冷たい言い方をする星
◆ 古くて価値のあるものを買う星

◆ 頭のいい人を好きになる星
◆ 目の病気の星
◆ 尊敬できる人を好きになる星
◆ めったに心を開かない星
◆ 変わった人脈ができる星
◆ 落ち着きがある星
◆ 年上と仲良くなれる星

仕事運 **困ったときはうまくいっている人の真似を**

　どんな仕事でも冷静に対応ができ、自分の立ち位置を見つけられ、上下関係もしっかりしています。仕事への探求心もあり研究熱心で、自然と上司や先輩に好かれるでしょう。プライドを守るために屁理屈や言い訳をすると苦しい状況から抜けられなくなるので、困ったときは職場でうまくやっている人や先輩を見習って真似をすると、多くの問題はクリアできます。**専門職、芸術系、職人系、先生**などになると能力が開花するでしょう。

恋愛運 尊敬できる人に恋をし、付き合うと「お母さん風」に

「バカが大嫌い」な人。学歴があるとか頭がよいとかではなく、知的好奇心のない人や探求心がない人は好きになりません。尊敬できる人を好きになることが多く、**年上や自分の知らないことに詳しい人や、専門職を極めている人**などを好むでしょう。先生や上司など、役職がしっかりしている人を選ぶこともあるでしょう。芸事に長けた人も好きになりそう。交際後は「お母さん？」と思うくらい家のことをしっかりしたり、恋人の尻を叩く人になるでしょう。

結婚 自分の世界を邪魔しない相手を望む

結婚への理想は高く、そもそも完璧主義者なため、相手に求めることは多くなります。安定した収入は当然ですが、自分の世界観を邪魔しない人か、家のレイアウトはすべて自分で決めさせてくれて、生活リズムも自分主導を許してくれる人か、相手も忙しくて、自立していて執着してこない感じの人がいいでしょう。結婚では、相手の学歴や教養、年収などの**条件にこだわりすぎて、本当の愛を見失う**場合があるので気をつけましょう。

浮気&不倫 理想の人が見つかってしまうと危ない

浮気率は低いほうですが、もともとそれほど好きではない人と付き合っている場合は、簡単に浮気をすることがあるでしょう。「そもそも本気じゃないし」などと言い訳をし、完璧を目指すだけあって、理想に近い人が見つかってしまうと動いてしまうことがありそうです。不倫は、**そもそもが年上好き**なので、状況によっては会社の上司や取締役、社長と関係をもってしまうケースがあり、その場合は都合のいい愛人になってしまうでしょう。

復縁 相手を尊重して自分からは復縁を望まない

ドライな態度や冷たい言葉が多いので、他人に興味がないと思われやすいのですが、**じつは愛情や人情をとても大事にする人**。「別れたい」という相手の言葉を尊重して受けてしまいますが、プライドの高さから自分からは復縁を望まないことが多いでしょう。時間が経った数年後に、偶然の出会いで友人として話せるようになったときに、互いに大人になったことがわかると復活があるかもしれません。

SEX 性欲は弱め。相手次第でセックスレスも

相手に合わせることがとても上手でテクニックも学習しているので、相手の満足度も高めです。ただし、**そもそも性欲が強い人ではないの**で、セックスレスになる確率が高いでしょう。1、2回するとその後パッタリない場合もあり、すべては相手次第。激しく長い人にも合わせられますが、サクサクッと淡白に終えるならそれもOK。相手があまりに激しすぎたりエロすぎたりすると急に冷めてしまい、縁を切ってしまうこともあるでしょう。

金のカメレオン座◆**50**

金運 堅実だが、たまに周囲が理解できない物を買う

　経済的には超安定を目指す人。不要な出費はできるだけ抑えることができますが、自分独自の価値観や、骨董品や美術品など、**周囲には価値がわからない物にお金を使う**ことがあります。情報好きでもあるので、パッと見ただけでは買わずに、ネットでどんな物なのか、いまが買いどきなのかを調べてから購入します。そのため散財も少ないでしょう。頭を使った投資や資産運用を勉強すると、さらに安定した副収入を得られるでしょう。

健康運 同じ物を食べ続けたり、お酒にハマらぬように

　知的で計画的なので、体調もなかなか崩れません。グルメですが、一度おいしいと思うと同じ物を何度も食べて偏食になりやすいので注意は必要。お酒にハマりすぎてしまい、栄養バランスの悪い状況が続くこともあるでしょう。とくに**目の病気と偏頭痛**が出やすく、緑内障、白内障、眼精疲労に悩むことがあるかもしれません。**肩こりや腰痛**も出やすい傾向が。軽い運動をマメにするよう心がけてください。

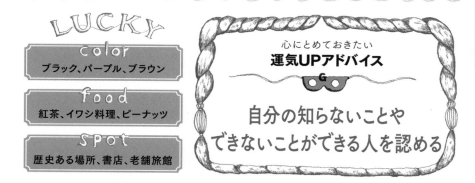

LUCKY

color
ブラック、パープル、ブラウン

food
紅茶、イワシ料理、ピーナッツ

spot
歴史ある場所、書店、老舗旅館

心にとめておきたい
運気UPアドバイス

自分の知らないことや できないことができる人を認める

裏運気 不思議なことや変なことに心を奪われる

　裏運気になると、子どものように無邪気で自由な人になります。変わり者と思われるくらい不思議なことや変なことに興味がわき、無謀な行動に走ることもあるでしょう。知的好奇心は強いままですが、ふだんなら興味がないようなことを調べて、日ごろとは全然違った人間関係をつくることができるでしょう。人との縁を切ってでもこれまでとは違った世界に飛び込んでしまうことがあるかも。言い訳が多くなるのでほどほどにしておきましょう。

裏の時期　1月／2月　2009〜2010、2021〜2022、2033〜2034、2045〜2046年

銀の
カメレオン座

Silver
Chamaeleon

41 一言多い高校生

基本性格 デキる人の近くにいるとグングン成長する

　周囲に合わせることが得意な頑張り屋。「でも、だって」と一言多く意地っ張りなところはありますが、真似が得意で、コツをつかむとなんでもできるようになります。ただし、意地を張りすぎて自分の生き方ややり方にこだわりすぎると、能力を発揮できない場合があるでしょう。周囲に同化しやすいのでレベルの高いところに飛び込むと成長しますが、逆に低いところにいるといつまでも成長できないので、友人関係が人生を大きく分ける人でもあります。

⭐ 持っている星
生まれながらにあなたが持っている性質

- ◆ 頑張り屋の星
- ◆ 謝らない星
- ◆ 優柔不断な星
- ◆ 周囲に同化する星
- ◆ サッパリとした性格の星
- ◆ 本音を話さない星
- ◆ お金の貸し借りがダメな星
- ◆ 友達のような交際が好きな星
- ◆ 運動がストレス発散になる星
- ◆ 負けを認められない星
- ◆ 真似をする努力家な星
- ◆ 身近な人の影響を受ける星
- ◆ 粘り強い星
- ◆ 友人に恋する星
- ◆ 胃腸が弱い星

仕事運 評価されないと本気になれずサボり出す

　努力家で人一倍パワーと器用さをもっているぶん、なかなか評価されない職場ではサボってしまい、本気を出そうとしません。見切りをつけて転職を繰り返す場合も多いでしょう。他人を使うことよりも自分で動くことのほうが得意です。マニュアルがしっかりしていて成績や結果が出やすい仕事や、職場の同期に友人や親友と呼べる人ができると、自然と頑張ることができそうです。

恋愛運　近場にいる優秀な人をねらう

　職場や友人関係など、近場でもっとも優れた人を好きになります。部活のキャプテンやクラスで一番のイケメンなど、**わかりやすいところをねらう癖**が社会に出てもそのまま現れるでしょう。自分と不釣り合いでも、仲よくなったなかで手が届きそうなところに向かいますが、うまくいかないことも多いでしょう。一目惚れすることは少なく、最終的には、**一緒にいて居心地がよく、対等に付き合えるような人**と交際するケースが多いでしょう。

結婚　家庭を守る能力が高いぶん理想も高い

　自立心が強く、仕事を頑張っていくように見せていますが、本音では**結婚したら家庭でのんびりゆっくりしたい**と考えています。結婚前と結婚後ではガラリと生活が変わり、守りにも力を入れられる人。ただし、そのぶん理想が高くなってしまい、いろいろと探している間に30代になっていることも多いでしょう。家庭的な部分をしっかり磨いておくことと、職場や同級生など身近なところにアピールすることが大事です。

浮気&不倫　浮気の罪悪感は低め。負けず嫌いが泥沼に

　浮気をする確率は低めですが、相手とケンカをしたときや自暴自棄を起こしたときに、つい1、2回関係をもってしまうことがありそうです。ＳＥＸが淡白なぶん、罪悪感はやや低め。不倫は、職場や仕事関係者に理想に近い人がいるとついつい踏み込んでしまう危険性があります。相手のパートナーに対して負けず嫌いの火がついてしまうと、なかなか闘志が消えずに泥沼な関係になる場合があるので、注意が必要でしょう。

復縁　自分から謝らなければ復縁はない

　ケンカ別れが多いタイプなので、**ケンカの状況によっては二度と復縁はない**でしょう。相手に現実を突きつけたり、言ってはならないことをハッキリ言って終わりにしてしまったり、自分が悪くても絶対に謝らないところが問題だったりした場合は、あなたから復縁したいと望んでも相手がなかなかＯＫしないでしょう。大人になってしっかり謝ることができないと、復縁をしても同じことを何度も繰り返すだけになってしまうので注意してください。

SEX　サバサバして色気に欠ける。ときには恥じらいを

　せっかちでワンパターンなＳＥＸが多く、ムードよりも運動部のようなテンションで頑張るＳＥＸが好き。舐める技術はないものの、とりあえず頑張った感じは相手に伝わります。ただし、ていねいさに欠けると思われてしまうでしょう。小手先のテクニックももってはいますが、表現が不得意なので、サバサバした感じで終えてしまいがち。**色気を出す努力や演出**を少し考えたほうがいいでしょう。ときには恥じらいを見せることも大事です。

銀のカメレオン座 ◆ **41**

本気で頑張れることが見つかれば金運アップも

金運

頑張れば頑張るほど金運が上がるタイプですが、本気で頑張れることを見つけられるまでは金運が低迷することが多く、堅実なわりには周囲に釣られて出費が増えてしまうでしょう。「お金が欲しい」と言いながら投資や資産運用の勉強を怠ったり、「損得勘定＝自分だけの得を考えること」だと勘違いして、大金を手にするチャンスを逃したりしやすい人です。ほどよくお金を回すことや、お金の流れを早く学ぶといいでしょう。

お酒の席での発言をいい言葉にかえて

健康運

外見のいい人や美人が多いのですが、美人薄命な印象とは逆に、じつは基礎体力があり、タフなほうです。長時間仕事をしたり遊んだりしても案外ケロッとしています。ただし、ストレスが胃腸に出やすいので、気力でごまかさずに、休むときはしっかりと疲れをとるようにしましょう。お酒を飲んで余計な一言を言ったり反発したりして、かえってストレスをためてしまう場合があるので、いい言葉を選ぶように心がけるといいでしょう。

LUCKY

color
レッド、イエロー、ホワイト

food
ヨーグルト、ささみ料理、ゴマ団子

spot
スタジアム、劇場、温泉

心にとめておきたい
運気UPアドバイス
G

自分のやり方にこだわる前に
基本をしっかり学ぶ

裏
運気

単独行動が増えて、なぜか先走る人になる

裏運気になると内に秘めることが多くなり、頑張りや努力を周囲に見せることを避けて、ひっそりと陰で努力を積み重ねるようになります。団体行動が嫌いになり、単独行動が増えて、ひとりで旅行やライブに行くことが増えるでしょう。先走ることが増えて、最後まで話を聞かずに突っ走ってしまうこともありそうです。一攫千金や一発逆転点をねらうような行動が増えて、無駄な時間を使うことも多くなってしまうでしょう。

裏の時期　2月／3月　2010〜2011、2022〜2023、2034〜2035、2046〜2047年

向上心と
度胸がある人

基本
性格 **効率よく結果を出したい合理主義者**

　合理主義で無駄なことや団体行動が嫌いな人です。几帳面でていねいな感じに見える人と、派手な感じに見える人が混在する極端なタイプですが、地道な努力や下積みなど、基本を身につける苦労を避けて結果だけを求めるところがあります。真似が上手でなんでも簡単にコツをつかみますが、しっかり観察をしないでいるとその能力は活かせないままです。向上心があり、成長する気持ちが強い人と付き合うといいでしょう。

☆ 持っている星
生まれながらにあなたが持っている性質

- ◆ 合理主義の星
- ◆ 団体行動が苦手な星
- ◆ 冷静な星
- ◆ 才能を隠す星
- ◆ 真似がうまい星
- ◆ 要点をつかむのが上手な星
- ◆ 都合の悪いことを聞かない星
- ◆ 一攫千金をねらう星
- ◆ 好きな人には積極的になる星
- ◆ 健康の情報が好きな星
- ◆ 本当の自分を出せない星
- ◆ 計算高い星
- ◆ 話を最後まで聞かない星
- ◆ 二面性がある星
- ◆ 格好悪いことはしない星

仕事運 **デキる人の近くにいると伸びる**

　几帳面でていねいに仕事ができて根気もありますが、とにかく無駄と雑用が嫌いで、合理的に仕事を進めることに長けています。理数系の能力や演技や声を使う仕事で才能が開花するでしょう。家と外では別人のように変化するタイプです。真似する力や吸収力も高いので、目標となる人や仕事のコツを上手に教えてくれる人がいると伸びるのが早くなります。自分よりも仕事ができる人の近くにいると活躍できるでしょう。

恋愛運 理想が高く計算高く、刺激的な恋に憧れる

　恋には慎重に見えますが、ねらった獲物は逃がしません。相手がどうしたら自分のほうを向いてくれるかと、いろいろと画策する計算高い人ですが、理想が高いため簡単に恋心に火がつくことがなく、「自分が選ぶ立場でいたい」と思っているでしょう。恋に刺激を求める癖もあり、友人の恋人や、既婚者を好きになってしまう場合や、安定した恋を自ら破壊するような行動にも走りやすいので注意しましょう。

 結婚 安定と刺激の両方を
望むのでお金は必要

　将来が期待できる相手よりも、すでに安定した生活を送っている人との結婚を望みます。恋愛はやや刺激を求めるため、危険な恋をする場合がありますが、結婚となると安定を目指します。結婚後は独身時代とは変わって守りが強くなりますが、刺激や変化のある生活へは憧れがあるので、家族で旅行やライブに行くなどしたがるでしょう。海外旅行が好きで、それなりの収入がある人との相性がいいでしょう。

 浮気&不倫 刺激と攻略しがいで
燃え上がる

　浮気も不倫もしやすい人。刺激を求めるところと向上心があり、恋人ひとりで満足することは少なく、ちょっと寂しい期間があると「ほかの人を」と目移りしてすぐに関係を深めてしまいます。演技力があるので浮気はなかなかバレません。不倫では、完璧な男性を求めるあまり、既婚者を好きになると状況などおかまいなく「どうしたら落とせるか」と盛り上がってしまうことも。相手が振り向かなければ振り向かないほど燃えてしまうこともあるでしょう。

 復縁 逃げるから
追いかけてしまう

　好きだから追いかけるというよりも「逃げるから追う」という癖があり、自分のことが大好きなぶん、「こんなに大好きな自分をふるわけがない」と、相手が逃げれば逃げるほど追いかけたり、諦め切れなかったりすることがあるでしょう。押しに弱い相手の場合、付き合っては別れてを何度も繰り返してしまうこともありますが、一度別れた人とは互いに相当努力し合わないとうまくはいかないでしょう。

 SEX 別人と思えるほど
貪欲で激しく求める

　SEXでも刺激を求めます。勝負下着にこだわる、ムードをつくる、コスプレする、激しい体位も好き、小道具も好きと、SEXがはじまると「別人だ」と相手に思われてしまうくらい己の欲望に素直になり、相手にも満足してもらおうと激しく求めます。ただし、相手が淡白でSEXに興味が薄いと、不満を爆発させて文句を言ってしまうことがあるので要注意です。ほめながら相手をコントロールできると満足度は上がるでしょう。

銀
のカメレオン座 ◆
42

金運 一攫千金をねらって逆に無駄が増えてしまう

　安定を望みながらも波乱が多いでしょう。一発逆転や一攫千金をねらってしまう癖から、逆に不要な出費が増えることも。独身のときはブランド品を買いすぎる癖があるので注意が必要です。結婚後のほうが家庭をしっかり守れるようになり、不要な買い物は急に減りますが、旅行やライブに行くのが好きなため、大きな出費は避けられないでしょう。お金持ちの友人や、お金の運用に詳しい人が近くにいると、安定したお金を手にできそうです。

健康運 ストレスからの暴飲暴食に注意

　健康情報が好きで、古くから伝わる健康法を試してみたり、自分で編み出した健康法を続けるタイプ。周囲から「それだけをやってて効果あるのかな？」と疑問に思われることもあるでしょう。ストレスがたまったときにヤケを起こして暴飲暴食をすることがあり、そのため胃腸の調子を崩してしまうところがあるでしょう。日ごろからストレスをためないように、旅行やライブにマメに行くようにすると、健康を維持できるでしょう。

LUCKY

color
ホワイト、イエロー、グレー

food
ステーキ、黒豆、ゴマ団子

spot
コンサート会場、劇場、温泉

心にとめておきたい
運気UPアドバイス
G

一生懸命になることを
恥ずかしがらない

裏運気 妄想空想好きで少年の心をもった負けず嫌いに

　裏運気になると、「人は人、自分は自分」とかなりのマイペースになりますが、負けず嫌いの頑張り屋に。妄想や空想が好きになるので、つねにいろいろなことを考えてしまうでしょう。サッパリとした性格でさまざまな人と仲よくなれますが、対等な付き合いを求めすぎて生意気だと言われてしまうこともありそうです。裏の心は「高校1年生の少年」のようなところがあり、色気がなく、サバサバしたところが出てくるでしょう。

裏の時期　2月／3月　2010〜2011、2022〜2023、2034〜2035、2046〜2047年

43 陽気で 優柔不断な人

基本性格　ちゃっかりしているけど、なんとなく憎めない人

愛嬌があり明るく甘え上手ですが、根はしっかり者でちゃっかり者。なんとなく憎めない人です。自然と好かれる能力をもちながら、お礼や挨拶などを几帳面にする部分もしっかりもっています。なにより運に恵まれているので、困った状況になっても必ず誰かに手助けしてもらえますが、ワガママが出すぎて余計なことをしゃべりすぎたり、愚痴や不満が出すぎたりして信用を失うことも。空腹になるととくに態度が悪くなるので気をつけましょう。

☆ 持っている星
生まれながらにあなたが持っている性質

◆ 明るい星
◆ サービス精神の星
◆ 他人任せの星
◆ 突っ込まれると優柔不断な星
◆ 人が自然と集まる星
◆ 華やかな星
◆ 不機嫌が顔に出る星
◆ 気分でお金を使う星

◆ 甘え上手な星
◆ 顔が丸くなる星
◆ 馬鹿なフリがうまい星
◆ 計算が甘い星
◆ 人気者になる星
◆ 欲望に流されやすい星
◆ 超エロい星

仕事運　ふざけられるくらい楽しい職場がいい

楽しく仕事ができれば満足なのですが、几帳面でしっかりした性格のわりにはマメな努力が嫌いで、「楽しいことだけしたい」と言っては愚痴や不満が多くなりがち。どんな仕事もゲームだと思って楽しいことを考えてみるか、少しふざけたことができるくらいの職場に所属するほうがいいでしょう。サービス業や芸能界、人前に出る仕事が向いていますが、どんな仕事でも愛想よくしていることでよいポジションに就くことができるでしょう。

恋愛運 愛嬌で人の心をつかむモテ強者

　恋の条件をあれこれと掲げますが、最終的には「一緒にいると楽しい人」に落ち着きます。この「楽しい」のレベルが少し贅沢だったり、要求することが多かったりもしますが、愛嬌があるので上手に人の心をつかむことができます。笑顔で近づいてお馬鹿なキャラを演じてみたり、ボディタッチでセックスアピールをしたりしても、いい感じにできてしまうでしょう。悪気はなくても、友人の恋人を惚れさせてしまうこともありそうです。

 ### 結婚　デキ婚率が高いけど楽しい家庭作りを頑張る

　明るく陽気で、「結婚よりは恋愛タイプ」と思われてしまうことが多いのですが、結婚後は持ち前のサービス精神で家庭をしっかり守る人になるでしょう。守ると言っても「明るく楽しい家庭をつくる努力をする人」です。身内にワガママを言うことがありますが、みんなが楽しい家庭作りに協力してくれれば問題になるほどではありません。デキ婚率がかなり高く、本来なら理想が高い人ですが、恋愛中の勢いで結婚することも多いでしょう。

 ### 浮気&不倫　話術のあるお金持ちにフラフラと……

　浮気や不倫を高確率でしやすいタイプ。話がおもしろくて会話が弾み、かつ、お金を持っている相手とは、恋人がいようが既婚者だろうが関係なくSEXしてしまいます。自分からアプローチする場合もありますが、そんな相手に押されてしまうとなかなか断れません。恋人としばらくHをしていないときに酔っぱらうと、フラフラと浮気をしてしまい、それが顔に出てバレてしまうことも多いでしょう。

 ### 復縁　楽しく過ごした思い出が多いと戻りたくなる

　一緒にいたときの思い出が楽しすぎたり、SEXも最高だった相手には執着をすることが多く、復縁を望みます。別れた相手が相当おもしろくなっていたり、大出世をして大金持ちになっていたりした場合はなおさらです。逆に、たいしておもしろくも楽しくもなく、SEXが下手だった相手とは復縁することはないでしょう。そんな相手からしつこくされても、ふだんは優柔不断ですが、心はまったく動かないでしょう。

 ### SEX　盛り上がりは早いが、飽きも早い

　基本的にSEXが大好きで、していない期間が長くなるとストレスがたまってしまい、イライラが顔に出てしまいます。自分も満足し相手も満足してほしいので、相手の要望をかなえるのはほぼOK。そのぶん自分の要望にも相手に応えてもらおうとします。明るい場所でも手順がめちゃくちゃでも大丈夫。ときには「こんな場所で!?」というくらいのほうが盛り上がるでしょう。盛り上がるのは早いのですが、そのぶん飽きがくるのも早いでしょう。

銀
のカメレオン座 ◆
43

感謝と謙虚さがあればなぜかいつも助かる

お金にそれほど執着していないのに、なんとかなってしまう金運の持ち主。ちゃっかりご馳走してもらったり、どん底になる前に助けが入ったり、「貧乏だ」とか言いながら贅沢な食事をしていたり、海外旅行に行っていたりするようなラッキーな人です。欲しい物を周囲に言っておくと、よほど高価な物でない限りもらえたり、安く手に入れたりすることができるでしょう。感謝と愛嬌と謙虚な気持ちがあれば、さらに金運はよくなります。

油断するとすぐ太る

健康で元気な人が多いのですが、気管周辺が弱く鼻炎に注意。「グルメな星」ももっているので、食べすぎからの胃もたれ、虫歯などもありますが、油断をすると簡単に太ってしまうタイプなので気をつけましょう。とくに身内に太った人がいる場合は、ほぼデブになってしまうので、運動やダンスをしておくといいでしょう。楽しいからといってヘッドフォンで爆音を聞いていると、耳を悪くすることがあるので気をつけましょう。

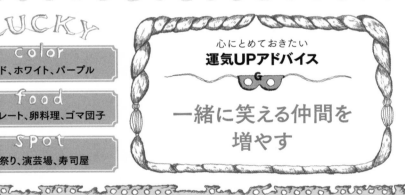

LUCKY

color
レッド、ホワイト、パープル

food
チョコレート、卵料理、ゴマ団子

spot
お祭り、演芸場、寿司屋

心にとめておきたい
運気UPアドバイス

一緒に笑える仲間を増やす

裏運気　話がしつこくなるが不思議な人脈もできる

裏運気になると頭の回転が速くなり、判断も早くなります。本気で親友と呼べる人とはかなり深い付き合いをする人情家ですが、それ以外の人とは距離感を大事にします。おしゃべりでつい語りすぎてしまうため、余計な一言や同じ話が多くなり、それが年齢と共にしつこくなるでしょう。ストレス発散が下手になり、些細なことで短気を起こしてしまうことも増えそうです。勘を信じて行動することで、不思議な人脈をつくることもできるでしょう。

裏の時期　2月／3月　2010〜2011、2022〜2023、2034〜2035、2046〜2047年

44 余計な 一言が目立つ 勘のいい人

基本性格 深い付き合いを求めるのに親友が少ない

　頭の回転が速く勘がいいため、要領よく生きることが上手なタイプ。頭がよく感性も豊かですが、おしゃべりをしすぎて余計な一言が多くなってしまったり、空腹になると短気を起こしてしまったりするので注意しましょう。情が深く、ときには依存するくらい人と深い付き合いをする場合もありますが、なかなか親友と呼べる人が見つからないことも。人生で困ったときは生き方に長けている人を真似してみると、自然といい流れになるでしょう。

☆ 持っている星
生まれながらにあなたが持っている性質

- ◆超おしゃべりな星
- ◆周囲に同化する星
- ◆短気な星
- ◆勘で決める星
- ◆愚痴が多い星
- ◆勘が鋭い星
- ◆恩着せがましい星
- ◆老舗ブランドの星

- ◆運命を感じる恋が好きな星
- ◆手術する星
- ◆声を活かす星
- ◆美意識が高い星
- ◆守りが弱い星
- ◆洞察力のある星
- ◆一目惚れをする星

仕事運 人のために勘のよさを使えば成功する

　しゃべる仕事、声を使う仕事が適しています。通訳、弁護士、先生、営業職も向いています。ほかにはデザインや感性を使う仕事、マネージャーなどもいいでしょう。勘がいいので、他人をよく観察し、その勘を他人のために磨いて利他の精神をしっかり身につけることができると、仕事で活躍できるでしょう。基礎体力がないので、仕事中でもマメに休憩するといいでしょう。

恋愛運　年上好みでデブが嫌い。しゃべりすぎに注意

　第一印象でほぼ決まるタイプ。モタモタしている人やデブは嫌いで、財力があり安定した職業の人、職人と言えるくらい何かを極めている人を好きになりがちです。若い人よりも年齢を重ねている人のほうがいいでしょう。習い事をはじめ、定期的に会うグループをいくつかつくってみると、そのなかで素敵な人を見つけることができそう。しゃべりすぎて恋のチャンスを自ら破壊してしまうことがあるので、ハッキリ言いすぎないようにしましょう。

 結婚　理想とは違うタイプと結ばれる

　自分では「理想が高い」と周囲に話をすることが多いのですが、本当はピュアな心の持ち主で、運命を感じた相手との結婚を望んでいます。演出やサプライズが上手な相手と一気にゴールインする可能性もあります。「あんなにいろいろ言っていたのに、全然違うタイプ」と周囲に言われることがありますが、理想を追い求めすぎて婚期を遅らせる人も。言葉は強いのですが、押しと情には弱いところがあります。家庭では主導権を握るでしょう。

 浮気&不倫　運命を感じると突っ走ってしまいがち

　基本的に浮気率は低いほうですが、勘が働いてしまった場合や、出会いに運命を感じてしまった場合には、恋人のことを無視して突っ走ってしまうことがあるでしょう。セックスレスや恋人のテクニックに不満がたまっているときも危険です。不倫も、理想的な相手が演出やサプライズが上手だった場合にはあり得るでしょう。不倫から略奪婚をするケースもありますが、相手のことを本気で考えて、衝動的に行動しないよう気をつけましょう。

 復縁　復縁したいなら感情的になってはダメ

　別れの原因は、あなたのしゃべりすぎや余計なことを言いすぎた場合が多く、または短気な部分に相手がげんなりして恋が終わった可能性が高いでしょう。相手の浮気もありますが、あなたが浮気に追い込んだ場合もあるので、復縁を望むなら言葉を慎む大人になること。感情的にならず、感謝を伝えたり、いい言葉を選んだりできるように成長してください。相手からの復縁は、ＳＥＸがイマイチな人、将来性がない人とは戻ることはないでしょう。

 SEX　感度は抜群。盛り上げる言葉を使って

　感情をそのままぶつけるようなＳＥＸをします。好きな気持ちがあれば情熱的ですが、気持ちが冷めると淡白になってしまう人。基本的にはＨは大好きなので、ムードをつくったり下着なども考えたりするのですが、ＳＥＸの最中もおしゃべりで、余計なことを言って相手のやる気をなくしてしまう場合も。場を盛り上げる言葉は、よく選ぶようにしましょう。感度はいいので、反応を楽しむ相手にとっては最高なＳＥＸをします。

銀のカメレオン座 ◆ 44

金運　結婚するとケチになるが投資で副収入も？

　お金の出入りが激しいわりには、安定した収入を確保できます。とくに若いころは、流行りの物をドンドン購入したり、衝動買いが多くなったりしますが、結婚後には安定し、突然ケチになる場合もあります。一方で、勘を活かして投資で副収入を得ることもあるでしょう。人にご馳走したり、プレゼントを贈ると、よい人脈とよい情報が入りやすくなり、金運もアップする人ですが、少し恩着せがましくなるところがあるので気をつけてください。

健康運　疲れやすいのと、深酒とストレスに注意

　基礎体力がないので、ほかの人よりも疲れやすくすぐに眠くなってしまったり、集中力の低下が激しかったりするので、若いころから基礎体力作りや定期的なトレーニングをしておくことが必要です。人生に一度はメスが入るタイプでもあるので、身内がかかったことのある病気にはとくに気をつけてください。ストレス発散が下手なので、深酒で体調を崩しがちなところも。お酒以外の発散方法を見つけるようにしましょう。

LUCKY

color
ホワイト、ゴールド、イエロー

food
フルーツ、わかめ料理、黒豆

spot
神社仏閣、美術館、温泉

心にとめておきたい
運気UPアドバイス

前向きな言葉を発する
魅力ある人と一緒にいる

裏運気　友人が増え注目されるがドジになる

　裏運気になると、甘え上手で楽観的に物事を考える人になります。サービス精神も豊富になりますが、地道な努力は苦手なまま。食べたい物を食べすぎて急に太ってしまうことも多いでしょう。不思議と知り合いや友人が集まってきたり、注目されたりすることも。裏の時期には少しアホな部分が強く出るので、うっかりミスや言ったことを覚えていないなどドジな面がいろいろと出てくるでしょう。中学生のようなテンションになることも。

裏の時期　2月／3月　2010〜2011、2022〜2023、2034〜2035、2046〜2047年

45 器用な情報屋

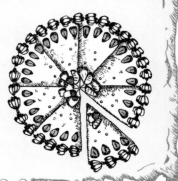

基本性格 無駄を省く判断と対応が早く、損得勘定ができる人

　情報収集が好きで段取りや計算が得意。努力家ですが、無駄なことは避けて何事も損得勘定で判断するタイプです。いい流れに乗っていても、途中で得がないと判断すると、すぐに流れを変えられるほど臨機応変に行動できる人です。他人の真似が上手なため、他人と同じ失敗をしないので要領よく生きられる人ですが、ずる賢いと思われてしまうことも。お調子者で、お酒の席で余計なことをしゃべって大失敗をしやすいので注意が必要です。

☆ 持っている星
生まれながらにあなたが持っている性質

◆ 計画的な星
◆ 多趣味・多才の星
◆ 優柔不断な星
◆ 現実的な星
◆ よく遊ぶ星
◆ 心配性の星
◆ 物がたまる星
◆ 損得で相手を見る星

◆ 婦人科系の病気の星
◆ 財力に惹かれる星
◆ 都会で輝く星
◆ 休みがしっかり必要な星
◆ 表面的な話が多い星
◆ 買い物がストレス発散の星
◆ お酒の席が好きな星

仕事運 デキる人をコピーすると能力が開花

　多趣味で多才なため仕事の幅が広い人です。職場を楽しい雰囲気にするのも上手で、暗い感じがする仕事は不向き。情報関係の仕事やアパレル、アミューズメント関係、芸能関係などの仕事がいいでしょう。商社や販売の仕事などでも活躍できそうです。オリジナルな方法で仕事をするよりも、仕事のデキる人をしっかり観察してコピーするほうが、能力をさらに発揮させることができるでしょう。ときには仕事での夢を語るといいでしょう。

お得感のある相手を求める恋のテクニシャン

恋愛運

おしゃれで都会的で、かつ将来が保証されている安定した人を好みます。そのせいか、恋愛では表面的な人に引っかかってしまったり、完璧を求めすぎたりしてチャンスを逃してしまうことも。話が上手で段取りがしっかりできるので、恋でもかなりのテクニシャンです。駆け引きもとてもうまくできるタイプ。ただし、恋にもお得感を大事にするので、得を感じさせてくれない相手には簡単に冷めてしまうでしょう。

共働きで安定収入を求める計画遂行派

本音では経済力があることが最大の条件です。楽しく生活できるレベルの収入を相手に望むので、夫婦共働きもOK。人生設計をしっかりとしていて、計画的に生活を送るタイプなので、その計画に沿ってくれる相手なら問題はないでしょう。家庭に入ると、グルメなところを活かしておいしい家庭料理をつくり、家のこともキッチリするのですが、服や物がたまりやすい癖はあるでしょう。

モテる自分をわかっていて言い訳も上手

おしゃれでセンスがよく、情報量も多く会話上手なので、周囲の人がほうっておくわけがなく、隙さえあれば誘われるほどです。それを計算できるあなたには、わざと隙を見せて「相手が強引で……」などと言い訳をつくれるくらい余裕があります。不倫も多く、最初の恋愛から不倫だったり、不倫に罪悪感がなかったりも。「そんな不倫なんて」と思っていても、理想の相手が既婚者だったときには、「たまたま結婚していただけ」と言うでしょう。

相手のレベルがアップしていればスルッと復縁

別れた相手がお得な存在に変身している場合には復縁もありますが、貧乏になっていたりダサい感じになっていたりしたら論外でしょう。久しぶりに連絡がきたと思ったらなかなか予約がとれないお店での食事の誘いで、高価なプレゼントをくれて、現状を聞くと別れたころよりも収入が一桁以上増えていた……なんてときには、スルスルッと復縁して一気に結婚に踏み込むこともありそう。現実的なタイプだけで悪気や悪意はないでしょう。

つい見返りを求める天性のテクニシャン

SEXは好きなほうで、手を握ったり裸で抱き合ったりとイチャイチャする時間が長くなるでしょう。愛撫もかなりしっかりする人ですが、つくすばかりでは不満がたまってしまうことがあるので、自分が頑張ったぶんくらいは相手にも頑張ってほしいと思ってしまいます。教わらなくても生まれもったテクニックがあるので、相手には「うまいな」と思われることも多いですが、SEXしながら昔の恋人と比べる癖があるでしょう。

銀のカメレオン座 ◆ **45**

損得の見極め上手。サイドビジネスも吉

（金運）

　お金のことをしっかり考えていて勉強もしているタイプです。本当の損得勘定を理解できているので、不要な出費と必要な出費を見分けることもできるでしょう。サイドビジネスや不動産投資で安定した収入を得ることもできそう。若いころは買い物をしすぎて、部屋に無駄なものや趣味のガラクタが増えてしまうこともありますが、結婚後は目標を決めてコツコツと貯めることができるでしょう。趣味が貯金になると驚くほど貯められそうです。

楽しくても仕事のしすぎには注意

（健康運）

　基本的には体は丈夫なほうですが、そのぶん予定を詰め込みすぎて過労になったり、遊びすぎて体調を崩したりすることがあります。仕事が遊びのようになると、働きすぎてしまうこともあるでしょう。遊び好きが高じて調子に乗ると、連日お酒を飲みすぎて体調を悪くすることがあるので要注意。肝臓の病気には気をつけましょう。膀胱炎にも注意が必要です。女性は婦人科系の病気にもなりやすいので定期的な検査を。

LUCKY

color
ホワイト、ネイビー、グレー

food
ソイラテ、黒豆の煮物、ゴマ団子

spot
温泉、水族館、劇場

心にとめておきたい
運気UPアドバイス
G

夢や希望、自分は何が好きかを話す

妄想しては不安になりお金にセコくなる

（裏運気）

　裏運気になると、真面目で臆病になります。何事も慎重に行動しますが、判断力に欠け、押し切られると弱くなってしまいます。現実的に物事を考えながらも、妄想や空想が好きな心配性に。将来のことを想像して不安になったり、勝手に困ったりすることも多いでしょう。小銭が好きでセコいところが出やすく、少しでも損をしないように意識するところも出てきます。そのわりには、子どものように無邪気にはしゃぐところもあるでしょう。

裏の時期　2月／3月　2010〜2011、2022〜2023、2034〜2035、2046〜2047年

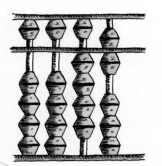

地道な
大器晩成型

基本性格　ゆっくり実力がついていく、自信のない現実派

　真面目で根気強く、コツコツと努力できる人。何事にも時間がかかってしまい瞬発力に欠けますが、慎重に進めながらも現実的に考えられます。謙虚ですが、自分に自信がもてなくて一歩引いてしまったり、遠慮しやすく多くのことを受け身で待ってしまったりも。真似がうまく、コツを教えてもらうことで、ゆっくりとですが自分のものにできます。手先が器用なので、若いころに基本的なことを学んでおくと人生の中盤以降に評価されるでしょう。

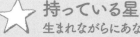

☆ 持っている星
生まれながらにあなたが持っている性質

- ◆ 堅実な星
- ◆ 受け身の星
- ◆ 現実的な星
- ◆ 優柔不断な星
- ◆ 親切な星
- ◆ 相手に合わせる星
- ◆ 不動産の星
- ◆ 片思いが長い星

- ◆ 冷え性の星
- ◆ 地道な努力が好きな星
- ◆ 断れない星
- ◆ 押しに弱い星
- ◆ 小銭が好きな星
- ◆ 勇気が出ない星
- ◆ キスがうまい星

仕事運　評価は高いが成長するのに時間がかかる

　真面目に取り組む姿勢に、周囲からは「将来は会社の中心的存在になるか!?」と思われますが、自分は地道にコツコツ成長します。信頼をゆっくりじっくり勝ち取りながら、じわじわと評価を上げます。責任ある立場や重要な仕事に就くと臆病になって怯んでしまったり、チャンスを逃して自ら苦労の道を選択してしまったりするので、要領のいい先輩や上司を観察して真似してみることも大事です。時間をかけられる職人的な仕事がいいでしょう。

恋愛運 相手を吟味しているうちに押し切られる

じっくり相手を観察してからゆっくり恋を進めていきます。かなりの奥手なので、片思いのまま恋が終了することや、告白することなく終えてしまうことも多いでしょう。交際当初から結婚を考えるところもあり、相手に完璧を求めたり、自然と理想が高くなったりすることも。守りが強そうですが、優柔不断なので押し切られると弱く、とりあえずの恋で失敗することもあるでしょう。まずは友人や知人とグループをつくるのがオススメです。

結婚 磨けば相当美しくなって家庭を守る

結婚願望が強く、真面目でやさしい人との結婚を望みます。本音は、年齢が上でも資産家だったり、土地や家をもっていたり、公務員や安定した大手企業に勤めている人を望みますが、「自分には無理」と引いてしまうことも。「地味な星」の持ち主ですが、磨けば相当な美人（イケメン）になります。そのぶん外見だけで判断する薄っぺらい人に引っかかりやすいところもあるでしょう。結婚後は想像以上にしっかり家庭を守る人になるでしょう。

復縁 昔の恋人を思い続けて都合のいい関係に

一度好きになると思いはドンドン重くなっていきます。新しい人と交際をすることが面倒に感じ、交際中に結婚まで考えたことなどを思い出してはグズグズして、いつまでも昔の恋人のことを思い続けますが、行動には移さないことが多いでしょう。相手から連絡があると、ダメな人だとわかっていてもヒョイヒョイ行ってしまう都合のいい人になることがあるので気をつけて。自分からハッキリと別れを告げられるように成長しましょう。

浮気&不倫 真面目ゆえにだまされて捨てられないように

ひとりの人を真剣に愛するタイプなので浮気は基本的にはないでしょう。浮気する可能性があるとしたら、相手が浮気を繰り返して、「真面目な自分が馬鹿らしい」という反動から暴走するケース。お酒を飲んだときにはとくに注意が必要です。不倫は自らすることめったにありませんが、だまされたり、「離婚する」の言葉を信じて無駄な時間を延々と過ごしたりした挙げ句、最後には捨てられてしまうかもしれません。

SEX 相手を満足させつつも調教されてしまう

SEXのことは相手任せで恥ずかしがってしまいますが、相当なむっつりスケベでもあります。相手に合わせながらも、裸で抱き合うこととキスが大好き。舐めるテクニックは誰にも負けないくらい上手で、サービス精神が豊富な愛撫を長時間続けられるでしょう。調教されやすく、相手の好きなようにされるがままになってしまうことも。自分よりも相手を満足させることに集中しますが、本当は自分が舐めてもらうことが大好きな人です。

銀
のカメレオン座 ◆
46

金運　貯めるのはうまいけど小銭に目が行きがち

　お金に関してはかなりしっかりしていて無駄遣いが嫌い。損をしないようにと細かいお金のことまで考えて、些細な節約もしっかりできるタイプです。ただし、セコくなりすぎてしまったり、ケチケチすることもあったりと、貧乏くさく見えてしまう場合もあるので、一緒にいる人によっては要注意。ここぞというときにはパーッと使って、お金を活かす使い方をすることも大事です。小銭貯金が好きで、コツコツ貯めて楽しむことが多いでしょう。

健康運　無理がきかないので温泉でリラックスを

　外見からもそれほど体が強くなさそうに見える人が多いのですが、冷えに弱く、スタミナもそれほどないほうで、少し無理が続くと風邪をひいてしまったり、体調を崩したりしやすいでしょう。冷え性、子宮系の病気、婦人科系の病気にもなりやすいので注意が必要です。お酒が原因の病気にもなりやすいので気をつけてください。温泉やスパに行ったり、白湯を飲んでゆっくりし、好きな音楽を聴いてリラックスする時間をつくるといいでしょう。

LUCKY

color
ホワイト、パープル、ネイビー

food
乳製品、白米、ゴマ団子

spot
海、公共施設、温泉

心にとめておきたい
運気UPアドバイス

遠慮したときほど
飛び込んでみる

裏運気　無駄な物がたまり、不用意な発言を繰り返す

　裏運気になると、情報収集が好きで、いろいろと調べることが好きになります。損得勘定で物事を判断し、何事も段取りを決めて動く人になるでしょう。無駄な物が部屋に集まりやすく、着ない服や物がドンドンたまってしまうことも。お酒を飲んだときや、仲のいい人の前では超おしゃべりになってハッキリ言いすぎてしまうなど、余計な発言をしては反省を繰り返します。そのわりに自分の言ったことをすぐに忘れる癖も出てくるでしょう。

裏の時期　2月／3月　2010〜2011、2022〜2023、2034〜2035、2046〜2047年

47

せっかちな リーダー

基本性格　いい仲間に囲まれる行動力のある甘えん坊

　仕切りたがりの超甘えん坊で、人任せにするのが得意な人。正義感があり、上下関係はしっかりしていますが、地道な努力は苦手で、何事もパワーと勢いで突き進みます。「細かいことはあとで」と行動が先になるので、周囲の人が巻き込まれて大変なこともありますが、真面目で几帳面なところがあるので自然とリーダー的な立場になって、仲間のなかでは欠かせない存在でしょう。突っ込まれると弱いのですが、いい仲間をつくれる人です。

★ 持っている星
生まれながらにあなたが持っている性質

◆本当は甘えん坊な星
◆現実的な星
◆おだてに弱い星
◆うっかりミスが多い星
◆正義感が強い星
◆人任せな星
◆お金遣いが荒い星
◆押しに極端に弱い星

◆下半身が太りやすい星
◆いい後輩になれる星
◆ほめられたい願望が強い星
◆部屋が散らかる星
◆勢い任せな星
◆先輩からの影響を受ける星
◆麺類が好きな星

仕事運　少し雑だが、実行力のある社長タイプ

　実行力があるので、仕事をしながらドンドン学べますが、仕事そのものがやや雑になってしまいがちでしょう。リーダーやまとめ役に抜擢されることもあり、部下や後輩ができてからのほうが仕事に燃えてきます。真似をすることで能力を開花させられますが、雑な真似をして大失敗をすることもあるので、観察するときは最後までじっくりとよく見ること。社長に多いタイプなので、経営をするつもりで仕事をすると伸びるでしょう。

♥ 恋愛運 突然火がついたり急に冷めたりと忙しい

恋には慎重かつ大胆です。相手がどんな人か探っているかと思ったら、火がついた途端、相手の気持ちをすぐに確かめたり、急に押しが強くなったりしそう。突然すぎて相手が引いてしまうと、「これはない」と今度は諦めてしまうスピードも速く、ひとりで空回りすることも。少していねいにじっくりと仲よくなって関係性をつくったり、グループデートをしたりする仲間をつくっておくといいでしょう。習い事やサークルに入るといい恋ができそうです。

結婚 主導権を握れて尻を叩ける相手がベスト

甘えん坊なのに姉御肌なので、恋愛中はかわいい妹のような感じを出していても、結婚後は家庭の主導権をしっかり握る人になるでしょう。結婚相手は、あなたの勢いについてこられる人で、真面目だけど気が小さくない人が合うでしょう。理想はお金持ち、社長、周囲のリーダータイプですが、このタイプだと互いの正しさがぶつかってうまくいかないこともあるので、押しに弱い人と結婚して、相手の尻を叩くような生活がいいでしょう。

浮気&不倫 優柔不断ゆえに強引な相手に弱い

いいムードやお酒を飲んだ勢いで関係をもってしまうことがありそう。根は優柔不断なので、相手にテクニックがあり少し強引なタイプだと一緒にいるのは危険です。社内の人や友人や仲間と浮気をすることもあるでしょう。不倫は、そもそも理想が高いので、理想に近い人が現れてしまったときには、勢いで飛び込んでしまうことがあるかもしれません。恋人の浮気が引き金となり、自分が不倫に走ってしまう場合もあるので気をつけましょう。

復縁 成長した相手にほめられるとつい関係復活

基本的にはおだてに弱く、別れた相手がほめ続けてくれる状況が続くと、復縁する可能性が出てくるでしょう。とくに相手の収入がアップしていたり、以前よりもいい条件になっていたりするときほど、復縁の可能性は高くなります。寂しがり屋の甘えん坊なので、上手にリードされるとついつい流れで関係が復活することが多くなりますが、相手に成長が見られない場合や誠意を感じられないときには、ハッキリ断ることもあるでしょう。

SEX 回数とパワーで勝負する

付き合ったらすぐにSEXをOKします。相手任せの受け身風にするのは最初くらいで、基本的には積極的ですが、せっかちでテクニックにはやや欠けるほう。そんなことよりも回数とパワーのぶつかり合いが大事で、少しSっ気も出てくるので、相手が「嫌だ」と言うほど盛り上がり、攻め続けることもありそうです。騎乗位が得意でタフなのはいいですが、ムードとていねいなまったりとしたテクニックも学ぶといいでしょう。

銀のカメレオン座 ◆ **47**

金運　行動力があり、その先でお金を使ってしまう

　ややケチな部分はありますが、お金も勢いで使ってしまうところがあるので、後輩や部下がいると、「ここは出しておくね」とついついご馳走して出費が増えてしまうことがあるでしょう。行動力があるぶん、気になったお店や場所にはドンドン出かけていくので、出費が増えてしまいそう。独身のころは無計画にお金を使いすぎる場合がありますが、結婚後は節約を心がけたり、家庭料理をしっかりとつくりはじめたりする人が多いでしょう。

健康運　動きの雑さ、食べすぎ、寝不足に注意

　基本的に体はかなり丈夫なほうですが、おっちょこちょいで行動が雑なので、打撲や転倒、骨折しやすいところに要注意。とくに足のケガが多くなりやすく、ほぼ段差がないような場所で転んでしまうこともありそう。肌も弱く謎のブツブツができることも。また、下半身が太りやすく、麺類を食べすぎる癖もあるので、ほどほどにしておきましょう。寝不足が続くと扁桃腺を腫らすことも多いので、うがいはしっかりしましょう。

LUCKY

color
グリーン、ホワイト、グレー

food
麺類、黒豆、ゴマ団子

spot
動物園、劇場、温泉

心にとめておきたい
運気UPアドバイス
G

いろいろな人を
ほめておだててみる

裏運気　見栄っぱりな常識人かつ子どものような無邪気さも

　裏運気になると、繊細で礼儀正しく、マナーやルールをしっかり守る常識人になります。品はありますが、子どものように無邪気にもなります。また、些細なことを気にしたり、心配性の面が出てきたりもするでしょう。寂しがるわりには人との距離をおく癖や、見栄での出費が多くなることも。ひとりでゆっくり音楽を聴く時間が欲しくなり、本音を語ることができる友人をとても大事にするようになるでしょう。

裏の時期　2月／3月　2010〜2011、2022〜2023、2034〜2035、2046〜2047年

古風で上品

基本性格　あと一歩が踏み出せないていねいな努力家

　礼儀正しく誠実で努力家なタイプ。自分の弱点や欠点をしっかり分析でき、足りないことは長けている人から学んで自分のものにすることができます。一方で臆病なところがあり、目標まであと少しのところで逃げてしまったり、幸せを受け止められずに避けてしまったりするところも。何事もていねいなことはよいのですが、失敗を恐れすぎて、チャレンジを避けすぎてしまうところがあるので、思い切った行動や勇気が必要でしょう。

持っている星
生まれながらにあなたが持っている性質

- ◆杓子定規の星
- ◆礼儀正しい星
- ◆道徳心のある星
- ◆見栄っ張りな星
- ◆受け身の星
- ◆ルールを守る星
- ◆神経質になる星
- ◆見栄で出費する星
- ◆チェックが厳しい星
- ◆きれい好きな星
- ◆古いしきたりを守る星
- ◆メンタルが弱い星
- ◆臆病で控えめな星
- ◆心配性な星
- ◆行動する前に考えすぎる星

仕事運　職場での評価は高いが融通がきかない堅さも

　礼儀やマナーがしっかりしているので、自然と目上の人から好かれます。周囲からは、権力のある人や偉い人に媚びていると思われることもありますが、敬語の使い方や上下関係をきちんとしているだけです。仕事には真面目で、マニュアル通りに進められ、教わったことはしっかりでき手先も器用なので、職場では評価されます。ただし、決まりごとや規則を守りすぎてしまうところがあり、融通のきかないところがあるでしょう。

恋愛運　付き合う前から探りすぎて自ら難しくしてしまう

　理想の相手を求めすぎて自ら恋のチャンスを失いがちです。相手の経歴や会社、年収や将来性などを探りすぎてしまったり、家族に紹介できる人なのかなどと、まだ付き合いがはじまっていないのに余計なことまで心配して、片思いやリサーチで終わってしまったりすることも。臆病かつ押し切られると弱いので、強引な人と交際しがちですが、相手の衛生面や言葉遣いが荒くないかを気にします。細かなことを気にしすぎないで恋を楽しむといいでしょう。

 しっかりした結婚相手を選びたい慎重派

　「結婚は絶対に失敗ができない」と慎重になりすぎてしまいます。結婚への理想が高く、相手に求めるレベルが高いうえに細かいチェックも多くなりがちに。恋愛の段階でかなりしっかりした人を選び、誠実かつ上品で誰に紹介しても恥ずかしくない人との結婚を望みます。強引に交際を進められてしまった相手との結婚は考えられないのに、別れ下手のせいでどっちつかずの無駄な時間を過ごしてしまいそう。結婚後は料理好きな家庭を守る人になるでしょう。

 メンタルが弱っているときは要注意

　何事にも誠実なタイプなので、浮気や不倫にはもっとも縁遠いでしょう。相当強引に言い寄られても簡単に浮気することはありませんが、問題はメンタルが乱れたり崩れたりしていると無謀な行動に走ってしまう癖があるところです。「魔が差した」としか思えないようなことをしてしまうかも。不倫は、だまされてする場合はありそう。自ら飛び込むことは少ないものの、気持ちがあることが相手にバレてしまうことはあるでしょう。

 復縁したくてもSNSを見て思いを募らせるだけ

　相手の言葉に誠意があり、本気で復縁を望んでいることが伝わると心が動いてしまいますが、もともとの別れの原因があまりに非常識なことだった場合には、あなたの心は折れっぱなしに。二度とその相手との復縁はないでしょう。それどころか、恋に臆病になってしまうことも。また、自分に復縁の思いがあってもなかなか行動することができないまま、相手の名前をネットで検索してSNSの写真などを見つける作業だけで終わってしまうこともありそうです。

SEX 相手につくすけど緊張が解けないことも

　互いの愛を確かめるための行為と考えて、交際がはじまってからSEXまでに少し時間がかかります。いざという段階になっても、シャワーを絶対に浴びたいタイプで、キレイな体と薄明かりの部屋じゃないと集中できません。ただし、相手が満足するまで頑張るので、相手の満足度は高いでしょう。一方で恥ずかしがりすぎてしまうことや、緊張しすぎてガチガチになってしまうこともありそう。リラックスできる音楽を流すといいでしょう。

金運 お金のことはキッチリしたい。でも言えない

　お金の使い方は慎重ですが、やや見栄っ張りなところがあります。ご祝儀を少し多めに包みすぎたり、不要なブランド品を見栄のために購入したりすることもありそう。本音では大勢での飲み会ではキッチリ割り勘にするなど、ルーズなお金の流れは許しません。「ひとり5000円で」の飲み会の支払いに対して、「絶対5000円ピッタリじゃないはず」などと疑うことがありますが、言い出せずに我慢していることも。結婚後には金運が安定するタイプです。

健康運 疲れが肌に出やすく、おっちょこちょいで転びやすい

　基礎体力がなく、トレーニングをしないと一気にスタミナ不足になることがあります。体調の悪さは、体の中ではもっとも肌に出やすく、寝不足や疲れ、ストレスなどが肌トラブルとして出てしまうでしょう。我慢が続くと謎の湿疹が出て病院に通うことにもなりそう。好きな音楽を聴きながらハーブ茶を飲むといいでしょう。几帳面なわりにはおっちょこちょいで、転んだりぶつけたりすることも多いので、足元には気をつけましょう。

LUCKY

color
ホワイト、パープル、グレー

food
柑橘類、アボカド、ゴマ団子

spot
百貨店、温泉、寿司屋

心にとめておきたい
運気UPアドバイス

得るためには何事も勇気と度胸が必要だと忘れない

裏運気 行動力が増すが余計な一言も多くなる

　裏運気になると、行動力が増していろいろなことにチャレンジするようになる一方、おだてに弱く、ほめられるとなんでもやってしまい、おっちょこちょいな面が出るように。裏のほうが余計な一言が多くなりますが、悪口ではなく「なんでこうしないんだろう」と決まりごとや常識、挨拶やお礼ができない人のことをつい口に出してしまうのです。突然仕切りたがりになったと思ったら空回りすることも。健康面では下半身が太りやすくなります。

裏の時期　2月／3月　2010〜2011、2022〜2023、2034〜2035、2046〜2047年

49

器用な
変わり者

基本性格 屁理屈が多く飽きるのが早い変人

常識をしっかり守りながらも「人と同じことはしたくない」と変わった生き方をする人。芸術や美術の才能があり、周囲が興味のもてないようなことに詳しいでしょう。屁理屈と言い訳が多く、好きなこと以外は地道な努力をまったくしない面も。人間関係も、深く付き合っていると思ったら突然違う趣味の人と仲よくなったりするため、不思議な人脈をもっています。何事もコツを学んでつかむのがうまいぶん、飽きるのも早いでしょう。

★ 持っている星
生まれながらにあなたが持っている性質

◆冷静な星
◆論理的な星
◆優柔不断な星
◆刺激と変化が好きな星
◆芸術家の星
◆独特な美的センスがある星
◆突然投げ出す星
◆不要な出費が多い星

◆不思議な人に惹かれる星
◆食事が偏る星
◆温故知新の星
◆コツをつかむのが早い星
◆飽きるまで同じ物を食べる星
◆行動する前に理由が必要な星
◆技を盗むのがうまい星

仕事運 好きな仕事に身をおき憧れの人の真似をする

斬新なアイデアを出すことに長け、デザインや企画を考える仕事、研究やデータを必要とする仕事、ものづくりに関わる仕事で能力を開花させられます。頭がよく、手先も器用ですが、ある程度の仕事は簡単にできてしまい「こんなものか」と飽きてしまったり、他人の仕事を小馬鹿にしたりするので気をつけて。好きだと思えることを見つけたら専門学校に通うか弟子入りし、憧れの人の近くで仕事をして真似するといいでしょう。

恋愛運　天才に恋するか変態にハマってしまうか

　異性を見る目はありますが、不思議な人を好きになったり、周囲からは「大丈夫？どこがいいの？」と思われてしまう人を好んだりします。基本的に才能がある人を好きになるので、「天才か変態」のどちらかを選びそう。若い人にハマったときには、相手はほぼ変態でしょう。恋にはあまのじゃくで根は優柔不断なため、自ら恋のチャンスを逃しやすく、フリーの期間が長くなってしまう場合も。相手をほめる癖をつけるといい恋ができます。

結婚　厳格に考える割に押しに弱い

　結婚生活に束縛感を感じると、なかなか結婚に踏み込めなかったり、言い訳をして逃げてしまったりすることが多いでしょう。交際中の人と結婚の話になっても、自ら話を変えたりしてプロポーズを素直に受け止められません。また、恋の行く末を厳しく言いすぎて、関係を悪くしてしまいヘコむことも。突っ込むわりには突っ込まれると弱いので、恋人に本気さと行動力があれば、たとえ交際期間が短くても、突然結婚を決めることはあり得るでしょう。

浮気&不倫　愛情より好奇心が勝って複数の関係も

　浮気心に火がつくという問題よりも、あなたの場合は、好奇心に火がついて止められなくなってしまいます。一度浮気の味をしめてしまうと、一度に複数の人と関係をもってしまうこともあるかも。不倫も、「理想を求めたら既婚者だっただけ」などとケロッと言ったり、「不倫のほうが楽」と言ったりして、何度も繰り返すことがあるでしょう。執着はしないので別れはあっさりしているタイプです。

復縁　過ぎたことにこだわるより新たな興味を探す

　新しいことや変化が大好きなタイプなので、復縁には興味がないでしょう。相手が天才的な才能に目覚めて大金持ちになったなどという場合は、「私が育てた」的な冗談は言うとしても、古いことにこだわるよりも、もっとおもしろい人や才能ある人を探すほうが自分らしく生きられてよいでしょう。優柔不断さや心の隙を突かれて復縁をすることがあっても、長続きはしません。冷めてしまった心に再び火がつくことはなかなかないでしょう。

SEX　マンネリが嫌で研究熱心。マニアックな方向に

　興味がなければSEXしなくても平気ですが、一度好奇心に火がついてしまうと、ドンドン変化を求めて、いろいろなプレイや体位、小道具などをリサーチしては相手が喜ぶか、自分が気持ちいいかを試します。ワンパターンがとにかく嫌なので、「前回と同じ攻め方？」と思うと冷めてしまいます。相手にもいろいろと注文し、アドバイスすることもあるでしょう。匂いフェチなので勝手にいろいろなところを嗅ぐ癖もあります。

銀のカメレオン座 ◆ 49

427

好きな世界のレア品や偏愛にはお金を惜しまない

金運

ケチと浪費家が混ざっています。価値がないと判断することには、まったくと言っていいほどお金をかけませんが、自分にとっては価値があると思ったらどんなものでも手に入れようとするため、「なんでこれにこんなにお金出すの?」と聞かれてしまうレアな物やマニアックな品を持っています。そのためにローンを組んでしまい、苦労することもあるほど。一方で、不要な飲み会はバッサリと断ったりすることができるドライな面ももっています。

なぜか首から上に不調が出やすい

健康運

食事のバランスの悪さが原因で体調を崩しやすいので、同じ物を飽きるまで食べる癖はほどほどにしましょう。首から上に病気や体調の崩れが出やすいので、眼精疲労、緑内障、白内障、視力の低下やドライアイなどになりやすいでしょう。耳を悪くすることも多いため、長時間ヘッドフォンで大きな音を聴くのは避けるように。偏頭痛と肩こりにも悩まされやすいので、軽い運動やストレッチはマメにやっておくといいでしょう。

銀のカメレオン座 ◆ 49

LUCKY

color
パープル、ホワイト、グレー

food
カレー、いちご、黒豆

spot
映画館、美術館、寿司屋

心にとめておきたい
運気UPアドバイス
G

自分の感性を信じて
ほめる

裏
運気

極端にマイペースで自分の世界を追求

表も裏も理論や理屈好きですが、裏のほうが冷静で、文化や芸事、歴史や伝統的なことを好むようになります。神社や仏閣に興味が出て一人旅をすることも多くなるかも。極端にマイペースで自分の世界観を邪魔されないように生きるため、人との距離感を大事にしはじめますが、一方で深く物事を知っている探求心のある人と語りたくなります。評論することも増えますが、自分の言ったことを忘れたり、些細なミスが急に増えたりもするでしょう。

裏の時期　2月／3月　2010〜2011、2022〜2023、2034〜2035、2046〜2047年

理論と理屈が好きな老人

基本性格 知的で冷静だけど、やや上から目線

　分析能力に長けた、冷静で理屈が好きな人。年齢の割には年上に見えたり、落ち着いた雰囲気をもちながらも、年上に上手に甘えたりすることができます。他人とは表面的には仲よくできますが、知的好奇心がない人や探求心がない人には興味がもてず、めったに心を開きません。神社や仏閣に行くことが好きで、ときどき足を運んでお祈りし、伝統や文化を大事にすることも。上から目線の言葉が強いので、言葉選びは慎重にしましょう。

★ 持っている星
生まれながらにあなたが持っている性質

- ◆ プライドが高い星
- ◆ 探求心をもつ星
- ◆ 説得力がある星
- ◆ 優柔不断な星
- ◆ 理論と理屈が好きな星
- ◆ 閉鎖的な星
- ◆ 伝統に価値を感じる星
- ◆ 年上が好きな星
- ◆ 目の疲れがたまる星
- ◆ 老人のような心と目線の星
- ◆ 冷静で落ち着きがある星
- ◆ 他人にほぼ興味がない星
- ◆ 威圧の星
- ◆ 耳を舐められると弱い星
- ◆ セックスレスで平気な星

仕事運 分析力が高い完璧主義だが頭でっかち

　完璧に仕事をします。原因やデータ、情報をいろいろと集めることができ、分析もしっかりできますが、頭でっかちになりすぎるところがありそうです。理論や理屈ばかり述べて、実践経験が少なくなる場合があるでしょう。教育機関、芸術系、コンサルタントなどの仕事が向いていますが、趣味の習い事を極めて、そのまま先生になるのもこのタイプにはオススメです。真似がとてもうまく頭がいいので、指導者として活躍できます。

恋愛運 — 理想が高すぎて他人にさほど深入りしない

恋にも完璧を求めます。頭がよく尊敬できて、自分の好きなことを極めていて、お金も持っていて美意識も高い人が理想です。理想が高くなればなるほど若い人にはなかなかいないので、年齢が離れた人と交際することが多くなりますが、そもそも他人に興味がもてないので、深入りを避けてしまい、**相手の出方を待ちすぎてチャンスを逃すことが多いかも。相手のよい部分を見つけてほめたり、仲のよ**いグループをいくつかつくるといいでしょう。

結婚 — 家族を従わせる気の強い人になる

結婚相手への理想は高いのに、結婚願望は低い人です。理想の結婚相手には、頭がよく尊敬できて将来の安定性が高い人で、そのうえ自分の生き方を認めてくれ、束縛をしない自由な人を求めるでしょう。年齢は年上のほうがいいですが、なかなか完璧な人にめぐり合えないので、どこかで妥協は絶対に必要です。結婚後は家庭をしっかり守ることができる気の強い母親のようになり、自分の生活リズムに家族を従わせるようになるでしょう。

浮気&不倫 — 理想が高いぶん年上との不倫は要注意

浮気心はほぼありませんが、妄想的な浮気はしやすいでしょう。とはいえ「もしもあの人と交際したら」などといろいろと考える程度で終わります。ただし、不倫は注意が必要です。理想が高いぶん、相手がすでに結婚している場合があり、若いときほど不倫にハマってしまい、抜けられなくなってしまうことがありそうです。そもそも年上との相性がいいぶん、危険です。結婚後も不倫関係が続いてしまう場合もあるでしょう。

SEX — 探求心に火がつくと極端にハマりがち

簡単にはSEXにハマらないタイプです。行為そのものについては勉強し、探求することもあって、そこそこテクニックを磨くことはありますが、本質的には好きではないでしょう。ただし、探求心に火がついてしまったり、相手が相当なスケベでテクニシャンだったりする場合には、どっぷりハマッてしまうことがあります。その場合には、SEXなしでは生きられないようになってしまう……という極端なタイプです。

復縁 — プライドの高さから意地になってしまうかも

自ら復縁を望むほど恋にどっぷりとハマることは少ないでしょう。問題は、プライドを傷つけられたことが許せずに、復縁に燃えることがある点です。「好きではなく、意地」になってしまうことのほうがありそう。別れた恋人から復縁を望まれても、相手が尊敬できるくらいに成長していたり、権力をもつようになっていたりと、別れたときよりも状況がかなりよい方向に大きく変わっていなければ、心が動くことはないでしょう。

金運　自分の好きなことには大金をつぎ込む

　自分独自の価値観をもっとも大切にするので、他人から見るとケチに思われてしまうこともありますが、かなりシビアにお金のことを考えています。お金儲けにはそれほど興味がなく、努力や実力の結果はあとからついてくると考える人で、大儲けをねらうより、自分の好きなことを優先するタイプでしょう。自分にとって必要な人や物事には突然お金をつぎ込んでしまうこともあるでしょう。

健康運　他人をほめて認めると体調がよくなる

　もっとも体調に出やすいのは目で、眼精疲労、緑内障、白内障や、若いころから視力が低下している人も多いでしょう。また、食事のバランスが悪いので、同じものばかり食べる癖をやめたほうがいいでしょう。肩こりや偏頭痛にも悩むことが多く、軽い運動は必要です。脳の病気などにもなる可能性が高いので、定期的に調べてもらうのを忘れないでください。他人をほめて認める言葉がたくさん出るようになると、体調も自然とよくなっていくでしょう。

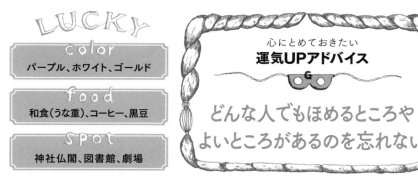

LUCKY

color
パープル、ホワイト、ゴールド

food
和食（うな重）、コーヒー、黒豆

spot
神社仏閣、図書館、劇場

心にとめておきたい
運気UPアドバイス
G

どんな人でもほめるところや
よいところがあるのを忘れない

裏運気　ワガママや甘えたい気持ちがむくむくと

　表が冷静な大人なら裏は超子どもタイプ。身内や付き合った人にだけ、甘えた姿やワガママな面を見せて、自由な生き方を通そうとするでしょう。同じお菓子を食べて、同じ店にしか行かないと思っていたら、突然新しいことや流行にハマってしまうようなこともあります。芸術やものづくりの才能がありますが、裏運気になると極端に飽きっぽくなってしまい、突然投げ出してしまうことも多くなってしまいます。

裏の時期　2月／3月　2010〜2011、2022〜2023、2034〜2035、2046〜2047年

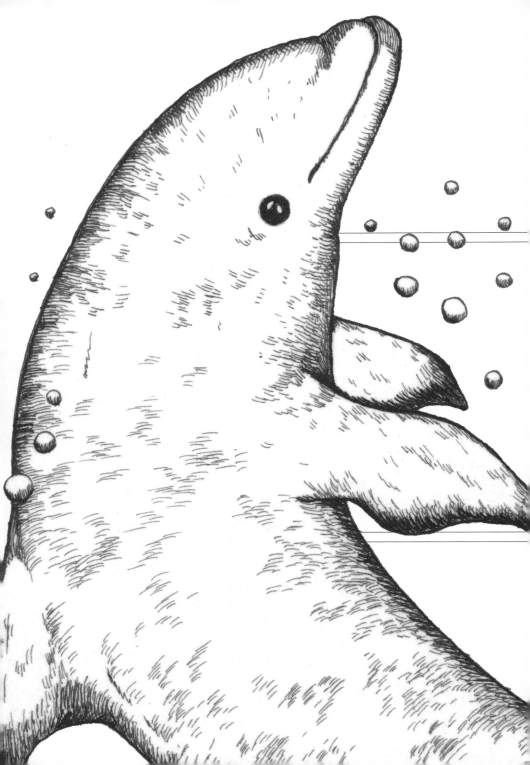

金の
イルカ座

Gold
Delphinus

51

頑張り屋で
心は
高校1年生

基本性格 　少年の心をもった色気のない人

　負けず嫌いの頑張り屋さん。ライバルがいることで力を発揮できる人ですが、心は高校1年生のスポーツ部員。つい意地を張りすぎてしまったり、「でも、だって」が多く、やや反発心のあるタイプ。女性は色気がなくなりやすく、男性はいつまでも少年の心のままでいることが多いでしょう。自分が悪くなくても「すみません」と言えるようにすることと、目標をしっかり定めることがもっとも大事。

★ 持っている星
生まれながらにあなたが持っている性質

◆頑張り屋の星
◆負けず嫌いの星
◆謝らない星
◆恋愛体質の星
◆正々堂々の星
◆部活のテンションで生きる星
◆周りにつられて浪費する星
◆身近な人を好きになる星

◆運動しないとイライラする星
◆心は16歳のままの星
◆友達は大事にする星
◆ライバルがいると燃える星
◆「でも、だって」を言う星
◆ケンカをしてわかりあいたい星
◆胃腸が弱い星

仕事運 　仕事はライバルがいると伸びる

　負けず嫌いを活かせる仕事に就けるかどうかで人生が大きく変わるタイプ。共同作業や事務作業は苦手。体を動かす仕事、営業職、もしくはライバル的な存在がいる仕事がいいでしょう。ただし、いつまでも部活のテンションのままで、とくに若いときは反発心が強いうえに、数字やお金に弱いので、上手にコントロールしてくれる指導者が必要。その人を見習って同じような指導者になるのもいいでしょう。

恋愛運 友達関係から恋が生まれやすい

気さくで楽な相手を好み、同級生や同僚、部活やサークルの仲間などと交際することが多いでしょう。「身近」な人と友達関係の延長での恋を望むため、甘えられすぎても、逆に引っ張られすぎてもダメ。**つねに対等でいたい気持ちが強いタイプ**です。ケンカが多く、ぶつかることでわかり合いたいと思うことも多いので、平和を望む相手とはうまくいかない場合が出てくるかもしれません。謝らない癖が出やすいので、些細なことでも相手を不愉快にさせた場合は謝りましょう。

結婚 結婚後も外で活動していたい

友達の延長のような、対等な夫婦生活を望みますが、やや自己中心的な方向に進むタイプ。「同じ」「対等」と言いながら自分のワガママを押し通そうとするでしょう。女性は結婚後も仕事をしたいと望み、家でのんびりすることが苦手。家庭に入ったとしても、スポーツジムに通ったり、習い事をはじめたりすることが多く、「家で落ち着いてくれ」と言う人とは合わないでしょう。**夫婦ゲンカで謝らないことが大きな問題になる**ので素直に謝るようにしましょう。

浮気&不倫 同窓会や懐かしい集まりは危険

友達など、身近な場所で浮気と不倫をするタイプ。ドロドロした関係は望まず、あっさりサッパリと浮気をすることがあるので、なかなかバレにくいでしょう。とくに裏運気の時期になると、**刺激的で危険な恋に火がつく星**でもあるので、「そこはダメでしょ！」と思いながら飛び込んでしまうことが多いでしょう。昔の恋人との浮気や不倫も多く、同窓会や懐かしい人が集まる場所からのダブル不倫になることもあるので、気をつけてください。

復縁 互いに成長したなら復縁もあり

友情を大切にする星をもっているので、復縁する確率は高め。ただし、このタイプは昔から変わらないので、復縁をしても同じ失敗や同じようなケンカを繰り返すことが多いでしょう。**とくに裏運気のタイミングは復縁する確率が上がります。** 自分も相手も成長したと思えるなら戻ってもいいのですが、あのころと変わらないまま、反省をしないままでの復縁は、それがまた別れの原因になるので気をつけましょう。

SEX 基本的には淡泊でワンパターン

なんでも頑張るのが好きなので、ＳＥＸも頑張りが相手に伝わりますが、基本的に淡白でワンパターン。舐めることが苦手なタイプ。**SEX部**と言っていいほど体育会系で、「汗を流して終了」とムードに欠けることが多いでしょう。相手が気持ちいいのか喜んでいるのかを確認したり、**雰囲気を変えたりすることも大事**だと考えましょう。自分ではうまいと思っていても、相手からは「頑張るけど下手だね」と思われていることもあるでしょう。

金運 仕事のためにお金を使うといい

頑張ることが好きですが、「お金」のことになると増やすことや活かすことはやや苦手。周囲の人が持っている物をそれほど欲しくはないのに購入したり、つられて出費したりすることが多いでしょう。仕事で頑張って収入を上げた人をライバルや目標にすると自分でも驚くようなパワーを発揮することができるので、同級生や同期ですごい人を見つけるといいかも。仕事に役立つ物へお金を使う意識を高めることが大事です。

健康運 運動することが運気アップに

基本的には体力のある健康なタイプですが、寒い時期に弱く、胃腸を崩しやすいでしょう。日ごろは丈夫なため、内臓の心配をしないままで過ごしてしまうことがあるので要注意。この星で「運動をしていない」というのは不運の原因にもなり得ます。軽くでもいいので運動をしたり、ウォーキングをしたり、スポーツのサークルなどに入っておくと、いい仲間もできて人生を楽しく過ごせるようになるでしょう。

LUCKY

color
レッド、オレンジ、イエロー

food
クッキー、ヨーグルト、チーズ料理

spot
大きな公園、スタジアム、美術館

心にとめておきたい 運気UPアドバイス

負けを認めて自分の得意なことを見つける

裏運気 突然一発逆転を目指すことも

裏運気になると、頑固で意地っ張りになり、自分の決めたことが曲げられなくなるタイプに。人の話を聞かずに自分のやり方にこだわったり、やや刺激的なことや危険なことに首を突っ込んでしまったりと融通のきかない面が出てくるでしょう。団体行動が嫌になり、単独行動に走り、過去の功績にしがみついてしまうことも。突然一発逆転を目指すことがあり、それが偶然、順調に進んでしまうと、努力や頑張る目的を見失うことがあるでしょう。

裏の時期　11月／12月　2007〜2008、2019〜2020、2031〜2032、2043〜2044年

52 頑張りを 見せない やんちゃな高校生

基本性格　団体行動が苦手な目立ちたがり

　頭の回転が速く、合理的に物事を進めることに長けている人。負けず嫌いの頑張り屋さんで、目立つことが好きですが団体行動は苦手。ところが、ふだんはそんなそぶりを見せないように生きることが上手です。人の話を最後まで聞かなくても、要点をうまく汲み取って瞬時に判断できるタイプ。ときに大胆な行動に出ることや、刺激的な事柄に飛び込むこともあるでしょう。ライブや旅行に行くとストレス発散ができます。

★ 持っている星
生まれながらにあなたが持っている性質

- ◆ 合理主義の星
- ◆ 刺激好きな星
- ◆ 旅行・ライブ好きの星
- ◆ 団体行動が苦手な星
- ◆ 一発逆転の星
- ◆ 頭の回転が速い星
- ◆ 刺激的な恋にハマる星
- ◆ 好きな人を振り向かせるまで頑張る星
- ◆ 健康の情報が好きな星
- ◆ 話を最後まで聞かない星
- ◆ 内弁慶の星
- ◆ 演技がうまい星
- ◆ 家族の前で正体を現す星
- ◆ 陰の努力の星
- ◆ やさしくされすぎると冷める星

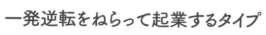

仕事運　一発逆転をねらって起業するタイプ

　決断力の早さがあり、向上心と野心を隠しもっているので、仕事を楽しむと最強のパワーを出せます。ただし、地味な仕事や事務職、デスクワークなどは不向きです。**外資系や貿易系の仕事、収入が歩合で変化する仕事**が適職と言えるでしょう。一発逆転をねらいすぎる癖があるので、突然独立や起業することも。人の扱いや、苦手な雑用仕事をしっかりできるように努めたほうがいいでしょう。

恋愛運 刺激的な恋にハマってしまうかも

「自分が好きでいたい」という気持ちが強く、恋に火がつくと止まらなくなるタイプ。**どんな手段を使ってでも相手を落とそうとするでしょう。**刺激的な恋にハマる場合もあり、友人の恋人や既婚者を好きになってしまったり、三角関係になったりすることも多いでしょう。交際をスタートさせるまでのパワーはすごいのですが、付き合いはじめると突然冷めてしまうことも。自分に都合の悪い話を聞かないため、ケンカになりやすいので気をつけましょう。

結婚　家族での旅行やイベントをするのが吉

「この人だ！」と思ったら一気に結婚を決めるなど、スピード決断しがちです。**慎重に相手を見ることなく飛び込んでしまうので、**後悔や失敗も多いでしょう。家族になると一気にワガママが出てしまい、自分中心の考え方を通そうとすることが増えそうです。また、外ではやさしくても家庭では超強気になる場合も多いでしょう。家族でマメに旅行に出る、イベント体験をするとよい家庭を築けるようになるので、つねにいろいろと計画することが必要です。

浮気&不倫　刺激を求めて遊ぶと大問題に

浮気や不倫をする可能性が非常に高いタイプです。勢いで交際した相手に飽きてしまったり、見当違いだとわかるとすぐにほかの相手を探したりしがちです。とくに、真面目でおとなしく、自分にベッタリつくしてくる重たいタイプと付き合うと、刺激を求めて浮気してしまうでしょう。**「演技がうまい」**という星をもっているので、浮気や不倫が発覚しないこともありますが、人生に一度は**恋愛で大問題が起きる**ので、遊びはほどほどに。

復縁　恋心に火がついたら止まらない

恋ではつねに主導権をとりたいので、自分が**「戻りたい」**と思うと止まらなくなり、あらゆる手段を使ってでも復縁しようとします。逆に、相手から猛烈に復縁を求められても、自分の気持ちに火がついていないと**「最悪」**としか思わず、相手にしないでしょう。また、別れた相手がお金持ちや有名人になったり、既婚者になったり、あるいは恋人ができたことを自慢されたりすると、それがきっかけで気持ちが燃え上がり、復縁しようとする場合もあります。

SEX　刺激的なコスプレで盛り上がる

基本的にSEXは大好きで、相手とともに気持ちよくなりたいという願望が強く、ベッドの上では思った以上に激しくなるでしょう。**とても素直なSEXをするタイプ**ですが、ときに刺激を求めすぎて小道具を使ったり、刺激的すぎる場所で求めてしまったりして、相手に引かれることもありそう。コスプレをするとテンションが上がるので試してみるといいでしょう。ベッドの上ではSっ気が出るので、**Mの相手と相性がいい**でしょう。

金のイルカ座 ◆ 52

金運　楽しく儲けて派手に使ってしまう

　お金儲けが好きで、稼ぐ力もあるぶん、お金遣いは派手になりがちです。また、一発逆転をねらって刺激的な世界に飛び込んだり、博打にハマったりすることもありそう。一方で、知恵をつけて投資や株をはじめることもあるタイプです。「**少ない苦労で、楽しくお金を稼ぎたい**」というのが本心なので、お金遣いが派手になりすぎると、不要な借金を背負ってしまうことがあるので要注意。「**自分は散財する星をもっている**」と自覚しておいたほうがいいでしょう。

健康運　独自の健康法で体調管理をする

　基本的にはかなり健康なタイプ。ただし、独自の健康法にハマることが多く、「青汁を飲めば大丈夫」「ヨーグルトを食べているから大丈夫」などと、実はいろいろとやっていることがあるでしょう。お酒やタバコを嗜んでいても、「この時間には寝る」と決めているなど、**健康管理への意識は高い人**。弱いのは寒さです。冬になると胃腸の調子が悪くなり、疲れが抜けにくくなることも。夏でもエアコンのききすぎた場所には注意しましょう。

LUCKY

color
ブラック、ホワイト、ゴールド

food
ステーキ、オレンジ、チーズ料理

spot
ライブハウス、リゾートホテル、温泉

心にとめておきたい
運気UPアドバイス

都合の悪い話も
しっかり聞き入れる

裏運気　頑固に意地を張ってしまいそう

　裏運気になると、超頑固で負けず嫌いの頑張り屋が表に出てきます。自分でも融通がきかなくなっていると理解できていても、意地を張りすぎてしまうでしょう。突然、仲間や友人を大切にしすぎたり、身近な人に振り回されたり、だまされてしまったりすることがあるかも。視野が狭くなって、聞く耳をもたなくなるので、信頼できると思っている相手には注意が必要。無駄な反発をして味方を失ったり、敵が増えてしまったり、ということが起こりやすくなります。

裏の時期　11月／12月　2007〜2008、2019〜2020、2031〜2032、2043〜2044年

53 金のイルカ座

陽気な高校1年生

 基本性格 不思議と助けられる運のいい人

「楽しいこと」「おもしろいこと」が大好きな楽観主義者。つねに「なんとかなる」と明るく前向きにとらえることができますが、空腹になると機嫌が悪くなります。サービス精神が豊富で自然と人気者になる場合が多く、友人も多いでしょう。油断をするとすぐに太ってしまい、愚痴や不満を口にして、ワガママが表に出すぎることがあるので気をつけましょう。基本的に運がよく、不思議と助けられることも多く、つねに味方がいる人でしょう。

★ 持っている星
生まれながらにあなたが持っている性質

- ◆明るい星
- ◆楽観主義の星
- ◆ワガママな星
- ◆太りやすい星
- ◆サービス精神の星
- ◆笑顔の星
- ◆食べ物に浪費する星
- ◆勢いで好きになる星
- ◆スケベな星
- ◆遊びを優先する星
- ◆気管支炎や鼻炎になりやすい星
- ◆「SEXが愛」と思う星
- ◆欲望に流されやすい星
- ◆愚痴と不満が多い星
- ◆自己中心的な恋をする星

仕事運 目立つことで能力がアップする

「努力や頑張る」よりも「楽しく仕事をする」ことで運を味方につけられます。**サービス業や芸能界など、華やかな世界で活躍することができる人**でしょう。粘り強くじっくりと物事を進める職人的な仕事は不向きで、**つねにいろいろな人と関われる仕事をするといいで**しょう。職場でも自然と目立ってしまうことが多いですが、目立つことで能力がアップするので、職場の盛り上げ役としていつもご機嫌で元気よく明るくしていましょう。

440

恋愛運　ノリの合う元気で明るい人が好き

　楽しい恋が大好き。真面目でおとなしい感じの人よりも、遊びのノリが合う元気で明るい人を好きになるでしょう。サービス精神と愛嬌を兼ね備えているので自然とモテてしまいますが、**流行のファッションを身に着けると最強にモテる人になれる**でしょう。華やかなぶん、遊び人に引っかかってしまったり、体だけの関係で終わってしまったりすることも多いので気をつけて。Hの相性を重視する傾向があるでしょう。

結婚　楽しい家庭をつくることが理想

　明るく楽しい家庭をつくりたい人。相手を喜ばせる料理をつくるなど、結婚後はさらに**サービス精神が旺盛になります**。互いにいつもニコニコしていれば問題ないのですが、相手がムスッとしていたり、つねにつまらなそうな空気を出していたり、真面目な意見や正論ばかり言う人だと、最悪な結婚生活になるでしょう。デキ婚率が高く、相手を慎重に選ばないまま結婚してしまうと愚痴や不満が多くなりそう。空腹は夫婦ゲンカの原因になるので注意しましょう。

浮気＆不倫　サービス精神豊富な人に弱い

　相手に不満がたまると簡単に浮気や不倫をしてしまいます。とくに「楽しくない、おもしろくない、セックスレス」が重なると、おだててくれる人や豪華な食事、サービス精神が豊富なデートをしてくれる人のほうへ簡単にいってしまうでしょう。罪悪感もあまりないのですぐに体の関係をもってしまうことが多く、浮気というよりも「体の確認」をして「合うな～」と思えば簡単にその人に乗り換えることも。不倫も簡単にするので、相手の気持ちを考えて。

復縁　体だけの関係に溺れないように

　おだてやノリに極端に弱いので、復縁しやすい感じがありますが、いまの恋を楽しんでいるときはなかなか戻ることはないでしょう。ただし、誰にも相手にされていないときや寂しいときに昔の恋人から連絡があると、ついつい会ってしまい、体の関係をもってしまうことも。割り切った関係ならいいのですが、縁が切れなくて体だけの関係が続いてしまうことも多いので、時間の無駄にならないようにしましょう。

SEX　SEXが大好きだけどテクニックは……

　とにかくSEXが大好き。「付き合う＝SEX」と思うほどで、その自覚もあるでしょう。一夜の恋をしたり簡単に関係をもってしまうこともあるため、お酒の席や勢い任せのSEXはほどほどに。「**セックスレス＝地獄**」だと思う面もあり、自分から積極的に求めることも多いでしょう。SEXは好きだし、反応もとてもよく体も敏感ですが、テクニックがいまひとつになりやすいので、少しは研究して、相手の反応を見ることも大切にしましょう。

金のイルカ座　◆　**53**

金運 人のためにお金を使うと収入アップ

　不思議と金運に恵まれていますが、そのぶんお金のことを考える機会がないため、無駄遣いが増えてしまうことや、「食べたい！」と思った衝動を抑えられなくて、出費がかさんでしまうことが多いでしょう。うっかりだまされたり、浪費しすぎてお金に困ったりしても、**不思議と手助けや援助があります**。楽をして儲けようとすると大損をするので、みんなを喜ばせることにお金を使うようにすると、自然と収入がアップするでしょう。食にお金を使いすぎないために、食べすぎにも注意が必要でしょう。

健康運 健康のためにはダンスが最適

　健康的な人ですが、「**太りやすい星**」をもっています。現在やせているから関係ないと思っていても、突然太る可能性があるので要注意。痛風や糖尿病にも注意が必要です。ほかにも気管支炎、鼻炎、口内炎などにもなりやすいでしょう。寒い場所に行くと途端に体調を崩してしまうことが多いので気をつけて。**健康維持やダイエットにはダンスがオススメ**。ゆったりでも激しくでもいいので、踊ると健康を保てるでしょう。

LUCKY

color
ピンク、レッド、イエロー

food
チョコレート、卵料理、チーズ料理

spot
お祭り、フェス、スパ

心にとめておきたい
運気UPアドバイス

つねに上機嫌を心掛ける

裏運気 儲け話にだまされてしまうかも

　裏では、頭の回転とキレはよくなりますが、頑固で決めつけが激しくなり、視野が狭くなってしまったり、一言多くなってしまったりしながら、口が悪くなるでしょう。不満や愚痴を言うことが増え、短気を起こしてしまうことも多くなりそうです。ふだんの楽観的な部分が薄れて、融通がきかなくなってしまうので要注意。身近な人にだまされたり、裏切られたり、儲け話で痛い目にあったり……ということが起こりやすいので気をつけましょう。

裏の時期　11月／12月　2007〜2008、2019〜2020、2031〜2032、2043〜2044年

金
のイルカ座 ◆
53

頭の
回転が速い
頑張り屋

基本性格 — 感性豊かでおしゃべり。一言多くて失敗も

　直感が冴えていて頭の回転が速く、アイデアを生み出す能力も高く、表現力があって感性豊かな人。おしゃべりで、目立ってしまうことも多いのですが、一言多い発言をしてしまい、反省することも多いでしょう。負けず嫌いの意地っ張り。競争することでパワーを出せる面がありますが、短気で攻撃的になりやすく、ワガママな言動をしてしまうことも。根は人情家で非常にやさしい人ですが、恩着せがましいところがあるでしょう。

 持っている星
生まれながらにあなたが持っている性質

◆おしゃべりな星
◆発想力のある星
◆短気な星
◆勘で決める星
◆寝ないとダメな星
◆勘が鋭い星
◆一目惚れする星
◆スタミナがない星

◆頭の回転が速い星
◆ストレス発散が下手な星
◆専門知識が必要な星
◆恩着せがましい星
◆文句や愚痴がすぐ出る星
◆すぐにやせる星
◆演出される恋に弱い星

仕事運 — 先を読む力があり思考がスピーディー

　頭の回転が速く、**アイデアを出す仕事**、**サービス業**、**専門職**が適職。また、芸術や美術などの**クリエイティブな仕事**に就くと能力を開花させられるでしょう。周囲が驚くようなスピードで物事を進め、先を読む力もあります。ただし、余計な一言で上司を怒らせたり、職場でトラブルになったりすることも。どんな仕事にも愚痴や不満が出てしまうタイプなので、文句を言わないようにすることが大事でしょう。

♡ 恋愛運 頭の回転が速くセンスがいい人に一目惚れ

　第一印象を大切にするため、一目惚れが多いでしょう。**基本的にはかなりの面食いで、頭の回転の速い人やセンスのある人を好きになりがち**。そのため恋のライバルが多い相手をねらうことが増えてしまいます。「デブが大嫌いな星」をもっているので、モタモタした人や太った人を避ける傾向も。サプライズに弱く、演出をされると大好きになってしまうことがあります。テクニックに長けた人に遊ばれてしまわないよう気をつけてください。

 結婚 運命を感じやすいいたち

　「運命の人だ！」と感じたら一気に結婚に進もうとします。交際する前から「この人と結婚する」と感じることが多く、交際期間が短くても入籍することがあるでしょう。サプライズやドラマティックな演出をされると、気持ちの盛り上がりが止まらなくなってしまいます。ただし、**結婚後も毒舌が直ることはないので**、いろいろと言いすぎてしまうことも。打たれ強い人や、言われても悪い方向に受けとらないやさしい人となら長続きするでしょう。

 復縁 執着心と意地が運命を狂わせる

　情にほだされやすく、自己中心的な部分が強く出るので、復縁への気持ちも強くなります。「あれだけやってあげたのに」と恩着せがましくなることも。そもそも執着しやすい人なので、過去の恋をズルズルと引きずって、別れて付き合っての繰り返しになることもあるでしょう。自分の勘を信じれば間違いは少なくなりますが、意地や執着は運命を狂わせることになるので冷静に判断するように。ＳＥＸが合いすぎると復縁を望んでしまう場合も多いでしょう。

 浮気&不倫 ドラマティックな演出には要注意

　情に厚いので基本的には浮気や不倫には走らない人ですが、**「運命だ！」と勘が働いてしまうと**、素早く判断してしまいます。また、恋や結婚生活でＳＥＸもなく冷めた感じが続くと浮気や不倫に走ってしまうこともあるでしょう。サプライズに弱いところがあり、上手に演出&リードされると一夜の恋に走ってしまうことも。妊娠の問題も出てくるので、欲望だけで安易に突っ走らないようにしましょう。

 SEX 感情任せに情熱的に攻める

　ＳＥＸは大好きで、自分から積極的に攻めて、相手への注文も多くなりがちです。**ベッドの上でもおしゃべりになり、つい余計なことを言って**しまう場合も。テクニックよりも感情に任せた情熱的なＳＥＸをしますが、ムードがない感じや盛り上がりを感じられないと不満が爆発することがあるでしょう。女性は、感度がよく、締まりがよく、名器であることが多い傾向にあります。男性は、やや持続力に欠けてしまう場合が多いでしょう。

金 のイルカ座 ◆ 54

444

金運 浪費家なので貯金の習慣づけを

　稼ぐ力が強く、お金に困ることは少ないでしょう。ただし、そのぶん出費も多いという「浪費の星」をもっています。**感覚的にお金を使うので、欲しいと思った物はいとも簡単に購入してしまうことが多く**、気がついたら給料を使い切っているほどなので注意が必要。決めた金額を貯金する習慣をつけることが大事です。人情家で、情にほだされて人にご馳走しすぎてしまったり、うっかりだまされたりすることもあるので、自制しましょう。

健康運 ストレス発散には前向きな話と睡眠で

　体は比較的丈夫なほうですが、基礎体力がなく疲れやすいでしょう。少しでも体力作りをすることが大事です。疲れやすい理由はもうひとつ、**ストレス発散が下手なこと**。ストレスをため込んでイライラしたり、気分にムラが出たりすることがあるでしょう。友人や知人と前向きな話をし、睡眠時間を長くとると発散できます。また、人生に一度は手術をする可能性が高いので、事故には注意してください。

LUCKY

color
ホワイト、ゴールド、ボルドー

food
わかめ料理、オレンジ、チーズ料理

spot
神社仏閣、美術館、劇場

心にとめておきたい
運気UPアドバイス

いい話や素敵な言葉を
たくさん学ぶ

裏運気 無計画な楽観主義者になるかも

　運気が裏に入ると、楽観的な考えが強く出て、誘惑や遊びに流されやすくなります。そしてなぜか頑固になってしまいます。決めつけが激しく、融通がきかなくなりますが、どこかで「なんとかなる」と思ってしまうため、後先考えずに行動＆判断することが多くなるでしょう。欲望にも弱くなり、食欲が抑えきれなくて太ってしまったり、ＳＥＸへの興味が急激に増したりも。誘惑からのトラブルにも巻き込まれやすいので気をつけましょう。

裏の時期　11月／12月　2007〜2008、2019〜2020、2031〜2032、2043〜2044年

55

社交性
がある
頑張り屋

基本性格　興味の範囲が広くて目立ちたがり屋

　段取りと情報収集が好きで、フットワークが軽く、交友関係も広くて華のある人。多趣味で多才、器用に物事を進められ、注目されることが好きなので自然と目立つポジションをねらうでしょう。何事も損得勘定で判断し、突然交友関係や環境が変わることも。興味の範囲が幅広いぶん、部屋に無駄なものが増え、着ない服や履かない靴などがたまってしまいがちです。表面的なトークが多いので、周囲から軽い人だと思われてしまうところもあります。

☆ 持っている星
生まれながらにあなたが持っている性質

- ◆多趣味・多才の星
- ◆駆け引き上手の星
- ◆学生ノリの星
- ◆恋愛体質の星
- ◆しっかり仕事してしっかり遊ぶ星
- ◆情報収集が得意な星
- ◆トークが軽い星
- ◆買い物が好きな星

- ◆貧乏くさい人が嫌いな星
- ◆お酒に飲まれる星
- ◆損得勘定で判断する星
- ◆流行の話が好きな星
- ◆簡単に調子に乗る星
- ◆できない約束をする星
- ◆おしゃれな人に弱い星

仕事運　商売運はあるものの、過労に注意

　仕事では陽気で楽しい空気をつくることが上手。話題も豊富で段取りもできるので、職場で輝ける人です。「商売人の星」をもっているので、**販売、流通、情報関係の仕事**に就くと才能を開花させられるでしょう。お酒の席でも強いので、夜の付き合いがあるような営業の仕事にも向いています。広告代理店などで偉くなることもできそうです。ただし、過労で倒れることがあるので、無理を続けないようにしてください。

恋愛運 顔もセンスもいい人が好み

　異性の扱いが上手で、都会的でおしゃれでファッションセンスがよく、周囲からもうらやましがられるような人や、**旬の芸能人に似ている人を好きになること**が多いでしょう。ただし、恋のライバルも多くなるので、手の届かない人をいつまでも追い求めてしまったり、遊び人や薄っぺらい人と交際をすることになったりする可能性も高く、もてあそばれてしまう危険性も。貧乏なのはよくても、「貧乏くさくてダサい人」が大嫌い。ケチな人も自然と避けるでしょう。

結婚 支配や束縛はイヤ！共働きがオススメ

　結婚を望む相手には、経済的に安心できる人を求めます。結婚後は、自己中心的な生き方を望むため、支配や束縛をしない相手を選ぶでしょう。欲しい物は自分で買いたいので、共働きのほうがよい関係が長く続きそう。互いの趣味を認められ、ともに**楽しめる生活ができる人をパートナー**にするといいでしょう。結婚後はギブ＆テイクの気持ちが強くなり、自分が頑張ったぶんと同じくらい相手も頑張らないと不満をためるようになります。

浮気＆不倫 お酒を飲むとゆるくなるので危険

　コミュニケーション能力が高く、大人の世界やお酒が好きなので、自然と出会いが多くなります。結果的にそこで素敵な人や魅力的な人を見つける可能性が高いため、浮気や不倫をしてしまう可能性は高いでしょう。**お酒を飲むと気持ちが一気にゆるく**なってしまうので、朝起きたら、「あっ！」なんてことも。同時に複数の人と交際をする場合や、お金にゆとりのある相手と不倫関係を長く続けてしまうケースもあるので、危険な状況にならないよう注意しましょう。

復縁 寂しくなると復縁したくなる

　昔の恋人が経済的に立派になっていて、おしゃれで周囲からも注目されるような人になっていると、簡単に復縁することがありそう。そもそもかまってほしい人なので、お酒を飲んで寂しくなると、酔った勢いで復縁したり、体だけの関係に戻ってしまったりする場合があるでしょう。ＳＥＸが上手なので、別れた相手から強引に復縁を求められて、渋々戻るパターンも多いでしょう。ダラダラした関係には注意が必要です。

SEX 相手を満足させられるテクニックの持ち主

　ＳＥＸに関しては、テクニックがあり、イチャイチャすることが大好き。柔軟に相手に合わせることができて、指の動かし方や舐める技術もあるので、**相手の満足度はかなり高くなる**でしょう。恋人に調教されやすく、経験が増えると驚くような技術をもつことになります。ただし、ＳＥＸの最中に昔の恋人のことを思い浮かべてしまったり、比べたりする癖があるので、自分が満足するまでに時間がかかってしまうことがあるでしょう。

金運　稼いで増やす才能がある半面、散財しがち

　稼ぐ力があり、お金を増やす能力にも長けている人。副業や投資で大儲けすることも可能です。ただし、趣味の影響で部屋に無駄な物が多くなりがち。「買い物をしないとストレスがたまる星」をもっているので、買いすぎには注意が必要。もしもこのタイプでお金で苦労している場合は、お金の勉強が足りないだけなので、ビジネス書を読んだり、お金に関わるセミナーに行ったりするといいでしょう。お酒の飲みすぎにも注意しましょう。

健康運　無理がきくからと頑張りすぎに注意

　基本的にはかなり丈夫ですが、そのぶん頑張りすぎてしまったり、無理を続けたりと、仕事もプライベートも予定をいっぱいにして過労で倒れてしまうことがありそう。お酒にもハマりやすいので、腎臓＆肝臓系の病気には要注意。膀胱炎や子宮系の病気になりやすい傾向もあります。また、寒い場所に極端に弱いので、冷たい物の飲みすぎは避けましょう。体を休める日をしっかりつくることが大切。温泉でのんびりするといいでしょう。

color
ブルー、ホワイト、パープル

food
ソイラテ、オレンジ、チーズ料理

spot
温泉、水族館、美術館

心にとめておきたい
運気UPアドバイス

ポジティブな情報を集めて発信をする

裏運気　お金をかけずにひとりを楽しむようになるかも

　裏は臆病で人見知りなタイプで、裏運気になると、超真面目で現実的に物事を考える地味で頑固な人になります。些細なことを気にし、過去の出来事に執着して自分に自信がもてなくなります。そのため単独の趣味に走りやすく、ひとりで音楽を聴いたり、お金のかからないネットやゲームで時間をつぶすことも多くなるでしょう。小銭や目先のお金が好きで、ケチでセコい面が出てくるかも。急に真面目になる自分に疑問を感じることもありそうです。

裏の時期　11月／12月　2007〜2008、2019〜2020、2031〜2032、2043〜2044年

現実的な努力家

**基本
性格**

几帳面に物事を進められる陰の努力家

　現実的に物事を考えられ、真面目で几帳面で地道に物事を進めることが好きな人。負けず嫌いで意地っ張りな面もあり、陰で努力をします。些細なことでもじっくりゆっくりと進めるでしょう。そのため何事も時間がかかってしまいますが、最終的にはあらゆることを体得することになります。本心では出たがりなところもありますが、チャンスの場面で緊張しやすく、引き癖があり、遠慮して生きることの多い断りベタな人でしょう。

★ ## 持っている星
生まれながらにあなたが持っている性質

- ◆真面目な星
- ◆仲間を大事にする星
- ◆現実的な星
- ◆何事もゆっくりの星
- ◆忍耐強い星
- ◆自分に自信がない星
- ◆小銭が好きな星
- ◆片思いが長い星

- ◆冷えに弱い星
- ◆遠慮しやすい星
- ◆断れない星
- ◆片思いで終わる星
- ◆むっつりスケベな星
- ◆キスが好きな星
- ◆手をつなぐのが好きな星

仕事運

管理やサポートが得意な大器晩成型

　真面目に真剣に仕事に取り組むので、自然と信頼を得られます。ただし、真面目すぎて融通のきかないところがあり、周囲から煙たがられてしまうことも。また、仕事を習得するのに時間がかかってしまうので、若いころは苦労したり、周囲に迷惑をかけたりもするでしょう。**お金の管理や事務作業、繊細な仕事**が得意で、**サポート的な立場**で能力を開花させます。忍耐強く、年齢を重ねると高く評価されるので、安易な転職は避けましょう。

恋愛運 恋愛は待ちの姿勢だが、本心は派手好み

将来のことを考えられる、真面目な人を好みます。本心ではおしゃれな人や華やかな人が好みですが、「自分なんて」と遠慮して、片思いのままで終えてしまうことが多いでしょう。基本的には相手からの告白を待ちますが、「好き」のアピールは控えめな人。あまり好みではない人から強引に告白されると交際をスタートさせてしまうことが多く、交際後は一生懸命好きになろうとします。別れ下手で、ズルズルと関係を続けてしまうことも。

結婚 精神的に安心できる人と結婚する

結婚願望が強く、交際がはじまった瞬間から将来のことを考えはじめます。そのため相手の収入やお金の使い方をチェックしますが、理想と違ったままでも、最終的には精神的に安心できる人となら結婚話を進めるでしょう。また、押しに弱いので、相手から押し切られて結婚に至ることも。結婚後も忍耐強く辛抱することが多く、我慢することが増えてしまいそうです。家庭を守ることをいろいろと考えさせられる場面もあるでしょう。

浮気&不倫 精神的なつながりで浮気をする

基本的に浮気や不倫をする可能性はもっとも低く、自ら浮気をしたり、不倫に走ることはないでしょう。ただし、自分からではなく相手から強引に来られた場合は断れなくて、結果的に不倫してしまうことも。お酒の席で勢いがついて、積極的な人と一夜の恋をすることもあるでしょう。また、体の関係がなくても精神的なつながりでの浮気をする場合も。恋人からの冷たい態度が続くと、話を聞いてくれる人と食事やデートだけすることがあるでしょう。

復縁 強引に言い寄られると戻ってしまう

真面目に恋をして、すぐに結婚を考えてしまうので、失恋をすると、かなり引きずります。そのため復縁をする可能性が高く、新しい人にいく勇気がなくて、少しでも自分のことをわかっている人に戻ろうとします。また、相手から強引に言われたときも戻ってしまうでしょう。とくに謝られると弱いので、頭を下げられて渋々戻っては、また同じようなことを繰り返す、なんてことも多いでしょう。

SEX 相手の望みに応えて一生懸命に頑張る

かなりのむっつりスケベで、相手の反応を見ながら一生懸命に愛撫します。とくに舐めることが得意で、まったりとしたSEXをするでしょう。ただし、恥ずかしがり屋のため、明るい場所を避け、シャワーを浴びてから薄暗い部屋でするほうがいいでしょう。声を出さず反応も少ないほうですが、相手が望むとドンドン変化してくるでしょう。やや盛り上がりに欠ける部分があるので、ときには激しく自分からリードすることも大事です。

金 のイルカ座 ◆ 56

金運 小銭好きな「もったいない精神」の持ち主

　無駄遣いが嫌いで、お金に関してはかなり手堅いほうです。本当に必要な物は一気に購入することがありますが、基本的には節約家で、ときにはケチと思われるほどしっかり管理するでしょう。そのため**お金は自然と貯まりますが**、小銭が好きなので、**目先のお金を追いかけすぎてしまう**場合も。「もったいない精神」があるので、物が捨てられなくなってしまうことも多いでしょう。自分のためだけにお金を使うことが好きな人です。

健康運 音楽を聴くことで健康運がアップ

　臆病な性格の持ち主なので、大きく体調を崩す前に自分から対処したり、すすんで病院へ行ったりします。冷えに弱いので、**お酒や寒い場所には要注意**。お酒や水に関わる病気になることが多く、膀胱炎や尿道結石にもなる傾向が高いです。女性は婦人科系の病気になることが多いでしょう。音楽を聴かないとストレスがたまってしまうので、好きな音楽をマメに聴くようにしましょう。

LUCKY

color
ホワイト、ネイビー、レッド

food
おにぎり、オレンジ、チーズ料理

spot
温泉、朝市、美術館

心にとめておきたい
運気UPアドバイス

自信をもって行動する

裏運気 抑えていた欲望が出て頑固になりそう

　裏運気になると、いつも真面目にしているがゆえに、抑えていたことへの反動が出てきます。お調子者になり、損得勘定だけで物事を判断する人になるでしょう。お酒や遊びの誘惑に負けて、ふだんなら避けるようなことに飛び込んでしまうことも。また、頑固になり、融通がきかなくなることもあります。ふだんなら言われたことを受け入れるのに、誰の言うことも信じずに、自分の決めたことだけに突き進んでしまうときもあるでしょう。

裏の時期　11月／12月　2007〜2008、2019〜2020、2031〜2032、2043〜2044年

57 おだてに 弱い高校生

 基本 性格 ▶ 物事を前に進める力があるけど、おっちょこちょい

　行動力と実行力があるパワフルな人。おだてに極端に弱く、ほめられるとなんでもやってしまうタイプ。やや負けず嫌いで意地っ張りなところがあり、正義感があるので自分が正しいと思うと押し通すことが多いでしょう。行動は雑でおっちょこちょいなので、忘れ物やうっかりミスも多くなりがち。後輩や部下の面倒を見ることが好きで、リーダー的存在になりますが、本音は甘えん坊で人任せにしているほうが好きでしょう。

★ 持っている星
生まれながらにあなたが持っている性質

- ◆ 行動力・実行力がある星
- ◆ おだてに弱い星
- ◆ 正義感がある星
- ◆ 仲間を大切にする星
- ◆ リーダーになる星
- ◆ 後輩にご馳走する星
- ◆ 恋に空回りする星
- ◆ 顔立ちのハッキリした人が好きな星
- ◆ よく転ぶ星
- ◆ 麺類をよく食べる星
- ◆ 責任感がある星
- ◆ 本当は甘えん坊な星
- ◆ 行動が雑な星
- ◆ 社長になる人が多い星
- ◆ 自分の話が多い星

仕事運 部下や後輩をつくり、出世を目指すのが吉

　仕事で大きな力を発揮するタイプ。若いころは雑用や基本的なことをしっかり学んでおくことで、よい部下やよい後輩になれる人です。面倒見がよく、責任感もあるので、自分に部下や後輩ができるといっそう力を増すでしょう。権力欲が強いので、出世を目指して仕事をするのがオススメ。転職や部署異動で人生を好転させられる人でもあるので、専門技術や専門知識、資格や免許などを取得しておくといいでしょう。

攻めは積極的だが交際すると甘えん坊に

恋には積極的でストレートな性格が出るので、まっすぐ攻めるタイプ。押しが強いので、**交際まで持ち込める確率は高いでしょう。** ただし、せっかちになりすぎて、思い通りに進まないと感じると突然引いてしまうことも。時間をかけることを心がけておくと恋愛上手になれるでしょう。女性は元気でパワフルな男らしい人を、男性は元気なお姉さん系を好み、交際がはじまると、相手任せの面や甘えん坊な面が出てくることも多いでしょう。交際後はすぐSEXするタイプです。

 ### 早婚、晩婚の2タイプに分かれる

「この人と結婚する」と決めると、一気に話を進めようとします。勢いで結婚をすることが多いので、年若くして入籍を決めるかも。一方で、仕事に火がついてしまうと晩婚になる人も多く、早婚、晩婚の2タイプに分かれるでしょう。**結婚後も仕事をすることでよい家庭をつくることができます。** 持ち前のパワーは家庭だけでは収まらないはず。つねに**おだててくれるパートナー**を見つけることができると、幸せな結婚生活を送れるでしょう。

 ### 勢いで一夜の恋をしてしまい、正当化する

正義感があり心がまっすぐな人なので、浮気や不倫には縁遠いイメージですが、おだてに弱く、恋人とケンカ中や冷めている状況が続いている場合などに浮気に走ってしまいそう。とくに恋人の浮気が発覚した後は「あなたがするなら自分もする」と浮気や不倫に走ることも多いでしょう。勢いで生きているので一夜の恋もありますが、情があるためズルズルと関係が続いてしまいます。不倫を正当化する癖もあるので注意しましょう。

 ### ほめられると恋心が再熱するかも

おだてに極端に弱く、根は甘えん坊。自ら復縁を望むよりも、別れた相手があなたのことをドンドンほめたりおだててきたりすると心が動いてしまいそう。勢い任せで生きているので、「一度や二度くらいなら」と体の関係を続けていると、自然に復縁したことになっている場合も。**自分が正しいと思う気持ちが強いので、** 別れたあとの反省が少なく、同じ失敗を繰り返しやすいので気をつけましょう。

 ### パワフルだけど、甘やかされると怠け者に

交際後すぐSEXに進みます。順番が逆になることも多いくらいです。ベッドの上でも積極的でパワフルですが、**力任せでテクニックはイマイチ。** 自分中心に進めたいので、女性は騎乗位、男性はバックだと盛り上がるでしょう。相手が甘やかしてくれる場合は、任せっぱなしで何もしなくなるので要注意。「SEXがあんまり」という原因でフラれることもあるかも。相手を満足させられるようなテクニックを磨くようにしたほうがいいでしょう。

金運　年下の前で見栄を張り、お金遣いは大雑把

　稼ぐ力が強いので、収入は自然と安定し、それ以上に増えていくでしょう。ただし、大雑把なところがあり、どんぶり勘定なので、出費は多くなりがちに。後輩や部下がいる前ではご馳走したりと、見栄での出費も多くなります。交際費もかさむため、給料日前にギリギリの生活を強いられることがあるので気をつけて。**独立したり、経営者になると収入を一気に増やすことができるので**、人の面倒を見るように心がけていきましょう。

健康運　下半身、気管、肌の弱さに注意

　行動力があるぶん、足や膝のケガに注意が必要です。打撲や転倒、腰痛に悩むことがありそうなので、階段やちょっとした段差には気をつけるようにしましょう。また、下半身が太りやすく、**麺類を食べすぎることが多いので**ほどほどに。気管系も弱いので、寝不足が続くと、のどを痛める風邪を引きやすいかもしれません。裏運気に入ると、肌の弱さが出てくることが多いので、日ごろから肌の手入れはマメにしておくといいでしょう。

LUCKY

color
グリーン、ホワイト、オレンジ

food
麺類、バナナ、チーズ料理

spot
動物園、ライブハウス、劇場

心にとめておきたい
運気UPアドバイス

**自分の言動に
もっと責任をもつ**

裏運気　メンタルが弱いのに頑固になる

　裏は、繊細で臆病な頑固者。挨拶やルール、些細なことにも几帳面にていねいに対応できますが、小さなことを気にしすぎてしまう癖やメンタルの弱さが出てくるでしょう。よかれと思ったことがお節介に思われてしまい、空回りが増えるかも。また、自分で決めたルールに厳しくなり、絶対に曲げることができなくなるでしょう。融通がきかなくなり、視野も狭くなるので判断ミスが増えてきます。冷静な判断が必要でしょう。

裏の時期　11月／12月　2007〜2008、2019〜2020、2031〜2032、2043〜2044年

金　のイルカ座　◆　57

58 上品な情熱家

基本性格 意地っ張りで繊細な心の持ち主

　礼儀正しい頑張り屋。挨拶やマナーをしっかり守り、上品な雰囲気をもっていますが、根はかなりの意地っ張り。自我が強く出すぎるのに、繊細な心をもっているので、些細なことを気にしすぎてしまうことがあるでしょう。常識やルールを守りますが、自分にも他人にも同じようなことを求めるので、他人にイライラすることが多いでしょう。清潔感が大事で、つねにきれいにしているような几帳面なところがあります。

★ 持っている星
生まれながらにあなたが持っている性質

- ◆上品な星
- ◆礼儀正しい星
- ◆恋愛体質の星
- ◆清潔感がある星
- ◆見栄っ張りな星
- ◆恥ずかしがり屋な星
- ◆相手を調べすぎる星
- ◆肌が弱い星
- ◆格好悪いことを避ける星
- ◆家柄や学歴を気にする星
- ◆世間体を考えすぎる星
- ◆寂しがり屋な星
- ◆シャワーを浴びてからSEXする星
- ◆本当はドジな星
- ◆隙がなく見える星

仕事運 ていねいな仕事ぶりで上司の評判は上々

　仕事はていねいにキッチリとやり、規則やルールを守るので、しだいに評価されるようになります。しかし、杓子定規に物事を考えすぎる面で、同僚から反感を買うこともあるでしょう。**管理職や公務員、大手企業**など、**マニュアル**がしっかりとした仕事に就くと能力をアップさせることができます。上下関係もきちんとできるので、上司や先輩から引き上げてもらえることもありそう。ただし、頑張りすぎると心が疲れるので気をつけて。

恋愛運 一瞬は積極的でも臆病なので待つ恋愛に

上品で言葉遣いが荒くないていねいな人を好きになります。**相手の細かい部分をチェックする**ので、態度やマナーが悪いと一気に冷めてしまうことも多いでしょう。タバコを吸うことだけで好きになれない場合も。恋には一瞬は積極的になりますが、臆病なので相手からの出方を待ってしまうことも。また、面食いなので恋のライバルがたくさんいる人への片思いも多いでしょう。相手の家庭環境や、どんな仕事をしているかを気にしすぎる面もあるでしょう。

結婚 相手に慎重だが誠実な人ならスピード婚も

結婚を考えるときに相手のチェックは厳しく、家庭環境や将来性、職場のことなど、あれこれと気にします。最終的には自分のことをどれだけ愛しているかで判断しますが、誠実な人だとわかれば、結婚へのスピードは速いでしょう。裏運気になると無謀な行動に走りやすいので、タイミングが悪いと勢いだけで結婚に至る場合も。見栄だけで結婚をすると不満がたまりやすいので、周囲の意見を聞き入れることも大事にしましょう。

浮気&不倫 信頼できる愛のある人とは本気の恋に

浮気や不倫には縁が薄く、自ら浮気や不倫につながる行動をとる可能性は低いでしょう。性病や妊娠のトラブルなど、リスクを考えれば簡単にブレーキを掛けられますが、このタイプが動くときは、浮気ではないことも。「信頼できる本当に愛のある人」を見つけると、本気で動いてしまいます。心をつかまれてしまうと、**すべてを投げ出して突っ走ってしまう**こともあるでしょう。

復縁 結婚を考えられる相手なら復縁の可能性も

復縁する可能性は低く、過去の失恋からきちんと反省するので、同じ失敗は避けようとします。ただし、**そもそもが寂しがり屋**なので、相手から愛のある言葉を浴びたり、別れてからの急激な成長が見られたりする場合は、心が動いてしまうことがあるでしょう。「復縁するなら結婚を」と、先のことを考えられる相手となら戻ることも十分あり得ます。ただし、寂しいからと「とりあえず」で復縁してしまうと、後悔することになるので避けましょう。

SEX 恥ずかしさを超えると一気にエロくなる

簡単にSEXすることはなく、信頼できる人や愛のある人とならSEXを考えます。衛生面を気にするので、清潔なシーツやベッドかを確認して、シャワーを浴びてからのほうが盛り上がるでしょう。部屋が明るすぎると恥ずかしいので電気を消して薄暗いほうが頑張れますが、**やや相手任せのSEXになりすぎてしまう**ので、積極性は大事でしょう。恥ずかしいラインを超えると、一気にエロい部分が爆発することもあるでしょう。

金運 ▶ 見栄っぱりだがお金持ちとの縁がある

　お金遣いも几帳面でしっかりしている人です。やや見栄っぱりなので、結婚式などのお祝いで少し多めに包んでしまったり、日ごろから豪華なアクセサリーやブランド品を無理して購入していたりと、「安い服」と思われないように努力するところも。一方で、お金持に好かれることが多いので、**レベルの高い人との交際費が増えてしまう**ことがありますが、そのぶん、お金持ちとの結婚の縁が強いでしょう。

健康運 ▶ 好きな香りや音楽でストレス発散を

　体力的な面では強いのですが、肌が弱く、疲れが肌に出たり、皮膚の病気になったりすることも多いでしょう。精神的にもやや弱いので、好きな香りを嗅いだり、好きな音楽を聴いてのんびりする時間が必要です。上品ですが、**おっちょこちょいな部分があ**るので、足や膝のケガにも注意して。ストレスが原因で髪の毛にもトラブルが出やすいため、日ごろからストレス発散を心がけるようにしておくといいでしょう。

LUCKY

color
ホワイト、ライトブルー、シルバー

food
アボカド、オレンジ、チーズ料理

spot
コンサート、百貨店、美術館

心にとめておきたい
運気UPアドバイス

自分の上品は極めても
他人の下品は気にしない

裏運気 ▷ 意外な人と仲よくなり、貴重な体験ができるかも

　裏運気になると、ふだんのあなたとは違って行動力とパワーが出てきます。品は残りますが、雑な判断をしたり先走ったりすることも増えてしまうでしょう。また、「自分は正しい」と頑として曲げられなくなったり、視野が狭くなったりすることも。予想外の人と仲よくなれる時期でもあり、面倒見が急によくなることもあります。おだてに弱くなりすぎるので注意が必要ですが、経験や体験がいろいろとできる時期なので勉強になるでしょう。

裏の時期　11月／12月　2007〜2008、2019〜2020、2031〜2032、2043〜2044年

金のイルカ座 59 熱しやすく 冷めやすい 努力家

基本性格 負けず嫌いのクリエイター

　根っからの変わり者で自由人。斬新で新しいことを生み出す才能があり、つねに人と違う発想や生き方をする人。負けず嫌いの意地っ張りで、素直ではないところがありますが、芸術系や美術、クリエイティブな才能を活かすことで認められる人でしょう。理論と理屈が好きですが、言い訳が多くなりすぎたり、理由がないと行動しないところも。心は中学1年生で止まったまま大人になることが多いでしょう。

★ 持っている星
生まれながらにあなたが持っている性質

◆変態の星
◆芸術家の星
◆新しいことが好きな星
◆屁理屈の星
◆束縛は嫌いな星
◆天才的なアイデアを出す星
◆飽きっぽい星
◆マニアックなものにお金を使う星

◆才能に惚れる星
◆目の疲れの星
◆不思議な人脈ができる星
◆熱しやすく冷めやすい星
◆恋が長続きしない星
◆一度SEXをすると冷める星
◆匂いフェチの星

仕事運 創造的な仕事で自由に働きたい

　何かのスペシャリストになれる人。一般的な仕事は不向きで、**ものづくり、企画を考える、芸術や美術などクリエイティブな仕事**が天職。事務職や管理職は不向きでしょう。自由人すぎて突然転職を繰り返すこともあるので、安定したいなら公務員や大手企業にいたほうがいいタイプでもあります。才能を活かすためには、基本的なことをしっかり学ぶと評価されるようになります。他人の仕事を認めて、ほめることも覚えていくといいでしょう。

金のイルカ座 ◆ 59

恋愛運 好みのタイプがちょっと変わっている

　相手を見る目がまったくなく、周囲から「どこがいいの？」と言われるような人を好きになることが多いでしょう。頭がよく、自分とは違う才能をもった人を好みますが、熱しやすく冷めやすいのでアッと言う間に飽きてしまうことも。束縛と支配が大嫌いで、**ベッタリされると逃げたくなります**。根はやさしいのですが、誤解されるような表現が多く、冷たく伝わってしまうところがあるので言葉選びを慎重にしましょう。

結婚　結婚や子どもに縛られるのがイヤ

　結婚願望がもともと少ない人です。自由が好きで束縛が嫌いで自分のことを子どもだと理解しているため、「こんな自分は結婚できないだろう」となかなか一歩を踏み込めないか、一歩を避けてしまいます。また、子どもができたら縛られると思うと、ドンドン晩婚になってしまうでしょう。突然勢いで結婚をすることがあるので離婚率もやや高めですが、あなたの才能に惚れた人と一緒になれば問題は少ないでしょう。

浮気&不倫　いろんなタイプと関係をもってみたい

　情が薄く、深入りすることが苦手なため、浮気や不倫をする可能性は非常に高く、つねに新しい人を追い求めてしまうでしょう。とくにSEXへの探求心に火がついてしまうと、次々にいろんな人に抱かれてしまう（抱く）こともありそう。**ひとりの人で満足することはほぼない**のですが、自分の才能を活かせる仕事に就いた場合は、恋愛が落ち着く時期もあります。チャンスがあればいろいろな人と関係をもちたいと思っているはずです。

復縁　復縁よりも新しい人に興味をもつ

　他人への執着が少なく、つねに新しいほうへ目を向けているので、復縁をする可能性は低いでしょう。「飽きた相手に戻る」ことはなかなかなく、相手が驚くような成長をしていたり、不思議な仕事をしていたり別人になるくらいの変化があったりすれば、興味を示すことはありそう。ただし、そもそも他人に深く関心がないので、同じような失敗やケンカを繰り返してしまう可能性が高いでしょう。復縁よりも新しい出会いを求めて動くのがいいタイプです。

SEX　根は変態で、燃えたり飽きたりと両極端

　最初の1、2回で飽きてしまうことが多いでしょう。同じ人と同じパターンだと「あ～また一緒か～」と一気に冷めてしまいます。根は変態なので相手が受け入れてくれればいいのですが、かなりアブノーマルなところまで快楽を求めるか、まったく興味がなくなるか、両極端になるでしょう。**気持ちの高ぶりもランダム**で、突然燃えるようなSEXをしたら、数か月しなくなる場合もあるほど。匂いフェチで耳と首元を攻められると弱いでしょう。

金のイルカ座 ◆ **59**

 価値があると思った物に思い切りつぎ込む

お金に執着が弱く、浪費をする癖があるでしょう。節約したとしてもマニアックな物にお金を使いすぎてしまうことが多く、自分で価値があると思うことにはドンドンお金を使うでしょう。計画性に欠けるので、定期的にお金を貯めるか、**自分以外の人にお金の管理を任せたほうがいいかも**。才能を活かすことで海外でもお金を稼ぐことや他人とは違うお金の儲け方もできますが、破産やカードローンで苦しむ人も多いので気をつけましょう。

同じ物ばかり食べ、偏食になりやすい

目の疲れ、偏頭痛など、首から上に病気が出やすいので要注意。また、食事のバランスが悪く、同じ物ばかり食べる偏食が原因で体調を崩すことも多いので、好き嫌いをせずに**栄養バランスを意識することが大事**です。人生に一度は体にメスが入りやすく、レーシックを含め、手術をすることがあるでしょう。膝や足のケガをややしやすいので、無理な行動は控えるようにしましょう。

LUCKY

color
パープル、ホワイト、レッド

food
カレー、いちご、チーズ料理

spot
映画館、劇場、神社仏閣

心にとめておきたい
運気UPアドバイス

言い訳をする前に行動する

裏運気　学ぶ気持ちが高まり大人っぽい性格に

日ごろから自由な発想をし、子どものような心で生活していますが、裏運気に入ると、冷静沈着な大人の性格が出てきて、落ち着いた人になるでしょう。頑固で一度決めたことは最後まで貫き通し、学習能力もアップします。学ぶ気持ちが強くなり、調べることをしはじめ、あらゆることを考えるようになるでしょう。ただし、他人を小馬鹿にする発言をしたり、評論する癖が強くなったりもするので、言葉のトラブルには注意しましょう。

裏の時期　11月／12月　2007〜2008、2019〜2020、2031〜2032、2043〜2044年

理屈が好きな高校生

 基本性格 ## 芸術の才がある冷静な理論派

　理論や理屈が大好きで、冷静に物事を考えられる大人なタイプ。知的好奇心が強く、深く物事を考えていて対応力があり、文化や芸術などにも詳しく、頭のいい人でしょう。人付き合いは上手ですが、本音では人間関係が苦手でめったに心を開かないタイプ。何事にも評論や批評をする癖もあります。意地っ張りで負けず嫌いでプライドが高く、認めない人はなかなか受け入れませんが、何かを極める達人や職人、芸術家の才能があるでしょう。

★ 持っている星
生まれながらにあなたが持っている性質

- ◆理論と理屈が好きな星
- ◆プライドが高い星
- ◆探求心がある星
- ◆学者肌の星
- ◆涙もろい星
- ◆冷静な星
- ◆エラそうな口調になる星
- ◆アートにハマる星

- ◆尊敬できる人を好きになる星
- ◆肩こりの星
- ◆歴史が好きな星
- ◆知性がある人を好む星
- ◆勉強が好きな星
- ◆恋は相手任せになる星
- ◆気の弱い人からモテる星

 仕事運 ## 好きなことで完璧を目指して才能開花

　何事にも完璧を目指すタイプなので、仕事に火がつくと徹底して取り組みます。手に職をつけたり、専門知識、職人、芸術家、アイデアを出す仕事などが適職。ほかに頭脳を活かせる仕事、研究者や医者、先生になるのもいいでしょう。後輩や部下に厳しくなりすぎることがあるので、ほどほどにしないと職場での人間関係に苦労するかも。好きなことを仕事にすることで、一気に能力を開花させられるでしょう。

♥ 恋愛運 年上や尊重できる相手と相性がいい

頭がよくて尊敬できる人を好みます。「バカは大嫌いな星」をもっているので、自分の知らない世界でもいいから何かを極める人や、少し変わっていてもいいので**探求心のある人を好きになるでしょう**。プライドが高いため自ら告白することは少なく、恋の駆け引きを面倒と思ってしまいます。落ち着いた年上や互いの生活を尊重できる相手とよい関係をつくることができるはず。ただし、完璧主義が出るといつまでもひとりの場合があるでしょう。

結婚　遊びすぎたり選びすぎたりすると晩婚化も

理想が高く、結婚相手には完璧を求めすぎてしまうあまり晩婚になってしまうことが多いでしょう。自分の世界を邪魔されたくはないので、結婚を避けることもあり、基本的には「**選びすぎる星**」をもっているので時間がかかるかも。相手の家柄や仕事での立場などいろいろと探りすぎて結婚を逃すこともあるので、「完璧はない」と割り切っておくことが大事です。過去の失恋を引きずると婚期を逃すこともあるでしょう。

浮気&不倫　落ち着いた大人な人と心の浮気を……

浮気心は少なく、簡単に浮気をすることはありませんが、恋のはじまりが「尊敬できる人」なので、年上を好きになる可能性が高く、結果的に不倫になってしまう場合があるでしょう。恋人が子どもっぽくて落ち着きがなく感情的な部分を強く出す相手だとわかると、恋が冷めてしまい、ほかの人を求めることも。不倫は、体の関係に進まないまま、精神的なつながりを求める場合があります。心の浮気や妄想の浮気で終えることも多いでしょう。

復縁　尊敬の気持ちがあっても冷静な判断が必要

人に深入りすることが少ないので、基本的には復縁をする可能性は低いのですが、尊敬したままの気持ちが残っていて、相手からのアプローチがあると動いてしまう場合があります。受け身なので自分から飛び込むことは少ないのですが、**本当に心を開いた人とはドロドロの関係に**なってしまう場合もあるので、愛なのかプライドを保ちたいのかを冷静に判断するようにしましょう。尊敬できない人とはスッパリと縁が切れるでしょう。

SEX　探求心から変態になる可能性も

SEXには基本的には興味が薄いタイプで、ベッドの上でも近くにいればいいと思うなど、愛を確かめられれば問題ない人です。相手がSEX好きな場合は相手に合わせますが、求めてこないとそのままになりそう。探求心に火がつくと「もっと気持ちよく」「どうしたら気持ちいいのか」と、ドンドン深入りをして驚くような変態になる場合もあるでしょう。耳を攻められると弱く、首も弱いでしょう。**口ではSですが、体はMなタイプ**でしょう。

金
のイルカ座 ◆
60

 株や投資を学ぶと大金持ちになるかも

お金への執着は少なく、「お金に困ることが少ない人」というよりも、「お金に興味が薄い人」です。基本的には、自分で価値があると思う物以外は節約するので、「朝ごはんは卵だけでいい」などと食事を極端にケチったり、節約のために同じ食事が続いても苦にならなかったりするでしょう。**文化価値の高い物や自分の趣味や仕事道具には簡単に大金を払う**ことも。勉強や資格取得への出費も平気なタイプです。お金儲けは下手ですが、株や投資の勉強をすると、大金持ちになる場合があるでしょう。

健康運 ストレス発散には運動で軽く汗を流して

健康を維持するための知恵があり、基礎体力もあるので丈夫なほうです。ただし、食事のバランスが悪く、同じ物ばかり食べる癖や「**食費をケチる星**」をもっているので、栄養バランスのよい食事を心がけましょう。目に疲れがたまりやすいので頭痛に悩まされやすいかも。筋トレやスポーツジムに通ったりして軽く汗を流すと体がスッキリするでしょう。足元のケガもしやすいので、調子に乗りすぎないようにすることが大事です。

LUCKY

color
ブラック、パープル、ゴールド

food
和食(うな重)、オレンジ、チーズ料理

spot
神社仏閣、図書館、温泉

心にとめておきたい
運気UPアドバイス

すべての他人を
尊重・尊敬する

裏運気 斬新さや自由を好む頑固者になりそう

裏運気になると、無邪気な子どものようになります。自由を好み、ひとりで行動するようになるでしょう。素直さに欠けてあまのじゃくな言動が多くなり、斬新なことに興味を示すため、これまでと違った発想が出てきたり、視野が一気に広がったりすることがあるでしょう。自分でも気がつくくらいの頑固者になり、誰の言うことも聞かなくなる場合も。屁理屈や言い訳も多くなりすぎてしまうでしょう。

裏の時期　11月／12月　2007〜2008、2019〜2020、2031〜2032、2043〜2044年

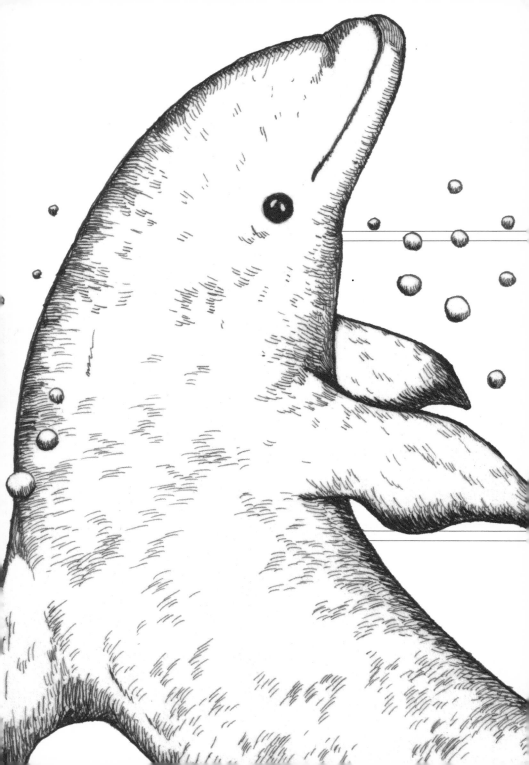

銀の
イルカ座

Silver
Delphinus

51

華やかで心は高校生

基本性格 気持ちが若く、仲間から好かれる

　負けず嫌いの頑張り屋で、目立つことや華やかな雰囲気が好き。やや受け身ですが、意地を張りすぎずに柔軟な対応ができ、誰とでもフレンドリーで仲よくなれます。心は高校1年生のまま、気さくで楽な感じでしょう。女性は色気があまりなく、男性の場合は少年の心のまま大人になった印象です。仲間や身近な人を楽しませることが好きなので、自然と人気者に。学生時代の友達や仲間をいつまでも大事にするでしょう。

★ 持っている星
生まれながらにあなたが持っている性質

- ◆遊び心がある星
- ◆頑張り屋の星
- ◆ノリが大事な星
- ◆仕事はゲームだと思うといい星
- ◆心は高校生のままの星
- ◆サッパリとした性格の星
- ◆負けを認められない星
- ◆男子高校生のようなノリが好きな星

- ◆お金に執着がない星
- ◆友達に恋する星
- ◆胃腸が弱い星
- ◆同世代と仲よくなるのがうまい星
- ◆華やかでも色気がない星
- ◆生意気な発言が多い星
- ◆口ゲンカの星

仕事運 人付き合いと遊び感覚を活かすとGood

　仕事は一生懸命やるフリが上手。仕事と遊びが一緒になっている場合は、実力以上に力を発揮することができるので、お堅い仕事よりも、**イベントやアミューズメント関係**、芸能関係など、華やかな世界に関わる仕事がいいでしょう。人とのつながりを大事にすることが得意なので、**インストラクター**も向いています。若いころは「生意気だ」と言われることも多いのですが、下積みをしっかりすると自然と評価されるようになるでしょう。

友達の延長線上で恋が発展する

気さくでラフな感じがするので恋多きタイプに見えますが、じつは受け身で待つことが多く、恋のチャンスを逃すことも多いでしょう。クラスメイト、職場の同僚、遊び仲間など、身近な友達と恋をする可能性大。一方で、一目惚れをする可能性は非常に低いでしょう。交際は対等で友達付き合いの延長を望むので、引っ張られすぎるのも甘えられすぎるのもイヤ。ケンカをすると謝らない癖が出てくるので気をつけましょう。

 じつは甘えん坊なので
支え合う家族が必要

仕事に力が入りすぎて婚期が遅れてしまうことが多いのですが、じつは結婚することで幸せになるタイプ。頑張り屋ですが、本音は甘えん坊なので、ともに支え合う家族やパートナーが必要です。「結婚しよう！」と火がつくと一生懸命になるので、結婚までのスピードが速まりそう。ただし、女性は色気を出すことや自分を磨くことを忘れないようにしましょう。最終的には、外見のよさよりも一緒にいて楽な人を選ぶことが多いでしょう。

 罪悪感が薄く、
勢いで浮気する

身近なところで「あの人もいいな〜。この人もいいな〜」と、心の奥底で浮気心をもっています。外見がまあまあ好みでノリが合うと、その場の勢いでＳＥＸをすることもあるでしょう。軽い気持ちで浮気をして、問題が発覚すると謝らないで逆ギレすることもありそう。不倫の罪悪感も薄いので、職場の上司や先輩など身近な人と関係を深めたり、同窓会で懐かしい人に会ったりすると、恋愛感情に火がついてしまうことがあるので気をつけましょう。

 相手が輝いていると
復縁したくなる

別れた相手とも友達関係を続けたいと思ってしまいます。実際に友達に戻れてしまうのですが、ヒマなときに酔った勢いで連絡をしたりすると、ズルズルとセフレ関係になってしまうことも。また、相手に恋人ができたり、相手が周囲から人気を集めるような存在になったりすると突然復縁したくなり、自ら連絡をするようなこともあるでしょう。恋のライバルがいると燃えますが、意地を張りすぎてしまうこともあるので、いったん冷静になりましょう。

 明るく楽しく、
遊びのノリでしたい

ＳＥＸへの抵抗は少なく、明るくサッパリとしたスポーツのような感じが好き。逆に、ねっとり＆まったりとした感じが好きな人とは相性が合わないかも。互いに楽しくサクサクと終えるスタイルが好きで、ラブホテルではカラオケやゲームを楽しむなど、ＳＥＸそのものが遊びだと思っているでしょう。舐めることはやや苦手で、自分では頑張っていても相手からは「下手だな〜」と思われている場合があるので、相手の反応を確かめてみましょう。

金運 交際、遊び、趣味での浪費に注意

努力と比例して収入が増えますが、楽しくない仕事に就いてしまうと金運が一気に落ちてしまいそう。金運アップには、趣味の延長のような仕事に転職をすることが大事です。お金遣いに関しては、誰かが持っている物を欲しくなって衝動買いすることがあるので、無駄な出費には要注意。交際費がかさんだり、遊び、趣味にお金を使いすぎることも。しっかり貯めたい場合は、定期的に貯金するか、自分以外の人にお金の管理や運用を任せたほうがいいでしょう。

健康運 日々体を動かすことが運気アップに

「基礎体力がある星」の持ち主なので基本的には丈夫なほうですが、冷えに極端に弱く、胃腸系と子宮系の不調が出そう。頑張りすぎ、遊びすぎでもストレスや疲れをためやすいので気をつけましょう。運動をすることがもっとも大事なタイプなので、簡単な運動や柔軟体操など、日々体を動かすことも重要です。ライバルがいると燃えるので、スポーツ系のサークルに入ることもオススメです。

LUCKY

color
イエロー、ピンク、レッド

food
ヨーグルト、豚の生姜焼き、ココア

spot
大きな公園、ショッピングモール、映画館

銀
のイルカ座 ◆
51

心にとめておきたい
運気UPアドバイス
G

すべての人と仲よくする

裏運気 秘めていた力が爆発するが、無鉄砲さに注意

裏運気では、人の話を最後まで聞かずに無謀な行動に走ってしまいます。集団行動が嫌になって単独で動きはじめたり、ときには暴走と思えるほど無鉄砲な挑戦をしたりすることもあるでしょう。秘めていた力が爆発するかのように出ますが、頑固になりすぎて意地を張ってしまい、損をすることが増えるでしょう。人とぶつかったり、物事を受け入れることができなくなるので、感謝の気持ちを忘れないようにすることが大事になります。

裏の時期　12月／1月　2008〜2009、2020〜2021、2032〜2033、2044〜2045年

刺激が好きな高校生

基本性格 ## 頭の回転が速く、話題も豊富な人気者

　家族の前と、外や人前とではキャラを切り替えることが上手な役者タイプ。目立つことが好きですが、全面的にそれを出すか、または秘めているか、両極端な人でしょう。何事も合理的に物事を進めるため、無駄と地味なことが嫌いで団体行動も苦手。一方で刺激や変化は好きなので、話題が豊富で人気を集めます。頭の回転が速くトークも上手ですが、「人の話の前半しか聞かない星」をもっているため、先走りすぎることも多いでしょう。

☆ 持っている星
生まれながらにあなたが持っている性質

- ◆変身がうまい星
- ◆判断が速い星
- ◆団体行動が苦手な星
- ◆心は高校3年生の星
- ◆合理的な星
- ◆刺激的な遊びに飛び込む星
- ◆旅行で浪費する星
- ◆最小限の力で最大の結果を出せる星
- ◆野心のある人を好きになる星
- ◆ヤケ食いで体調を崩す星
- ◆最後まで話を聞けない星
- ◆散財しやすい星
- ◆別れを告げられると燃える星
- ◆理数系に強い星
- ◆コスプレをすると盛り上がる星

仕事運 ## 刺激のある仕事に就くと能力を発揮

　最小限で最大の結果を出すことが好き。また、仕事を遊びだと思うと驚くようなパワーが出ます。そのため、証券会社や不動産関係か、あるいはレジャー関係や芸能界などの刺激的な仕事に就くと能力を開花させられるでしょう。ただ、一発逆転をねらって無謀な転職を考えることもあるので注意が必要。どんな仕事でも楽しむように心がけることで流れを変えられるので、仲間をつくることを忘れないようにしましょう。

恋愛運 追いかけるのが好きな恋のハンター

　好きになった相手のことはあらゆる手段を使って落とそうとします。女性の場合はセクシーな服を着たり、妖艶に攻めたりすることもあるでしょう。振り向かない相手ほど燃えますが、手に入れるまでが楽しく、相手に本気で惚れられたりベッタリされたりすると突然冷めてしまうことも。交際が長く続くと、我の強さやワガママが前面に出はじめることもあります。刺激が欲しいときは、恋人ではなくイベントやライブに求めるほうがいいでしょう。

 ### 結婚後もイベントやサプライズで楽しみたい

　好きになった人と強引にでも結婚にこぎつけるパワーをもっています。自分からプロポーズしたり、上手に相手から言わせるように仕向けたりすることも。結婚後もイベントや刺激を求めることが多く、**誕生日や記念日にはサプライズを仕掛ける**など、互いにいろいろな楽しみを体験していくといい家庭をつくれるでしょう。身内になるとワガママが前面に出るので、相手に甘えすぎないように心がけましょう。

 ### 火がつくと止まらない

　刺激的なことが好きで遊び心があるので、浮気や不倫に走る可能性が非常に高いです。周囲にはそんなそぶりを見せませんが、一度火がついて、やんちゃな気持ちが生まれると止まらなくなります。好きになったらどうしても手に入れたくて、恋人のいる人にちょっかいを出すことも。不倫も「刺激的でいいかも」とわざと飛び込んでしまうようなところがあるので注意しましょう。ただし、好きな仕事や趣味があると暴走はしないでしょう。

 ### 復縁は多いが、同じ失敗を繰り返す

　別れた相手でも、自分が好きならあらゆる手段を使ってでも復縁しようとします。SEXを武器にすることもあるでしょう。一方で、興味がなければどんなに相手が押してきてもなびきません。復縁も多い星ですが、同じ失敗を繰り返すタイプでもあります。大ゲンカを繰り返さないように自分を成長させることも大事です。どんなときでも遊び心や楽しむことを忘れないようにしましょう。

 ### 遊び心があり、欲望を素直に出す

　おとなしそうな顔をしていたり、ふだんは真面目な感じがしたりする人でも、SEXになると驚くように激しくなり、欲望を素直に出します。遊び心があるので、**コスプレや小道具もOK**。テクニックや回数を相手に求め、アブノーマルなプレイに挑戦することもあるでしょう。ただし、相手がおとなしい人だと引かれてしまうことも。遊びでのSEXにもハマることがあるので、相手選びをしっかりするように。

金運 浪費家だけど、それが生きるパワーに

　お金の使い方が派手で浪費しやすい面があります。衝動買いで無駄な物を買ったり、博打的なことへお金を使いすぎたりすることも。ブランド品や交際費も増えがちですが、それが生きるパワーになるので、ときには背伸びをした買い物も必要です。ただし、カードローンや借金で苦しむことがあるので、自分に見合った範囲を超えすぎないようにしましょう。だまされやすいところもあるので注意してください。

健康運 刺激を求めて破壊的な行動に走る

　基本的にはタフで頑丈な体をもっていて、自分独自の健康法にハマることがあるでしょう。遊びまわったり、不健康な時間まで遊んだりした次の日はしっかり休み、コンディションを整えるタイプです。刺激好きが高じて破壊的な行動をすることがありますが、後悔するので、ライブや旅行でストレスを発散したほうがいいでしょう。ドライブや遊園地に行くのもオススメ。気分転換をする日を計画的につくるようにしてください。

LUCKY

color
ブラック、ホワイト、ピンク

food
和菓子、豚の生姜焼き、ココア

spot
ライブハウス、リゾートホテル、アミューズメントパーク

心にとめておきたい 運気UPアドバイス

人生は刺激ばかりと思い、楽しむことを忘れない

銀 のイルカ座 ◆ 52

裏運気 努力を怠らなければ人生を変えられるかも

　裏運気では、負けず嫌いの頑張り屋になり、意地を張りすぎてしまいます。日ごろの隙が一気に出てきてしまうので、雑用ができていなかったり、基本的なところが抜けていたりすることに気づき、努力を迫られるでしょう。叱られることがありますが、素直に聞き入れて努力できれば大きく成長します。勉強をする気持ちを忘れなければ、裏運気の時期に人生を変えることができるかもしれません。

裏の時期　12月／1月　2008〜2009、2020〜2021、2032〜2033、2044〜2045年

53 陽気な遊び人

基本性格 欲望に素直な楽しい人気者

　楽しいことやおもしろいことが大好きな陽気な人気者。人付き合いやおしゃべりが上手で、周囲を楽しませることが好きなタイプ。目立つことが好きで、音楽やダンスの才能があります。「空腹になると機嫌が悪くなる星」をもっているので、お腹が空くとイライラや不機嫌が周囲に伝わってしまいます。欲望に素直に行動し、つい余計なことをしゃべりすぎてしまうところがありますが、人間関係のトラブルは少ないほうでしょう。

★ 持っている星
生まれながらにあなたが持っている性質

- ◆ 感情が顔に出やすい星
- ◆ 明るく目立つ星
- ◆ 太りやすい星
- ◆ 楽観主義の星
- ◆ 欲望に弱い星
- ◆ 遊びが大好きな星
- ◆ 文句が多い星
- ◆ かわいいものを買いすぎる星
- ◆ 体の相性を大事にする星
- ◆ 浮気しやすい星
- ◆ セクシーな星
- ◆ 気分屋の星
- ◆ 食欲に負けてしまう星
- ◆ ノリで恋をする星
- ◆ 飲み会ではしゃぎすぎる星

仕事運 遊びを仕事にすると運気アップ

　楽しい職場で働くことで能力が開花します。真面目に地道にコツコツ働くのは不向きで、サービス業やエンターテインメント業界、芸能界、音楽、ダンスなど、華やかで目立つ仕事がいいでしょう。そもそも仕事をするフリが上手なタイプなので、目立つ立場になるほうが向いているでしょう。または、一緒に楽しく仕事をする仲間がいると長く続けられます。「仕事を遊びに」をテーマにすると出世できたり、大金持ちになったりするかも。

恋愛運 バレバレなほど「好き」な気持ちに一直線

「あの人のこと好きでしょ?」と周囲に簡単にバレてしまうほどわかりやすい人です。好きな人には自分から誘惑するなど積極的に行動します。一緒にいると楽しい人やおもしろい人を好きになることが多く、「恋愛＝ＳＥＸ」と考えるので、深入りするスピードは速いでしょう。交際がはじまると、もともともっているワガママが前面に出すぎてしまうことがありますが、一緒に遊べる楽しい恋を望んでいるだけでしょう。

結婚　スピード婚＆デキ婚率高し!

楽しくおもしろい人と勢いで結婚するタイプ。「ノリで結婚しました」と言えるほど、入籍まで一気に話を進めるでしょう。ノリの悪い人との結婚はないはず。「デキ婚の星」ももっているので、妊娠が発覚してから結婚する可能性もあるかも。かなりワガママですが、明るい家庭をつくることをテーマにし、笑顔を絶やさなければ家族が幸せになれるでしょう。サービス精神のない相手と結婚すると離婚率がグッと高まってしまいます。

浮気＆不倫　罪悪感なく浮気してしまう

浮気や不倫を簡単にしてしまいます。罪悪感があまりないので、ほかの人に目移りすることも多いでしょう。実際に行動しなくても「あの人いいな〜」と心で思っていることも。浮気相手が本気になりすぎて面倒になっても「まあいいや」で済ませてしまいがちです。不倫は「逆に楽でいい」と体だけの関係や、ご馳走してもらえる関係に自ら飛び込むこともあるでしょう。妊娠のトラブルが多いのでくれぐれも相手選びは間違えないように。

復縁　ベッドのテクやノリで復縁しちゃう

一度別れた相手でも、おもしろいと思える人や楽しい人とはつながっていたいと思うので、おもしろい人であればノリと勢いで復縁することがあります。ただし同じ失敗を繰り返しやすいので、互いに反省と成長をしてからにしましょう。復縁しても体の関係だけで終わってしまったり、セフレ止まりになったりする場合がありますが、それも「まあいいかな」と楽観的に考えます。自ら復縁を望むのはベッドのテクニックがすごかった人だけでしょう。

SEX　自分から「ああして、こうして」

いつでも楽しくＳＥＸしたいと思っています。おもしろい人やノリの合う人と遊びの延長でＳＥＸすることもあるでしょう。ときにはＳＥＸを武器に相手を惑わすこともあるタイプ。ベッドの上でも楽しくすることが好きで「こうして、ああして」と自分から気持ちのいいところを指示することもあります。感度もいいので相手も盛り上がりますが、真面目でおとなしい人や性欲があまりない人とのＳＥＸは不満が大爆発するでしょう。

銀のイルカ座 ◆ **53**

473

金運　遊び心があればお金に困らない

　お金遣いは荒いほうですが、極端にお金に困ることは少ないでしょう。つねにギリギリのところでなんとかなったり、救いの手が差し伸べられたりします。交際費や食費が多くなりすぎてしまうので、ときには「これは不要かな」と冷静になることも必要です。お金は貯まらないのに、お腹の脂肪ばかりがたまっていることが多いかも。貯金をゲームと思うなど、楽しさを取り入れた方法ではじめるとアッと言う間に貯められるので、試してみてください。

健康運　太りやすいけど、ダンスでやせられる

　体力的には丈夫でタフなほうですが、遊びすぎて疲れをためることもしばしば。鼻炎、口内炎、のどや気管系の病気になりやすいでしょう。もっとも注意してほしいのは「デブの星」をもっていること。太りやすいので注意が必要です。そのせいで膝や腰を悪くすることも。ダンスをすると自然とやせるので、無理のない範囲で好きな踊りを習いに行くのもいいでしょう。寒い時期に体調を崩す運気もあるので冬は気をつけてください。

LUCKY

color
ピンク、レッド、ホワイト

food
チョコレート、卵料理、豚の生姜焼き

spot
フェス、ショッピングモール、映画館

心にとめておきたい
運気UPアドバイス

人生はゲームだと思って楽しんで

裏運気　考える力が高まるので弱点克服の作戦を

　裏運気になると頑固で決めつけが激しくなり、融通がきかなくなってしまいます。短気を起こしやすく愚痴や不満がすぐに出てしまうので注意してください。疲れやすく、ストレス発散も下手になってしまいます。一方で、不思議とアイデアが出たり考える力がアップするので、日ごろの反省をし、自分の弱点や欠点をどうしたらプラスにできるかを考えてみるといいでしょう。体力が低下しやすいので、裏運気は健康にとくに気をつけてください。

裏の時期　12月／1月　2008～2009、2020～2021、2032～2033、2044～2045年

遊び好きの人情家

基本性格 根は人情家だけど、トークがうまい毒舌家

　頭の回転が速く、何事も直感で決めるタイプ。遊び心がつねにあり、目立つことが大好き。トークが上手で、周囲を楽しませることが得意でしょう。しゃべりすぎて余計な一言が出てしまい、「毒舌家」と言われることもありますが、根は人情家で純粋な心をもっています。困っている人を見ると放っておけず、手助けをすることも多いでしょう。ストレートな意見を言えるので周囲からの相談も多く、自然と人脈が広がっていくでしょう。

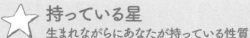

★ 持っている星
生まれながらにあなたが持っている性質

- ◆超おしゃべりな星
- ◆華やかな星
- ◆愚痴が多い星
- ◆短気な星
- ◆勘で決める星
- ◆感性が豊かな星
- ◆一言多い星
- ◆気づいたら浪費している星

- ◆デブが嫌いな星
- ◆ストレスをためやすい星
- ◆恩着せがましいことを言う星
- ◆ドラマや映画に影響される星
- ◆クリエイティブな才能のある星
- ◆夜更かしは運命を狂わせる星
- ◆情にもろい星

仕事運 華やかな業界で活躍するアイデアマン

　アイデアを出す仕事や頭の回転のよさを必要とする華やかな仕事に就くと、才能を開花させられます。逆にデスクワークや事務、会計的な仕事は不向きでしょう。イベントやレジャー関係の仕事、芸術系、エンターテインメント系の仕事が向いています。職場でもしゃべりすぎて気まずい感じになることがありますが、言葉を使う仕事に就けば問題はなくなりそう。人情のある職場があなたには向いているでしょう。

直感的に好きになるくせに、急に受け身の姿勢に

　基本的には「デブは嫌い」で、外見と頭のいい人を好きになり、「運命の人だ！」と直感が働くと一気に盛り上がってしまいます。攻めは強いですが、やや受け身で待つ姿勢があるので、急に相手の出方を待ってしまうことも。ときにはセクシーさを武器にしたり、距離を一気に詰めようとしたりと、相手に告白を仕向けるような雰囲気をつくることも上手です。口が災いの元になって関係が壊れてしまうことがあるので、言葉選びは慎重に。

 ### ロマンチックなプロポーズに弱い

　結婚も、自分の勘だけを信じて飛び込みます。地味な人よりも少し目立つ感じの人や、周囲から注目されるような人を選ぶ可能性が高いでしょう。「この人と結婚をする！」と決めたら行動は早いです。ロマンティストなところがあり、恋人に凝った演出でプロポーズされると即OKしてしまうことも。結婚後は記念日や誕生日を大切にするので、相手にも同じように大切にしてほしいと望むでしょう。

 ### すぐにときめくが逃げ足も速い

　浮気心はつねにあり、「あの人がいい」「これも運命かも！」と簡単にときめくので、恋人と会えない状況が続いたり、セックスレスだと感じたりすると、すぐにほかの相手を探すことがあるでしょう。不倫もしやすいのですが、逃げ足は速いので、「これ以上はまずいな」と思うとスッパリ縁を切るでしょう。根はスケベなので、SEXだけの関係を延々と繰り返してしまうこともあり、浮気や不倫が癖になってしまう場合もあるので気をつけましょう。

 ### 執着心から復縁を迫りやすい

　「運命の人だと感じたのに！」と、運命的な感覚があると復縁を望んでしまいます。口ゲンカや余計な一言が原因で別れた可能性が高いので、言ってしまったことを謝罪して気をつけるようにすればいいのですが、謝れるのも最初だけで、同じ失敗を繰り返す場合も多いでしょう。復縁というよりも、相手へ執着心が強いので、本当に好きなのかを冷静に考える必要があります。相手が太ったことによる別れの場合は復縁することはないでしょう。

 ### 野生の勘で激しく夢中になる

　自分の感情に素直なSEXを好みます。基本的にはSEXが大好きなので激しく求め合いますが、ベッドの上での注文が多く「ここをこうして、そこをああして」など主導権を取ったり、「○○なんだね〜」としゃべりながら楽しんだりします。テクニックがあるというより、野性の勘で夢中になることが多いでしょう。相手が下手だったり、自分の満足度が低かったりすると、愚痴や不満を言いたくなる点には気をつけましょう。

【金運】 持ち前の勘のよさを運用や投資に活かすと吉

　買い物も直感であるため、一目惚れした物をパッと購入するなど、衝動買いが多くなってしまうでしょう。「お金に極端に困る星」はもっていませんが、浪費をしやすいので注意は必要。情にもろいところがあり、だまされて借金を背負うこともあるので気をつけましょう。頭の回転と勘のよさを活かすためにも、ビジネスやマネー、お金の運用、投資などの勉強をしてみるといいでしょう。自分への投資をしてレベルを上げると、収入も簡単に上げることができるでしょう。

【健康運】 遊びすぎや深酒で体調を崩しやすい

　ストレス発散が下手なので、日々基礎体力作りをしていないと寒い時期に簡単に風邪を引いてしまいます。それを繰り返しつつ、年々体力のなさに気がつくようになりそう。人生に一度はメスが入りやすく、病気やケガ、帝王切開で出産することも珍しくありません。遊びすぎからの疲れや深酒で体調を一気に崩すことがあるので、遊びの予定は計画的に。ストレスはおしゃべりをたくさんすることで発散できるでしょう。

LUCKY

color
ブラック、イエロー、ゴールド

food
わかめ料理、豚の生姜焼き、ココア

spot
神社仏閣、商店街、映画館

心にとめておきたい
運気UPアドバイス

素敵な映画や芝居を
たくさん観てください

【裏運気】 勘は鈍るが、前向きになれる

　裏運気になると些細なことが気にならなくなり、ポジティブに物事を考えられるようになります。一方で、いつもの勘が外れやすくなるでしょう。そんなときは、「自分も楽しめて、周りの人も楽しんでくれることは何か」を考えて判断するのがいい勉強となります。意地を張りすぎて極端に視野が狭くなってしまい、遊ぶ時間がなくなることもありますが、何事も楽しんで学んでみるといいでしょう。笑顔と愛嬌が裏運気にもっとも必要な人です。

裏の時期　12月／1月　2008〜2009、2020〜2021、2032〜2033、2044〜2045年

華やかな情報屋

基本性格　情報収集が得意でトークの達者な人気者

　人当たりがよく、情報収集が好きで、流行に敏感なタイプ。おしゃれでフットワークが軽く、楽しそうな場所にはドンドン顔を出す人です。華やかで目立つことが好きなので、遊びや趣味の幅もとても広いでしょう。損得勘定で判断することが多いのですが、周囲の人間関係とのバランスを図るのもうまく、ウソやおだても得意。トークも達者で周囲を自然と楽しませる話ができるため、いつの間にか人気者になっているでしょう。

⭐ 持っている星
生まれながらにあなたが持っている性質

- ◆社交性がある星
- ◆話し上手な星
- ◆よく遊ぶ星
- ◆損得勘定で判断する星
- ◆多趣味・多才の星
- ◆おしゃれで華のある星
- ◆トークが薄っぺらい星
- ◆物が増える星

- ◆流行に弱い星
- ◆膀胱炎になりやすい星
- ◆フットワークが軽い星
- ◆ダサい人が嫌いな星
- ◆隙があれば浮気する星
- ◆お酒の席で調子に乗りすぎる星
- ◆恋人にお金を使わせる星

仕事運　派手だけどちゃっかりしたビジネスマンタイプ

　楽しく仕事をすることで能力を開花させられます。損得勘定がしっかりしているので、ビジネスマンとしても優秀です。数字にも強いでしょう。取引先の人とは、仕事以外でも上手に付き合うことができます。レジャー関係や商社、広告代理店や芸能関係の仕事に就くと能力を開花させられるでしょう。デスクワークや事務作業もできますが、つまらない仕事は長続きしません。華やかな立場でいられる仕事を選ぶといいでしょう。

恋愛運 「ダサい人は嫌い」で、恋の駆け引き上手

社交性があり人の扱いが上手なので、自然と出会いの数も増え、恋のチャンスも多いタイプ。「貧乏くさい人は嫌いな星」ももっているので、基本的にはダサい人や流行遅れの人は好きになりません。都会的でおしゃれな人気者を好きになるケースが多いでしょう。相手から告白させようと仕向けるなど、恋の駆け引きも上手です。ときには複数の相手を手玉にとり、同時進行で操っていることもあるでしょう。

結婚 家庭を大切にしながら経済的な豊かさも望む

結婚相手には、大金持ちとまではいかなくとも、結婚後に少しでも贅沢ができる相手を選びます。ケチケチしていてもいいのですが、**平均以上の収入がある人を望む**でしょう。行動を支配するような人や、自由に買い物をさせてくれないような人とは結婚しません。結婚後は家庭を大切にし、楽しい家庭を望みます。もしも理想の結婚生活とはかけ離れた相手だとわかったら、突然離婚を申し出て、慰謝料もしっかりもらうタイプです。

浮気&不倫 口説きのテクニックやムードに弱い

おしゃれで華やかなので、周囲からのアプローチも多く、浮気率は高めです。**ふだんから目移りも多い**でしょう。お酒の勢いで外見のよい人や都会的な人と一夜をともにしたり、仕事のできる同僚や上司と関係をもってしまったりすることもありそう。いいムードをつくれる人や、口説くテクニックがある人に引っかかりやすいでしょう。ただし、結果的に損する行為だと理解できると、浮気や不倫には踏み込まなくなるでしょう。

復縁 体目当てで戻ってくる人がいるかも

別れたあとに「逃した魚は大きかった」と感じる相手には戻る可能性がありますが、復縁してもなんの得も感じられない人には自ら復縁を申し出たりはしません。人脈も出会いも多く、すぐに代わりが見つかるからです。むしろあなたのSEXのうまさを一度経験した人が戻ってくることのほうが多く、お酒を飲んで**寂しさを感じると「まあ、いいかな」**と何度も関係を繰り返すことがあるので注意。軽い人にハマって時間を無駄遣いしないように。

SEX 昼夜関係なくいつでもイチャイチャ

SEXには開放的で、時間帯に関係なく昼間でも盛り上がれます。基本的にイチャイチャするのが好きで、相手に合わせる能力も高く、**明るく楽しいSEXをする**でしょう。舐めるのも上手ですが、ギブ&テイクが基本なので「自分だけ頑張っている」と感じると不満が出ます。昔の恋人と比べてしまう癖もあるので、集中できなくてイクまでに時間がかかる場合も。SEXが上手で別れた相手が復縁を求めてくることもあるでしょう。

金運　投資や運用の勉強をすればお金持ちに

　交友関係が広いため、自然と交際費が増えてしまいます。お酒の席など人付き合いにお金を使いすぎる場合があるのでほどほどに。損得勘定はできますが、お金の流れは激しく、やや浪費家。昔の服が捨てられずにドンドン増えてしまったり、趣味の道具が残ってしまったりすることも多いでしょう。投資や資産運用の勉強をすると、株や土地、権利関係でお金持ちになれるかも。使わない物は捨てるか売るか、知人に譲るなどすると金運はよくなります。

健康運　過剰な仕事、遊び、お酒が体を壊す

　よくも悪くも忙しい状況が好き。仕事もしますが遊びもするので、過労や疲れがたまりすぎて突然熱を出して倒れることがありそう。とくにお酒にハマりすぎてしまうとトラブルや病気の危険がつきもの。休肝日を決めたり、何もしない日をつくってのんびりするといいでしょう。女性は子宮系が弱くなりやすい体質です。冬や寒い場所でも体調を崩しやすいので、夏でもエアコンで体を冷やさないよう注意が必要です。

LUCKy

color
ブルー、ホワイト、ブラウン

food
枝豆、豚の生姜焼き、ココア

spot
水族館、ショッピングモール、アミューズメントパーク

心にとめておきたい
運気UPアドバイス

体験談を
楽しく話してみる

裏運気　急に勉強をはじめるが、お金にセコくだまされやすくなる

　裏運気になると真面目で地道なことが好きになります。現実をしっかり考えるようになり、「このままではいけない」とコツコツと勉強をはじめたり、自分の欠点をじっくり考えはじめたりするでしょう。突然自信をなくしてひとりでメソメソすることも。お酒にどっぷりハマって抜けられなくなる場合もあるので気をつけて。裏運気はお金にセコくなり、急にケチケチすることがありますが、儲け話にもだまされやすくなるので注意してください。

裏の時期　12月／1月　2008～2009、2020～2021、2032～2033、2044～2045年

銀のイルカ座　◆　55

真面目な目立ちたがり屋

基本性格　人に好かれるのに遠慮する癖がある

陽気で明るい性格ですが、とても真面目で受け身です。本音では目立ちたいと思っていますが、遠慮する癖があって自分を押し殺しているタイプでもあります。親切で、誰かのために役立つことで生きたいと思っていますが、根は遊びが大好きで、お酒を飲むとキャラが変わってしまうことも。几帳面で気がきくので、人に好かれ、交友関係も広げられますが、臆病になっているとチャンスを逃す場合もあります。

☆ 持っている星
生まれながらにあなたが持っている性質

◆やさしい星
◆受け身の星
◆守りの人生の星
◆真面目な星
◆何事もゆっくりの星
◆チャンスに弱い星
◆少しでも安い物に目がいく星
◆イチャイチャ好きを言い出せない星

◆キスが好きな星
◆むくみやすい星
◆華やかでも自信がない星
◆相手に合わせすぎる星
◆ケチな星
◆不動産に縁がある星
◆相手からの誘いを待つ星

仕事運　真面目に取り組んでいる……ように見せるのが上手

どんな仕事でも真面目に取り組む心があります。不向きなことでも時間をかければ体得できますが、できれば楽しい職場を選んだほうがいいでしょう。よい仲間がいるだけで長く続きます。事務や金融関係、デスクワークの仕事は向いていますが、本音は「真面目に仕事に取り組んでいるように見せることが得意」なタイプで、見えないところで少しサボっていたり、セコいことをしていたりするでしょう。

恋愛運 受け身にならず、マメに好意を伝えられれば

　真面目で誠実な人を好きになりますが、受け身で待ってしまうので、片思いの期間が長くなりがちに。片思いのまま終わってしまうことも多いでしょう。周囲から人気のある人を好きになるので、「自分じゃ釣り合わないな〜」と思って終わることも。マメに連絡して思い切って好意を伝えれば、思った以上に進展は早いでしょう。交際後は結婚をすぐに考えます。流行のファッションや髪型を意識するだけでモテることがあるでしょう。

銀
のイルカ座
◆
56

 ### 付き合うとすぐに脳内結婚も

　結婚願望が強く、若いころに交際した人とはいつも結婚を考えていたはず。甘えん坊で相手任せなので、**強引な人からプロポーズされると簡単にOKしてしまいそう。**「本当はお金があって外見のいい人がいい」と思っていますが、寂しい思いをするくらいなら……と妥協してしまいます。結婚生活では相手や家族のためにつくしますが、相手から愛を感じられなかったり、冷たくされたりすると、我慢の限界で大爆発することがあるでしょう。

 ### 強引さ＋誠実さ ＝つい……

　基本的に受け身なタイプなので、**自ら浮気や不倫に走る可能性は低い**のですが、相手から強引に言い寄られ、誠実さや愛が伝わるとついつい動いてしまいそう。とくに恋人としばらく離れていたり、些細なケンカの最中や、お酒を飲んで気持ちがゆるんでしまったりしたときに積極的な人が現れると、一夜の恋や深い関係に陥ってしまうことも。本命に対して勇気がなくて行動できないときも、外見のよい人に目移りをすることがあるでしょう。

 ### 別れた相手への思いを引きずってしまう

　別れた相手をいつまでも好きでいるため、復縁を望みますが、行動力がないので「連絡来ないかな〜」などと待ってしまいます。ネットで相手のことを検索したり、別れた相手と出会えそうな店や場所に行ったりしてしまいそう。復縁を望まないような相手でも、謝られたり、何度もやり直したいと言われたりすると、**ついつい戻ってしまうこともありそう**です。反省のない相手の場合は、何度も同じことを繰り返すので気をつけましょう。

 ### 年齢とともにテクニックを身につける

　相手の反応を見ながら一生懸命に頑張ります。自分が気持ちいいのも好きですが、**相手が気持ちよくなるところを見るのが好きな人**。とくに舐めるのが上手で、「もういい」と言われるまで舐め続けることもあるでしょう。根はむっつりスケベなので、こっそり何かで練習することも。若いころは恥ずかしがって声を出せなかったり、相手任せにしすぎたりしますが、年齢とともにテクニックを身につけるようになります。キスが大好きな人でしょう。

金運 ▶ 高そうに見える服を買うのが得意

　お金をパーッと派手に使うことがありますが、基本的には節約が好きで無駄な買い物はしません。交友関係が広いので交際費も増えますが、本音では食事や飲み代は割り勘がよく、できれば「ご馳走になりたい」とも思っています。また、高そうに見える服を買うのがうまく、ブランド物だと思ったら似たような物だったりすることもあるでしょう。買い物では、値段を見て「あ〜これ安い」などと安い物を率先して見つけたり、ほかの店と値段を比べたりするのが好きでしょう。

健康運 ▶ お酒のトラブルに注意して、運動の習慣を

　基礎体力はさほどないものの、真面目にコツコツと努力することが好きなので、日々運動したり、ウォーキングやサイクリング、柔軟体操をしたりする癖をつけると、毎日欠かさずに続けられて、努力で体力を維持できるでしょう。冷えに弱く、寒い時期に体調を崩しやすくなり、女性は婦人科系の病気になりやすいので注意が必要。お酒でのトラブルやケガも多いので気をつけてください。また、お腹回りに肉がつきやすいでしょう。

LUCKY

color
ホワイト、ネイビー、ピンク

food
乳製品、豚の生姜焼き、ココア

Spot
スパ、商店街、映画館

心にとめておきたい
運気UPアドバイス

人生をもっと楽しむ努力をする

裏運気 ▷ ふだん押し殺している自分が出てお調子者に

　裏運気になると突然お調子者になったり、ふだんならやらないようなことに挑戦したくなったりします。そもそも自分を押し殺しているところがあるので、裏運気にはその反動が出てしまうのです。そのため無駄な出費が増え、誘惑に負けてしまうことがあるので気をつけて。また、自分でもどうすることもできないほど頑固になって意地を張り続けることも。一方でフットワークが軽くなるので、視野を広げる勉強になるでしょう。

裏の時期　12月／1月　2008〜2009、2020〜2021、2032〜2033、2044〜2045年

銀のイルカ座

57 華やかな リーダー

基本性格 人から注目されたい甘えん坊

　面倒見がよくパワフルで、人から注目されることが大好きな人です。おだてに極端に弱く、ほめられるとなんでもやってしまうタイプ。行動力があり、リーダー気質ですが、本音は甘えん坊で人任せで雑なところがあります。それでもサービス精神があるので、自然と人気を集めるでしょう。注目されたくてドンドン前に出てしまうことも。正義感が強いので、正しいことは「正しい」と強く主張するところがあるでしょう。

★ 持っている星
生まれながらにあなたが持っている性質

- ◆ 正義感がある星
- ◆ 人任せがうまい星
- ◆ おだてに弱い星
- ◆ ノリが大事な星
- ◆ 行動力・実行力がある星
- ◆ 仕切りたがりの甘えん坊な星
- ◆ ドジな星
- ◆ ほめられると簡単に調子に乗る星
- ◆ どんぶり勘定な星
- ◆ 転びやすい星
- ◆ 勢い任せで雑な星
- ◆ 相手に任せてしまう星
- ◆ 下半身が太りやすい星
- ◆ 年下から好かれる星
- ◆ 恋にせっかちになる星

仕事運 人任せな面が出なければ評価は年々アップ

　仕事には基本的に一生懸命で、他人を上手に扱えるうえに素直にお願いができるため、職場では年々評価されるという星の持ち主です。楽しい職場や趣味の延長のような仕事に就くとその能力を開花させられますが、本音はサボリ魔で、他人任せが多くなってしまうところがあるので、大雑把な面がバレると一気に評価を落としてしまうかも。上下関係をしっかり守って、楽しく仕事に取り組むといいでしょう。

銀のイルカ座 ◆ 57

♥ 恋愛運 甘えん坊と仕切り屋が両方出てくる

　目鼻立ちがハッキリしたパワフルな人を好みます。恋には一瞬積極的になりますが、急に相手任せになり、待ちの姿勢になってしまうため、空回りや中途半端な状態が多くなりがち。おだてに弱く、相手の言葉に振り回されやすいのですが、相手もそんなあなたに振り回されてしまいます。甘えん坊と仕切りたがりが混在しますが、**交際期間が長くなると主導権をとるようになってきて、自分の正しさを押しつけるようになるでしょう。**

結婚　外見だけで判断するとあとから苦労が……

　根が甘えん坊で人任せな面があるため、仕事だけに生きることはできないでしょう。結婚して自分中心に動かせる家庭をもつことが大事な人です。結婚相手には華やかさを求めてしまうため、恋愛からの勢いでそのまま結婚する場合が多いのですが、外見だけの判断で結婚すると、そのぶんあとから苦労がやってくるでしょう。あなたの行動を温かく見守ってくれる相手と結婚できれば、いい家庭をつくれます。

浮気＆不倫　不倫や浮気を正当化しがち

　人肌恋しくなると、自ら浮気や不倫に走る場合もあります。相手が積極的でかつ外見が好みの場合は、簡単にSEXすることがあるでしょう。一瞬の盛り上がりやノリで関係をもっただけのつもりが、ダラダラ続いてしまったり、自分は正しいことをしていると不倫や浮気を正当化したりすることも。職場や仲間など身近なところで関係をもつことが多い一方で、**周囲にバレやすいタイプ**なだけに、気をつけましょう。

復縁　甘やかしてくれる相手だと戻りやすい

　交際が長くなってワガママが出すぎたり、自分の正しさを押しつけすぎたりして、相手が嫌になって終わるケースが多いのですが、「自分の気持ちが伝わらなかった」と**自分が間違っていたことを認めません。**復縁を望む場合も、相手が弱気な人でない限りなかなか戻れないでしょう。向こうから復縁を迫られた場合は、おだてに弱いので、ほめまくってくれたり、甘やかしてくれたりする相手であればすんなり戻るでしょう。

SEX　パワフルでおだてられると弱い

　テクニックやムードよりも回数に走るパワフルなSEXをします。自分中心に動きたいので、女性は騎乗位での攻めが多くなり、男性はバックが得意になるでしょう。交際してからSEXまでが早く、「付き合う＝SEX」と考えることが多いでしょう。ややせっかちになりすぎてしまうので、相手の出方やテクニックを学んだり、楽しんだりすることも大事です。おだてに弱く、いろいろな場所でSEXを楽しむことも好きなタイプです。

銀のイルカ座 ◆ 57

金運 お金遣いが雑なのでカード払いは慎重に

　行動力があるぶん、衝動買いが多く、雑なお金の使い方もしがちなので、不要な買い物が自然と増えてしまうでしょう。面倒見がいいため後輩や部下にご馳走しすぎたり、遊びにパーッと使ってしまったりすることも。服やアクセサリーに散財して給料日まで苦しい生活を送る場合もあるので、**1週間に使うお金の額を決めたり、定期的に貯金したり**するよう心がけましょう。カード払いでの買い物は危険だと覚えておきましょう。

健康運 頭や足のケガ、下半身太りに注意

　おっちょこちょいで行動が雑になってしまうため、足や膝など下半身に問題が集中し、打撲や足のケガ、骨折をする可能性が高いでしょう。何もないところでの転倒や、**お酒を飲んだときの階段**には要注意。足の次に頭のケガも多いので気をつけてください。また、気管支と皮膚も弱く、とくに寒い時期になると体の弱さが出てきます。下半身に肉がつきやすく太りやすいので、麺類はほどほどにしましょう。

LUCKY

color
グリーン、ホワイト、ピンク

food
麺類、豚の生姜焼き、ココア

Spot
動物園、ショッピングモール、アミューズメントパーク

銀
のイルカ座 ◆

57

心にとめておきたい
運気UPアドバイス

他人の正しい考えも
認めて歩み寄る

裏運気 寂しがり屋とひとり好きが混合する

　裏運気になると礼儀正しくなり何事にもていねいになりますが、頑固で臆病な部分が強く出てきます。決めつけが激しくなり、融通がきかなくなってしまうことも。寂しがり屋になる一方で、ひとりの時間が好きになるので、好きな音楽を聴いたり、ゲームや読書の時間が増えるでしょう。また、過去の出来事を後悔して反省をすることがありそう。勉強や資格を取得するにはとてもいい運気になるでしょう。

裏の時期　12月／1月　2008〜2009、2020〜2021、2032〜2033、2044〜2045年

58

常識を守る遊び人

基本性格 上品で社交性がある負けず嫌いの頑張り屋

上品で華があり、ルールやマナーをしっかり守るタイプです。遊び心や他人を楽しませる気持ちがあり、少し臆病な面はありますが、社交性があり年上やお金持ちから好かれることが多いでしょう。そして下品な人は自然と避けます。やわらかい印象がありますが、根は負けず嫌いの頑張り屋で意地っ張り。自己分析能力が高く、自分の至らないところを把握している人です。しかし、見栄を張りすぎてしまうことも多いでしょう。

★ 持っている星
生まれながらにあなたが持っている性質

- ◆ 礼儀正しい星
- ◆ 華やかな星
- ◆ 受け身の星
- ◆ 人任せがうまい星
- ◆ 清潔感がある星
- ◆ 打たれ弱い星
- ◆ 品のあるものを欲しがる星
- ◆ 家をきれいにすると運気が上がる星
- ◆ 上品な人を好きになる星
- ◆ 肌荒れで悩む星
- ◆ 見栄っ張りな星
- ◆ 恥ずかしがり屋な星
- ◆ 常識やルールは守る星
- ◆ 本当は純愛に憧れている星
- ◆ 安心感がある星

仕事運 上から認めれるが、じつは仕事嫌い

几帳面に仕事ができますが、本当は「仕事嫌いな人」。こっそりサボったり、周囲にわからないように力を抜いたりすることが多く、真面目と怠け者の心がいつもぶつかり合っています。上下関係がしっかりでき、自然と目上の人から認められますが、仕事や職場を楽しめるともっと能力を高く評価されるようになるでしょう。堅い仕事が合っていると思われがちですが、華やかな世界に飛び込んでのサポート役的な仕事も向いています。

恋愛運 勇気を出せば周囲がうらやむ恋のチャンスも

　やさしくて言葉遣いがていねいで、衛生的かつ上品な人を好みます。恥ずかしがり屋なため積極的になるべきときにも相手の出方を待ってしまうことが多いでしょう。相手への細かなチェックが多く、「挨拶できないから嫌い」などと些細な理由で避けてしまうことも。「品と華やかな星」の持ち主であるため恋のチャンスは自然と多くなり、周囲がうらやむような相手を簡単に捕まえることもできるでしょう。少しの勇気と行動力が大事です。

結婚 誠実だけど真面目すぎない人が好き

　純粋な愛を求めながらも、ノリや楽しさが合わないと結婚に踏み込めません。理想は高くありませんが、「メリハリをつけてほしい人」です。遊ぶときは派手に遊んでも、下品にならない節度とルールを守る人を求めます。誠実な人と合いますが、真面目すぎると息苦しくなってしまいます。話し上手で乗せ上手な相手とはうまくいきますが、恋愛も結婚も相手に対する細かいチェックが厳しくなりがちなので、ほどほどにしておきましょう。

浮気&不倫 強引な相手に本気にならないように

　倫理観がしっかりしているので浮気や不倫に走る可能性は低いのですが、本音では簡単に目移りするタイプ。ただし、「素敵な人、いい人」と思っても、なかなか行動には移せないでしょう。一方でパートナーが相手をしてくれなかったり、冷たい態度が続いてしまったりすると、強引な人に引っ張られてしまうケースがありそう。一度火がつくと、浮気も不倫も本気になってしまう場合があるので気をつけましょう。

復縁 寂しさから復縁を考えてしまいがち

　上品で清楚な感じに見えますが、根が遊び人なところを昔の恋人に見抜かれたり、寂しがり屋な部分を突かれたりして、「寂しいから」で復縁するケースが多いでしょう。恋愛は遊びだからと割り切ったつもりでも、切れない関係がダラダラ続いてしまうこともありそう。執着心もあるので、自ら別れても「追いかけて別れて」を繰り返す場合も。最終的にはメンタルの弱さを面倒に思われて逃げられやすいので、早く大人になりましょう。

SEX 恥ずかしがり屋だけどハマると開放的に

　素直にSEXを楽しみたい気持ちはありますが、恥ずかしがり屋なので、シャワーを浴びるかお風呂に入って清潔にしてからでないとイヤなタイプ。明るい場所も恥ずかしさが勝ってしまう場合があるでしょう。ラブホテルよりおしゃれでキレイなホテルが好き。ただし、一度でもSEXにハマってしまうと開放的になり、自分の欲望を満たすためだけのSEXをすることもあるでしょう。テクニックには欠けるので学習が必要な人です。

銀 のイルカ座 ◆ 58

金運　お金持ちの集まる場所に行くといい

見栄っ張りなため自然と浪費が激しくなってしまったり、上品でやや目立つ物にお金を使いすぎてしまったりすることがあるでしょう。遊び心を活かしてお金持ちの集まる場所やパーティーなどに出向くと自然とお金持ちに好かれる場合があるので、上品なトーク技術と愛嬌を身につけておくといいでしょう。貧乏くさい服装や物は運気を下げるので、安くても値段が高く見える物を選ぶようにすると自然とお金も集まってきます。

健康運　メンタルが弱いので、香りと音楽でリラックスを

やや基礎体力がなく、一見、明るく陽気そうに見えますが、繊細でメンタルが弱く、些細なことを気にしすぎてストレスをためるタイプです。肌が弱く、神経質になりすぎてしまう場合も多いでしょう。寒さにも弱いので、冬の乾燥肌に悩むことも。舌や口の内側を噛んでしまい、口内炎や炎症も起こりやすいので注意が必要です。好きな音楽を聴き、上品な香りを嗅ぐと、自然と体調もよくなるでしょう。

LUCKY

color
ホワイト、シルバー、ピンク

food
柑橘類、アボカド、豚の生姜焼き

spot
リゾートホテル、百貨店、映画館

心にとめておきたい
運気UPアドバイス

**勇気を出して
何事も楽しんでみる**

裏運気　気持ちが強くなり頑固に突き進むかも

裏運気になると自分の正義感を絶対に曲げない頑固者になります。寂しがり屋な面が減り、ひとりの時間が好きになり、音楽を聴いたり本を読んでゆったりとした時間を過ごしたりしたくなります。繊細さは薄れてややおっちょこちょいな行動が増えたり、雑な表現も増えてしまうでしょう。気持ちが強くなり、自分が覚悟したことへの集中力が増し、周囲の言葉も耳に入らないくらいに突き進むケースも。文章を書く才能に目覚めることもあるでしょう。

裏の時期　12月／1月　2008〜2009、2020〜2021、2032〜2033、2044〜2045年

59

屁理屈が好きな遊び人

基本性格　斬新なことを生み出す、自由が好きな変わり者

　人と違う生き方や発想をする変わり者です。芸術や美術などが好きで、ほかの人とは違った感性をもち、新しいことに敏感で斬新なものを見つけたり生み出したりできるタイプ。屁理屈や理屈が多いのですが、人当たりがよく、ノリやおもしろいことが好きなので自然と周囲に人が集まります。ただ他人には興味が薄いでしょう。熱しやすく冷めやすく、自由と遊びを好み、芸能や海外など、周囲とは違った生き方を自然と選ぶでしょう。

持っている星
生まれながらにあなたが持っている性質

- ◆屁理屈の星
- ◆話し上手な星
- ◆新しいことが好きな星
- ◆心は小学生のままの星
- ◆遊び心がある星
- ◆独自の美意識がある星
- ◆言い訳が多い星
- ◆浪費癖の星
- ◆不思議な人を好きになる星
- ◆食事のバランスが悪い星
- ◆センスのいい人に恋する星
- ◆束縛されると逃げる星
- ◆気まぐれな星
- ◆浮気をする可能性が高い星
- ◆好きなことに突然冷める星

仕事運　芸術系や企画を出す仕事が向いている

　お堅い仕事は不向きで、アイデアを出したり企画を考えたりする仕事や、芸術や美術に関わる仕事で才能を発揮します。そもそも働く気持ちが弱く、好きなこと以外はやりたくないのと、仕事をサボりたい気持ちも強いでしょう。そのためフリーの仕事や独立を考えますが、無謀な独立は苦労を招くだけなので、基本的なことや人脈作りを若いうちからちゃんとしておきましょう。才能を認められると驚くような結果を出すことがあります。

恋愛運　お金や地位よりも自由と才能を望む

　外見のよさやお金や地位は重要ではなく、「才能がある人」を本気で好きになるでしょう。自分には理解できないようなすごい才能をもった人や、周囲が理解できないような人を好みます。束縛と支配が嫌いで、ノリが悪く真面目すぎる人とはうまくいきません。あなたの才能や個性を認めてくれる自由で楽な相手がいいのですが、浮気率がかなり高く、交際がはじまっても、すぐに別れたくなってしまうケースも多いでしょう。

結婚　ふつうの結婚に縛られないほうが吉

　束縛や支配のイメージがあると結婚になかなか踏み込むことができません。自分の自由な時間を優先して遊びに夢中になってしまい、気がつくと結婚適齢期を過ぎていることも多いでしょう。相手を見る目がないので離婚率もかなり高めです。早く大人になるように自分を成長させる必要がありそうですが、結婚に縛られない生き方をしたり、外国人と一緒になったりする可能性もあります。バツイチの人との結婚率も高いでしょう。

浮気&不倫　好奇心から一夜の恋に。複数と関係も

　執着されることが嫌なのと、新しいことが好きなため、浮気率はかなり高めです。相手に興味がわいてしまうと好奇心で一夜の恋に進んでしまうことがあるタイプです。また、同時に複数の人と関係をもつこともあるでしょう。不倫する可能性が高く、パートナーをつまらなく感じたり、ＳＥＸに飽きてしまうと、別の相手を探しはじめることも。罪悪感があまりないので浮気や不倫を何度も繰り返すこともありそう。相手の気持ちを考えて行動しましょう。

復縁　復縁よりも新しい恋人のほうが運もひらく

　新しいことが好きなので、「復縁」する気持ちは基本的にはないでしょう。もしも復縁を望むとしたら、それはプライドを保つためか、冬の寂しい時期にふと考えたときで、飽きてしまった昔の恋人に未練はないでしょう。相手が驚くほど変化していたり、成長して別人のようになっていたりした場合は気持ちが動くこともありますが、自ら復縁を進めるよりも、新しい恋人を見つけるための努力をしたほうが才能も運気も開花するでしょう。

SEX　変わったプレイが好きなのでドンドン過激に

　楽しく明るく変化のあるＳＥＸが大好きなタイプ。とくに最初の1、2回は激しく求め合いますが、相手がテクニック不足だったりノリが悪かったりすると、3回目から突然冷めてしまうことがあります。ノーマルなプレイでは飽きてしまうので、ドンドン過激になっていき、「そんなところを攻めるの!?」と思うことまでしそうです。Ｈな情報を入手して試してみることも多いでしょう。匂いフェチで勝手に相手の香りを楽しんだりすることも。

銀
のイルカ座 ◆
59

491

金運　お金の扱い方が、小学5、6年生並み

　お金への執着が弱いので散財しがちです。自分が価値があると思った物へ簡単にお金をつぎ込むため、マニアックな物に使ったり、周囲が理解できない物事へ出費したりするタイプ。遊びで出費が増えすぎて借金を抱えるケースもあるほどなので計画的に使いましょう。心が小学5、6年生のままなので「子どもがお金を持ったらどうなるか」を考えれば、どうすればいいかがわかるでしょう。才能を活かせば大金持ちになることもあり得ます。

健康運　偏食せずにウォーキングや筋トレで気分転換を

　食事のバランスが悪く、好きな物だけしか食べないのと、目の疲れや偏頭痛になることが多いでしょう。まずは食事のバランスを整えることが大事です。また、肩こりや不眠症に悩む時期もあるかもしれません。寒さにも弱いので、冬になると毎年調子を崩してしまうことも。夏でもエアコンのききすぎた場所は避けたほうがいいでしょう。ウォーキングや筋トレなどをすると、気持ちも心もスッキリしてきます。

LUCKY

color
パープル、ホワイト、ピンク

food
いちご、豚の生姜焼き、ココア

spot
映画館、美術館、ショッピングモール

心にとめておきたい
運気UPアドバイス

好きなことを極め常識や当たり前なことがしっかりできるようになる

裏運気　決めつけが激しくなるが、驚異の集中力も

　裏運気になると寡黙で頑固になるうえ、決めつけが激しくなり、融通がきかなくなってしまうでしょう。さらにプライドが高くなり、他人を小馬鹿にした表現をしたり、他人を素直に受け入れられないことが増えたりして、評論や評価をしたくなります。また、閉鎖的になりひとりでの行動も多くなりますが、知的好奇心は強くなるため、勉強や記憶力を使うことをするにはよい時期です。自分でも驚くような集中力を発揮する場合があるでしょう。

裏の時期　12月／1月　2008〜2009、2020〜2021、2032〜2033、2044〜2045年

60 プライドの高い遊び人

好きなことは追求するが、他人には興味ナシ

やわらかな印象をもたれる人ですが、根は完璧主義の理屈人間です。好きなことをとことん突き詰める力があり、すぐに「なんで？なんで？」と言うのが口癖。人間関係をつくることが上手ですが、本音は他人に興味がなく、尊敬できない人には深入りしないでしょう。最初は仲がいい感じにしていても、次第に距離をとってしまうことも。冗談のつもりもありますが、上から目線の言葉が出やすいので、やさしい言葉を選ぶ心がけが必要でしょう。

 持っている星
生まれながらにあなたが持っている性質

- ◆理論が好きな星
- ◆探求心がある星
- ◆知識人の星
- ◆遊び心がある星
- ◆話し上手な星
- ◆知的好奇心が豊かな星
- ◆上から目線の言葉を使う星
- ◆渋いものにお金を使う星
- ◆尊敬できる人を好きになる星
- ◆肩こりや目の疲れに悩む星
- ◆冷たい言い方をする星
- ◆冷静な星
- ◆他人に興味がない星
- ◆学んだことを人に教える星
- ◆偏食の星

 仕事運

極められることが見つからないと人生終了？

頭のよさを発揮して人脈を上手に仕事に活かせるタイプになるか、芸術や美術、データに関わる職人タイプになるかで、極端に分かれる星です。どちらにせよ、頭のよさや、人に論理的に伝える力がポイントになりますが、そもそも好きなこと以外の仕事をしたくないというのが本音なので、「好きではない」と言って仕事をサボります。自分の極めたいことが見つけられないと、能力を発揮できないまま人生を終えてしまうこともあるでしょう。

♥ 恋愛運 なぜか頼りなさげな人から好かれる

　美意識があり「華やかな星」の持ち主であるため、自然とモテます。人を引きつける魅力のあるタイプですが、頭のいい人や尊敬できる人を好むため、選びすぎてしまい、自ら恋のチャンスを逃してしまうこともあるでしょう。年上に好意をよせるケースが多いのですが、不思議と頼りない感じがする人から好かれてしまいます。押しは弱いので、好きになると相手からの出方を待ってしまうことが多いでしょう。

 結婚　完璧を求めず一緒にいて楽しい人を選んで

　「近くに誰かいてほしい」と恋人や結婚相手を求めるわりには、いざ結婚となると、相手に完璧を求めすぎてなかなか踏み込めなくなります。知的で尊敬するところがあって華もある人を求めるのはいいのですが、自分が釣り合うレベルかどうかを考えないで理想ばかり口に出していると、タイミングを逃しがちに。一緒にいて楽しくておもしろい人を求めたほうがよい結婚になる可能性が高いでしょう。ただし、結婚後の冷たい言葉遣いには要注意です。

 浮気&不倫　理想を求めすぎると相手が既婚者になりがち

　頭がよく、欲望的なほうではないので、浮気や不倫の確率は低めです。ただし、理想の人や完璧な人を求めると、相手が既婚者や年上になる可能性が高く、結果的に不倫になってしまったり、既婚者にモテたりすることが多くなりがちです。「誰もいないから、いいか」で動いて不倫する場合もあるでしょう。心苦しさの限界がくると、突然自分から「別れる」と言えるたちなので、キッパリ別れて終わらせることはできるでしょう。

 復縁　意地やプライドで復縁しようとしてしまう

　基本的には他人に執着することは少ないのですが、恋に完璧さを求めるところと、プライドの高さで復縁を望んでしまうところがあります。「好きではなく、プライドを保つために意地を張っているだけだ」ということに気づかないと、無駄な時間を過ごしてしまうでしょう。冷静になれば、同じ人ではなく、そこから学んでもっと素敵な人や違う魅力のある人を求めたほうがよいことがわかるでしょう。

 SEX　探求心が旺盛なときと冷めるときの差が激しい

　「一緒にいるだけで愛を感じられればSEXは不要」と思うときと、激しく求めるときとの差が激しいタイプです。基本的には相手任せになりますが、探求心に火がついてしまうと、「相手はどうすることが気持ちいいのか、自分もどうするともっと気持ちよくなれるのか」と熱心になりすぎることも。ある程度回数を重ねると突然冷めて何か月なくても平気になったり、出産後はレスでも気にしなかったりすることも。耳を攻められると弱いでしょう。

銀のイルカ座 ◆ 60

金運 本気でお金に興味をもてば大金持ちに

　経済感覚や金銭的な面はしっかりしています。ただし、マニアックなことにお金を使う癖があり、周囲からも「なぜそれにそんなにお金を出すの？」と思われることにつぎ込んでしまいそう。美術品や芸事などへの出費が多いのに、食事は質素で節約のためなら同じ食べ物を食べ続けても平気なタイプです。金運を上げるには投資や資産運用のセミナーに通うなど、お金の勉強をすることが大事で、本気でお金に興味をもてるようになると大金持ちになるでしょう。

健康運 軽いスポーツが健康にも気分転換にも最適

　目の疲れ、偏頭痛、脳に不調が出やすいタイプです。食事のバランスが悪かったり、好きになると同じ物を飽きるまで食べ続けたりする癖がそもそもの原因だったりもするので、バランスを整えた食事を心がけましょう。冷えにもとても弱いので、代謝を上げるための運動をしっかりすることが必要です。気分転換にスポーツをはじめるのがオススメですが、ハマりすぎてしまう場合もあるので、完璧を求めすぎないようにしましょう。

LUCKY

color
パープル、ホワイト、ピンク

food
和食（うな重）、豚の生姜焼き、ココア

spot
歴史ある場所、書店、映画館

心にとめておきたい
運気UPアドバイス
G

すべてのことをほめる

裏運気 刺激的な趣味にハマり、行動が子どもっぽくなる

　裏運気になると頑固な自由人になります。自分でも驚くほど意地を張りすぎてしまうことがあるでしょう。周囲の人と同じになるのが嫌で、変化を求めての行動に走りやすく、ひとりの趣味やひとりの時間を大事にしようとします。ふだんおとなっぽくしているぶん、裏運気では無邪気な子どものような行動をするようになります。また、変態的な部分が出てくるので、驚くような刺激的な趣味をもちはじめるか、子どもっぽい趣味にハマることがあるでしょう。

裏の時期　12月／1月　2008〜2009、2020〜2021、2032〜2033、2044〜2045年

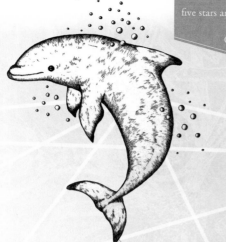

12タイプ別

相性大全

自分から見た相手との相性だけでなく、
気になる相手から自分がどう見えているかもわかります。
（相手のタイプのページで、自分のタイプを読んでみてください）
中央に書かれている、あなたの「相性における性格」も
把握しておきましょう。

の羅針盤座から見た他のタイプとの相性

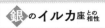

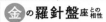の羅針盤座との相性

周囲の後押しが必要な2人

互いにプライドが高く自分からはアプローチしないタイプなので、進展には周囲の協力が必要です。マイナス面のチェックが厳しくなりやすいので、ほどほどにしておきましょう。

金のイルカ座との相性

関係維持には努力が必要

好かれるには、頑張っているところを見せることが大事。あなたが魅力的に輝き続けることで、相手の関心を引き寄せられます。正論をぶつけたり、自分磨きをサボったりすると縁が切れてしまうでしょう。

銀のイルカ座との相性

自分磨きとサービス精神が大事

相手の身勝手さにあなたが振り回されてしまう関係。相手を楽しませるサービス精神がないと、退屈に思われてしまうかも。あなたが華やかさと上品さを演出し続けられれば、関係を保てるでしょう。

金のカメレオン座との相性

現実的で知的な部分が合う相手

頭のいい2人で、現実的なものの見方が似ています。あなたがサポート役に徹すると長く続くでしょう。話を上手に聞いてあげるとお互いに前向きになれ、やる気も出そう。味方であるアピールも必要です。

銀の羅針盤座との相性

余計なプライドは捨てて素直になって

互いのプライドの高さやネガティブな部分が邪魔をしそう。気持ちを素直に表現するといい関係になれるはず。求めていることは似ていますが、相手は受け身なので、あなたが主導権を握ることになりそうです。

銀のカメレオン座との相性

相手から尊敬されれば急接近

相手に惚れられないと難しいかも。相手の興味をそそるようなセンスや技術を身につけ、尊敬されるようになれば接近できそうです。挨拶やお礼などの基本的なマナーも疎かにしないようにしましょう。

あなたが

金の羅針盤座

相性における性格

- 真面目で礼儀正しいけど、人は苦手
- 几帳面で、人にも自分と同じ基準を求めてしまう
- プライドが高く、自分からアプローチすることは少ない
- 正論を言いすぎて、周囲から浮いてしまうことも
- 相手の言葉や態度をネガティブにとらえがち
- ルールを守らない人は苦手

金のインディアン座との相性

一緒にいると前向きになれる相手

楽観的な考え方であなたをポジティブにしてくれる相手。距離感を大事にするタイプなので、さっぱりした関係を保つと長続きしそう。相手の言葉をネガティブに受け取らないことも大切です。

金の時計座との相性

人との付き合い方を教えてくれる相手

自分の裏にある性質をもつ相手ですが、あなたが苦手な人間関係のつくり方や、人に対する考え方を教えてくれる相手でもあります。相手を尊敬し、否定的な発言をしないことが大切です。

銀のインディアン座との相性

気持ちをつかむのに苦労しそう

空想家なので、もっとも心がつかみにくい相手。あなたの才能や魅力に気づいてもらえれば、急接近できそうです。ただし、相手の生き方やペースを理解しないと前には進まないでしょう。

金の鳳凰座との相性

尊敬できる部分の多い相手

人間関係の構築を苦手とする部分が多いです。単独行動が平気な相手からは学べることも多いはず。相手の考え方を取り入れてみると強く生きられるようになるでしょう。相手を変えようとしないことも大切。

銀の鳳凰座との相性

生き方が魅力的に見える相手

辛抱強い生き方が魅力的に見える相手。ただし、思い込みが強いので、いい関係を築きたいなら第一印象が肝心です。初期の段階で悪い印象をもたれたり、距離ができたりしてしまうと進展は厳しいでしょう。

銀の時計座との相性

裏運気のときのあなた

出会った瞬間は興味がもてますが、次第に価値観の違いに気づきそう。ネガティブな発言をしていると仲は深まりません。相手に甘えすぎたり、執着されて本来の能力や魅力を失うこともあるので距離感が重要に。

銀の羅針盤座から見た他のタイプとの相性

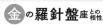
金の羅針盤座との相性
似たような考えを
もつ相手
似た者同士の2人。自然と仲よくなれますが、挨拶やマナー、常識を守り、上品さを演出するとよりよい関係に近づけます。甘えてばかりでなく、相手を楽しませるサービス精神も忘れないように。

金のイルカ座との相性
生き方は違うものの
波長は合う
相手の行動力が、あなたを引っ張ってくれます。真面目に考えすぎるより、気楽に構えることでいい関係をつくれるようになるでしょう。相手の前だけでも笑顔とポジティブな発言を心がけて。

銀のイルカ座との相性
遊び仲間としては
いい相手
恋愛を楽しむ相手や友人としてなら好相性。ただし、あなたが相手に執着してべったりした関係になると長続きしない場合も。新しい情報やおもしろい話題を提供してあげると喜んでくれるでしょう。

金のカメレオン座との相性
互いの考えを
理解できる相手
互いに現実的な考えをもっているので、長い付き合いになりそう。美意識を高める努力を忘れなければいい関係が続きます。相手の言葉をあまりネガティブにとらえすぎないように。

銀の羅針盤座との相性
相手任せに
なりやすい関係
気持ちを理解し合える相手ですが、互いに慎重なので進展させるには時間がかかりそう。自分から連絡をとるようにし、相手をリードする気持ちが大切です。ネガティブになりすぎないよう気をつけて。

銀のカメレオン座との相性
価値観の違いを
ネガティブにとらえない
共通の趣味をもっと仲よくなれる相手。ただし、互いに相手任せになりやすいので、あなたから誘う勇気が必要です。価値観の違いが目についても、指摘するのはほどほどにしておきましょう。

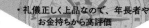
あなたが
銀の羅針盤座
相性における性格
- 人間関係作りが苦手で、人に深入りしない
- 人に言われたことをマイナスに受け止めてしまう
- 甘えん坊で、引っ張ってくれる人が好き
- 空気が読めず、よかれと思ったことが空回りしやすい
- 人に振り回されやすいので、指導者が大事
- 礼儀正しく上品なので、年長者やお金持ちから高評価

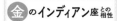
金のインディアン座との相性
束縛すると
縁が切れる相手
前向きな相手に心惹かれますが、価値観を押しつけると逃げられてしまいます。支配を嫌うタイプだということを忘れずに、適度な距離を保ちましょう。相手の話を笑って聞いてあげるといい関係に。

金の時計座との相性
学べることの
多い相手
人間関係に関する価値観と人生観が大きく違う相手。自分の裏側の性質をもつ相手だと思えば、いい勉強になります。ネガティブな発言は控えて、明るい未来の話や夢を語ると心をつかめるでしょう。

銀のインディアン座との相性
相手の前では
明るく振る舞って
マイペースで飄々とした生き方が魅力的に見える相手。前向きな話をしたり、明るさを演出するといいでしょう。ただし、執着すると逃げられてしまうので、ときにはスパッと諦めることも必要です。

金の鳳凰座との相性
相手の生き方を
理解することが大事
いい第一印象を与えることができれば、その先もいい関係が続く相手。何事にも時間をかける相手の生き方を認めるといいでしょう。相手に執着しすぎず、適度に距離を保つことも大切です。

銀の鳳凰座との相性
仲よくなるには
最初の印象が肝心
相手の頑固な部分を否定しないことが大事。友人か趣味仲間くらいの距離感を保つといい付き合いができるでしょう。一度仲よくなると関係は続きやすくなるので、挨拶やお礼はていねいに行いましょう。

銀の時計座との相性
相手のやさしさに
素直に甘えて
あなたの裏の要素をもっているため理解できる部分もありますが、価値観の違いが問題になりそう。あまりマイナスになりすぎず素直に甘えることと、相手に合わせる努力が関係維持のカギになります。

のインディアン座から見た他のタイプとの相性

金のイルカ座との相性

ノリやテンションが合う相手

楽しいことが好きな2人。いい思い出を積み重ねれば関係が続きます。ワガママな相手にペースを崩されるようになると、気持ちが冷めることもあるので、適度に距離感を保つほうがいいでしょう。

銀のイルカ座との相性

明るく楽しい関係を築ける2人

恋愛では楽しい関係を築けそう。結婚を考えるなら、お金の使い方が派手になったり、無計画なところが問題になりそうな相手。あなたがサポート役になる努力をして、計画的に使う楽しさを2人で学びましょう。

金の羅針盤座との相性

やきもきしやすい関係

相手の気持ちがつかめず、やきもきしやすい相手。自分をさらけ出すことが苦手な相手を理解してあげることが必要です。互いにグルメなので、おいしいお店を教えてあげると距離が縮まるかも。

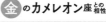

金のカメレオン座との相性

相手を前向きにできると仲が深まる

盛り上がるときと、そうでないときの差が激しい2人。相手を前向きにさせられるといい関係に。一緒にいると自分に足りない部分がわかり、勉強になることも。反対の考えだからこそいいアイデアも生まれます。

銀の羅針盤座との相性

あなたがリードするといい関係に

相手は受け身なタイプなので、気になる場合はあなたから押し切るといいでしょう。ただし、手順や約束はきちんと守ること。長く付き合うには、相手を上手に甘やかすことも必要です。

あなたが

金のインディアン座

相性における性格

・明るく楽天的で、フットワークが軽い
・マイペースな生き方をする
・束縛や支配を嫌うため、ベタベタされると逃げたくなる
・さっぱりとした付き合いが好き
・新しいものが好きで、デートや遊びもマンネリを嫌う
・恋も仕事も同列に扱うため、恋人に寂しい思いをさせてしまう

銀のカメレオン座との相性

趣味を楽しむにはいい相手

趣味仲間や情報交換にはいい相手。ただし感性の違いで苦しくなるかも。ダメだと思ったら早めに見切りをつけたり、ときどき遊ぶくらいの距離感がよさそう。踏み込むなら価値観の違いを認める覚悟が必要。

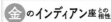

金のインディアン座との相性

定期的に会う日を決めてみて

互いにマイペースなので、定期的に会う日をつくっておかないと、つながりが弱くなってしまいそう。腹を割って話し合えるようになると、いい関係がつくれるでしょう。

金の時計座との相性

持ち前の明るさで楽しませて

面倒見がよく親切な相手に惹かれそう。相手は不安になりやすいところがあるので、あなたの計画性のなさで振り回さないように気をつけて。明るい話で笑わせたり、夢や希望を語ると気持ちをつかめそう。

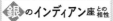

銀のインディアン座との相性

生活をともにするには計画性が必要

似た者同士なので楽な関係を続けられそう。相手は無計画で人任せなところがあるので、長く付き合うには、あなたの計画性と積極性が必要になります。自分のペースを維持しすぎると距離があいてしまいそう。

金の鳳凰座との相性

大人の雰囲気を出すといい相手

落ち着きのある相手から、あなたは幼稚な子どもに見えてしまいそう。目的や目標を明確にして、しっかりしたところを見せるといい関係になれそう。慎重に判断して行動する相手から学ぶといいでしょう。

銀の鳳凰座との相性

相手に対する理解が大事

相手の頑固さや融通の利かない部分を受け入れることが大事。相手からの第一印象がよければ仲よくなれるので、挨拶やお礼など基本的なことはきちんと守るように心がけましょう。

銀の時計座との相性

一緒にいて楽な相手

自然体でいられる相手で、情報交換をするにも好相性です。ただし、相手のやさしさに甘えすぎないように。こまめに会って、前向きな話や明るい未来の話をすると仲が深まりそうです。

銀のインディアン座から見た他のタイプとの相性

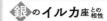**金のイルカ座との相性**

マイペースさを理解してくれる相手

あなたの性格を理解してくれる相手。前向きな発言をしたり、新しい情報を提供すると仲よくなれそう。ただし、相手のワガママに振り回されないように、適度に距離をあけておく必要はあるでしょう。

銀のイルカ座との相性

調子に乗りすぎたときには注意

ノリが合うので恋愛や友達にはいい相手。明るく陽気に接すると楽しい関係が築けるでしょう。ただ、付き合いが長くなると調子に乗りすぎて問題が発生してしまうことも。相手任せにしすぎないように。

金の羅針盤座との相性

大人になる覚悟が必要な相手

冗談を生真面目に受け止めてしまう相手にイライラしないこと。関係を続けるには、あなたが最低限のマナーを身につけ、大人になる必要があるでしょう。一緒にいることで成長させてくれる相手です。

金のカメレオン座との相性

観察することで学びが得られる相手

新しいことが好きなあなたと、古風な考えの相手では、生き方と価値観が異なります。相手を尊敬し、学ぶ姿勢を大切にするといい関係に。成長を見せれば認めてもらえるので、学ぶ心をもち続けましょう。

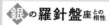**銀の羅針盤座との相性**

ペースを相手に合わせてあげて

求める距離感や人との付き合い方が違う相手。あなたのほうから歩み寄る必要があります。ていねいに接しつつ、前向きな話やサプライズで相手を喜ばせてあげるといい関係に進めるでしょう。

あなたが

銀のインディアン座

相性における性格

・楽観主義で、他人の目はあまり気にしない
・人に執着せず飄々と生きる
・束縛を嫌い、パートナーとも適度に距離を保ちたい
・最終的にマメな人に弱い
・才能豊かな人やセンスのいい人が好き
・「人は人、自分は自分」とマイペース

**銀のカメレオン座との相性**

自分から誘ってみることが大事

考え方や生き方は理解できる部分が多い相手。相手のためになる情報を提供し続けられそう。相手は受け身なので、一押しはあなたからする必要があるでしょう。

金のインディアン座との相性

考え方やノリが合う相手

似た者同士の2人。おいしいものを食べながら語り合うと盛り上がりそう。ただし、互いに自由すぎて距離が縮まらない場合もあるので、どちらかの積極性が必要になるでしょう。

金の時計座との相性

あなたを受け入れてくれる相手

あなたの無邪気さを理解してくれ、趣味を一緒に楽しめる相手。明るい話題で語り合ったり、相手の心に響く言葉を発するといいでしょう。ただし、あなたの計画性のなさで相手を不安にさせないように。

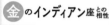**銀のインディアン座との相性**

自然体で楽な関係がつくれる

価値観を理解し合える相手。互いに束縛を嫌う2人なので、自然体で心地よい関係が築けそう。ただし、相手任せは不仲の原因になってしまうので、甘えすぎないこと。自分からリードする気持ちをもって。

金の鳳凰座との相性

なかなか距離が縮まらない相手

頑固な相手とマイペースなあなたなので、距離を縮めるには時間がかかりそう。相手は思い込みが強いので、第一印象を大事にすることが肝心です。ただし、無理をすると長くは続かないでしょう。

銀の鳳凰座との相性

軽率な行動には要注意

頑固で自分のやり方を曲げない相手から、学べる部分を見つけることが大切。軽率な印象をもたれないように、しっかりした態度を見せましょう。第一印象さえよければいい関係になれるでしょう。

**銀の時計座との相性**

友達のような付き合い方を

互いに交友関係が広く、忙しい2人。遊び仲間として適度な距離があるほうがいい関係になれそう。どちらかに合わせる努力をしないと、一向に距離は縮まらないかも。

金の鳳凰座から見た他のタイプとの相性

金のイルカ座との相性

仲よくなるには運気の流れを活用して

気が合うときと合わないときで差が激しくなりそう。裏の期間は深い関係になれることもあるので、運気の流れを活用するといいかも。あなたの考えを押しつけると関係が悪くなるので、相手の価値観を楽しんで。

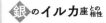

銀のイルカ座との相性

相手から学ぶ姿勢が大事

遊び心をもって接することで距離が縮まりそう。自分にできない生き方をする相手からは学べるでしょう。すべてを理解しようとするのではなく、一緒にいる時間を楽しむくらいのゆとりをもちましょう。

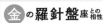

金の羅針盤座との相性

共通の目標をもつと高め合える

互いにひとりが好きなので、一緒にいて楽な相手です。同じ趣味や目標をもつと楽しい関係が築けそう。ただし、ケンカになると互いに引けなくなるので要注意。ケンカの原因を根にもちすぎないように。

金のカメレオン座との相性

時間をかければ信頼を得られる

あなたの意思の強さを見せれば、好意的に受け止めてもらえそう。時間をかければ信頼関係を築けるでしょう。派手さには欠けますが、安定した相性です。感謝の気持ちや恩返しを心がけることが大事。

銀の羅針盤座との相性

相手を上手に甘えさせて

相手は甘えん坊なので、甘えられて楽な相手だという感じを演出できるといい関係が築けそうです。ただし、最初のルールを突然変えてしまうと、縁が切れることもあるので気をつけましょう。

銀のカメレオン座との相性

価値観の違いを楽しめばいい関係に

一緒にいることで感性や美意識を高められる相手。ただ、恋愛は楽しめても、結婚を考えるようとなると価値観の違いが問題になってしまいそう。ときには相手に合わせることや、譲歩する気持ちをもちましょう。

あなたが 金の鳳凰座

相性における性格

- 思い込む力が強く、初対面で抱いた印象をもち続ける
- 単独行動派で、ひとりの時間が大事
- 言葉足らずなところがあり、気持ちが伝わりにくい
- 一度恋に落ちると簡単には止められない一途なタイプ
- 何事にも時間をかけるので、関係の進展はゆっくり
- 最初に付き合った人の面影を追い続ける

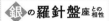

金のインディアン座との相性

おもしろい情報で視野を広げてくれる相手

フットワークが軽く情報通な相手は、あなたの世界を広げてくれる人でもあります。一度あなたが本気で惚れると、長い関係になりそう。ただし、執着しすぎて逃げられないように気をつけましょう。

金の時計座との相性

支え合う気持ちが大事

あなたの頑固な生き方を受け入れてくれる相手。あなたが相手の精神的な支えになれれば、長く付き合うことができるでしょう。やさしい相手に対して、お返しを忘れないことも大切です。

銀のインディアン座との相性

マイペースな相手に振り回されるかも

無邪気でマイペースな相手に振り回されそう。ほどよい距離感を保てるといい付き合いができる相性です。新しい情報や刺激を与えられると、相手もあなたに興味をもってくれるでしょう。

金の鳳凰座との相性

相手に歩み寄る努力も必要

テンポが合う相手なので、最初の印象が大きな問題は避けられそう。しかし、一度歯車が噛み合わなくなると縁が切れてしまうことも。ときにはどちらかが相手に合わせることも必要でしょう。

銀の鳳凰座との相性

互いの頑固さを許す姿勢が大事

第一印象がよければいい関係に進む相手。ただし、互いにスローなので何事にも時間がかかりそう。あなたよりも頑固な相手を理解し、受け入れる懐の広さが求められそうです。

銀の時計座との相性

長く付き合うには互いを認め合うこと

ひとりが好きなあなたと、誰かと一緒にいたい相手。生き方は違いますが、あなたの考え方を認めてくれる人です。ただし、やさしさに甘えてばかりいないで、相手を理解する努力も必要です。

銀の鳳凰座から見た他のタイプとの相性

あなたが

銀の鳳凰座
相性における性格

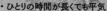

- こだわりが強く、自分の意見を曲げない
- 交友関係は深く狭く
- 頑固な性格を認めてくれる心の広い人が好き
- 独自のルールを貫き通す
- 恋に不器用で、好きな人と距離を縮められない
- ひとりの時間が長くても平気

金の羅針盤座との相性

振る舞いは上品に、ていねいに

話し方やマナーに気をつけ、上品な感じを演出できるといい関係になれる相手。一度仲よくなると長く続きますが、歯車が噛み合わなくなると難しいかも。意地を張っていると距離ができてしまうでしょう。

金のイルカ座との相性

裏の自分だと思うと楽しめる相手

大好きか大嫌いか、出会ったタイミングによって相性に大きく差が出そうな2人。よい関係を続けるためには、生き方の違いを楽しむことや、適度な距離感が大事になるでしょう。

銀のイルカ座との相性

生き方や考え方が正反対の相手

裏の時期に現れる自分の癖を教えてくれる相手だと思えば、学べることは多いはず。しっかり観察し、ほどよい距離を保つといい関係になれるでしょう。ただし、相手のワガママや浪費するところが気になりそう。

金のカメレオン座との相性

時間をかけて仲を深めて

現実的で知的な相手で波長が合いそう。時間がかかっても友達になっておくと最終的にあなたを選んでくれるかも。計画的な相手からは学べることも。ただし、距離が縮まらないので勇気を出して近づくことが大切。

銀の羅針盤座との相性

火がつくと長く続く相手

一度火がつくと長い付き合いになる2人。相手からアプローチされることは少ないので、あなたから積極的に距離を縮めましょう。相手を否定するようなことを言うと、一気に距離があいてしまうので要注意。

銀のカメレオン座との相性

優柔不断を悪くとらないことが大事

あなたの頑固さと、相手の優柔不断さが噛み合わないかも。あなたがサポート役に徹するといい関係を築くことができるでしょう。相手の優柔不断さを悪くとらえないことも大切です。

金のインディアン座との相性

距離を保ったほうが長く続く

生き方や考え方は大きく異なりますが、それを受け入れることが大事でしょう。距離を縮めすぎないほうが、いい関係が長く続きます。一緒にいるときは、相手の話を笑って聞いてあげましょう。

金の時計座との相性

相手のやさしさに支えられる関係

面倒見のいい相手なので、恋愛相談や人生相談をすると距離が縮まりそう。ただし、相手の助言を無視すると関係が悪くなるので素直に話を聞きましょう。相手のやさしさに対して感謝を示すことも忘れずに。

銀のインディアン座との相性

相手を受け入れる覚悟が必要

あなたの個性を受け入れてくれる相手ですが、相手の心をつかむのは至難の業。関係を続けるには、マイペースな相手に振り回される覚悟と、話の展開の速さを楽しむ努力が必要です。

金の鳳凰座との相性

マメなコミュニケーションがカギを握る

考え方や生き方は理解し合える相手。ただし、互いにひとりの時間を大事にしすぎると、距離があいてしまうので気をつけましょう。定期的に会って話をする時間をつくるといいでしょう。

銀の鳳凰座との相性

第一印象が肝心な相手

最初に盛り上がれば一気に関係が進みますが、印象が悪いと進展は厳しいかも。ただ、相手は押しに弱いので、長所も短所もどこか似ていると思いながら諦めずにアプローチし続けるといいでしょう。

銀の時計座との相性

頼りになる自分に成長することが大事

相手を精神的に支えられるよう、あなたが成長することが大事。世話好きでやさしい相手に甘えていると、いつまでも距離は縮まりません。寄りかかってばかりでなく、相手をリードできるようになりましょう。

金の時計座から見た 他のタイプ との相性

 金のイルカ座との相性

あなたが
振り回されてしまいそう

短い交際期間なら盛り上がりますが、相手の身勝手さに振り回されそう。友達のような距離を保つのが賢明でしょう。相手が仕事を楽しんでいるときはそっと見守り、自分の時間を楽しむといい関係が続きます。

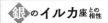 **銀のイルカ座との相性**

面倒を見すぎて
甘やかさないように

一緒にいると楽しい時間が過ごせるので、友達から恋に発展することもありそう。ただ、ダラダラした関係になりやすいので、甘やかしすぎには要注意。明るく楽しくしていることがいい関係を保つコツです。

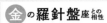 **金の羅針盤座との相性**

前向きな言葉で
相手を支えて

裏の性質をもつ相手なので、わかり合える部分もあります。相手から動くことはないので、あなたから積極的に押してみてください。ポジティブな言葉で応援すると、さらにいい関係に進めるでしょう。

 金のカメレオン座との相性

あなたを
支えてくれる相手

現実的な考え方であなたをサポートしてくれる相手。ただし、優柔不断なところがあるので、相談に乗ってあげると互いに支え合える関係になれそう。理性的な相手の言葉を冷たいと思わないことが大切です。

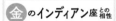 **銀の羅針盤座との相性**

上手に甘やかして
コントロール

考え方や生き方は異なりますが、他人や人間関係に対する姿勢には共通点がある相手。いい関係を続けるには、相手を上手に甘やかしてあげること。相手のプライドを傷つけないように気をつけましょう。

 銀のカメレオン座との相性

友人を
交えた交流が吉

相手の優柔不断なところに惑わされないように注意が必要です。親友からの紹介で知り合ったり、友人を交えて遊んだりするといい関係に進展しそう。あなたから押し切る勇気をもちましょう。

あなたが
金の時計座
相性における性格

- 交友関係が広く、誰とでも分け隔てなく関わる
- 情にほだされると、人との縁が断ち切れない
- 差別や区別をしないため、自然と出会いが多い
- 年上より若い人に合わせるのが得意
- 権力をふりかざす人や上から目線の人は苦手
- 夢を追いかける人、夢を語る人が好き

金のインディアン座との相性

あなたの世界を
広げてくれる相手

新しいものが好きで情報通な相手なので、楽しく話ができる関係になれます。長続きさせるには、世話を焼きすぎたり、相手に執着しすぎないことが重要。笑って話を聞いてあげると距離が縮まるでしょう。

金の時計座との相性

友人としても恋人としても
いい相手

考え方や価値観も似ていて、互いにやさしく支え合える相性のいい相手。ただし、向上心をもたないと甘えるだけの関係になってしまうかも。情に流されると、ズルズルとした関係が続いてしまうでしょう。

 銀のインディアン座との相性

相手に飽きられないような
努力を

年齢に関係なく無邪気でマイペースに物事を楽しめる相手。興味を引きそうな情報を提供すると仲よくなれるかも。ただし、相手に合わせすぎると飽きられるので、ほどよい距離感を保つことが大事。

 **金の鳳凰座との相性**

人間関係に対する考えが
違う相手

相手はひとりが好きなので、交友関係の広いあなたとは人付き合いに関する考え方が違います。距離を縮めるにはその違いを受け入れることが大事。相手にべったりしないで、仕事や趣味に集中できればいい関係に。

 銀の鳳凰座との相性

頑固な相手を
理解することが大事

信念を貫く相手に憧れを抱く半面、融通の利かない部分にイライラすることも。一度歯車が噛み合わなくなると縁が切れてしまいます。関係を続けるには、あなたが相手に合わせたほうがいいでしょう。

 銀の時計座との相性

仲を深めるには
接点を多くもつこと

趣味や仕事など、接点が多いと盛り上がる相手。いい関係を続けるには、どちらかが精神的な支えになる必要があります。互いにネガティブになりすぎないように気をつけましょう。

銀の時計座から見た他のタイプとの相性

金のイルカ座との相性
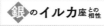

「都合のいい人」に
ならないように

恋愛相手としては盛り上がりそう。ただ、付き合いが長くなったり、一緒に生活するとなると、相手の身勝手さに振り回されてしまうことも。都合のいい人と思われないよう、甘やかしすぎには要注意。

銀のイルカ座との相性

友達に
留めておきたい相手

遊び仲間としては楽しめますが、関係が深まると相手のワガママにイライラさせられる場面も。適度な距離感を維持したほうがいい付き合いになりそう。金銭感覚が違うので、価値観の違いが出てくるでしょう。

金の羅針盤座との相性

生真面目な相手を
受け入れることが大事

自分と真裏の考えをもっている相手だと理解しておけば、いい関係が続けられそう。些細なことをネガティブにとらえすぎる部分がある相手なので、イライラしすぎないように気をつけましょう。

金のカメレオン座との相性

精神的な支えに
なってくれる相手

進展には時間がかかりますが、現実的な考え方であなたを支えてくれるでしょう。あなたも相手の悩みや不安を聞いてあげることで、いい関係が築けます。ただし、恩着せがましくならないように。

銀の羅針盤座との相性

面倒見のよさを
活かすのがオススメ

あなたの裏側の性質をもち、理解できる部分もある相手。いい関係をつくるには、持ち前の面倒見のよさで相手を上手に甘やかすといいでしょう。ただし、見返りを求めすぎるとガッカリな関係になるので要注意。

銀のカメレオン座との相性

あなたから積極的に
アプローチして

相手は優柔不断なので、あなたから積極的に会う機会をつくりましょう。ただし、仲が深まるにつれ価値観のズレが出てくるかも。任せっきりでは進まないので、相手を立てつつ、あなたが引っ張る覚悟を決めて。

あなたが
銀の時計座
相性における性格

・人当たりがよく、幅広い交友関係をもつ
・寂しがり屋で、つねに誰かと一緒にいたいタイプ
・心がブレやすいので、精神的に支えてくれる人が好き
・人のために生きることで、幸せを感じる
・エラそうな人や威圧的な人は苦手
・世話好きで、夢を追いかける人を応援する

金のインディアン座との相性

友人のような
さっぱりとした関係

支配や束縛を嫌う相手。マメな連絡くらいはいいですが、しつこく感じられてしまうと逃げられることも。ほどよく距離をとり、友人や趣味仲間のような付き合い方をするのがちょうどいいでしょう。

金の時計座との相性

同じ趣味をもって
距離を縮めて

似た価値観をもっている相手。同じ趣味を楽しんだり、職場やサークルなど同じコミュニティにいると進展は速いでしょう。ただし、欠点や弱点も似ているため、互いに精神的な支えや強さが必要です。

銀のインディアン座との相性

相手に合わせると
いい関係に

相手は人との距離感を大事にするので、よかれと思って世話を焼きすぎると、重荷に感じてしまいそう。重たい感じに見せないように、相手のマイペースさに合わせるといいでしょう。

金の鳳凰座との相性

支え合える関係が
つくれそう

芯の強い相手に支えられそう。相手は頑固な考えをもっていますが、その生き方を受け入れることができれば仲は深まります。あなたが交友関係の広さを鼻にかけなければ、長い縁になるでしょう。

銀の鳳凰座との相性

頑固な面を認め
サポート役に

生き方や考え方は異なりますが、助け合える相手。ベッタリしすぎると面倒な人と思われるので注意が必要。相手のサポート役を演じられると縁が長くなります。相手の頑固な部分を変えようとしないことも大切。

銀の時計座との相性

互いに
理解し合える相手

ちょうどいい距離感を保ちながら、価値観を共有し合える相手。ただし、一緒に生活するなら、決断力をつける必要があります。目標が一致するといい関係に。前向きな発言を意識しましょう。

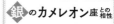

のカメレオン座から見た他のタイプとの相性

相手の気分に翻弄される

パワフルな相手からは行動力を学べます。ただし、自己中心的な発言に振り回されて苦労することも。長く付き合いたいなら適度な距離感が大事です。相手に合わせすぎると疲れて縁を切りたくなるかも。

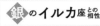

相手の好みに合わせる努力を

相手の派手な感じやノリについていけないかも。相手の好みに合わせ続ける努力が必要でしょう。ただし、相手の甘えてくる感じが、不誠実な態度に見える場合もありそうです。

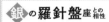

謙虚な姿勢をなくさないように

考え方に違いはあるものの、波長の合う相手。謙虚な姿勢を忘れなければ、いい関係になれるでしょう。さらに関係を深めるためには、本音を語り合えるようになることが重要です。

のカメレオン座との相性

関係進展には決断力を身につけること

考え方が似ているので仲よくなれる相手。共通の趣味をもつと距離が縮まるでしょう。ただし、互いに優柔不断なので、関係を進展させるにはどちらかの強い決断力が必要になりそうです。

言葉が冷たくならないように

ネガティブな相手を傷つけないよう、発言には気をつけて。知的な考えを理解し合える相手ですが、仲を深めるには時間がかかりそう。相手の出方を待っても無駄なので、あなたの積極性が必要になるでしょう。

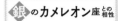

微妙な違いで空回りしやすい

似ている部分はありますが、微妙な違いが原因で空回りすることも。相手がうまくリードしてくれればいい関係に。相手も計算高いところがあるので、駆け引きを楽しむには損な役割にまわることも必要です。

あなたが

のカメレオン座

相性における性格

- 大人の振る舞いができ、どんな人ともそつなく関われる
- 現実的に考えるため、言葉が冷たくなることも
- 優柔不断なところがあり、いざとなるとモタモタする
- 恋には慎重で、堅実な付き合いを好む
- 考えすぎて、相手の出方を待ってしまう
- 恋愛では、お金持ちやお得感のある人が好き

生き方の違いから苦労が増えそう

恋愛相手としては楽しめますが、フットワークの軽い相手に振り回されそう。相手のペースを乱すと距離をおかれることも。素直に楽しんで喜びを表現しながらも、一方で深い話を語ることも必要でしょう。

上から目線の発言は厳禁

若い人に波長を合わせるのが得意な相手と苦手なあなたでは価値観が異なるので、頑張らないと長くは続かないかも。互いを理解しようとする努力が必要です。エラそうな口調にならないよう気をつけて。

あなたに刺激を与えてくれる相手

相手のマイペースな生き方が魅力的に見えそう。考え方や生き方が違うので、相手から学ぶつもりで付き合うといいでしょう。刺激を与えてくれますが、適度に距離をあけておかないと苦労するかも。

生き方において波長の合う相手

ひとつのことをじっくり突き詰める考え方や生き方が似ている2人。相性を深めるには、話をちゃんと聞くことが大事。相手を信用することで、相手からもしっかり信頼されるようになるでしょう。

ひとり好きな相手を尊重して

基本的な考え方や生き方は似ている相手。ひとりでいることが好きなタイプなので、ある程度距離をおいたほうがいい関係をつくれそう。相手のスローな感じや時間をかけて取り組んでいることを認めてあげて。

友達を交えて交流するのがオススメ

やさしく親切な相手に惹かれそう。共通の仲間と一緒に遊ぶと、いい関係が維持できます。相手のやさしさに甘えすぎず、あなたからもやさしさを送り続けることを忘れないようにしましょう。

銀のカメレオン座から見た他のタイプとの相性

金の羅針盤座との相性
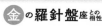

きっかけをつくる努力が必要

　誠実な付き合いや真剣交際をするにはいい相手。下品を嫌うタイプなので、言葉遣いや礼儀には気をつけましょう。相手は自分から動くタイプではないので、あなたからの積極的なアプローチが必要です。

金のイルカ座との相性

相手を中心に進めるのがオススメ

　ノリと勢いが合い、楽しく付き合える相手です。相手に主導権を握らせてあげるのが長続きのコツ。恋愛中は盛り上がりますが、結婚したり深い関係になったときは相手の自己中心的なところを覚悟しておいて。

銀のイルカ座との相性
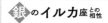

内面の魅力を見つけることが大事

　相性自体はいいですが、互いに人任せなところがあるので、あなたから積極的にアプローチしましょう。見た目に惹かれてつながる縁はすぐに切れてしまうかも。内面のよさを見つけることが長続きさせるカギです。

金のカメレオン座との相性

友達としてはいい相性

　価値観が理解でき、一緒にいるのが楽な相手です。友人としてはいい関係がつくれそう。的確なことを言ってくれる相手でもあるので、甘えてばかりいないで、しっかり受け止めて成長するようにしましょう。

銀の羅針盤座との相性
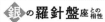

あなたのリードが必要な相手

　波長の合う相手ですが、積極性に欠ける２人。デートの計画を立てたり、連絡をとったりするのは、あなたが引っ張ってあげるといいでしょう。相手任せにしたり、甘えすぎたりすると縁が切れてしまいそう。

銀のカメレオン座との相性
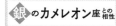

相手任せになりすぎないように

　優柔不断や相手任せにするところが似ているので、一歩踏み込めない感じや盛り上がりに欠けてしまうことが多いかも。アプローチするなら、最後まで甘えない覚悟が必要でしょう。

あなたが
銀のカメレオン座
相性における性格

- 他人任せで甘えん坊
- ときに慎重になりすぎるタイプ
- 言葉が強く、余計な一言で相手を傷つけてしまうことも
- 恋愛では古風な考えをもっている
- 美的センスや経済力のある人が好き
- 恋愛相手に対する理想が高く、ステイタスに弱い

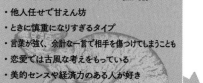
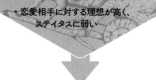

金のインディアン座との相性

理解できる部分を探しましょう

　相手の自由な感じが刺激的で魅力的に見えそう。ただし、ともに生活するとなるとケンカが増えるかも。価値観の違いを楽しむ努力をし、あなたが相手の考え方や生き方を認められればうまくいくでしょう。

金の時計座との相性

話し方に気をつけましょう

　やさしい言葉遣いを意識したい相手。あなたの現実的で論理的な話し方は、相手にとってはエラそうに受け取られてしまいそうです。気遣いを忘れず、友人のような距離感を保っておくほうがいいでしょう。

銀のインディアン座との相性

関係維持には距離感が大事

　支配を嫌うタイプなので、距離感を間違えないように。互いにグルメなところは好相性で、おいしいお店の情報を交換すると仲が深まりそう。自分の裏側の要素をもつ相手なので、よく観察して学ぶといいでしょう。

金の鳳凰座との相性

楽に付き合える相手

　第一印象がよければ、長い付き合いになる相手。付き合い始めのルールを守ってくれる相手なので、あなたにとって楽な相手でしょう。ただし相手はひとりでいるのが好きなので、執着のしすぎは禁物です。

銀の鳳凰座との相性

第一印象で関係性が決まる

　最初の印象がその後の関係を左右するので、挨拶やお礼、言葉遣いなど最低限のマナーをしっかりしておきましょう。相手は束縛や支配を嫌がるので、距離感を間違えると逃げられることも。

銀の時計座との相性

相手のやさしさを理解することが大事

　相手の親切心やよかれと思って言った言葉にムッとするなど、噛み合わないことがあるかも。相手のやさしさを理解することが大切です。上から目線の言葉を使わないようにする努力も必要でしょう。

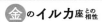のイルカ座から見た他のタイプとの相性

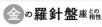 **金の羅針盤座との相性**

相手をリード
することを楽しんで

好きになって深入りすると、真面目な相手を面倒に感じるかも。相手を引っ張り続けられるなら問題はなさそう。価値観や考え方の違いを楽しみながら、あなたの前向きな考え方を教えてあげるといいでしょう。

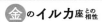 **金のイルカ座との相性**

友達のような
距離感が必要

共通点が多いため、意気投合して一気に仲よくなれそう。ただ、一度ケンカをすると長引くこともあるので意地の張りすぎには要注意。目的を一緒にすることでいいパートナーにもライバルにもなれるでしょう。

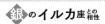 **銀のイルカ座との相性**

相性が運気に
左右される相手

テンションが合う相手で、運気のいいときは最高の相手に感じられますが、運気が乱れると最悪な相手に。遊び心を大切にする人なので、相手の話を楽しく聞き、よく笑うことでいい関係になれるでしょう。

 金のカメレオン座との相性

あなたの押しの強さで
関係がスタート

あなたが押し切ることでいい関係に発展しそう。現実的な相手と感情的なあなたでぶつかることもありますが、反発しないこと。お互いの違いを楽しむようにするといいでしょう。

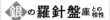 **銀の羅針盤座との相性**

ワガママで相手を
振り回さないように

明るい話をして前向きな気持ちにさせると仲が深まりそう。ただ、相手は人に振り回されるタイプなので、ワガママを言いすぎると縁が切れてしまいます。相手のネガティブな部分にイライラすることも。

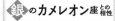 **銀のカメレオン座との相性**

誠実な付き合いが
大事

いい刺激を与えてくれる相手です。理屈っぽい相手の話に不満を感じても表には出さないこと。相手に合わせて誠実な付き合いをすると、あなた自身も成長できて、いい関係にもなれるでしょう。

あなたが
のイルカ座
相性における性格

- 遊び上手で華やかな雰囲気の人が好き
- 仲間意識が強く、部活のノリが好き
- いつまでもモテたい人
- 恋のライバルがいると燃える
- 自己主張が強いため、ワガママに思われることも
- 押しが強く、好きな人にはストレートに感情を表現する

 金のインディアン座との相性

さっぱりとした
友達のような仲に

情報収集力の高さやフットワークの軽さをもつ、明るい相手に惹かれそう。ほどよい距離感を保ちたがるので、あなたの仲間意識の強さを出すと距離があいてしまうかも。相手のマイペースを認めましょう。

 金の時計座との相性

上から目線は
不仲の原因に

互いの交友関係の広さを活かすと良好な関係が続くでしょう。ただし、相手の面倒見のよさを執着に感じてしまうことがあるかも。相手のやさしさに甘えすぎず、エラそうな口調は控えめにすることも必要です。

銀のインディアン座との相性

相手を理解できれば
いい関係に

いつまでも心がつかめない相手ですが、じつは子どもっぽいタイプ。つねに新しい情報を提供してあげると喜ばれるでしょう。ただ、自分のペースや距離感を保ちたがるので、近づきすぎには要注意。

金の鳳凰座との相性

欠点をおもしろがる
余裕をもって

欠点や嫌な部分で共通点が多い相手。互いに許し合う心の余裕が必要でしょう。一度嫌われると修復が難しいので、関係が崩れたときは本気で謝ることが大切。頑固な相手にあなたが合わせるようにしましょう。

銀の鳳凰座との相性

頑固な生き方を
受け入れることが大事

第一印象が悪いと関係進展は難しいかも。一目惚れでアタックされることもありますが、相手の頑固さを受け入れられないと苦しくなるかも。多くを語らない人ですが、ときには話をじっくり聞くことも大切。

 銀の時計座との相性

相手のやさしさに
感謝の気持ちを忘れない

友人や知人を巻き込んで遊ぶと、仲を深めることができるでしょう。ただし、身勝手な発言をしすぎると距離があいてしまうことも。相手のやさしさに感謝の気持ちを伝えるようにしましょう。

銀のイルカ座から見た他のタイプとの相性

金のイルカ座との相性

ノリが合ううちは楽しい相手

価値観の合う2人なので、話し相手にはピッタリ。距離を縮めすぎると、パワフルな相手に苦労しそう。あなたの遊び心が相手にはふざけすぎだと思われることも。相手のワガママを楽しめるといい関係に。

銀のイルカ座との相性

似た者同士だからこその障害も

似ているからこそ楽しめる相手で、遊び相手としては好相性。ただ、互いに受け身な部分も似ているので、あなたから積極的にアプローチして。ノリが合うので楽しめますが、調子に乗りすぎてしまうことも。

金のカメレオン座との相性

あなたを成長させてくれる相手

現実的で厳しいチェックが入る相手ですが、しっかり受け止めることで人間的に成長できます。相手を尊敬できるといい関係に。ノリが合う感じがしても、相手は冷静にあなたを分析しています。

金の羅針盤座との相性

テンションが合わない相手

そもそもの価値観が違うので、ノリが合いにくい2人。マイナスなことを言うと相手が引きずられてしまうので、ウソでもポジティブな発言を心がけて。ワガママを言いすぎると縁が切れてしまうでしょう。

銀の羅針盤座との相性

持ち前の明るさで相手の背中を押して

互いの相手任せな部分が出ると進展はなくなりそう。ネガティブな相手に引っ張られないよう、持ち前の明るさや遊び心を発揮して、あなたがリードしてあげましょう。ただし、言葉遣いや挨拶などはていねいに。

銀のカメレオン座との相性

あなたからアプローチする姿勢が大事

趣味や遊びで共通点があると盛り上がれる相手。ただし、相手任せにしていては一向に距離は縮まりません。あなたがリードしつつ、挨拶や上下関係がしっかりしているところを見せることが大切です。

あなたが
銀のイルカ座
相性における性格

- ユーモアと愛嬌で自然と人を引き寄せる
- 真面目な感じや束縛は苦手
- ノリと勢い、華やかさに弱い
- 派手な雰囲気はあるものの、基本は相手任せ
- じつは受け身なタイプ
- 何事も遊びと思えると、能力を発揮する

金のインディアン座との相性

さっぱりとした関係を望む相手

あなたの仲間意識が相手にとっては面倒に感じられてしまいそうです。互いに新しいことが好きなので、距離感を間違えなければいい関係が保てるでしょう。あなたのワガママで相手を振り回さないように。

金の時計座との相性

甘えすぎず、頼られる存在になるといい

やさしい相手に甘えてしまったり、身勝手なことを言いすぎると縁が薄くなるので気をつけましょう。明るい話をしたり、相手の精神的な支えになることで気持ちをつかむことができるでしょう。

銀のインディアン座との相性

ペースと距離感を尊重することが大事

新しいことやおもしろいことが好きな2人。ノリが合う相手ですが、あなたがリードしないと進展しません。相手は執着や支配を嫌うため、べったりすると逃げられてしまうことも。

金の鳳凰座との相性

相手を尊敬する気持ちを大切に

真裏の考え方をする相手にモヤモヤすることがありそう。相手の「ひとつのことに専念できる面」を尊敬できるといい関係に。ノリの違いを指摘せず、ゆっくりとしたテンポの人だと理解しましょう。

銀の鳳凰座との相性

ひとりの世界を邪魔しないこと

相手の忍耐強さや独自のルールを守り続ける生き方を尊敬できるといい関係になれそう。ただし、相手の頑固さに振り回されて苦労することも。無理にグループに誘ったり付き合わせようとしないことも大切。

銀の時計座との相性

人を大事にする相手を理解して

生き方や人間関係に対する考え方が異なる相手。相手の「人を大事にする気持ち」を理解する姿勢が大切です。エラそうな発言が多いと距離をおかれてしまうので気をつけましょう。

おわりに

「戦略とは戦いを略すこと」
戦いに勝つためではなく、戦わないようにするために立てるのが戦略であると、ある本のなかに書いてあり、占いも同じだと思ったことがあります。

　占いは、自分を知り相手を知ることで、不要な争いや揉め事を避けるために使える、とてもいい道具だと僕は考えています。

　約25年間無償で人を占い続けて、そのなかで学んだことや、そこで磨いてきた言葉を、この本に詰め込みました。厳密な国語表現としては間違っている部分があったり、文章のレベルも決して高いとは言えませんが、口に出してみると、なぜかすんなり伝わり、笑いが起きるように書いています。

不要な悩みは占いが解決してくれる
完全な解決ではなくても、いいヒントが得られる

　占いができるからといって、僕自身に人生の壁がないわけでも、不満や文句、つらい出来事がまったくないわけでもありません。

　ときどき、もっと若い時期に占いで人との接し方や距離感を学んでいたら、それを実践で使えていたら、悩んでいた時間をもっと有意義に使えたのではなかったか、と思ったりすることもあります。いまはやっと少し人のことがわかってきたのかな、と思っているところです。

　どんな人にも個性があり、自分と合う部分がある一方で、理解に苦しむところもあるものですが、占いの命数から「何が合わなくて、何が合うのか」を知ることで、とても気持ちが楽になってきます。

この本には、相手を知るためのいろいろなヒントが散りばめられているので、それを実生活でぜひ使ってみてください。

　そして、「あの人とは合わないから」といって、逃げたり避けたりするばかりではなく、それなら「どう対応すればいいのか」を、この本を使って、よく考えてみるといいでしょう。理屈っぽい人ならしっかり理論立てて話をしたり、逆にドンドン質問をして仲よくなったり、ノリがいい人なら一緒に楽しんでみるなど、相手を知ることで、自分のすべきことが見えてきます。

　人の悩みの多くは人間関係です。ここをクリアできると、日々がもっと楽しく、おもしろくなってくると思って、僕はこの本を書きました。
　時代がどう進んでも、世の中は人が動かしているもの。
　ネットでつながっていても、所詮は人のやること。
　相手がどんな人なのかわかれば、対応を変えていけばいいだけです。

　本当は、世の中の人全員にこの本を読んでもらって、他人への理解を深めてもらえたらいいんですが、さすがにそんなわけにもいかないので、この本を読んだ人には、「占いという一面」で他人を見ることのおもしろさや楽しさを、たくさんの人に伝えていただけたら幸いです。ただし、占いを相手に押しつけたり、決めつけたりするのではなく、「相手のこと」をよく考えながら、使ってみてください。

　運気の流れや詳しい相性は、『運命の増やし方』に書いてありますので、もっと知りたい場合は、そちらも読んでみると、さらに楽しめると思います。

　この本が、ひとりでも多くの人の人生に役立ち、笑顔で過ごせるきっかけになることを願っています。

ゲッターズ飯田

ゲッターズ飯田（げったーず いいだ）

これまで6万人を超える人を無償で占い続け、「人の紹介がないと占わない」というスタンスが業界で話題に。20年以上占ってきた実績をもとに「五星三心占い」を編み出し、芸能界最強の占い師としてテレビ、ラジオに出演するほか、雑誌やwebなどにも数多く登場する。メディアに出演するときは、自分の占いで「顔は出さないほうがいい」から赤いマスクを着けている。LINE公式アカウントの登録者数は165万人を超え、本書のシリーズ累計発行部数も700万部を超えている（2021年11月現在）。『ゲッターズ飯田の金持ち風水』『ゲッターズ飯田の運の鍛え方』『ゲッターズ飯田の縁のつかみ方』『ゲッターズ飯田の裏運気の超え方』（以上、朝日新聞出版）、『ゲッターズ飯田の運命の変え方』（ポプラ社）、『開運レッスン』（セブン＆アイ出版）はいずれも10万部を突破している。

ゲッターズ飯田オフィシャルブログ　https://ameblo.jp/koi-kentei/

【TEAM GETTERS】

Redesigned by	
cover	新上ヒロシ（ナルティス）
text	稲見麗＋原口恵理（ナルティス）
Artwork by	河野愛
Proofreading by	株式会社ぷれす
	会田次子＋藤本眞智子
Remixed by	鈴木久子＋橋本奈和（ケイ・ライターズクラブ）
	築田まり絵（朝日新聞出版）
Remastered by	髙橋和記（朝日新聞出版）
Time management	上野友美（ナルティス）
Sales and Marketing	穴井美帆＋神作英香＋斎藤紫野（朝日新聞出版）
Material Procurement	井関英朋＋松沢美菜海（朝日新聞出版）
Printed by	吉田真吾（中央精版印刷）
Cooperation	中込圭介＋川端彩華（Gオフィス）
Special thanks to	おくまん、カルメラ、市川康久、生駒毅、麦酒大学、Zakk Momochaka
A big thanks to	読者のみなさま

※この本は、ゲッターズ飯田氏の20年以上におよぶ経験とデータに基づいて作成しましたが、必ずしも科学的な裏づけがされているものではありません。当然、ラッキーフードばかり食べればいいというわけではありませんし、アレルギーのある方は注意も必要です。健康に関連する記述についても、本書に書かれていなくても不調がある場合はしかるべき処置をとってください。投資などで損害を被っても、弊社は責任を負いませんので、ご了承ください。また、戦争、暴動、災害、疫病等が起こった場合、必ずしも占い通りに行動することがいいとは言えません。常識の範囲内で行動してください。

ゲッターズ飯田の「五星三心占い」新・決定版

2021年11月30日 第1版発行

[著者]　ゲッターズ飯田

[発行者]　三宮博信

[発行所]　朝日新聞出版
　　　　　〒104-8011 東京都中央区築地5-3-2
　　　　　電話03-5541-8832（編集）
　　　　　　　　03-5540-7793（販売）
　　　　　こちらでは、個別の鑑定等には対応できません。あらかじめご了承ください。

[印刷製本]中央精版印刷株式会社